漢字文明研究·書系之四

本書爲國家社科基金重大項目"越南漢字資源整理及相關專題研究"（17ZDA308）階段性成果，國家社科基金一般項目"漢字文化圈俗字比較研究"（12BYY069）相關成果。

越南碑銘文獻的文字學研究
（上）

何華珍　劉正印　等◎著

中國社會科學出版社

圖書在版編目(CIP)數據

越南碑銘文獻的文字學研究：全2冊/何華珍，劉正印等著. —北京：中國社會科學出版社，2019.11
ISBN 978-7-5203-5556-8

Ⅰ.①越… Ⅱ.①何…②劉… Ⅲ.①碑文—文字學—研究—越南 Ⅳ.①K883.337.424②H44

中國版本圖書館CIP數據核字(2019)第233436號

出 版 人	趙劍英
責任編輯	任　明
責任校對	張依婧
責任印製	郝美娜

出　　版	中國社會科學出版社
社　　址	北京鼓樓西大街甲158號
郵　　編	100720
網　　址	http://www.csspw.cn
發 行 部	010-84083685
門 市 部	010-84029450
經　　銷	新華書店及其他書店

印刷裝訂	北京君昇印刷有限公司
版　　次	2019年11月第1版
印　　次	2019年11月第1次印刷

開　　本	710×1000　1/16
印　　張	43
插　　頁	2
字　　數	733千字
定　　價	248.00圓（全2冊）

凡購買中國社會科學出版社圖書，如有質量問題請與本社營銷中心聯繫調換
電話：010-84083683
版權所有　侵權必究

"漢字文明研究"成果系列

編輯委員會

顧　問　黄德寬　李宇明　吴振武

主　編　李運富

編　委　党懷興　何華珍　黄天樹　黄　行　蔣冀騁
　　　　李國英　劉　釗　王貴元　王立軍　王　平
　　　　王蘊智　楊寶忠　楊榮祥　臧克和　趙平安
　　　　趙世舉　張素鳳　張涌泉

"漢字文明研究"成果系列出版前言

東漢時河南人許慎説："蓋文字者，經藝之本，王政之始，前人所以垂後，後人所以識古。"這裏的"文字"後來稱"漢字"。漢字是傳承發展到當代的中華優秀文化之一。作爲内涵豐富的符號系統，漢字承載着數千年的歷史文化、民族智慧；作爲交流思想信息的重要工具，漢字也是國家管理和社會生活必不可少的。中央號召發揚傳統優秀文化、實施文化强國戰略，漢字舉足輕重。

河南是漢字的發源地，有着豐富的原始材料和悠久的研究傳統。可以説，第一批漢字材料，第一部漢字學著作，第一本漢字教科書，第一位漢字學家，第一位書法家，第一位漢字教育家，第一位漢字規範專家，都出自河南。漢字作爲中華文明的重要標誌，極具創造性和影響力，應該成爲河南得天獨厚的優勢品牌。"漢字文明"的傳承發揚需要"許慎文化園""中國文字博物館"之類的物質工程，也需要學術研究及學術成果，還需要漢字教育和傳播。鄭州大學作爲河南的最高學府，責無旁貸應該承擔起傳承和發展漢字文明的歷史使命。該校領導眼光宏大，志向高遠，批準成立了"漢字文明研究中心"，並在規劃和實施"中原歷史文化"一流學科建設中，把"漢字文明"定爲研究方向之一。

漢字文明研究中心自 2016 年 9 月成立以來，在學校領導和學界同人的支持鼓勵下發展順利。現已由專職和兼職（客座）人員共同組建起研究團隊，並已陸續產生成果。爲了及時推出中心成員取得的研究成果，本中心擬陸續編輯出版"漢字文明研究"成果系列。"漢字文明研究"範圍極廣，包括而不限於漢字本體（形體、結構、職用）的理論研究，漢字史研究，漢字學術史研究，漢字與漢語的關係研究，漢字與民族國家的關係研究，漢字與泛文化關係研究，跨文化漢字研究（漢字傳播、域外漢字、外來文化對漢字系統的影響、漢字與異文字比較等），漢字教學與漢字規範研究等。這麽多五花八門的成果如果按照内容分類編輯出版，命名將十分繁雜，且不易各自延續。因此，擬采用最簡單的形式分類法，論文集編爲一個系列，包括本中心主辦的會議論文集、本中心成員（含兼職）

個人或集體論文集、本中心組編的專題論文集等，統一按照"漢字文明研究·文集之 N+本集專名"順序出版；著作和書册編爲一個系列，包括本中心成員（含兼職）的專著、合著、資料整理、工具書、主題叢書、教材等，統一按照"漢字文明研究·書系之 N+本書專名"順序出版。

"漢字文明研究"成果系列由中心主任李運富教授主編，編輯委員會負責推薦和審定。各文集和書系的作者或編者皆獨立署名，封面出現"漢字文明研究·文集之 N"或"漢字文明研究·書系之 N"字樣，扉頁印編輯委員會名單。"文集"與"書系"設計風格大體一致。

希望本中心"漢字文明研究"碩果纍纍。

漢字文明研究中心　李運富

目　　录

上編　越南碑銘文獻用字研究

第一章　越南碑銘文獻概說 ……………………………………（3）
　第一節　越南碑銘文獻的時代 …………………………………（3）
　第二節　越南碑銘文獻的形製 …………………………………（9）
　第三節　越南碑銘文獻的内容 …………………………………（12）
　第四節　越南碑銘文獻的整理和研究 …………………………（19）
　第五節　處理和運用材料的基本原則 …………………………（21）

第二章　越南碑銘文獻的研究價值 ……………………………（23）
　第一節　文字學價值 ……………………………………………（23）
　第二節　其他價值 ………………………………………………（33）

第三章　越南碑銘文獻中的漢字和喃字 ………………………（37）
　第一節　銘文選取原則 …………………………………………（37）
　第二節　用字測查 ………………………………………………（37）
　第三節　數據分析 ………………………………………………（43）

第四章　越南碑銘文獻中的中越通用俗字 ……………………（47）
　第一節　時代用字 ………………………………………………（47）
　第二節　構字規律 ………………………………………………（55）
　第三節　小結 ……………………………………………………（62）

第五章　越南碑銘文獻中的越南變異俗字 ……………………（63）
　第一節　變異俗字的類型 ………………………………………（63）
　第二節　變異俗字的成因分析 …………………………………（73）
　第三節　小結 ……………………………………………………（75）

第六章　越南碑銘文獻疑難字叢考……………………………（76）

第七章　越南碑銘文獻用字個案研究——以酒器量詞爲例………（94）
　　第一節　中越酒器量詞用字比較………………………………（94）
　　第二節　越南"國别酒器量詞"用字分析……………………（95）
　　第三節　小結……………………………………………………（100）

結　語………………………………………………………………（101）

參考文獻……………………………………………………………（102）

中編　越南碑銘文獻俗字彙編

凡　例………………………………………………………………（111）

音序檢字表…………………………………………………………（112）

下編　越南碑銘文獻目録

編　例………………………………………………………………（305）

一　郡縣時期碑銘目録（968年以前）……………………………（307）

二　丁朝至前黎朝碑銘目録（968—1009）………………………（308）

三　李朝碑銘目録（1010—1225）…………………………………（309）

四　陳朝碑銘目録（1225—1400）…………………………………（310）

五　後黎朝初期碑銘目録（1428—1527）…………………………（312）

六　莫朝碑銘目録（1527—1592）…………………………………（316）

七　後黎朝中興期碑銘目録（1533—1789）………………………（321）

八　西山朝碑銘目録（1778—1802）………………………………（530）

九　阮朝碑銘目録（1802—1945）…………………………………（546）

參考文獻……………………………………………………………（678）

後　記………………………………………………………………（679）

上 編

越南碑銘文獻用字研究

第一章

越南碑銘文獻概說

"越南碑銘文獻"即在越南各個歷史時期中，由漢字或喃字在石質和銅質等載體上刻寫而成的、承載了一定語言文化的信息資料。越南週年雨量大、濕度高、戰亂多，紙質文獻難以保存，碑銘是越南人記錄日常活動的主要方式之一，真實地反映了越南過去的政治、經濟、文化、社會等多方面情況。越南曾經進行過兩次大規模銘文拓片搜集工作。第一次是 1910 年到 1945 年，由法國遠東學院收集，所得拓片數量約 20980 份。第二次是 1990 年至今，由越南漢喃研究院收集，所得拓片數量約 30000 份。目前，總共已收集拓片約 68000 份。

越南碑銘文獻時間跨度長，形製樣式多，內容種類廣，從古至今受到了諸多學者的關注。尤其是在漢字形體方面，篆、隸、行、草各體俱全，變異字形極其豐富，基本涵蓋所有俗字類型，是進行文字研究的第一手材料。

第一節 越南碑銘文獻的時代

一 郡縣时期（968 年之前）

郡縣时期的越南屬於中國的一部分，漢字是通用文字。郡縣时期的越南銘文不多，目前發現晉代 1 通，隋代 2 通，唐代 2 通，南漢 1 通：

1.《晉故使持節冠軍將軍交州牧陶列侯碑》，是現今越南境內發現的最早碑刻銘文。此碑於 2013 年在越南北寧省順城縣清薑社清懷村廟被發現，碑陽刻有"建興二年"（公元 314 年），碑陰刻有"元嘉二十七年"（公元 450 年）。內容與三國、晉時的交州刺史陶璜相關，碑陽疑爲時任交州刺史陶璜之子陶威所立，碑陰則爲時任交州刺史蕭景憲所立。銘文所用字體爲隸書，字形爲三國、晉時碑刻所常見。

4　上編　越南碑銘文獻用字研究

圖1-1　晉故使持節冠軍
交州牧陶列侯碑（整體）

圖1-2　晉故使持節冠軍
交州牧陶列侯碑（局部）

2.《舍利塔銘》，2004年發現於越南北寧省順城縣誌果鄉春觀村，刻於隋文帝仁壽元年（公元601年）。據記載，隋文帝在仁壽年間（公元601—604年）曾分三次向交州頒賜舍利並建塔供養，此碑銘即當時所賜。碑額用篆字，字形多有變異。碑文爲楷字，爲隋、唐常見字形。

圖1-3　舍利塔銘

3.《大隋九真郡寶安道場之碑文》，石碑原立於清化省東山縣東明社長春村，俗稱"長春古碑"。根據碑文內容，爲檢校交趾郡贊治、日南郡丞、前兼內史舍人河南道洛陽元仁器於隋大業戊寅年（公元618年）撰寫。碑題用小篆，字體圓厚，碑文爲楷字，字體勁健。

圖 1-4　大隋九真郡寶安道場之碑文

4.《青梅社鐘銘》，發現於河西省青威縣青梅社，唐貞元十四年（公元 798 年）鑄造。鐘四面按上下兩層的順序刻滿漢字，全爲陰刻楷字。

圖 1-5　青梅社鐘銘

5.《天威徑新鑿海派碑》，爲裴鉶撰於唐咸通十一年（公元 870 年），此碑已佚，錄文見於《安南志略》。碑文除了跋文以外，共存 1058 字。

6.《日早古鐘銘》，發現於越南河內慈廉縣東鄂社日早村陳聖廟，爲南漢乾和六年（公元 948 年）鑄造，全用楷字。

図1-6 日早古鐘銘

上述六種越南珍稀碑銘文獻，對於研究郡縣時期漢字在越南地區的傳播具有重要的價值。

二 丁朝及前黎朝時期（968—1009年）

公元968年，丁部領建立了獨立的封建國家。丁氏王朝存在十餘年（968—980年），後被黎桓篡位，是爲前黎朝。越南所發現的此時期內的碑銘文獻不多，目前以陀羅尼經幢爲主，九十年代就已發現14座石幢。比較出名的是越南華閭出土的幾座《佛頂尊勝加句靈驗陀羅尼》（973—979年），記錄了當時的南越王丁璉造立一百石幢事，具有很高的史學價值。

圖1-7 佛頂尊勝陀羅尼經（1）　　圖1-8 佛頂尊勝陀羅尼經（2）

三 李朝（1010—1225 年）

前黎朝後期，李公蘊篡位，建立李朝。李朝尊崇儒學，修建文廟。1075 年，仿效中國開始科舉考試，漢文化日益處於支配地位，此時的銘文多以碑、墓誌的形式出現。同時，李朝提倡佛教，大建廟宇，流傳下來的銘文多與佛教、寺廟有關，目前可見李朝銘文大約 16 通，如《仰山靈稱寺碑銘》（1126 年）。

圖 1-9 仰山靈稱寺碑銘

四 陳朝（1225—1400 年）

陳朝在越南封建社會發展史上居於重要地位。科舉制度在此時進入了興盛時期，歷代國君莫不以設科取士爲先務，漢字及漢文化有很大的影響。同時，陳朝繼續崇尚佛教，正式立爲國教。流傳至今的陳朝銘文大約有 57 通，包括碑刻、摩崖、鐘銘、木刻等，如《多貝洞木牌》（1269 年）。

圖 1-10　多貝洞木牌

五　後黎朝前期（1428—1527 年）

陳朝 1400 年滅亡，胡朝（1400—1407 年）建立。不久，陳氏復辟（1407—1413 年），僅存六年。公元 1428 年，後黎朝建立，是越南歷代最長的王朝之一，可以分爲後黎朝的前期（1428—1527 年）及後黎朝中興時期（1533—1789 年）。其中，後黎朝前期持續約有 100 年的時間。這時期的銘文逐漸豐富，數量近百通。

六　莫朝（1527—1593 年）

1527 年，後黎朝權臣莫登庸篡位建立莫朝，1592 年被推翻。莫朝文教興盛，科舉不曾間斷，相較於前朝，莫朝碑刻數量有所增加，其中有大量的佛寺碑刻，反映了當時佛教信仰之盛行。此外，還有不少有特點的碑刻，如《東鄂社市碑》（1579 年）就涉及到當時的市場貿易情況，是研究莫朝經濟史的重要材料，目前可見莫朝銘文大約 130 通。

七　後黎朝中興時期（1533—1789 年）、西山阮朝（1778—1802 年）、阮朝（1802—1945 年）

　　這一時期的碑銘文獻非常豐富，數量十分可觀，越南銘文文獻多集中於這一時期。《越南漢喃銘文拓片總集》共收拓片 22000 份，除去上述所列，均屬於這一時期。而且銘文內容非常豐富，主要包括規約類、寄忌類、事功頌德類、詩歌類等。村社是越南的基層行政單位，爲維護日常生產生活秩序、避免糾紛，每個村社都有自己基本的規約，此類碑銘甚多。寄忌類銘文主要表達了後人對逝者的哀思，將所寄人名及祭辰開列於後。《總集》碑刻正上方題中帶有"後佛"或"後神"字樣的銘文內容基本都是寄忌類，越南的寄忌碑與中國的墓誌銘不同，寄忌碑雖亦有逝者的生平傳記，但只是寥寥幾句，主要以宣揚孝行爲目的。事功頌德類銘文的主要目的是歌功頌德。"以詩代銘"的詩歌類銘文，是《總集》銘文的新亮點，打破了四字韻語的傳統樣式。此外，《總集》中還包含"債務碑""遺囑碑""高僧碑"等。

第二節　越南碑銘文獻的形製

一　碑刻

　　碑刻爲越南碑銘文獻之大宗。以後黎朝前期爲例，其中大部分碑形是圜首碑，少量爲方首碑，個別爲圭首碑。圜首碑碑頭呈半圓形或者弧形，碑身爲長方形；方首碑通碑是一塊長方形石板，多爲民間所制；圭首碑碑頭爲尖形，碑身爲長方形，現只有《古跡靈祠碑記》（1954 號）[①] 一方。方形碑有豎縱、橫廣二式。《國朝佐命功臣之碑》（45296 號）、《大越唐王神道碑》（17931 號）等功德碑及墓碑取縱式，其尺寸高倍於寬，題名一般橫列，正文均直書而下；《景統題詩》（20900 號）等詩歌類碑取貼書碑風格，多橫廣式，碑寬倍於高。部分碑有殘斷，如《藍山祐陵碑》（13481 號）。

　　碑刻額題文字有陰文和陽文兩種，字體既有篆文又有楷書，如《大越藍山敬陵碑》（13482 號）、《萬壽》（2557 號）。額題文字有多有少，

[①] 此編號爲拓片編號。下同。

有的以鐫刻時間作爲額題者,如《景統三年十月二十八日起造》(13095號);有的碑額甚至沒有字,如端慶三年製、首題爲"大越國下洪府長津縣……"的碑。碑額與碑身是一塊石板,碑額鐫刻碑刻題目,碑身一般不再重出題目,但《太和六年戊辰科進士題名碑記》(1323號)額題與首題卻完全一樣。碑額上大多還鐫刻有裝飾性圖案。其中,皇家陵墓碑主要以龍或鳳爲主,雕刻數量與墓主人地位有關;進士碑和一些祠堂寺廟碑中間多刻明月,兩邊輔之以繚繞雲氣;還有一些碑的圖案則較爲豐富,如《光慶寺碑銘並敘》(11788號)碑額兩邊分別刻以龍形圖案,兩龍之間綴以明月,明月下方是一個人形托舉圖案。爲了書寫整齊美觀,大多數碑刻都有線畫邊框,邊框有的爲單直線,有的爲雙直線,有的邊框外另增加了雲水、蔓草、爬繩等圖案;部分碑裡有界格,《祀田碑記》(3382/3383號)是縱界格。

多數碑在正文書寫中存在"敬空"現象,即凡遇到與皇帝、皇朝有關的稱謂用語,書寫時都要空格表敬。如《大越藍山裕陵碑》(10556號)第四十九行"于赫高皇","高皇"上空一格;《顯瑞庵碑》(1223號)第十四行"三年壬午,聖上以嫡長立爲皇太子","皇太子"上空一格;《大越藍山敬陵碑》第三十一行"於皇聖越","聖越"上空一格。再《貝洞聖跡碑記》(2105號)第三行"先世……"前空一格,此爲家諱空格。還有以空當行,提行另起,而且表敬之詞要高出正文一、二字格。如《貝洞聖跡碑記》第二行"奉惟"下空格另起,第三行"上等最靈顯聖開僖德真人尊神","上"字高出一格;又《和樂寺碑》(5304號)第六行"二十有七年"下空格另起,第七行"上問其老,詔許致事","上"字高出兩格。佛界敬空亦常見,如《虬山渡記》(1737號)第七行"造寶應之"下空格另起,第八行開頭二字爲"佛像"。但並不是所有的空格都是敬空,有些爲句段分隔時空格,如《祀田碑記》第八行"一所廚棟處五高"與"一所棟坦處玖尺"中間的空格。

二 墓誌

與碑刻相比,越南後黎朝前期的墓誌數量要少許多,誌主多爲王公大臣。這些墓誌不僅內容簡質、重於敘事;而且在裝飾上也較爲樸素,只刻有簡單的花紋圖案,或有邊框,有的甚至連邊框也沒有。墓誌大都是單面刻,但由於志文長或受墓碑碑陰的影響等因素,兩面刻字。如《諡恭武之石志》①，小碑形，陽面不夠用，陰面續刻志文；又《磻溪侯墓誌》（13546號），方形碑，額題"磻溪侯墓誌"，志銘刻在陰面。志銘一般由序辭和銘辭組成。序辭內容包括志主的姓諱、籍貫、族系、受封時間、府邸、仕宦經歷、配偶子女、卒葬年月、墓址等信息。首題即開門見山，直接對墓主作介紹，如《大越唐王墓誌》（48203號）首行即題"大越唐王墓誌"。銘辭多爲韻文，在墓誌的最後部分，內容多是對墓主的頌揚和哀悼。

三　摩崖

越南後黎朝前期的摩崖主要集中在清化省龍光洞、白鴉洞、壺公洞、綠雲洞、神符山及寧平省浴翠山等洞穴或山崖石壁上，永福省三島縣、和平省沱北縣、高平省安石縣等地區亦有散落，刻寫的多是本朝黎聖宗、黎憲宗、黎襄翼帝等所作詩文。由於是皇家所制，石面上不僅有雙線邊框，而且在邊框外增加了對稱的花紋圖案，有的甚至在花紋外層繼續添加裝飾圖案，如《御製題壺公洞》（48308號）在邊框外側上方正中刻有一輪紅日，在兩邊及下方畫有繚繞雲氣。摩崖首題多爲"題XXX""御製題XXX"，有的下面靠右還有"並序""二首""洞中奉佛"等小字。《太和八年》在正文之外還題有"般若泉"三個大字。

四　經幢

古代在祠堂、廟宇等建築物前豎立的塔形石幢稱爲經幢。經幢通常分爲幢蓋、幢身、幢座。越南碑銘文獻中的經幢主要是丁朝和前黎朝的石幢。據《十世紀前越南漢文碑銘：新發現、文本意義和價值》②，丁朝石幢有五座：第一幢爲973年，八面，於1963年在華閭縣長安社發掘，現已失傳，華閭博物館藏有其複製品。銘文刻面高65釐米、闊5釐米，有16行陰刻楷書，共470字左右。題跋言明南越王丁璉於癸酉年決定造立一百石幢事，敘文下部分已模糊。拓片編號VB1。第二幢爲979年，八面，於1986年在華閭縣長安社出土，現保存於寧平省博物館。銘文刻面高65釐米、闊6.5釐米，有19行陰刻楷書，共560字左右。拓片編號VB2。第三幢爲979年，八面，原在華閭縣長春社，現保

---

① 若碑名後無拓片編號，則可能有兩種情況：1. 有實物，沒拓片。2. 有拓片，無編號。
② ［越］丁克順：《十世紀前越南漢文碑銘：新發現、文本意義和價值》，《中正漢學研究》2017年第29期。

存於北寧省博物館。銘文刻面高 66 釐米、闊 16 釐米，有 20 行陰刻楷書，共 560 字左右。拓片編號 VB3。第四幢爲 979 年，八面，於 1986 年發掘出，現保存於北寧省博物館。銘文刻面高 60 釐米、闊 7 釐米，有 18 行陰刻楷書，共 460 字左右。拓片編號 VB8。第五幢爲 10 世紀左右，八面，於 1964 發掘，現已失傳。銘文刻面高 80 釐米、闊 10.5 釐米，只剩下六面可讀。各面有三行，共 470 字左右。前黎朝的石幢坐落於寧平省長安社安城村。該石幢各部分由青石組成，高 4 米。頂部已經遺失，用蓮花代替。銘文內容、落款都用漢字刻寫，下半部分多已分化，字形難以辨識。

第三節　越南碑銘文獻的內容

一　表德紀功類

表德碑主要是對歷史上著名人物的表彰。通過具體事蹟的記述，或誇飾其蓋世之功，或表彰其流芳之德，或讚美其超凡之德，或頌揚其出奇之能。根據人物身份的不同，表德碑大致又可分爲三類。

首先是彰顯歷代皇帝的神功聖德。《藍山永陵碑》（48219 號）、《藍山祐陵碑》、《大越藍山昭陵碑》（13473 號）、《大越藍山裕陵碑》、《大越藍山敬陵碑》分別是黎太祖、黎太宗、黎聖宗、黎憲宗、黎肅宗的神道碑。前兩者較後三者在內容上更簡要，只介紹了碑主的卒葬年月、葬址、族系及豐功偉績等，誇飾之辭較少。後三者則恰恰相反，一方面在開頭增加了序文，且多引經據典，如《大越藍山昭陵碑》第二行"臣等竊聞，天將啟重興之運，時必生大德之君，所以萃人心，所以紹帝命。夏圖中否，於是有少康之英賢；殷道寖微，於是有高宗之明哲。征之載籍，今古同符。洪惟！大越聖宗淳皇帝，以上聖之資，建中興之業，庸非天意之有在乎？"另一方面還後附大量四言韻文，繼續進行褒揚，如《大越藍山敬陵碑》第三十一行"於皇聖越，高祖乘時"起，至第三十九行"乾坤悠久，以壽其傳"，共三十句。

其次是讚美王公大臣的德政仁治。此類碑對於碑主的歷官或行治描寫佔據了大量篇幅。在歷官敘述上，有的是直接將職官串聯，不夾雜其他內容，如《諡恭武之石志》"順天元年戊申，敕授大將，同管領興義軍，關內矦，歷天威軍管領，升諒山鎮同知，衛諸軍務事，後除本鎮宣慰使。未幾，升大使。己未，召還授同總管金吾，衛諸軍事。庚申，轉歸化衛，進秩總管。庚午，授奉宣使行軍総管金吾，衛諸軍事。新平順化府都府，管知軍民事，尋升入内少尉。癸酉，入朝以本官任下洪衛。甲戌，改下南策衛。丙子，進叅知政事行軍總營，捧聖衛諸軍事。庚辰，升入內靚督同平章事行軍，總管下南策，衛諸軍事。庚辰柒月，以本官參知東道諸衛軍事。捌月，升入內都督平章事同都，總管南衛諸衛軍事。光順陸季乙酉陸月，升入内檢校大都督平章事，仍掌南道都督府左都督。上智字爵，自關内矦，累加至鄉上侯，曰上智字"。有的是將職官的敘述中穿插墓主的文治武功等其他內容，如《國朝佐命功臣之碑》"……擊賊有功，授本府都大府管總督軍民。擊破黃山賊砦，加授麟虎衛上將軍，爵關内侯，賞官田一百畝。時駐營獰茫，公在黃山峒阻遠，賊常來攻，乃契家屬及將士妻子歸附。帝嘉其誠，命領鐵突右衛同總督諸軍事"。行治的核心內容主要體現在碑主的忠孝觀念與文武精神的敘述中。如，《國朝佐命功臣之碑》"……其參政梁汝笏用計招誘，餌以大官，公遁去不從。帝養晦藍山以書潛諭，公即殺牛饗士，出戰古無堡，汝笏敗走，遙授榮祿大夫麟虎衛大將軍"；《皇越開國功臣㠯碑》（48240號）"竊惟古人以楊名顯親爲孝之子上者，今壽域承父之傳，克大其業，如此可不謂之孝乎？"又"公至府，即申飭號令，訓練軍士，繕城堡，修甲兵，固封圻，豐諸強，理日辟"；《磻溪侯墓誌》"磊落不群，研精韜略，篤好經史，洪儒碩學，迎接不暇"。

　　再次是志頌神話人物。主人公有的是歷史人物的神化，如《清河王譜碑記》（16996號）記載陳朝大將陳榴"將兵巡行各鎮，賊勢清平。凱旋之日，大王回於升龍城同春總清河村宴饗軍士及四旁父老，人人皆歡喜，慶見此地秀氣佳奇，有一奇突之乾巽位，此地多發文人才子，富庶英豪。大王見天雲暗淡，電雨雷驚，大王即變化之伊□①設立亭所，以奉禮之，顯應無窮，年年香火，日日增光。大王生前原有才能，邁駿之靈聲，幫扶國祚，及其化後，方社尊嚴之祀典，保護生民，千年不替，萬古長存……敕封'當境城隍'……敕封爲'上等神'"。有的是幻想出來的先人，如《總督大王神祠記》（1255號）記載"柳潭之上，蔥翠岑欝，望之翼然者，總督軸東俄王之神祠也。王之履歷事業，史氏不載，難憑考實，土俗相傳，玉以戰□，勤於國事，且符總督王土俗之言，必有所自也……其生也，則恢弘功業，澤及當時；其沒也，則參替□機，福覃後

---

①　"□"指此处文字漫漶不清。下同。

世。王之所爲，一方福神，其有全於是氣歟，靈異之跡顯著"。

二 哀誄紀念類

哀誄紀念文就是累述死者功德，以示哀悼紀念。此類文章的敘哀方式主要有三點：1. 用觸物興辭的手法來營造一種悲哀的抒情氣氛，即"興"的手法。如《坤元至德之碑》（1919號）"翩翩羽化，杳杳仙馭。風淒素商，雨變彤帷。蘭閨余馥，桂殿凝輝。因山未就，重經忽罹。四海遏密，萬類含悲"借用風、雨等自然現象的非正常表現來渲染。2. 通過墓主身邊的各色人物的表現來烘托出墓主離世的哀傷。如皇帝的表現，《大越錦榮長公主神道碑》（13486號）："訃聞，帝爲嗟悼，三日輟朝，賜慰錢二十七萬，命司禮監左提點何文待敦匠事，提督效力四衛軍務事榕胡伯黎瀾奉諭祭。其略曰：爾命不長，爾福惟嗇，近聞哀訃，深軫予衷，其始終恩，禮備至矣。"3. 不寫與墓主相關的人，而是敘述其生前所在之地或所用之物的情況，表現出一種物是人非的哀傷情懷。如《寶香鬱麗之碑》（1920號）"鳳台晦色，錦瑟無聲"，《珠光玉潔之碑》（13485號）"朱弦忽斷，舊衾夢冷"。

寄忌類銘文主要表達了後人對逝者的哀思，並將所寄人名及祭辰開列於后。《總集》碑刻正上方題中帶有"後佛"或"後神"字樣的銘文內容基本都是寄忌類，如"仍此本社會合保爲後佛一位，以伸投報之義"（19801號），"兹甲內阮有㻦并妻阮氏奎阮氏琦齒德雙尊，因此本甲推尊爲後神"（11100號），"兹信娓阮氏玉寶號明然爲後佛，家傳閥閱，德大慈悲，積德陰功"（11606號）；"顯祖考范貴公字廷安府君，七月十一日忌；顯祖考范門正室阮貴氏諱娟孺人，十一月二十七日忌"（56號），"顯考字慧明顯妣號慈薰字福高號慈恆字純忠字法林號慈富號桂花字早良等位真靈"（5154號），"其前顯考阮公字福稔妣阮氏號妙田，展忌於三月二十四日"（8885號）等。需要說明的是，越南的寄忌碑與中國的墓誌銘並不一樣，寄忌碑雖亦有逝者的生平傳記，但只是寥寥幾句，其主要以宣揚孝行爲目的。

三 記事功德類

此類所記之事有：1. 修築廟宇。如《大悲寺》（2103號）"大悲寺乃清威貝溪之名藍也……陳朝開佑十年，聖真公主既隨緣舍施，鎔作大鐘，以爲寶器。時經閏胡兵變，鐘化烏有……然而兩曜跳虎，琵陰駒隙，時移世變，歲久跡陳。聞普賴之鐘者，能無感景之眼；睹武威之祠者，易起重修之念。洪順柒年乙亥仲春，本社持威將軍雷成衛僉總知雲騎尉杜公名條，七十年餘，奉命致事。覩舊貫猶存，欲再新制度，乃褒善界善緣……本寺僧人陶勸等會諸鄉人太翁老婆阮德麟……或出孔方兄，或供長腰子材用……"具體內容包括廟宇的歷史，修廟的原因、時間、經過，組織修廟的重要人物和參與人題名等。2. 修築道路，如《堤路碑》（20161 號）"安謨縣築，立大安縣落沙、昭勝等社。堤路四百九高三尺。該押縣丞裴戌。記錄吏壹名。軍監三拾四名。洪德五年拾貳月□日"交代了修路的人員、地點、時間及堤路的尺寸和涉及到的官員。3. 修築橋樑。如《萬壽》："河中府弘化縣西阜凍河等社，太翁老婆黎克讓等爲修造石橋事……行千里之路，莫不由斯。奈八月之間，率多病涉，匪資眾力，易就良因。黎克讓等各發青心，親爲勸首。時維十月，喜見徒杠成，至於千萬年，常行菩薩道……黎克讓、張氏顛……造石爲寶。光紹柒年拾月初陸日造石橋碑。"內容與前兩者大同小異。4. 種植花木。如《三寶》（17324 號）"紹天府東山縣東山社人阮料，號發心，妻阮氏，號向道……六年癸亥三月二十六日，種東橋村龕寺生花並白榕……"此爲"三寶"之一。

所記之功除了通過前面提到的所記之事來彰顯外，還集中體現在兩方面：1. 施田地。如《佛》（7208 號）："國威府石室縣澤雷社信主故阮廉，號曰西方翁，並妻阮氏四，謚曰善心婆，自願發心創石碑，並田三所，施與本村天福寺，爲三寶物田。"2. 施財物。如《蓮花座》"洪德二十五年二月初七日，信主劉氏諭起造佛，三尊號曰善緣，婆錢三貫，與順心翁一貫……並有福婆一貫，無心翁並婆錢五陳，祿衣一件，阮氏瑞衣一件……並婆衣一件，東洛社阮氏錢五陌"。其行文體例一般先引他文起興，如"蓋聞陰功顯處，要須善果圓成，積德榮充，迭見慶流全盛，故世罕種瓜而得豆"（7950 號），"蓋聞有功於人，享人之報，理必然也"（13342 號），"蓋聞以財發身，仁人之道；爲善獲福，天理之公言"（8348 號）。然後敘述碑主事跡，如"王手執鐵椎即此立之，虎過，蔑之而去，王掩回虎頭，壓下打折二足，繫繫牽回，眾人莫不驚服"（7134 號），"造橋修館，惠施裔子之心；濟乏賑貧，恩布張公之志"（916 號），"甲寅，蒙恩陞北軍都督府都督僉事，中朝譽播，外鎮威行"（1445 號）。最後點明記功之目的，如"庶以昭萬古之觀瞻，是用鑴之於石，以壽其傳"（1028 號），"其拙父母附享與各田各處所，臚列于後，以壽其傳"（1406 號），"仍載歌持籤，請敘爲文，勒之堅泯，以壽其傳"（7098 號）。

四　進士題名類

科舉考試在後黎朝受到了很高的重視。將中榜者的名字鐫刻於石，能起到一種很好的宣傳和鼓勵作用。後黎朝進士碑全部存於河內文廟—國子監進士題名碑亭，現存最早的一塊爲《大寶三年壬戌科進士題名碑記》（1358 號），記載了大寶三年（1442 年）壬戌科的中第情況。由於進士題名碑的主要內容及行文格式基本固定，故我們以該碑爲例進行考察。碑文首先刊佈了王朝重視人才的聖意，如"及武功肇定，文德誕敷，思欲招致俊髦，作新治效……於皇太宗文皇帝紹述洪業，敷賁前光，觀乎人文，化成天下，以重道隆儒爲首務，以籲俊尊帝爲良圖……"還有施行的一系列促進文教發展的措施"乃詔天下建學育材，內有國子監，外有各府學，上親進官員子孫，與凡民俊秀充入侍、近侍、御前各局學生、及國子監監生。又令有司廣選民間良家子弟充各府生徒，立師儒以教訓之，刊經籍以頒佈之，育材之地固已廣矣……"其次對本科取試的各方面情況作了詳細介紹，如開考時間及人數，"乃於大寶三年壬戌，大開春闈、會試多士。時應舉者四百五十名，歷試四場，入彀者三十有三"；各環節負責官員，"當時提調官則尚書左僕射臣黎文靈、監試官則御史臺侍御史臣趙泰、暨巡綽收卷彌封謄錄封讀等官，各供其事……翌日，讀卷官翰林院承旨學士兼中書國史事臣阮鷹、中書省中書侍郎臣阮夢荀、內密院知院事臣陳舜俞、國子監博士臣阮子晉奉捲進讀"；考試結果，"賜阮直狀元，阮如堵榜眼，梁如鵠探花郎，陳文徽等七名進士，吳士連等二十三名附榜"。再次要凸顯立碑的重大意義，如"然則斯石一立，裨益良多，惡者可以爲懲，善者可以爲勸，明徵既往，廣示將來，一則爲砥礪多士名節之資，一則爲堅凝國家命脈之助"。最後附上新科進士的姓名、籍貫、名次，如"第一甲三名賜進士及第阮直（應天府青威縣）阮如堵（常信府清威縣）梁如鵠（下洪府長津縣）……"

五　詩歌類

此類中大多爲後黎朝前期歷代皇帝的遊覽題詩，側重對自然景物的描寫，如黎聖宗《題龍光洞並引》（297 號）、《御製題白鴉詩》（47323 號）、《題壺公洞並引》（20964 號）、《御製題綠雲洞》、《題浴翠山》，黎憲宗《御製題龍光洞二首》（296 號）、《御製題白鴉洞二首》（47321 號）、《御製題壺公洞》、《御製泛神符海頓只筯山留題一首》（47304 號）、《御製題綠雲洞二首》、《御製題照白山》（47123 號）、《御製題浴翠山並引》（2814 號），黎襄翼帝《御製金甌寺詩並敘》、《御製題白鴉洞詩二首》（47322 號）、《題照白山詩並序》（47122 號）、《無題》；還有大臣的遊覽題詩，如推誠佐理協謀功臣、雲屯鎮輔國上將軍、特進入內司寇、同平章事、上柱國、賜金魚袋金符、縣上侯、賜國姓、韜山洞士黎克復《太和八年》。剩下有的是紀念詩，如《景統題詩》記錄了黎憲宗對黎聖宗的哀思，《光淑貞惠謙節和沖仁聖皇太后挽詩》（1919 號）刻寫著當朝皇帝及諸位大臣爲悼念皇太后所題寫的三十七首挽詩，《御製詠義國公阮文郎亭詩》對政績突出大臣的緬懷。有的是紀功詩，如《御製詩》（12341 號）分別記錄了黎太祖征討西北地方反臣閉克紹和刁吉罕的豐功偉績。還有一些具有禪意情趣的詩，如黎聖宗《御製光慶寺詩》，其本人亦謂"右天南峒主戲題"。

有些詩會在前面加一段序文，不僅交代了作詩的時間、地點和緣由，而且抒發了內心的情感。如《御製金甌寺詩並敘》："洪順三年，余拜謁山陵。之後春二月二十五日也，乃因濟川之興，駕乘經過之間，乃命軍容整飭，將士登幸於金甌寺，乃顧山川，煙迷慘澹，霧鎖微茫，耳遙聞鶴怨猿啼，目著見鶯飛燕舞，風光助景，詩思精神物我，心無塵埃寂寞。褒嘉陳朝之事業，千載難名；笑談胡氏之腥膻，億年遺恥。累朝蹤跡，今古依然。但見香藹輕雲，陰森老樹，燈花幾點，輝煌寶梵之明。一簇樓臺，振擊金鐘之響；乘閑遣興，縱步清遊，將無以一二首而吊景之乎？是以舉筆朗吟，幾多佳句，以媚景於後。"有的側重表明作詩的目的，如《御製詩》（12341 號）："予征吉罕回過此，作詩一章，以示後世。馭戎之道，忙禮諸蠻，人面獸心，如有梗化，隨即剿絕，勿憚其險阻瘴癘，當以天下生靈爲念，而其出征方略，則洮沱二鎮水路進兵爲優。"

"以詩代銘"是《總集》銘文的新亮點，且打破了四字韻語的傳統樣式，如 372 號："天包地外夫爲妻綱，綱常既重人道乃張。茲惟范叟舊娶阮娘，友中鶯鳳枕上鴛鴦。芥能針合樛可葛荒，成家門盛應熊羆祥。今思厥報本示不忘，寺僧因見後佛言揚。乃發家資許與壇坊，造懸鍾閣興事廟堂。既有陰德宜發幽香，端詞又立厚意是將。朔望貢獻忌諱薦常，爰刻於石地久天長。"

六　規約類

爲維護日常生產生活秩序、避免糾紛，官府或民間組織會定立條規，鐫石公佈，起公告警示和規約的作用。《田土碑》（10523—10528 號）分別記錄了朝廷官員在洪德二年（1469）、二十年（1489）、二十四年（1493）、二十五年（1494）間，奉旨前往安邦道海東府安興縣，與同府縣官及社村長勘量板洞處田給付渭陽、風流、良規等社耕種，如"欽奉敕旨，傳許等衙門欽差官司禮太監阮郭、范公真、杜魏新、陳克篤等，往安邦道海東府安興縣渭陽、風流、良規等社，與同府縣官責令社村長責勘板洞處田，度千畝高田數，先給渭陽社黃金榜同德豐等，每人田五畝，土園五高，田壹千叁百肆拾叁畝貳高肆尺五寸……"而且還對三社界碣作出割立，"一立渭陽社，地分上自井鼓寺各馬，下至洌西爲界碣。二立風流社，地分東自婆弄廟，直至西井鼓寺西北樓巡司自膽西，南至高車各馬爲界碣，其海壓社，在西紮處耕居，只有一區跡在巡珠，無有地分。一立良規社，地分上自婆弄廟、卿涇，下至涇轍、涇洌爲界碣。"還有一些是對統治階級權益維護的規約，如《敕給賜》（3675號）是對義國公世業田的劃定，《公主祀田碑》（3676號）是對公主田產具體位置的說明。

村社是越南的基層行政單位，爲維護日常生產生活秩序、避免糾紛，每個村社都有自己基本的規約。如"係至忌日朔望，禪僧照辦齋盤獻供"（16102號），"拾貳月初貳日，本社敬臘粢、肉、酒，供承祀後"（5453號）。又如"或本社並全四甲後代子孫或有他情忘恩背義不依端內，願天地龍神照鑒誅之"（5335號），"祝聖永垂萬代，若其某人埋藏變易者，願諸誅滅"（11134號），"或社人占奪此田，願本寺靈庵真宰鑒而滅之"（16號），這些則是對那些違背規約人的警告和詛咒。

七　其他類

除上述內容外，還包含如下碑：1."債務碑"，如"范千年并妻阮氏艚果是雙，家齒頗有，富潤風流，兼暫出使錢一百五十貫，奮潛受本社於還債銅錢"（11103號），"荊門府安老縣石榴社社長楊有禮……上下大小等因爲本社欠季錢，還債內官"（11121號），"其夫妻茲許本村此錢還債，又應作亭"（13403號）。2."遺囑碑"，如"國有常法，故立囑書，鐫之石碑，并寫許子孫，并同屬式，各執壹道爲照用者"（4460號），"茲繼主杜文敏遵遺囑，出家財於聖堂之西，砌二生墳，表我雙親，以酬勞績"（19359號）。3."高僧碑"，如"南無靈光塔摩訶比丘尼字性宣禪師，禪座下，正月初六日正忌"（139號），"在乙卯僧年八十有六，爰用佛家火喪法超生淨土"（9398號），"本縣鎮北寺大尊禪僧范廷釧，瑞珪兌甲人也，少從梵教，老悟禪機"（56號）。

第四節　越南碑銘文獻的整理和研究

一　關於越南碑銘文獻的整理①

越南碑銘文獻是受中國銘文影響，同時根據本國具體生活需求而形成的文化現象。以漢字與喃字銘刻的越南碑文是漢喃文獻遺產中的重要部分。目前，中越學界整理出版的代表性越南漢喃銘文彙編資料有：1.《越南漢喃銘文匯編》，潘文閣、蘇爾夢主編，由法國巴黎遠東學院和越南河內漢喃研究院合作完成，爲嘉義中正大學文學院和越南漢喃研究院共同執行"漢喃漢文銘文匯編"計畫的成果。匯編計畫出版七集，分別是：第一集（自北屬至李朝）、第二集（陳朝）、第三集（黎朝初期）、第四集（莫朝）、第五集（黎朝中興期）、第六集（西山朝）、第七集（阮朝）。現已出版前兩集，剩餘集仍在籌備當中。其所採集的銘文出於越南歷史上的陳朝（1226—1400），按年代先後排列了 44 篇銘文。此匯編所收銘文篇數雖不多，但在漢喃銘文研究史上極具代表性，諸多學者對其展開了深入的研究，中國臺灣學者耿慧玲是其代表。2.《越南漢喃銘文拓片總集》，由越南文化通訊出版社出版，目前已出 22 冊，其所收銘文共 22000 條，主要以石碑爲載體，用漢字和少數喃字系統地記載了越南北部民族的生活文化狀況，時間跨度爲十六世紀至二十世紀初，內容包括規約類、寄忌類、事功頌德類、詩歌類及其他類等。此外，越南學界還出版了一些碑銘單行本，如有《李陳詩文》（1977）、《河內碑文》（1978）、《諒山碑文》（1993）、《莫代碑文》（1996）、《河西碑文》（1997）、《河內國子監碑刻》（2000）、《李朝碑文》（2010）、《清化碑文》（2013）、《黎初朝代碑文選》（2014）、《陳朝碑文》（2016）、《黎朝佛教碑文》（2017）等，這些著作大都將碑文直接翻譯成越南語，缺少對原本的校釋。又因受語言限制，影響不廣。

在碑銘文獻的編目方面，越南漢喃研究院出版了《越南漢喃字銘文

---

①　[越] 鄭克孟：《越南的漢喃遺產》，載趙麗明編《漢字傳播與中越文化交流》，國際文化出版公司 2004 年版，第 267—268 頁。[越] 阮翠娥：《越南碑銘的整理與研究工作》，載趙麗明編《漢字傳播與中越文化交流》，國際文化出版公司 2004 年版，第 277—283 頁。[越] 阮文原：《越南銘文及鄉村碑文簡介》，《國立成功大學學報》2007 年第 17 期。陳日紅，劉國祥：《〈越南漢喃銘文拓片總集〉述要》，《中南大學學報》（社會科學版）2013 第 6 期。

略述》(1992)和《越南漢喃銘文拓片目錄》(1991),其資料室還藏有《越南碑文目錄》(25卷)、《碑文精簡目錄》(30卷)。在出版《越南漢喃銘文拓片總集》之後,另有8冊《越南漢喃銘文拓片目錄》(2007—2012),是按照《總集》編號順序撰寫的越南語目錄提要,目前只收錄了《總集》前16冊16000份銘文,包括題目、碑銘年代、主要內容等。

二 關於越南碑銘文獻的研究

在越南,早於14世紀上半期,黎崱《安南志略》中就錄有數篇李朝碑銘;19世紀前,後黎朝晚期的黎貴惇、黎末阮初的裴輝碧等就利用碑文作史學研究;近代以來,高朗《黎朝進士題名碑記》,黃春瀚利用李朝碑文材料編成《李常傑與李朝外交和宗教史》,何文晉《銅銘文石刻文——銘文與歷史》對郡縣時期的銘文進行收集、考察和研究,吳德壽《"玖"字與中興黎朝書籍和碑文文本》(1994)、《金石銘文中的避諱字"南"及年代問題》(1997),阮金杜《越南寧平省陳朝碑刻避諱字研究》(2016)、《越南中興黎朝(1533—1788)碑刻文獻中的新發現避諱字研究》(2018)多利用碑銘材料進行避諱及相關歷史文化研究。阮翠娥《越南碑銘的整理與研究工作》(2003)介紹了越南漢喃研究院所藏的漢喃古籍和碑銘的整理與研究工作,並對銘文文字的特點、內容、版本的情況進行了介紹。鄭生《河內古螺銅鼓銘文試解》(2006)對河內古螺銅鼓銘文進行了解讀。阮氏金英《在越南的後碑》(2007)、阮文元《越南銘文及鄉村碑文簡介》(2007)探討了越南民間特別盛行而許多筆紙資料常未注重涉及的"後碑"問題,並對其成因進行分析。丁克順《15世紀越南黎初朝代的藍京碑林》(2014)簡要介紹了清化省黎初家的碑刻,並揭示了其史料價值。丁克順、葉少飛《越南新發現"晉故使持節冠軍將軍交州牧陶列侯碑"初考》(2015)對越南目前發現最早的石刻碑文進行了考釋。丁克順《十世紀前越南漢文碑銘:新發現、文本意義和價值》(2017)主要介紹了越南郡縣時期到十世紀的漢字碑文,特別注重文本的問題、意義和價值。丁克順、葉少飛《越南富川"金甖"銅鼓與"金鏤"銅壺銘文考釋》(2018)對"金甖"銅鼓與"金鏤"銅壺的形製進行了描寫,並對銘文進行釋讀。陳氏秋紅《十七至十八世紀越南後神碑文字研究》(2018)展示了後神碑文字的總體特徵,揭示了"後神"二字的使用和演變規律,分析其中喃字、避諱字、俗字、異體字的使用情況。阮珖勝《越南阮朝寶鼎的篆書》(2018)揭示了寶鼎對漢字形體的藝術化影響。

在中國，耿慧玲在《越南史論——金石資料之歷史文化比較》（2004），對越南碑銘進行了歷史、民俗、語言、文字、文化等研究。陳日紅、劉國祥《〈越南漢喃銘文拓片總集〉述要》（2013）從道德、制度、風俗、宗教等四個方面對該材料的漢文化影響進行了例釋，揭示越南河內以北的民族文化與漢族文化的歷史淵源。葉少飛、丁克順《越南新發現東山銅鼓"金甑"釋》（2016）解釋了東山銅鼓何以自銘爲"金甑"，並對這一器物後世統稱爲"銅鼓"的原因進行了考究，最後對相關幾個銅鼓上的銘文進行了解讀。劉正印、何華珍《越南漢喃銘文酒器量詞字用初探》（2016）對漢喃銘文中記錄酒器量詞與中國的酒器量詞用字進行比較分析。劉正印、何華珍《越南漢喃碑銘用字研究導論》（2017）以《越南漢喃銘文拓片總集》爲語料，對其中的用字現象從傳承和變異兩方面進行調查研究。何華珍、劉正印《試論越南漢喃銘文中的漢越通用俗字》（2018）以《越南漢喃銘文拓片總集》爲字料，從時代用字和構字規律兩方面對越南漢喃銘文中的"漢越通用俗字"進行調查探究，揭示其在越南不同時代的傳承軌跡和使用情況，證明"漢越通用俗字"即"傳承俗字"。郭洪義《越南古代漢文銘刻漢文典故詞語的特點及其成因初探——以李、陳朝漢文銘刻爲例》（2018）通過對越南古代漢文銘刻中用典現象的全面考察，總結漢文典故詞語的特點，並作出必要的原因分析與規律揭示，進而探討越南古代漢文銘刻典故詞語的詞匯學研究價值。王泉《越南李、陳漢喃銘文詞彙句法初探》（2018）對銘文中一些異於漢語常規習慣的內容，或者使用一些漢語不常用、不常見的用法進行考訂。何華珍等《越南漢喃碑銘文獻的文字學價值》（2018）對越南碑銘的文字學價值進行了多方面剖析。

第五節　處理和運用材料的基本原則

越南碑銘文獻既能反映漢字在域外的傳播情況，又是進行漢字在越南的發展研究的基本材料，既有特殊性，又具展開研究的可行性和必要性。我們以拓片中的實際字形爲依據，梳理出漢字在越南的演變源流和基本脈絡，緊扣字詞關係，著眼字形變化趨勢，以科學、真實、適用爲導向，圍繞研究目標，確立處理和運用材料的基本原則如下：

1. 字形材料真實可靠原則。本書所有字形一律從碑刻原拓直接提取，盡可能保持文字原書寫貌，避免失真。所取字形都經過細緻校驗，最大可能保證釋讀、出處、用例等準確無誤。

  2. 字形、結構、職能相結合原則。研究中盡可能把握漢字原字造字意圖，遵循字形和構件的形源關係，以便觀察字形變化對漢字理據的具體影響。強調字形與所記錄的詞義之間的關係，堅持字詞對應原則。同時緊密結合漢字具體使用環境，關注影響漢字用字發展變化的外部因素。

  3. 共性與個性相結合原則。研究材料中的每種用字現象，都是唐宋以來近代漢字用字系統的一分子，具有共時漢字發展階段上的共性和規律。由於漢字在書手刻工、記錄內容、使用目的、石刻類別等方面有較大差異，具體用字又有其特殊性。我們既要著眼於漢字發展的階段特點，全面準確地揭示漢喃銘文用字系統的共有規律，又要有區別地對待差異，描寫分析個性特徵，並將個性融入共性。

第二章

越南碑銘文獻的研究價值

越南碑銘文獻作爲"同時資料",對文字學研究有著無可替代的作用。

第一節 文字學價值

一 越南文字變遷的價值

越南漢喃碑銘文獻,自郡縣時期一直到20世紀綿延不斷,從中可以看出越南文字的發展變遷,是研究越南文字變遷的第一手材料。由最初的漢字專用,到喃字出現後的漢喃並用,再到國語字的產生都可以在其中找到印記。

在丁朝、陳朝的碑銘中,有不少關於施田、田界的內容,其中會涉及一些專有地名以及度量詞語。如記錄地名的"洞個"(《古越村延福寺碑銘》1157年),以及記錄{田野}的"垌"字(《多貝垌木牌》1269年)。度量詞語如記錄地積單位{sáo}的"高"字及記錄{畝}的"面"等喃字。還有以"麻雷"記錄{鬼}(《崇天寺碑》1331年)。

喃字產生以後,在越南民間流行,逐步受到文人政客的推崇,甚至影響到了上層統治階級,如後黎初黎聖宗於1486年的題詩碑。黎聖宗既精漢文,又通喃字,其創作的《洪德國音詩集》是當時喃字文學作品的代表作。

隨著國語字的產生,也成爲銘刻碑文的一種文字,這時開始出現漢字與國語字夾雜使用的碑刻,有的碑刻甚至夾雜了漢字、喃字、國語字,還有阿拉伯數字。

縱觀越南的銘文文獻,越南從郡縣時期直到1945年,甚至少量延續至1945年之後,其碑刻所使用文字始終以漢字爲主。此外,碑刻文字隨

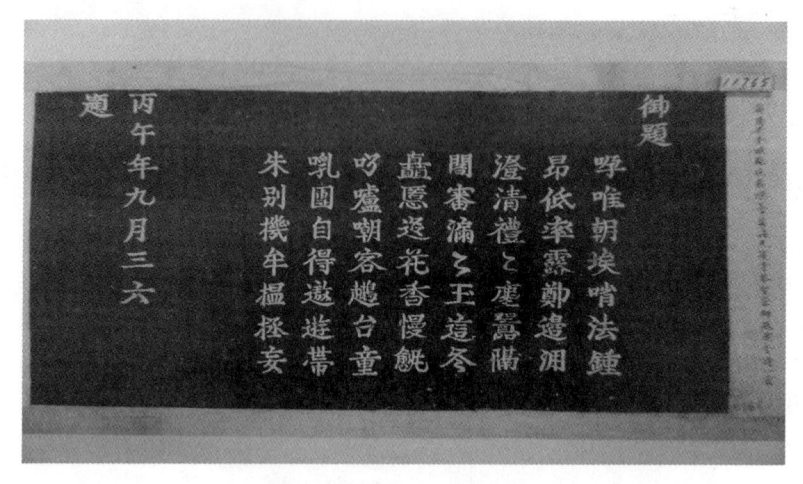

圖 2-1 黎聖宗《御題詩》

著國家整體文字使用情況變化而變化，但又有其保守性和滯後性。喃字、國語字等在碑刻均已使用，但相較於紙質文獻或文學類文獻數量明顯偏少，不是主流。碑刻用字依然以漢字爲正統文字，從而可顯示碑刻的神聖性、正統性與契約性。

二 漢字形體研究的價值

字體即字的外在形式特徵及風格。字體有個人字體，如歐、柳、顏、趙等書法字體；也有不同書寫工具造成的風格，如契刻的甲骨文與鑄刻的金文風格的不同。此外，還有因用途不同形成的不同字體，如《說文解字·敘》中的"秦書八體"，現在使用最爲廣泛的"宋體字"也是應印刷而產生的。漢字字體經過古文字階段以後，又經隸變，直至唐代楷體字定型才進入一個穩定的階段。越南漢喃碑銘文獻絕大多數在唐代以後，字體自然以楷體字爲主，間有少量篆體、行書體、草體和行草體。

篆體字本是漢字字體發展史上的一種字體，後來有了專門用途，多出現在後世碑額以及墓誌蓋等處。在越南碑銘文獻中，最早見於公元618年《大隋九真郡寶安道場之碑文》。此碑額篆體字比較有特點，藝術加工痕跡非常明顯，字形已經簡化很多。如"隋"此碑作 ，但隋代墓誌如《陳茂墓碑額》作 ，《澧水石橋碑額》作 ，《賀若誼碑額》作 ，宋代刻本《說文》一般作 。可看出此碑之"隋"與常見之篆體有別，不僅所從之"邑"已經簡化，而且還少了一個"工"。"郡"之篆體 ，所從之"邑"也已經簡化。再如"真"此碑作 [圖]，明顯與唐代常見之篆體 [圖]、[圖]（唐·碧落碑）[圖]（唐·多寶佛塔碑）以及《說文》之 [圖]，明顯區別，可推測此篆文可能是以篆書筆劃寫俗體字形"真"而來。"道"之篆體 [圖]，與唐代習見篆體及《說文》之 [圖] 也有區別。"碑"之篆體更具藝術性傾向，與東漢以來篆體如 [圖]（東漢·白石碑額）、[圖]（隋·澧水石橋碑額）、[圖]（唐·王審之碑額）以及《說文》之 [圖] 皆不類，倒是與唐代《法果寺碑額》出現的 [圖] 類似。

越南獨立以後，篆體字常見於碑額，如：

圖 2-2　篆文碑額（1）　　　圖 2-3　篆文碑額（2）

圖 2-4　篆文碑額（3）　　　圖 2-5　篆文碑額（4）

莫朝以後，後黎朝與阮朝碑刻數量大增，篆文碑額也數量不少。有的篆體不僅局限於碑額，有的在銘文中也有出現，如莫朝碑銘中，有篆文"信施"二字。

圖 2-6　碑名篆文"信施"

越南漢喃銘文篆文主要有以下研究價值，一是當下在中國關於宋代刊刻《說文》以前的篆文，研究是較爲薄弱的，中國的以及越南的出土材料是研究此項內容的重要的材料。二是越南篆文對於中國篆文的接受與改易，通過對比發現越南篆文的一些特點，如藝術化傾向等。

除了篆體，越南漢喃碑銘中還有用隸書書寫的，如：

圖 2-7　隸書碑銘（1）　　圖 2-8　隸書碑銘（2）

越南漢喃碑文中還有藝術化的行書碑與草書碑，如：

圖 2-9　草書碑銘（1）　　圖 2-10　草書碑銘（2）

第二章　越南碑銘文獻的研究價值　27

　　以上行書、草書碑具有很高的審美價值，對越南書法史、藝術史的相關研究有著重要價值。一方面從郡縣時期、李陳時期、後黎朝時期、阮朝時期選擇代表性碑刻文獻，對其書體變化情況進行系統梳理，揭示越南書法藝術發展的歷程。書法比較研究方面，以楷書爲比較物件，彙集不同時代、不同地點的碑刻進行研究。書法分類研究方面，後黎朝前期的一些題詩碑多由當朝皇帝書寫，對御制御書碑的書體風格進行考察，有助於勾勒書法在越南統治階層的發展軌跡。

　　除此之外，越南還有一種"宋體字"碑，也值得關注。"宋體字"是在明代伴隨雕版印刷的"標準化"生產而產生的一種字體，主要特徵是橫平豎直，橫細豎粗，與手寫楷體字有明顯區別。在越南碑刻中，可以發現以"宋體字"刊刻的碑，如：

圖 2-11　宋體字碑銘（1）　　　圖 2-12　宋體字碑銘（2）

　　從這種"宋體字"碑刻中，可以發現雕版印刷以及刻本書籍對於碑刻的影響，也反映了兩種不同介質文獻之間的密切關係。

　　字體作爲一種文字整體風格，可以說每一塊碑就有一種風格。整體而言，所有漢字文獻都可以分爲兩種風格：一種是潦草的、用字隨意的、由知識水準不高的人寫就；一種是嚴謹的、用字規範的、由知識素養較高的知識分子寫就。按照一般道理而言，手寫抄本比較自由隨意，而碑刻文獻傳至久遠，則相對嚴謹規範。現實卻是，在碑刻中也有很多的潦草、隨意，由下層人民寫就的，字形不夠規範，而這也正是其字形研究價值之所在。

三 漢字結構研究的價值

越南碑銘文獻中的漢字形體非常豐富，貯存了大量的域外漢字字樣，能夠真實地反映漢字在越南的傳播、發展的情況，爲探討漢字在越南發展演變的規律提供了可靠且豐富的材料。王寧先生運用科學的理論和方法，整理、描寫不同層面漢字的構形系統，抓住漢字的本體結構和生髮功能，依據部件在構字時所體現出的不同構意，歸納出漢字構形系統的 5 種構件類型、14 種構形模式，基本涵蓋了古今所有漢字。這一漢字構形理論爲我們研究越南漢喃文獻中各階段的漢字異寫、異構現象提供了基礎理論和基本方法。

越南碑銘文獻中有著大量的異體字，不僅可爲漢字構形理論在域外的運用提供豐富的、有特色的字料，而且反過來構形理論亦可以用來分析碑刻中的訛俗字、記號字。以異體字爲例，首先關於異寫字，包括：（1）筆劃增加。如"皇朝正和十年捌月初壹日立"（2040 號）中"初"作"□"；"舊會寧縣丞生徒阮登洲，青河社人也，德年三達，心產兩恒"（6030 號）中"人"作"□"；"趨吉避凶，淳風厚俗"（12436 號）中"凶"作"囟"。（2）筆劃減少。如"其發身之效，熟有大焉，遂鐫於石，以壽其傳"（814 號）中"焉"作"□"；"賴本寺住持人人繼百年，延香煙於永遠"（18077 號）中"煙"作"□"；"再出資造石牆，繼買祀田，以需供養"（17760 號）中"養"作"□"。（3）筆劃黏合。如"本村順聽犒粲肉、酒菜，准古錢□貫，別無要索"（3035 號）中"菜"作"□"；"謙讓和平，處於鄉者，自束髮至白首，未嘗與人爭競也"（450 號）中"競"作"□"；"衢坦雲青，階光天碧"（19797 號）中"衢"作"□"。（4）部件位移。如"智氏號自少，敦誠長而慈惠，悟心珠而投虔"（1136 號）中"敦"作"□"；"庇民護國，德澤汪涵"（17079 號）中"護"作"□"。（5）草書楷化。"於是刻石畫字，以示後世，使永監焉"（3773 號）中"畫"作"□"。

其次關於異構字。包括：（1）增加義符。如"此山一嶺，孤峙大江"（2809 號）中"頂"作"嶺"；"環龍縣安下總盛豪坊東閣亭樑上字題如後"

(377號)中"梁"作"樑"。(2)改換義符。"本村每人方餅四件,圓餅四件,每件叁砵,用好爲一具"(7503號)中"鉢"作"砵";"幾日誼嘩,皷棹來舟,離方岵弦嶽之峯;彌年維新,合集飛鳥,岸欝馥櫥之春"(4103號)中"喧"作"誼"。(3)省略義符。如"則福祿日來,壽爲無疆,益享太平之福"(11933號)中"疆"作"彊"。(4)改換聲符。如"恩重施酬,鄉與國舉,皆敬慕"(8550號)中"酬"作"酹"。(5)符號替代。如"鄉邑尊敬之心,處處壹皆讓畔,人人共保後神,億年享祿"(10706號)中"尊"作"󱀀"。(6)全體創造。如"其義雖名顯於當時,不若功傳於後世,因勒碑以辭其傳"(4362號)中"壽"作"󱀁"。此外,越南漢字構形的研究對《越南碑銘文獻俗字彙編》的編撰起到輔助作用,同時對越南漢字字樣學研究與越南漢字規範問題研究奠定基礎。

四 漢語俗字研究的價值

越南漢喃碑銘文獻是貯存漢語俗字的寶庫,可以爲漢語俗字研究提供豐富的材料,爲學界俗字研究釋疑解惑。"対"字一般認爲是日本創造的漢字,中國本土文獻作此俗寫的情況比較少見。關於"對"字,我們在越南碑銘文獻中找到大量俗作"対"的例證,如"然既叨奉明詔,敢不󱀂揚休命乎"(1510年,1954號),"乾坤󱀂天地"(1673年,8919號),"靈廟崢嶸,乾坤󱀂岵"(1695年,4362號),"寺名香鄧,景󱀂華煙"(1723年,11895號)等。"対"不僅見於日本,亦見於越南,但在中國少見。根據漢字傳播的規律,我們猜測其源頭應是在中國。

劉美娟《浙江地名疑難字研究》(2012)中論及"砝"的探源,其字未見於《漢語大字典》《中華字海》等古今字書,現今地名志中作"砝",舊方志中均作"礂",可見是右半部分"亶"草書楷化作"玄"。類似的演變在《宋元以來俗字譜》中也有用例。如"壇"字,《目連記》刻本作"玄"(18頁)。越南碑銘文獻中亦有"壇"俗作"玄"的例證,如"󱀃那會內,名保永昌"(649年,5279號);"乃發家貨許與󱀃坊,造懸鍾閣興事廟堂"(1676年,372號);"先聖,古禮也;露天文󱀃,古制也"(1867年,14037號)。

五 地域文字研究的價值

越南碑銘文獻是研究"地域文字"的寶貴材料。"地域文字"就越南而言,包括變異俗字(又稱"國別俗字"或"特徵俗字")和喃字。變異俗字的主要類型包括會意變異、訛俗變異、符號代替、草書楷化變異等。

如"至於乙未年十二月初七日命終歲時，生歸佛國"（5155號）中"佛"作"🈳"；"耕系遞年貳忌，本寺整禮供佛"（651號）中"佛"作"🈳"，這兩種"佛"字分別表示"西天之人"和"西國之人"，體現出越南人對於"佛"的理解，屬於會意變異字。又"若後日何人唱起異端，廢棄忌日，惟願皇天鑒臨"（4446號）中"廢"作"🈳"；"率能致雜熙之盛藹，爾遠外聲之世善乎"（10706號）中"遠"作"🈳"，此爲訛俗變異。此外，越南"變異俗字"中符號代替也獨具特色，如符號"艹"："系妣後命終，禮忌依如翁後"（9888號）中"翁"作"🈳"，"後再瞞昧，廢其忌臘"（11126號）中"廢"作"🈳"；符號"爻"："自幼齡失怙，與母氏阮嫗居孤苦丁零"中"齡"作"🈳"。還有受草書楷化形成的變異俗字，如"扶護鄉村，永傳南域"（10618號）中"傳"受草書影響楷化作"🈳"；"蓋聞有功德及人者，人必追思而祀之"（4443號）中"德"字草書影響楷化作"🈳"，還有進一步簡化作"歹"（10706號）。

"喃字"則體現在自造字，即借用漢字部件仿照漢字構形原理創製新字，其與古壯字、瑤字、布依方塊字等民族文字有著千絲萬縷的關係。

六　簡化字溯源的價值

越南碑銘文獻中蘊含著諸多中國的現行簡化字。如：礙—碍（9408號）、辦—办（3329號）、寶—宝（16號）、邊—边（916號）、撥—拨（4103號）、寵—宠（6001號）、從—从（7747號）、黨—党（11510號）、獨—独（1803號）、蓋—盖（16300號）、關—关（1136號）、號—号（19390號）、還—还（13403號）、機—机（18901號）、堅—坚（11941號）、鑒—鉴（5279號）、盡—尽（19084號）、禮—礼（32號）、鸞—鸾（372號）、蠻—蛮（20436號）、夢—梦（11488號）、廟—庙（372號）、盤—盘（5474號）、憑—凭（4190號）、遷—迁（4103號）、竊—窃（17104號）、窮—穷（16號）、榮—荣（12973號）、聲—声（5279號）、雙—双（13125號）、體—体（19390號）、頭—头（13403號）、彎—弯（12438號）、萬—万（5279號）、爲—为（17760號）、務—务（16號）、賢—贤（901號）、顯—显（7204號）、學—学（5137

號)、煙—烟（3773號)、應—应（9006號)、災—灾（5239號)、齋—斋（17106號)、證—証（1825號)。

以上部分簡化字曾在群眾中廣泛使用，但在中國歷代字書、辭書中找不到具體用例。通過對越南碑銘文獻的用字研究，可以找到個別群眾創造的簡化字，有助於簡化字溯源工作的發展和完善。如:《簡化字溯源》:"盤, '盤' 的簡化字, '盤' 是現代群眾創造的簡化字。"① 銘文中, "係遞年十二月初柒日忌, 粢二盤, 雞二隻, 金銀芙薑足用" (5474號)、"遞年捌月八席例俵粢壹盤雞壹隻" (18276號)、"係遞年忌日行禮, 粢、雞一盤, 酒、芙薑足禮" (18278號)、"正月跂跌, 三月唱歌, 香油盤具, 日夜奉事如儀, 其祭文配享並如前後" (6004號) 中皆為 "盤" 作 "盤" 例。其中最早用例所處年代為正和十八年, 即公元1697年。根據 "傳承俗字" 的一般規律, 簡化字 "盤" 在中國的出現時間至少應早於18世紀。

七 越南漢字傳播史研究的價值

域外漢字傳播與漢字在域外所處的生態密不可分，從載體來說，碑銘、刻本、寫本在越南都是記載漢字、傳承漢文化的載體。其中碑銘數量巨大，時間跨度長，是研究漢字在越南傳播的必不可缺的材料，可與刻本、寫本相互補充研究越南漢字傳播史。從文化生態背景來說，儒學、佛教與道教在越南的傳播，以及中國的科舉制度、禮儀官職制度、醫學、民間風俗、印刷書籍等多方面、全方位的文化傳播，無疑都推動著漢字在越南的傳播、演變和發展。

"漢字傳播" 是一個橫向擴散的過程，具有時間性和空間性。越南碑銘文獻時間跨度大，蘊含字料豐富，不但有助於釐清漢字在越南的傳播階段和層次，而且對部分喃字創制時間及來源地的判定亦有啟示。以碑刻中的漢字字料同中國的歷代字形彙編作比較，可大致確定其傳播時間的上限或下限。若有些字最早見於《明清小說俗字典》，那其傳播時間多為明清；若有些字僅見於《漢魏六朝碑刻異體字字典》，《敦煌俗字典》《宋元以來俗字譜》《明清小說俗字典》皆未見，那這些字的傳播時間至少在唐代以前。喃字從來源上分為借用字和自造字。在借用字方面，如果前面我們對漢字在越南傳播階段或層次有了大致的框架，就可以類推到喃字中的借用漢字，同時結合碑銘喃字字料出現的具體時間，亦能分出一個層次。

---

① 張書岩等:《簡化字溯源》, 語文出版社 2012 年版, 第 105 頁。

在自造字方面，除了按照上面對漢字部件傳播時間類推外，還可與其他民族文字作比較進行推斷。京族和壯族屬中越跨境民族，所用文字分別是喃字和古壯字。由於兩族在歷史上混雜而居，文化相似度較高，喃字和古壯字同屬漢字型文字，關係密切。韋樹關《喃字對古壯字的影響》（2011）闡述了一定數量的古壯字在字形、字音、字義及造字符號受到越南喃字的影響；其中，形、音、義全借喃字的古壯字可以判定來源於越南。這種影響應該是雙向的。同理，我們通過對照越南漢喃碑銘與壯族古籍，亦能發現古壯字對喃字的影響，從而對一些喃字的來源地進行認定。

八　越南漢字發展史研究的價值

越南碑銘文獻從968年之前的郡縣時期，到李朝、陳朝、黎初、黎中興以及阮朝都存在"同時材料"，這是研究越南漢字史的寶貴資源。此外，由於戰亂頻繁以及氣候潮濕等因素，越南刻本數量較少，寫本時間較晚，只能作爲越南漢字史研究的補充材料。下面以"懷"和"德"爲例，觀察兩字在越南的發展情況。

表2-1　　　　　　　　"懷"和"德"在越南的字形發展情況

漢字	碑銘字形	年　代	例　證	編　號
懷		李朝（1118年）	謹述鄙~而紀其日月	20953
		陳朝（1321年）	上柱國開國國王心~大道、性重宋人	4998
		黎初（1510年）	稱禮咸秩，以~柔乎石神	1954
		黎中興（1782年）	人~惠澤，享配廟堂	13004
		阮朝（1832年）	有阮監生挺出，~抱有素，曆踐科階	14231
德		陳朝（1321年）	王之厚~於以酬	5000
		黎初（1507年）	女曰蹤，嫁~光府清江縣仙檜社	5137
		黎中興（1607年）	善積於家，~顯以世	19307
		黎中興（1746年）	其功澤其~，蓋必待淳風之時	10706
		阮朝（1932年）	河城名勝海岸兼有~，此有人而弟子彌眾	15583

九 東亞漢字比較研究的價值

越南碑銘文獻中既有傳承俗字又有變異俗字，對這些俗字的研究有助於從整個東亞漢字圈的角度來審視近代漢字的演變，開拓近代漢字研究的新視野。如越南漢字發展變化是否和中國一致？如果不一致的話，中越雙方各自的發展特點是什麼？這些特點與東亞漢字圈的其他國家是否有相同或不同之處？同時，通過東亞漢字比較互證，有助於糾正學界對俗字國別的判定失誤。如"芸"爲"藝"的俗寫，"対"爲"對"的俗寫，"仅"爲"儒"的俗寫，以上字形在日本、朝鮮和越南均有出現，但卻少見於中國。另外從民族角度看，記錄"圍"之"囲"見於中國京族地區，亦見於日本《常用漢字表》和韓國語文教育委員會 1981 年發佈的 181 個"略字"中。我們並不能簡單地認爲這些字形爲域外或少數民族創制。根據漢字傳播的路線，如果漢字圈中其他國家都有的字形，那麼其源頭很有可能是在中土。此外，這些俗字字料亦可爲《東亞俗字典》的編撰提供字形和例證。

十 漢字理論研究的價值

李運富《"漢字學三平面理論"申論》(2016) 認爲漢字本體應該具有形體、結構、職用三方面的屬性。在形體和結構方面，何華珍《國際俗字與國別俗字——基於漢字文化圈視角》(2013) 將域外漢字中的俗體分爲"國際俗字（傳承俗字）"和"國別俗字（變異俗字）"。越南漢喃碑銘中既有通行於中越的"漢越通用俗字"，又有主要流行於越南的"地域俗字"，這些材料可進一步豐富"國際俗字與國別俗字"理論。在職用方面，漢字在越南漢喃碑銘中分別記錄漢語和越南語。那麼從歷時和共時角度看，一個漢字字符可以記錄幾個越南語語符？其中的形義關係又是怎樣的？一個越南語語符需要幾個漢字字符記錄？用字屬性是本用、兼用還是借用？利用碑銘材料系統地對以上問題進行研究，可爲越南漢字職用學的構建奠定基礎。

第二節 其他價值

除了文字學價值外，越南碑銘文獻對文獻學、辭書學、歷史學、文學、文化學、語言學等學科的研究有著重要學術價值。

一　文獻學價值

16 世紀之前，碑銘文獻是越南文獻的主要組成部分。與郡縣時期及李朝、陳朝相比，越南後黎朝前期石刻數量較多、形態多樣、記載内容豐富。對此進行全面的搜集、整理，可以彌補越南早期文獻的缺失，擴充越南石刻文獻内容；還可以與同時期的中國、日本、韓國石刻文獻進行比較，作斷代式的東亞石刻文獻研究。據此不但能構建越南石刻文獻學，還能爲東亞石刻文獻資源庫的建立奠定基礎。

二　辭書學價值

作爲"異族故書"，越南碑銘提供了大量的新字樣，可對學界一些大型字書或俗字典進行增補。比如，俗字"孝、宰、冰、竟"在《漢語大字典》有收錄，同樣在越南漢喃碑銘中也有出現，如 ![] （12753 號）、![]（1447 號）、![]（6404 號）、![]（7032 號），這些都可以作爲補充漢語俗字的域外材料。再如，《漢語大字典》："砵，同'缽'，陶制的容器。"並未舉例。"砵"實爲"漢越通用俗字"。銘文中"本村每人方餅四件，圓餅四件，每件叁砵，用好爲一具"（7503 號），是其例。又《漢語大字典》："籹，同'粢'。《龍龕·米部》：'籹'，'粢'的俗字。"亦未舉例。"年每忌籹一盤，酒一盂，豬一口，並臘日籹一盤奉事"（13239 號），是其例。

還有《漢語大字典》未收錄，但在《明清小說俗字典》中有收錄的俗字，同樣也可以在越南碑銘中找到，如發—![]（5296 號）、當—![]（12464 號）、壇—![]（14037 號），可以作爲漢語俗字的域外佐證材料。

三　歷史學价值

碑銘文獻作爲一手材料，真實可靠，可補舊史之闕、糾舊史之謬。如，内閣官版《大越史記全書》卷十《黎皇朝紀》記載太祖高皇帝黎利"冬十一月，徃征太原、石林州逆賊閉克紹、農得泰。是時克紹、得泰爭立，故征之。帝至石林州前門，有詩題云：'不辭萬里整師徒，惟欲邊氓赤子蘇。天地不容奸黨在，古今誰赦叛臣誅。'"[1] 此題詩石刻現存於高平省安石縣明開社壁上，全文爲"不辭萬里整師徒，惟欲邊方赤子蘇。天

---

[1]　［越］吳士連等：《大越史記全書》，社會科學出版社 1998 年版，第 221 頁。

地不容奸黨在，古今誰赦叛臣誅。忠良自可膺多福，暴悖終難保一軀。帶礪不移臣子節，名垂萬世與山俱。順天四年辛亥正月二十日題"。很明顯，與原刻相比，史書中少了兩句詩文。且在詩文第一句中，史書作"惟欲邊氓赤子蘇"，原刻爲"惟欲邊方赤子蘇"。史書中"邊氓"即邊民。"赤子"一般有兩個意思：1. 初生的嬰兒；2. 比喻百姓、人民。"邊民的嬰兒"很難講通；若取第二個義項，又與"氓"意義重複。原刻中"邊方"即邊地、邊疆；"邊方赤子"則可理解爲"邊境的百姓"，這樣便文從字順了。可見史書有誤。

四　文學價值

越南後黎朝前期石刻文獻文體繁多，從文章體裁的角度考察，主要有贊、頌，是對人和事的歌頌與褒揚；墓碑、墓誌，是對死者的哀悼與紀念；詩歌、散文，是文人學士抒發性情、表達情感的文學作品；契券、界碑，是日常生活實用的應用性文獻；寺廟題記、發願文，用以表達宗教情感願望，追尋精神寄託。各種文體內容不同，風格各異，表達千姿百態，爲研究文體學、文章學提供了最真實、最原始的材料，值得全面清理和具體探究。比如，各種文體的風格特徵、相互關係、相互影響，各種文體的使用狀況等。此外，越南後黎朝前期的石刻銘文大都出自當世名人之手，如《藍山永陵碑》出自名儒阮廌，《桂俠流芳之碑》（1921 號）、《大越太保平樂侯之墓》（48239 號）出自光順四年癸未科狀元梁世榮；還有一些題詩石刻，是由當朝皇帝親自書寫。因此，從作家作品角度，對文章的遣詞造句、謀篇佈局、用典使事進行考察，歸納總結出不同作者的行文特點，這對於越南文學史的研究是非常有價值的。

五　文化學價值

文化的研究包括天文、曆法、職官、民族、禮制、宗法、姓氏等，內容龐雜，涵蓋寬廣，研究領域廣泛、空間巨大。越南後黎朝前期石刻文獻中出現了大量官名，蘊含了豐富的職官研究材料。如帝王功臣碑中的撰書者，《藍山永陵碑》"榮祿大夫入內行遣知三館事臣阮廌奉敕撰"；《藍山祐陵碑》"翰林院侍讀學士兼知御前學生局近侍祇侯各局臣阮天錫奉勅撰"；《大越藍山昭陵碑》"光建大夫翰林院承旨東閣大學士兼國子監祭酒正治卿臣申仁忠、禮部尚書嘉行大夫兼東閣大學士匡美尹臣覃文禮、達信大夫東閣學士修善少尹臣劉興孝奉勅撰"；《大越藍山裕陵碑》"嘉行大夫東閣大學士匡美尹臣阮仁浹，禮部右侍郎達信大夫兼東閣大學士修善少尹臣范盛，達信大夫東閣大學士修善少尹臣程志森奉敕撰"；《大越藍山敬陵碑》"奉直大夫禮部尚書兼東閣大學士資政上卿臣覃文禮，通幸大夫東閣大學士資政卿臣阮仁浹，右侍郎朝列大夫兼東閣學士修善尹臣范盛，朝列大夫東閣學士修善尹臣程志森同奉敕撰"；《贈舒郡公鄭公之碑》（53119號）"光建大夫翰林院承旨東閣大學士兼國子監祭酒正治卿申仁忠撰"。還有進士題名碑中的考官，《大寶三年壬戌科進士題名碑記》"當時提調官則尚書左僕射臣黎文靈、監試官則御史台侍御史臣趙泰、暨巡綽收卷彌封謄錄封讀等官，各供其事"；《太和六年戊辰科進士題名碑記》"秋八月二十三日，上御集賢殿，降賜清問，命特進入內司寇同平章事臣鄭克復、題調御史台御史中承臣何票、監試門下省左司左納言知北道軍民簿籍臣阮夢荀、翰林院承旨學士臣陳舜俞、國子監祭酒臣阮子晉讀卷"。若能系統收集此類材料，分類梳理，或就某一官名的職能進行歷時考察，或將後黎朝前期職官體系與陳朝及中國明朝作比較，討論其中的繼承與變革，並重點對同名異實的官名進行剖析。這些都是很有學術價值的研究。

六 語言學價值

在語音方面，碑銘文獻中的銘辭多數用韻文寫成，爲研究不同時期的漢越音韻部提供了十分難得的材料。在語法方面，越南語的定語一般置於中心語之後，如《天南洞主御製詩》（7968號）"笑李朝事誕之君臣"，漢語語序當爲"笑李朝君臣之誕事"，"君臣"和"誕"發生後置。這體現了漢語文言語法在越南的發展變化，對越南漢籍語法研究有一定借鑒意義。在語用方面，碑刻特殊的語言表達習慣，修辭方式的多樣化，尤其是大量典故的使用，爲碑銘文獻的語用研究提供了豐富的材料。

第三章

越南碑銘文獻中的漢字和喃字

越南碑銘文獻多用漢字漢語寫成，部分喃字用來記錄人名、地名等越南語固有詞彙。那麼，越南碑銘文獻總體呈現什麼樣的用字面貌？漢字和喃字在不同時期所佔比例如何？漢字和喃字又各自具有什麼特點？以上種種，皆是本章所解決的問題。

第一節　銘文選取原則

《總集》共收銘文22000條，時間跨度從13世紀初一直到20世紀中期，主要反映了越南北部地區的用字情況。但其數目龐大，短時間內無法逐一精確統計。因此我們對材料進行了系統整理和精心篩選，剔除對研究價值不大的拓片，其標準爲：1. 整個拓片泐蝕嚴重，字形模糊難以辨認，此類碑拓不選；2. 年代不明的碑拓不選；3. 造像、畫像題記不選；4. 梵文、法文、拉丁國語字等碑拓不選。綜上，我們將從不同時代分別選取一些字量較多、字跡清晰、內容各異的銘文作爲基本材料進行抽樣測查。

第二節　用字測查

越南碑銘文獻用字的測查與描寫以漢字和喃字爲主，測查內容包括字量[①]、一字多詞（同字異詞）和一詞多字（異字同詞）及它們各自所佔比率[②]。其中，"一字多詞"指同形字，"一詞多字"指俗字、通假字和避諱字。我們先以下面的碑刻爲例進行測查，具體步驟如下：

[①] 字量在本書主要指所選銘文中所有用字（同一個字用了多少次就算作多少次）的總和。
[②] 比率測查採用四捨五入原則，百分比取至小數點後三位。

1. 碑刻編號：415 號。
2. 碑刻所在位置：環龍縣安下總南同寨乾安寺前堂內右邊第一碑。
3. 碑刻記載內容：寄忌類。
4. 碑刻刻寫年代：維新二年，即公元 1908 年。
5. 碑文內容：

後佛碑記

蓋聞佛道慈悲，禪門濟度，欲超苦海，須仗慈航。茲本寨人阮氏攄與本縣安和總官湛甲關土村人阮氏糊等，迺於戊申年月日，乾安寺重修灝大，需費頗多，自願出家銀，每人叁拾捌元，交與禪僧，以助支需，佇祈身後之皈依，永保百年之寄忌。具詳民寨審識，另置寺田壹高在銨處，以爲後田，香火耕祭。係遞年諱日，屆期敬設齋儀、品菓上供，三寶前下及亡靈列位，同仗良因，均超淨境。仰蒙佛祖之證明，庶使亡靈之脫化，萬世留名，千秋配享。是銘碑記云耳，其如姓名、忌日列開於後。計：堂姊阮氏鍾號妙鍾供銀叁元隨配。堂妹阮氏攄，月日正忌。關土阮氏9 號妙1慈，月日正忌。維新貳年十二月吉日立碑記。

6. 字量：239。
7. 俗字數量及比率：

佛—仸、蓋—盖、聞—闻、濟—济、欲—■、苦—■、須—湏、仗—■（2①）、與—■（2）、縣—■、總—总、關—关、等—■、叁—叄、助—■、置—■、壹—■、處—処、後—后（2）、遞—■、敬—■、諱—■、設—■、寶—宝、靈—■（2）、仰—■、證—证、庶—■、留—■、記—■、號—号（2）、貳—式，共 37 字。比率爲 15.5%。

8. 通假字數量及比率：灝—浩，共 1 字。比率爲 0.4%。
9. 同形字數量及比率：0。
10. 避諱字數量及比率：0。
11. 喃字：高、銨、鍾、糊，共 4 字。比率爲 1.7%。

---

① 此爲俗字重複出現次數。

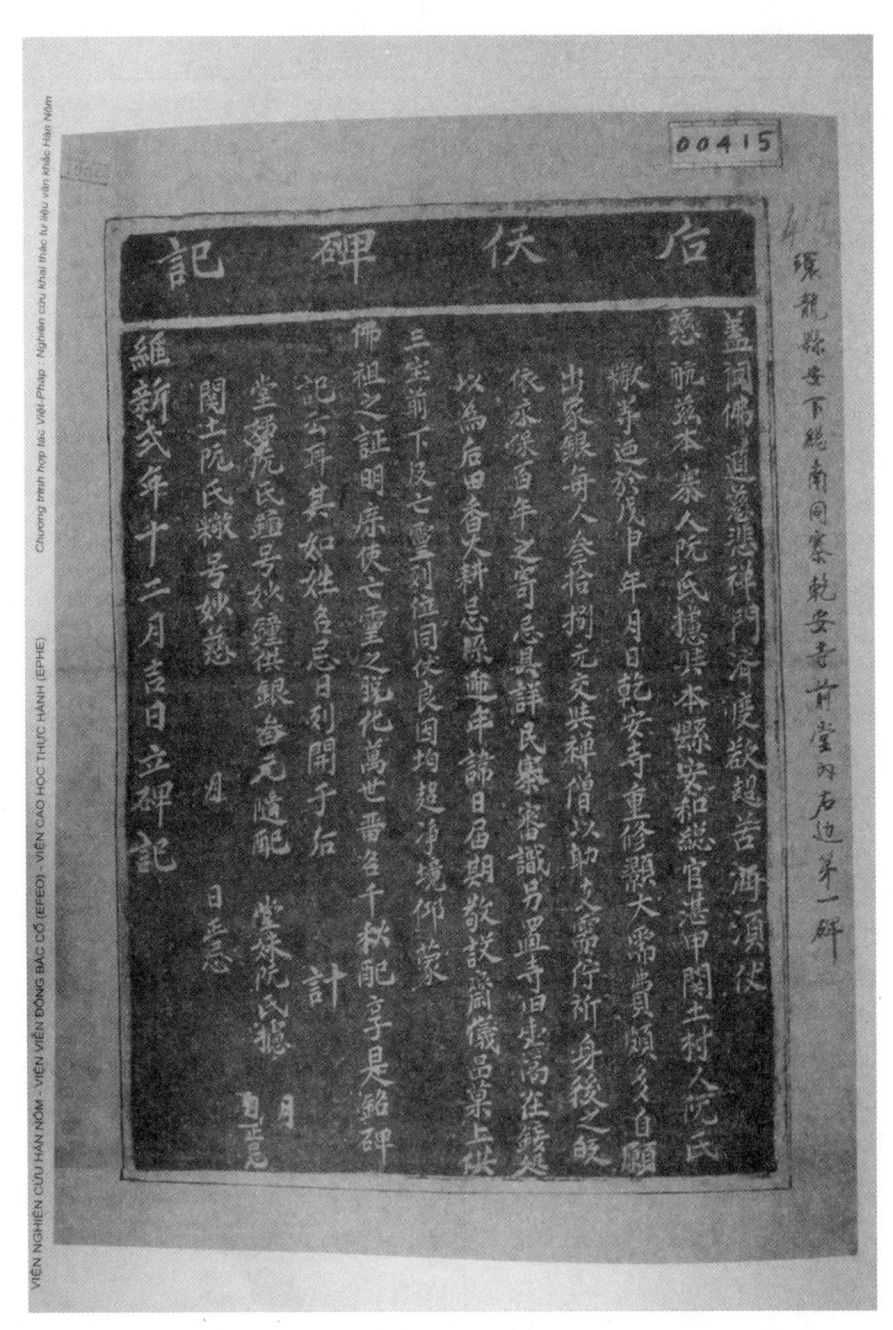

第三章 越南碑銘文獻中的漢字和喃字 39

圖 3-1 后佚神碑

下面依照上述步驟，從歷時角度出發，選取 40 餘塊碑對用字情況進行全面測查。測查情況如下：

表 3-1　　　　　　　越南碑銘文獻用字情況測查

時代[①]	編號	時間	內容	字量	俗字/比率	通假字/比率	同形字/比率	避諱字/比率	喃字/比率
1500前	4102 4103	治平龍應四年（1209）	事功	1328	76/5.7%	5/0.4%			1/0.1%
	7134	洪德三年（1473）	事功	391	36/9.2%	1/0.3%			
	15023 15024 15025	洪德二十六年（1495）	規約	628	87/13.9%			4/0.6%	
1501至1600	5137	端慶三年（1507）	頌德	255	22/8.6%		2/0.9%		
	1954	洪順二年（1510）	廟記	1196	111/9.3%				
	1737	統元四年（1525）	事功	263	24/9.1%				
	10053	延成二年（1579）	頌德	54	6/11.1%				
1601至1650	1136	弘定八年（1607）	寄忌	295	41/13.9%				8/2.7%
	5140	永祚十年（1627）	詩歌	240	20/8.3%			1/0.4%	1/0.4%
	3199	慶德元年（1649）	寄忌	756	61/8.1%	1/0.1%			
	8456[②]	慶德元年（1649）	事功	312	31/9.9%				2/0.6%
	5278 5279	慶德元年（1649）	事功	568	54/9.5%				2/0.4%
1651至1700	7864	盛德三年（1655）	封賞	205	12/5.6%			1/0.5%	
	8479	德元二年（1675）	寄忌	193	22/11.4%				1/0.5%
	372	德元三年（1676）	詩歌	172	21/12.2%				

　　① 關於時期的劃分，《總集》所收銘文多爲17世紀至20世紀初，16世紀前和16至17世紀期間字跡清晰的銘文分別僅有3篇和4篇，因此我們將這兩個時間段劃爲兩個時代，17世紀之後的時代劃分則以半世紀爲標準。

　　② 8456、8457號爲一碑兩面，但8457號多刻錄人名，故選8456號測查。

第三章　越南碑銘文獻中的漢字和喃字　41

續表

時代	編號	時間	內容	字量	俗字/比率	通假字/比率	同形字/比率	避諱字/比率	喃字/比率
1651至1700	1445 1446 1447 1448	正和二年（1681）	事功	1021	86/8.6%	1/0.1%			8/0.8%
	7098①	正和十三年（1692）	頌德	451	45/10.0%				2/0.4%
	4362	正和十六年（1695）	頌德	275	30/10.9%				
1701至1750	4774	永盛二年（1706）	寄忌	283	33/11.7%			1/0.4%	
	1127	永盛十三年（1717）	頌德	496	50/10.1%			3/0.6%	
	8321	保泰三年（1722）	寄忌	253	28/11.1%	1/0.4%			3/1.2%
	7521②	永佑五年（1739）	事功	172	20/11.6%				
	2827③	景興九年（1748）	規約	144	21/14.6%				
1751至1800	18407	景興十五年（1754）	頌德	418	42/10.3%			2/0.5%	
	7319 7320	景興十七年（1756）	事功	1376	141/10.2%				9/0.7%
	13091	景興十八年（1757）	寄忌	338	34/10.1%				
	2745	景興三十六年（1775）	寄忌	189	27/14.3%				
	603	景盛元年（1792）	寄忌	308	31/10.1%				6/1.9%
1801至1850	15775 15776	嘉隆十三年（1814）	寄忌	201	22/10.9%				11/5.5%

①　7098、7099、7100、7101 號爲一碑四面，7090 和 7100 號分別刻錄人名和地名，7101 號字跡不清，故選 7098 號測查。

②　7521、7522、7523 爲一碑三面，7522、7523 號多刻錄人名，故選 7521 號測查。

③　2826、2827 爲一碑兩面，2826 號多爲地名且字跡不清，故選 2827 號測查。

42　上編　越南碑銘文獻用字研究

續表

時代	編號	時間	內容	字量	俗字/比率	通假字/比率	同形字/比率	避諱字/比率	喃字/比率
1801至1850	141	明命十八年（1837）	事功	294	32/10.9%				
	20980	明命二十年（1839）	事跡	462	52/11.3%				
	20439	紹治三年（1843）	封賞	174	11/6.3%				
	610	紹治四年（1844）	廟史	315	29/9.2%				
1851至1900	7748 7749	嗣德十三年（1860）	規約	864	98/11.3%				7/0.8%
	15928 15930①	嗣德十七年（1864）	寄忌	361	44/12.2%	4/0.3%			2/0.1%
	19321	嗣德二十四年（1871）	事功	433	23/5.3%				
	17760 17761	嗣德二十七年（1874）	頌德	456	52/11.4%				8/1.8%
	18901 18903②	建福二年（1884）	頌德	551	41/7.4%				
1901至1950	19290	維新元年（1907）	事功	176	26/14.8%				
	378	維新五年（1911）	寄忌	288	33/11.5%				6/2.1%
	17104	保大五年（1930）	事功	147	27/18.4%				
	17046	保大六年（1931）	頌德	149	26/17.4%				
	19980	保大九年（1934）	事功	336	37/11.0%				
	17079	保大十年（1935）	事功	275	29/10.6%				

①15928、15930實爲兩碑，但刻寫年代相同，內容相近，因各碑字量較少，故將二碑合爲一碑測查。

②18901、18902、18903、18904號爲一碑四面，18902和18904號刻錄圓寂禪師的法號和忌日，故選另兩塊測查。

第三節　數據分析

通過表格可以看出，無論在哪個年代，相較其他用字而言，漢字中的俗字在越南碑銘文獻中佔有較大比重。

一　關於俗字

漢字中的俗字所佔比率與時間的關係用折線統計圖反映如下：

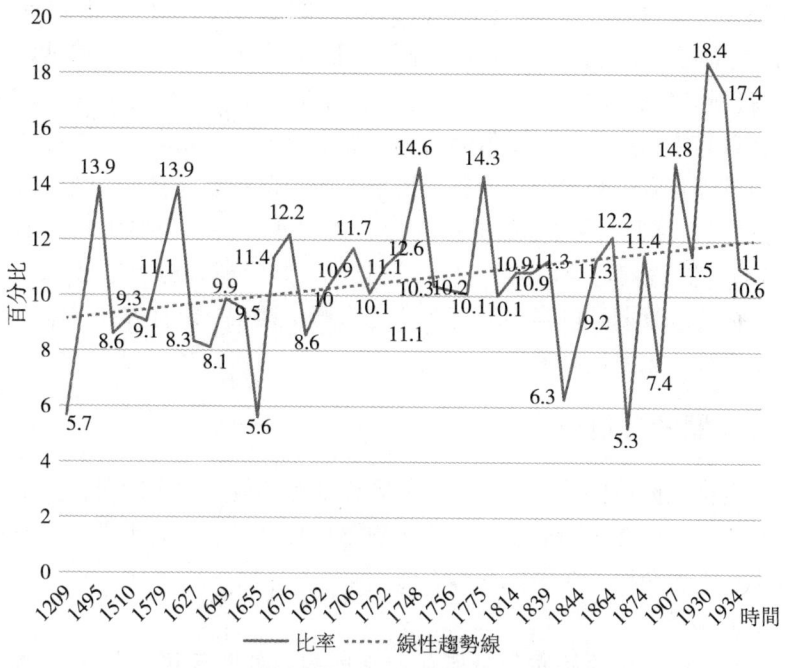

圖 3-2　俗字所佔比率與時間關係折線統計圖

由圖 3-2 可見，在 1650 年前，俗字比率多爲百分之十以下，但 1495 和 1607 年俗字比率突然上升至 13.9%；1650 年後，比率多超過百分之十，但仍有 6 塊在百分之十以下。這大抵與碑文記錄內容及書寫者有關。

15023—15025 號內容爲規約類，涉及錢財和土地，記錄數字或計量單位的字成爲高頻字，如"貳""叁""處""畝""錢""數"等。而這些字又多作俗體，因此會在一定程度增加比率。1136 號內容爲寄忌類，涉及祭品和忌田，祭品包括錢財、食物以及它們的數量，忌田則是尺寸、大小、數量、地址，記録這些内容的字又成爲高頻字，故亦會增加比率。

7864 號爲"皇上敕尊封并戶分碑"，屬封賞碑，俗字比率爲 5.6%；1445—1448 號爲"大悲寺後堂奉事阮相公碑記"，阮公爲"奉差提領京北、山西、宣光、興化等處，鎮守官左、象奇、該奇、官北軍都督府左都督兼郡公"，比率爲 8.6%；20439 號爲阮朝紹治帝御筆，比率爲 6.3%；610 號爲"壯武將軍右軍都督府都統領兵部尚書兼督察院右都御史領總督河内寧平等處地方提督軍務兼理糧餉新禄男"枚公言爲皇家寺廟崇恩寺撰寫的廟記，比率爲 9.2%；19321 號爲幫辦諒平寧太軍務丁未科解元鄧輝熠記，比率爲 5.3%；18901、18903 號爲刑部原郎中樂亭鄭輝珪撰寫，比率爲 7.4%。

綜上，影響俗字比率的因素大致有三個：（1）時代。由線性趨勢線①的走向可見，時代的早晚與俗字比率的高低成正比，時代越早比率越低，時代越遲比率越高。（2）内容及書寫者。若内容涉及土地、錢糧和祭品，且其中相關高頻字用俗體書寫，那麽比率就會偏高，反之亦然；若涉及封賞等官方色彩較强的内容，比率偏低。書寫者爲官員、皇帝等一些受過良好教育的人，比率偏低；反之若爲普通百姓、僧侶所寫，則會偏高。（3）綜合影響。如 1445—1448 號銘文，時間爲 1681 年，正處於俗字比率增長的過渡期；内容頌達官顯貴之功德，具有一定官方性。其受此二者綜合影響，比率欲高還低。

二 關於其他用字

由表格數據可以看出，並非每個時代都有其他的用字情況，甚至整個抽樣測查只出現 2 例同形字，因此我們認爲其他用字所佔比率大小與時間前後沒有必然關係，而多與内容有關。

1. 通假字

具有通假現象的銘文數量所佔比率與内容的關係用餅狀統計圖反映如下：

圖 3-3　餅狀統計圖（1）

---

① 線性趨勢線是假設所要預測的變數與時間之間成線性函數關係，並以此爲基礎預測未來。

很明顯，通假現象多出現在事功類和寄忌類的銘文中。這兩類銘文涉及稱謂、祭品、及稱頌之詞，相關用字多有通假現象，如"婆姨"作"婆夷"，"檳榔"作"并榔"，"忌辰"作"忌晨"，"永垂不朽"作"用垂不朽"等。

2. 同形字

同形字現象由於例子太少，故無法作具體分析。

3. 避諱字

具有避諱現象的銘文數量所佔比率與內容的關係用餅狀統計圖反映如下：

圖 3-4　餅狀統計圖（2）

避諱現象多出現在寄忌、規約、頌德、封賞和詩歌類銘文中。這幾類銘文內容多涉及官名和稱頌之詞。其中，官名"提督""提領"之"提"和稱頌之詞"祥""誠""利""邦""新"等皆爲避諱字。

4. 喃字

具有喃字的銘文數量所佔比率與內容的關係用餅狀統計圖反映如下：

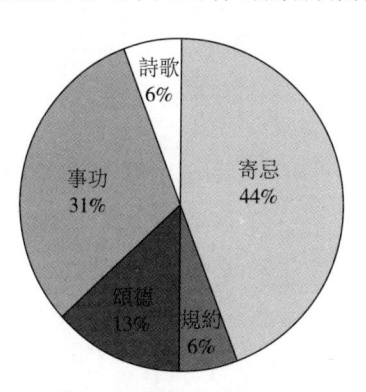

圖 3-5　餅狀統計圖（3）

由圖可見，喃字多分佈於寄忌、規約、頌德、事功、詩歌等類銘文中，猶以寄忌、事功比率最大。上面說到，此二類銘文多涉及人名、祭品和地名等內容。其中，寄忌類的人名格式多爲"姓名？號XX"，"？"爲喃字，"？號"大致相當於謐號；祭品中有一些用字也作喃字，如"粱""粳""饈"等；越南當地地名多用喃字表示，還有一些計量土地尺寸的單位，如"高""篙"等，亦屬於喃字。

第四章

越南碑銘文獻中的中越通用俗字

縱觀越南漢籍之金石、寫本、刻本，其異體俗字之多且與漢語俗字之近似，乃爲不容置疑之客觀事實。這部分俗字爲"中越通用俗字"。本章從時代用字和構字規律兩方面來對越南碑銘文獻中的"中越通用俗字"進行調查探究，以求揭示其傳承性特徵。

第一節　時代用字

在漢字文化圈中，越南是浸染中國文化最深的國家。漢字是伴隨著中國政治勢力的南披而傳入越南。下面，我們以漢字史特別是漢字域外傳播史爲視角，從傳播的階段、載體、途徑、方式等不同角度，探求"中越通用俗字"在越南不同時代的傳播軌跡和使用情況。

一　原始部落時期（漢字尚未傳入）

中國封建王朝在越南設置郡縣之前，"交趾之南有越裳國，周公居攝六年，制禮作樂，天下和平。越裳氏以三象重譯而獻白雉，曰：'道路悠遠，山川阻深，恐使之不通，故九譯而朝'"。① 又有"交趾昔未有郡縣之時，土地有雒田，其田從潮水上下，民啃食其田，因名雒民。"② 可見先秦時期，兩地人民已有一定聯繫，但語言差異較大，須"九譯而朝"，說明漢語漢字尚未傳入該地區；且越南生產力低下，還處於"文明的門檻

---

① （清）皮錫瑞：《尚書大傳疏證》卷五《歸禾》，光緒丙申師伏堂刻本。
② （北魏）酈道元：《水經注》卷三十七《葉榆河》引《交州外域記》，杭州大學出版社1999年版，第642頁。

上"①，未見產生民族固有文字。

二 郡縣時期

1. 秦漢至六朝：漢字開始傳入階段

公元前214年，秦始皇"發諸嘗逋亡人、贅婿、賈人略取陸梁地，爲桂林、南海、象郡，以適遣戍"②。越南自此開始其一千多年的郡縣時期，被動接受漢文化和漢字，漢字也成爲越南歷史上使用的第一種文字。然"凡交趾所統，雖置郡縣，而言語各異，重譯乃通。人如禽獸，長幼無別，項髻徒跣，以布貫頭而著之。後頗徙中國罪人，使雜居其間，乃稍知言語，漸見禮化"③。秦亡後，趙佗割據嶺南，立南越國。《越鑒通考總論》記載趙佗"以詩書而化訓國俗，以仁義而固結人心"④。可見，郡縣之初的越南仍與中原言語相異，缺乏禮教。後來通過流放、移民等方式，促進了越南與中原地區的經濟文化交流，使之由"稍知言語"到"粗知言語"，同時《詩》《書》等漢籍也逐步傳入越南，共同推動了漢字在當地的傳播。

東漢時，"光武中興，錫光爲交趾，任延守九真，於是教其耕稼；制爲冠履，初設媒聘，始知姻娶；建立學校，導之禮義"⑤。中央王朝開始通過學校教育，確立漢字在越南的正統地位。漢末三國時，交趾太守士燮"初開學，教取中夏經傳，翻譯音譯，教本國人，始知習學之業"⑥。當時中原大亂，交州則偏安一隅，中原士人"往以避難者以百數"⑦。士燮與這些人在當地大開文教，傳播漢語漢字和漢文化，推動交趾地區文教事業的發展，越南"不但不是炎徼蠻夷之地，而是華風颯颯的學術薈萃之都"⑧。爲此，吳士連對士燮作了高度的評價："我國通詩書，習禮樂，爲

---

① 戴可來：《對越南古代歷史和文化的若干新認識》，載戴可來、于向東《越南歷史與現狀研究》，香港社會科學出版社有限公司2006年版，第17頁。

② （漢）司馬遷：《史記》卷六《秦始皇本紀》，中華書局1959年版，第253頁。

③ （南朝·宋）范曄：《後漢書》卷八十六《南蠻傳》，中華書局1965年版，第2836頁。

④ ［越］黎崱：《越鑒通考總論》，參［越］吳士連等編撰，陳荊和編校《大越史記全書》，東京大學東洋文化研究所1984年版，第84頁。

⑤ （南朝·宋）范曄：《後漢書》卷八十六《南蠻傳》，中華書局1965年版，第2836頁。

⑥ （明）嚴從簡：《殊域周諮錄》卷六《安南》，中華書局1993年版，第236頁。

⑦ （晉）陳壽著，（南朝·宋）裴松之注：《三國志》卷四十九《士燮傳》，中華書局1982年版，第1191頁。

⑧ 鄭永常：《漢字文學在安南的興替》，臺灣商務印書館1987年版，第33頁。

文獻之邦，自士王始，其功德豈特施於當時，而有以遠及於後代，豈不盛矣哉！"①

魏晉南北朝至隋朝，中原地區政局仍動蕩不安，漢語漢字及漢文化的傳播亦受影響，較之兩漢，大爲遜色。

2. 隋唐：漢字系統傳入階段

在唐朝，嶺南劃分爲五府或五管，實行科舉考試選拔人才，用漢文教授、考試，學和考的內容均是漢文的詩書禮義，且不斷有越南人入仕中原。其中，愛州名士姜公輔第進士，登制策科，官至相位。此外，唐詩對越南的影響亦大。如安南都護高駢的《南海神祠》《赴安南卻寄臺詞》《安南送曹別敕歸朝》《南征敘懷》《歎征人》等詩作；另一都護馬總"用儒術教其俗，政事嘉美"，"可謂文學政事，兼而有之矣"②。又王勃之父王福時任交趾令期間，"大開文教，士民德之"③。在官吏們大興文教的同時，唐朝的許多文人墨客也作客安南，對漢語漢字及漢文化在越南的傳播作出貢獻。如杜審言《旅寓安南》，沈佺期《初達驩州》等。同時，亦有不少安南文人北上，與中土文人互相切磋詩藝，酬酢唱和。如張籍《山中贈日南僧》《送南客》，楊臣源《供奉定法師歸安南》，賈島《送安南惟鑒法師》等。因此，諸多中土學者長期生活在安南，漢籍也會隨著他們文化活動的開展而傳播至當地，進一步推動漢字發展。

因此，縱觀秦漢至唐千餘年的郡縣時代，漢語漢字及漢文化主要通過政治統治、中原移民、"循吏"治理、漢籍南傳、開辦學校、科舉等方式已系統地、大規模地在越南傳播。

3. 用字情況

關於郡縣時期漢字文獻的保存及用字情況，據統計：（1）漢字文獻寫本共 8 種，原本均失傳；銘文共 27 種，其中一種原本已失傳，其餘均保留原本。（2）越南銘文中篆、隸、楷三種字體基本保留其主形結構。然而，三種字體還有大量形體變異的字數。篆書變異字數占篆書總數 26%，隸書變異字數占隸書總數 40%。篆書、隸書變異基本反映中國篆隸的變異源流。楷書變異字數占楷書字數 12%。變異類型可歸納出 8 種：筆劃增加，筆劃減少，筆劃換用，筆劃移位，構件減少，構件換用，構件移

---

① ［越］吳士連等：《大越史記全書·外紀》卷三《士王紀》，內閣官版正和十八年重刊本。

② （宋）宋祁等：《新唐書》卷一六三《馬總傳》，上海涵芬樓影印南宋黃善夫刻本。

③ （清）徐延旭：《越南輯略》卷二《名宦》，光緒三年梧州郡署刊本。

位、整字換用。其中，大部分變異類型是筆劃變異。變異原因主要是混同、誤筆、簡化趨向、書寫方便等。楷書構件、整字變異大都源於中國漢字變異，既是傳承性的變異，少量的是越南獨有的漢字變異。（3）越南銘文異體字均集中於中頻率和低頻率區域，即次常用字和罕用字兩類，說明異體字使用不頻繁，因此異體字形率不高，異體機率較少。高頻字區域基本沒有異體，說明漢字書寫比較規範，而異體字的書寫變異只是偶然，無規律性。①

可見，郡縣時期的越南屬於中國封建時代的行政區域，此時漢字在越南的傳播就是漢字在中國內部不同地區的傳播。同一個國家使用同一種文字是很正常的現象，毫無疑問，當時越南使用的漢字必然是傳承自中國。

三　藩屬時期

1. 宋元明清：漢字鞏固和發展階段

907年，唐朝滅亡，中原地區政局動蕩。此時，越南地區豪強紛起，在長達半個多世紀裡，先後有曲承裕、楊廷藝、矯公羨、吳權和丁部領五氏崛起，進行了擺脫中國的統治。968年，丁部領削平"十二使君之亂"，建"大瞿越"國，越南自此成為獨立自主的封建國家。獨立後的越南與中國保持著"藩屬"關係。在此期間，越南歷代王朝之典章制度、社會組織機構等方面均效法中國，如建立文廟、修國子監、開科舉等。同時，政府使用漢字頒佈政令和告示，並用漢字撰寫國史；文人墨客以漢字吟詩作賦，著書立說；民間簽訂契約、刻碑記事亦多用漢字；農村也開辦私塾傳授漢學。且越南屬明時，明朝官吏亦在越南各州、府、縣廣設學校。

此外，隨著政治關係的改變，漢籍向越南的傳播也呈現出新特點。越南使臣在其中充當了重要角色，如《宋史》卷四百八十八《安南傳》："大觀初，貢使至京乞市書籍，有司言法不許，詔嘉其慕義，除禁書、蔔筮、陰陽、曆算、術數、兵書、敕令、時務、邊機、地理外，餘書許賣。"② 又《明英宗實錄》記載天順元年（1457）六月，安南國陪臣黎文老奏曰："詩書所以淑人心，藥石所以壽人命，本國自古以來每資中國書籍、藥材，以明道理，以躋壽域。今乞循舊習，以帶來土產、香味等物，

---

① ［越］郭氏娥：《越南北屬時期漢字文獻用字研究》，博士學位論文，華東師範大學，2013年。

② （元）脫脫等：《宋史》，中華書局1977年版，第14070頁。

易其所無,回國資用。從之。"①

因此,在以上諸多因素的影響下,漢文化的傳播在越南不斷擴大和深入,漢字也在越南的正統書寫地位得到了鞏固和發展。

2. 用字情況

《總集》所收碑銘時間跨度爲16世紀至20世紀初,皆爲"藩屬"時期文獻。對於銘文中的"中越通用俗字",我們選取具有代表性的俗字字樣,分別與中國的碑銘文獻和紙本文獻用字進行比照。字形比照時,因載體形成的非區別性字形特徵,忽略不計。

(1) 同中國碑銘文獻用字比較

"第以星霜歷閱,隆撓難持,觸景興懷,激昂福果"(1612號)中"昂"作"昂"。"昂",《說文·日部》新附篆體作"昂":"舉也,從日卬聲。"(136頁)惟卬、卯形近,故"昂"易訛爲"昂"。此字形見《隸辨·平聲·唐韻》引《衡方碑》(62頁)、《漢魏六朝碑刻異體字典》(7頁)。又日、白形近,"昂"訛作"昂"。

"迺買石碑一座,以備鑴刻之用"(7870號)中"備"作"俻"。《說文·人部》:"僃,慎也。從人葡聲。俻,古文備。"《廣碑別字》引《魏淮南王元顯墓誌》作"俻",《魏元維墓誌》作"備",《齊堯峻妻故獨孤氏》作"俻",《隋□鍾葵墓誌》作"俻",《唐大泉寺三門記》作"俻"。(303—304頁)其右上部件演變有跡可循。且"備"古文作"俻",其左旁及右上方隸作"佟",抑或受其影響。"俻"見《漢魏六朝碑刻異體字典》(25頁)。

"紹治三年九月二十日御筆"(20439號)中"筆"作"筆"。《碑別字新編》引《隋□弘秤墓誌》將"筆"作"筆"(217頁)。後"艸"楷作"艹"。又"艹""竹"混寫,故"筆"爲"筆"之俗書,見《漢魏六朝碑刻異體字典》(29頁)。

"佛日增輝,法輪常轉,一團功德,福享無邊"(11084號)中"邊"作"邊"。《金石文字辨異·平聲·先韻》引《唐薛君塔銘》作"邊"(2),《碑別字新編》引《齊徐徹墓誌》作"邊"(435頁),TOU0902B②

---

① 佚名:《明英宗實錄》,臺灣"中央研究院"歷史語言研究所1962年據國立北平圖書館藏紅格抄本微卷縮印本。

② 此爲京都大學人文科學研究所所藏石刻拓本資料編號。下同。

《寶慶寺蕭元眷造像右脇菩薩上半身（二）》作"[圖]"，TOU1215X《唐故雲□將軍遼西郡開國公上柱國李府君秀神道碑靈昌郡太守李□文并書》作"[圖]"。《字彙·辵部》："邉，俗邊字。"（488頁）故"[圖]"中"身"由"辶"內部件簡寫後，上下黏合而成。

"本村員職福果崇修佛像各座，行廊兩列，功力浩繁，其費不算"（1136號）中"崇"作"[圖]"。《說文·山部》："崇，嵬高也。從山宗聲。"（189頁）"宗"與"宋"形近訛混，且"宋"與"崇"音近，故"[圖]"為"崇"之改換聲符字。NAN0506X《天宮主陰磚仁等造像》作"[圖]"，ZUI0010X《隋楊居墓誌》亦作"[圖]"。

"忽見兩青鳥飛於宮所，大叫三聲"（19641號）中"飛"作"[圖]"。"[圖]"由"飛"草書楷化而成。《中國草書大字典》引（晉）王羲之《每念長風貼》作"[圖]"，（唐）武則天《昇仙太子碑》作"[圖]"，（宋）趙構《真草千字文》作"[圖]"，（元）趙孟頫《六體千字文》作"[圖]"。（1367—1368頁）MIN0440X《華山大圖》作"[圖]"，SIN0090X《清世宗憲皇帝御筆詩》作"[圖]"。

"寶龕一座，案前一座，鼓一面"（4028號）中"鼓"作"皷"。"支"與"皮"形近，"皷""鼓"之訛寫。《說文·鼓部》："鼓，郭也。春分之音，萬物郭皮甲而出，故謂之鼓。從壴，支象其手擊之也。"（97頁）"皷"之字形，見於《漢隸字源·上聲·姥韻》引《孫叔敖碑陰》（903頁）。《隸辨·上聲·姥韻》於"皷"下云："《廣韻》引《說文》作皷，從皮。……既曰郭皮甲而出，則字當從皮。"（94頁）

"若智者社上村不顧恩義，或有違祭祀，具本族發告上官，依如端內"（12140號）中"或"作"[圖]"。"口"與"厶"形近，"或"訛作"或"。《隸辨·入聲·德韻》引《郙閣頌》《白石神君碑》作"或"（191頁），《干祿字書·入聲》："或或，上通下正。"（65頁）又"[圖]"見《碑別字新編》引《隋常景墓誌銘》（61頁）。

（2）同中國紙本文獻用字比較

"係遞年忌日办□粢壹盤，酒壹埕，并芙蕾，將在碑所行禮"（3329號）中"辦"作"办"。"办"中"丶ノ"為受草書影響形成的簡省符號，分別替代左右兩個"辛"。《中國草書大字典》引（明）徐渭《行草詩卷》作"[圖]"（1235頁）。《宋元以來俗字譜》引《通俗小說》等（132頁），"辦"均作"办"。《字學三正·體制上·時俗杜撰字》："辦，俗作

第四章　越南碑銘文獻中的中越通用俗字　53

办"（68頁）。今以"办"爲"辦"之簡化規範字。

"豐碑有立，天地無邊"（916號）中"邊"作"边"。《宋元以來俗字譜》引《通俗小說》等"邊"作"边"（97頁），今"边"爲"邊"之簡化規範字。又《干祿字書·平聲》："遻邊，上俗下正。"（24頁）《龍龕·辵部》："遻，俗，音邊。"（490頁）故"边"應爲"遻"之省寫。三字形體演變過程爲：邊→遻（訛寫）→边（簡省）。

"鄉邑尊敬之心，處處壹皆讓畔，人人共保後神，億年享祿"（10706號）中"處"作"処"。《說文·几部》："〇，止也。得几而止。從几從攵。〇処，或从虍聲。"（301頁）可見，"処"爲正體，"處"爲或體。"処"見《宋元以來俗字譜》引《列女傳》等（68頁）。

"本總拾貫六陌，本縣拾貳貫六陌，由輕从重，舉一而推"（7747號）中"從"作"从"。《說文·从部》："〇，相聽也。從二人。"（166頁）又："〇，隨行也。從辵從从，从亦聲。"（166頁）此二義爲引申關係，二字實爲同源字。《字彙·人部》："从，古從字。"（31頁）《正字通·人部》："从，從本字。"（27頁）故"從"由"从"引申而來，"从"見《宋元以來俗字譜》引《太平樂府》（7頁）。"吾村從前以科宦顯，文址設之古矣"（17762號）中"從"作"〇"。《中國草書大字典》引（晉）王羲之《胡母帖》作"〇"，（隋）智永《千字文》作"〇"，（宋）趙構《真草千字文》作"〇"。（451頁）故"〇"爲"從"之草寫。"〇"受草書楷化影響而成。"〇"，見於《干祿字書·平聲》（14頁）、《敦煌俗字譜·彳部》（95頁）及《俗書刊誤·平聲·東韻》（541頁）。

"夫厚所當厚，乃天理之必然"（15930號）中"當"作"〇"。《中國草書大字典》引（晉）王羲之《上虞帖》作"〇"，（唐）懷素《食魚帖》作"〇"，（宋）趙構《真草千字文》作"〇"。（901頁）"〇"則爲草書楷化而成，見《敦煌俗字典》（77頁）。

"妻吳氏兜"（10051號）中"兜"作"〇"。《說文·兜部》："〇，兜鍪，首鎧也。從兜，從皃省。皃，象人頭也。"（174頁）楷作"兜"。"〇"之"丷"替換"冂"。《精嚴新集大藏音·几部》收有"〇"（225頁），《敦煌俗字譜·儿部》（17頁）亦收此字。"〇"當是由"兜"快書作"〇"，楷作"〇"後再省寫而成。

"潛邸之功，獨推娘子"（1803號）中"獨"作"独"。"独"爲

"獨"之簡省俗字，今爲其簡化規範字。《廣碑別字》引《魏穆亮妻尉太妃墓誌》作"獨"（586頁），"蜀"之"㗱"省作"口"；《玉篇·犬部》作"獤"（110頁），省"獨"之"勹"且部件移位。《字彙補·犬部》作"獤"（127頁），由"獤"省寫而成。《宋元以來俗字譜》引《列女傳》等作"独"（133頁），在"獤"基礎上省寫且部件移位。

"蒙恩後佛，脫離塵緣，超凡入聖"（901號）中"凡"作"九"。《說文·二部》："凡，最括也。從二。二，偶也。從了，了，古文及。"（287頁）《校正甲骨文編》卷十三作"凡"（134頁）；金文作"凡（散盤）"（《金編》卷十三881頁）；隸作"凡"，見《隸辨·平聲·凡韻》引《景北海碑陰》（81頁）。俗或作"九"，見《敦煌俗字典》（106頁）、《敦煌俗字譜》（20頁）、《宋元以來俗字譜》引《列女傳》等（115頁）。

"同里社梁有社字福祿，妻阮氏秀號妙壽"（7821號）中"福"作"福"。"福"由"福"之草書楷化而來。《中國草書大字典》引（晉）王羲之《司州帖》作"福"，（唐）孫過庭《景福殿賦》作"福"，（宋）趙佶《千字文》作"福"。（878頁）此亦見《敦煌俗字典》（117頁）。

"威山雄麗，柴溪的真"（1560號）中"麗"作"麗"。《說文·鹿部》："麗，旅行也。從鹿丽聲。丽古文。丽，篆文麗字。"（202頁）行草中上"丽"形多連筆黏合作"丽"。如《中國草書大字典》引（唐）懷素《小草千字文》作"麗"，（宋）趙構《真草千字文》作"麗"。（1409頁）《宋元以來俗字譜》引《太平樂府》等亦作"麗"（112頁）。

"仰蒙佛祖之證明，庶使亡靈之脫化"（415號）中"靈"作"靈"。"靈"爲"靈"之省筆訛寫字。"靈"中"巫"之兩"人"先省作"八"，《隸辨·平聲·青韻》引《華山廟碑》作"靈"（67頁）。後"八"黏合爲一橫，"巫"訛作"王"，見《宋元以來俗字譜》引《嶺南逸事》（104頁）。

"今者年近六旬，智先五總，深知夏月龍逢祥難，必熊羆於再續"（1803號）中"龍"作"竜"。《說文·龍部》："龍，鱗蟲之長。能幽能明，能細能巨，能短能長。春分而登天，秋分而潛淵。從肉飛之形，童省聲。"（245頁）《龍龕·立部》："竜，古文龍字。"（518頁）《集韻·平聲·鍾韻》亦以"竜"爲"龍"之古文（19頁）。而《宋元以來俗字譜》引《古今雜劇》則作"竜"（114頁）。《正字通·立部》："竜，俗

作龍字。《同文舉要》龍部作 ▢。按《六書統》古文龍象角爪身蜿蜒形，作 ▢，非。從立作 ▢。"（787 頁）

"特命撰記，題名勒石於太學"（19309 號）中"命"作" ▢ "，"夫神者，乃聖乃神，此皇天眷命而爲天下之君"（9359 號）"命"作" ▢ "。《說文・口部》："命，使也，從口從令。"（26 頁）《碑別字新編》引《齊成世獸造象》作" ▢ "，又引《命過口世實等造象殘題名》作" ▢ "（53 頁）。故" ▢ "爲" ▢ "之再訛，見《宋元以來俗字譜》引《古今雜劇》等（1 頁）。又"丙""命"音近，此抑或爲改換聲符。" ▢ "則爲" ▢ "省筆而成，見《宋元以來俗字譜》引《三國志平話》等（1 頁）。

"蓋聞先有天而後有地，則氣化"（10706 號）中"氣"作" ▢ "。" ▢ "爲"氣"之簡省俗字。銘文中，" ▢ "多作重文符號，構字時多簡省重複出現的部件。但其在此用來簡省非重複部件"米"，屬泛化使用。《宋元以來俗字譜》引《古今雜劇》等作" ▢ "（123 頁）。可參。

"鴻福寺正坐行廊二間二床"（5232 號）中"坐"作" ▢ "，"有良田壹所陸高坐落同□處"（7045 號）中"坐"作" ▢ "。《說文・土部》：" ▢ ，止也，從土從留省。土，所止也。此與留同意。 ▢ ，古文坐。"（289 頁）篆文楷作" ▢ "。《干祿字書・上聲》："坐坐 ▢ ，上俗中下正"。（42 頁）《宋元以來俗字譜》引《嶺南逸事》作"坐"，引《太平樂府》作" ▢ "。（16 頁）

四　殖民地時期：漢字衰落消亡階段

在法國殖民統治和"西風東漸"的雙重歷史背景下，越南以漢學爲基礎的傳統教育體系日漸衰落，漢字和漢語的使用範圍逐步縮小。"八月革命"勝利後，越南宣佈廢除漢字。至此，漢字在越南兩千餘年的正統書寫文字地位被終結。

第二節　構字規律

越南碑銘文獻中的"中越通用俗字"大都可以在中國歷史文獻中得到印證。我們再以這些俗字爲坐標，分別從形體和結構出發，探求其構字規律。

一 形體層面

1. 筆劃增加

（1）初—[初]：皇朝正和十年捌月～壹日立。（2040 號）按："[初]"爲"初"之增筆俗字。《碑別字新編》引《魏張猛龍碑》亦作"[初]"。（32 頁）

（2）人—[人]：舊會寧縣丞生徒阮登洲，青河社[人]也，德年三達，心產兩恒。（6030 號）

按："[人]"爲"人"之增筆俗字，見《廣碑別字》引《清張雲溪墓誌》（2 頁）。

（3）凶—函：趙吉避8↓淳風厚俗3（12436 號）

按："函"爲"凶"之增筆俗字，《正字通·凵部》："凶作函、[凶]，皆俗書。"（86 頁）

2. 筆劃減少

（1）焉—[馬]：其發身之效，熟有大[馬]，遂鑴於石，以壽其傳。（814 號）

按："[馬]"爲"焉"之省筆俗字，《增廣字學舉隅》卷二《正訛》："焉，[馬]非。"（211 頁）

（2）煙—[烟]：賴本寺住持人人繼百年，延香[烟]於永遠。（18077 號）

按："[烟]"爲"煙"之省筆俗字，見《宋元以來俗字譜》引《古今雜劇》等（51 頁）。

（3）養—[養]：再出資造石牆，繼買祀田，以需供[養]。（17760 號）

按："[養]"爲"養"之省筆俗字，見《宋元以來俗字譜》引《三國志平話》等（107 頁）。

3. 筆劃黏合

（1）菜—[菜]：本村順聽犒粢肉、酒[菜]，准古錢□貫，別無索要。（3035 號）

按：《說文·艸部》："菜，艸之可食者。從艸采聲。"（17 頁）《隸辨·上聲·海韻》引《孔耽神祠碑》作"[菜]"，又引《帝堯碑》作"[菜]"，下云："采與菜通，故碑亦以菜爲采。"（97 頁）故"[菜]"多由"艸"、"[采]"筆劃黏合訛寫而成。

第四章　越南碑銘文獻中的中越通用俗字　57

(2) 競—[圖]：謙讓和平，處於鄉者，自束髮至白首，未嘗與人爭[圖]也。(450 號)

按：《四聲篇海·見部》："[圖]，音競。"(63 頁)《廣碑別字》引《魏閭伯升墓誌銘》作"覚"(777 頁)。"[圖]"由"競"部件合併而來，"立"合作"並"，下部則合爲"見"。

(3) 衢—[圖]：[圖]坦雲青，階光天碧。(19797 號)

按："衢"中兩"目"合爲"亞"，見《宋元以來俗字譜》引《古今雜劇》等 (8)。

4. 部件位移

(1) 敦—[圖]：自少[圖]誠，長而慈惠。(1136 號)

按："[圖]"由"敦"部件移位而成。《金石文字辨異·平聲·元韻》引《唐馬本紀孝碑》作"袞"(620 頁)。

(2) 概—㮣：因爲略述其梗㮣，並爲之銘。(4037 號)

按：《說文·木部》："㮣，杚鬥斛。從木旣聲。"(117 頁)"㮣"由"概"部件移位而成，見《漢魏六朝碑刻異體字典》(251 頁)，《敦煌俗字典》(123 頁)。

(3) 護—[圖]：庇民[圖]國，德澤汪涵。(17079 號)

按："[圖]"由"護"部件移位而成，見《增廣字學舉隅》卷二《正訛》(251 頁)。

5. 草書楷化

(1) 畫—[圖]：於是刻石[圖]字，以示後世，使永監焉。(3773 號)

按："[圖]"爲"畫"之草書楷化而成。《中國草書大字典》引 (唐) 孫過庭《書譜》作"[圖]"，(元) 張雨《題畫詩》作"[圖]"，(明) 王寵《自書詩》作"[圖]"。(899 頁) 其楷化後字形見於《宋元以來俗字譜》引《列女傳》等 (54 頁)，且《字學三正·體制上·俗書簡畫者》："畫，俗作畵。"(68 頁)

(2) 還—还：其夫妻茲許本村此錢還債。(13403 號)

按："还"多由"還"草書楷化而成。《中國草書大字典》引 (明) 陳淳《古詩十九首》作"[圖]"(279 頁)。又《宋元以來俗字譜》引《通俗小說》等均作"还"(96 頁)。《字學三正·體制上·時俗杜撰字》："還，俗作还。"(68 頁)

（3）盡—尽：夏秋水溢迅而激隆，冬潦尽又不利於舟。（19084 號）

按："尽"爲"盡"草書楷化而來。《中國草書大字典》引（宋）陸遊《自書詩》作"䀆"，（明）祝允明《前後赤壁賦》作"尽"。（923 頁）《正字通·屍部》："尽，俗盡字。"（284 頁）今爲"盡"之簡化規範字。

二 結構層面

1. 增加義符

（1）頂—𡷨：此山一𡷨，孤峙大江。（2809 號）

按："頂"受文例"山"之影響，增旁作"𡷨"，見《玉篇·山部》（103 頁）。

（2）梁—樑：環龍縣安下總盛豪坊東閣亭樑上字題如後。（377 號）

按："樑"爲"梁"之增旁俗字。《正字通·木部》："樑，俗梁字。舊註樑見《釋藏》。"（530 頁）《中文大辭典·木部》："樑，梁之俗字。"（7364 頁）

2. 改換義符

（1）寶—宝：以上各所田在平烈、弘烈等社，地分共拾壹畝，供養靈庵寺，爲三宝田許與村。（16 號）

按：《宋元以來俗字譜》引《列女傳》等（22 頁），"寶"皆作"宝"，今以"宝"为"寶"之簡化規範字。

（2）缽—砵：本村每人方餅四件，圓餅四件，每件叁砵，用好爲一具。（7503 號）

按："砵"爲"缽"之換旁俗字。《漢語大字典》："砵，同'缽'，陶制的容器。"（2592 頁）"缽"作"砵"反映了事物質地發生了變化，於是人們便改用不同形旁表相同的義。

（3）喧—諠：幾日諠嘩，皷棹來舟，離方峙弦嶽之峯；彌年維新，合集飛鳥，岸欝馥櫥之春。（4103 號）

按："口""言"皆與"喧"義有關，故"喧"作"諠"爲改換義符。《漢語大字典》："喧，同'諠'。喧嘩。"《玉篇·言部》：'諠，諠嘩。'《篇海類編·人事類·言部》：'諠，亦作喧。'"（4264 頁）

3. 省略義符

（1）關—关：系遞年忌日各甲整卞粢盛五具，香梢五攩，金銀□五千关，芙蕾等物，遞將本寺於以奠之。（1136 號）

第四章　越南碑銘文獻中的中越通用俗字　59

按：《說文·門部》："關，以木橫持門戶也。从門𢇅聲。"（249頁）"関"中"关"由草書省寫而成。《中國草書大字典》引（唐）李懷琳《絕交書》作"关"，又引（清）王鐸《杜詩》作"关"。（1291頁）另《廣韻·平聲·刪韻》："關，《說文》曰：'以木橫持門戶也。'《聲類》曰：'關所以閉也。'又姓。《風俗通》云：'關令尹喜之後。'蜀有前將軍關羽，河東解人。関俗。"（35頁）"关"由"関"簡省"門"而來，今爲"關"之簡化規範字。

（2）號—号：齋主劉氏尋號妙貴，寄與顯考号福賢。（19390號）

按：《說文·号部》："號：呼也。从号从虎。"又："号，痛聲也。從口在丂上。"（96頁）《段注》於"号"下云："号，嗁也。凡嗁號字，古作号。口部曰：'嗁，号也。'今字則號行而号廢矣。"（354頁）《集韻·平聲·豪韻》："號，或作号。"（189頁）字形雖作"号"，乃"号"之訛寫。

（3）疆—𰀀：則福祿日來壽爲無𰀀，益享太平之福。（11933號）

按："疆"簡省義符"土"作"𰀀"，見《敦煌俗字典》（190頁）。

4. 改換聲符

（1）酬—酧：恩重施酬，鄉與國舉，皆敬慕。（8550號）

按：《說文·酉部》："醻，主人進客也。從酉𠷎聲。酬，醻，或從州。"（314頁）"守""州"音近，"酬"作"酧"爲改換聲符。《隸辨·平聲·尤韻》引《孔宙碑》作"酬"（73頁）。《字彙·酉部》："酬，俗作酧，古無此字。"（498頁）《正字通·酉部》："酧，俗酬字。"（1181頁）

（2）聰—聦：順安府嘉林縣古靈社紫亭村阮聰妻阮氏爲。（5199號）

按：《說文·耳部》："聰，察也。從耳悤聲。"（250頁）故又可作"聦"。《隸辨·平聲·冬韻》引《議郎元賓碑》作"聦"（4頁），隸作"聦"。《宋元以來俗字譜》引《通俗小說》等並作"聦"（64頁）。《字彙·耳部》："聦，俗聰字。"（376頁）"悤""忽"音同，"聰"作"聦"爲改換聲符。

（3）皓—皜：確系人心天理皜皜乎，秋陽之道統浩浩然。（18407號）

按："告""高"音近，"皜"作"皓"爲改換聲符。《漢語大字典》："皜，同'皓'。《玉篇·白部》：'皜，同皓。'"（2837頁）

5. 改聲符爲義符

（1）耕—[耕]：後付來往主持寺僧任取[耕]種，盡供忌日。（19541號）

按：《說文·耒部》："耕，犁也。從耒井聲。一曰：古者井田。"（87頁）"耕"之"井"作"牛"爲改聲符爲義符，會"耒、牛皆可耕地"意。"[耕]"爲"耕"之換旁俗字。

（2）逃—迯：明則有日月，幽則有鬼神，難迯其責，勉之勵之，慎毋違越。（1712號）

按："迯"改"逃"之聲符"兆"爲義符"外"，變形聲爲會意。《宋元以來俗字譜》引《通俗小說》等亦作"迯"（94頁）。《字彙·辵部》："迯，俗逃字。"（487頁）

6. 省略聲符

（1）雖—虽：因此虽無子恩，恐於身後慮其久之長。（19390號）

按："虽"爲"雖"之簡省俗字，省去聲符"隹"，見《宋元以來俗字譜》引《取經詩話》等（102頁）。

7. 音近更代

（1）涖—涖：王即府涖政，國內稍寧。（7134號）

按："涖"字不見《說文》，其"涖臨"義之本字當作"埭"。《說文·立部》："埭，臨也。從立從隸。"（215頁）惟後世不用此形，而用"莅""涖""涖"。《集韻·去聲·至韻》："埭莅涖位：《說文》：'臨也。'或作莅涖位。"（477頁）今楷字通作"涖"，故"涖"本從"涖"聲，此爲音近更代。

（2）然—肰：蓋聞有功於人，享人之報，理必肰也。（13342號）

按：《說文·火部》："然，燒也，從火肰聲。"（206頁）《說文·肉部》："肰，犬肉也，從肉犬，讀若然。"（85頁）"肰"本義爲"犬肉"，與"然"義無關，後世字書亦分別肰、然爲二字，但通俗則有以代"然"字者，如《漢語大字典》引（明）姜奇方《刻宛陵先生集後序》："使讀者宛肰其身歷，而惻然其心搖。"（2195頁）故"然"俗作"肰"爲音近更代。

8. 符號替代

（1）對—对：靈廟崢嶸，乾坤对峙。（4362號）

按："对"爲"對"之簡省俗字。"又"爲常見簡省符號，如：難—[难]（3329號）。

（2）歸—[歸]：恭惟諸尊后爲民之表，維德之基，體菩仁心以周民，前後聯輝垂，令聞[歸]禪機而廣世歲。（6490號）

按："[歸]"之"刂"爲草書楷化而成的簡省符號，替換部件"帚"。《中國草書大字典》引（唐）孫過庭《書譜》作"[草]"，（宋）趙構《真草千字文》作"[草]"，（明）王寵《千字文》作"[草]"。（808頁）"歸"見《宋元以來俗字譜》引《列女傳》等（134頁）。"刂"爲常見簡省符號，如：錢—[錢]（18675號），總—[總]（7822號），群—[群]（4338號）等。

9. 類化

（1）輔—[輔]：英雄出世，[輔]佐君王。（5026號）

按："輔"作"[輔]"屬字的内部類化，見《漢魏六朝碑刻異體字典》作"[輔]"（240頁），《敦煌俗字典》作"[輔]"（118頁）。

10. 全體創造

（1）佛—伕：蒙恩後伕，脫離塵緣，超凡入聖。（901號）

按：張涌泉先生《漢語俗字研究》："'伕'則當即'佛'的會意俗字（人們以西天爲佛國，'天人'則自然爲佛了）。《字彙補·人部》：[伕]，道經'佛'字。亦作伕。"（36頁）

（2）壽—[壽]：其義雖名顯於當時，不若功傳於後世，因勒碑以[壽]其傳。（4362號）

按：考"[壽]"字構形，當是"九十百千"四字會意，此四字均可表多、長、大，故合四文可表"壽"之意。《字學三正·體制上·古文異體》以"[壽]"爲"壽"之古文。（82頁）

（3）體—体：乃乞飯後佛，心寬体胖，慈悲仁德。（19390號）

按："体"會"人本"爲"體"，乃新造會意字，今爲簡化規範字，見《宋元以來俗字譜》引《通俗小說》等（109頁）。

可見，以上幾種"漢越通用俗字"的構字類型完全可以用傳統"六書"和王甯先生的"異寫字""異構字"及張涌泉先生的漢語俗字"十三種"類型進行解釋。而且，從形體和結構層面來看，"漢越通用俗字"的構字規律都有"從簡"的趨勢，如形體層面除"筆劃增加"類以外，其他類都或多或少簡化了字形；結構層面除"增加義符"類外，其他類亦複如是。在"從簡"的主流趨勢中，"漢越通用俗字"的"符號化"趨勢也非常明顯，如"文""刂""卄"皆是常見簡省符號。此兩種趨勢早已在漢字的發展過程中體現得淋漓盡致，我們今天使用的簡化字就是很好的例證。

第三節　小結

綜上所述，以通用俗字爲中心的中越漢字比較研究，是近代漢字學研究的重要內容，也是漢字在域外傳播的重要內容。越南碑銘文獻中的"中越通用俗字"不僅可以在中國歷史文獻中找到原型，而且其構字規律及發展趨勢亦與中土無異，可以說"中越通用俗字"即"傳承俗字"。我們認爲，同屬"漢字文化圈"的日本，韓國，其漢籍文獻亦蘊含著豐富的"傳承俗字"語料。可以說，古代漢字文化圈很大程度上就是一個俗字傳播圈，很多俗字皆是由中土傳播到域外，形成一個國際通用俗字群。

第五章

越南碑銘文獻中的越南變異俗字

第一節　變異俗字的類型

"越南變異俗字"包括局部變異和整體變異，局部變異是相對於正字的域外變體，整體變異則是漢字在傳播過程中的全新創造。[①] 以下從局部變異視角考察越南碑銘文獻俗字的八種變異類型。

一　形聲變異

在越南漢喃銘文俗字中，一些形體比較複雜或示意表音不明顯的義符或聲符，往往更改爲書寫便捷或示意表音近似的義符或聲符。

1. 護—{圖}

十方諸佛扶{圖}。（14950 號）

一心所願祖先以遊以安，{圖}全社曰壽曰康。（4929 號）

會見心地光明，吉神呵{圖}，丹書鐵券。（6403 號）

加封贈特進輔國上將軍太保、封贈太傅基郡公、純忠保{圖}養正衛翼榮恩裕澤純粹中正英毅質厚寬洪豪邁英尊大王。（6751 號）

按："護"之聲旁筆劃繁複，據王力《漢越語研究》，其漢越音與"戶"音同，皆爲 [ho⁶]（15 頁）。故爲求簡改換聲符作"{圖}"。

2. 勢—{圖}

鴉海無波憑，虎山有{圖}仗。（19189 號）

有補無收，應給欠數，{圖}難充納。（18013 號）

按：據王力《漢越語研究》，"執"，章母緝韻，入聲，對應漢越音爲

---

① 何華珍：《俗字在韓國的傳播研究》，《寧波大學學報》（人文科學版）2013 年第 5 期。

[chəp⁵]（19頁）。但"世""執"漢越音皆爲[the⁵]（20頁）。且"執"較"世"筆畫繁複，故以"世"代"執"爲求簡和顯明讀音。

3. 停——仃

三寶殿庭，恭承影佛，何代不仃，遵依寶法，萬古常經，綿綿繼世，代代光明。（5152號）

其仃文宜著姓字於祝文之後，使得流萬代配食。（8697號）

按：據王力《漢越語研究》，"丁"漢越音爲[dinh¹]（44頁），"亭""停"漢越音爲[dinh²]（44頁），三者音近。且"亭"較"丁"筆畫繁複，故"停"作"仃"爲求簡而改换聲符。

4. 尊——𠳐

安得如𠳐數千萬輩而在天下哉。（14244號）

按：尊，精母魂韻，平聲，漢越音爲[ton¹]（21頁）；公，見母東韻，平聲，漢越音爲[cong¹]（13頁）。"尊"與"公"音近，故"𠳐"作"尊"爲改聲符爲義符。

二 會意變異

魏晉南北朝，新增字中多有會意俗字，如"百念爲憂，言反爲變，不用爲罷，追來爲歸，更生爲甦，先人爲老"等。

佛——𠍤，𠊛

其本總大開法會，三賴社共論堪保爲后𠍤，因此兹碑。（11709號）

至於乙未年十二月初七日命終㘴時，生歸𠍤國。（5155號）

故𠍤氏尊公字名擢正魂之神位。（6472號）

𠍤德無私，日光普照。（6473號）

在乙卯僧年八十有六，爰用𠍤家火喪法超生淨土。（9398號）

恭聞𠍤之即心，應物現形，是心即佛。（7630號）

於是莫鄉歡慶，設位於寺，係年月日朔望日，所有供𠊛，各禮恭請。（7083號）

係遞年貳忌，本寺整禮供𠊛。（651號）

按："𠊛""𠍤"分别會"西國之人""西天之人"意，其多因求簡由"㑊"① 改換義符而來，體現了越南人對"佛"的理解。

三　訛俗變異

漢字在傳播過程中，因爲書寫關係，在筆勢或部件方面往往會產生局部變異。

1. 備—[備]

俊傑挺生，德才兼[備]。（11387 號）

又本族三盤從立端後[備]其祭祀，垂致子孫後代，綿綿之久，永永終爲附祠。（11103 號）

迺於甲子年拾月穀日，命匠以碑傳規矩，悉[備]好完。（11933 號）

按：《說文·人部》："[備]，慎也。從人葡聲。㒳，古文備。"（161頁）《五經文字·用部》："備，說文從㒳，從用。"（77 頁）《字彙·人部》："備，即備字。說文從用，苟省。隸作備。"（42 頁）《正字通·人部》："備，備本字。"（57 頁）故"備"承"備"之篆文而來，爲其本字。又"用"與"田"形近，故"[備]"爲"備"之訛寫。

2. 春—[春]

如今大老爺娘目當健在，以遞年顯祖考妣二忌[春]秋二薦。（5569 號）

按：《說文·艸部》："萅，從艸從日，屯聲。"（21 頁）《隸辨·平聲·諄韻》引《孔謙碣》作"[春]"，注云："按《集韻》：春古作旾。碑則兼用古文。"（34 頁）《字彙補·日部》："[春]，與春同，見《漢孔謙碑》。"（89 頁）"[春]"爲"萅"之"艸"簡寫而來。另《碑別字新編》引《漢光祿大夫曹參墓誌》作"[春]"（93 頁）。"[春]"又由"[春]"筆畫黏合而成。三字形體關係爲：萅→[春]（簡省）→春（黏合）。

3. 光—[光]

熒[光]似鬥山，光明如河海。（11090 號）

按：《廣碑別字》引《魏薛孝通墓誌》作"[光]"（30 頁），"光"離析爲"火""一""几"三個部件。又"火"與"山"形近，"[光]"爲"[光]"之再訛。

---

① 此字及"佛"之其他俗體詳考見張涌泉：《漢語俗字研究》（增訂本），商務印書館 2010 年版，第 36 頁。

四　增繁變異

文字是語言的載體，爲便於識認，要求音義明確，故又有繁化的趨勢。

1. 蕉—▨；衣—▨

早時忌日，玉椀叁拾品，香▨叁斤，金銀五百，香燈供佛。（4201 號）

至忌日，豬價古錢貳，買粢價古錢大陌，酒價古錢三陌，金銀一千，并冥▨、芙蕾一匣敬祭在亭中。（12479 號）

按：香蕉爲食物，受潛意識影響，"蕉"累增"口"旁作"▨"。同理，"巾"與"衣"相關，"▨"爲"衣"之增旁俗字。

2. 闊—▨；流—▨；龍—▨；娘—▨

濰水淵源偕海▨，瑯亭盤峙共天長。（19315 號）

系遞年其壹等田貳高，本社輪▨耕種。（12894 號）

山秀水清，▨彎虎伏。（12436 號）

皇以爺▨夫人歲壽期頤。（5957 號）

按："闊""娘"分別受前文"海""爺"類化影響而增旁；"流"受前文"輪"而換旁；"竜"爲"龍"之俗書，受後文"虎"類化影響而增旁。

3. 肉—▨

遞年係常新例，應敬俵壹盤，粢壹斗，椀壹件，酒壹壺，白或豬▨壹件。（10673 號）

按："▨"爲"肉"之增加聲符字。"肉"，如六切，日母屋韻，入聲，王力《漢越語研究》以其漢越音爲 [zɔ¹]（16 頁）。"由"，以周切，以母尤韻，平聲，漢越音爲 [nhuc⁶]（42 頁）。二者皆爲舌面後圓唇元音，只是舌位高低有些差別，故讀音相近。因此，"▨"爲準確表音而增旁。

五　簡省變異

字形簡省是古今文字演變的一條規律，也是俗字產生的一條重要途徑。此類俗字，往往是簡省繁複結構中的某些部件，而其中的繁複結構又

第五章　越南碑銘文獻中的越南變異俗字　67

往往有一個或幾個過渡性俗字環節。

1. 鼎—[圖]

造鑄鐘[圖]，建立高堂。（5007 號）

目今寺渙起鳩工，前堂後殿，[圖]乎一心。（17097 號）

按：“鼎”，《宋元以來俗字譜》引《白袍記》等作“[圖]”（127 頁）。銘文中，“規模日盛，制度鼎簇”（18407 號）“鼎”亦作“[圖]”。“[圖]”爲“[圖]”之再省。具體演變過程爲：鼎→[圖]→[圖]。

2. 發—[圖]

福禄基培，善道缘修，菩提心[圖]。（7644 號）

按：《說文·弓部》：“發，躰發也。從弓，癹聲。”（270 頁）“發”簡省義符作“癹”，後“几”“口”形近，“癹”又訛作“[圖]”。又“若或廢欠某節及欺侮，許本族經呈免狃觛兹端”（13183 號）中“廢”作“[圖]”，此爲其類推而來。具體演變過程爲：發→癹→[圖]。

3. 彝—[圖]

一堂夫婦，萬古[圖]倫。（12820 號）

今而後，天理民[圖]，以時展拜，仰文風之不泯，想道統之如存。（14231 號）

按：《正字通·彑部》：“彝，俗作彝，非。”（345 頁）“其天理之當然，民彝之自然乎。”（7098 號）“彝”亦作“[圖]”。《中華字海·彑部》：“[圖]，同彝。”（658 頁）“[圖]”又省“米”作“[圖]”。具體演變過程爲：彝→彝→[圖]→[圖]。

六　草書楷化變異

草書楷化變異，屬於簡省俗字範圍。但書法藝術作爲漢語漢字傳播的載體之一，對越南漢喃銘文用字產生了很大影響。尤其越南草書“又有與中國點畫撇捺、轉折之不同，蓋取其順便而已”①。在此特作討論。

1. 傳—[圖]

其功德流[圖]萬代，兹設碑記。（13131 號）

---

① ［越］鄭懷德：《嘉定城通志》，白峰社 2019 年版，第 184 頁。

王即■橄諸宮屯所。（12458號）

蓋聞酬恩報本，乃理之常，銘德記功，其■之遠。（11754號）

扶護鄉村，永■南域。（10618號）

按："傳"之"■"爲草書楷化而來。"專"，《中國草書大字典》引（唐）李世民《屏風貼》作"■"，（宋）蔡襄《自書詩》作"■"，（元）康里子山《述筆法》作"■"。（358頁）銘文中，"傳""專"作"■"有著廣泛應用。如"若或後來何人輕薄，專賣這田，流廢忌禮，必有龍神土地鑒知焉"（1799號）中"薄"作"■"；"佛日增輝，法輪常轉"（3346號）中"轉"作"■"。可見，"■"已成爲替代"專"或"專"的專用記號。

2. 德—■

茲民村竊念有功，神必有功於民，亦報■於無窮，以酬恩之力舉。（15910號）

則■址增培，知仁以爲樂。（4362號）

碑何以銘？貴立■立功之謂也。（19475號）

茲呈以享四時之報，如此則世世生生有■、有爵、有年。（13057號）

按："■"爲草書楷化而成。《中國草書大字典》引（晉）王羲之《昨見帖》作"■"，（宋）趙佶《真草千字文》作"■"。（457—458頁）又"傷"，（隋）智永《千字文》作"■"（103頁），後楷作"傷"。二字右邊楷化後的部件相同，可互資比勘。

3. 登—■

本社後補官前本府校生進功庶郎會寧縣縣丞阮公字■洲，謚道德先生，十月初十日忌。（6030號）

按："■"由"登"之草書楷化而來。《中國草書大字典》引（宋）米芾《中秋登海岱樓詩》作"■"，（元）趙孟頫《六體千字文》作"■"，（元）俞和《自書詩》作"■"。（812頁）又"后官見此盛情，加出良田壹高拾尺爲本寺朔望香燈"（920號）中"燈"作"■"，"鄧春宣"（2958號）中"鄧"作"■"。

七　符號變異

符號變異，不僅屬於簡省俗字範圍，而且多受草書楷化影響。其在漢字圈俗字衍生中，内容比較豐富，現象較爲突出，在此亦作單獨討論。

1. ″″

(1) 替換"彳亍"：

衝—[圖]（1949 號）

(2) 替換"冂"：

兜—[圖]（10051 號）

(3) 替換"幺幺"：

樂—[圖]（12543 號）

(4) 替換"言寸"：

謝—[圖]（11100 號）

(5) 替換"亻攵"：

做—[圖]（4256 號）

(6) 替換"⺕⺕"：

興—[圖]（5152 號）[圖]（7634 號）釁—[圖]（10524 號）

(7) 替換"門"：

簡—[圖]（10992 號）間—[圖]（6678 號）開—[圖]（975 號）

鬭—[圖]（12482 號）闡—[圖]（11652 號）

(8) 替換"囗"：

固—[圖]（11754 號）圍—[圖]（7325 號）圓—[圖]（11092 號）

園—[圖]（9354 號）

(9) 替換"冂"：

同—[圖]（11754 號）

(10) 其他：

辦—[圖]（11697 號）輔—[圖]（7822 號）曩—[圖]（3773 號）

雖—[圖]（7204 號）顯—[圖]（6788 號）縣—[圖]（7747 號）

馨—[圖]（5867 號）

2. 刂

(1) 替換"釒"：

鉢—[圖]（10980 號）錫—[圖]（4338 號）錄—[圖]（4338 號）

鑼—[圖]（11331 號）銘—[圖]（8697 號）錢—[圖]（18675 號）

鐵—[字]（4560號）銅—[字]（11100號）鎰—[字]（3722號）

銀—[字]（5474號）鉦—[字]（11331號）鎮—[字]（1393號）

鐘—[字]（11155號）鑄—[字]（5335號）

（2）替換"食"：

餅—[字]（11092號）飯—[字]（1499號）飪—[字]（11142號）

飼—[字]（16601號）饍—[字]（6490號）飲—[字]（6490號）

餘—[字]（4444號）

（3）替換"火"：

燒—[字]（5348號）

（4）替換"糸"：

總—[字]（7822號）

（5）替換"君"：

群—[字]（4338號）

（6）替換"藋"：

觀—[字]（1028號）

3. ×

遠—[字]（10706號）尊—[字]（10706號）[字]（9008號）

4. 卜

規—[字]（9008號）韓—[字]（6642號）疆—[字]（19489號）

巍—[字]（16454號）

5. 廾（[字]）

（1）替換"維"：

羅—[字]（12821號）囉—[字]（10542號）鑼—[字]（11331號）

纙—[字]（4103號）

（2）替換"羽"：

翁—[字]（9888號）禽—[字]（19992號）

（3）替換"弊"：

弊—廾（15775號）

（4）替換"隹"：

第五章　越南碑銘文獻中的越南變異俗字　71

難—󰀀（8697 號）
（5）替換"殳"：
廢—󰀀（10625 號）󰀀（11142 號）
6. 巾
遞—󰀀（30 號）諱—󰀀（17782 號）違—󰀀（11100 號）
圍—󰀀（7134 號）
7. 爻
類—󰀀（12460 號）齡—󰀀（13376 號）數—󰀀（10438 號）
巍—󰀀（11871 號）󰀀（16454 號）
8. 又（乂）
叄—󰀀（1594 號）擊—󰀀（11340 號）驚—󰀀（12460 號）

八　音近更代變異

音近更代包括同音更代和近音更代兩個方面，屬於俗字範疇主要有"直接借用同音字""借用同音字又加以改造""借用俗字的聲旁""在假借字的基礎上加注或變換形旁"。[①] 下面試舉二例分析。

1. 華—󰀀

龜壽歲享，麟趾宗󰀀。（3458 號）

原廣東省人民信主謝󰀀昌自出花銀伍拾元供在普光寺，爲立碑記，以報雙堂。（16034 號）

世聯󰀀族，葉奕金枝，繼肇培之，烈光祖宗也。（13342 號）

茲本社玉地一壺，春天四境，物󰀀天寶。（12863 號）

按：《說文·華部》："䔢，榮也。从艸从䠇。"（124 頁）楷作"華"。又："芛，艸木華也。從𠂹亏聲。䔢，芛或從艸從夸。"（124 頁）楷作"花"。《段注》於此云："此與下文芛音義皆同。"（503 頁）故"花"爲"華"之異體，見《集韻·平聲·麻韻》："華花䔢，《爾雅》：'華，荂也。'或從化，亦作䔢。"（209 頁）另，《敦煌俗字典》將"華"作"󰀀"（160 頁），TOU1632X 李光先修《尊勝陀羅尼經幢》、SIN0202P

---

① 張涌泉：《漢語俗字研究》（增訂本），商務印書館 2010 年版，第 92—100 頁。

《乾隆耕織圖石刻殘》亦復如是。可見，無論中國還是越南，"華"可通作"花"。那麼，"華"之"花"下加記號部件"十"，一是爲了與記錄"花草"義的"花"區別開來，二是爲了與本字"華"的整體輪廓相似。因此，"華"就可看作"音近更代"中"借用同音字而又加以改造"的俗字。

2. 疑——

即此有功，釋教正 ，不靳禪風。（7607 號）

按："疑"作" "，多由簡化字形發生音近更代所致。在字形方面，"兮"俗作" "，見《廣碑別字》引《魏内司楊氏墓誌》（7 頁）。又"宇之峻起兮，如鳥斯革；瓦之母觴兮，如翚斯飛"（7088 號）中"兮"作" "。而"疑"在越南漢籍中亦有作" "之用例，如《越南漢文燕行文獻集成·使華手澤詩集》中"我自崑蓬南過北，沖霄擬歌振雙翰"中"擬"作" "（62 頁）。故"疑"與"兮"之俗書形近。

在語音方面，"疑"屬古漢越詞①，即唐代以前進入越南語，按古漢越音來識讀的漢越詞。"疑"與"兮"上古音分屬支部和之部，二部可旁轉，故音近。到中古時期，漢字通過書面途徑全面、系統地進入越南語，經過語音越化後，大約有六七千個常用漢越字的讀音有很強的系統性和規律性，形成了一套漢字讀音系統。這時，"兮"爲匣母齊韻，根據《漢越語研究》：匣母爲 [h]（15 頁），齊韻爲 [e]（36 頁），其讀音就爲 [he]；"疑"爲疑母之韻，開口三等，疑母一三四等對應 [ŋ]（14 頁），之韻非精韻對應 [i]（32），其讀音就爲 [ŋi]。[e] 和 [i] 同爲舌面前不圓唇母音，[i] 的舌位比 [e] 稍高，二者讀音相近。故以"兮"代"疑"屬於音近更代中的近音更代。

另，"擬將諸後姓名表銘於石，以壽其傳"（16990 號）中"擬"作" "；"惟神格思焄燴，凝不朽之精神，叶昭假於九層臺上"（6490 號）中"凝"作" "；"餘惠一鄉，躅芳千載，因刻於碑，億年不礙"（9578 號）中"礙"作" "；"詠鳴雞飛忠之詩，克勤克儉，乘龍依鳳之志"（8919 號）中"儉"作" "；"第恐後人起癡心，竊蕆契文，妄將典賣，爲此預勒於石碑"（19972 號）中"癡"作" "。此皆爲其

---

① 譚志詞：《中越語言文化關係》，世界圖書出版廣東有限公司 2014 年版，第 56 頁。

類推。

綜上，"▣"本爲"兮"之俗書，以"兮"代"疑"屬簡化字形的音近更代。

第二節　變異俗字的成因分析

從漢字史特別是漢字域外傳播史視角，探求漢字在越南的變異原因，是一項繁重複雜的工作。它可以從變異的階段、載體、途徑、方式等不同角度做專題探討，也可以從漢字傳播角度進行宏觀和微觀的多維考察。下面我們從漢字傳播角度繼續探求變異俗字出現的原因。

一　擴散俗字

越南碑銘文獻中的許多俗字在中國原典古籍中可以找到用例，然而卻沒有被辭書收錄，更無緣作爲標準用字，甚至是曇花一現。這種文字現象，套用"詞彙擴散"理論，或可名之曰"俗字擴散"或"俗字衍生"[①]。例如，"丶丶"符號可替換"彳亍""幺幺""言寸""▣"等幾類部件。這種簡省方式源於草書楷化，但楷化後的字形鮮見於中土文獻。例如：

1. 衝—▣

其蓋瓦坐板未及完成，仍此未有▣亭置席。（1949 號）

按："丶丶"分別替換"彳""亍"。《中國草書大字典》引（宋）黃庭堅《廉頗藺相如列傳》作"▣"，（明）祝允明《詠蘇壹八景小詞》亦作"▣"。（1112 頁）

2. 樂—▣

於▣成日祭畢，敬俵官員首牲。（12543 號）

按："丶丶"替換"幺幺"。《草書大字典》引庭堅作"▣"，孟頫作"▣"。（674 頁）

[①] 參何華珍：《俗字在日本的傳播研究》，《寧波大學學報》（人文科學版），2011 年第 6 期。

3. 謝—▨

如或甲內何人頑強廢欠祭禮，應捉▨雞酒準古錢二陌，以儆其他。（11100號）

按："丷"分別替換"言"與"寸"。《中國草書大字典》引（晉）王羲之《寒切帖》作"▨"，（唐）張旭《古詩四帖》作"▨"，（宋）薛紹彭《雜書卷》作"▨"。（1205—1206頁）

此類俗字，源頭在中國，發展在域外，是爲擴散性俗字。因此必須從越南漢字發展的歷史層面，做深層考察和分析，探求越南選擇漢字形體的歷史背景和文化因素。

二 佚存俗字

日本學者笹原宏之在《國字の位相と展開》中，仿照"佚存書"提出"佚存文字"術語。笹原氏主要是爲解決中日漢字創制權的矛盾而創此文字術語，認爲有的漢字本來是中國制造，但在中國幾乎不使用，而且造字書證也已佚失，但由於這些文字早期傳入日本，相關概念在日本文獻中得以留存，此類文字稱爲"佚存文字"。① "佚存文字"中，大多爲"佚存俗字"。此類字多源於草書楷化，但楷化後的字形鮮見於中土文獻。例如：

1. 孝—▨

▨女陳氏李，良婿范登科，知佛道，當尊供肥田餘壹畝。（9008號）

按："孝"由"孝"之草書楷化而來。《中國草書大字典》引（漢）劉炟《千字文殘簡》作"▨"，（唐）賀知章《孝經》作"▨"，（宋）趙佶《千字文》作"▨"。（348頁）

2. 獲—▨

恆產具有心，自發家資不吝；爲善而▨福，必然天理無差。（1681號）

按："獲"作"▨"受草書楷化影響。《中國草書大字典》引（明）倪元璐《家書》作"▨"（796頁）。

---

① ［日］笹原宏之：《國字の位相と展開》，三省堂2007年版，第88—100頁。

三　越製俗字

那些在中土文獻中尚未發現用例的俗字，即爲越製俗字。如本章第一節"變異俗字"中的"形聲變異"字：護—[圖]，勢—[圖]，停—仃，尊—[圖]。會意變異字：佛—[圖]，[圖]。訛俗變異字：備—[圖]，春—[圖]，光—[圖]。增繁變異字：蕉—[圖]，衣—[圖]，闊—[圖]，流—[圖]，龍—[圖]，娘—[圖]，肉—[圖]。簡省變異字：鼎—[圖]，彝—[圖]。草書楷化變異字：傳—[圖]，德—[圖]，登—[圖]。符號變異：丷，刂，×，卜，卄（艹），巾，爻，又（乂）。音近更代變異：華—[圖]，疑—[圖]。

可見，"擴散俗字""佚存俗字""越制俗字"的出現是漢字扎根越南後，又繼續開花結果的反映。"擴散俗字"生在中國，繁榮在越南；"佚存俗字"亦生在中國，不久亡佚，但存於越南；"越制俗字"則是漢字在越南的再次衍生。因此，從漢字傳播角度來看，"變異俗字"的產生是相對的，主要取決於漢字在中越的具體使用情況，若某字少見於中土文獻，但多流行於越南，該字就可看作"越南變異俗字"；若某字不見於中土文獻，是越南自造字，該字亦是"越南變異俗字"。反之則非"變異俗字"。

第三節　小結

綜上所述，以"變異字"爲中心的中越漢字比較研究，是近代漢字學研究的重要內容，也是漢字在域外傳播的重要內容。就越南碑銘文獻中的"變異俗字"爲例，其屬於漢字在域外的形體局部變異，主要體現在簡化、符號化、形聲、會意等異構字呈現不同面貌。"變異俗字"的產生主要取決於漢字在中越的具體使用情況。但鑒定哪些是中國歷史上的固有俗字，哪些是漢字在域外的變體異構，這是一個十分困難也是十分冒險的事情。此外，關於"變異俗字"的結構特點、形義關係、歷史演變，中外偶合字形的關聯等，亦需下力氣研究。

第六章

越南碑銘文獻疑難字叢考

本章考釋的均爲記錄漢語的疑難字。這些疑難字大都可以通過上下文語境確定本字，因此對其形體演變過程的還原就成了考釋的主要內容。

1. ▨

如某力不能▨者，替納古錢三貫六陌。（11697號）

係遞年正月二十三日年諱，其本村買▨禮物，務在清潔。（4444號）

按："▨"爲"辦"之簡省俗字。今簡化規範字"办"中"丶"爲受草書影響形成的簡省符號，分別替代左右兩個"辛"。《中國草書大字典》引（明）徐渭《行草詩卷》作"▨"（1235頁）。《字學三正·體制上·時俗杜撰字》："辦，俗作办。"（68頁）"▨"之"丶"多受"办"字寫法的潛意識影響而類化使用，不替代任何部件。

2. ▨

由有古跡腹龍寺經已頹廾，今因修理，推保後佛準取古錢貳拾貫，以資理作。（15775號）

按："廾"爲"弊"之簡省俗字，此多因"弊"上部"敝"筆畫繁複，不便書寫，遂直接完全簡省。

3. ▨

是則信者，國之寶，民之▨，不特爲一家一鄉之福矣。（4061號）

按："尸"與"广"形近，"▨"當爲"庇"之訛寫。

4. ▨

糯米壹百官銅▨，芙蕾足用。（5353號）

祭畢，本族只取長華一頸，粢二斗，肉八▨，每▨六口。（6491號）

每例俵後，一具粢四▨，肉四▨。（10980號）

本寺市廛村田三高，古錢七貫，米六十▨，田一所二高，坐落同香

來處。（9624 號）

按："▨"爲"鉢"之簡省俗字，"刂"替換形旁"釒"。

5. ▨

道學▨揚，儒風振起。（11652 號）

按："▨"爲"闡"之簡省俗字，"八"替代"門"。

6. ▨

永壽四年辛丑逆□餘孽，鼠伏潢山，妄動邊▨，重勞天討。（1445 號）

按：《說文·麤部》："▨，鹿行揚土也，從麤從土。▨，籀文。"（202 頁）據篆文隸作"▨"。"▨"中"从"當爲"▨"中"麤"之簡省符號。

7. ▨

又▨田壹畝肆高以爲祭禮。（12820 號）

乃捐▨古錢叁拾貫同二甲供造廟祠之用。（12821 號）

按：《佛教難字大字典·山部》以"▨""▨"皆爲"出"之俗體（27 頁）。又"▨"在銘文中作重文符號，如"翌▨琳瑯，其闕也；平▨鐵石，其釘也"（8806 號）。故"▨"下"人"多爲"▨"筆畫黏連而成，亦作重文符號替代下面的"山"。

8. ▨

一所田四高坐落昆感▨，一所田二高坐落麻小▨。（7091 號）

按："▨"爲"處"之簡省訛俗字。《說文·几部》："▨，止也。得几而止。從几從夂。▨處，或从虍聲。"（301 頁）可見，"処"爲正體，"處"爲或體。"处"見《宋元以來俗字譜》引《列女傳》等（68 頁）。"▨"，當由"処"之"夂""几"筆畫黏合後進一步增筆而成。

9. ▨

欲▨後世不忘，萬代不絕。（12133 號）

按："垂"，《中國草書大字典》引（隋）智永《千字文》作"▨"，（唐）懷素《小草千字文》作"▨"，（明）王寵《自書詩》作"▨"。（402 頁）另，SOU0218B《靈巖寺宋代楞嚴經偈（二）》中"處"之俗書"▨"作"▨"，下部"匆"筆畫黏合爲"田"形。因此，"▨"爲

"垂"之中間部分受草書影響筆畫連寫黏合而成,並且線條帶有一些圖畫性質。

10. 嘗

夫厚所嘗厚,乃天理之必然。(15930 號)

按:"嘗"爲"當"草書楷化而成。《中國草書大字典》引(晉)王羲之《上虞帖》作"嘗",(唐)懷素《食魚帖》作"嘗",(宋)趙構《真草千字文》作"嘗"。(901 頁)

11. 得

一例某家養羊牡豬,放釋傷人禾稼,伊主打傷,不得索償。(7748 號)

按:"得"爲"得"之草書。《中國草書大字典》引(晉)王羲之《都下帖》作"得",(金)任詢《韓愈秋懷詩》作"得",(明)陳淳《古詩十九首》作"得"。(448 頁)

12. 德

德敦仁厚,家財自出。(5335 號)

夫碑者,紀功德以示將來者也。(19885 號)

神必有功於民,亦報德無窮,以酬恩之力舉。(15907 號)

按:"德"爲"德"之草書楷化簡省俗字。"德",《中國草書大字典》引(晉)王羲之《昨見帖》作"德",(宋)趙佶《真草千字文》作"德"。(457—458 頁)楷作"徳",如"茲民村竊念有功,神必有功於民,亦報徳於無窮,以酬恩之力舉"(15910 號)。又"傷",(隋)智永《千字文》作"傷"(103 頁),後楷作"伤"。二字右邊楷化後的部件相同,可資比勘。"德"爲"傷"之簡省。

13. 鬥

時二娘相交戰鬥,一皆死沒矣。(12482 號)

按:"鬥"爲"鬪"之簡省俗字,"丷"替代"門"。

14. 囵

茲信娓阮氏玉寶號明然爲後佛,家傳囵閲,德大慈悲,積德陰功。(11606 號)

按:"閥"之"門"簡作"门",又"门"與"囗"形近,故譌作"囵"。

第六章　越南碑銘文獻疑難字叢考　79

15. 【字】

又整作饌具，粱一盤三斗，【字】二鉢，菜餚一鉢，菓一乃，芙蕾五口。（1499 號）

按："【字】"爲"飯"之簡省俗字。"リ"爲常見簡省符號，在此替換"食"。

16. 【字】

【字】照伊例，擇獻禮神一具，忌禮四具，每忌金銀一千。（4256 號）

按：《玉篇・人部》："倣，學也。"（15 頁）《集韻・上聲・養韻》："放方倣俩，效也，或從人，亦作方俩。"（416 頁）《正字通・人部》："倣，妃罔切，音紡。微也，依也。通作仿。"（48 頁）故"倣"爲"仿"之異體，"【字】"又爲"倣"之簡省俗字，"ハ"在此分別替換"亻"和"攵"。

17. 【字】

忽見兩青鳥【字】於宮所，大叫三聲。（19641 號）

幾日喧嘩，皺棹來舟，離方峙絃岳之峯；彌年維新，合集【字】鳥，岸欝馥櫥之春。（4103 號）

其神祠也，植庭覺檻，罩【字】矢棘，內外嬋娟。（6750 號）

宇之峻起兮，如鳥斯革；瓦之母船兮，如翬斯【字】。（7088 號）

按："【字】"由"飛"草書楷化而成。《中國草書大字典》引（晉）王羲之《每念長風貼（古摹本）》作"【字】"，（唐）武則天《昇仙太子碑》作"【字】"，（宋）趙構《真草千字文》作"【字】"，（元）趙孟頫《六體千字文》作"【字】"。（1367—1368 頁）MIN0440X《華山大圖》作"【字】"，SIN0090X《清世宗憲皇帝御筆詩》作"【字】"。《敦煌俗字典》作"【字】"（109 頁）。

18. 【字】

若何人【字】欠某事，許族人以吏經呈官司查論。（12868 號）

如或甲內何人頑強【字】欠祭禮，應捉謝雞酒準古錢二陌以倣其他。（11100 號）

嗣後本社或何人生心薄惡，【字】欠忌禮。（7263 號）

若後日以時殊而殊議，以世異而異辭，致或違疎，【字】欠某節，其本社追還這錢，依如原數。（4635 號）

按:"㾾"中之"双"爲"廢"先簡去"發"之下部後,再由"癶"訛寫而成。又"永盛萬萬年之玖,歲在癸巳拾壹月貳拾五日"(7571號)中"癸"作"癸",其上"癶"亦作"双"。可資比勘。

19. 畐

定以遞年祈畐,逐日祭祀。(8697號)

按:《説文·示部》:"福,祐也。從示畐聲。"(1頁)"福"省形旁作"畐",後訛作"畐"。又《字彙·田部》:"畐,古福字。"(297頁)《中華字海·宀部》:"宮,同'畐'。"(134頁)"畐"爲"畐"之訛寫。

20. 甫

五福漆齡生生之,攀鱗甫翼。(7822號)

按:"甫"爲"輔"之簡省俗字,"丶"常見簡省符號,此處爲泛化使用。

21. 閦

茲上仕信新造後堂七間,構作鍾閦四柱,鳩工雕畫棟樑。(11555號)

按:"閦"爲"閣"之訛寫,其將"門"分別在左右寫作"三點",此多是受個人書寫習慣影響。

22. 輯

龍輯歲在戊寅年正月穀日。(2957號)

按:《龍龕·車部》:"輣輣輣,三俗,音隔。"(85頁)《字彙補·車部》:"輣各得切,音隔,義未詳。"(219頁)"轠"作"輯"多受草寫影響。"聶"又作"聶",其下"又"即爲"耳"之簡省符號。又如"轟"作"轟","又"亦爲"車"之簡省符號。"輯"下"〻"爲常見重文符號,在此用來作簡省符號替換相同的重複部件"耳"。

23. 古

民古厚情,保爲配祀。(11754號)

按:"古"爲"固"之簡省俗字,"丶"替代"口"。

24. 覌

庶以昭萬古之覌瞻,是用鑴之於石,以壽其傳。(1028號)

德彌陀覌音勢至四相。(7634號)

按:"覌"爲"觀"之簡省俗字。"刂"爲常見簡省符號,在此替換

"蓳"。另王力《漢越語研究》附頁三所列舉的 100 個越南省筆字中，"觀"作"㒵"，其上部"夕"當爲"刂"移位後訛寫而成。

25. ▨

本社人汝氏圓，情願自出青錢一百貳十▨，田貳畝，以恭本社需用。（19801 號）

會主范文晉錢二▨。（7539 號）

按："貫"，《中國草書大字典》引（晉）索靖《月儀帖》作"▨"，（唐）孫過庭《書譜》作"▨"。（1125 頁）楷作"▨"，如"例祭田肆畝，每畝價古錢貳▨肆陌"（5626 號）。後"▨"中"卌"豎置作"貢"，如"茲後不得移易，其黃收本族等納本社古錢玖貢"（6701 號）。"▨"又爲"貢"之草寫。

26. ▨

恭惟諸尊后爲民之表，維商之基，體菩仁心以周民，前後聯輝垂，令聞▨禪機而廣世歲。（6490 號）

按："▨"之"刂"爲草書楷化而成的簡省符號，替換部件"㠯"。《中國草書大字典》引（唐）孫過庭《書譜》作"▨"，（宋）趙構《真草千字文》作"▨"，（明）王寵《千字文》作"▨"。（808 頁）"▨"見《宋元以來俗字譜》引《列女傳》等（134 頁）。另，周志鋒《明清小說俗字俗語研究》認爲，"▨"之來源是由於"歸"俗書先作"帥"（左旁一撇多省。參《碑別字新編》408 頁），因近代漢語中"帥""師"分別作"帅""师"，故"刂"亦替換"帥"之"𠂤"作"▨"。（79 頁）此說極是。但在漢喃銘文中並沒有見到"帥"，因此我們暫且看作是受草書楷化影響一步到位。

27. ▨

蓋聞投桃報李，人道當然，刻石製碑，良▨不易。（9008 號）

按："▨"爲"規"之簡省俗字。《正字通·矢部》："規，規本字。規矩並從矢。"（746 頁）故"夫"與"失"可互通。"卜"爲常見簡省符號，在此替換"見"。

28. ▨

阮惟▨妻吳氏策。（6642 號）

按："▨"爲"韓"之簡省俗字，"卜"爲常見簡省符號，在此替

82 上編　越南碑銘文獻用字研究

換"韋"。

29. 㤁

炳彪不易，顯㤁無泯。（7204 號）

按："㤁"爲"赫"之簡省俗字。"了"在此作簡省符號替換部件"赤"。"了"還可作爲重文符號，如"〻"替換"善哉"，"善哉〻，天之能覆也，地之能載也，而佛之靈通廣大，則天地之所不能窮"（8328 號）。

30. 伇

聞之有功德於社會者，伇人當紀念之。（19530 號）

按："伇"爲"後"草書楷化而成，"又"亦爲常見簡省符號。《中國草書大字典》引（晉）王獻之《玄度帖》作"伇"，（隋）智永《千字文》作"伇"，（宋）趙佶《千字文》作"伇"，（明）徐渭《行草詩卷》作"伇"。（446 頁）

31. 𠱓

若每年二月、十一月歌舞喧𠱓，寫名入文，祭禮恭敬。（10625 號）

按：此爲"華"通作"花"之類推，又"口"與"言"義近，故"𠱓"作"嘩"爲改换義符。

32. 畵

順安府嘉定縣端拜社官員鄉老社村長上下巨小等，共論重修構作大悲寺前堂行廊、後堂内寺、四圍畵作、佛像各幅補它等。（4560 號）

乃命文房中書君直畵其事焉。（11524 號）

兹上仕信新造後堂七間，構作鍾閣四柱，鳩工雕畵棟樑。（11555 號）

於是刻石畵字，以示後世，使永監焉。（3773 號）

按："畵"爲"畫"之草書楷化而成。《中國草書大字典》引（唐）孫過庭《書譜》作"畵"，（元）張雨《題畫詩》作"畵"，（明）王寵《自書詩》作"畵"。（899 頁）其楷化後字形見於《宋元以來俗字譜》引《列女傳》等（54 頁），《字學三正‧體製上‧俗書簡畫者》："畫，俗作畵。"（68 頁）

33. 帥

吳先公帥譽，字俊髦，號周士。（17782 號）

第六章 越南碑銘文獻疑難字叢考 83

阮貴公▣永字安寧之靈。（17902 號）

按："▣"爲"諱"之簡省俗字。銘文中，"韋"下部之"止"多訛作"巾"，如"倘後來或違斯約，明有日月鑒臨，幽有鬼神降格"（1730 號）中"違"作"▣"；"始立陽基，立種由牙，四圍稠密，改號爲太平村"（7325 號）中"圍"作"▣"。後將"韋"直接省作"巾"，如"後代毋得違越，如或甲內何人頑強廢欠祭禮，應捉謝雞酒準古錢二陌以儆其他"（11100 號）中"違"作"▣"；"王弟馮骸爲都保，將兵攻正平，圍都護府，克之"（7134 號）中"圍"作"▣"。此皆爲類推。

34. ▣

規模壯觀，制度▣明。（10538 號）

按：《說文·谷部》："䜩，通谷也。从谷害聲。"（240 頁）"豁"由"䜩"部件移位而來。"▣"是"豁"之"谷"受"害"類化影響而增旁"宀"爲"容"。又《廣碑別字》引《魏小劍戍主元平墓誌》作"▣"（661 頁），此字形由"䜩"之"害"受"容"影響類化而成。故四字關係爲：䜩→豁→▣→容。此外，張涌泉《漢語俗字研究》認爲："'豁'既作'▣'，'豁'又受左部影像類化，遂進而訛變作'容'。"（73 頁）此亦是一條演變途徑。

35. ▣，▣

群居禹甸，壞▣堯民，含哺嬉鼓，腹歌共沐。（5459 號）

遞年五月里長轉報▣鐸，本社共會在亭。（7748 號）

南也，目▣其事，念夫人同此心，心同此理。（8319 號）

草莽之戎，尤善少而▣眾。（2367 號）

按："▣""▣"皆爲"擊"之簡省俗字。"又""乂""乂"爲越南常見簡省符號，如"而鄉鄰有美行，嘉言之"（19489 號）中"嘉"作"▣"；"保泰叁年九月貳拾肆日立碑，社正阮調元記"（1594 號）"叁"作"▣"；"自後忌日，本寺宣經具設齋盤、金銀、花菓上供"（17106 號）中"齋"作"▣"，"其全社每大人作二齋盤，以承忌臘，苗裔不絕"（11901 號）作"▣"。可見，"又""乂"多替換獨體和左中右結構的部件，此處替換左右結構"毄"多受潛意識類化影響。

36. [㤂]

遂皇[㤂]立於前，民財由之而遂。（10997 號）

按："[㤂]"爲"既"之簡省俗字。"丿"爲常見簡省符號，在此替換"艮"，例見周志峰《明清小說俗字俗語研究》（75 頁）。

37. [問]

年年增富貴，[問]日受榮華。（6678 號）

按："[問]"爲"間"之簡省俗字，"丶"替換"門"。

38. [邙]

涓涓金石，永永無[邙]。（19489 號）

按："[邙]"之"卜"爲常見簡省符號，如"韓—[韩]""規—[规]"，其在此用來替換"畺"。

39. [驚]

三公分爲二道，水步並進，雷[驚]百里之聲。（12460 號）

按："[驚]"爲"驚"之簡省俗字。"又"爲越南常見簡省符號，多替換獨體或左中右結構的部件，此處替換左右結構"敬"是受潛意識類化影響。如"擊—[擎]"。

40. [開]

事有[開]於名教，惟知道者能[開]之，亦惟慕道者能繼之。（975 號）

按："[開]"爲"開"之簡省俗字，"丶"替代"門"。

41. [類]

時三子，明敏好學，已成才，文武兼全，聰明出[類]。（12460 號）

蓋聞出[類]爲眾，所宗昭昭。（12134 號）

宗族常昌，兒孫出[類]。（9578 號）

一德出[類]，全邑所宗。（4502 號）

按："[類]"爲"類"之簡省俗字。"爻"爲漢喃銘文中常用簡化符號，如"自幼齡失怙，與母氏阮媼居，孤苦丁零，煢煢踽踽，母子二人，相依以爲命"（13376 號）中"齡"作"[齡]"。"爻"在此替換"类"。

42. [高]

天地鑒[高]，神鬼照視。（5724 號）

天地鬼神，其鑒[高]之。（8100 號）

第六章 越南碑銘文獻疑難字叢考 85

按："[臨]"爲"臨"之簡省俗字，省去部件"臣"。

43. [羅]

阮必[羅]。（12821 號）

按："[羅]"爲"羅"之簡省俗字，"卄"爲越南常見簡省符號，在此替換"維"。"唵伽囉帝耶婆婆訶"（10542 號）中"囉"作"[囉]"，"每村中男拾人，帽青吉，執岫傘、扇杖、旗鼓、鉦鑼"（11331 號）中"鑼"作"[鑼]"，"數縞赤仄，百段紅羅"（4103 號）中"羅"作"[羅]"，此皆爲其類推而成。

44. [銘]

是宜[銘]之，以傳求遠。（8697 號）

仍[銘]於石，以壽其傳。（3329 號）

是宜[銘]之，以垂不朽，其所有附食、諸謚號開列於左。（11696 號）

按："[銘]"爲"銘"之簡省俗字。"刂"爲常見簡省符號，在此替換"金"。

45. [難]

碑苔石古跡[難]泯，顯得生平善感人。（8697 號）

迺於正和二十五年月日修理，廟亭支廢頗廣，給斂[難]週。（4730 號）

按："[難]"爲"難"之簡省俗字。"文""卄"爲常見簡省符號，如"對—[對]""艱—[艱]"和"弊—[弊]""羅—[羅]"等。

46. [磐]

屹然鰲極，奠若石[磐]。（12715 號）

[磐]安石柱，壽等山嵩。（11326 號）

按："[磐]"爲"磐"之簡省俗字。

47. [⺊]

再出使[⺊]八十一頭，各供前後，由爲後神後佛。（5335 號）

信娌陳氏探號慈然[⺊]七陌。（4354 號）

許本社使[⺊]一百五十頭，再使[⺊]三十頭作羞惡亭。（5335 號）

其本村官員巨小等共受[⺊]田，乃許之，爲此立碑以傳永世。（13064 號）

按:"丩"爲"錢"之簡省俗字。在中國,"錢"有專門的記號記錄。《字學三正·體制上·時俗杜撰字》:"錢"俗作"[图]"（60頁）。《宋元以來俗字譜》引《目連記》作"[图]"（97頁）。《中華字海》作"[图]"（25頁）。故"丩"多爲"[图]""[图]""[图]"進一步簡化而來。

48. [图]

北斗尚書尊百辟,南朝宰相式[图]僚。（4338號）

按:"[图]"爲"群"之簡省俗字。"丿"爲常見簡省符號,在此替換"君"。

49. [图]

舊會寧縣丞生徒阮登洲,青河社[图]也,德年三達,心產兩恒。（6030號）

按:"[图]"爲"人"之增筆俗字,見《廣碑別字》引《清張雲谿墓誌》（2頁）。

50. [图]

係遞年拾壹月初五日,即本社上下等每人壹盤,每盤圓餅貳件,[图]肉貳磁,各具盤並將後堂寺碑前用。（11142號）

按:"[图]"爲"飪"之簡省俗字。"丿"爲常見簡省符號,在此替換"食"。

51. [图]

例某家養羊牧豬,放釋,[图]人禾稼,伊主打[图],不得索償。（7748號）

按:"[图]"爲"傷"之草書訛誤字。"傷",《中國草書大字典》引（隋）智永《千字文》作"[图]"（104頁）,（明）陳淳《古詩十九首》作"[图]"。（103頁）又"傳",《中國草書大字典》引（唐）孫過庭《書譜》作"[图]",（宋）趙構《千字文》作"[图]"。（102頁）"[图]"較"傷"之草書多一橫,與"傳"形近。文中兩個"傷"皆是這種寫法,故此多是書寫者的個人書寫習慣所致,寫了一半"傳",立刻又改成了"傷"。

52. [图]

上福寺已丑年十一月十八日,修造上殿[图]香前堂佛像各座。（5348號）

第六章　越南碑銘文獻疑難字叢考　87

按："▢"爲"浣"之簡省俗字。"刂"爲常見簡省符號，在此替換"火"。

53. ▢

▢形勝好，雄厲堪誇。（3458號）

按：據王力《漢越語研究》，"執"，章母緝韻，入聲，對應漢越音爲［chəp⁵］（19頁）；但"世""執"漢越音皆爲［the⁵］（20頁）。故"勢"以"世"代"執"爲顯明讀音，後部件移位作"▢"。

54. ▢

有德有位，▢所嘗言。（8428號）

各甲▢記。（7748號）

按："▢"爲"書"草書楷化而來。《中國草書大字典》引（晉）王羲之《每念長風帖（古摹本）》作"▢"，（唐）懷素《自敍帖》作"▢"。（596頁）

55. ▢

其銀▢交民用役，以供修理。（18267號）

每畝古錢三貫，共錢三十三貫足▢，以便奉事。（16號）

其田▢在某處所列後。（5474號）

吾鄉紳豪爲此懼謀改遷焉，去舊址▢百步。（17211號）

茲民村認取這銀伊▢，以充修理亭寺。（15906號）

第以金身▢座，猶零落於福林邑。（10438號）

按："▢"爲"數"之簡省俗字，"爻"爲常見簡省符號，如"類—▢"，在此替換"婁"。

56. ▢

遞年留放魚錢肆陌▢拾捌文，每告忌只用古錢五陌。（5626號）

按："▢"爲"肆"之簡省俗字，"刂"爲常見簡省符號，在此替換"隶"，例見周志峰《明清小說俗字俗語研究》（74頁）。"卡"爲"聿"之草書楷化而成，《六體書法大字典》引唐王羲之作"▢"，唐賀知章作"▢"。（1683頁）

57. ▢

竚見億年香火傳之無窮，萬▢子孫引以勿替。（8792號）

按："冀"，《碑別字新編》引《齊高建妻王氏墓誌》作"羮"（344頁），"禩"則爲"禩"之俗書。又《漢語大字典》："禩，同祀（祀）。"（2581頁）故"禩"爲"禩（祀）"之俗書。

58. 飼

依皈有所，功德無量，飼香鉢之弘施，擬苾蒭而較勝。（16601號）

按："飼"爲"飼"之簡省俗字。"丿"爲常見簡省符號，在此替換"食"。

59. 体

眷惟廣威府不援縣光備社阮氏石號妙誡，心廣体胖，年尊德邵。（9328號）

按："体"由"體"之簡化規範字"体"筆畫分離而成。

60. 鉄

其村長受取錢，應作買鉄林、椿條。（4560號）

茲乞後佛後神縣丞阮興讓，妻陳氏洞等再增古錢壹百叁拾肆貫，所買林鉄輦、鉄燈及還功木匠等事。（7896號）

東下甲鄉老仝長上下等自買鉄林至木匠瓦匠，并頓食錢四百七十九貫五陌。（4161號）

按："鉄"爲"鐵/鉄"之簡省俗字。"丿"爲常見簡省符號，在此用來替換"金"。

61. 咱

本社四甲官員與内選每甲二員，就本官廳堂迎視唱（5967號）

係每忌謹以沙牢一隻，粢五盤，酒一盂，芙苢等，並咱廳堂行禮如儀。（32號）

惟剩解咱一座。（2823號）

按：越南碑銘文獻中，"聽"多作"咱"，如"佛祖像法之需，這係有好心人咱許"（17418號），"迺從前棟宇茅茨，歷年已古，而一民之視咱者，莫不嘆澳"（16300號），"或有歌唱，則請入亭中坐位觀咱"（15202號），"如來拭目，觀佛日光，天傾耳咱法輪轉，地本寺名藍跡古"（11769號）。《說文·耳部》："聽，聆也。从耳悳壬聲。"（250頁）《古文字詁林》第九冊舉"聽"之古文作""""（576頁），

第六章 越南碑銘文獻疑難字叢考 89

"耳"之古文作"▷""彐""𦣻"（565頁），故從字形上看會"口說耳聽"之意。且"耳"之古文與"自"形體近似。蓋"咱"由"聽"之古會意字楷化而來。受此影響，"廳"類推作"[咱]"。

62. [同]

本族阮氏義、阮氏冷、阮氏梗等加有厚情銅錢拾貫，太牢壹隻，[同]諸亭中乞爲單寫，仍此全社一一應保爲後配。（11754號）

按："[同]"爲"同"之簡省俗字，"丷"替代"冂"。

63. [銅]

茲本社時方官役，無有[銅]錢應務。（11100號）

其尊師阮仁福所有[銅]錢，給本村古錢三十五貫。（1847號）

建昌府武仙縣知來社勝舊村……全午上下等，爲有修理館，所欠其[銅]錢買木。（18675號）

遞年二月十六日一期八月十五日一期，每期本甲整作豬一隻，價古錢二貫，粢一盤，十五官[銅]鉢，酒一盂。（11100號）

按："[銅]"爲"銅"之簡省俗字。"刂"爲常見簡省符號，用來替換"金"。

64. [萬]

亙古及今，永傳[萬]世，其功德豈小補云乎哉？（10457號）

按："[萬]"爲"萬"草書楷化而成，《中國草書大字典》引（晉）王羲之《闊別貼》作"[萬]"。（1027頁）

65. [巍], [巍]

[巍]乎其成功業，煥乎其有文草。（16454號）

[巍][巍]至德，蕩蕩難名。（10550號）

涵泳聖厓，[巍]峨祠宇。（11652號）

昔曾卑小，今始[巍]昂。（5472號）

事業皇[巍]，日月同輝。（11636號）

按："[巍]"以"爻"形記號替代部件"委"。銘文中，"爻"爲常用簡省符號，如"數—[敩]""齡—[齝]"。"[巍]"在"[巍]"基礎上，將另一部件"鬼"改寫爲記號"卜"。銘文中此類記號替換亦是多見。如"疆—[畺]""張—[弡]"。"[巍]"又將"爻"形記號上下黏合爲"夕"形，右邊部

66. [圉]

始立陽基，立種由牙，四[圉]稠密，改號爲太平村。（7325 號）

按："[圉]"爲"圍"之簡省俗字，"丷"替代"口"。

67. [翁]

係妣後命終，禮祭依如[翁]後，計供田各所。（9888 號）

廣威府明義縣安蒲社官員鄉老會主仝長勾當太老[翁]娸善男信女社材長上下等。（7324）

按："[翁]"爲"翁"之簡省俗字。"卄"爲常見簡省符號，在此替換"羽"。

68. [禽]

泛慈航於苦海，[禽]兄弟兩同。（19992 號）

按："[禽]"爲"禽"之簡省俗字，"卄"爲常見簡省符號，在此替換"羽"。

69. [縣]

本總拾貫六陌，本[縣]拾貳貫六陌，由輕從重，舉一而推。（7747 號）

按："[縣]"爲"縣"之簡省俗字，"丷"爲泛化使用的簡省符號。

70. [蕭]

黎家繼作，[蕭]墻亂起，奸臣僭國。（12616 號）

按："[蕭]"爲"蕭"之草書楷化而來。《中國草書大字典》引（清）宋曹《臨古法帖》作"[蕭]"（1042 頁）。

71. [馨]

蘋蔡明淨，黍稷[馨]香。（5867 號）

按："[馨]"爲"馨"之簡省俗字，"丷"爲泛化使用的簡省符號。

72. [巡]

舉平定諸強國，同使官[巡]狩南邦，統管南城、交趾郡。（1556 號）

大王將兵[巡]行各鎮，賊勢清平。（16996 號）

按："[巡]"爲"巡"之訛寫俗字。NAN0639C《道民李元海兄弟七人等造元始天尊像（三）》亦作"[巡]"。

第六章　越南碑銘文獻疑難字叢考　91

73. ▨

祠址森▨，北斗泰山在望；人文昭灼，秋陽江漢同輝。（11400 號）

存付本社飲酒，勒銘具在，視指其▨。（6491 號）

按："▨"爲"嚴"之簡省俗字。"卄"爲常見簡省符號，在此替換"敢"。

74. ▨

否則寶塔銀▨還爲虛設，又何事刊勒爲哉？（9398 號）

按："▨"爲"鈠"之改換聲符字，"銀鈠"即"銀器"。據王力《漢越語研究》，"異"漢越音爲［zi⁶］（16 頁），"鈠"漢越音爲［zich⁶］（44 頁），二者音近。又"鈠"之"殳"示音功能較弱。故"鈠"作"▨"以求準確表音。

75. ▨

與各族同▨酒。（6490 號）

按："▨"爲"飲"之簡省俗字。"刂"爲常見簡省符號，在此替換"食"。

76. ▨

遂以舊黎朝壬寅年有錢使錢壹百貫，▨出與民公用。（8430 號）

按："▨"之"广"中部件多爲"心"之草寫筆畫分離而成。"應"，《中國草書大字典》引（唐）武則天《昇仙太子碑》作"▨"（542 頁），其下部"心"之左點拉成一橫。又"心"，《中國草書大字典》引（唐）懷素《自敘帖》作"▨"（495 頁）；《六體書法大典》引（宋）米芾作"▨"（749 頁）。可見，上面一筆亦有可能是"心"之中、右兩點黏合而成，剩餘部分筆畫與"以"之草寫近似。

77. ▨

其生也榮，死也榮，於國事難，雖死▨生。（19641 號）

按："▨"爲"猶"之草書楷化而來。《中國草書大字典》引（晉）王羲之《服食帖》作"▨"，（明）徐渭《行草詩卷》作"▨"。（792 頁）

78. ▨

係祭畢，敬俵本族豬壹頸，粢五分之一，存▨有面拜者均分飲食。（4444 號）

據▨惠斤例，擇獻禮神一具，忌禮八具，婆五具。（4256 號）

按："咮"爲"餘"之簡省俗字。"刂"爲常見簡省符號，在此替換"食"。

79. 圓

正忌用淨齋具盤，每具圓餅四件，花蜜餅四鉢，并花菓庶品等。（11092 號）

濟經一秋，功獲圓完。（12748 號）

至臨終禮錢，每人一具五十磁，并圓餅。（9356 號）

其本村禮物送終，豬壹隻，酒壹盂，粢壹盤，本村民每人圓餅肆件爲一盤。（7501 號）

按："圓"爲"圓"之簡省俗字，"丶丶"替代"口"。

80. 遠

藹爾遠外，聲之世善乎？（10706 號）

聞酬恩報本，乃理之常；銘德記功，其傳之遠。（11754 號）

而世愈遠則情愈疎，人愈多則序難顯。（15023 號）

按："遠"爲"遠"之草書楷化而成。《中國草書大字典》引（唐）懷素《自敘帖》中"遠"作"圶"（1172 頁），"袁"下部草寫爲"×"，後經楷化，與"土"黏合爲"支"。"×"爲常見簡省符號，如"鳳"，從鳥凡聲。《中國草書大字典》引（宋）趙構《真草千字文》將其寫作"凤"（1397 頁），"鳥"亦被記號化，與其上一橫黏連爲"又"，後整字楷化爲"凤"。可資比勘。"遠"亦見於中國，《玉篇·辵部》："遠，丘致切，避也。"（50 頁）二者爲同形字的關係。

81. 願

佛鑒祈求，民從所願，曩者追保陳靈爲後佛。（9008 號）

按："願"爲"願"之簡省俗字，"丶丶"爲泛化使用的簡省符號。

82. 擇

茲本社擇保置裴文治字安心爲後神。（10705 號）

按："擇"多爲"擇"之草書楷化而成。《中國草書大字典》引（三國）皇象《急就章》作"擇"，（元）趙孟頫《急就章》作"擇"。（491 頁）"乀"爲常見簡省符號。《宋元以來俗字譜》引《古今雜劇》作"擇"（14 頁），"乀"替換"四"；《越南漢文燕行文獻集成·使華手澤詩集》"對酒一斤詩八斗，醉歌聖澤樂昇平"中"澤"作"[圖]"（63 頁）"[圖]"爲中國草書楷化而來。

83. [圖]

兹[圖]賴總應福寺經時累久，逼穿頹弊。（11677 號）

當此之時，世傳在旁州演州府東城縣安樂莊，有一名家酋長，姓[圖]名度。（12480 號）

又次男[圖]文繼妻[圖]氏齋功德二柱值錢柒貫。（7245 號）

曾祖妣黃公次室[圖]氏宛號妙香，二月十九日忌。（4730 號）

按："[圖]"爲"張"之簡省俗字。"卜"爲常見簡省符號，在此替換"長"。

84. [圖]

每村中男拾人，帽青吉，執帕傘、扇杖、旗鼓、[圖]鑼。（11331 號）

按："[圖]"爲"鉦"之簡省俗字。"丿"常見簡省符號，在此替換"金"。

85. [圖]

皇朝龍德叁年季冬穀日，生徒賴祚樹[圖]。（8028 號）

按："[圖]"爲"撰"之簡省俗字。"廾"爲常見簡省符號，在此替換"共"。

86. [圖]

同溪社梁德財妻范氏堅，社長兼本[圖]武長黎德配妻武氏。（7822 號）

按："[圖]"爲"總"之簡省俗字，並且部件發生了位移。"丿"爲常見簡省符號，在此替換"糸"。

87. [圖]，[圖]

鄉邑[圖]敬之心，處處壹皆讓畔，人人共保後神，億年享祿。（10706 號）

孝女陳氏李，良婿范登科，知佛道，當[圖]供肥田餘壹畝。（9008 號）

按："[圖]""[圖]"皆爲"尊"之簡省俗字，"X"爲常見簡省符號，在此替換"酉"。"[圖]"之下部多受草書楷化影響，如《中國草書大字典》引（宋）趙構《真草千字文》作"[圖]"（358 頁）。另，"以上等節社內遵依，若何人廢欠某事，許族人叟經呈官司查論"（12868 號）中"遵"作"[圖]"，"文祝行禮如儀，代代各遵，繼世不絕"（11142 號）中作"[圖]"。此皆爲其類推。

第七章

越南碑銘文獻用字個案研究
——以酒器量詞爲例

越南碑銘文獻中的酒器量詞用字十分豐富，既有漢字又有喃字，包含了大量"一詞多字"和"一字多詞"現象。如："酒壹圩"（308號），"酒壹汗"（5927號），"酒半☐"（6710號），"酒壹☐"（2942號），"酒壹盂"（5620號）；"酒二☐"（1497號），"酒二☐"（1499號），"酒一鉢"（15837號）；"酒一☐"（1733號），"酒壹羞"（5519號），"酒六☐"（6490號），"酒一☐"（7749號），"酒五☐"（8204號），酒壹修（10160號）；"酒壹埕"（1799號），"酒一呈"（8643號）；"酒一壼"（5047號），"酒一壺"（6004號），"酒一胡"（10980號）；"酒五齋"（19518號），"酒四☐"（15038號）；"酒壹寁"（2447號）；"酒一壚"（7746號）；"酒一甕"（11096號）；"酒一塀"（15907號）；"酒貳樽"（17103號）；"酒一坪"（19560號）。

第一節　中越酒器量詞用字比較

中國的酒器量詞大多來源於酒器名詞。先秦時期，酒器名詞大致有"桮、錍、鎣、鐊、旅、挾、哲、罐、盂、壺、小欝彝、爵、媏、銅、缶、瓶、僞璋、盟彝、峀、金契、欝邕、彝、珪瓚、罍"等①。兩漢時期，我國的酒具已基本定型，按不同用途主要分爲飲酒器、取酒器、盛酒器和貯酒器四大類。飲酒器主要有"鍾、爵、盂、甌、盞、角、斛、勺、觥、觶"等；取酒器主要有"壺、瓢、箪"等；盛酒器主要有"樽、彝、

---

① 洪莉：《殷周金文名物詞研究》，博士學位論文，華東師範大學，2007年。

鍾、盆、壺、鐺、兕、罍"等；貯酒器主要有"樽、甕、缸、卣"等。①魏晉南北朝時期，酒器名詞大致有"器、坩、甕、瓶、盆、甌、盤、盌、桮、盞、鍾、樽、壺、榼、觴、巵"等②。隋唐五代至明清時期，酒器名詞沒有太大變化，故不再分期列舉。

與中國相比，越南漢喃銘文中的酒器量詞"埕""壺""盂""甕""樽"等均借自中國。另，"壺"，據《宋元以來俗字譜》引《嬌紅記》將"壺"作"壺"（130頁），故"壺"爲"壺"異體俗字，職能與其完全一樣，亦借自中國。剩餘酒器量詞用字在中國未見，姑且稱其爲"國別酒器量詞"，那麼"國別酒器量詞"用字是越南自創還是受中國影響？我們再作進一步分析。

第二節　越南"國別酒器量詞"用字分析

一　圩，汙，[圖]，[圖]

1. 圩

按：《正字通·土部》："圩，衣虛切，音於，窊也。今江淮間水高於田，築堤扞水而旬之曰'圩田'。"（185頁）該字在中國並不用來記錄酒器量詞。"盂"是越南借自中國的酒器量詞用字，"圩"與"盂"讀音相同，故記錄酒器量詞的"圩"應是"盂"的同音通假。其次，"圩"又較"盂"筆劃數少，書寫簡便，根據經濟性原則，人們爲求書寫之便而改用"圩"。再次，從認知角度看，酒器量詞屬於"名量詞"，體現了人對事物的認識。我們知道，人們在日常生活中儲存了大量有關世界的經驗資訊，這些資訊也可以反過來從人們的日常用字中分離出來。一般的液體容器都呈凹形，中間低四周高。"圩"在中國恰好有這一職能，那人們完全有可能會把對"圩"認知域投射到"盂"上，這是一個由抽象到具體、宏觀到微觀的認知過程。換句話說，"酒容器"義是通過"窊，凹"義的相關性聯繫派生出來的意義。當然，這種認知引申出的意義是在"圩"字借到越南後產生的。

此外，［日］竹內與之助《字喃字典》，"圩 võ [vɔ]：土（器）與於

---

①　魏兆惠：《論漢代的酒器量詞——兼談漢代酒器文化》，《蘭州學刊》2011年第11期。
②　劉世儒：《魏晉南北朝量詞研究》，中華書局1965年版，第235—245頁。

（vu）的組合詞，甕"（597頁），"圩"作喃字，"於"爲"圩"的聲符，"圩"有"甕"義，在越南可記錄酒器量詞。再看，"盂"，羽俱切，平聲，云母虞韻。《漢越語研究》以爲，"漢越語裏，喻母三等還分爲［v］、［h］兩類，也很值得注意，我們姑且認爲合口讀 v-，開口讀 h-。"（17頁）。另，虞韻與［u］相對應（34頁），合口，故聲母讀［v］。這樣，"盂"在漢越語大致讀［vu］。可以看出，［vu］與"vò［vɔ］"相比，聲母一致，韻母［u］舌位雖比［ɔ］略高些，但二者同是舌面后圓唇元音，讀音相近。可見，"於"爲"盂"和"圩"的共有聲符，與其將"圩"收爲喃字，倒不如看作"圩"是"盂"人們受酒容器質地潛意識的影響而將義符"皿"改換爲"土"，成爲"盂"的換旁俗字，使得與中國固有的"圩"成爲同形字。

2. 汙

按：《正字通·水部》："汚、污、汙、洿同。本作污。《玉篇》从亐者古文，从於者今文。歐陽氏曰：'污、汙本一字，今經傳皆以今文書之。'"（574頁）可見，"汙"爲"污"之今字，與酒器量詞沒有任何關係。因此，"汙"在越南被用作記錄酒器量詞應是"圩"受到了上下文類化的影響，"酒"有"氵"，故將"土"改換爲"氵"，此爲"圩"之換旁俗字。

3. ，

按：""，""在越南被用作記錄酒器量詞有二種可能：（1）""在"圩"的基礎上增加義符"皿"，爲"圩"的增旁俗字；""則是人們受到酒用途（酒是用來喝的）的潛意識影響，將義符"土"改換爲"口"，成爲""的換旁俗字。（2）""，""直接在"盂"的基礎上分別增加義符"土"和"口"，成爲"盂"的增旁俗字。

綜上，以上幾字形體演變過程爲：（1）盂→圩（通假/換旁）→汙（換旁）。（2）盂→圩（通假/換旁）→（增旁）→（換旁）。（3）盂→（增旁）。（4）盂→（增旁）。

二　鉢，，

按："鉢"，是僧人食器，南北朝用以譯梵語 pātra，全稱是"鉢多羅"，簡稱"鉢"，屬於從印度來的外來詞，后引申爲"一種盛東西的敞口器具"。"◩",是由"刂"和"本"組成的合體字;"◩"爲"◩"的增筆俗字,即"◩"之變體。"'刂'符號可以替代許多漢字偏旁"①。在這裏,"刂"爲"金"的簡化符號,故"◩""◩"爲"鉢"的異體俗字。

在中國,"鉢"很少用來作盛酒的器皿。而在漢喃銘文中,"鉢"可用作記錄酒器量詞和穀物及肉類的量,如,"酒一鉢"(15837 號),"具籹六◩,肉四◩……"(10980 號)此外,從現在的越南語中也可找到"鉢"的影子。漢越語在越南國語中占很大一部分比例,王力認爲,"漢越語所使用的漢越音,很大程度上保留了唐代長安音"②。"鉢",北末切,幫母,末韻,合口一等,入聲。《漢越語研究》認爲,幫母對[b](25 頁),末韻入聲對[at](46 頁)。這樣,"鉢"在漢越語中大致讀[bat]。那麼,其讀音與越南語中記錄"碗"義的"bát [bat]"③一致,可用作記錄酒器量詞。

可見,"鉢"先是作爲音譯詞跟著佛教的傳播從印度傳入中國,從最初記錄"僧人食器"擴大爲"一種盛東西的敞口器具";接著從中國又傳入越南,意義再次發生擴展,在原意義的基礎上又可用來盛放酒水等物。所以,"鉢"是由中國傳入越南的,在傳播過程中意義發生擴展,至今仍保留在漢越語中。

三 ◩,羞,◩,◩,◩,修

1. ◩,羞

按:"◩",是由"刂"和"羞"組成的合體字。上面說到,"刂"可以替代許多漢字偏旁。"◩"既然被用作記錄酒器量詞,那麼"刂"必與酒有關。我們知道,"羞"有"精美的食品""熟的食物"和"食物"等義項,且常與"酒"搭配使用,如《毛詩正義》卷十五之三《小雅·瓠葉》於"有兔斯首,炮之燔之;君子有酒,酌言獻之"下云:"羞,進也。謂既飲酒而進此兔肉於賓也。飲酒之禮,既奏酒於賓,乃薦羞者,因此酒羞並有。"④ 意思就是,"羞"有"敬獻美味"之義;飲酒

---

① 何華珍:《俗字在韓國的傳播研究》,《寧波大學學報》(人文科學版)2013 年第 5 期。
② 王力:《漢越語研究》,《嶺南學報》1948 年第 9 卷 1 期。
③ [越] 鄭氏永幸:《漢語、越南語量詞對比研究》,博士學位論文,東北師範大學,2013 年。
④ (清) 阮元:《十三經註疏》,中華書局 2009 年版,第 1072 頁。

之禮則是先給賓客敬酒，然後再敬獻下酒菜之類的美味。這裡的"羞"爲"饈"之本字，故"刂"在此可能爲"食"旁。另，在越南漢喃銘文中，"刂"亦有作"食"旁的其他用例。如，[饌]—饌，"供畢，有面拜者，見員飲食，又整作~具"；（1499號）；[飯]—飯，"粱一盤三斗，~二鉢，菜餚一鉢，菓一乃，芙蒥五口"（1499號）。這樣，"羞"爲"饈"之本字，"[字]"爲"饈"之異體俗字。

2. [字]，[字]，[字]

按："[字]"、"[字]"、"[字]"同樣由於受酒容器質地潛意識的影響，既可以看作是"羞"增添義符"土"的增旁俗字，也可以看作是"饈"的換旁俗字。至於"[字]"和"[字]"，下面一個是"丑"形，一個是"刄"和"一"形，後者應該是由前者筆劃訛變引起的形體變異；"[字]"右半部則是"羞"的草書書體楷化而成。

3. 修

按：在中國，"修"與"羞"讀音相同自不必說。在越南，"修"讀音爲［tu］，平聲（21頁）；"羞"，思留切，心母尤韻，《漢越語研究》以爲，心母對應［t］，聲調爲平聲、問聲、銳聲（38頁）；尤韻對應［u］（21頁）。這樣，"修"與"羞"在漢越語中的讀音相同，皆爲［tu］，平聲，與越南語中用作記錄酒器量詞"甕"的讀音"hū［hɯ］"① 相近。可見，"羞"和"修"爲"hū［hɯ］"的同音假借字。

綜上，[字]、羞、[字]、[字]、[字]、修皆爲借音喃字，其字形體演變過程爲：（1）羞→饈（分化字）→[字]（換旁）→[字]（訛變）→[字]（草書楷化）。（2）羞→[字]（增旁）→[字]（訛變）→[字]（草書楷化）

四 齋，[字]

按："chai"在越南語中記錄量詞｛瓶｝。"齋"由於音近被借用記錄酒器量詞，而後爲了更準確地表意，增加與酒容器質地有關的義符"石"，演變爲"[字]"。故"齋"爲借音喃字，"[字]"爲"齋"的增旁俗字。

---

① ［越］鄭氏永幸：《漢語、越南語量詞對比研究》，博士學位論文，東北師範大學，2013年。

五 圹

按：據《宋元以來俗字譜》引《太平樂府》"爐"作"圹"（19頁）。"圹"爲"爐"之異體俗字。"爐"，有一與酒有關的義項爲"舊時酒店里安放酒甕的土臺子"，如《史記·司馬相如傳》："令文君當爐。"另《字喃字典》以爲，爐（圹）：土（器）與爐（lô，"竈"義）的組合詞。（284頁）很明顯，《字喃字典》裡所收有"土竈"義的"爐"是源自中國的借詞，並不是喃字。再從音韻角度看，"爐"，落胡切，來母，模韻，平聲。對應《漢越語研究》，來母爲［l］，對應平聲、跌聲、重聲（24頁）；模韻爲［o］（33頁）。這樣，"圹"在漢越語中讀音爲［lọ］。而在越南語中，"lọ"有"瓶罐"義。

因此，"圹"爲"爐"之俗體，而"爐"則是由於其義與酒有關且音與"lọ"相近而被借來記錄酒器量詞"罐"，爲借音喃字。

六 胡，呈

按："壺""埕"皆爲越南借用的中國固有酒器量詞。"胡"爲"壺"之同音通假字。"呈"爲"埕"之簡省義符俗字。

七 罕，坪，塀

1. 罕

按："罕"，精母庚韻，上聲。對照《漢越語研究》，精母爲［t］，對應聲調爲平聲、問聲、銳聲（21頁）；韻母爲［iŋ］（44頁）。這樣，"罕"漢越語讀音爲［tiŋ］，與越南語中記錄"瓶"義的"binh［biŋ］"[①]讀音相近，故同音假借用作酒器量詞。

2. 坪

按："坪"，有兩種讀音：（1）符兵切，並母庚韻，平聲（2頁）；皮命切，並母庚韻，去聲。對應《漢越語研究》，並母爲［b］，聲調爲弦聲、跌聲、重聲（25頁）；庚韻爲［iŋ］（44頁）。這樣，"坪"在漢越語的讀音爲"［biŋ］"，亦與"binh［biŋ］"相近。

3. 塀

按："塀"，此字在中國爲生僻字，未找到切語。但一般來看，"屛"

[①] ［越］鄭氏永幸：《漢語、越南語量詞對比研究》，博士學位論文，東北師範大學，2013年，第178頁。

應爲此字聲符。《中國京語詞典》中"屏"喃音爲"［ʔbin²］"（221頁），故"塀"字讀音亦與"binh［binh］"相近。

因此，宎、坪、塀三字皆爲"binh［binh］"的借音喃字。

第三節　小結

綜上，越南漢喃銘文酒器量詞用字可分爲四類：（1）借漢字的音義：盂，壺（壷），埕（呈），甕，樽。（2）借與本字音近的他字，記錄本詞：胡。（3）借漢字的音，意義發生擴大或轉移：圩（汙、[图]、[图]），鉢（[图]、[图]），壚。（4）借漢字的音，記錄本民族固有詞：羞（[图]、[图]、[图]、[图]），修，圩（汙、[图]、[图]），齋（[图]），宎，坪，塀。可見，漢語漢字在域外傳播過程中雖對越南産生了重要影響，但越南並不是全盤接受，而是增添了自己的地方特色。

結　　語

　　越南碑銘文獻的文字學研究是近代漢字研究和漢字域外傳播研究的重要内容。對於研究漢字在越南漢喃文獻中的使用情況，抑或是在其他域外漢籍中的使用情況，我們皆應先從字形入手，廣泛收集字樣，然後再對具體用字現象從不同角度進行全面測查和描寫，如用了多少字，哪些字是常用字，哪些字是多職能字，其中本用字占多大比例，借用字占多大比例，兼用的情況如何，分化字的情況如何，組合字符有多少，聚合字形有哪些，各地各時的用字怎麽樣，系統的用字有無變化，等等，都應有詳實的資料和立體的展示。

　　值得注意的是，"傳承"和"變異"不僅是探究越南漢喃碑銘文獻用字的兩大線索，也應是整個漢字文化圈用字的基本趨勢。那麽，漢字如何傳播至域外？東亞國際漢文如何共享與交流？漢籍傳播與人物交流在漢字流傳域外過程中起到什麽作用？域外漢字的模仿、承用、偶合、創新是一種怎樣的狀態？不同地域之間的用字現象是同步發展還是互有影響？域内域外用字具有何種共性和個性？凡此種種，亟須在既有基礎上加以填補與拓展。

參考文獻

一 專著部分

（一）古代

（漢）司馬遷：《史記》，中華書局1959年版。

（漢）許慎：《說文解字》，中華書局2014年版。

（晉）陳壽：《三國志》，中華書局1982年版。

（南朝·宋）范曄：《後漢書》，中華書局1965年版。

（南朝·梁）顧野王：《大廣益會玉篇》，中華書局1987年版。

（唐）顏元孫：《干祿字書》，紫禁城出版社1990年版。

（唐）張參：《五經文字·叢書集成初編》，商務印書館1934—1940年版。

（唐）唐玄度：《新加九經字樣·叢書集成初編》，商務印書館1934—1940年版。

（宋）周去非：《嶺外代答·文淵閣四庫全書》，臺灣商務印書館1983年版。

（宋）宋祁等：《新唐書》，商務印書館1936年版。

（宋）陳彭年等：《宋本廣韻》，江蘇教育出版社2008年版。

（宋）婁機：《漢隸字源·文淵閣四庫全書》，臺灣商務印書館1983年版。

（宋）郭忠恕、夏竦編：《汗簡·古文四聲韻》，中華書局2010年版。

（宋）處觀：《精嚴新集大藏音·中華大藏經》，修定中華大藏經會1974年版。

（宋）丁度等：《集韻》，上海古籍出版社1985年版。

（宋）劉球：《隸韻》，中華書局1989年版。

（宋）司馬光等：《類篇》，中華書局1984年版。

（遼）釋行均：《龍龕手鏡》，中華書局1985年。

（金）韓道昭、韓孝彥：《四聲篇海》，明成化丁亥3年（1467）至庚寅6年（1470）金臺大隆福寺集貲刊本。

（元）脫脫等：《宋史》，中華書局1977年版。

（元）李文仲：《字鑑·文淵閣四庫全書》，臺灣商務印書館1983年版。

（明）嚴從簡：《殊域周咨錄》，中華書局1993年版。

（明）梅膺祚：《字彙》，上海辭書出版社1991年版。

（明）張自烈、（清）廖文英：《正字通》，中國工人出版社1996年版。

（明）章黼撰、（明）吳道長重訂：《重訂直音篇·續修四庫全書》，上海古籍出版社1996年版。

（明）焦竑：《俗書刊誤·文淵閣四庫全書》，臺灣商務印書館1983年版。

（明）鄭之珍：《新刻出像音註勸善目連救母行孝戲文》，明金陵書坊唐氏富春堂刊本。

（明）李登：《詳校篇海·續修四庫全書》，上海古籍出版社1996年版。

（明）郭一經：《字學三正》，明萬曆辛丑29年（1601）山東曹縣公署知縣成伯龍刊本。

（明）王夫之：《宋論》，中華書局1964年版。

（清）張玉書等：《康熙字典》，上海書店1985年版。

（清）吳任臣：《字彙補》，上海辭書出版社1991年版。

（清）段玉裁：《說文解字注》，上海古籍出版社1981年版。

（清）顧藹吉：《隸辨》，中華書局1986年版。

（清）邢澍：《金石文字辨異·續修四庫全書》，上海古籍出版社1996年版。

（清）徐延旭：《越南輯略》，光緒三年（1877）梧州郡署刊本。

（清）皮錫瑞：《尚書大傳疏證》，光緒丙申（1896）師伏堂刻本。

（清）阮元：《十三經註疏》，中華書局2009年版。

（清）翟雲升：《隸篇》，中華書局1985年版。

（清）鐵珊：《增廣字學舉隅》，天一出版社1975年版。

全國高等學校古籍整理研究工作委員會：《古本小說叢刊》，上海古籍出版社1991年版。

［越］吳士連等：《大越史記全書》，社會科學出版社1998年版。

［越］阮朝國史館：《欽定越史通鑒綱目》，阮朝建福元年

(1884)刻。

　　［越］阮案：《東野學言詩集》，編號：A.1871，越南漢喃研究院。
　　［越］黎崱：《安南志略》，中華書局1995年版。
　　［越］黃高啟：《越史要》，越南阮朝維新甲寅冬（1914）刻本。
　　［越］張登桂等：《大南實錄正編》，日本慶應義塾大學言語文化研究所，1963。

　　（二）現代
　　蔡忠霖：《敦煌漢文寫卷俗字及其現象》，文津出版有限公司1996年版。
　　《草書大字典》，中國書店1989年版。
　　陳荊和：《校合本大越史記全書》，東京大學東洋文化研究所附屬東洋學文獻センター刊行委員會，1986。
　　陳橋驛：《水經注校釋》，杭州大學出版社1999年版。
　　陳垣：《史諱舉例》，中華書局2004年版。
　　陳玉龍等：《漢文化論綱》，北京大學出版社1993年版。
　　［越］陳重金：《越南通史》，戴可來譯，商務印書館1992年版。
　　戴家祥：《金文大字典》，學林出版社1999年版。
　　鄧福祿、韓小荊：《字典考正》，湖北人民出版社2007年版。
　　范宏貴、劉志強：《越南語言文化探究》，世界圖書出版廣東有限公司2015年版。
　　馮其庸、鄧安生：《通假字彙釋》，北京大學出版社2006年版。
　　復旦大學文史研究院、越南漢喃研究院：《越南漢文燕行文獻集成》，復旦大學出版社2010年版。
　　古小松：《越漢關係研究》，社會科學文獻出版社2015年版。
　　古小松：《越南國情與中越關係》（修訂版），世界知識出版社2009年版。
　　廣西壯族自治區少數民族古籍整理出版規劃領導小組：《古壯字字典》（初稿），廣西民族出版社1989年版。
　　韓小荊：《〈可洪音義〉研究：以文字研究爲中心》，巴蜀書社2009年版。
　　漢語大字典編輯委員會：《漢語大字典》（第二版），四川出版集團，湖北長江出版集團，四川辭書出版社，崇文書局2010年版。
　　何華珍：《日本漢字和漢字詞研究》，中國社會科學出版社2004

年版。

洪鈞陶：《草字編》，文物出版社 1986 年版。
黃征：《敦煌俗字典》，上海教育出版社 2005 年版。
《校正甲骨文編》，藝文印書館 1974 年版。
李圃等：《古文字詁林》，上海教育出版社 1999—2004 年版。
李志賢等：《中国草书大字典》，上海書畫出版社 1994 年版。
李琳華：《佛教難字大字典》，臺灣常春樹書坊 1990 年版。
劉復、李家瑞：《宋元以來俗字譜》，國立中央研究院歷史語言所 1930 年版。
李樂毅：《簡化字源》，華語教學出版社 1996 年版。
李榮：《文字問題》，商務印書館 1987 年版。
李運富：《漢字學新論》，北京師範大學出版社 2012 年版。
李運富：《漢字漢語論稿》，學苑出版社 2008 年版。
劉世儒：《魏晉南北朝量詞研究》，中華書局 1965 年版。
劉玉珺：《越南漢喃古籍的文獻學研究》，中華書局 2007 年版。
陸錫興：《漢字傳播史》，語文出版社 2002 年版。
梁春勝：《楷書部件演變研究》，綫裝書局 2012 年版。
毛遠明：《漢魏六朝碑刻異體字研究》，商務印書館 2012 年版。
毛遠明：《漢魏六朝碑刻異體字典》，中華書局 2014 年版。
［越］潘文閣、［法］蘇爾夢主編：《越南漢喃銘文匯編第一集》（北屬時期至李朝），越南漢喃研究院，法國遠東學院，1998。
［越］潘文閣、毛漢光、鄭阿財主編：《越南漢喃銘文匯編第二集》（陳朝），新文豐出版公司 2002 年版。
潘重規：《敦煌俗字譜》，臺灣石門圖書公司 1978 年版。
祁廣謀：《越南語文化語言學》，世界圖書出版公司 2011 年版。
秦公：《碑別字新編》，文物出版社 1985 年版。
秦公、劉大新：《廣碑別字》，國際文化出版公司 1995 年版。
裘錫圭：《文字學概要》（修訂本），商務印書館 2014 年版。
［越］阮公越：《越南印章》，社會科學出版社 2005 年版。
［越］阮光紅：《字喃註解詞典》，越南社會科學出版社 2014 年版。
［日］笹原宏之：《國字の位相と展開》，三省堂 2007 年版。
孫寶文：《草書實用字典》，上海辭書出版社 2010 年版。
覃曉航：《方块壮字研究》，民族出版社 2010 年版。
譚志詞：《中越語言文化關係》，軍事誼文出版社 2003 年版。

唐蘭：《中國文字學》，上海古籍出版社 2005 年版。
田其湜：《六體書法大字典》，湖南人民出版社 2004 年版。
王寧：《漢字構形學導論》，商務印書館 2015 年版。
韋樹關、顏海云、陳增瑜：《中國京語詞典》，世界圖書出版公司 2013 年版。
［越］吳德壽：《越南歷代避諱字研究》，文化出版社 1997 年版。
徐無聞：《甲金篆隸大字典》，四川辭書出版社 2008 年版。
徐中舒：《甲骨文字典》，四川辭書出版社 1990 年版。
楊寶忠：《疑難字考釋與研究》，中華書局 2005 年版。
易熙吾：《簡體字原》，中華書局 1955 年版。
高等研究應用學院、漢喃研究院、法國遠東博古學院：《越南漢喃銘文拓片總集》（1—22 冊），文化通訊出版社 2005—2009 年版。
臧克和編：《漢魏六朝隋唐五代字形表》，南方日報出版社 2011 年版。
曾良：《俗字及古籍文字通例研究》，百花洲文藝出版社 2006 年版。
趙麗明：《漢字傳播與中越文化交流》，國際文化出版公司 2004 年版。
張書岩等：《簡化字溯源》，語文出版社 1997 年版。
張涌泉：《敦煌俗字研究》，上海教育出版社 1996 年版。
張涌泉：《漢語俗字研究》，商務印書館 2010 年版。
張涌泉：《漢語俗字叢考》，中華書局 2000 年版。
鄭永常：《漢字文學在安南的興替》，臺灣商務印書館 1987 年版。
中文大辭典編輯委員會：《中文大辭典》，中國文化大學出版部 1990 年版。
周志鋒：《明清小說俗字俗語研究》，中國社會科學出版社 2006 年版。
周有光：《比較文字學初探》，語文出版社 1998 年版。
［日］竹內與之助：《字喃字典》，大學書林 1988 年版。
宗福邦等：《故訓匯纂》，商務印書館 2003 年版。

二 論文部分

陳日紅、劉國祥：《〈越南漢喃銘文拓片總集〉述要》，中南大學學報 2013 年第 12 期。
［越］郭氏娥：《越南北屬時期漢字文獻用字研究》，博士學位論文，

華東師範大學，2013年。

郭振鐸：《越南〈大越史記全書〉的編撰及其若干問題》，中國社會科學1990年。

何華珍：《俗字在韓國的傳播研究》，寧波大學學報（人文科學版）2013年第5期。

（人大複印資料《語言文字學》2013年第12期全文轉載）

何華珍：《俗字在日本的傳播研究》，寧波大學學報（人文科學版）2011年第6期。

（人大複印資料《語言文字學》2012年第2期全文轉載）

何華珍：《俗字在越南的傳播研究》，中國文字學會第七屆學術年會2013年。

何華珍、金燁：《〈同文通考〉與中日漢字關係研究》，漢字研究（韓國）2014年第6期。

何華珍：《域外漢籍與近代漢字研究》，中國文字學會第八屆學術年會2015年。

何華珍：《國際俗字與國別俗字——基於漢字文化圈的視角》，譯學與譯學書（韓國），2014年第5期。

何華珍、劉正印：《試論越南漢喃銘文中的"漢越通用俗字"》，全國首屆近代漢字學術研討會2016年。

何婧：《淺談越南漢籍中的避諱字——以嗣德三十年〈會庭文選〉爲中心》，漢字文化2015年第6期。

洪莉：《殷周金文名物詞研究》，華東師範大學博士學位論文2007年。

金燁：《新井白石〈同文通考〉俗字研究》，浙江財經大學2014年。

賈蓋東：《越南漢籍〈大越史記全書〉俗字研究》，浙江財經大學2015年。

孔青青：《韓國坊刊本〈九雲夢〉俗字研究》，浙江財經大學2015年。

李建斌：《日藏古抄〈百二十詠詩注〉俗字研究》，浙江財經學院2012年。

李運富：《"漢字三平面理論"申論》，北京師範大學學報（社會科學版）2016年第3期。

梁志明：《論越南儒教的源流、特征和影響》，北京大學學報（社會科學版）1995年第1期。

梁茂華：《越南文字發展史研究》，鄭州大學博士學位論文 2014 年。

林明華：《喃字界說》，現代外語 1989 年第 2 期。

劉康平：《越南漢文寫卷俗字研究——以〈安南一統志〉、〈山聖古跡〉、〈黎朝史記〉、〈史南志異〉爲中心》，西南交通大學 2009 年。

劉正印、何華珍：《越南漢喃銘文酒器量詞用字初探》，漢字研究（韓國）2016 年第 1 期。

羅長山：《古壯字與字喃的比較研究》，東南亞縱橫 1992 年第 3 期。

［越］阮玉協：《越南陳朝禪宗三書研究——以文獻、文字、辭彙爲中心》，浙江大學 2013 年。

［越］阮文原：《越南銘文及鄉村碑文簡介》，國立成功大學學報 2007 年第 17 年。

王力：《漢越語研究》，嶺南學報 1948 年 9 月第 1 期。

魏兆惠：《論漢代的酒器量詞——兼談漢代酒器文化》，蘭州學刊 2011 年第 11 期。

聞宥：《論字喃之組織及其與漢字之關涉》，燕京學報 1933 年第 12 期。

［越］吳德壽：《整理漢文文獻與研究越南歷代避諱的一些通報》，第一屆東亞漢文文獻整理研究國際學術研討會論文集 2011 年。

［越］鄭氏永幸：《漢語、越南語量詞對比研究》，東北師範大學博士學位論文 2013 年。

甄周亞：《馮克寬使華漢詩俗字研究》，浙江財經大學 2016 年。

三　報紙文章

唐紅麗、高欣然：《域外漢籍拓展近代漢字研究》，中國社會科學報 2015 年 8 月 26 日第 2 版。

何華珍：《漢字發展的三維視角——〈古漢字發展論〉簡評》，光明日報 2014 年 10 月 27 日第 15 版。

四　電子文獻

京都大學人文科學研究所，石刻拓本資料庫，http：//kanji.zinbun.kyoto-u.ac.jp/db-machine/imgsrv/takuhon/。

臺灣教育部國語推行委員會，異體字字典，http：//dict2.variants.moe.edu.tw/variants/。

越南國家圖書館，漢喃文獻資料庫，http：//nlv.gov.vn/。

中　編

越南碑銘文獻俗字彙編

凡　　例

1. 彙編以《越南漢喃銘文拓片總集》22 冊（高等研究應用學院、漢喃研究院、法國遠東博古學院編，文化通信出版社，2005—2009 年）爲字料。

2. 共列字頭 700 餘個，收錄俗字字形涵蓋隸書、楷書、行書、草書等書體。形體模糊和語義不明的字形不予收錄。

3. 以繁體正字爲字頭，使用音序排列法。讀音相同的字，以筆畫多少爲序。每個字頭下面據年代先後分列俗字形體及例句。

4. 正字字頭以《通用規範漢字表》附件《規範字與繁體字、異體字對照表》爲標準。字頭讀音以現代漢語拼音方案爲標準。

5. 俗字形體均爲高清掃描，一般來自首條例句。首條以下例句中的俗字與首條例句中的俗字僅在筆畫層面上略有出入。

6. 俗字例句前附拓片年代及編號。在例句中，被提取的俗字用"～"代替，未被提取的俗字皆改爲繁體正字，無法辨識的字形作"□"。

音序檢字表

A		……	123	鱉	biē	…… 129
艾	ài	……	123	賓	bīn	…… 129
礙	ài	……	123	冰	bīng	…… 129
昂	áng	……	123	餅	bǐng	…… 129
B		……	124	并	bìng	…… 129
霸	bà	……	124	並	bìng	…… 130
拜	bài	……	124	併	bìng	…… 130
辦	bàn	……	124	鉢	bō	…… 130
寶	bǎo	……	124	撥	bō	…… 130
抱	bào	……	125	博	bó	…… 130
報	bào	……	125	薄	bó	…… 131
暴	bào	……	125	C		…… 132
北	běi	……	125	裁	cái	…… 132
備	bèi	……	125	菜	cài	…… 132
本	běn	……	126	藏	cáng	…… 132
比	bǐ	……	126	策	cè	…… 132
筆	bǐ	……	126	插	chā	…… 132
必	bì	……	127	茶	chá	…… 133
庇	bì	……	127	巉	chán	…… 133
畢	bì	……	127	闡	chǎn	…… 133
蔽	bì	……	127	嘗	cháng	…… 133
弊	bì	……	127	辰	chén	…… 133
邊	biān	……	128	陳	chén	…… 133
變	biàn	……	128	塵	chén	…… 133
彪	biāo	……	128	誠	chéng	…… 134

齒	chǐ	134	德	dé	143
充	chōng	134	登	dēng	144
衝	chōng	134	燈	dēng	144
崇	chóng	135	鄧	dèng	145
寵	chǒng	135	地	dì	145
酬	chóu	135	弟	dì	145
丑	chǒu	135	第	dì	145
出	chū	135	遞	dì	146
初	chū	136	點	diǎn	146
處	chù	137	殿	diàn	146
觸	chù	137	鼎	dǐng	147
傳	chuán	137	定	dìng	147
創	chuàng	138	峒	dòng	147
垂	chuí	138	兜	dōu	148
陲	chuí	139	豆	dòu	148
春	chūn	139	鬥	dòu	148
純	chún	139	獨	dú	148
慈	cí	139	睹	dǔ	148
辭	cí	140	篤	dǔ	148
此	cǐ	140	段	duàn	149
錫	cì	140	斷	duàn	149
聰	cōng	140	隊	duì	149
從	cóng	140	對	duì	149
叢	cóng	141	敦	dūn	150
嵯	cuó	141	多	duō	150

D 142

朵 duǒ 150

| 答 | dá | 142 |
| 帶 | dài | 142 |

E 151

擔	dān	142	峨	é	151
當	dāng	142	恩	ēn	151
島	dǎo	143	兒	ér	151
蹈	dǎo	143	貳	èr	151
稻	dào	143

F 153

| 得 | dé | 143 | 發 | fā | 153 |
| | | | 法 | fǎ | 154 |

番	fān	154	穀	gǔ	162
凡	fán	154	固	gù	162
范	fàn	154	顧	gù	162
飯	fàn	154	瓜	guā	162
方	fāng	155	關	guān	162
倣	fǎng	155	觀	guān	163
飛	fēi	155	管	guǎn	163
分	fēn	155	冠	guàn	163
風	fēng	155	貫	guàn	163
峰	fēng	156	光	guāng	164
豐	fēng	156	規	guī	164
奉	fèng	156	龜	guī	164
佛	fó	156	歸	guī	165
芙	fú	157	鬼	guǐ	165
福	fú	157	癸	guǐ	166
府	fǔ	158	郭	guō	166
輔	fǔ	158	**H**		167
撫	fǔ	158	含	hán	167
復	fù	158	韓	hán	167
覆	fù	158	號	hào	167
G		159	皞	hào	168
蓋	gài	159	赫	hè	168
概	gài	159	熇	hè	168
歌	gē	160	壑	hè	168
革	gé	160	厚	hòu	168
閣	gé	160	後	hòu	168
耕	gēng	160	壺	hú	169
功	gōng	161	虎	hǔ	169
恭	gōng	161	護	hù	170
鞏	gǒng	161	華	huá	170
共	gòng	161	嘩	huá	170
篝	gōu	161	畫	huà	171
構	gòu	161	懷	huái	171
鼓	gǔ	162	壞	huài	171

還	huán	171	儉	jiǎn	179
荒	huāng	172	建	jiàn	180
灰	huī	172	鑒	jiàn	180
恢	huī	172	將	jiāng	180
輝	huī	172	疆	jiāng	180
徽	huī	172	降	jiàng	180
回	huí	173	蕉	jiāo	181
迴	huí	173	剿	jiǎo	181
毀	huǐ	173	皆	jiē	181
諱	huì	173	節	jié	181
魂	hún	173	界	jiè	181
或	huò	173	金	jīn	182
獲	huò	174	謹	jǐn	182
J		175	盡	jìn	182
幾	jī	175	荊	jīng	182
箕	jī	175	驚	jīng	182
機	jī	175	淨	jìng	183
擊	jī	175	敬	jìng	183
急	jí	176	境	jìng	183
極	jí	176	競	jìng	183
幾	jǐ	176	鏡	jìng	183
既	jì	176	糾	jiū	183
寄	jì	176	赳	jiū	184
祭	jì	176	就	jiù	184
際	jì	177	鳩	jiù	184
濟	jì	177	舅	jiù	184
繼	jì	177	舊	jiù	184
家	jiā	178	居	jū	185
嘉	jiā	178	局	jú	185
戛	jiá	179	舉	jǔ	185
兼	jiān	179	聚	jù	186
堅	jiān	179	據	jù	186
監	jiān	179	鐫	juān	186
艱	jiān	179	眷	juàn	187

厥	jué	……	187	亮	liàng	…… 196
覺	jué	……	187	林	lín	…… 196
郡	jùn	……	188	臨	lín	…… 196

K …… 189

齡 líng …… 196

開	kāi	…… 189	靈	líng	…… 197
看	kàn	…… 189	令	lìng	…… 199
刻	kè	…… 189	流	liú	…… 199
鏗	kēng	…… 190	留	liú	…… 199
寇	kòu	…… 190	蕾	liú	…… 200
寬	kuān	…… 190	劉	liú	…… 200
虧	kuī	…… 190	柳	liǔ	…… 200
愧	kuì	…… 190	旅	lǔ	…… 201

L …… 191

閭	lǘ	…… 201
臘	là	…… 191	慮	lù	…… 201
藍	lán	…… 192	隆	lóng	…… 201
覽	lǎn	…… 192	龍	lóng	…… 201
廊	láng	…… 192	隴	lǒng	…… 202
勒	lè	…… 192	壟	lǒng	…… 202
樂	lè	…… 192	樓	lóu	…… 202
雷	léi	…… 193	陋	lòu	…… 202
累	lěi	…… 193	壚	lú	…… 202
類	lèi	…… 193	爐	lú	…… 202
泠	lěng	…… 193	路	lù	…… 203
黎	lí	…… 193	陸	lù	…… 203
禮	lǐ	…… 193	祿	lù	…… 203
吏	lì	…… 194	錄	lù	…… 203
歷	lì	…… 194	鸞	luán	…… 203
蒞	lì	…… 194	亂	luàn	…… 203
麗	lì	…… 194	略	lüè	…… 203
礪	lì	…… 195	囉	luō	…… 204
儷	lì	…… 195	羅	luó	…… 204
廉	lián	…… 195	纙	luó	…… 204
聯	lián	…… 195	M …… 205
兩	liǎng	…… 196	蠻	mán	…… 205

音序檢字表 117

滿 mǎn	205	惱 nǎo	214
茫 máng	205	擬 nǐ	214
卯 mǎo	205	逆 nì	215
每 měi	205	年 nián	215
美 měi	205	孃 niáng	215
媚 mèi	206	寧 níng	216
蒙 méng	206	凝 níng	216
幪 méng	206	**O**	
夢 mèng	206	甌 ōu	217
彌 mí	207	**P**	218
密 mì	207	磐 pán	218
覓 mì	207	盤 pán	218
蜜 mì	207	蟠 pán	218
面 miàn	207	判 pàn	218
苗 miáo	208	龐 páng	218
勉 miǎn	208	裴 péi	219
廟 miào	208	佩 pèi	219
蔑 miè	208	羆 pí	219
滅 miè	208	媲 pì	219
冥 míng	209	甓 pì	219
銘 míng	209	片 piàn	220
命 mìng	209	飄 piāo	220
沒 mò	209	嬪 pín	220
默 mò	210	瓶 píng	220
墨 mò	210	憑 píng	220
某 mǒu	210	僕 pú	220
畝 mǔ	210	婆 pó	220
穆 mù	212	菩 pú	221
N	213	普 pǔ	221
納 nà	213	樸 pǔ	221
奈 nài	213	**Q**	222
男 nán	213	柒 qī	222
難 nán	213	妻 qī	222
曩 nǎng	214	奇 qí	222

棋	qí	222		稔	rěn	230
旗	qí	222		認	rèn	230
齊	qí	223		榮	róng	230
氣	qì	223		柔	róu	230
棄	qì	223		肉	ròu	230
器	qì	223		如	rú	231
僉	qiān	223		阮	ruǎn	231
遷	qiān	224		閏	rùn	231
謙	qiān	224		若	ruò	231
前	qián	224	**S**			232
虔	qián	224		灑	sǎ	232
錢	qián	224		薩	sà	232
墻	qiáng	225		叁	sān	232
竊	qiè	225		色	sè	232
勤	qín	226		擅	shàn	232
卿	qīng	226		善	shàn	233
輕	qīng	226		燒	shāo	233
頃	qǐng	226		設	shè	233
慶	qìng	226		深	shēn	233
穹	qióng	226		聲	shēng	233
窮	qióng	227		勝	shèng	234
虬	qiú	227		聖	shèng	234
衢	qú	227		詩	shī	234
權	quán	227		時	shí	234
勸	quàn	227		實	shí	235
缺	quē	227		識	shí	236
群	qún	228		世	shì	236
R		229		勢	shì	236
然	rán	229		釋	shì	237
壤	rǎng	229		收	shōu	237
讓	ràng	229		壽	shòu	237
遶	rào	229		書	shū	237
人	rén	229		疏	shū	237
飪	rèn	229		孰	shú	238

熟	shú	……	238	聽	tīng	……	248
鼠	shǔ	……	238	廳	tīng	……	249
術	shù	……	238	庭	tíng	……	249
庶	shù	……	238	停	tíng	……	249
數	shù	……	239	通	tōng	……	249
豎	shù	……	239	同	tóng	……	249
率	shuài	……	239	銅	tóng	……	249
雙	shuāng	……	240	統	tǒng	……	250
爽	shuǎng	……	240	投	tóu	……	250
朔	shuò	……	241	突	tū	……	250
飼	sì	……	241	圖	tú	……	250
肆	sì	……	241	土	tǔ	……	250
送	sòng	……	241	兔	tù	……	251
蘇	sū	……	242	頹	tuí	……	251
俗	sú	……	242	脫	tuō	……	251
塑	sù	……	242	陀	tuó	……	251
肅	sù	……	242	W		……	252
算	suàn	……	243	瓦	wǎ	……	252
雖	suī	……	243	蜿	wān	……	252
遂	suì	……	243	宛	wǎn	……	253
歲	suì	……	244	晚	wǎn	……	253
所	suǒ	……	245	萬	wàn	……	253
T		……	246	忘	wàng	……	253
塔	tǎ	……	246	望	wàng	……	253
壇	tán	……	246	微	wēi	……	254
檀	tán	……	246	巍	wēi	……	254
炭	tàn	……	246	爲	wéi	……	255
滔	tāo	……	247	違	wéi	……	255
桃	táo	……	247	圍	wéi	……	255
逃	táo	……	247	爲	wèi	……	256
陶	táo	……	247	衛	wèi	……	256
體	tǐ	……	247	聞	wén	……	256
條	tiáo	……	248	翁	wēng	……	256
鐵	tiě	……	248	甕	wèng	……	257

污	wū	257		賢	xián	265
嗚	wū	257		鄉	xiāng	265
吳	wú	257		饗	xiǎng	266
無	wú	257		像	xiàng	266
武	wǔ	258		懈	xiè	266
兀	wù	258		馨	xīn	266
物	wù	259		興	xīng	266
務	wù	259		雄	xióng	267

X 260

兮	xī	260		熊	xióng	267
翕	xī	260		喧	xuān	267
襲	xí	260		選	xuǎn	267
匣	xiá	260		學	xué	267
先	xiān	261		勳	xūn	268
仙	xiān	261		巡	xún	268
鮮	xiān	261		循	xún	269

Y 270

燹	xiǎn	261		衙	yá	270
閒	xián	262		亞	yà	270
嫌	xián	262		焉	yān	270
險	xiǎn	262		煙	yān	270
顯	xiǎn	262		延	yán	270
縣	xiàn	262		嚴	yán	271
蕭	xiāo	263		巖	yán	271
囂	xiāo	263		鹽	yán	271
孝	xiào	263		焰	yàn	271
謝	xiè	263		雁	yàn	272
寫	xiě	263		驗	yàn	272
釁	xìn	263		鴦	yāng	272
兇	xiōng	263		堯	yáo	272
羞	xiū	264		搖	yáo	272
饈	xiū	264		遙	yáo	272
朽	xiǔ	264		夜	yè	273
虛	xū	265		業	yè	273
婿	xù	265		嶪	yè	273

音序檢字表

衣	yī	273
壹	yī	273
疑	yí	274
儀	yí	274
頤	yí	275
彝	yí	275
乙	yǐ	275
以	yǐ	275
倚	yǐ	276
蟻	yǐ	276
役	yì	276
易	yì	276
毅	yì	276
義	yì	277
億	yì	277
鎰	yì	277
藝	yì	277
議	yì	277
懿	yì	278
因	yīn	278
殷	yīn	278
陰	yīn	278
銀	yín	278
飲	yǐn	278
英	yīng	279
嬰	yīng	279
熒	yíng	279
營	yíng	279
穎	yǐng	279
應	yìng	280
雍	yōng	280
擁	yōng	280
幽	yōu	280
尤	yóu	280
游	yóu	281
遊	yóu	281
猶	yóu	281
於	yú	281
魚	yú	281
虞	yú	282
餘	yú	282
歟	yú	282
與	yǔ	282
御	yù	283
譽	yù	283
鴛	yuān	284
員	yuán	284
園	yuán	284
圓	yuán	284
緣	yuán	285
遠	yuǎn	285
怨	yuàn	285
願	yuàn	286
悅	yuè	286
閱	yuè	286
嶽	yuè	286

Z

災	zāi	287
哉	zāi	287
在	zài	287
贊	zàn	287
讚	zàn	288
葬	zàng	288
澤	zé	288
擇	zé	288
增	zēng	289
齋	zhāi	289
瞻	zhān	290

展	zhǎn	……………	290	甎	zhuān	……………	295
盞	zhǎn	……………	290	傳	zhuàn	……………	295
張	zhāng	……………	290	撰	zhuàn	……………	295
長	zhǎng	……………	291	轉	zhuàn	……………	295
丈	zhàng	……………	291	饌	zhuàn	……………	296
真	zhēn	……………	291	莊	zhuāng	……………	296
枕	zhěn	……………	291	裝	zhuāng	……………	296
振	zhèn	……………	291	捉	zhuō	……………	297
鎮	zhèn	……………	291	衷	zhōng	……………	297
蒸	zhēng	……………	292	重	zhòng	……………	297
整	zhěng	……………	292	眾	zhòng	……………	297
證	zhèng	……………	292	茲	zī	……………	297
之	zhī	……………	292	粢	zī	……………	298
隻	zhī	……………	293	總	zǒng	……………	299
姪	zhí	……………	293	縱	zòng	……………	299
執	zhí	……………	293	奏	zòu	……………	299
職	zhí	……………	293	卒	zú	……………	299
至	zhì	……………	294	嘴	zuǐ	……………	299
螽	zhōng	……………	294	最	zuì	……………	299
鍾	zhōng	……………	294	遵	zūn	……………	300
鐘	zhōng	……………	294	尊	zūn	……………	300
咒	zhòu	……………	294	佐	zuǒ	……………	300
豬	zhū	……………	294	坐	zuò	……………	300
助	zhù	……………	295	作	zuò	……………	301
築	zhù	……………	295	座	zuò	……………	301
鑄	zhù	……………	295				

A

艾 ài

永佑五年/1739 年（6752 號）："俾公壽而富，俾公耆而~。"

礙 ài

永盛十三年/1717（9408 號）："無邊無~，有因有緣。"

保泰二年/1721（9578 號）："餘惠一鄉，躅芳千載，因刻於碑，億年不~。"

昂 áng

正和二十五年/1704（1612 號）："觸景興懷，激~福果"

B

霸 bà

景興八年/1747（3474 號）："國威府慈廉縣~陽社總長……全村等爲爲有修理廟宇二座。"

拜 bài

成泰十九年/1907（567 號）："遞年每臨忌日，伊甲將在碑前~禮。"

辦 bàn

1. 永治元年/1676（3329 號）："係遞年忌日~□粢壹盤，酒壹埕，并芙蕾，將在碑所行禮。"
2. 嗣德十八年/1865（19453 號）："開賀一篙，南下交承~三篙，擇嘗新日一篙。"

1. 景興二十七年/1766（4444 號）："係遞年正月二十三日年諱，其本村買~禮物，務在清潔。"
2. 景盛五年/1797（11697 號）："如某力不能~者，替納古錢三貫六陌。"

寶 bǎo

1. 治平龍應五年/1209（4103 號）："綵幡潦亮凝色線，而擬圻芳華；~蓋紛紜映鮮德，而徹鋪燭鑑。"
2. 正和十五年/1694（16 號）："以上各所田在平烈、弘烈等社，地分共拾壹畝，供養靈庵寺，爲三~田許與村。"
3. 正和二十一年/1700（7616 號）："地鐘靈秀，寺號~光。"
4. 明命五年/1824（249 號）："是寺乃麟角上士祖師化家而成，~所莊嚴，金臺燦爛。"

抱報暴北備　bào-bèi　125

抱　bào

永盛八年/1712（10913號）："前抱青山矗立，後~秀水繞迴。"

報　bào

1. 成泰十五年/1903（19801號）："仍此本社會合保爲後佛一位，以伸投~之義。"
2. 保大七年/1932（16990號）："人事最重~本追源，外租未酬，德恩未~，是人子之所當念也。"

暴　bào

景興三十六年/1775（10092號）："日~輝煌。"

北　běi

1. 正和六年/1685（2614號）："烽鑄洪鐘，刹標極樂，南~西東，方方鼎盛，處處興崇，一誠碑立，萬古流通。"
2. 保泰二年/1721（1010號）："俾以後世之人視之，如泰山~斗，豈特誇以一時一邑而然哉？"
3. 嗣德元年/1848（187號）："河內省懷德府壽昌縣東壽總河口坊密泰、上~、下~三甲奉事。"

備　bèi

1. 弘定八年/1607（1136號）："第恐歲月易流，人心易弛，人遠言煙，仍憑碑記表前人之功德，以~後人之觀覽焉。"
2. 盛德元年/1653（12005號）："係所~原本社諳曉石匠局刻作石象、石馬奉事。"

永慶三年/1731（7734號）："係遞年二月二十二日忌禮，其本社整~豬酒，當古錢一貫五陌。"

1. 景治七年/1669（11387號）："俊傑挺生，德才兼~。"
2. 正和五年/1684（11933號）："迺於甲子年拾月穀日，命匠以碑

126 běn-bǐ 本比筆

傳規矩，悉~好完。"
3. 正和十年/1689（11103號）："又本族三盤從立端後~其祭祀，垂致子孫後代，綿綿之久，永永終爲附祠。"
4. 景興四十三年/1782（11506號）："在堂阮氏月謚號清光，價重圭章，名高金玉，行誼隆鄉曲，十里推尊貞淑，表里閭三從，兼~顯號。"

1. 德元二年/1675（11480號）："迺於乙卯年良月穀日，命工運石鑿碑，~記載其事，使人人閱見，思其功，慕其德，百世不遷，萬代如見。"
2. 永治五年/1680（8369號）："係遞年春秋例祭，~寫姓名。"
3. 正和二十五年/1704（8374號）："係遞年春秋例祭，~寫姓名。"

景興三年/1742（7870號）："迺買石碑一座，以~鐫刻之用。"

本 běn

嗣德十三年/1860（7748號）：

"受~甲盤席芙榔器用等物，并家人服役，自家整畢，將在亭置祭。"

比 bǐ

1. 永治五年/1680（2184號）："左勝奇該官署衛事綸郡公鄭楦郡主夫人鄭氏王檔原有親姑~丘尼號玅慧，敕封聖善菩薩，出家修行，興崇佛法。"
2. 永盛十二年/1716（10438號）："聽蓮花之咒，較諸鄰~之名藍，始無以過。"
3. 永佑五年/1739（5963號）："慈闈言言稱旨，百行純備，萬善渾圓，家室攸宜，貴盛無~。"
4. 保大七年/1932（15582號）："南無莊嚴塔~丘尼戒字曇分號福址。"

筆 bǐ

成泰二年/1890（20439號）："紹治三年九月二十日御~。"

正和二十三年/1702（1008號）：

必庇畢蔽弊　bì　127

"青龍左引於鄉村，白虎右排於地勢，朱雀起登科之水，玄武鎮架~之山。"

必　bì

1. 正和十四年/1693（3352號）："夫欲傳久遠，~樹名碑者，所以昭功德示酬報也。"
2. 景興二十五年/1764（3666號）："嘗謂一德之施，陰積而顯報，此感而彼應，如粢之~熟，種之必收，無不獲其報也。"

庇　bì

正和元年/1680（1556號）："都兵發治，開政肇基，規模洪業，蔭~命脈之黎民。"

正和十年/1689（4061號）："是則信者，國之寶，民之~，不特爲一家一鄉之福矣。"

畢　bì

1. 慶德三年/1651（4929號）："西近山腳，鳩工云~，修諸功德。"
2. 正和十二年/1691（2942號）："禮~，敬長隨心，不勾厚薄，存禮分均上下。"

永慶元年/1729（8599號）："官員上下等肅拜如儀，祭~，均分飲食。"

蔽　bì

永佑四年/1738（3409號）："上無遮~，則翠華寶蓋，進若擎天；下有乘載，則肥馬高車，穩如平地。"

弊　bì

正和二十四年/1703（11938號）："間有本村，見此處頗頰~經久，

128 biān-biāo 邊變彪

洒於甲寅年建立寺處上殿。"

嘉隆十三年/1814（15775 號）："由有古跡腹龍寺經已頹~，今因修理，推保後佛準取古錢貳拾貫以資理作。"

邊 biān

1. 弘定十三年/1612（5238 號）："福寺碩傳，福地無~。"
2. 永佑三年/1737（11488 號）："今賊來侵，定於十八日進至小江民~，有天神助，賊自平矣。"
3. 明命十八年/1837（17097 號）："此功此德，無量無~。"

永盛十三年/1717（11084 號）："佛日增輝，法輪常轉，一團功德，福享無~。"

1. 正和十二年/1691（916 號）："豐碑有立，天地無~。"
2. 正和十六年/1695（14734 號）："事行周王，可媲內外之法，益嚴前後之功，大至無量亦無~。"

3. 保大五年/1930（16910 號）："這田並忌日具列於後，再往來道路兩~至橋伊，又供銀叁百四拾元。"
4. 保大六年/1931（16408 號）："蓋聞佛道無~，仰望金蓮之妙相。"

變 biàn

1. 正和九年/1688（11134 號）："祝聖永垂萬代，若其某人埋藏~易者，願諸誅滅。"
2. 龍德四年/1735（14480a 號）："曰功與德，不~有常。"
3. 嗣德三十年/1877（15863 號）："自世代~遷，風光頓改。"
4. 咸宜元年/1885（18901 號）："天道有小~，有大~，平陂往復，亦理之常。"

彪 biāo

正和二十五年/1704（15203 號）："更加之子孫多盛，勳名赫奕，功業炳~。"

鱉 biē

永壽四年/1661（2767 號）："龍池祭祀，養魚~之物，廟觀莊嚴，制度超前，樓台美麗，規模勝昔。"

賓 bīn

陽德元年/1672（10655 號）："四夷~服，百姓歌宣。"

冰 bīng

1. 永盛十二年/1716（10599 號）："夫人梁貴氏，諱點，係安勇平章令族也，~玉殊姿，璜珩淑德。"
2. 龍德二年/1733（6404 號）："睠惟貴老簪纓譜系，~雪豐姿。"

餅 bǐng

永盛元年/1705（5216 號）："鄭國均子文才，豬一隻，酒一圩，飯一鍋，并有圓~、魚羨時物。"

1. 保泰八年/1727（11142 號）："係遞年拾壹月初五日，即本社上下等每人壹盤，每盤圓~貳件，飪肉貳磁，各具盤並將後堂寺碑前用。"
2. 景興三十六年/1775（11092 號）："正忌用淨齋具盤，每具餅四件，花蜜~四鉢，并花菓庶品等。"

并 bìng

1. 正和二十二年/1701（2168 號）："請就中牟社翁都寺後位之佛，係朔日~嘗新，據此依如內寺及忌臘。"
2. 正和二十五年/1704（13395 號）："寺石前堂、閣鐘、廊宇鳩工完好，~田貳畝池壹口以爲恩惠。"

1. 景興二十七年/1766（8889 號）："係遞年至務賣田、買田，豬、粢、酒~金銀、芙蕾足例。"
2. 景興四十七年/1786（3898

號）："其所予本社錢財、田所各處，~忌臘各節與倡歌、壽例，開計於後。"
3. 景盛七年/1799（15276號）："其俵例~世忌臘各條具銘於次。"

並 bìng

正和二十一年/1700（4460號）："國有常法，故立囑書，鐫之石碑，并寫許子孫，~同體式，各執壹道爲照用者。"

併 bìng

嘉隆十年/1811（882號）："本土城隍大王後始將這二禮~行忌禮。"

鉢 bō

景盛三年/1795（7503號）："本村每人方餅四件，圓餅四件，每件叁~，用好爲一具。"

1. 光中三年/1790（9624號）："本寺市廛村田三高，古錢七貫，米六十~，田一所二高，坐落同香來處。"
2. 光中五年/1792（5353號）："糯米壹百官銅~，芙蕾足用。"
3. 光中五年/1792（6491號）："祭畢，本族只取長華一頸，粢二斗，肉八~，每~六口。"
4. 景盛五年/1797（10980號）："每例俵後，一具四~，平口酒一壺，椰五菓，牛牢一足，上豬一足。"

撥 bō

治平龍應五年/1209（4103號）："燈光照灼洞幽冥，而極~先亡；香氣氛氳薰上方，而福流後化。"

博 bó

永盛八年/1712（11325號）："蓋聞高明赫赫，惟天爲然，~厚恢恢，乃地者耳。"

bó 薄 131

光中四年/1791（6001號）:"自非功利寵~，福慶悠長者，曷克配此。"

薄 bó

景興四十年/1779（1799號）:"若或後來何人輕~，專賣這田，流廢忌禮，必有龍神土地鑒知焉。"

正和十二年/1691（2942號）:"禮畢，敬長隨心，不勾厚~，存禮分均上下。"

C

裁 cái

11447 號："命工～制，勒石永刊。"

菜 cài

3035 號："本村順聽犒粢肉、酒～，準古錢□貫，別無索要。"

藏 cáng

永盛十三年/1717（11941 號）："仰憑三光佛影，門望登華～之門；俯乞垂百世宗祧，留衍尚書之福。"

策 cè

景興三十一年/1770（8886 號）："南～府至靈縣安戶總戶舍社西村鄉老里役全村上下立券。"

插 chā

1. 正和五年/1684（5129 號）："其族人……等～立碑記。"

2. 正和七年/1686（9990 號）："因此本社鄉老官員黎日俊、黎光明、黎富春上下等～立石碑，記字流傳萬代。"

3. 正和二十五年/1704（1612 號）："前年重修上殿，葺以前堂；後年新築禪局，～之關閫。"

4. 永佑五年/1739（6701 號）："癸亥年二月日，本社上下等會於亭中，共論遞衛石碑，並刻文刻例等項插立亭中。"

捗

正和十三年/1692（11606 號）："茲年又發家資使錢五拾貫與全社，應~立木牌，并秧田壹篙，坐落同內處。"

茶 chá

1. 龍德二年/1733（11130 號）："日作饌壹盤，芙蕾、~酒。"
2. 景盛五年/1797（2012 號）："金銀壹百并香~、鹽蓋、著席，行禮如儀。"

巉 chán

永佑三年/1737（7411 號）："上山陂，入澗溪，幾霜賡於鳥穀；歷~岩，披象茸，多日掛於烏山。"

闡 chǎn

永慶二年/1730（11652 號）："道學~揚，儒風振起。"

嘗 cháng

正和二十三年/1702（1008 號）："~觀南天福地，處處有之。"

辰 chén

景盛八年/1800（6004 號）："七月初七日，先生忌~。"

陳 chén

保泰四年/1723（7988 號）："所有善男信女興工功德姓名開~於後。"

塵 chén

永壽三年/1660（901 號）："蒙恩後佛，脫離~緣，超凡入聖。"

1. 正和八年/1687（1445 號）："永壽四年辛丑逆□餘孽，鼠伏潢山，妄動邊~。"
2. 保泰四年/1723（10940 號）："趣不林泉而有山清之完抱，景鄰鄉里而無~跡之侵籠。"
3. 光中四年/1791（6001 號）："庚申辛酉年間，兵火風~，半壁無乾淨之地。"

嗣德二十三年/1870（17162 號）："銅鐘叩吻，消~偺而覺迷蒙。"

誠 chéng

弘定八年/1607（1136 號）："自少敦~，長而慈惠，悟心珠而投虔。"

齒 chǐ

永佑四年/1738（3409 號）："疊疊連跨浪之魚鱗，并并列平沙之雁~。"

1. 正和十年/1689（11103 號）："范千年并妻阮氏軆果是雙，家~頗有，富潤風流，兼暫出使錢一百五十貫。"
2. 永盛五年/1709（19970 號）："益進門庭，彌高年~。"
3. 景興四十六年/1785（11100 號）："茲甲內阮有璉并妻阮氏奎、阮氏琦~德雙尊，因此本甲推尊爲後神。"

充 chōng

1. 福泰七年/1649（3199 號）："又以銀錢構作本社神廟殿亭，并門外城壁，再是能~發善念，尤能行做善緣，善哉善哉。"
2. 光中二年/1789（12737 號）："蓋聞神之爲德，其盛矣，予自非仁基，積累福址者，曷~配此。"

衝 chōng

正和八年/1687（11098 號）："本甲或厶員人橫~陵罵欺慢。"

景興二十一年/1760（1949號）："其蓋瓦坐板未及完成，仍此未有~亭置席。"

崇 chóng

弘定八年/1607（1136號）："本村員職福果~修佛像各座，行廊兩列，功力浩繁。其費不算。"

寵 chǒng

1. 永治元年/1676（10097號）："攀龍奮鄧公之志，益遂功名，善騎優衛，將之材疊蒙貴~。"
2. 正和十六年/1695（5867號）："王宮恪脩內職，掖庭~冠鄉里。"
3. 永盛十三年/1717（1803號）："天~疊蒙，百緡通寶。"

1. 景興十二年/1751（12025號）："愛人喜施，襟度彌~。"
2. 光中四年/1791（6001號）："自非功利~博，福慶悠長者，曷

克配此。"

酬 chóu

1. 德元二年/1675（8479號）："晨望想於親，報~償於命。"
2. 永佑四年/1738（8550號）："恩重施~，鄉與國舉，皆敬慕。"

丑 chǒu

1. 慶德三年/1651（814號）："妻阮氏妃行庚辛~歲，出由豪派，歸自名家。"
2. 永盛五年/1709（5940號）："皇朝永盛萬萬年之五，歲在己~孟夏穀旦立。"

出 chū

1. 永治五年/1680（2184號）："左勝奇該官署衛事綸郡公鄭楦郡主夫人鄭氏玉檔原有親姑比丘尼號玅慧，敕封聖善菩薩，~家修行，興崇佛法。"
2. 正和二十一年/1700（718號）：

136 chū 初

"乃~家資惠予本村。"

1. 景興四十五年/1784（13341號）："係遞年至後忌日，師寺~文跣供佛，并粢果三盤忌之。"
2. 嘉隆四年/1805（15664號）："其本村人號福實、號性海，頗有恆心，應~家財古錢貳拾貫，田二篙二所。"
3. 嘉隆十五年/1816（19703號）："因此撥~家資古錢叁百貫。"
4. 成泰元年/1889（15695號）："本社人字忠焉、字忠財、號慈實，並有好心應~家資，以資鄉事圓完。"

1. 景興二十八年/1767（12820號）："又~田壹畝肆高以為祭禮。"
2. 景興二十八年/1767（12821號）："乃捐~古錢叁拾貫同二甲供造廟祠之用。"

嘉隆十八年/1819（7553號）："至乙卯年，本族再~銅錢修造，為此刻入碑記。"

初 chū

1. 陽和八年/1642（5141號）："陽和捌年肆月~捌日。"
2. 永壽四年/1661（2767號）："遞年八月~壹日，生辰戶見整作斋盤陸具。"
3. 正和四年/1683（13064號）："係遞年至四年二十七日忌親父母，又至十月~七日忌親母。"
4. 正和八年/1687（30號）："及迎神貳月，祭在亭中，至七月~貳日，祭在祠廟。"
5. 正和十年/1689（2040號）："皇朝正和十年捌月~壹日立。"

正和七年/1686（13983號）："皇朝正和柒年拾貳月~肆□立文憑。"

正和十年/1689（2040號）："皇朝正和拾年捌月~壹日立碑。"

處觸傳　chù-chuán　137

處　chù

1. 正和六年/1685（2614 號）："烽鑄洪鐘，刹標極樂，南北西東，方方鼎盛，~~興崇，一誠碑立，萬古流通。"
2. 正和二十三年/1702（1008 號）："嘗觀南天福地，~~有之。"

正和十二年/1691（2942 號）："置數田壹畝五高，各~所列計後。"

景治八年/1670（7091 號）："一所田四高坐落昆感~，一所田二高坐落麻小~。"

景興七年/1746（10706 號）："鄉邑尊敬之心，~~壹皆讓畔，人人共保後神，億年享祿。"

1. 景興三十年/1769（12471 號）："富良社校生阮丕式田本社同㮋~。"

2. 光中二年/1789（12776 號）："西近土阜，南近土阜，北近大路，坐落在館晏~。"
3. 光中五年/1792（12778 號）："一所秧田在核提~拾貳尺。"

觸　chù

正和二十五年/1704（1612 號）："~景懷興，激昂福果。"

傳　chuán

永壽三年/1660（901 號）："相分各甲，流~萬代。"

嗣德二十三年/1870（17162 號）："因發菩提心，將欲鑄鐘造閣，~之永久。"

1. 洪福元年/1572（12458 號）："臣~人民修立一廟。"
2. 洪福元年/1572（12458 號）："王即~檄諸宮屯所。"
3. 永盛三年/1707（10618 號）：

"扶護鄉村，永~南域。"
4. 保泰七年/1726（13131 號）："其功德流~萬代，茲設碑記。"
5. 景盛三年/1795（11754 號）："蓋聞酬恩報本，乃理之常，銘德記功，其~之遠。"

創 chuàng

1. 德隆三年/1631（7010 號）："君子兼有娶本社妻正夫人楊氏玉燕，~立岳父廟。"
2. 陽德元年/1672（6760 號）："慈山府僊遊縣內裔社路包村路包住公婆賴等甲官員鄉邑巨小等為~立後神二位。"
3. 陽德三年/1674（11947 號）："范氏森號妙會等~立范氏館碑記。"
4. 永盛十三年/1717（11941 號）："荊門府金城縣范舍社富祿村前本府府校生室中阮氏號妙奉，原本村保為後佛，茲~立碑記。"

垂 chuí

1. 統元四年/1525（1737 號）："予見夫發心之嘉，乃記實事，用勸世人，以~不朽。"
2. 永治二年/1677（5346 號）："胥悅神人，~曲蔭庇。"
3. 正和二十三年/1702（9340 號）："永~億載，香火無窮。"

永壽三年/1660（901 號）："與乾坤相為終始，與日月同所光輝，遂勒堅固，以~永遠。"

1. 正和十三年/1692（2164 號）："於以昭香火於無窮，~功德於有永。"
2. 正和十五年/1694（2274 號）："於以昭香火無窮，於以~功德有永。"
3. 正和二十一年/1700（718 號）："顯榮既耀於當時，名譽欲~於後世。"

1. 正和十八年/1697（19797 號）："勳記丹青，名~竹帛。"
2. 正和十九年/1698（7630 號）："本社上下保為後佛，以祀寺堂留~萬世。"
3. 景盛三年/1795（7503 號）："若日後本村視常廢欠，甘受背師之咎，上下同辭，刻石~不朽，永遠為鑒。"

睡春純慈　chuí-cí　139

春　chūn

正和十一年/1690（12133號）："欲~後世不忘，萬代不絕。"

龍德三年/1734（8028號）："爰鐫偉功，永~昭代，後日是碑，善心思勤。"

正和十年/1689（5569號）："如今大老爺娘目當健在，以遞年顯祖考妣二忌~秋二薦。"

純　chún

1. 景興二十七年/1766（10646號）："仍共立條約，志之於左，以~來世。"
2. 啟定七年/1922（14244號）："雖死之日猶生之年，其名當與貞石同~不朽。"
3. 保大五年/1930（17061號）："名姓宜~於永久，仍具將名後、諱號并忌日、禮品、何項名列於後。"

正和十二年/1691（916號）："慈形勝地，羅氣~天。"

慈　cí

明命二十一年/1840（19394號）："其良人~仁惠愛，家出私田叁高，嗣後本社，以供忌日。"

正和十九年/1698（8239號）："茲興功等惻隱，乃心~祥。"

睡　chuí

景興二十年/1759（2016號）："或從蠻伐於西~，或奉欽差於北國。"

景盛七年/1799（9008號）："陳公

字福義，妣號~貞。"

景興十四年/1753（7774號）："常信府上福縣紫陽社臺~寺，信娌優婆姨黎氏衛號妙謹所有古錢六貫。"

辭 cí

1. 永治五年/1680（2186號）："師乃沐浴畢，端坐網上，故~眾云：'……'。"
2. 正和二十三年/1702（1008號）："因徵敘於金，金以老拙~，乃記其事，遂鎸於琅，以壽其傳。"
3. 景興二十四年/1763（4525號）："皇天照鑒證知~。"

此 cǐ

維新二年/1908（18077號）："爲~爰出家資貳百元，爲寺中需費。"

錫 cì

保泰八年/1727（4338號）："國優耆老隆恩禮，天眷英賢~壽康。"

聰 cōng

正和十二年/1691（5199號）："順安府嘉林縣古靈社姿亭村，阮~妻阮氏爲。"

端慶三年/1507（5137號）："其性也~，其智也慧。"

正和二十六年/1705（15201號）："蓋聞~明正謂之神，扶國保民，富貴風流。"

從 cóng

1. 正和八年/1687（1445號）：

叢嵯　cóng-cuó　141

"王府出入禁闈，志成附鳳，綠契~龍，累陞司禮監右提點僉太監等職位侯爵。"
2. 永盛二年/1706（6442 號）："效黂恭於侍御僕~，殫忠蓋於腹心帷幄。"

永佑二年/1736（7884 號）："殆非禮文相接之道，嗣後，吾~之。"

景盛七年/1799（9008 號）："佛鑒祈求，民~所願，曩者追保陳靈爲後佛。"

嗣德十三年/1860（7747 號）："本總拾貫六陌，本縣拾貳貫六陌，由輕~重，舉一而推。"

維新三年/1909（17762 號）："吾村~前以科宦顯，文址設之古矣。"

叢　cóng

保泰八年/1727（3491 號）："伽藍勝跡，美景無雙，寶刹~林，芳蹤第一。"

嵯　cuó

永盛三年/1707（4552 號）："崒崔千尋，~峨萬仞。"

D

答 dá

1. 景治七年/1669（4501 號）："遞年至期諱日忌，預入廟中奉事忌臘，永後千年萬代，以重爲恩報~。"
2. 景治七年/1669（4501 號）："從就於後，以~其功德之高。"

帶 dài

正和二年/1681（1446 號）："茲本邑有大悲名寺，左右之連珠~印，虎踞龍蟠，前後之就祿迎官，山奇水秀。"

正和十八年/1697（1547 號）："使黃河如~，泰山如礪，功德永存，綿及苗裔。"

擔 dān

正和六年/1685（2614 號）："普照羣方光徹海，常行佛法~如來。"

1. 永盛五年/1709（1732 號）："祭田各處所當禾壹百五拾~，并古錢五拾貫以爲奉事。"
2. 景興四十年/1779（3357 號）："其他艱事，一爲~了。"

當 dāng

永慶二年/1730（7822 號）："茲氏豸信婗阮氏午號妙宣，守役兼勾~仕丁文日字福知，妻阮氏珍號妙茸。"

嗣德十七年/1864（15930 號）："夫厚所~厚，乃天理之必然。"

島 dǎo

紹治四年/1844（610號）："是寺也，前臨西湖，後拱三~，列剎環其左右，村閭爛其繁英，誠爲河內第一名勝。"

永盛六年/1710（12550號）："內殿侍內宮嬪王貴氏諱玉圓，迺本縣鄧舍社之華胄也，毓靈蓬~，凝艷瑤池。"

蹈 dǎo

保泰四年/1723（11893號）："而歌興衢壤，醉酒飽德，手舞足~。"

稻 dào

正和十一年/1690（4732號）："村中長老子弟咸在，儼然有飲醴啜~之思。"

得 dé

嗣德十三年/1860（7748號）："例某家養羊牡豬放釋，傷人禾稼，伊主打傷，不~索償。"

德 dé

1. 永治元年/1676（372號）："既有陰~宜發幽香，端詞又立厚意是將。"
2. 正和十五年/1694（2274號）："於以昭香火無窮，於以垂功~有永。"
3. 正和二十一年/1700（718號）："有功~於人，則祀之，此古今之通義也。"

正和十四年/1693（10630號）："蓋聞聖~高御，九崇蕩蕩。"

1. 永壽四年/1661（5155號）："西天前耀，鄉內後光，在人功~，山高水長。"

144　dēng　登燈

2. 陽德二年/1673（8993 號）："功~武文科字良誠，妻阮氏例，有田壹高，供爲三寶物。"

1. 景盛四年/1796（13342 號）："此功此~，萬代穹碑。"
2. 景盛六年/1798（8430 號）："蓋聞有功~於民，則人追思而祀之，堅如石矣。"

1. 正和七年/1686（13057 號）："茲呈以享四時之報，如此則世世生生有~、有爵、有年。"
2. 正和十六年/1695（4362 號）："則~址增培，知仁以爲樂。"
3. 啓定十年/1925（19475 號）："碑何以銘？貴立~立功之謂也。"
4. 保大九年/1934（15910 號）："茲民村竊念有功，神必有功於民，亦報~於無窮，以酬恩之力舉。"

1. 正和十六年/1695（5335 號）："~敦仁厚，家財自出。"
2. 正和十六年/1695（5335 號）："年尊~郡，慕道修行。"
3. 保大五年/1930（15907 號）："神必有功於民，亦報~無窮，以酬恩之力舉。"

登　dēng

光中四年/1791（6030 號）："本社後補官前本府校生進功庶郎會寧縣縣丞阮公字~洲，謚道德先生，十月初十日忌。"

燈　dēng

景興十六年/1755（5166 號）："供三寶田二所，香~事。"

景興三十七年/1776（1588 號）："禮畢，敬俵長族豬一首，再許田五尺在□□處，以爲香~供禮。"

1. 景興四十一年/1780（11828 號）："例本社係遞年八席祈福事神，寫姓名字號在文祭後附享，設位在亭中東邊，奉事後神每夜雞、粱、酒、芙蓲、香~足禮。"
2. 嘉隆七年/1808（920 號）："后官見此盛情，加出良田壹高拾尺爲本寺朔望香~。"

鄧地弟第　dèng-dì　145

3. 嘉隆十五年/1816（919號）："其杜庭□妻阮氏美，心欣欣然，加給良田於鄉村，貳高爲禪門朝暮之香~，壹畝爲本邑歲□之猷祀。"

灯

1. 正和十八年/1697（5474號）："~火存四高柒尺五寸交與本寺。"
2. 景興三十六年/1775（11092號）："詞觀何僧德行，許住本寺香~，奉事佛祖。"
3. 景興四十五年/1784（13341號）："係內寺祈安等日~火奉之，以遺永遠之規，以保長存之計，流傳萬代而不泯。"
4. 成泰九年/1897（19290號）："~火輝煌，譬若蓬萊之境。"

鄧　dèng

邓

景興三十年/1773（2958號）："~春宣。"

地　dì

地

1. 永壽三年/1660（901號）："緣諧本色，~應文祥。"
2. 正和十六年/1695（5335號）："或本社並全四甲後代子孫，或有他情忘恩背義，不依端內，願天~龍神照鑒誅之。"
3. 龍德二年/1733（6404號）："拔閱~興，榮觀天祿。"
4. 景盛三年/1795（9006號）："斯碑也，天~久長，血食永存。"

地

1. 正和八年/1687（8882號）："天開~闢，人秀物珍。"
2. 保泰四年/1723（10942號）："曷勝贊詠，止至善之~也。"
3. 景興三十八年/1777（5730號）："諸佛證明，天~照張。"

弟　dì

弟

嗣德十二年/1859（203號）："於是興決烈之志，開特達之懷，盡傾衣缽之資，付與~子。"

第　dì

第

1. 正和元年/1680（1556號）："杜郎大神祀，君祝典丕，超十二使君，一位史記錄兼~五，本國粵東廣順人。"

146　dì-diàn　遞點殿

2. 永慶元年/1729（7724 號）："夫橋乃王政之一端，今荊堂鄭川橋真四通五達，雄壯~一去處也。"

遞　dì

1. 嗣德十一年/1858（37 號）："係~年忌日，本甲整辦豬壹首，粢壹盤，美酒用足，將就本亭行禮如儀。"
2. 成泰七年/1895（166 號）："~年忌日雞、粢、芙、酒爲例。"
3. 成泰十三年/1901（378 號）："係~年忌日取這田稅，整辦禮物，將就於殿左碑前行禮。"

1. 正和十一年/1690（2170 號）："大王~送如例。"
2. 正和十二年/1691（2942 號）："係~年正月初玖日大祭。"

保大十七年/1942（17902 號）："女子~年忌臘香火之需，茲紀念碑。"

1. 景治元年/1663（6117 號）：

"係~年祈福四季諱日祀事亭中。"
2. 正和八年/1687（30 號）："係~年忌日楊貴氏號慈孝誠心致忌。"
3. 永盛七年/1711（10362 號）："係~年四月十五日常有會例，許齋盤壹具。"
4. 保大九年/1934（16104 號）："~供在聖恩寺三寶前，寄忌顯考范文

點　diǎn

1. 正和八年/1687（1445 號）："王府出入禁闥，志成附鳳，綠契從龍，累陞司禮監右提~僉太監等職位侯爵。"
2. 保泰元年/1720（6306 號）："前中威隊侍內監司禮監總太監儒郡公奉賜致仕加陞右校~。"
3. 保泰元年/1720（1553 號）："王府或優行陣，或堪損失，屢攄奔奏之能，乃擢題~，乃受監丞。"

殿　diàn

1. 景治七年/1669（450 號）："後山樓~，前案雲雷。"
2. 正和二十二年/1701（2168

鼎定峒　dǐng-dòng　147

號）："茲本社遇太平之時，鄉村當靜肅之中，乃構作於內寺之~。"

鼎　dǐng

正和六年/1685（2614 號）："烽鑄洪鐘，剎標極樂，南北西東，方方~盛，處處興崇，一誠碑立，萬古流通。"

1. 正和三年/1682（4161 號）："啟運重光，創業~新。"
2. 正和十三年/1692（2164 號）："顧我四鄰，~居二縣，守望相助，恩若一家。"
3. 保大七年/1932（13547 號）："第以積有歲年，風撞雨撼，棟宇日就傾頹，革故~新，事誠艱大也。"

1. 永佑五年/1739（6701 號）："所謂福履之綏，子孫之眾，素封之樂~，族之昌者矣。"
2. 景興五年/1744（8205 號）："仍以銅器~香爐一座架，燈壹雙，燭架壹雙，酒饌肆件，盞肆口，北鉼壹雙，置爲奉事。"

景興二十五年/1764（18407 號）："規模日盛，制度~簇。"

1. 陽德元年/1672（5007 號）："造鑄鐘~，建立高堂。"
2. 明命十八年/1837（17097 號）："目今寺渙起鳩工，前堂後殿，~乎一心。"

定　dìng

正和十八年/1697（5471 號）："是寺也，天書素~，地氣所鍾。"

峒　dòng

嗣德三十一年/1878（15849 號）："蓮花~主范依。"

兜 dōu

保泰八年/1727（3491號）:"的是慈悲之梵宇，真爲~率之樓臺。"

豆 dòu

1. 永盛三年/1707（7950號）:"蓋聞陰功顯處，要須善果圓成，積德榮充，迭見慶流全盛，故世罕種瓜而得~。"
2. 永佑二年/1736（7884號）:"亦何顏立於籩~樽俎間哉。"

鬥 dòu

洪德四年/1473（7134號）:"一日兩牛共~，王聞之，即來兩手各持牛角，二牛首不能動，王推使牛相別去，眾皆以神武奇之。"

永佑三年/1737（12482號）:"洪娘奮威大怒，即火燒橋路，時三公始進回本莊，已見燒橋火盡，時二娘相交戰~，一皆死沒矣。"

獨 dú

永盛十三年/1717（1803號）:"潛邸之功，~推娘子。"

睹 dǔ

正和二年/1681（1446號）:"然日積月久，雨撼霜撞，~之歎息。"

景盛三年/1795（12774號）:"事竣，請刻石以記其事，使千載之下~其碑，則思其人，思其人則愛其碑。"

篤 dǔ

正和十六年/1695（5335號）:"心崇佛法，信~惠慈。"

段 duàn

1. 治平龍應五年/1209（4103號）："數緍赤仄，百~紅纙。"
2. 正和十一年/1690（4732號）："位後~氏曆號妙惠，享齡柒拾柒歲，壽終九月十九日。"

1. 景興四十三年/1782（12456號）："南青武王，挺有~爺。"
2. 景興四十三年/1782（12457號）："社長武輝、段克昌，鄉老阮忠彥、~伯重。"

景興三十年/1769（12471號）："校生訓導~公憲田在本社同曰處。"

斷 duàn

永佑四年/1738（3409號）："從前有爲~木爲橋，覆瓦爲屋，以通行客。"

1. 陽德元年/1672（1962號）："茲將上項亭中~賣與本縣山路社官員。"
2. 陽德元年/1672（1848號）："茲將上項路~賣與本總。"
3. 保泰四年/1723（11893號）："景美而氣鍾，地靈而人傑，~~乎其不可諠也。"
4. 嗣德三年/1850（19084號）："江水~岸，行客匆匆。"

隊 duì

正和十六年/1695（5337號）："本社前副知步兵令史正~長正夫人阮氏閨號妙度，許使錢五十貫田壹所。"

對 duì

永壽三年/1660（8995號）："遞年拾貳月拾貳日~忌，流傳萬代。"

1. 景治五年/1667（4362號）：

"靈廟崢嶸，乾坤~峙。"
2. 陽德二年/1673（8919號）："乾坤~天地，赫奕德功礪，泰山帶黃河，流傳苗裔，遂勒嵯峨之碑，使永鑒焉。"
3. 正和十六年/1695（5338號）："謝氏象號妙願，使錢貳拾伍貫隨後佛，係遞年同月二十日~忌。"
4. 保泰四年/1723（11893號）："寺名鄉鄧，景~華煙。"

敦 dūn

1. 弘定八年/1607（1136號）："自少~誠，長而慈惠，悟心珠而投虔。"
2. 正和八年/1687（33號）："庶~，我坊忠厚之俗，以壽其傳。"
3. 景興三十七年/1776（1號）："後佛阮貴公字~樸神位。"

多 duō

1. 永治五年/1680（2186號）："來游塵世已~年，了知生死不相干。"
2. 正和十二年/1691（916號）：

"家財~施，夫婦雙全。"
3. 正和二十五年/1704（12140號）："因時饑饉，且有官役繁~，無有銅錢，難於應用。"
4. 永盛元年/1705（11020號）："永言配命，自求~福。"

1. 正和七年/1686（7060號）："~錢財分，厚義田賜。"
2. 景盛八年/1800（12799號）："~錢賜賫，通邑知恩。"
3. 啟定三年/1918（19979號）："本坊所有修補大㮣并及館宇需費頗~。"
4. 保大十八年/1943（19982號）："雖德者~，其後行功德事者，當以此爲銘。"

朵 duǒ

正和二十年/1699（6226號）："貴氏以名家之女，~~蓮花，團團寶月，作合於本處。"

保泰十年/1729（11801號）："維本寺原來幾~，然器用未備諸條，況茅草頗見弊頹，而瓦礫未曾覆蔽。"

E

峨 é

1. 陽德二年/1673（8914號）："至茲取造後神之碑，古今卓卓，觀其規模巍業，制度嵯~。"
2. 正和十二年/1691（19825號）："石屹碑~，天長地久。"
3. 永盛七年/1711（11592號）："弘禪做好滿巍~，喜信慈悲念釋迦。"

恩 ēn

1. 永壽三年/1660（901號）："蒙~後佛，脫離塵緣，超凡入聖。"
2. 正和十二年/1691（916號）："造橋修館，惠施裔子之心；濟乏賑貧，~布張公之志。"

兒 ér

永盛三年/1707（7644號）："寺田供入三寶，以祀朔望，同證因緣，香火不絕，~孫永遠福祿。"

貳 èr

1. 永治二年/1677（4896號）："皇朝永治萬萬年之~孟春穀日。"
2. 正和十年/1689（1712號）："則荷許以錢五拾緡，田凡~畝，澤之溥矣。"
3. 正和二十二年/1701（2168號）："據此依如內寺，及祭臘，每年~期。"

正和十五年/1694（16號）："每畝古錢~貫，共貳十~貫。"

152 èr 貳

貳

1. 正和八年/1687（30號）："及迎神~月，祭在亭中，至七月初~日，祭在祠廟。"
2. 正和十五年/1694（16號）："每畝古錢貳貫，共~十貳貫。"
3. 龍德四年/1735（1860號）："麻施~高貳甲共一所。"
4. 景興二十二年/1761（1829號）："阮貴公號慈請，七月十二日買金銀~百，粢壹盤，并菓田壹高在題推處。"
5. 景興三十年/1769（1616號）："又澤郡公田~高，原在香粳，地分再易，還伊處共壹畝。"

叄

景興十七年/1756（7782號）："黎朝景興拾柒年~月孟春穀日。"

貳

正和二十四年/1703（11939號）："皇朝正和萬萬年~拾肆孟春節穀日。"

貳

正和十八年/1697（1547號）："於丙子年，有使錢叄拾貫，出與本甲，拾~月陰功又買案前與鼓。"

叄

1. 景盛三年/1795（9006號）："鄉村閭里沐其恩，肥田~拾高。"
2. 景盛七年/1799（9008號）："景盛柒年柒月~拾五日立單保阮德望記。"

我

1. 永治元年/1676（1401號）："永治元年~月十五日。"
2. 景興三十一年/1770（1758號）："公重違其意，再惠良田~畝，并播苗田壹百斗。"
3. 嗣德十三年/1860（7746號）："後神例某員捐出錢文一百~拾貫，田~高。"

戒

1. 明命十九年/1838（1168號）："阮玉振錢~拾玖貫田拾肆畝。"
2. 嘉隆十三年/1814（15800號）："今因修理，推保後佛準取古錢~拾貫以資理。"
3. 嗣德十一年/1858（7425號）："里舊范文學妻阮氏意母黃氏堆供錢五具塢潢處田~皋。"

F

發 fā

[發]

1. 嗣德三年/1850（19084 號）："前有江~源自藍山，通於海晏。"
2. 保大五年/1930（15813 號）："凡以勸人矣~，良心者也。"
3. 保大六年/1931（17046 號）："老婆陳氏每年庚捌拾歲，失~盛情，恆心恆產。"

[發]

永盛三年/1707（7644 號）："福祿基培，善道緣修，菩提心~。"

[發]

洪德四年/1473（7134 號）："跡~燦山，功在南國。"

[發]

1. 弘定八年/1607（1136 號）："伊氏~心供錢一百貫，肥田一畝。"
2. 正和十六年/1695（1560 號）："爛名花~，基自古人。"
3. 保泰二年/1721（12628 號）："感思恩義，爰~田錢。"
4. 景興十八年/1757（12636 號）："及其沒也，哀悼之，不覺其情之感~。"

[發]

1. 永治元年/1676（372 號）："乃~家貨許與壇坊，造懸鐘閣興事廟堂。"
2. 永治元年/1676（372 號）："既有陰德宜~幽香，端詞又立厚意是將。"
3. 永治五年/1680（2184 號）："因此乃~家財，始買田得四畝，留與佛跡社耕種。"

[發]

景興三十一年/1770（4830 號）："乃再民心煥~，性嗇不資，惠以肥田陸高，青錢、古錢拾五貫。"

[發]

景盛三年/1795（1681 號）："恆產具有心，自~家資不吝；爲善而獲福，必然天理無差。"

法 fǎ

1. 陽德元年/1672（1962號）："係國有常～，故立文契。"
2. 正和六年/1685（2614號）："普照羣方光徹海，常行佛～擔如來。"
3. 保泰二年/1721（10521號）："內設叁世，諸位赫赫金身；外分六府，各座巍巍～相。"
4. 保泰十年/1729（7054號）："而夫婦雙全，德罔二叁，而唱隨一意，家～每遵於恭儉，克有善心。"

正和二十三年/1702（11636號）："爰茲啟建～會，大行美矣哉，快樂無殃盛矣哉。"

番 fān

正和二十三年/1702（3198號）："丙寅科首科侍內書寫水兵～所使陶廷申寫。"

凡 fán

1. 永壽三年/1660（901號）："蒙恩後佛，脫離塵緣，超～入聖。"
2. 永治二年/1677（5369號）："消洗清～俗，主持寓僊蹤。"
3. 正和十六年/1695（20036號）："～有某節，必告禮也。"
4. 紹治三年/1843（15781號）："佛氏之教，～有興作，某人費出一貫以上者，姓名具刻於石，則夫立後佛碑，以示其久固。"

范 fàn

1. 永慶三年/1731（10373號）："本社應像壹座，碑壹件，在那谷山興覺寺，在東邊付與男子～公肅堅守。"
2. 永佑元年/1735（7711號）："色目～德全。"

飯 fàn

景興四十六年/1785（1499號）：

方倣飛分風　fāng-fēng　155

"又整作饌具，粢一盤三斗，~二鉢，菜餚一鉢，菓一乃，芙蕾五口。"

方 fāng

景興二十一年/1760（7775 號）："~寸間，夢覺機。"

倣 fǎng

嘉隆十年/1811（4256 號）："~照伊例，擇獻禮神一具，忌禮四具，每忌金銀一千。"

飛 fēi

1. 治平龍應五年/1209（4103 號）："幾日喧嘩，皷棹來舟，離方峙絃岳之峯；彌年維新，合集~鳥，岸欝馥橱之春。"
2. 正和十七年/1696（7088 號）："宇之峻起兮，如鳥斯革；瓦之母麓兮，如翬斯~。"
3. 永佑五年/1739（6750 號）："其神祠也，植庭覺檻，翬~矢棘，

內外嬋娟。"
4. 明命十九年/1838（15162 號）："龍~戊戌年仲春製記。"
5. 嗣德十二年/1859（19641 號）："忽見兩青鳥~於宮所，大叫三聲。"

分 fēn

永佑三年/1737（11488 號）："至明早日，帝傳軍民~立屯所，以宿居也。"

風 fēng

1. 正和十五年/1694（5459 號）："~土惟器物許多，山中其地靈也。"
2. 正和十五年/1694（5459 號）："其~景也，山高嶙屹。"
3. 正和十五年/1694（5459 號）："立胥陶悅，樂仁讓之~。"
4. 昭統元年/1787（12807 號）："一門夫婦，千古英~。"
5. 光中二年/1789（12737 號）："本府校生阮世廷妻阮氏代，嗣守門~，弗墜先人之遺業。"

峰 fēng

成泰三年/1891（16601 號）："前縈流水，後峙高~。"

1. 景治七年/1669（450 號）："左龍~起，右虎水迴。"
2. 正和二十五年/1704（11886 號）："前有兩水合襟，後有三~對峙。"

豐 fēng

1. 正和十二年/1691（916 號）："~碑有立，天地無邊。"
2. 正和十六年/1695（4362 號）："屹屹碑~，綿綿世系。"
3. 正和二十三年/1702（13344 號）："在堂皆老，田產~盈。"
4. 正和二十五年/1704（5136 號）："夫妻偕老，家產~盈。"

奉 fèng

景盛三年/1795（1604 號）："自~恆約，而每好施予。"

景盛七年/1799（9008 號）："北河府恰和縣中秋社鄉老員目阮德望……全社上下等，恭~後佛碑。"

佛 fó

1. 永壽四年/1661（5155 號）："至於乙未年十二月初七日命終当時，生歸~國。"
2. 永治二年/1677（11709 號）："其本總大開法會，三賴社共論堪保爲後~，因此茲碑。"
3. 正和十九年/1698（7630 號）："恭聞~之即心，應物現形，是心即佛。"
4. 永盛九年/1713（6472 號）："故~氏尊公字名擢正魂之神位。"
5. 永盛九年/1713（6473 號）："~德無私，日光普照。"
6. 明命元年/1820（9398 號）："在乙卯僧年八十有六，爰用~家火喪法超生淨土。"

1. 正和二十三年/1702（7083號）："於是莫鄉歡慶，設位於寺，係年月日朔望日，所有供~，各禮恭請。"
2. 明命十六年/1835（651號）："係遞年貳忌，本寺整禮供~。"

1. 弘定八年/1607（1136號）："本村員職福果崇修~像各座，行廊兩列，功力浩繁。其費不算。"
2. 永壽三年/1660（901號）："蒙恩後~，脫離塵緣，超凡入聖。"
3. 永治元年/1676（372號）："今思厥報本示不忘，寺僧因見後~言揚。"
4. 正和六年/1685（2614號）："普照羣方光徹海，常行~法擔如來。"
5. 正和二十二年/1701（2168號）："請就中牟社翁都寺後位之~，係朔日並嘗新，據此依如內寺及忌臘。"

芙　fú

弘定八年/1607（1136號）："係遞年忌日各甲整卞粱盛五具，香梢五擡，金銀□五千關，~苗等物，遞將本寺於以奠之。"

福　fú

正和二十年/1699（3342號）："鄭貴氏諱王舜號妙慧，乃紹天府永~縣槊山社卞上鄉之信人也。"

永壽四年/1661（8645號）："九疇添曰壽曰康，五~兼俾昌俾熾。"

永盛三年/1707（10618號）："名裴公讓，曰字~興。"

永慶二年/1730（7821號）："同里社梁有社字~祿，妻阮氏秀號妙壽。"

景興十三年/1752（7790號）："阮廷春字~顯、妻阮氏壯號妙善爲後佛。"

景盛五年/1797（8697號）："爲此本村追忠，道之所在，愈久不忘，定以遞年祈~，逐日祭祀。"

府　fǔ

永祚三年/1621（10457號）："南~海門，北奇山繼。"

輔　fǔ

永慶二年/1730（7822號）："五福漆齡生生之，攀鱗~翼。"

景興三十一年/1770（5026號）："英雄出世，~佐君王。"

撫　fǔ

保大三年/1928（15966號）："邑巡~致仕松園陳大夫撰。"

復　fù

正和八年/1687（1445號）："而~優加銀錢，增廣封邑，其功最高也。"

覆　fù

景盛八年/1800（6004號）："若後日何人生情反~。"

G

蓋 gài

1. 弘定萬萬年/4427 號:"～聞探花者,不忘所樹;飲河者,必思其源。"
2. 永佑三年/1737（11488 號）:"嗟乎!帝之德弘深,英雄～世,其仁如天,其智如神,舉世共稱爲賢君也。"

1. 明命十三年/1832（14231 號）:"～聞有道德者,民必祀之。"
2. 嗣德六年/1853（19083 號）:"吾邑舊有寺廟,茅小致亦工緻,～昭其儉也。"
3. 成泰五年/1893（16573 號）:"～聞爲德,其盛享於克誠,有心於民,歟乎不已。"
3. 保大五年/1930（17104 號）:"～聞慈悲廣大,弘開濟度之門,聊寓追思之念。"

1. 永祚十年/1628（13151 號）: "行下邪精,英靈～世。"
2. 陽德元年/1672（5007 號）:"～君子爲善,發財悅人心。"
3. 正和十三年/1692（3756 號）:"～聞功立於家國,則家國與保。"
4. 紹治四年/1844（16300 號）:"昔人之所爲此者,～欲燃慧炬於昏衢,以爲演繹善端之所也。"

正和二十年/1699（5210 號）:"言不可食,～舉行之。"

概 gài

1. 景興四年/1743（4037 號）: "因爲略述其梗～,並爲之銘。"
2. 景興二十八年/1767（4216 號）:"之功之德,不可名言,謹述系閱梗～,刻於后。"
3. 景興四十七年/1786（4107 號）:"黎貴氏,翁亭人也,天緣作合,地望昂如,爽～英人,美稱樛木。"

明命二十一年/1840（20980號）："才略何可等，氣~何可等。"

歌 gē

1. 陽德元年/1672（1848號）："當此之時，家給人足，播之~謠，以俟後之君子。"
2. 正和十一年/1690（2170號）："神在本社，立石碑，置木床，內祠廟留傳香火奉事、祭祀、唱~、隨德。"
3. 正和十六年/1695（5335號）："~陶百姓，享國萬年。"

革 gé

正和十七年/1696（7088號）："字之峻起兮，如鳥斯~；瓦之母廡兮，如翬斯飛。"

閣 gé

1. 洪福元年/1572（12459號）："洪福元年春吉日，翰林院東~大學士奉撰。"
2. 景興四十一年/1780（11555號）："茲上仕信新造後堂七間，構作鐘~四柱，鳩工雕畫棟樑。"

嗣德二十三年/1870（17162號）："因發菩提心，將欲鑄鐘造~，傳之永久。"

永祚三年/1621（10457號）："寶~巍峨，梵宮錦翠。"

耕 gēng

景興三十七年/1776（19541號）："後付來往主持寺僧任取~種，盡供忌日。"

功 gōng

永壽三年/1660（901 號）："國威府慈廉縣羅溪社信主陶氏口號慈宣、女子阮氏甲等，乃於戊戌年良月日時興~修造橋樑舉廚處，鳩工完好，再立碑記。"

永治三年/1678（8509 號）："此~此德，猗歟盛哉。"

恭 gōng

正和二十五年/1704（3122 號）："其本社共應保尊立爲後佛二位，以~祀事萬世忌辰。"

鞏 gǒng

福泰七年/1649（5279 號）："皇圖~固，國勢安疆。"

鞏

正和十三年/1692（3346 號）："皇圖~固，帝道遐昌，佛日增輝，法輪常轉，天下太平，國家長久。"

共 gòng

景盛四年/1796（13342 號）："緣此本村~會亭中，置保公諸先靈與公之夫婦並爲後佛。"

篝 gōu

永慶四年/1732（8767 號）："遞年九月初六日，入席事神、敬後神，官歌唱壹~，粢壹盤，雞壹隻，酒壹饍，芙苗壹匣。"

構 gòu

正和二十二年/1701（2168 號）："茲本社遇太平之時，鄉村當靜肅之中，乃~作於内寺之殿。"

鼓 gǔ

1. 弘定十八年/1617（4028 號）："寶龕一座，案前一座，~一面。"
2. 福泰七年/1649（5279 號）："朝鐘暮~，祝聖焚香。"
3. 永盛六年/1710（7626 號）："~鐘圓輝，瓦木堅金，規模勝昔。"

穀 gǔ

景盛九年/1801（5464 號）："景盛九年伍月~日吉時造立碑記。"

固 gù

景盛三年/1795（11754 號）："民~厚情，保爲配祀。"

顧 gù

景興三十二年/1771（7204 號）："~瞻雖舊，說到維新。"

瓜 guā

永盛三年/1707（7950 號）："蓋聞陰功顯處，要須善果圓成，積德榮充，迭見慶流全盛，故世罕種~而得豆。"

關 guān

正和二十五年/1704（1612 號）："鐘樓寶殿，其舊制；前堂三~，其成規。"

永盛十三年/1717（7835 號）："魏魏九御，蕩蕩三~。"

弘定八年/1607（1136 號）："係遞年忌日各甲整卞粱盛五具，香梢五擡，金銀□五千~，芙蓳等物，遞將本寺於以奠之。"

觀 guān

陽德二年/1673（8992 號）："聿此而~太平，如堯日舜快，覩唐虞之治。"

永慶四年/1732（6709 號）："其~虹樑翠，簪柱頭橫，勢難搖動。"

1. 正和二十三年/1702（1008 號）："嘗~南天福地，處處有之。"
2. 正和二十四年/1703（1610 號）："一興功會主黎德進……等共立碑文，以俟後來~見。"
3. 永佑三年/1737（12481 號）："今~有才，朕必任之，以代朕勞，助其朕國。"
4. 明命十一年/1830（16918 號）："使人覩斯山而憩，仰止之思；~此山而動，取斯之意。"

1. 永佑元年/1735（7634 號）："德彌陀~音勢至四相。"
2. 景興四十五年/1784（1028 號）："庶以昭萬古之~瞻，是用鐫之於石，以壽其傳。"

管 guǎn

1. 保泰元年/1720（1553 號）："其~兵也，士樂爲用。"
2. 景興四十三年/1782（303 號）："辛丑年奉頒鎮守京北處正~後翊奇漆，~一勍隊。"

冠 guàn

光中二年/1789（12134 號）："鄉甲東兌詳準定衣~，昭代代禮儀，後神左右叶推尊苗裔，衍年年香火。"

貫 guàn

1. 德元二年/1675（4560 號）："三寶寺賣與本社，各家買取田共拾壹分每分錢五~五陌，共各家使錢陸拾貫。"
2. 正和二十三年/1702（9340 號）："茲本村且擇應保爲後神，

出許本村使錢叁拾~。"
3. 永盛二年/1706（9809號）："其吳氏妻許本社田壹所，又秋田壹所，并使錢貳佰~以爲祀事。"

永佑五年/1739（6701號）："茲後不得移易，其黃收本族等納本社古錢玖~。"

景盛五年/1797（5626號）："例祭田肆畝，每畝價古錢貳~肆陌。"

1. 正和十六年/1695（13403號）："奉祀大王再功德田二篙，坐落求貢處，當價錢六十~，許本村鑒爲井。"
2. 正和二十三年/1702（10907號）："宜陽縣春陽社保正村阮氏軒號妙清一~。"
3. 永盛十二年/1716（4978號）："計錢財古錢五十~，一田貳所廊買處共七擔。"

1. 永慶二年/1730（7539號）："會主范文晉錢二~。"
2. 成泰十五年/1903（19801號）："本社人汝氏圓，情願自出青錢一

百貳十~，田貳畝，以恭本社需用。"

嗣德十一年/1858（7425號）："里舊阮氏勝妻武氏秋供錢五~。"

光 guāng

景興三十六年/1775（11090號）："熒~似斗山，光明如河海。"

規 guī

景盛七年/1799（9008號）："蓋聞投桃報李，人道當然，刻石製碑，良~不易。"

龜 guī

正和二十一年/1700（7032號）："突兀其間者，瑤臺玉殿，叁差朱碧之晶瑩；~閣鯨樓，雜踏丹青之燦爛。"

歸鬼　guī-guǐ　165

1. 盛德元年/1653（12005 號）："宗廟茲再奉令討取石碑石~，跌各體造作制科進士諸科，題名碑記，豎立在國學門。"
2. 陽德元年/1672（5007 號）："阮端正室梁氏玉謹鶴~雙全，德年尊邵。"
3. 正和二十二年/1701（3458 號）："~壽歲享，麟趾宗華。"
3. 永佑元年/1735（7631 號）："做好碑記，流傳萬代，修繕以爲~鑒。"

永盛四年/1708（5165 號）："天長地久，永永無窮，綿綿不絕，真爲萬世之~鑒也。"

正和二十四年/1703（12485 號）："故刻之於石，以爲不刊之典，又刻爲銘，以昭萬世之~鑒矣。"

歸　guī

1. 保大五年/1930（17104 號）："願寄本身，~依佛所。"
2. 保大五年/1930（15907 號）："一約百歲~期有辭，請本村前一日全民齊就吊禮與扶棺及送終。"

1. 慶德三年/1651（814 號）："妻阮氏妃行庚辛丑歲，出由豪浤，~自名家。"
2. 永慶四年/1732（7481 號）："當朝叁從，尊台閣下之令妹也，賢氏妙齡女子於~，誕育男女有四。"
3. 永佑三年/1737（12480 號）："茲再逢遇貴人，必天賜福度公，誠心請~。"
4. 嗣德五年/1852（19360 號）："茲年所見本社構作亭寺貳座，應與使錢叁拾貫，乞其~於流傳後佛。"

鬼　guǐ

1. 德元二年/1675（19931 號）："~神配享，天地興諧。"
2. 永治二年/1677（5346 號）："天地鑒臨，~神照視。"

癸 guǐ

景盛六年/1798（8432 號）："以~卯科同科，領三場校生。"

永盛五年/1709（7571 號）："永盛萬萬年之玖，歲在~巳拾壹月貳拾五日。"

郭 guō

永盛六年/1710（11433 號）："~興禮。"

H

含 hán

1. 正和十五年/1694（5459 號）："群居禹甸，壤擊堯民，~哺嬉鼓，腹歌共沐。"
2. 保泰四年/1723（11893 號）："今海宇寧謐，天下太平，鑿井耕田，腹鼓哺~。"
3. 龍德四年/1735（12897 號）："延福古跡，地勝~龍。"
4. 永佑四年/1738（3409 號）："太尊太妃，~元合德，積慶垂庥。"
5. 明命六年/1825（17281 號）："~虛守靜，聲之清奇。"
6. 明命十八年/1837（17097 號）："結草~環，知恩必報。"

韓 hán

景盛八年/1800（6642 號）："阮惟~妻吳氏策。"

號 hào

1. 永壽三年/1660（901 號）："國威府慈廉縣羅溪社信主陶氏□~慈宣、女子阮氏甲等，乃於戊戌年良月日時興功修造橋樑舉廚處，鳩工完好，再立碑記。"
2. 永治五年/1680（2184 號）："左勝奇該官署衛事綸郡公鄭楦郡主夫人鄭氏玉櫧原有親姑比丘尼~玅慧，敕封聖善菩薩，出家修行，興崇佛法。"
3. 正和十年/1689（1710 號）："前顯妣亞夫人杜貴氏~妙德謚曰慈在。"

1. 永治三年/1678（19390 號）："齋主劉氏尋~妙貴，寄與顯考~福賢。"
2. 正和二十五年/1704（4354 號）："阮廷湯字福祿妻阮氏代~慈正，使錢一貫。"
3. 保大五年/1930（15908 號）："阮氏慈~妙理，願出花銀壹佰元交與本村，以充修理亭寺。" 民和而神降之福。"

皥 hào

正和六年/1685（6052 號）："適太平時盛~熙，奉爲後佛立斯碑。"

1. 永盛八年/1712（11326 號）："熙熙~~，益益融融。"
2. 永佑五年/1739（10542 號）："法輪常轉，熙熙~~。"

赫 hè

景興三十二年/1771（7204 號）："炳彪不易，顯~無泯。"

熇 hè

1. 正和十三年/1692（2164 號）："曷若陳俎豆，盛黍稷，烹~於萬世？"
2. 保大十年/1935（17079 號）："可想自此香火烹~，廟庭爽塏，

壑 hè

永佑四年/1738（3409 號）："屬斷~而崇期，坦淖溪而平陸。"

厚 hòu

永盛二年/1706（9806 號）："其情之~，抑何~也。"

永盛十三年/1717（10557 號）："隆恩莫既，~德難酬。"

後 hòu

正和十四年/1693（10625 號）："~神靈應，宗族富家。"

永盛二年/1706（13239 號）："若本社爲其親義不捉，~人則經呈上

壺虎　hú-hǔ　169

官，以依約論。"

1. 正和十六年/1695（5335號）："本社再應保爲~佛，興功造鑄洪鐘一果。"
2. 正和十六年/1695（5335號）："再出使八十一頭，各供前~，由爲~神後佛。"
3. 正和十八年/1697（5474號）："其田數在某處所列~。"
4. 景興七年/1746（10705號）："蓋世□人應保爲~神，所許本村使錢壹百拾貫，并田二畝於本村奉取給用。"

1. 弘定八年/1607（1136號）："全村上下應許立智氏號廟還爲~佛。"
2. 永治五年/1680（2184號）："所有始買田各所開在於~。"
3. 永佑元年/1735（32號）："再俵後神，以昭萬代之名，以垂億年之約，所有姓名腳色開陳於~。"

壺　hú

景盛八年/1800（6004號）："其牲頸關粢壹盤，酒壹~，芙蕾壹封，俵本族存均分。"

嘉隆六年/1807（14483號）："設位在寺左，行禮如儀，祭畢，豬頸肉并粢壹斗，酒壹~。"

1. 正和十三年/1692（7098號）："仍載~持籖，請敘爲文，勒之堅泯，以壽其傳。"
2. 正和二十二年/1701（11524號）："秀水回縈，別一~天村，之外有少澗長流，隔於途中。"
3. 景興四十七年/1786（6766號）："係遞年朔望日田壹高，付在守祠，耕作用□菓并酒壹~，芙蕾壹封，以爲敬禮。"

永盛十四年/1718（7880號）："無邊功德□唛，坡語~天景秀清。"

虎　hǔ

嗣德二十六年/1873（19189號）："鴉海無波憑，~山有勢仗。"

護 hù

保大十年/1935（17079 號）："庇民~國，德澤汪涵。"

1. 慶德三年/1651（4929 號）："一心所願祖先以遊以安，~全社曰壽曰康。"
2. 正和二年/1681（14950 號）："十方諸佛扶~。"
3. 永佑五年/1739（6751 號）："加封贈特進輔國上將軍太保、封贈太傅基郡公、純忠保~養正衛翼榮恩裕澤純粹中正英毅質厚寬洪豪邁英尊大王。"
4. 景興八年/1747（6403 號）："會見心地光明，吉神呵~，丹書鐵券。"

華 huá

同慶元年/1886（16999 號）："儒林鄉會龍社長路坊，彭城劉燕~堂所建也。"

1. 正和二十二年/1701（3458 號）："龜壽歲享，麟趾宗~。"
2. 龍德元年/1732（12863 號）："茲本社玉地一壺，春天四境，物~天寶。"
3. 景盛四年/1796（13342 號）："世聯~族，葉奕金枝，繼肇培之，烈光祖宗也。"
4. 保大十二年/1937（16034 號）："原廣東省人民信主謝~昌自出花銀伍拾元供在普光寺，爲立碑記，以報雙堂。"

明命二十一年/1840（16347 號）："皇天靈祠後宮上下梁棟極其光~。"

嘩 huá

治平龍應五年/1209（4103 號）："幾日喧~，皷棹來舟，離方崎絃岳之峯；彌年維新，合集飛鳥，岸礜馥櫥之春。"

正和十四年/1693（10625 號）：

畫懷壞還 huà-huán 171

"若每年二月、十一月歌舞喧~，寫名入文，祭禮恭敬。"

畫 huà

正和十八年/1697（5471號）："雖巍嶫而不爲奢，雖雕~而不侈。"

1. 德元二年/1675（4560號）："順安府嘉定縣端拜社官員鄉老社村長上下巨小等，共論重修構作大悲寺前堂行廊、後堂內寺、四圍~作、佛像各幅補它等。"
2. 正和二十二年/1701（11524號）："乃命文房中書君直~其事焉。"
3. 景興二十一年/1760（3773號）："於是刻石~字，以示後世，使永監焉。"
4. 景興四十一年/1780（11555號）："茲上仕信新造後堂七間，構作鐘閣四柱，鳩工雕~棟樑。"

懷 huái

1. 永治元年/1676（372號）："~安篤信太醫院良醫副阮庭醫校工鑿。"
2. 永治元年/1676（1401號）："百年之後，香火何依？追思九子，勛勞有~。"
3. 景興四十三年/1782（13004號）："又~惠澤，享配廟堂。"

壞 huài

1. 永佑三年/1737（11488號）："至賊所，賊自大散~敗，皆爭避走之，斬首無數，生拎一百人送回京國，賊自平矣。"
2. 咸宜元年/1885（18901號）："自有寺來，~者、修狹者廣。"
3. 啟定十年/1925（19475號）："乃歲甲子，古亭頹~。"

還 huán

1. 正和十三年/1692（11121號）："荊門府安老縣石榴社社長楊有禮……上下大小等因爲本社欠季錢，~債內官。"
2. 正和十六年/1695（13403號）："其夫妻茲許本村此錢~債。"
3. 景興二十八年/1767（7513號）："遞致損於民，即舉鄉黨分田產，~民一切。"

荒 huāng

1. 永治元年/1676（372 號）："芥能針合樛可葛~，成家門盛應熊羆祥。"
2. 景興二十七年/1766（8889 號）："第庚申辛酉年，兵亂開~，以致凋耗，完復之後，貧富相資。"
3. 嗣德十三年/1860（7747 號）："例社內何家婦女~胎，事覺里長。"

灰 huī

1. 正和十一年/1690（7595 號）："埭~處貴，安富村榮。"
2. 正和二十四年/1703（13535 號）："鄰房纔闕於鴟魚，梵宇盡~於回祿。"

恢 huī

1. 正和十八年/1697（5472 號）：

"尊崇佛道，劑度~張。"
2. 景盛三年/1795（11754 號）："值亂~思，保鄉壹事。"

輝 huī

1. 正和十六年/1695（14735 號）："陳光~。"
2. 永盛十二年/1716（10438 號）："并十殿冥王，周完色相，光飾塑繪，金碧~煌，功德圓滿。"

永盛十二年/1716（12904 號）："皇圖鞏固，佛道~煌。"

徽 huī

保大八年/1933（16857 號）："鼎成善事，神佛鑒臨，全民妥順，紀念丹恍，之功之德，恆產恆心，一門母子，千載~音。"

回 huí

洪德四年/1473（7134 號）："王手執鐵椎即此立之，虎過，蔑之而去，王掩~虎頭，壓下打折二足，繫繫牽~，眾人莫不驚服。"

迴 huí

1. 正和十一年/1690（5078 號）："欲免輪~，皈依慕慈。"
2. 成泰十八年/1906（20436 號）："峰頭屹立，水面縈~。"

毀 huǐ

正和十二年/1691（2942 號）："竊念後日具~不詳，爲立事置詞碑石記。"

諱 huì

1. 維新二年/1908（17782 號）："聖址會中吳先公~譽字俊髦，號周士。"
2. 保大十七年/1942（17902 號）："阮貴公~永字安寧之靈。"

魂 hún

正和十八年/1697（5736 號）："其陳氏謹切薦良夫，前下里侯黎萬代字福璡，靈~寄與內外。"

或 huò

1. 景治元年/1663（1945 號）："從立契後，仰買主壹任，本亭以爲歌唱，傳子若孫，~本縣教坊司□上下等不得腰索。"
2. 正和二十五年/1704（12140 號）："若智者社上村不顧恩義，~有違祭祀，具本族發告上官，依如端內。"

獲 huò

1. 嘉隆十五年/1816（19703 號）："嘗聞善者，德之基，而爲善者，必~福也。"

2. 紹治三年/1843（15781 號）："惟人所召，爲善~福，理之必然。"

景盛三年/1795（1681 號）："恆產具有心，自發家資不吝；爲善而~福，必然天理無差。"

J

幾 jī

1. 正和二十三年/1702（11636號）："～如河北儴鄉，寺號蓮池，秀孕精芙之氣勢。"
2. 景興三年/1742（7870號）："既又略述梗概，留書石陰，庶～事跡之傳，得以久而不磨。"

箕 jī

紹治六年/1846（19387號）："本社供忌糯米壹～。"

機 jī

1. 正和二十五年/1704（1612號）："並用心～，助成家產。"
2. 成泰十五年/1903（56號）："本縣鎮北寺大尊禪僧范廷釗，瑞珪兌甲人也，少從梵教，老悟禪～。"

咸宜元年/1885（18901號）："將衰之日，安知非極盛之～乎？"

擊 jī

1. 正和十五年/1694（5459號）："群居禹甸，壤～堯民，含哺嬉鼓，腹歌共沐。"
2. 正和二十一年/1700（8319號）："南也，目～其事，念夫人同此心，心同此理。"
3. 嗣德十三年/1860（7748號）："遞年五月里長轉報～鐸，本社共會在亭。"

景興十七年/1756（2367號）："草莽之戎，尤善少而～眾。"

急 jí

正和十八年/1697（8567 號）："午令公官，義深周~，道大恤鄰。"

極 jí

景盛六年/1798（8432 號）："敬戒~其致，榮華慶與同。"

幾 jǐ

正和二年/1681（1446 號）："山奇水秀，內列~行椿柏，外森千頃瞿曇，真爲古跡之名藍，慈廉之勝景也。"

既 jì

正和十二年/1691（916 號）："富~何加，福尤當集。"

保泰九年/1728（7474 號）："皇朝保泰萬萬年歲在戊申孟夏月~望穀日。"

正和七年/1686（10997 號）："遂皇~立於前，民財由之而遂。"

寄 jì

正和十二年/1691（2942 號）："錦江縣錦軸社里長阮文忠鄉長阮文色……同本社等所有修造廟宇，無有錢文用役，本社須情應~忌。"

祭 jì

1. 正和八年/1687（11096 號）："忌十一月二十日常~祀，每四人一盤，每人米一斗，錢三十文。"
2. 正和十三年/1692（11121 號）："係每年至拾貳月拾捌日，本社上下等將就錢米作具盤，並就在本寺奉祀敬~。"
3. 景興二十年/1759（12816 號）：

際濟繼 jì 177

"神各節仍許配享於後至正諱日，豬壹口，粢一盤，酒壹圩，將在碑前敬~。"
4. 景興四十六年/1785（12911號）："其~文各禮附食於後，已上各節置敬於亭內碑所立。"

祭

正和十二年/1691（2942號）："係遞年正月初玖日大~，並入席常新之禮。"

際 jì

阿

嘉隆十三年/1814（15767號）："嘉林有土，幸~重修名寺，隨緣供家資。"

濟 jì

濟

1. 正和十二年/1691（916號）："造橋修路，惠施裔子之心；~乏賑貧，恩布張公之志。"
2. 景興二十九年/1768（1863號）："貴侯廣施周~之心，惠以古錢拾貫，并田在各處，以供工役。"
3. 嗣德三年/1850（19084號）：

"不興而~，不舟而通。"

繼 jì

繼

1. 景治五年/1667（4832號）："眷惟侍內監司同知監事穎祿侯具侯~承家業。"
2. 永慶四年/1732（11155號）："貽昭~世，鐫碑於石。"
3. 永佑四年/1738（6299號）："朔望相~，祭菓類供。"
4. 景興十二年/1751（12025號）："茲本邑黃氏牌范氏號慈德黃氏乏~以黃氏牌之子。"
5. 景興二十一年/1760（11146號）："後祝文配享，依如端內，代代流傳，綿綿~世。"
6. 嗣德二十六年/1873（17766號）："後生五子，相~登科，皆貴顯。"
7. 成泰九年/1897（19290號）："~自兵火之後，人民貧迫，道眾索離，四辰煨冷，何慘如之。"

繼

1. 正和十二年/1691（5152號）："三寶殿庭，恭承影佛，何代不停，遵依寶法，萬古常經，綿綿~世，代代光明。"
2. 正和十六年/1695（14734號）：

"刊碑用表，永~繼志。"
3. 景興二十八年/1767（13091號）："矧日女子范氏宰堉縣丞張世亨聿懷先志，以~前功，有幣卅四縉以益事。"

維新元年/1907（8910號）："前作之，後述之，諸強族泒相~而培之。"

家 jiā

1 正和十二年/1691（916號）："~財多施，夫婦雙全。"
2. 正和十八年/1697（1547號）："嘗聞積善之~，必有餘慶。"
3. 正和二十一年/1700（718號）："乃出~資惠予本村。"

1. 端慶三年/1507（5137號）："修身以節行爲先，齊~以身修爲本。"
2. 正和三年/1682（4161號）："皇~仰蒙，聖德久長，億載綿洪。"
3. 正和十九年/1698（4859號）："公侯滾出，~國周施。"
4. 龍德四年/1735（12888號）：

"佛將發~錢拾五貫以資本社之用，家田肆高以爲三寶之物。"
5. 景興四十四年/1783（7019號）："處盈而益謙，履滿而思損，從來揭~資，捐肥田許本縣。"

嘉 jiā

光中四年/1791（7750號）："芙蕾可景，阮族堪~。"

1. 正和十二年/1691（5199號）："順安府~林縣古靈社姿亭村，阮聰妻阮氏爲、男阮庸阮文耨、妻丁氏然。"
2. 永盛五年/1709（11872號）："以致功資任少，亦將福報致~。"
3. 景興三十八年/1777（12856號）："~德社咐石阮有才刻。"
4. 嗣德二十三年/1870（19489號）："而鄉鄰有美行，~言之。"

永慶三年/1731（10954號）："蓋必有待於來日者，余~其志，樂其事。"

戛 jiá

治平龍應五年/1209（4103號）：
"鐘鼓~擊，螺□把吹。"

兼 jiān

正和八年/1687（1445號）："公義懷敵愾，勇奮摧堅，大破賊陣有功，陞提督神武四衛軍務事~郡公。"

光中二年/1789（12776號）："後神前十里侯~斯文長鄭貴公子字司秋，號德邵。"

堅 jiān

1. 景治八年/1670（11963號）："於是養夫孫各置案，使之有妻子，成富家，尤能節守金~，財如泉浩。"
2. 永盛十三年/1717（11941號）：

"心中~金，胃中藏寶。"

監 jiān

1. 永壽三年/1660（901號）："本社~守，萬世烝常。"
2. 正和二十一年/1700（8749號）："司禮~總太~贈叅督楣壽侯阮相公字性堅，賜謚敏直。"

艱 jiān

景興四十三年/1782（8430號）："阮氏相與邅涉~難，相夫課子，各盡其道，於戊子年七月二十五日謝世。"

儉 jiǎn

1. 永治二年/1677（5345號）："因此恭~社四甲自阮如瑅至阮如喈等應保爲後神。"
2. 永治二年/1677（5347號）："貴能~，富能勤。"
3. 正和十五年/1694（12679號）："房中務用~勤，門內產多充足。"

建 jiàn

永慶二年/1730（7172 號）：“爲此~立石碑壹座，置在右邊。”

鑒 jiàn

1. 永盛十三年/1717（11083 號）：“先明縣登來社段明鏡字如銹，范氏~號妙鎧。”
2. 景興三十六年/1775（11989 號）：“後神從附，永世~臨。”

1. 永佑三年/1737（7411 號）：“相輝天高，地長有貴，願其共~石碑與口碑，而不磷前心與後心。”
2. 景興四十年/1779（1799 號）：“若或後來何人輕薄，專賣這田，流廢忌禮，必有龍神土地~知焉。”

福泰七年/1649（5279 號）：“聖賢證~，士娓壽長。”

將 jiāng

永慶二年/1730（5590 號）：“鄉中令族范氏堯口，乃奮力~軍之愛妾也。”

疆 jiāng

1. 福泰七年/1649（5279 號）：“皇圖鞏固，國勢安~。”
2. 正和五年/1684（11933 號）：“則福祿日來，壽爲無~，益享太平之福。”

嗣德二十三年/1870（19489 號）：“涓涓金石，永永無~。”

降 jiàng

正和十六年/1695（7939 號）：“青龍起伏，白虎永~。”

蕉劋皆節界　jiāo-jiè　181

隓

1. 正和二十三年/1702（5315號）："佛能~福，聖除禍殃。"
2. 永盛二年/1706（11853號）："聖帝擁護，恩~浹淪。"
3. 明命六年/1825（16913號）："於皇上帝，~衷下民。"
4. 明命十一年/1830（16917號）："蓋聞廟宇有龍林，所以寓陟~瞻依之禮。"

蕉　jiāo

景興四十一年/1780（4201號）："早時忌日，玉□叁拾品，香~叁斤，金銀五百，香燈供佛。"

劋　jiǎo

洪順二年/1510（1954號）："義名~除，志銳懇祝。"

皆　jiē

1. 景治九年/1671（4566號）："~自明德，相作善緣。"
2. 正和十二年/1691（916號）："德及廣矣，人~敬之。"
3. 景興三十六年/1775（12777號）："因此本社共叶置保前鄭公字福當、十里侯段貴公字福暮，茲鄭氏勘號妙詳等~爲后神。"

節　jié

景興二十五年/1764（7263號）："嗣後本社或何人生心薄惡，廢欠忌禮，并各~不據如約，即錢田并池付還本族，不得言來。"

界　jiè

1. 德隆三年/1631（5138號）："昭感普救，兼知三~，行下鬼神，護國安民。"
2. 正和五年/1684（918號）："境超世~，寺有慶延。"

金 jīn

1. 弘定八年/1607（1136號）："係遞年忌日各甲整卞粢盛五具，香梢五擅、~銀□五千關，芙蒩等物，遞將本寺於以奠之。"
2. 永盛五年/1709（19970號）："志意且洪，~錢以惠。"
3. 景興三十五年/1774（2518號）："兹度~龍寺，構作上殿，燒香前堂、後房行廊。"

正和二十四年/1703（9646號）："時而盈孚，比~簪盍豫。"

謹 jǐn

永治元年/1676（1401號）："係至忌日整辦具饌壹盤，湖金銀五百，酒壹坏，芙蒩一匣，將在碑前~告。"

盡 jìn

1. 陽德元年/1672（6757號）："南國~忠，北朝往使。"
2. 保泰四年/1723（10942號）："梵宮數簇風撞雨撼，~傾摧。"
3. 龍德三年/1734（8028號）："儼若換修佛像，塑功繪事，~其能造作。"
4. 嗣德三年/1850（19084號）："夏秋水溢迅而激隆，冬繚~又不利於舟。"

荊 jīng

永治五年/1680（10640號）："名芳華邑，聲振~門。"

驚 jīng

洪福元年/1572（12460號）："三公分爲二道，水步並進，雷~百里之聲。"

淨敬境競鏡糾　jìng-jiū　183

淨 jìng

陽德元年/1672（1848號）："尊師阮仁福字法達，道福兼號～菩薩，給村民錢祀爲後佛後神，留傳香火忌臘萬代奉事碑。"

敬 jìng

正和十二年 1691（2942號）："禮畢，～長隨心，不勾厚薄，存禮分均上下。"

境 jìng

景興四十五年/1784（2967號）："倘或百年之後歸仙～者，其田本甲定取古錢陸佰爲忌。"

競 jìng

1. 景治七年/1669（450號）："謙讓和平，處於鄉者，自束髮至白首，未嘗與人爭～也。"
2. 正和二十一年/1700（4460號）："倘後日某人不遵此約，自起爭端，或嫌其分之少而釁隙爭～於他分之多，致乖家法則坐以不孝之罪，失其本分。"
3. 永佑二年/1736（13358號）："四人秀～，三族挺生。"
4. 光中四年/1791（7750號）："本社阮廷焰、妻阮氏信等，處己以和，與人無～。"
5. 景盛元年/1793（12631號）："～渡四季，仰同配享，隨大夫次後敬祭如例。"

鏡 jìng

1. 永盛十三年/1717（11083號）："先明縣登來社段明～字如銹，范氏鑒號妙鍹。"
2. 永慶四年/1732（7826號）："阮世明字福～。"

糾 jiū

景興十一年/1750（11332號）："一齊逐節供祭等禮，并須官員～

察以重其事。"

景興七年/1746（10706 號）："天地所生聖神相~，量其功，澤其德，蓋必待淳風之時。"

赳 jiū

正和七年/1686（8871 號）："勇氣桓桓，才名~~。"

就 jiù

1. 永佑元年/1735（32 號）："係每忌謹以沙牢一隻，粢五盤，酒一盂，芙蒩等，並~廳堂行禮如儀。"
2. 嗣德十一年/1858（37 號）："係遞年忌日，本甲整辦豬壹首，粢壹盤，美酒用足，將~本亭行禮如儀。"

鳩 jiū

永壽三年/1660（901 號）："國威府慈廉縣羅溪社信主陶氏□號慈宣、女子阮氏甲等，乃於戊戌年良月日時興功修造橋樑舉廚處，~工完好，再立碑記。"

舅 jiù

景興十五年/1754（9309 號）："東邊近土阜，西近做~壹所，坐落亭肥處。"

舊 jiù

1. 正和十三年/1692（2164 號）："而今而後，生斯邑爲斯民者，但當恪守~規，弗忘風約。"
2. 正和二十五年/1704（1612 號）："鐘樓寶殿，其~制；前堂三關，其成規。"
3. 永佑四年/1738（2758 號）："而歆崇看寶塔~基，而慨慕於是脩菩提。"
4. 正和十六年/1695（5867 號）："即令公~祠址之左，建立祠宇，歲時敬祭如儀。"

寶興元年/1801（2418 號）："本村

曾欲約~而修，但因多故，難率舉行。"

1. 永治元年/1676（372 號）："茲惟范叟~娶阮娘，友中鶯鳳枕上鴛鴦。"
2. 正和十一年/1690（4732 號）："祠前兩廊，~有祀所，每春秋有事列祀。"
3. 光中四年/1791（16953 號）："文廟~址脩作石階及花庭等項，石製叄百貳拾陸尺。"
4. 明命五年/1824（19941 號）："憶昔嚴師易耨社人，姓阮字仲适，先生迺~黎朝武仙縣右軍。"

居 jū

正和二十三年/1702（6436 號）："玄談三教，佛法~先，大乘四恩，父母其一。"

正和十九年/1698（8239 號）："扶人所欲者，~磐之安，億年載物。"

局 jú

正和二十五年/1704（1612 號）："前年重修上殿，葺以前堂；後年新築禪~，插之關閩。"

舉 jǔ

1. 永治二年/1677（5369 號）："尺碑斯有立，萬劫~皆崇。"
2. 永佑三年/1737（12580a 號）："嘗謂尊崇先哲，報祀無窮，此休明之華~也。"

1. 景治五年/1667（11710 號）："朝廷選~之法，況於民，擇賢置為首長，素善良家，仁慈端正，心廣寬容。"
2. 正和二年/1681（1447 號）："相公慈惠之心，此心即佛；今日忠厚之舉，此~本心？"
3. 永盛十一年/1715（13362 號）："萬一無有異詞，~人人共尊其名，仰謂後神。"
4. 永佑五年/1739（12166 號）："其本社人人皆可~而置行耳。"

1. 洪福元年/1572（12460 號）："王之威德弘深，英雄蓋世，~世皆稱爲賢君者也。"
2. 嗣德十三年/1860（7747 號）："本總拾貫六陌，本縣拾貳貫六陌，由輕從重，~一而推。"

景興四十六年/1785（1931 號）："這此~情共愜仍，鐫於石以事其傳。"

聚 jù

永治五年/1680（8520 號）："茲崇高寺跡雖非古地，實最靈，蕩蕩巍巍，勢奠魚龍，~會堂堂，秀秀景青，豐偉異奇。"

據 jù

正和二十二年/1701（2168 號）："~此依如內寺，及祭臘，每年貳期，每壹期子叄具，每壹具糯米十斗，花菓足用，各節如儀，不敢廢欠。"

景興三十九年/1778（1809 號）："若或何人輕薄，不~依詞，流廢忌禮，伏願天地神祇監知爲證。"

景興三十一年/1770（8886 號）："嗣後，若何人恃其己物，不~券內，本社定捉牛一頭，價十四錢拾貫。"

鐫 juān

永盛二年/1706（9806 號）："因此以文付本社，~之金石，以永其傳。"

明命十三年/1823（14231 號）："貞石載~，與民同壽。"

景盛三年/1795（9006 號）："今應~造石碑，用使億年弗替。"

眷厥覺 juàn–jué 187

1. 正和十七年/1696（13114 號）："茲後神范曰庶，字福通，~石以壽其傳。"
2. 保泰十年/1729（15421 號）："本村~之於石以爲識，因此茲端。"

眷 juàn

正和十三年/1692（9359 號）："夫神者，乃聖乃神，此皇天~命而爲天下之君。"

厥 jué

1. 永治元年/1676（372 號）："今思~報本示不忘，寺僧因見後佛言揚。"
2. 正和二十三年/1702（4889 號）："於先人有福德良緣，乃成~後世。"

覺 jué

正和二十四年/1703（831 號）："~人行樂須富，何時乃能不私所有而公與》。"

福泰七年/1649（5279 號）："一切眾生成正~。"

1. 正和十五年/1694（2274 號）："謚菩薩二位~靈，尊爲後佛，祀享以護生民命脈。"
2. 正和二十五年/1704（1612 號）："佛者，~也。"

福泰七年/1649（5278 號）："洪音一和，使人人~悟。"

1. 正和七年/1686（13057 號）："皈投大~圓諧畢，脫此埃塵從地佛。"
2. 正和十九年/1698（7630 號）："茲惟懿德婦女華宗姓黎名畢號曰

188 jùn-郡

慈順，生承正~，果結善緣。"
3. 正和二十一年/1700（7032號）："環局仁山，屏開甲乙，遶垣~水，練織之玄地兮，所以爲秀。"
4. 正和二十三年/1702（4889號）："但~求仙於海，誰深知本佛在心。"
5. 永佑三年/1737（12432號）："王乃醒來，~其夢，報王與太師坐談。"

郡 jùn

正和元年/1680（1556號）："舉平定諸強國，同使官欽差巡狩南邦，統管南城、交趾~。"

K

開 kāi

1. 永慶元年/1729（7724 號）："斯勒功德永傳，所有大仕、名員、名人~陳於後。"
2. 景興二十九年/1768（1580 號）："二所許本村肥田壹畝，各有處所尺寸~列於左。"
3. 景盛五年/1797（5626 號）："所有給田各例，關儀文，各條~著於後。"

景盛五年/1797（11696 號）："是宜銘之，以垂不朽，其所有附食諸謚號~列於左。"

1. 正和七年/1686（10997 號）："於丙寅年閏三月十八日~丈。"
2. 光中五年/1792（5353 號）："茲或後有何人生情薄義，本社即不敬論，所有錢田例忌，~陳於後。"
3. 嗣德十一年/1858（7426 號）：

"聖賢爲天地立心，爲生民立命，爲往聖繼絕學，爲萬世~太平。"
4. 啟定三年/1918（19288 號）："神字前代~修，經年瓦解，每臨季祭，殊屬~懷。"

景興元年/1740（975 號）："事有開於名教，惟知道者能~之，亦惟慕道者能繼之。"

看 kàn

1. 統元四年/1525（1737 號）："浮生萬事皆空了，惟有青編人遠~。"
2. 正和二十一年/1700（8142 號）："~守祖墓田壹畝貳蒿。"

刻 kè

景興四十年/1779（3357 號）："其所親傳遠示人，必宜銘之於碑，~之於石。"

鏗 kēng

景興二十三年/1762（12800 號）："范仕~。"

寇 kòu

1. 景興三十一年/1770（985 號）："承命令撫集方民，奉天威而剿除草~。"
2. 保大七年/1932（13547 號）："王逐北~，建國基，爲我南國獨立之祖英。"

洪福元年/1572（12460 號）："時北~遙優，黎朝末造，世運告終，北~蓄兵來侵。"

寬 kuān

嗣德十三年/1860（7747 號）："本請免，幸蒙~赦，許其成功。"

景治五年/1667（11710 號）："朝廷選舉之法，況於民，擇賢置爲，首長素善良家，仁慈端正，心廣~容。"

虧 kuī

景興十年/1749（9508 號）："係百歲各節不~，其忌日香火不絕。"

愧 kuì

景興十七年/1756（10800 號）："幸而成人德行、文學深有~於父兄。"

L

臘 là

1. 景治七年/1669（4501 號）："厭敬昔約，不勤奉事，流廢忌~，不有祭祀。"
2. 正和二十年/1699（1619 號）："祀事祭~，勒於石碑。"
3. 永盛十五年/1719（8619 號）："係遞年承祀忌~，并唱歌一夜。"
4. 景興二十三年/1762（17580 號）："係遞年忌~與正旦、清明、端午、中元、嘗先、設席等節，修備禮物，齊整衣帽，祭祀如儀。"

1. 正和三年/1682（9762 號）："係全村每席有俵壹百年歲，或有病至死，祭祀奉事一齋，旬已有忌~。"
2. 正和二十二年/1701（2168 號）："據此依如內寺，及祭~，每年貳期，每壹期子叁具，每壹具糯米十斗，花菓足用，各節如儀，不敢廢欠。"
3. 永盛四年/1708（13035 號）："祀永後來，垂流忌~。"

景興四十年/1779（3359 號）："遞年十二月本社例有~節，其四柱村村長把耕田應出古錢陸陌整，雞二隻，粢二盤，美梛二封并酒等物。"

景興二十三年/1762（5453 號）："拾貳月初貳日，本社敬~粢、肉、酒，供承祀後。"

1. 景興四十三年/1782（5997 號）："遞年忌臘，本村照行忌日，則據所慧~日。"
2. 景盛五年/1797（4804 號）："遞年正月十七、十八日，四月初七二十二、二十三、二十七、二十九、三十等日，五月初一日與四季，及嘗新~節別用，每日壹具，供在碑前。"
3. 同慶元年/1886（4730 號）："其如忌~，與田數千，另計碑後。"

藍 lán

陽德二年/1673（8723 號）："爲有古跡頹弊，再造名~，金籠寺又見。"

覽 lǎn

弘定八年/1607（1136 號）："第恐歲月易流，人心易弛，人遠言煙，仍憑碑記表前人之功德，以備後人之觀~焉。"

廊 láng

德元二年/1675（4558 號）："後堂行~，鐘樓三開，棟宇巍峨。"

勒 lè

永壽三年/1660（901 號）："與乾坤相爲終始，與日月同所光輝，遂~堅固，以垂永遠。"

樂 lè

1. 永治二年/1677（5346 號）："如自阮如流至阮如啥上下巨小等共~。"
2. 正和十二年/1691（916 號）："民樂其~，而便其便矣。"
3. 嗣德十三年/1860（20394 號）："其後子孫紹述家風，安居~業。"
4. 保大十二年/1937（17418 號）："孝爲萬善之根源，源之~爲善者，此心之擴而充之耳。"

1. 陽德元年/1672（1848 號）："且~且耽，惟勤惟儉。"
2. 永盛十二年/1716（12904 號）："四民~業，九疇壽康。"
3. 景興四十三年/1782（12543 號）："於~成日祭畢，敬俵官員首牲。"
4. 紹治五年/1845（15789b 號）："今逢泰運，~做善緣。"

雷 léi

景治七年/1669（450 號）："後山樓殿，前案雲~。"

累 lěi

景治七年/1669（11387 號）："積仁之~，爲正人所行正道。"

類 lèi

1. 洪福元年/1572（12460 號）："時三子，明敏好學，已成才，文武兼全，聰明出~。"
2. 保泰二年/1721（9578 號）："宗族常昌，兒孫出~。"

1. 永佑三年/1737（12134 號）："蓋聞出~爲眾，所宗昭昭。"
2. 光中四年/1791（4502 號）："一德出~，全邑所宗。"

冷 lěng

景盛八年/1800（6642 號）："阮廷進妻阮氏~。"

永盛二年/1706（9809 號）："茲以後世態炎涼，人情~淡，不有承祀，其本社還田錢與本族。"

黎 lí

正和二十三年/1702（14963 號）："~朝正和貳拾叁年歲次壬馬貳。"

禮 lǐ

1. 正和二十二年/1701（2168 號）："適見本社有本官侍內監司~監同知監事粘祿侯阮公霈配得賢妻阮氏玉。"
2. 永佑元年/1735（32 號）："至~是畢，其有沙牢并粱一盤。"

194 │ 吏歷蒞麗

礼

1. 正和十二年/1691（2942 號）："~畢，敬長隨心，不勾厚薄，存~分均上下。"
2. 正和十二年/1691（2942 號）："係遞年正月初玖日大祭，並入席常新之~。"

吏

景盛四年/1796（12868 號）："以上等節社內遵依，若何人廢欠某事，許族人以~經呈官司查論。"

歷

1. 保泰八年/1727（4338 號）："自癸亥年，方十九，奉侍潛邸，多有勛勞，~任內外各職。"
2. 永慶三年/1731（7734 號）："雖~至千載，不得留廢忌日。"
3. 景盛五年/1797（11696 號）："夫附配之法，以古有之，今吾人能充此厚，心足以光顯於前，彌~萬世。"

蒞

洪德四年/1473（7134 號）："王即府~政，國內稍寧。"

麗

永壽四年/1661（2767 號）："龍池祭祀，養魚鱉之物，廟觀莊嚴，制度超前，樓台美~，規模勝昔。"

1. 陽德元年/1672（1847 號）："阮仁福索有良家富~，命受皇天，兼知三界，救度人民，英靈勇決，敬問阮仁福爲後佛。"
2. 陽德三年/1674（3418 號）："安宅南交，榮鄉北~。"
3. 正和十六年/1695（1560 號）："威山雄~，柴溪的真。"
4. 永盛十五年/1719（14926 號）："名雖壯~，制未純全。"

保大十二年/1937（19359 號）："杜貴氏建設義地於邑之東，壯~

礪儷廉聯　lì-lián　195

宏規，彰人耳目。"

礪 lì

陽德二年/1673（8919號）："乾坤對天地，赫□德功~，泰山帶黃河，流傳苗裔，遂勒嵯峨之碑，使永鑒兮。"

儷 lì

1. 正和二十五年/1704（7323號）："同富社馮氏~號妙慕。"
2. 永盛五年/1709（5939號）："氣素地鍾，德符坤厚，恩蒙金屋，配~玉堂。"

廉 lián

景興八年/1747（3474號）："國威府慈~縣霸陽社□長……全村等爲爲有修理廟宇二座。"

永壽三年/1660（901號）："國威府慈~縣羅溪社信主陶氏□號慈宣、女子阮氏甲等，乃於戊戌年良月日時興功修造橋樑舉廚處，鳩工完好，再立碑記。"

聯 lián

1. 正和十三年/1692（7103號）："其民心愛戴如此，共願乞~名應保。"
2. 保泰二年/1721（7764號）："其本社上下等~名記字，乞尊爲後神，承祀萬代，不敢虧鐵。"

1. 永盛十五年/1719（8622號）："於時，兩村上下等歡慶收同，齊口壹心，乞爲後神，~名記字。"
2. 永佑三年/1737（3518號）："蟬~蒲供，奕葉感通。"
3. 永佑三年/1737（2882號）："本村乃~名記字，期以諱日致奠。"

正和二十四年/1703（13535號）："其像也，珠□寶鑒，一簇蟬~，異水奇葩，四時燦爛。"

聽

1. 正和十一年/1690（2170 號）："其民心愛戴如此，共願~名以下記應保親男阮公廩。"
2. 正和二十三年/1702（4889 號）："長幼各有序，上下并~名。"
3. 景興二十五年/1764（5016 號）："因此本村官員鄉老……全村上下等~名記字應保老娌阮氏蘇號慈愛爲後佛。"
4. 紹治六年/1846（17838 號）："科宦~芳，代有名宿。"

兩 liǎng

正和十一年/1690（4732 號）："祠前~廊，舊有祀所，每春秋有事列祀。"

亮 liàng

治平龍應五年/1209（4103 號）："鳴鐘振鼓聲嘹~，而凌徹隴天；齊饌清羞味甘饴，而克昭海席。"

林 lín

景興四十三年/1782（8430 號）："今有越南國海陽處荊門府水棠縣~洞總丙洞社。"

臨 lín

永治五年/1680（8100 號）："天地鬼神，其鑒~之。"

正和二十二年/1701（5724 號）："天地鑒~，神鬼照視。"

齡 líng

治平龍應五年/1209（4103 號）："上祝爲當今皇帝洎太上皇，受二儀而南面，紹堯舜而丕基，冀億載以御黎民，等千~而崇佛法。"

靈　líng

[祭]

正和十一年/1690（4732號）："位後段氏曆號妙惠，享~柒拾柒歲，壽終九月十九日。"

[髮]

1. 陽德三年/1674（6941號）："爺娘無耄耋之~，孫姪囷眾多之福。"
2. 永盛三年/1707（7950號）："聖增景福，主享遐~，乾坤清朗，天下太平。"
3. 景盛五年/1797（8428號）："先生以辛亥八月二十五日壽終，享~七十三歲。"
4. 寶興元年/1801（5996號）："尊公享~八十六歲，五月二十二日忌。"

[怜]

1. 永盛十六年/1720（13376號）："自幼~失怙，與母氏阮媼居孤苦丁零，煢煢踽踽，母子二人，相依以爲命。"
2. 景興二十一年/1760（7936號）："世壽春秋芳七十五~。"

靈　líng

[靈]

1. 正和二十五年/1704（1612號）："其地~，其人傑，其景佳。"
2. 景興四十四年/1783（1030號）："仙山古寺，稔有顯~。"

[灵]

龍德四年/1735（12894號）："佛道重修~寺，善結福緣。"

[霛]

1. 正和十六年/1695（4362號）："蓋聞人者，神也，以其爲萬物之最~，故名焉。"
2. 正和十六年/1695（5337號）："夫天佛道，廣大慈悲，~通虛寂。"
3. 明命十八年/1837（17097號）："恭惟釋子漕溪第一金剛塔、第二圓光塔、第三~光塔、第四祥光塔。"
4. 保大十四年/1939（16929號）："江山勝地，神聖餘~其間，則文登鴻塔而武握虎符，民生未有盛於此辰也。"

198　líng　靈

正和十六年/1695（5154 號）:"顯考字慧明,顯妣號慈薰字福高號慈恆字純忠字法林號慈富號桂花字早良等位真~。"

永祚三年/1621（10938 號）:"夫顯~寺也,在安老縣文塲社,名藍天下,甚有靈應。"

1. 永治五年/1680（2184 號）:"茲見仙遊縣佛跡社本有名藍~山,會上供養一座,立爲寶塔,流傳萬代。"
2. 正和十五年/1694（2274 號）:"謚菩薩二位覺~,尊爲後佛,祀享以護生民命脈。"
3. 永盛三年/1707（10620 號）:"適於辛未年貳月初壹日,其本村愼擇地~,宏開天柱。"

正和二十年/1699（3650 號）:"令公平生稟有仁義,禮智而爲人,諱後必顯英毅~爽而爲神。"

1. 陽和四年/1638（5241 號）:"地~氣秀,人傑才全。"
2. 陽德元年/1672（5007 號）:"樓臺一簇,~應十方。"

1. 正和十六年/1695（4362 號）:"~廟崢嶸,乾坤對峙。"
2. 永盛四年/1708（13034 號）:"茲惟本甲等承光前跡,仰袝後~。"

1. 福泰七年/1649（3199 號）:"歿後則濯濯,厥~赫赫,厥聲可爲南國之福神。"
2. 永盛十三年/1717（7835 號）:"美哉勝景,遂爾~山。"
3. 保泰五年/1724（11968 號）:"建金德寺,開~寶山。"

1. 正和十一年/1690（2170 號）:"願本國及諸~神常常年年月日應照鑒內民,後生人廢奉事誅之滅之。"
2. 正和十二年/1691（916 號）:"前有大井水澄,後有小溪坎遶,真英~之第一也。"

令流留　lìng-liú　199

3. 正和十五年/1694（16 號）："以上各所田在平烈、弘烈等社，地分共拾壹畝，供養~庵寺爲三寶田。"
4. 正和十五年/1694（16 號）："或社人占奪此田，願本寺~庵眞宰鑒而滅之。"

令 lìng

1. 正和二年/1681（1446 號）："在朝廷，既著~各處鄉邑尤加厚意，分財與眾，以禮接人。"
2. 永盛三年/1707（8816 號）："斯基斯址，~公實培之；厥棟厥榱，~公實謀之。"
3. 景興三年/1742（8104 號）："禮展敬恭，~專堅守。"

1. 景興十八年/1757（3936 號）："間已恭奉，~旨頒許，照依碑內，應名遵守。"
2. 景興四十四年/1783（10262 號）："范~公字有德號福勤。"
3. 光中四年/1791（6001 號）："本邑前任社長陳~公字正誼，號福智。"

流 liú

龍德四年/1735（12894 號）："系遞年其壹等田貳高，本社輪~耕種。"

留 liú

成泰十三年/1901（378 號）："仍此全順聽摘出公秋田壹高半~爲貴氏忌田，寨內輪流耕作。"

景興三年/1742（7870 號）："既略述梗概，又~書石陰，庶幾事跡之傳得以久而不磨。"

永佑二年/1736（7874 號）："豈人才豐於今，而~於古歟？"

景興二十七年/1766（10646 號）："故安陽之生祠，汝陰之配社，所以~千古之談也。"

薗 liú

嘉隆六年/1807（14483 號）："敬畢，~俵本族□貳品并菓。"

1. 光中五年/1792（6490 號）："再有肥田，每后三高，~ 爲祀田。"
2. 明命七年/1826（7770 號）："又恭進肥田貳高在核柿處，~ 置香燈。"
3. 嗣德二十六年/1873（19189 號）："世間萬事俱成幻，~的吟翁姓字真。"
4. 保大五年/1930（16978 號）："遺~後日銘碑紀念春秋辰節功德不朽。"

嗣德八年/1855（15534 號）："造化中有~恩德、施功勞者，不論存亡多寡，誌焉可也。"

薗 liú

弘定八年/1607（1136 號）："係遞年忌日各甲整卞粢盛五具，香梢五擡，金銀□五千關，芙~等物，遞將本寺於以奠之。"

劉 liú

1. 永治三年/1678（19390 號）："會主信娓~氏尋號妙貴，寄與顯考號福賢。"
2. 正和十二年/1691（7090 號）："藹邁溪鄉，有~偉器。"
3. 正和十二年/1691（7090 號）："茲本坊人~氏玄親夫阮登進孝心純至，善念油生。"

柳 liǔ

正和二十四年/1703（13535 號）："~池邀月，松韻敲風。"

永盛十三年/1717（9409 號）："爰乃先將已賄始買福田在於縣內雲~社所使。"

旅 lǚ

正和二十年/1699（5210 號）："知書寫，則法明籌算，內政星明；典戎~，則令肅風雷，士徒虎闞。"

閭 lǚ

光中二年/1789（12737 號）："家門孝子，~里善人。"

慮 lǜ

永壽三年/1660（901 號）："~意悠遠，人心不忘。"

隆 lóng

1. 正和六年/1685（2614 號）："福壽增~只會開，德相圓明大辨才。"
2. 正和十三年/1692（2164 號）："孝悌著於家庭，行誼~於鄉曲。"
3. 永盛四年/1708（13034 號）："嘗聞地以人而勝，人以德而~。"
4. 永盛八年/1712（11326 號）："樂園貴盛，善仕增~。"

1. 嘉隆二年/1803（7283 號）："嘉~二年歲次癸亥拾貳月初貳日立文保。"
2. 嘉隆十四年/1815（167 號）："皇朝嘉萬萬年之十，歲在辛未仲秋月穀日。"

龍 lóng

1. 景治七年/1669（450 號）："左~峯起，右虎水迴。"
2. 正和二十三年/1702（11636 號）："榮觀有慶，榜登~虎。"
3. 正和二十四年/1703（11938 號）："夫普光寺，實靈地也。前則有水聚山朝，後則有山羅水繞，白虎之山卓立青~之水。"

1. 正和二十一年/1700（1438 號）："皇朝正和萬萬年之二十一~輯庚辰隆冬節立。"
2. 永盛二年/1706（1393 號）："~

重尖秀，虎抱肥員。"

隴 lǒng

景興三十年/1769（13 號）："齋田叁畝，在內裔東~山等社，地分留爲本祠，四季節料。"

治平龍應五年/1209（4103 號）："鳴鐘振鼓聲嘹亮，而凌徹~天；齊饌清羞味甘飴，而克昭海席。"

壠 lǒng

正和十二年/1691（10361 號）："~稱仙子，寺號興覺。"

樓 lóu

景治七年/1669（450 號）："後山~殿，前案雲雷。"

陋 lòu

正和十七年/1696（2902 號）："居諸~室，豈可恝然？"

壚 lú

嗣德十三年/1860（7746 號）："至百歲日，本社卞錢一貫，酒一~，行吊禮。"

爐 lú

保大十年/1935（15565 號）："斯亭直與青傘碧~千萬古。"

1. 嗣德二十三年/1870（17162 號）："癸丑春，買良銅，鑄巨鐘，~天地而炭陰陽，福菓圓成，高廣合焉。"
2. 保大五年/1930（17104 號）："朝暮香~，千秋享祀。"

路 lù

正和二十年/1699（5210 號）："仕~緣諧，魚水早結。"

陸 lù

景盛五年/1797（5626 號）："及剛米~官銅鉢存玖陌，留至捌席日。"

祿 lù

正和二年/1681（1446 號）："茲本邑有大悲名寺，左右之連珠帶印，虎踞龍蟠，前後之就~迎官，山奇水秀。"

錄 lù

保泰八年/1727（4338 號）："此余斯~之所作，有以示後世之子孫。"

鸞 luán

永治元年/1676（372 號）："茲惟范叟舊娶阮娘，友中~鳳枕上鴛鴦。"

亂 luàn

1. 永佑三年/1737（11644 號）："至東漢光武，蘇定爲我粵太守，爲人貪殘暴虐，能好殺人，生民塗炭，幸而人心厭~，天意啟平。"
2. 景興十三年/1752（6784 號）："適茲~後，民難會亭圯毀，乃能惠顧鄉村，捐出使錢壹百貫，助成修理之功。"

略 lüè

福泰七年/1649（5279 號）："北向宇旨，其味深長，~殿先賢，特此爲序。"

囉 luō

永佑五年/1739（10542 號）："唵伽~帝耶婆婆訶。"

羅 luó

正和二十三年/1702（11636 號）："星~功德，自是滿圓。"

永盛十五年/1719（7436 號）："段氏載號妙仙子張文~文碩。"

永盛十三年/1717（5066 號）："~襪社阮登炎。"

纙 luó

治平龍應五年/1209（4103 號）："數缙赤仄，百段紅~。"

M

蠻 mán

1. 福泰七年/1649（5279號）："入~奉進，萬國來王。"
2. 成泰十八年/1906（20436號）："遂命構造名曰石山寺，奉迎平~寺佛像，合祀承焉。"

滿 mǎn

福泰七年/1649（5279號）："農多富栗，積~廩倉。"

茫 máng

嘉隆十七年/1818（823號）："珥江汪汪，鏡湖~~，神廟中立，後依其傍。"

卯 mǎo

嘉隆十五年/1816（919號）："妻阮氏美號妙美，白手成家，丹心好善，於丁~年適本村。"

毎 měi

正和十三年/1692（9359號）："本社上下常有忌臘，夫妻二人~人一期，祭四人一具，依如言詞。"

美 měi

1. 永壽四年/1661（2767號）："龍池祭祀，養魚鱉之物，廟觀莊嚴，制度超前，樓台~麗，規模勝昔。"
2. 保泰二年/1721（1010號）："時張子散月俸，里鄰友感其仁深，當時立爲~談。"

3. 景盛三年/1795（1681 號）："經月而~輪~奐，斯革斯飛。"

嗣德十一年/1858（37 號）："係遞年忌日，本甲整辦豬壹首，粢壹盤，~酒用足，將就本亭行禮如儀。"

媚 mèi

1. 保泰二年/1721（12628 號）："豈以財貨之，故而~之哉。"
2. 光中四年/1791（6030 號）："戈~伉儷，千古馨香。"

蒙 méng

永治二年/1677（5369 號）："作福~其福，有功報厥功。"

正和八年/1687（1445 號）："甲寅，~恩陞北軍都督府都督僉事，中朝譽播，外鎮威行。"

1. 永壽三年/1660（901 號）："~恩後佛，脫離塵緣，超凡入聖。"
2. 永壽三年/1660（901 號）："民~惠澤，永保安強。"
3. 陽德二年/1673（8919 號）："人~感結，本報追思。"

景興四十七年/1786（3898 號）："則~其惠者，可不德其德而思所以報之乎？"

幪 méng

正和二十年/1699（3650 號）："斯鄉久荷帡~，多霑恩澤。"

夢 mèng

1. 正和二十五年/1704（1612 號）："覺一切重智，開許多~情。"
2. 永盛三年/1707（8816 號）："念熊羆之嘉~不呈，而蛇虺之吉祥罔顯。"

彌密覓蜜面　mí–miàn　207

3. 景盛八年/1800（10550 號）："音催百八，~醒三生。"

永佑三年/1737（11488 號）："於是夜，帝彷徨似~，乍見一女人，容顏窈窕，顏色豐姿，直立於帝之左邊。"

彌 mí

1. 治平龍應五年/1209（4103號）："幾日喧嘩，皺棹來舟，離方峙絃岳之峯；~年維新，合集飛鳥，岸欝馥櫥之春。"
2. 永盛十六年/1720（13376 號）："然婦之心，不沮不挫，其舒其徐，~堅介石之心，恪守柏舟之節。"

密 mì

1. 正和二十年/1699（5210 號）："殊知龍光之~勿叨陪，鶴禁之寵榮疊荷。"
2. 正和二十一年/1700（1438號）："思昔，相公慎~，忠勤明名。"

3. 正和二十六年/1705（7325號）："始立陽基，立種由牙，四圍稠~，改號爲太平村。"
4. 景興二十六年/1765（8382號）："王府弼承~政，澤被含生，至其處鄉，鄰里聞之。"
5. 嘉隆二年/1803（8206 號）："每忌上村豬壹口，粢壹盤，熟食貳盤，酒貳垾，芙蕾貳拾口，~金銀壹千文。"

覓 mì

景興十五年/1754（1170號）："朱文術、阮~，全村上下等爲立後神碑記事。"

蜜 mì

嘉隆二年/1803（807號）："及照給上下，苦鍊橫子白紙，與買石灰、土瓦、釘子、赤~。"

面 miàn

1. 弘定十八年/1617（4028號）："寶龕一座，案前一座，鼓一~。"
2. 正和二十五年/1704（6320號）："白馬之夢，儼似~談。"
3. 景盛元年/1793（6356號）："開道之際，當改頭換~，使殊途同歸。"
4. 保大五年/1930（15907號）："全民整辦豬首一~、粢一盤、酒一塀。"

苗 miáo

正和二十二年/1701（2168號）："慶留~裔，福享駢臻，永無窮矣。"

勉 miǎn

永佑二年/1736（19826號）："先祖奉封蔭孺人莫村阮貴氏諱~，號嘉慎。"

廟 miào

1. 永治元年/1676（372號）："乃發家貨許與壇坊，造懸鐘閣興事~堂。"
2. 正和十二年/1691（2942號）："錦江縣錦軸社里長阮文忠鄉長阮文色……同本社等所有修造~宇，無有錢文用役，本社須情應寄忌。"
3. 正和十二年/1691（4836號）："廊~棟樑，斯文奧旨。"
4. 保泰九年/1728（13129號）："~所建千秋，黍稷四時薦。"

蔑 miè

洪德四年/1473（7134號）："王手執鐵椎即此立之，虎過，~之而去，王掩襲虎頭，壓下打折二足，繫緊牽回，眾人莫不驚服。"

滅 miè

永祚十年/1628（5140號）："若本社人輕侮他時，慢不奉事，願天神地祇鑒察，誅~如願，端言須至刻石碑。"

正和十一年/1690（2170號）："願

本國及諸神靈常常年年月日應照鑒內民，後生人廢奉事誅之~之不贖。"

冥 míng

1. 治平龍應五年/1209（4103號）："燈光照灼洞幽~，而極撥先亡；香氣氛氳薰上方，而福流後化。"
2. 陽德二年/1673（8913號）："每甲具盤敬祭，本村買~衣貳領。"

景興三十四年/1773（12479號）："至忌日，豬價古錢貳，買粢價古錢大陌，酒價古錢三陌，金銀一千，并~衣芙蕾一匣敬祭在亭中。"

銘 míng

1. 永治元年/1676（3329號）："仍~於石，以壽其傳。"
2. 景盛五年/1797（11696號）："是宜~之，以垂不朽，其所有附食諸謚號開列於左。"
3. 景盛五年/1797（8697號）：

"是宜~之，以傳求遠。"

命 mìng

正和十三年/1692（9359號）："夫神者，乃聖乃神，此皇天眷~而爲天下之君。"

1. 慶德三年/1651（4929號）："再啟會廷，取今月十八日，請~道錄司裴道剛就於寺處，修設靈寶開光慶讚賑濟孤魂法會。"
2. 景興三十三年/1772（19309號）："特~撰記，題名勒石於太學。"
3. 保大五年/1930（15905號）："約例其臨百歲~終，歸期有辭，請本村前一日全民齊就吊禮。"

沒 mò

保大五年/1930（17104號）："然後命~，香火失傳，辭與本寺。"

默 mò

景治七年/1669（450 號）："聖不語其於一，~之中莫不有教存焉。"

墨 mò

1. 正和二年/1681（1446 號）："巧蟻具唐梓之工，運風斤而揮月斧，削輪~而督婁繩。"
2. 正和十六年/1695（10397 號）："工繩~藝，商財貨多。"
3. 景興十九年/1758（6687 號）："管城召石鄉揮郎~侯，摸之玉版，用以勒之，堅砥以壽其傳。"

某 mǒu

1. 正和八年/1687（11098 號）："本甲或~員人橫陵罵欺慢。"
2. 光中五年/1792（6490 號）："若~族方阻，不得要索。"

畝 mǔ

1. 弘定九年/1608（8883 號）："所施有操買田橛處薑處，共壹~，信施本村以爲福田。"
2. 正和十二年/1691（2942 號）："茲社內所有社人曲春會、阮氏草素視良心厚情，率數錢文壹百陸拾貫，置數田壹~五高，各處所列計後。"
3. 景興十八年/1757（3796 號）："爰發家資，使錢叄拾叄貫，田貳~，與本社用爲永世祭祀之需。"

福泰七年/1649（8456 號）："私發家財錢貳拾五貫，錢并田壹~付與本社官員上下巨小等領取，以成所恃。"

景興二十年/1759（1836 號）："茲其信娓黎氏堅號慈霶，應出銅錢、古錢貳拾貫，田壹~。"

景興四十一年/1780（12748 號）："仍許本社肥田二~半高，秧田一

畝 mǔ 211

高，半價古錢一百三十二貫，均分二忌以爲世世祀田。"

畞

1. 洪德二十六年/1495（10524號）："給良規社陶伯麗杜度等本田東南處田壹千捌拾柒~叁高叁寸。"
2. 景盛五年/1797（2012號）："祀田貳~伍高，本村已定輪次，每年五人耕種，每人受田伍高，耕種一年，再輪後次。"
3. 景盛五年/1797（2014號）："再蒙惠田貳~五高，以供祭祀，因此共立券約，以遞年春秋二捌月二十五日整備禮物，就碑址行禮如儀。"

畞

陽德元年/1672（1847號）："其阮仁福供三寶田并各所共三~。"

畞

1. 永治五年/1680（2184號）："因此乃發家財，始買田得四~，留與佛跡社耕種。"
2. 正和十六年/1695（6179號）："兹又承功德田五高爲三寶田，并許本社錢五百緡，與銀子一鑑及一等田五~，恩至厚矣。"
3. 維新二年/1908（17782號）："先生之子士，晉承慈訓，出家資青錢一百貫，田一~，以供祀事。"

畞

1. 正和十一年/1690（2170號）："再買石碑及田四~留傳供爲香火。"
2. 正和二十二年/1701（10052號）："太皇太后有新買田在安老縣金帶文瀾等社，今信施與普□寺爲三寶田，各所共壹~五尺五寸，流傳萬世，信無量乎。"

畝

正和十年/1689（1711號）："前永安侯裴貴公字忠和，仍許盛烈社二甲田貳~貳高。"

畞

正和十五年/1694（16號）："以上各所田在平烈、弘烈等社，地分共拾壹~，供養靈庵寺爲三寶田。"

畞

永佑四年/1738（8792號）："其緡予之，以沃田壹拾餘~。"

畞

景興四十七年/1786（4106號）："以上田各處所共肆~捌□，稅例全年每畝古錢五貫，分爲二忌。"

穆 mù

正和二十四年/1703（12436號）:
"諸神證明，全村和~。"

N

納 nà

景盛五年/1797（11697 號）:"其次如內職,許~十八貫,附禮亦如之。"

男 nán

景興十七年/1756（10800 號）:"女適人亦有顯者,諸孫~女二十餘人。"

奈 nài

1. 景治八年/1670（7620 號）:"~何曩時頹弊,竊惟昨日重修。"
2. 保泰四年/1723（14948 號）:"自幼至長,其心愛慕,敬佛崇僧,~以禮何供給。"

明命十九年/1838（1168 號）:"~自野花荒,古寺愁,看塵踪。"

難 nán

正和十二年/1691（916 號）:"錢則累累~校,粟則陳陳相應。"

景興三十五年/1774（9049 號）:"超升脫苦,三途八~,同登般若之淨邦。"

1. 福泰七年/1649（5279 號）:"三途八~。"
2. 永治元年/1676（3329 號）:"茲社內兌甲所欠,給於本社修理影祠,給斂~當。"

214 năng–nĭ 曩惱擬

3. 正和十八年/1697（5233 號）：
"救時民被~，國事彼相爭。"
4. 景興二十年/1759（11148 號）：
"因其時暴風水旱，禾穀焦枯，無有銅錢，還功木瓦~於應用。"
5. 景興三十年/1769（12472 號）：
"而舊碑亦已苔漫，~憑考評。"

1. 景盛五年/1797（8697 號）：
"碑苔石古跡~泯，顯得生平善感人。"
2. 同慶元年/1886（4730 號）：
"迺於正和二十五年月日修理，廟亭支廢頗廣，給斂~週。"

曩 năng

1. 景治八年/1670（7620 號）：
"奈何~時頹弊，竊惟昨日重修。"
2. 正和十九年/1698（4859 號）：
"~興功造，茲奐輪規。"

景興二十一年/1760（3773 號）：
"雖云~日之乖踈，然國者，事君以忠，故待億年之經久。"

惱 năo

福泰七年/1649（5279 號）："聞鐘聲，煩~輕；智慧長，善提升。"

擬 nĭ

1. 龍德元年/1732（7780 號）：
"鄧一娘號妙壽，質稟陽陰，形承父母，群居塵世，~沌違愆，投入玄門。"
2. 景興四年/1743（4037 號）：
"得門庭傳授業，~續於箕裘。"
3. 嘉隆十七年/1818（255 號）：
"並同日月以光輝，~等河沙而介福。"
4. 成泰三年/1891（16601 號）：
"依皈有所，功德無量，飼香鉢之弘施，~苾蒭而較勝。"
5. 保大七年/1932（16990 號）：
"~將諸後姓名表銘於石，以壽其傳。"

保大十三年/1938（16863 號）：
"人能立功立德，~垂不朽之名。"

逆年孃 nì-niáng 215

逆 nì

正和八年/1687（1445號）："永壽四年辛丑~□餘孽，鼠伏潢山，妄動邊坐，重勞天討。"

年 nián

光中五年/1792（6490號）："遞~凡諸諱日，並歸臘節，一旬寫祭文。"

景興二十七年/1766（8889號）："係遞~至務賣田買田豬粢酒并金銀、芙蕾足例。"

1. 景治二年/1664（4979號）："右黎氏勘號慈意真壽祿優婆姨~生本命七十八歲。"
2. 景興四十三年/1782（5998號）："其遞~臘日仍同前本村後各後佛並供。"

明命十四年/1833（416號）："皇朝明命拾肆~貳月初柒日時碑記。"

1. 光中四年/1791（6030號）："戊申~後，桑滄戈會，本鄉始回。"
2. 景盛六年/1798（816號）："遞年母忌豬壹口，粢壹盤，芙蕾、酒用足。"

嘉隆十七年/1818（19697號）："事由丁卯~十一吉日，本社修理大亭。"

孃 niáng

龍德二年/1733（5957號）："皇以爺~夫人歲壽期頤，日旬朔望時供伊蒲日登□苾。"

寧 níng

1. 正和十四年/1693（10630 號）："御災殃保安民樂，濟全社物阜康~。"
2. 景興三十六年/1775（1762 號）："尊后費有~妻阮氏脫，德敦寬厚，心廣慈仁。"
3. 光中三年/1790（19382 號）："共納糧米，民得~居。"

凝 níng

1. 光中五年/1792（6490 號）："惟神格思焄熇，~不朽之精神，叶昭假於九層臺上。"

1. 明命十一年/1830（16917 號）："中和~毓，天福履綏。"
2. 紹治四年/1844（16298 號）："八卦澄~，金水晶瑩。"

O

甌 ōu

永盛二年/1706（7638 號）："我國家勢壯金~，基安磐石。"

P

磐 pán

1. 永盛八年/1712（11326號）："~安石柱，壽等山嵩。"
2. 景興四十一年/1780（12715號）："屹然鰲極，奠若石~。"

盤 pán

1. 正和十八年/1697（5474號）："係遞年十二月初柒日忌，粢二~，雞二隻，金銀芙蒀足用。"
2. 景盛八年/1800（6004號）："正月跂趺，三月唱歌，香油~具，日夜奉事如儀，其祭文配享并如前後。"
3. 嗣德十二年/1859（18276號）："遞年捌月八席例俵粢壹~雞壹隻。"
4. 同慶三年/1888（18278號）："係遞年忌日行禮，粢、雞一~，酒、芙蒀足禮。"

正和二十四年/1703（5630號）："一臘吹拾~花菓，隨時足用。"

蟠 pán

正和二年/1681（1446號）："茲本邑有大悲名寺，左右之連珠帶印，虎踞龍~，前後之就祿迎官，山奇水秀。"

判 pàn

端慶三年/1507（5137號）："奉天府永昌縣通~姓范名漢猷生男二女一。"

龐 páng

景盛元年/1793（2257號）："睠惟

裴佩罷媲甓 péi-pì 219

本邑社名中瑞卿號上村，~臣命
婦，世代不乏，均有功便及人。"

明命二十一年/1840（20980 號）：
"大南遡自鴻~，迄黎上下數千載，
雄據卅域者迭出，肇成正統者，丁
李陳黎四姓，嗟大丈夫。"

裴 péi

正和四年/1683（10305 號）："~
金鸞妻黃氏明錢一貫。"

永盛二年/1706（7742 號）："原守
役~有興妻阮氏郡錢五陌。"

佩 pèi

1. 正和二年/1681（1446 號）：
"躬~輯虞桓之瑞，職疊陞唐品
之榮。"
2. 正和十五年/1694（5459 號）：
"既辭太平之世道，德~仁義。"

罷 pí

永治元年/1676（372 號）："芥能
針合樛可葛荒，成家門盛應熊~
祥。"

媲 pì

正和二十一年/1700（12855 號）：
"斯行廊也，棟幹乾坤，維持國
勢，涼臺之規矩奇依，顯陵之棟樑
美~。"

甓 pì

1. 陽和八年 1642（13152 號）：
"開創伽藍修造庵佛，并修造帝釋
殿及橋過池上家二間，行廊西方并
瓦砌~等物，共併錢玖百貫。"
2. 嗣德六年/1853（19083 號）：
"垣繚甎~，不甚宏廠。"

片 piàn

1. 永盛十一年/1715（13362號）："下洪府四岐縣羅舍社平村後神阮務名、陳文榮、范止信等碑一~石蓋下址。"
2. 永盛十一年/1715（13362號）："~碑鑒字，數句爲銘。"
3. 景興三十六年/1775（8471號）："祭畢，豬分拾~，留壹~在族人，以重其事。"
4. 嗣德十三年/1860（7746號）："係遞年叁月七日，表粢一盤，肉一~，值錢壹陌叁貫十文。"

飄 piāo

永盛十二年/1716（10438號）："春滿四時，香~萬斛。"

嬪 pín

正和六年/1685（2614號）："正王府侍內宮~大優婆姨陳氏安號妙泰。"

瓶 píng

保泰四年/1723（10936號）："如本社應作斎饌一盤，內有二十鉢，并飯一~及粢一盤。"

憑 píng

弘定五年/1604（4190號）："寺僧高賢傳妻高氏~古錢十五貫，信女古錢三貫。"

僕 pú

端慶三年/1507（5137號）："侍郎兼太~寺卿秘書監學士母姓裴名妃貫，永賴縣力答社必斂之女。"

婆 pó

1. 正和十三年/1692（11605號）："善男信女，老~太翁。"

菩普樸　pú-pǔ　221

2. 永佑五年/1739（6701號）："百諾齊聲，如出一口，慈~即欣然許可。"
3. 景興三十二年/1771（6019號）："每年老~親夫忌日，本村割使員目叄人，齊臨拜敬。"
4. 景興四十七年/1786（11797號）："東近阮氏覯，西近阮可親，一所~處壹高。"
5. 景盛三年/1795（6999號）："本村推尊所厚者，眷推本村人太翁老~姨等。"

1. 永壽四年/1661（2767號）："王僊聖像及楚王大神國王大神~媒福神并左右文武力士象馬。"
2. 景治二年/1664（4979號）："右黎氏勘號慈意真壽祿優~姨年生本命七十八歲。"
3. 景興四十四年/1783（9328號）："官役緊急，用度太廣，取辦無計，老~自出家資管錢壹百叄拾貫，許爲用度之資。"
4. 嗣德二十三年/1870（17162號）："本村太~阮氏，稱念寺之有鐘，鐘之有閣古矣。"

菩　pú

正和六年/1685（11790號）："金城縣內，久持~提，心豈忘哉。"

普　pǔ

1. 正和六年/1685（2614號）："~照臺方光徹海，常行佛法擔如來。"
2. 保泰八年/1727（8552號）："~施情通，共協發而不吝。"

樸　pǔ

嗣德六年/1853（19083號）："吾邑居地之上游，俗~而儉。"

Q

柒 qī

1. 福泰七年/1649（5279號）："福泰~年歲次已丑叁月穀日。"
2. 永盛十五年/1719（8620號）："歲時，每忌臘使錢~貫，豬、粢、酒、飯、金銀、冥衣、燈茶、芙蕖香等物致奠庵祠，以表敬心。"

妻 qī

弘定五年/1604（4190號）："寺僧高賢傳~高氏憑古錢十五貫，信女古錢三貫。"

1. 永盛十五年/1719（8541號）："陳含社鄭上村正隊長都使熏祥侯正~陳氏圖號妙淨錢二陌。"
2. 景興十八年/1757（11817號）："置保阮公字福實~費氏號慈仁爲後佛。"

奇 qí

1. 永治五年/1680（2184號）："左勝~該官署衛事綸郡公鄭楦郡主夫人鄭氏玉檔原有親姑比丘尼號玅慧，敕封聖善菩薩，出家修行，興崇佛法。"
2. 保泰二年/1721（12741號）："東陽勝地，~秀山川。"

棋 qí

永慶四年/1732（6709號）："亦有時而春光勝賞，倚欄仙侶，~局添醲，嗚乎休哉。"

旗 qí

永慶四年/1732（8767號）："則禮文相接，一邑旌~，未嘗不健羨其德，而敬仰公之風采也。"

齊 qí

1. 正和十八年/1697（1547號）："遞年忌日具禮敬祭～整，衣帽如儀。"
2. 景盛五年/1797（5626號）："遞年後神忌禮，貴社祭日，東村職色四員～來叄拜。"

氣 qì

1. 永壽四年/1661（2767號）："王僎之正～等，天地而長存。"
2. 正和十六年/1695（13406號）："～蘊英靈，人生秀異。"

景興七年/1746（10706號）："蓋聞先有天而後有地，則～化。"

棄 qì

正和二十一年/1700（718號）："尊慈之德，勿以石篆苔漫而見～。"

器 qì

1. 福泰七年/1649（5279號）："杜氏王景號妙如等自發家財造成法～。"
2. 正和六年/1685（2534號）："係遞年忌辰二月二十八日例，本社粢捌具，每具陸斗，雞壹嘴，巨好酒一埕，芙苴一封等物，祭～如儀。"
3. 正和二十四年/1703（3521號）："王府侍選副該司舍人縣丞海淵男阮登偵清爽精神，軒昂～宇，富貴累承。"
4. 維新八年/1914（16323號）："夫潘公之增葺祀所，重修祀～，自有口碑者在。"

僉 qiān

正和八年/1687（1445號）："甲寅，蒙恩陞北軍都督府都督～事，中朝譽播，外鎮威行。"

遷 qiān

1. 治平龍應五年/1209（4103號）："次祝修福五等，推寶貨祿，位高~佐。"
2. 正和十六年/1695（13406號）："香火不~，始終罔替。"
3. 永慶三年/1731（10954號）："升堂入室，濟濟多生，出谷~喬，循循善誘。"
4. 景興三十二年/1771（6019號）："事由本村，別有本亭，中間~在棟嶓處。"
5. 明命十三年/1832（14231號）："茲十村所有~移神祠，恭進青錢肆拾貫，土園貳篙，以資奉事。"

謙 qiān

景治七年/1669（450號）："~讓和平，處於鄉者，自束髮至白首，未嘗與人爭競也。"

前 qián

景盛六年/1798（8432號）："其配享姓名，坐列一如~。"

嘉隆三年/1804（7559號）："覯~人功德，流萬世勳名。"

虔 qián

弘定八年/1607（1136號）："~祈莊嚴梵宇。"

錢 qián

正和十四年/1693（10624號）："茲本社共保置黃公体字福靈爲後神，眾子出賣價~以爲後神祀事。"

正和十二年/1691（916號）："~則累累難校，粟則陳陳相應。"

墙竊 qiáng-qiè 225

正和十二年/1691（2942 號）："錦江縣錦軸社里長阮文忠鄉長阮文色……同本社等所有修造廟宇，無有～文用役，本社須情應寄忌。"

1. 弘定八年/1607（1136 號）："伊氏發心供～一百貫，肥田一畝。"
2. 景興四十五年/1784（18675 號）："至百歲后，本午作食案壹座，價古～貳貫，行葬送至墓所。"
3. 嘉隆十三年/1814（15777 號）："阮氏點自出家資古～拾貫，情願乞保前良夫陶全枝號福連，三社順保爲後佛。"

景興二十二年/1761（11556 號）："其阮繼世出～與本寺村古～陸拾貫，應保爲後佛。"

景興三十四年/1773（2959 號）："迺於壬辰年十一月，適見本村崇修福采，即興善念，便出家資古～拾柒貫，應給本村，以爲營修梵宇之資。"

1. 正和十六年/1695（13406 號）："各出家～，壘終神位。"
2. 景興三十八年/1777（12856 號）："寄前裴令公字福善古～十頭，田一高，七月十五日本甲作忌。"

墙 qiáng

永佑二年/1736（7874 號）："後本會協議公相斂錢，起棟宇，立垣～，永爲饗祀之所。"

竊 qiè

1. 正和十二年/1691（2942 號）："所有張紙字～念後日具毀不詳，爲立事置詞碑石記。"
2. 同慶元年/1886（16349 號）："～念爲國爲民，同一義也。"
3. 保大五年/1930（17104 號）："阮氏針號妙金，～念本身出嫁，無緣良人。"

勤 qín

1. 景興二十七年/1766（10646號）："以是稠家異眷，漸致通顯，而於枌榆故舊，尤致殷~焉。"

卿 qīng

1. 正和十二年/1691（10622號）："年年永保，代代公~。"
2. 永盛八年/1712（7521號）："文登~相，武佐侯公。"

輕 qīng

景興二十八年/1767（8715號）："鄉氓猶苟且，故老亦因仍依人之神，料不於於血食之場，而視其~重也。"

頃 qǐng

1. 正和二年/1681（1446號）："山奇水秀，內列幾行椿柏，外森千~瞿曇，真爲古跡之名藍，慈廉之勝景也。"
2. 正和八年/1687（1289號）："茲福情意，施~田中。"
3. 永盛九年/1713（8016號）："無~刻之或，離教化之功，固爲甚大。"
4. 龍德四年/1735（12894號）："茲福登意，施~田中。"

慶 qìng

端慶三年/1507（5137號）："端~三年十二月十五日誌。"

穹 qióng

景興四十六年/1785（12912號）："國語詩云：'忠君愛國奉天~，與國榮觀休戚同。'"

渡也。"

窮 qióng

1. 順天三年/1430（16996號）："大王即變化之伊□，設立亭所，以奉禮之，顯應無～，年年香火，日日增光。"
2. 永佑三年/1737（12617號）："永流萬載無～慶，香火長留世世薰。"

1. 正和十三年/1692（2164號）："於以昭香火於無～，垂功德於有永。"
2. 正和十五年/1694（16號）："內外祖先，年年香火，世世無～。"
3. 正和二十年/1699（5289號）："此恩此德，永永無～。"
4. 正和二十二年/1701（2168號）："慶留苗裔，福享駢臻，永無～矣。"

虯 qiú

統元四年/1525（1737號）："寧山皆山也，而～山之俗爲美，綠河皆

衢 qú

正和十八年/1697（19797號）："～坦雲青，階光天碧。"

權 quán

永祚十年/1628（13151號）："受總兵～，再將高里。"

勸 quàn

統元四年/1525（1737號）："予見夫發心之嘉，乃記實事，用～世人，以垂於不朽。"

缺 quē

1. 陽德元年/1672（1962號）："阮世祿、阮世義、阮世禮、阮世科等因爲官役欠～銅錢。"

228　qún　群

2. 紹治五年/1845（14927c 號）：
"金甌無~，億萬斯年。"

群　qún

保泰八年/1727（4338 號）："北斗
尚書尊百辟，南朝宰相式~僚。"

R

然 rán

景盛四年/1796（13342 號）："蓋聞有功於人，享人之報，理必~也。"

壤 rǎng

正和十五年/1694（5459 號）："群居禹甸，~擊堯民，含哺嬉鼓，腹歌共沐。"

讓 ràng

景盛五年/1797（4803 號）："其本甲等，上和下睦，心悅意詣，胥相順情，共起推~，寫姓名保爲後神。"

遶 rào

1. 永盛五年/1709（11901 號）："高浮龜背，周~龍形。"
2. 永盛十四年/1718（13249 號）："青龍宛轉，水~龍蟠。"
3. 明命十一年/1830（16917 號）："江流水~，山峙雲飛。"

人 rén

光中四年/1791（6030 號）："舊會寧縣丞生徒阮登洲，青河社~也，德年三達，心產兩恆。"

飪 rèn

龍德元年/1732（11138 號）："每人壹盤，每盤圓餅貳件，~肉貳磁，各具將就後堂寺用文，祝行禮如儀，代代流傳，綿綿繼世。"

稔 rěn

保泰八年/1727（11142 號）："係遞年拾壹月初五日，即本社上下等每人壹盤，每盤圓餅貳件，~肉貳磁，各具盤並將後堂寺碑前用。"

稔 rěn

景治五年/1667（4832 號）："因買得常~之田在各處所，共田肆畝。"

認 rèn

景興四十一年/1780（12748 號）："口公之恩，如此其深，可~歟而不思報乎。"

榮 róng

正和十四年/1693（10625 號）："大王扶護，得壽~華。"

榮 róng

保泰六年/1725（12973 號）："男~女顯，上睦下和。"

柔 róu

永佑四年/1738（8550 號）："尊長官羅阮鄉字性寧，妻楊氏香號妙清，純粹溫~，清奇廉潔。"

肉 ròu

景興三十一年/1770（10673 號）："遞年係常新例，應敬俵壹盤，粢壹斗，□壹件，酒壹壺白，或豬~壹件。"

1. 永盛八年/1712（11721 號）："范文員字真如，妻武氏嗜號妙焉等粢肆盤，酒~當錢肆陌，芙蕾香焚。"

2. 龍德元年/1732（11138 號）："每人壹盤，每盤圓餅貳件，飪~貳磁。"

3. 明命二十一年/1840（17070

號）："每用圓餅~脯方長，樣餅各貳枚。"
4. 咸宜元年/1885（18902號）："慈念塔摩訶比丘尼戒字寂焰明明潤德禪師~身菩薩。"

如 rú

1. 明命六年/1825（16912號）："爰銘於石，不移~山。"
2. 明命六年/1825（16912號）："覩其物而思其人，而存其祀，百世不遷，萬代~見。"

阮 ruǎn

正和十二年 1691（5199號）："阮舍社兼知府士阮仁善字福德，妻~氏右。"

景興十一年/1750（1497號）："武公阮武進祿~登堂、阮文潘。"

閏 rùn

正和七年/1686（10997號）："於丙寅年~三月十八日開丈。"

若 ruò

1. 正和八年/1687（33號）："與其鬭綺羅、誇珍寶，稱讚於一時，曷~傳香火、樹聲名，永垂於萬世。"
2. 正和十三年/1692（2164號）："顧我四鄰，鼎居二縣，守望相助，恩~一家。"

永盛二年/1706（13239號）："~本社後日專賣此田，并廢忌臘，甘受償其銅錢并花穀及酒肉價錢等詞。"

景治元年/1663（1945號）："從立契後，仰買主壹任，本亭以爲歌唱，傳子~孫，或本縣敎立文契，還買主爲照用者。"

S

灑 să

永祚九年/1627（5234 號）："閑得逍遙之趣，從容穩步，門庭溥~。"

薩 sà

永治五年/1680（2184 號）："左勝奇該官署衛事綸郡公鄭楦郡主夫人鄭氏玉檔原有親姑比丘尼號玅慧，敕封聖善菩~，出家修行，興崇佛法。"

叄 sān

永治元年/1676（1407 號）："永治元年~月玖日立碑。"

1. 正和十六年/1695（5337 號）："阮氏知號妙祥，許使錢~拾五貫，并田壹所。"
2. 保泰三年/1722（1594 號）："保泰~年九月貳拾肆日立碑，社正阮調元記。"
3. 景興八年/1747（7384 號）："同溇處二所，一所壹高~尺，一所拾~尺。"
4. 成泰十九年/1907（568 號）："置田東甲一所~高在同場處。"

色 sè

1. 永佑元年/1735（32 號）："奉天府廣德縣瑞璋坊東甲官員鄉長~目坊長黎登榮……全甲上下等。"
2. 永佑元年/1735（32 號）："再俵後神，以昭萬代之名，以垂億年之約，所有姓名腳~開陳於後。"

擅 shàn

景興三十一年/1770（8886 號）："又鄉中各池乃是龍行血脈，不

得~取泥土以致深沉。"

景盛八年/1800（6004號）："後錢古錢壹百貫，田拾五高，全亭耕種，以供祭日。不得~賣。"

善 shàn

延成五年/1582（5261號）："今順安府嘉林縣朱橋社阮氏壘號慈在發~心，捐家美、財田、土信，施與法云寺。"

保泰二年/1721（12629號）："積~之家，必有餘慶。"

景興二十二年/1761（8348號）："蓋聞以財發身，仁人之道；爲~獲福，天理之公言。"

燒 shāo

永壽二年/1659（5348號）："上福寺已丑年十一月十八日，修造上殿~香前堂佛像各座。"

陽德二年/1673（8918號）："係遞年忌日，本村應~錢米，爲此兹端。"

設 shè

明命元年/1820（9398號）："否則寶塔銀毀還爲虛~，又何事刊勒爲哉？"

深 shēn

洪福元年/1572（12460號）："王之威德弘~，英雄蓋世，舉世皆稱爲賢君者也。"

聲 shēng

紹治五年/1845（14927c號）："金鐘已鑄，~響西乾。"

聲 shēng

1. 福泰七年/1649（5279號）：
"洪鐘一扣，~達十方。"
2. 永盛五年/1709（13371號）：
"金~玉振，十方感格，聖心是也。"
3. 紹治五年/1845（15789b號）：
"大音無~，五十餘年。"

勝 shèng

正和二十二年/1701（11524號）：
"青河縣及一總，真東方~地也。"

永佑三年/1737（11488號）："及帝來攻一陣，難其~負，帝乃大患，再亦進兵，回退一步，尋其何處險地。"

聖 shèng

正和二十三年/1702（5315號）：
"佛能降福，~除禍殃。"

1. 正和十一年/1690（8512號）：
"嘗聞夫神者，乃~乃神。"
2. 正和十二年/1691（5152號）：
"嘗謂中興~帝，運啟太平，邇遐拱伏。"
3. 正和十四年/1693（10630號）：
"蓋聞~德高御，九崇蕩蕩。"
4. 保泰六年/1725（13126號）：
"係遞年祈福，祝~祭神，許後神名八祭文於後。"
5. 永佑四年/1738（5239號）：
"南無消災延壽藥師佛九月三十日~誕。"

景盛五年/1797（8697號）："萬古皈依扶有~，十秋享報福資神。"

詩 shī

景盛四年/1796（13342號）："易稱家慶，~美謀貽。"

時 shí

正和六年/1685（2614號）："~正和六年六月穀日。"

實 shí 235

1. 正和七年/1686（10997 號）："～炎帝又行於後，民用自此而通粵。"
2. 永佑三年/1737（12482 號）："父子見王謂此，奉命往之，此～父子進兵征之，一陣元兵大潰走散，還其故國，自此悉平之矣。"

1. 正和二十五年/1704（15204 號）："正和二十五年十一月二十九日申～預製。"
2. 龍德二年/1733（5029 號）："人心敬仰，～譽馨香。"
3. 景興十九年/1758（11925 號）："斯～也，全社上下等，每欲功思德皇，立爲福菓，圓成何期。"

龍德二年/1733（5957 號）："皇以爺娘夫人歲壽期頤，日旬朔望～供伊蒲日登□苾。"

景盛三年/1795（11754 號）："～有信人，名真進舉。"

實 shí

永盛二年/1706（7137 號）："或某人縱橫，群聚不據約，內查得～，贓罰豬使錢五貫。"

1. 永治元年/1676（3329 號）："然我以此感，彼以此應，～不負里仁之美者矣。"
2. 正和三年/1682（4161 號）："～賴朝廷綱紀跬祚。"
3. 正和二十四年/1703（12485 號）："人～至靈，土昭琳邑。"
4. 保大十四年/1939（16931 號）："其爲千萬年紀念之臺，而～爲千萬人瞻仰之所也。"

1. 陽德二年/1673（8992 號）："睠茲舊邑鐘靈，～乃浪蓮勝境，人皆安樂和平，傳萬千代。"
2. 永盛八年/1712（11325 號）："茲見樂邑之江水，～爲寶寺之度津。"

識 shí

1. 正和十二年/1691（5152號）："壽春碑作，遺跡後生，曉知共~，孫子康寧，永垂閥閱，占榜科名，永垂閥閱。"
2. 正和十八年/1697（6353號）："於是徵文勒碑，以~其事。"
3. 正和二十一年/1700（1438號）："余等昔與相公頗有相~之義，素知相公多有恩惠及人。"
4. 保泰三年/1722（6414號）："果是善家，年尊德邵，頗有~字知禮，不特此耳。"

世 shì

正和十二年/1691（2942號）："至如謝~，忌日依月日。"

1. 弘定萬萬年（4427號）："有功則祀，永~追尊。"
2. 陽和二年/1636（5585號）："濟~救時，學榮俱享。"
3. 景盛七年/1799（15276號）："於斯一境豪民情孚愛戴，並應叶保爲鄉中後佛，仍刻石勒功，頌傳來~，俾後嗣舉代知尊，永貽香火。"
4. 明命十一年/1830（16917號）："年年茲響，~~永垂。"
5. 永盛二年/1706（1393號）："飾之以文，文與天地爲始終，萬~之傳不可磨。"

勢 shì

1. 正和二十二年/1701（3458號）："~形勝好，雄厲堪誇。"
2. 正和二十三年/1702（1008號）："青龍左引於鄉村，白虎右排於地~，朱雀起登科之水，玄武鎮架筆之山。"
3. 龍德二年/1733（5029號）："皇圖增固，國~凜強。"

1. 嗣德二十六年/1873（19189號）："鴉海無波憑，虎山有~仗。"
2. 啟定七年/1922（18013號）："有補無收，應給欠數，~難充納。"

釋收壽書疏　shì-shū　237

釋　shì

永祚十年/1628（13151號）："帝~金身，聖師寶位。"

收　shōu

1. 保泰七年/1726（7012號）："正月十五日，本社會併人數~取錢米依例。"
2. 龍德四年/1735（12899號）："至後忌日，當該~取錢米買行祭禮。"
3. 景盛五年/1797（11697號）："係某或捐寶，其書記合~每員一陌。"

壽　shòu

永佑四年/1738（3409號）："不爲數載之近功，欲~億年之美制。"

正和十六年/1695（4362號）："其義雖名顯於當時，不若功傳於後世，因勒碑以~其傳。"

書　shū

龍德二年/1733（5042號）："爰立約~，記銘碑內，以傳將來，一遵厚道。"

1. 景盛五年/1797（11697號）："其~記詳編入薄文。"
2. 景盛五年/1797（8428號）："有德有位，~所嘗言。"
3. 嗣德十三年/1860（7748號）："各甲~記。"

疏　shū

正和二十五年/1704（1612號）："自榆影扶~之候，慕祇園講話之奇。"

永治元年/1676（1401號）："而今而後，愈代愈~。"

孰　shú

1. 慶德三年/1651（814 號）："其發身之效，~有大焉，遂鐫於石，以壽其傳。"
2. 景治七年/1669（11387 號）："然民之目斯碑，力斯田，則~不祝公壽，感公義。"
3. 景治八年/1670（11963 號）："~違此約，上有皇天。"

熟　shú

1. 景治七年/1669（450 號）："~食一盤，豬頭一首，祀事配享以爲血事，萬代以酬此恩此義。"
2. 正和四年/1683（13164 號）："嗣嗣筆世，灑灑言評，~誰變改。"

1. 正和二十一年/1700（4460 號）："遞年穀~，分爲貳份，其一份許耕人，一份許本社。"
2. 景興九年/1748（9023 號）："肉粢二節，選祭一節，或牛牢豬，先嘗~食，瀚歆粢盛。"
3. 嘉隆二年/1803（8206 號）："每忌上村豬壹口，粢壹盤，~食貳盤，酒貳坪，芙萏貳拾口，密金銀壹千文。"

鼠　shǔ

正和八年/1687（1445 號）："永壽四年辛丑逆□餘孽，~伏潢山，妄動邊坐，重勞天討。"

景興二十八年/1767（8715 號）："則下而猫~窟，上而蝙蝠窠。"

術　shù

端慶三年/1507（5137 號）："女工兼備，儒~頗諳。"

庶　shù

1. 正和八年/1687（33 號）："~敦，我坊忠厚之俗，以壽其傳。"
2. 正和十三年/1692（2164 號）：

數豎率　shù-shuài　239

"～展寸草，春陽之萬一耳。"

正和十六年/1695（4362號）："命保平安，民陶富～。"

數　shù

1. 正和十二年/1691（2942號）："茲社內所有社人曲春會、阮氏草素視良心厚情，率數錢文壹百陸拾貫，置～田壹畝五高，各處所列計後。"
2. 正和十五年/1694（16號）："每畝古錢三貫，共錢三十三貫足～，以便奉事。"
3. 正和十八年/1697（5474號）："其田～在某處所列後。"
4. 永盛十二年/1716（10438號）："第以金身～座，猶零落於福林邑。"
5. 嗣德二十二年/1869（17211號）："吾鄉紳豪爲此懼謀改遷焉，去舊址～百步。"
6. 維新十年/1916（18267號）："其銀～交民用役，以供修理。"
7. 保大五年/1930（15906號）："茲民村認取這銀伊～，以充修理亭寺。"

豎　shù

景興三十九年/1778（13033號）："一碑～立，萬世長久。"

率　shuài

1. 正和十二年/1691（2942號）："茲社內所有社人曲春會、阮氏草素視良心厚情，～數錢文壹百陸拾貫，置數田壹畝五高，各處所列計後。"
2. 啟定十年/1925（19475號）："係年齒尊爲鄉表～。"

景興二十六年/1765（8885號）："嘗聞謂後神，國俗之所同也，然～多取其財而祀之。"

1. 永盛八年/1712（11720號）："茲本社老少，當鄉叶心廣，共～良緣，發財買木，功德諸事皆成，未有基殿。"
2. 保泰四年/1723（6308號）：

"雖旁鄰亦~，皆受其賜，厥惟舊哉。"

雙 shuāng

1. 正和十二年/1691（916 號）："家財多施，夫婦~全。"
2. 正和十二年/1691（7090 號）："夫婦~全，閨門壹意。"

1. 正和十八年/1697（4526 號）："閨門肅肅，夫妻~~。"
2. 景興五年/1744（8205 號）："仍以銅器鼎香爐一座架，燈壹雙，燭架壹雙，酒饈肆件，盞肆口，北鉼壹~，置爲奉事。"

景興三十九年/1778（11477 號）："辛巳在家九月爲崇，願諸善神證明夫~。"

保大十二年/1937（19359 號）："茲繼主杜文敏遵遺囑，出家財於聖堂之西，砌二生墳，表我~親，以酬勞績。"

1. 保泰二年/1721（13125 號）："其人民老少有爵祿~~，國之舉皆欣然。"
2. 景興三十二年/1771（10726 號）："孝達~親，情悅全社。"
3. 景興四十三年/1782（12543 號）："神敬俵官員有牲心壹半、足壹~、酒壹坽、粢壹盤。"

爽 shuǎng

1. 正和二十年/1699（3650 號）："尊令公平生稟有仁義禮智，而爲人諱後，必顯英毅靈~而爲神。"
2. 保泰四年/1723（6308 號）："出入舉措，尺寸不忘，難易履行，毫釐弗~。"
3. 景興二十二年/1761（1405 號）："蓋聞佛本無私，報應昭然不~。"
4. 成泰元年/1889（16653 號）："洞口雲開籠石像，岩頭風~響鐘聲。"

朔 shuò

1. 永治元年/1676（372 號）："~望貢獻忌諱薦常，爰刻於石地久天長。"
2. 正和二十二年/1701（2168 號）："請就中牟社翁都寺後位之佛，係~日並嘗新，據此依如內寺及忌臘。"

飼 sì

成泰三年/1891（16601 號）："依皈有所，功德無量，~香缽之弘施，擬苾蒭而較勝。"

肆 sì

1. 景興二十八年/1767（13091 號）："於戊辰年范氏宰號慈實，出家財古錢貳拾~貫。"
2. 景興四十年/1779（9031 號）："至忌日用豬壹隻，價古錢叁貫以上，酒壹盂，粢叁十斗，庫社爲~具，金銀壹千并芙蒩香燈等物。"
3. 景興四十五年/1784（18675 號）："景興~拾叁年拾壹月貳拾柒日立詞，生徒裴庭棣記。"
4. 紹治四年/1844（16298 號）："一會主范名奎妻黃氏衍供錢壹百拾五貫，米~拾鉢，賞泥匠壹貫。"

景盛五年/1797（5626 號）："遞年留放魚錢肆陌~拾捌文，每告忌只用古錢五陌。"

送 sòng

1. 正和十年/1689（11103 號）："係命終并停俵本社各盤錢~終，限十二月初一日常祭忌。"
2. 正和十一年/1690（2170 號）："大王遞~如例。"
3. 保泰十年/1729（15421 號）："遞年歌唱、迎神~神貳日，其炊例陸盤，錢例古錢陸陌者，只在本縣置席。"
4. 景興二十八年/1767（13091 號）："茲後遞年入席祈福，於迎~日祝文之後，以伸敬意。"

俗 sú

1. 永盛二年/1706（7137號）：
"本社職某人納例~終，自四十以上使錢拾貫。"
2. 景興二十年/1759（7170號）：
"其物禮以人存，有唱歌，必迎~；有忌日，必祭祀。"
3. 昭統元年/1787（5617號）：
"慈善府武江縣文峯社楊舍村官員鄉老黎功儀……全村上下巨小等公會亭中，因爲官役~糧，欠缺銅錢，難於應役。"

景興四十六年/1785（12912號）：
"四季~迎邁奉事，低年血食永無窮。"

蘇 sū

景治七年/1669（4501號）："敬乞銅錢使錢壹百貫以~民望，必待千年之後。"

俗 sú

景興二十六年/1765（8885號）：
"夫百年之後，父母兄弟無承祀者，見本村厚~，乃以所許本村家財古錢十八貫。"

塑 sù

1. 永治二年/1677（11225號）：
"上殿燒香，前堂後堂，左右行廊，押階後庭，再造案前三座及裝金~繪。"
2. 景盛二年/1794（11350號）：
"諸善信者賃工構造上殿及前堂三開，重新整理奉事佛像，一併~僧裝潢。"

肅 sù

正和十八年/1697（4526號）："閨門~~，夫妻雙雙。"

算 suàn

弘定八年/1607（1136號）："本村員職福果崇修佛像各座，行廊二列，功力浩繁，其費不~。"

正和十五年/1694（12677b號）："事添長~，身發善緣。"

1. 陽德二年/1673（8992號）："因刊碑銘，年增~壽，歲享鶴椿，松桃仙侶。"
2. 正和十九年/1698（6714號）："則山夾拱抱，陶成~鶴，數龜左右，皆兩士扶宥。"

雖 suī

永治五年/1680（13143號）："是碑也，~鐫石鼓之詩，豈足形容其萬一。"

嗣德十二年/1859（19641號）："其生也榮，死也榮，於國事難，~死猶生。"

景治四年/1666（3344號）："今方恭遇財，~費金無惜，漢壽期增，歲享企彭。"

永治三年/1678（19390號）："因此~無子恩，恐於身後慮其久之長。"

1. 景興二十九年/1768（1579號）："~龜扶草暗，蚪篆苔漫，而此券亦長存不朽。"
2. 景興三十二年/1771（7204號）："顧瞻~舊，說到維新。"

遂 suì

正和二十三年/1702（9932號）："以昭功德於有永，以報恩義於無窮，~銘諸石以傳久遠。"

244 suì 歲

正和九年/1688（11164 號）："聖帝中興，恢復仰體，夏康人民，下~可生，喜逢唐李。"

德元二年/1675（10650 號）："所感皆通，有求必~。"

1. 永壽三年/1660（901 號）："與乾坤相爲終始，與日月同所光輝，~勒堅固以垂永遠。"
2. 正和二十一年/1700（20039 號）："公素知邑人敬慕，出於良心，~從之焉。"

歲 suì

1. 慶德三年/1651（814 號）："妻阮氏妃行庚辛丑~，出由豪派，歸自名家。"
2. 景治八年/1670（11963 號）："迺於丁未年上娌方八十四~，頗有慈心，發寶鐺一百十五貫許本社應用。"
3. 景興二十年/1759（11148 號）："及百~後例，遞年二月初二日，本社自十八以上共行祭禮。"
4. 保大五年/1930（15905 號）："約例其臨百~命終，歸期有辭，請本村前一日全民齊就吊禮。"

1. 正和十八年/1697（3651 號）："皇朝正和萬萬年之貳拾~在乙卯仲冬節穀日立。"
2. 永盛十五年/1719（8620 號）："~時，每忌臘使錢柒貫，豬、粢、酒、飯、金銀、冥衣、燈茶、芙蕾香等物致奠庵祠，以表敬心。"
3. 龍德元年/1732（8815 號）："皇朝龍德萬萬年之元~在壬子季冬穀日。"

景興四十三年/1782（8430 號）："土公世世不絕，迺於丙午年四月十八日壽終，享齡七十七~。"

景盛四年/1796（8777 號）："固許本社古錢十四貫，賜田四高五尺，至百~后，本社耕田。"

景盛六年/1798（10074 號）："景盛六年~在戊午春上浣。"

1. 景興二十七年/1766（12792號）："本村係明年祈福下田上田四季，敬俵待百~後，祭在亭中。"
2. 光中五年/1792（4546號）："係有百~日，其俵各例，并酌其田付與本社耕，許爲忌禮。"

景盛五年/1797（4804號）："景盛五年~次丁巳三月十五日立碑記。"

1. 正和七年/1686（10997號）："皇圖萬~，天下太平。"
2. 景興三十九年/1778（2008號）："皇號幾年~次干支，某月干支，朔干支，越幾日干支。"

保大二年/1927（19202號）："例后百~終，全社臨堂吊諷行禮。"

景興四十三年/1782（10995號）："景興四十三年~在壬寅春天穀日。"

所 suǒ

1. 正和五年/1684（918號）："真~謂英靈挺生，豪傑地氣，所鍾人才，其驗矣乎。"
2. 正和十一年/1690（4732號）："往者，本村修理祠~，相與捐出家資五百貫。"
3. 永佑三年/1737（11488號）："此間，帝住在屯，屯在民邑之中，軍民屯居一~。"
4. 嗣德三年/1850（19084號）："本社地有路，往求之~必由也。"

景盛三年/1795（9006號）："德也必酬屹爾名垂萬古，享之有~依然統衍億年。"

永壽三年/1660（901號）："與乾坤相爲終始，與日月同~光輝，遂勒堅固，以垂永遠。"

T

塔 tǎ

1. 永盛十五年/1719（14926 號）："壯哉寺~，美矣寶廛。"
2. 明命元年/1820（9398 號）："往者建~於寺側，蓋預爲他日舍利之藏。"

壇 tán

1. 福泰七年/1649（5279 號）："~郡會内，各保永昌。"
2. 永治元年/1676（372 號）："乃發家貨許與~坊，造懸鐘閣興事廟堂。"
3. 正和二十三年/1702（5315 號）："~挪長幼，福等十方。"
4. 永佑三年/1737（12616 號）："雖有忠義事君，亦不能制掣群邪也，乃立~禱祭天地鬼神，以陰扶之也。"
5. 明命十三年/1832（14231 號）："杏~遺響，如見美墻。"
6. 紹治二年/1842（19803 號）："酬此恆心，佛~永祀。"

檀 tán

1. 正和二十一年/1700（718 號）："尊慈恩深滄海，惠大~挪，既優渥矣。"
2. 保泰二年/1721（10521 號）："福及~那，慶流乃社。"
3. 保大九年/1934（15967 號）："嗟夫，禪家~樾，栖鳥之晚影。"

炭 tàn

永佑三年/1737（11644 號）："至東漢光武，蘇定爲我粵太守，爲人貪殘暴虐，能好殺人，生民塗~，幸而人心厭亂，天意啟平。"

滔 tāo

永盛八年/1712（11720號）："諸年每行擇，無有基作亭，但處水~，人唱：'立床易，人難步。'"

桃 táo

1. 正和十三年/1692（3756號）："或偶投以~當報以李，理乃必然。"
2. 景興十三年/1752（1596號）："蓋報李端自投~，而食菓盍思種木。"
3. 景興三十七年/1776（1752號）："投之以~，報之以李，正此謂也。"

逃 táo

正和十年/1689（1712號）："明則有日月，幽則有鬼神，難~其責，勉之勵之，慎毋違越。"

陶 táo

1. 永壽三年/1660（901號）："國威府慈廉縣羅溪社信主~氏□號慈宣、女子阮氏甲等，乃於戊戌年良月日時興功修造橋樑舉廚處，鳩工完好，再立碑記。"
2. 永壽三年/1660（901號）："羅溪巨泒，~族賢娘。"

永佑三年/1737（12134號）："眷乃~公，禀生北黃。"

體 tǐ

景興四十四年/1783（9328號）："眷惟廣威府不援縣光備社阮氏石號妙誠，心廣~胖，年尊德邵。"

1. 永治三年/1678（19390號）："乃乞飯後佛，心廣~胖，慈悲仁德。"
2. 正和十三年/1692（13356號）："茲保爲後神，乃聰明之聖，德配

248 tiáo-tīng 條鐵聽

乾坤，人爲萬物最靈，陰求功德，天能覆地，能載福祿，日來富潤身，~胖心廣。"
3. 正和二十一年/1700（4460號）："國有常法，故立囑書，鐫之石碑，并寫許子孫，并同~式，各執壹道爲照用者。"

條 tiáo

德元二年/1675（4560號）："其村長受取錢，應作買鐵林、椿~。"

鐵 tiě

1. 德元二年/1675（4560號）："其村長受取錢，應作買~林、椿條。"
2. 龍德元年/1732（3098號）："人多人少，修作上殿，燒香前堂，三開閣鐘，花房全用，~林、輦。"

1. 正和三年/1682（4161號）："東下甲鄉老口長上下等自買~林至木匠瓦匠，并頓食錢四百七十九貫五陌。"

2. 正和十六年/1695（7896號）："茲乞後佛後神縣丞阮興讓，妻陳氏洞等再增古錢壹百叁拾肆貫，所買林~輦、~燈及還功木匠等事。"

聽 tīng

1. 正和十八年/1697（4526號）："若祈福四季，~神盤具置祭。"
2. 正和二十六年/1705（15202號）："或有歌唱，則請入亭中坐位觀~。"
3. 永盛二年/1706（11769號）："如來拭目，觀佛日光，天傾耳~法輪轉，地本寺名藍跡古。"
4. 景興三十年/1769（12號）："其寧民號慈容，於祈福日迎接，就亭坐~歌樂，萬年後配享，敬俵亦同前例。"
5. 紹治四年/1844（16300號）："迺從前棟宇茅茨，歷年已古，而一民之視~者，莫不嘆渙。"
6. 保大十二年/1937（17418號）："本寺例有修理，何等事而何人有心助供圓成，~得奉寄家先真靈，同受介福。"
7. 保大十二年/1937（17418號）："佛祖像法之需，這係有好心人~許。"

廳 tīng

1. 永佑元年/1735（32號）："係每忌謹以沙牢一隻，粢五盤，酒一盂，芙苴等，並~廳堂行禮如儀。"
2. 寶興元年/1801（2823號）："惟剩解~一座。"
3. 嘉隆八年/1809（5967號）："本社四甲官員與內選每甲二員，就本官~堂迎視唱。"

庭 tíng

正和十三年/1692（2164號）："孝悌著於家~，行誼隆於鄉曲。"

停 tíng

1. 正和十二年/1691（5152號）："三寶殿庭，恭承影佛，何代不~，遵依寶法，萬古常經，綿綿繼世，代代光明。"
2. 景盛五年/1797（8697號）："其~文宜著姓字於祝文之後，使得流萬代配食。"

通 tōng

正和二十一年/1700（718號）："禮記云：'有功德於人，則祀之。此古今之~義也。'"

同 tóng

景盛三年/1795（11754號）："本族阮氏義、阮氏冷、阮氏梗等加有厚情銅錢拾貫，太牢壹隻，~諸亭中乞爲單寫，仍此全社一一應保爲後配。"

銅 tóng

1. 陽德元年/1672（1847號）："其尊師阮仁福所有~錢，給本村古錢三十五貫。"
2. 景興四十五年/1784（18675號）："建昌府武仙縣知來社勝舊村……全午上下等，爲有修理館，所欠其~錢買木。"
3. 景興四十六年/1785（11100號）："遞年二月十六日一期八月

十五日一期，每期本甲整作豬一隻，價古錢二貫，粢一盤，十五官~鉢，酒一盂。"
4. 景興四十六年/1785（11100號）："茲本社時方官役，無有~錢應務。"

光中三年/1790（5343號）："~錢古錢陸拾貫，田貳畝。"

統 tǒng

正和元年/1680（1556號）："舉平定諸強國同官欽差巡狩南邦，~管南城、交趾郡。"

投 tóu

1. 弘定八年/1607（1136號）："智氏號自少敦誠，長而慈惠，悟心珠而~虔。"
2. 慶德三年/1651（814號）："~之以桃，報之以李。"
3. 景興二十一年/1760（7775號）："迨而語之曰：'~桃報李，古來常事。'"

突 tū

正和二十一年/1700（7032/8588號）："~兀其間者，瑤臺玉殿，叁差朱碧之晶瑩，龜閣鯨樓，雜踏丹青之燦爛。"

圖 tú

正和二十三年/1702（9340號）："皇~鞏固，國祚永綿。"

景興四十六年/1785（1929號）："追感劬勞之大德，而欲~祀事於靈長。"

土 tǔ

1. 正和二十六年/1705（15202號）："皇天后~，黃地祇等諸靈公同照鑒，誅滅以上各等詞及端言。"
2. 嘉隆十年/1811（882號）：

"本~城隍大王後始將這二禮送行忌禮。"

兔 tù

永盛十四年/1718（7880 號）："玉~蔑量印地軸，蟠龍隊勢翢圖崢。"

頽 tuí

1. 嘉隆十三年/1814（15775 號）："由有古跡腹龍寺經已~弊，今因修理，推保後佛準取古錢貳拾貫以資理作。"
2. 明命二年/1821（7607 號）："夫伊寺，南國名藍，東洋勝景，經年~弊。"
3. 嗣德十二年/1859（19458 號）："山神舊有露天一土座，經久~弊，茲出家資，換修石亭一座。"

脫 tuō

1. 永壽三年/1660（901 號）："蒙恩後佛，~離塵緣，超凡入聖。"
2. 永盛九年/1713（6473 號）："解~淪塗，皈依佛道。"

陀 tuó

洪德二十二年/1491（9571 號）："皇圖鞏固，咄山寺彌~佛碑。"

W

瓦 wǎ

1. 福泰七年/1649（3199號）："因此開廣土地，買~市木，瓦匠鳩工，構作廟殿。"
2. 正和二十五年/1704（1612號）："爰發自家青蚨，鳩材集~。"
3. 景興二十五年/1764（18407號）："儒生同知府裴伯惇仰追先志，府愜鄉評，通修鐵林、磚~二連，轉遷南向。"
4. 嗣德十二年/1859（15924號）："故內用各木上蓋土~，下用土磚，造鑄鐘菓彌陀像一座。"

1. 正和三年/1682（4161號）："東上甲鄉老□長上下等自買鐵林至木匠~匠，并頓食錢四百七十九貫五陌。"
2. 嗣德元年/1848（187號）："內起~屋叁座，通常壹百零捌尺，橫瀾拾陸尺。"

正和十六年/1695（4362號）："見本社造作~亭，不吝緡錢肆百以爲功德資財。"

景興二十七年/1766（10646號）："公惠同邑，更以土壹區構~家五間，以爲日後享祀之所。"

福泰七年/1649（3199號）："因此開廣土地，買瓦市木，~匠鳩工，構作廟殿。"

蜿 wān

正和二十二年/1701（11524號）："乾龍起伏，愈巧愈精，~蜒而來。"

宛 wǎn

1. 永盛十四年/1718（13249 號）："左青龍～轉，水遶龍蟠；右白虎雄渾，山朝虎伏。"
2. 永佑四年/1738（3409 號）："～轉虹腰於長洞，抵擋鰲足於中流。"

晚 wǎn

保大十年/1935（17400 號）："晨鐘暮鐸消晨慮，蘿月松風送～涼。"

萬 wàn

永壽三年/1660（901 號）："相分各甲，流傳～代。"

永盛四年/1708（11856 號）："血食千春，功垂～世。"

永祚三年/1621（10457 號）："亙古及今，永傳～世，其功德豈小補云乎哉？"

忘 wàng

景興三十一年/1770（5025 號）："敬之如在，終不能～。"

1. 弘定萬萬年（4427 號）："公恆產恆心，沒世不能～也。"
2. 景興三十年/1769（9211 號）："非惠之及人者，遠安能使人久而不～也哉。"

永盛四年/1708（5165 號）："久不～德，毫忍負情。"

望 wàng

1. 永佑三年/1737（12617 號）："自將名～魁天下，一把英才澤

254 wēi 微巍

我民。"
2. 景興四十年/1779（6022 號）："今聞阮氏然以東岸翁舍之淑女，而爲之好逑，地~家光，在人素所歌慕。"
3. 成泰元年/1889（16653 號）："此日登臨評往事，勳臣品~自崢嶸。"

維新二年/1908（18679 號）："昔今日仰~，故銘其謚號忌日於後，以壽其之爾。"

微 wēi

永治二年/1677（5347 號）："且~觀夫人之爲人也，寬以愛人，惠以及眾。"

巍 wēi

景興三年/1742（8104 號）："壯麗規模，~峨棟宇。"

1. 陽德三年/1674（11909 號）：

"其功經之營之，輪煥規模，~峨制度，功德圓滿。"
2. 永治五年/1680（8520 號）："茲崇高寺跡雖非古地，實最靈，蕩蕩~~，勢奠魚龍，聚會堂堂，秀秀景青，豐偉異奇。"
3. 永盛十三年/1717（7835 號）："~~九御，蕩蕩三關。"
4. 龍德四年/1735（11871 號）："彼雕樑畫棟，~篥相望以漁蠹。"

景盛六年/1798（16454 號）："~乎其成功業，煥乎其有文草。"

景盛八年/1800（10550 號）："~~至德，蕩蕩難名。"

1. 正和十八年/1697（5472 號）："昔曾卑小，今始~昂。"
2. 正和二十三年/1702（11636 號）："事業皇~，日月同輝。"
3. 永慶二年/1730（11652 號）："涵泳聖厓，~峨祠宇。"

爲違圍　wéi　255

爲　wéi

1. 永壽三年/1660（901 號）："與乾坤相~終始，與日月同所光輝，遂勒堅固以垂永遠。"
2. 景治七年/1669（4500 號）："嘗聞積善有慶，~善受福。"

嗣德二十六年/1873（17766 號）："有心於~善而~善，未~善也。"

1. 正和十四年/1693（3352 號）："從今有錢田興給~我邑。"
2. 正和二十三年/1702（5315 號）："石~四幅，五福安康。"
3. 正和二十三年/1702（5315 號）："~善最樂，佛萬加祥。"

違　wéi

1. 正和十九年/1698（1730 號）："倘後來或~斯約，明有日月鑒臨，幽有鬼神降格。"
2. 景興二十九年/1768（1532 號）："此田者，失其原錢，如後或本村或外人~犯券約，許見知人以此約陳鳴官司，以息弊習。"

1. 景興四十六年/1785（11100 號）："後代毋得~越，如或甲內何人頑強廢欠祭禮，應捉謝雞酒準古錢二陌以儆其他。"
2. 景盛五年/1797（11697 號）："後當尊承，不可~越。"
3. 明命六年/1825（4635 號）："若後日以時殊而殊議，以世異而異辭，致或~踈，廢欠某節，其本社追還這錢，依如原數。"

圍　wéi

1. 洪德四年/1473（7134 號）："王率子弟起義，遠近歸附，日益尊王爲都君，王弟馮駭爲都保，將兵攻正平，~都護府，克之。"
2. 正和十八年/1697（5474 號）："高祖阮公泰號大志，妻阮氏號妙順，舊黎朝有出家資造作本村寺宇四~，功德浩大。"

正和二十六年/1705（7325 號）："始立陽基，立種由牙，四~稠密，

改號爲太平村。"

爲 wèi

1. 正和十六年/1695（13403 號）："因~本村構作瓦亭，再由訟界竭事。"
2. 景興三十六年/1775（2964 號）："……全村上下等~烽鑄洪鐘，磬欠銅錢。"
3. 景興四十年/1779（2960 號）："全村上下等因~修理佛寺、廟亭，欠缺銅錢消用。"

衛 wèi

1. 永治五年/1680（2184 號）："左勝奇該官署~事綸郡公鄭楦郡主夫人鄭氏玉檔原有親姑比丘尼號玅慧，敕封聖善菩薩，出家修行，興崇佛法。"
2. 永盛二年/1706（11853 號）："捍災禦患，~眾保民。"
3. 龍德元年/1732（11889 號）："時遇泰和，道尊舍~。"

聞 wén

1. 正和十五年/1694（12677b 號）："有名~世，無極與天。"
2. 正和二十四年/1703（12486 號）："蓋嘗~國家當文運，蜎'興人稷契而鄉鄒魯'。"

永治元年/1676（3329 號）："蓋~古人祭於社，竊謂誠矣。"

翁 wēng

1. 正和二十五年/1704（7324 號）："廣威府明義縣安蒲社官員鄉老會主仝長勾當太~老娓善男信女社材長上下等。"
2. 景興十五年/1754（9888 號）："係妃後命終，禮祭依如~後，計供田各所。"

1. 永佑三年/1737（12480 號）："度公以銀十笏、絹十疋，厚待老~，老~不肯受。"

甕污嗚吳無　wèng-wú　257

2. 光中五年/1792（5625號）："百歲後忌禮，厚~訂以九月二十日，厚婆訂以十一月二十日。"

甕　wèng

1. 陽和八年/1642（5141號）："并許本社錢貳百貫，沙牢一隻，酒貳~。"
2. 永壽五年/1662（11030號）："共論定罰，豬一頭，當錢三貫，酒一~，芙蕾一百口。"
3. 正和八年/1687（11096號）："係員人不肯陵罵，不復應祭，其本社罰錢一貫，酒一~。"
4. 永盛二年/1706（13239號）："茲至後或有何人內社欺易後佛等辞，本社論捉雞一隻、酒一~。"

正和八年/1687（8924號）："係忌例豬一口，價錢三貫，糯米每人一斗，酒二~。"

污　wū

明命十三年/1832（14231號）："清白自持，不~偽爵，衡茅自樂，化雨旁霑，明鏡不疲。"

嗚　wū

正和二十年/1699（5289號）："~呼！有實感，斯有實應，自然之理也。"

吳　wú

正和二十年/1699（5210號）："尊考謹事佐郎福祿縣知縣~貴公字靖安號道平府君。"

正和十四年/1693（6690號）："正室~氏任號慈蘭。"

無　wú

景治二年/1664（1550號）："禱之有應，念此~忘。"

258　wǔ-wù　武兀

【無】

1. 正和二十年/1699（1619 號）："其配享永永~窮，千秋百歲之後，葬祭以禮，大小隨宜。"
2. 保大九年/1934（15902 號）："蓋聞立德立功，名垂不朽；恆心恆產，慶衍~窮。"
3. 保大十三年/1938（16863 號）："佛本~量~邊，廣運神通之力。"

【无】

1. 治平龍應五年/1209（4103 號）："佐聖億載，奉佛~遺。"
2. 德元二年/1675（5871 號）："於以昭香火於~窮，垂功德於有永。"

【㱑】

1. 陽德元年/1672（6757 號）："無一物不得其所，~一人不受其獲。"
2. 陽德元年 1672（6761 號）："夫實表其功，傳之~窮，垂之有永矣。"
3. 陽德元年/1672（6762 號）："法垂不朽，福保~疆。"

【无】

景興十一年/1750（3034 號）："所彰德義於~窮，垂美名於不朽也。"

【㦽】

嗣德二十三年/1870（17162 號）："善緣許大，福海~量。"

武　wǔ

【或】

1. 永盛十四年/1718（13249 號）："前朱雀江屈明堂，後玄~內鄉外市。"
2. 景興二十三年/1762（5015 號）："陳國任記，~廷宜記。"
3. 光中二年/1789（12134 號）："~廷擢。"

【武】

嗣德十一年/1858（37 號）："亨副里長~文輔鄉長武文屬役目。"

兀　wù

【屼】

正和二十一年/1700（7032 號）："突~其間者，瑤臺玉殿，叅差朱碧之晶瑩；龜閣鯨樓，雜踏丹青之燦爛。"

物 wù

景興二十四年/1763（11340號）：
"是日午時，令奇擊今聲，將禮~在亭中設盤傍位。"

務 wù

正和十五年/1694（16號）："若耕~欠者，甘受具捉。"

X

兮 xī

正和十三年/1692（7098 號）："父~生我，母~鞠我。"

1. 保泰七年/1726（7011 號）："名山蒼蒼~，相公之功德，久而益彰~。"
2. 昭統元年/1787（12807 號）："夫~何智，婦~何忠。"
3. 保大三年/1928（15650 號）："心地好~，福根深；肥田供~，聖德欽。"

保大九年/1934（16104 號）："何山斯燦，何石斯爛，爰立碑~，古今不換。"

正和十七年/1696（7088 號）："有堂宇之峻起~，如鳥斯革；瓦之母船~，如翬斯飛。"

翕 xī

19992 號："泛慈航於苦海，~兄弟兩同。"

襲 xí

洪德四年/1473（7134 號）："王手執鐵椎即此立之，虎過，蔑之而去，王掩~虎頭，壓下打折二足，繫緊牽回，眾人莫不驚服。"

永盛八年/1712（10912 號）："奈其佛像，尚~舊程。"

匣 xiá

景興三十四年/1773（12479 號）："至忌日，豬價古錢貳，買粱價古

先仙鮮尟　xiān-xiǎn　261

錢六陌，酒價古錢三陌，金銀一千，并冥帳芙萏一~敬祭在亭中。"

字無心……等魂同仗，佛功均超~境。"

先　xiān

永佑二年/1736（7874號）："雅德~生舊編而增補之，~賢事跡復益明白，尤注心追祀之。"

端慶三年/1507（5137號）："修身以節行爲~，齊家以身修爲本。"

仙　xiān

正和二年/1681（8990號）："莫一郎字純忠歸~，快樂逍遙。"

正和二十年/1699（3342號）："夫今日生長於權門，榮光滿日，期之候後，日遊從乎~子，快樂升積福之堂。"

永盛四年/1708（7727號）："阮公

鮮　xiān

治平龍應五年/1209（4103號）："綵幡潦亮凝色線，而擬坏芳華；寶蓋紛紜映~德，而徹鋪燭鑑。"

尟　xiǎn

1. 正和二十一年/1700（8319號）："右有聖祠一聯，以爲歲時香火之所，頃因兵~蕪沒。"

景興二十一年/1760（13310號）："頃者庚申歷壬戌，兵~相因，本社臨時相機，不問土田出於誰某，隨便鑿濠築壘，保守方民。"

光中四年/1791（4502號）："但民中隅遭兵~，而杼柚其空，難以給公務浩繁之用。"

閒 xián

永佑三年/1737（12435 號）："王應許之六月爲期，三公乃~遊本堰地界，自然天已定然。"

永盛四年/1708（7727 號）："皇朝永盛肆年歲在著雞~敦太簇節穀日寫文碑。"

嫌 xián

正和二十一年/1700（4460 號）："倘後日某人不遵此約，自起爭端，或~其分之少而釁隙爭競於他分之多，致乖家法則坐以不孝之罪，失其本分。"

險 xiǎn

永佑三年/1737（11488 號）："辰已斜陽，天將暮矣，帝見其民居地~，即屯兵於本莊邑寺。"

顯 xiǎn

1. 正和十六年/1695（5337 號）："三光明~，超然通四甲。"
2. 景興九年/1748（9023 號）："係祭神畢，本社敬拜以於~附食之儀。"
3. 維新三年/1909（17762 號）："吾村從前以科宦~，文址設之古矣。"

1. 景興二十三年/1762（5017 號）："黎琮~。"
2. 景興三十二年/1771（7204 號）："炳彪不易，~赫無泯。"

景興四十二年/1781（6788 號）："楝茶村陶氏鐄，號妙~。"

縣 xiàn

嗣德十三年/1860（7747 號）："本總拾貫六陌，本~拾貳貫六陌，由輕從重，舉一而推。"

蕭 xiāo

永佑三年/1737（12616 號）："黎家繼作，~墻亂起，奸臣僭國。"

囂 xiāo

景盛八年/1800（6642 號）："黃春才妻阮氏~。"

孝 xiào

景盛七年/1799（9008 號）："~女陳氏李，良婿范登科，知佛道，當尊供肥田餘壹畝。"

謝 xiè

1. 景興三十六年/1775（6418 號）："北河府金華縣林戶社安榮村社長劉伯紹……全村上下等共應置保善老~廷植字福飲。"

2. 景興四十六年/1785（11100 號）："後代毋得違越，如或甲內何人頑強廢欠祭禮，應捉~雞酒準古錢二陌以儆其他。"

寫 xiě

景興五年/1744（8205 號）："該官僉知侍內書~戶番侍近侍內監司禮監總太監。"

釁 xìn

洪德二十六年/1495（10524 號）："給渭陽社黃金榜同德~等本田西南處田壹千叁百肆拾叁畝貳高肆尺五寸。"

兇 xiōng

1. 正和二十四年/1703（12436 號）："趨吉避~，淳風厚俗。"

2. 景興三年/1742（1990 號）："我民於庚申辛酉年間，備嘗兵亂~荒，征役繁多。"

羞 xiū

景興三十四年/1773（10670 號）："係遞年忌日後，豬壹隻，價古錢陸陌，粢壹具，酒壹~。"

饈 xiū

1. 永慶四年/1732（8767 號）："係遞年九月初六日，八席事神敬後神，歌唱壹篝，粢壹盤，雞壹隻，酒壹~，芙蕾壹匣。"
2. 龍德三年/1734（8807 號）："此日粢肆盤，每盤米三斗，雞肆隻，準使錢陸佰肆拾文，酒肆~，準使錢貳陌，芙蕾肆匣。"
3. 景興五年/1744（8204 號）："忌日每忌每甲雜具五盤，酒五~，芙蕾五封，金銀壹千五百上下。"

光中五年/1792（6490 號）："前一日告祭，用豬一口，價錢八貫，粢一百斗，酒六~，芙蕾一百八十口。"

嗣德十三年/1860（7749 號）："係遞年三七月例俵粢一盤，酒一~，肉一片。"

朽 xiǔ

1. 景盛三年/1795（7503 號）："若日後本村視常廢欠，甘受背師之咎，上下同辭，刻石垂不~，永遠爲鑒。"
2. 保大十三年/1938（19980 號）："爲此本坊全民擬立石碑，以銘其功，傳之不~。"

1. 正和十八年/1697（4526 號）："久樂不~，永享無窮。"
2. 光中五年/1792（6490 號）："恭請尊后良人以崇祭祀，以垂不~。"
3. 景盛四年/1796（13342 號）："刻石勒功，以垂不~。"

虛 xū

紹治四年/1844（16300 號）："夫碑者，所以銘其事而記其跡也，眷惟~左社上村福慶寺一簇伽藍，別成好境。"

婿 xù

正和七年/1686（7060 號）："生既得西子芳菲，嫁又喜東床貴~。"

1. 正和十二年/1691（4836 號）："辛未年公之親~縣丞范公善妻阮氏院敬許應慕社田壹畝以供奉事，再立碑於廟，以垂永久。"
2. 保泰七年/1726（13132 號）："子生五女，~配床東。"

賢 xián

1. 正和二十二年/1701（2168 號）："適見本社有本官侍內監司禮監同知監事粘祿侯阮公霈配得~妻阮氏玉。"
2. 維新二年/1908（18075 號）："係是陳尚書夫人而所修造焉，亦海~效須達之故事也。"

端慶三年/1507（5137 號）："~質美而寬和，貌粹而溫嚴。"

1. 永壽三年/1660（901 號）："羅溪巨派，陶族~娘。"
2. 景興三十六年/1775（1762 號）："惟儉惟勤，能~能孝。"

鄉 xiāng

1. 福泰七年/1649（5279 號）："佛神顯應，扶護當~。"
2. 景治七年/1669（450 號）："謙讓和平，處於~者，自束髮至白首，未嘗與人爭競也。"
3. 正和十三年/1692（2164 號）："孝悌著於家庭，行誼隆於~曲。"
4. 正和十五年/1694（16 號）："許與村其本村東西二甲官員~老社村長蔣文逢……全村上下等應付內族將文挺代代子孫耕種。"
5. 正和二十二年/1701（2168

號）："慈山府仙遊縣中牟社官員～老社村長上下等爲保後佛作碑書敘。"

永盛十三年/1717（11083 號）："本社～老阮士才阮文科。"

1. 景興四十三年/1782（8430 號）："～人服其德，叶保爲生後神，有例曰配享亭中，姓名尾文祭坐列左。"
2. 啟定十年/1925（19475 號）："係年齒尊爲～表率。"

饗 xiǎng

正和二十五年/1704（1612 號）："已曾施功於梵境者，則後座配～宜也。"

像 xiàng

永壽四年/1661（2767 號）："王僊聖～及楚王大神國王大神婆媒福神并左右文武力士象馬。"

像

正和十二年/1691（10622 號）："臺模廣闊，佛～嚴平。"

懈 xiè

正和十二年/1691（916 號）："豈非不～行善之所致？"

馨 xīn

正和十六年/1695（5867 號）："蘋蔡明淨，黍稷～香。"

興 xīng

1. 正和十二年/1691（5152 號）："嘗謂中～聖帝，運啟太平，遹遐拱服。"
2. 正和二十三年/1702（5315 號）："嘗謂有古跡名藍，～福大寺。"
3. 正和二十三年/1702（5315 號）："茲有道場，本寺全社集福～

雄熊喧選學　xióng-xué　267

於壬午年五月二十日大吉好時。"
4. 景興四十五年/1784（13341號）："皇圖鞏固，佛道~崇。"

正和十八年/1697（6353號）："勿以石蔓苔封而厭棄，常依堂樹蔽苻而~思。"

永佑元年/1735（7634號）："又鑿佛祖東山一相，涌裝全金，請在雷音山安立社~龍寺。"

雄 xióng

1. 正和元年/1680（1556號）："自相~長，割據山河。"
2. 正和十八年/1697（19797號）："~狀洪州，清奇穠澤。"
3. 龍德二年/1733（5029號）："虎龍尖秀，雀武~昂。"

熊 xióng

永治元年/1676（372號）："芥能針合樛可葛荒，成家門盛應~

羆祥。"

喧 xuān

治平龍應五年/1209（4103號）："幾日~嘩，皺棹來舟，離方峙絃岳之峯；彌年維新，合集飛鳥，岸欝馥櫥之春。"

選 xuǎn

1. 景治五年/1667（11710號）："朝廷~舉之法，況於民，擇賢置爲，首長素善良家，仁慈端正，心廣寬容。"
2. 正和十六年/1695（1560號）："太醫院寺丞壽昌東作，黎俊茂撰，侍~侍內書寫。"
3. 正和二十年/1699（8491號）："本社官員整飭衣帽，~取都隨，擇人執事，行禮如儀。"

學 xué

1. 永盛二年/1706（11805號）："茲本總斯文等，始造祠宇而立

碑，記因設祭祀以例春秋，家~大興，詩書益衍。"
2. 永慶三年/1731（10954號）："金山儒~訓導覺齋阮甫撰。"
3. 景興十七年/1756（10800號）："而成人德行、文~深有愧於父兄，乃濫繼科目，備位將相，復延壽命迹。"

端慶三年/1507（5137號）："侍郎兼太僕寺卿秘書監~士母姓裴名妃貫，永賴縣力答社。"

1. 景治八年/1670（5296號）："嘗聞仁發財而興昭昭~傳，德刻金以頌炳炳古書。"
2. 景興二十二年/1761（11961號）："嘗聞大~之道，以明德、親民爲先。"
3. 景興四十一年/1780（12753號）："茲本社陳登洪義仁今族，忠孝名家，只究牛毛，賦博古今通之~。"
4. 光中四年/1791（6002號）："海南靈池世德堂九國子太~生陳泰軒撰。"

勳 xūn

1. 正和十六年/1695（1560號）："彪炳事業，赫奕名~。"
2. 正和二十一年/1700（1438號）："且相公之官爵~伐，前後事跡，歷歷可考。"
3. 保泰元年/1720（1553號）："今有美事，不敢以鄙拙詞，因詢其~葉焉。"
4. 明命十八年/1837（17097號）："出塵又出塵，刧石刻銘~。"

巡 xún

正和八年/1687（1445號）："陽德二年癸丑奉今提領四城職~徽。"

永盛六年/1710（7543號）："長府道阮兼~綽曾敬正，字道達，妻鄧氏干。"

1. 順天三年/1430（16996號）："大王將兵~行各鎮，賊勢清平。"

循 xún 269

2. 正和元年/1680（1556號）："舉平定諸強國，同使官~狩南邦，統管南城、交趾郡。"

循 xún

1. 永慶三年/1731（10954號）："升堂入室，濟濟多生，出谷喬遷，~~善誘。"

2. 龍德三年/1734（6754號）："酌古生祠，~今鄉俗，共願推保貴侯爲壽福神。"

1. 龍德四年/1735（14480a號）："~循大路，坦坦康莊。"

2. 景興十八年/1757（12635號）："後來者目斯碑口斯記，一~夫禮，使之功之德，長與天地，同其悠久。"

Y

衙 yá

正和二年/1681（8989 號）："其本村或後日亡恩皆義，不肯奉祀忌臘，自許其宗人，投告~門，所有重罰。"

亞 yà

景興三十四年/1773（2504 號）："~獻禮，詣香案前跪，酌酒，俯伏與平身，復位。"

焉 yān

1 慶德三年/1651（814 號）："其發身之效，熟有大~，遂鑴於石以壽其傳。"
2. 正和十六年/1695（1560 號）："久~則改，舊可以新。"
3. 永佑三年/1737（3519 號）："經之營之，輪~奐~，規模革舊，制度鼎明。"

煙 yān

1. 景興二十一年/1760（3773 號）："歲時有稷麥設陳，朝夕有香~奉禱。"
2. 明命二十年/1839（16650 號）："舉首遠相看，城雲接野~。"

1. 正和二十四年/1703（13535 號）："禪局~鎖，僧砌苔漫，歷閱星霜六十餘載。"
2. 維新二年/1908（18077 號）："賴本寺住持人人繼百年，延香~於永遠。"

延 yán

正和十八年/1697（1547 號）："茲時~及後代，慕其恩而不忍忘，思其功而不忍負。"

嚴嚴鹽焰 yán-yàn 271

1. 景興三十三年/1772（1825號）："聖賢證鑒，民社康~。"
2. 成泰九年/1897（19290號）："幸蒙餘裕，以便~僧禮佛，修補寺堂。"

維新二年/1908（18077號）："賴本寺住持人人繼百年，~香煙於永遠。"

嚴 yán

1. 弘定八年/1607（1136號）："奉寺朝暮虔禰，莊~梵宇。"
2. 福泰七年/1649（5279號）："前山後水，內外~莊。"
3. 永壽三年/1660（901號）："內~社稷，外集禎祥。"
4. 永壽四年/1661（2767號）："龍池祭祀，養魚鱉之物，廟觀莊~，制度超前，樓台美麗，規模勝昔。"

1. 永盛六年/1710（11400號）："祠址森~北斗泰山在望，人文昭灼秋陽江漢同輝。"
2. 光中五年/1792（6491號）："存付本社飲酒，勒銘具在，視指其~。"

景興二十八年/1767（12821號）："阮必~。"

嚴 yán

陽德二年/1673（8914號）："夫碑者，本泰山之石，氣象~~。"

鹽 yán

景盛五年/1797（2012號）："金銀壹百并香茶、~盞、著席，行禮如儀。"

焰 yàn

1. 永盛十一年/1715（3743號）："乃庚辰年間，時祖師七十一歲，傳燈續~，宗派芬芳，寺已圓成，

規模完好。"
2. 保泰二年/1721（7701 號）："諸佛四目相顧，真空旨趣，默視承當，續~聯芳，傳衣嗣祖，古今一理。"

雁 yàn

永佑四年/1738（3409 號）："疊疊連跨浪之魚鱗，并并列平沙之~齒。"

驗 yàn

保大九年/1934（15902 號）："此史冊之光垂，古今之明~也。"

鴦 yāng

永治元年/1676（372 號）："茲惟范叟舊娶阮娘，友中鸞鳳枕上鴛~。"

堯 yáo

1. 德元二年/1675（11480 號）："任性敦偵，淑三從迪，女中~舜，德備慈和，果是閥閱之家。"
2. 永治三年/1678（8509 號）："~日擊壤，舜風阜財。"

搖 yáo

景盛六年/1798（7762 號）："我邑從前藍刹，地居湫隘，日久飄~，增廣舊規。"

遙 yáo

正和二十年/1699（3650 號）："斯鄉~瞻碩望，景仰仁聲，疇昔往來，均蒙恩惠。"

夜 yè

1. 景興三十一年/1700（1633號）："如有歌唱者，迎二阿婆坐亭中，每~敬俵壹具。"
2. 昭統元年/1787（1723號）："且自初一至初四日，每~粢壹盤，雞壹隻，酒壹壺，芙蒀一匣，告辭薦獻。"

業 yè

正和十一年/1690（11832號）："箕裘之~不墜，詩書之澤猶存。"

保泰四年/1723（14948號）："茲因有祖~之田壹所，坐落在永戲處。"

嶪 yè

正和十八年/1697（5471號）："雖巍~而不爲奢，雖雕盡而不侈。"

衣 yī

景興三十四年/1773（12479號）："至忌日，豬價古錢貳，買粢價古錢大陌，酒價古錢三陌，金銀一千，并冥~、芙蒀一匣敬祭在亭中。"

壹 yī

永盛十三年/1717（9409號）："東名四至依如文契內又~所。"

1. 景興二十三年/1762（12815號）："係王諱日同二甲用豬~口、粢~盤、酒~盂以爲祭禮。"
2. 景興二十六年/1765（9275號）："係遞年忌日每甲粢~盤，雞~隻，酒~盂，芙蒀~匣，將在立碑之所敬拜如儀。"

1. 永壽四年/1661（2767號）："遞年八月初~日，生辰戶見整作斋盤陸具。"

274　yí　疑儀

2. 維新十年/1916（18267 號）："係遞年忌日行禮，俵雞粢～盤，以俵三代。"
3. 啟定九年/1924（18818 號）："伊氏自出家資花銀～百元以助工役，以成福菓，留爲後日夫妻百年香火。"

1. 景治元年/1663（1945 號）："從立契後，仰買主～任，本亭以爲歌唱，傳子若孫，或本縣敎立文契，還買主爲照用者。"
2. 景盛七年/1799（15276 號）："出濟寸民於屯運秋田～良畝，許留任祀於來時。"
3. 保大五年/1930（15907 號）："陳氏酉號妙和，願出花銀～百七十元交與本村，以充修理亭寺。"

1. 正和十八年/1697（11284 號）："遞年忌日本村上下等每人使錢三十文買豬，并糯米～升以爲禮忌，萬代流傳。"
2. 正和二十五年/1704（9878 號）："～人依福千人賴，獨樹開花萬樹芳。"
3. 光中五年/1792（5353 號）："照限沙牢～隻，酒～盂，金銀～千。"

正和十二年/1691（2942 號）："茲社內所有社人曲春會，阮氏草素視良心厚情，率數錢文壹百陸拾貫，置數田～畝五高，各處所列計後。"

正和十二年/1691（2942 號）："茲社內所有社人曲春會，阮氏草素視良心厚情，率數錢文～百陸拾貫，置數田壹畝五高，各處所列計後。"

疑　yí

明命二年/1821（7607 號）："即此有功，釋敎正～，不靳禪風。"

儀　yí

1. 正和六年/1685（2534 號）："係遞年忌辰二月二十八日例，本社粢捌具，每具陸斗，雞壹嘴，巨好酒一埕，芙蒥一封等物，祭器如～。"
2. 正和二十二年/1701（2168

號）："據此依如內寺，及祭臘，每年貳期，每壹期子叁具，每壹具糯米十斗，花菓足用，各節如~，不敢廢欠。"
3. 永佑元年/1735（32號）："係每忌謹以沙牢一隻，粢五盤，酒一盂，芙茴等，並就廳堂行禮如~。"

頤 yí

龍德二年/1733（5957號）："皇以爺娘夫人歲壽期~，日旬朔望時供伊蒲日登口苾。。"

彞 yí

正和十三年/1692（7098號）："夫愛人者，人恆愛之；敬人者，人恆敬之。其天理之當然，民~之自然乎。"

景盛九年/1801（5463號）："寸心天理，萬古民~。"

1. 景興二十八年/1767（12820

號）："一堂夫婦，萬古~倫。"
2. 明命十三年/1832（14231號）："今而後，天理民~，以時展拜，仰文風之不泯，想道統之如存。"

乙 yǐ

1. 正和二十一年/1700（8588號）："環局仁山，屏開甲~，遶垣覺水，練織之玄地兮。"
2. 景興十六年/1755（7982號）："皇朝景興拾陸年歲次~亥仲夏。"

以 yǐ

1. 景治元年/1663（1945號）："從立契後，仰買主壹任，本亭~爲歌唱，傳子若孫，或本縣教立文契，還買主爲照用者。"
2. 景治七年/1669（450號）："熟食一盤，豬頭一首，祀事配享以爲血事，萬代~酬此恩此義。"

1. 德元二年/1675（5872號）："敬斯址不忘斯址，~成仁厚之俗，~爲永遠之規。"
2. 永慶三年/1731（7734號）：

"係本社該祭，輪流耕種此田，~奉祀後神。"

永壽四年/1661（8645號）："茲~穀日造碑，貽傳萬年之世。"

倚 yǐ

1. 永盛四年/1708（11856號）："其爲形也，至剛至大，不~不偏。"
2. 明命二十年/1839（16650號）："祠址穿山立，神容~石眠。"
3. 保大十年/1935（17400號）："寂寞寒岩古洞荒，半間佛寺~斜陽。"

蟻 yǐ

正和二年/1681（1446號）："巧~具唐梓之工，運風斤而揮月斧，削輪墨而督婁繩。"

役 yì

1. 弘定八年/1607（1136號）："其錢本村認取用~。"
2. 正和十二年/1691（2942號）："錦江縣錦軸社里長阮文忠鄉長阮文色……同本社等所有修造廟宇，無有錢文用~，本社須情應寄忌。"
3. 明命十年/1829（20022號）："自出家資古錢而是貫，交與本村，認取用~。"

易 yì

弘定八年/1607（1136號）："第恐歲月易流，人心~弛，人遠言煙，仍憑碑記表前人之功德，以備後人之觀覽焉。"

鎰 yì

明命元年/1820（9398號）："否則寶塔銀~還爲虛設，又何事刊勒爲哉？"

義 yì

1. 景治二年/1664（8466號）："其本社整備禮物，盤饌、禮樂陳祭如儀，代代一心恭敬，不敢忘恩背~，遵如端内。"
2. 正和十六年/1695（5335號）："或本社並全四甲後代子孫或有他情，忘恩背~，不依端内，願天地龍神照鑒誅之。"
3. 永盛六年/1710（11400號）："嗚呼！崇祀之典，奉禮~之化成，非惟侈一時偉觀，抑亦爲後代瞻仰。"
4. 景興三十六年/1775（1762號）："不驕不吝，乃~乃仁。"

成泰十五年/1903（19801號）："仍此本社會合保爲後佛一位，以伸投報之~。"

億 yì

永佑四年/1738（8792號）："竚見億年香火傳之無窮，萬~子孫引以勿替。"

鎰 yì

永佑五年/1739（3722號）："天恩寺惠許三村銀子壹~，田壹畝。"

藝 yì

1. 正和二十三年/1702（11636號）："錢充溢工，而商~業精，通物以阜人。"
2. 正和二十四年/1703（897號）："壽於杏林，真爲多~之名。"
3. 永盛四年/1708（15715號）："爲工則技~通玄；爲商則貨財浩瀚。"

議 yì

1. 景治七年/1669（4500號）："茲時，~愛民印，虎應山出。"
2. 永佑三年/1737（11488號）："帝聞之大怒，即召廷臣同來會~，廷臣一皆束手無策，莫計可施，乃密檄求天下人才來廷會試。"

懿　yì

景興三年/1742（7870 號）："及即世□後，叶~而追祀之。"

1. 永治二年/1677（5347 號）："婦人~德，窈窕幽閒，貞靜純一。"
2. 正和十八年/1697（6352 號）："蒸民之什，有曰民之秉夷，好是~德，蓋親賢而樂善。"

因　yīn

永盛十三年/1717（9408 號）："無邊無礙，有~有緣。"

殷　yīn

景興二十七年/1766（10646 號）："以是稠家異眷，漸致通顯，而於扮榆故舊，尤致~勤焉。"

陰　yīn

永治元年/1676（372 號）："既有~德宜發幽香，端詞又立厚意是將。"

銀　yín

1. 陽德元年/1672（6869 號）："豬二口，酒二圩，粢二盤，金~二盤，將就庵所設奠。"
2. 正和十八年/1697（5474 號）："係遞年十二月初柒日忌，粢二盤，雞二隻，金~酒芙蕾用足。"
3. 光中三年/1790（5343 號）："遞年月日歸仙例忌日本社四甲上下等照限沙牢壹隻，粢酒芙蕾足用，金~壹千，敬祭如儀。"

飲　yǐn

光中五年/1792（6490 號）："與各族同~酒。"

英 yīng

1. 正和十二年/1691（916號）："前有大井水澄，後有小溪坎遠，真~靈之第一也。"
2. 景興二十三年/1762（12165號）："氣質~淑，節操端方。"
3. 景興二十四年/1763（7769號）："鄧二娘號慈光，二月初六日忌，顯祖考封贈~烈。"

景興三十一年/1770（5026號）："~雄出世，輔佐君王。"

嬰 yīng

保泰二年/1721（9578號）："閥閱簪~，流傳禮儀。"

熒 yíng

景興三十六年/1775（11090號）："~光似斗山，光明如河海。"

營 yíng

景興四十三年/1782（12457號）："神出古錢壹百貫、肥田五高，以供~造後殿。"

穎 yǐng

1. 順天三年/1430（16996號）："大王天資~異，器度越人，文武聖神，聰明睿智，雄才大略，卻夷遏寇。"
2. 景治五年/1667（4832號）："眷惟，侍內監司同知監事~祿侯具侯繼承家業。"
3. 正和二十年/1699（15166號）："眷惟上府侍候內騎二優左牽馬二守槽二等作船副知水師侍內監禮監太監員，迺安樂縣齊魯社汋泊村人也，生得天資~悟，心地和平。"
4. 永佑三年/1737（11646號）："諸子年猶少，而天資~悟，性稟聰明。"

應 yìng

弘定八年/1607（1136 號）："全村上下～許立智氏號廟還爲後佛。"

景盛三年/1795（9006 號）："今～鐫造石碑，用使億年弗替。"

景盛六年/1798（8430 號）："遂以舊黎朝壬寅年有錢使錢壹百貫，～出與民公用。"

雍 yōng

景興七年/1746（10706 號）："上是命，下是承，率能致～熙之盛。"

擁 yōng

正和二十三年/1702（13344 號）："施田錢供，～護神靈。"

幽 yōu

福泰七年/1649（5279 號）："開～暗，悉光明。"

永佑三年/1737（7411 號）："迺積迺倉，樂爾～人之富，衣食既足，禮儀自生。"

1. 永治元年/1676（372 號）："既有陰德宜發～香，端詞又立厚意是將。"
2. 嘉隆十七年/1818（255 號）："倘以石篆苔漫而見棄，願於鬼神～顯以鑒臨。"

尤 yóu

1. 正和十二年/1691（916 號）："富既何加，福～當集。"
2. 正和十七年/1696（7088 號）："更有稔田肆畝許爲本社，均分上下一任耕種，香火流傳萬代，其惠澤～厚矣。"

游遊猶於魚　yóu-yú　281

3. 永盛十四年/1718（11583 號）："恩之出投桃，特厚義之恩，報李~深。"

4. 嘉隆十六年/1817（13548 號）："此~有望於後者，爰紀事實，勒之貞泯，以垂不朽。"

龍德元年 1732（12863 號）："~人傑地靈，男清女秀。"

游　yóu

嗣德六年/1853（19083 號）："吾邑居地之上~，俗樸而儉。"

遊　yóu

1. 永治五年/1680（2186 號）："來~塵世已多年，了知生死不相干。"

2. 正和十年/1689（4061 號）："欲~以上方梵制之場，欲以登真宇薤珠之境。"

3. 正和二十年/1699（3342 號）："夫今日生長於權門，榮光滿日，期之候後，日~從乎仙子，快樂升積福之堂。"

4. 正和二十五年/1704（4199 號）："處處遂嬉~之地。"

猶　yóu

嗣德十二年/1859（19641 號）："其生也榮，死也榮，於國事難，雖死~生。"

於　yú

慶德三年/1651（814 號）："顯榮既耀~當時，名譽欲垂~後世。"

景興二十七年/1766（10646 號）："官常奉使命至~征討，修治無一不稱允者。"

魚　yú

1. 永壽四年/1661（2767 號）："龍池祭祀，養~鱉之物，廟觀莊嚴，制度超前，樓台美麗，規模勝昔。"

2. 正和八年/1687（33號）："三生合願，一笑良緣，身奉櫛巾，手調琴瑟，寵愛特專於～貫，榮光永譽與蘭房，又能分人以財，網人以惠。"

3. 正和十五年/1694（12680號）："龍用爲梁，～鱗作尾。"

虞 yú

正和二十四年/1703（12486號）："天下正太平象，應民唐～而世商周。"

餘 yú

1. 景興二十七年/1766（4444號）："係祭畢，敬俵本族豬壹頸，粢五分之一，存～有面拜者均分飲食。"

2. 嘉隆十年/1811（4256號）："據～惠斤例，擇獻禮神一具，忌禮八具，婆五具。"

歟 yú

保大九年/1934（15967號）："斯臺也，其方針之指迷途～，其寶筏之濟道岸～。"

與 yǔ

福泰七年/1649（8456號）："私發家財錢貳拾五貫，錢并田壹畝，付～本社官員上下巨小等領取，以成所恃。"

1. 正和八年/1687（33號）："～其鬪綺羅、誇珍寶，稱讚於一時，曷若傳香火、樹聲名，永垂於萬世？"

2. 正和十一年/1690（1885號）："後世之人臨斯碑者，當想貴氏功德之大，忠厚之情敬之愛之，使貴氏永饗馨香之祀，～年相爲無窮矣。"

盛德四年/1656（9765號）："～里

御嶹　yù　283

亭脩，衬神名設。"

供

1. 永壽三年/1660（901號）："~乾坤相爲終始，~日月同所光輝，遂勒堅固，以垂永遠。"
2. 景治七年/1669（450號）："謙讓和平，處於鄉者，自束髮至白首，未嘗~人爭競也。"
3. 永治元年/1676（372號）："乃發家貨許~壇坊，造懸鐘閣，興事廟堂。"
4. 永治五年/1680（2184號）："因此乃發家財，始買田得四畝，留~佛跡社耕種。"
5. 正和十五年/1694（16號）："許~村其本村東西二甲官員鄉老社村長蔣文逢……全村上下等應付內族蔣文挺代代子孫耕種。"

山

1. 陽德元年/1672（1848號）："佛~大王爲後佛後神，歲時四季，供薦朝夕。"
2. 陽德三年/1674（11909號）："所以二光保護其功德，~天地同其悠久。"
3. 正和十五年/1694（5459號）："~其將糜金憂玉用以表宴飲一時，曷若鋪鑒石留名永貽，使觀瞻萬代?"
4. 保泰七年/1726（13132號）：

"後神位列，天地~同。"

御　yù

御

正和十四年/1693（10630號）："蓋聞聖德高~，九重蕩蕩。"

譽　yù

譽

陽德二年/1673（8992號）："蓋聞朝廷用選舉之法，況於民擇賢置爲首長，推~良家寬慈公正優悌之心。"

譽

1. 慶德三年/1651（814號）："顯榮既耀於當時，名~欲垂於後世。"
2. 正和二十年/1699（5210號）："相公百歲之後亦遞年具禮奉之，以垂芳~於永久。"

譽

1. 龍德二年/1733（5029號）："萬年垂~，千載流芳。"
2. 景興二十四年/1763（11504號）："當世騰俊，~芳名賢。"

㲋 yuān

1. 永盛十三年/1717（11940 號）："嘗聞天下達尊者，德炳炳；鄒書鄉里推~者，公昭昭。"
2. 龍德三年/1734（9221 號）："佛素慈悲之聖，洪福錫及於善人，人多含施之功，~芳長留於後代。"
3. 永佑三年/1737（7411 號）："實心寫數行，芳~貽萬世。"

鴛 yuān

永治元年/1676（372 號）："茲惟范叟舊娶阮娘，友中鴛鳳枕上~鴦。"

員 yuán

永治元年/1676（13128 號）："其本社舉皆向服且官~上下巨小等，應保阮百福爲後神，以貽典則。"

圍 yuán

1. 景興二十五年/1764（9354 號）："所有古錢貳拾伍貫，池壹高五尺，土~壹高五尺。"
2. 景興四十六年/1785（1929 號）："所有田一畝，池壹口，~壹所，以供祀事。"
3. 景盛五年/1797（8697 號）："對其~之竹，有斐石子，不可渲兮。"

圓 yuán

1. 陽德三年/1674（9356 號）："至臨終禮錢，每人一具五十磁，并~餅。"
2. 景興二十八年/1767（7501 號）："其本村禮物送終，豬壹隻，酒壹盂，粢壹盤，本村民每人~餅肆件爲一盤。"
3. 景興三十六年/1775（11092 號）："正忌用淨齋具盤，每具~餅四件，花蜜餅四鉢，并花菓庶品等。"
4. 景興四十一年/1780（12748 號）："濟經一秋，功獲~完。"

緣 yuán

1. 統元四年/1525（1737號）:"種種隨~方便間，應知言易實行難。"
2. 景治七年/1669（4500號）:"後德至仁，娶氏老婆正良~。"

1. 永壽三年/1660（901號）:"~諧本色，地應文祥。"
2. 永壽三年/1660（901號）:"蒙恩後佛，脫離塵~，超凡入聖。"
3. 保泰七年/1726（13132號）:"姓稱陳族，~結黃公。"

遠 yuǎn

景興四十一年/1780（12753號）:"蓋聞神依人而血食，人響神而有所，欲傳久~，必立碑文。"

1. 永壽三年/1660（901號）:"與乾坤相爲終始，與日月同所光輝，遂勒堅固以垂永~。"
2. 正和十一年/1690（5078號）:"惟吾者及竊念百年之後，追~慎終。"

1. 永壽三年/1660（901號）:"慮意悠~，人心不忘。"
2. 嗣德十七年/1864（15930號）:"豈敢賒求感父母之生成恩，奉承於久~。"
3. 維新九年/1915（16095號）:"係至忌日，本寺整辦香燈供佛，齋盤供食亡靈，願求永~。"

1. 景盛三年/1795（11754號）:"蓋聞酬恩報本，乃理之常；銘德記功，其傳之~。"
2. 保大八年/1933（15023號）:"而世愈~則情愈疎，人愈多則序難顯。"

怨 yuàn

景興三十四年/1773（4795號）:"神罔時~，人愈日思。"

願 yuàn

1. 永盛九年/1713（6473號）："~也是從，依之者保。"
2. 景興三十九年/1778（11477號）："辛巳在家九月爲崇，~諸善神證明夫雙。"

景盛七年/1799（9008號）："佛鑒祈求，民從所~，曩者追保陳靈爲後佛。"

悅 yuè

陽德元年/1672（5007號）："蓋君子爲善，爲善發財~人心，景仰敬慕。"

閱 yuè

正和十二年/1691（5152號）："壽春碑作，遺跡後生，曉知共識，孫子康寧，永垂閱~，占磅科名，永垂萬代。"

正和十三年/1692（11606號）："茲信娌阮氏玉寶號明然爲後佛，家傳閱~，德大慈悲，積德陰功。"

嶽 yuè

1. 正和二十年/1699（5210號）："氣鍾北~，派出東康。"
2. 永盛八年/1712（11969號）："天地同大，與山~齊高。"
3. 龍德二年/1733（5029號）："氣鍾五~，才稟三光。"
4. 成泰九年/1897（19290號）："本社間有東~寺前徑，道眾多人，往來雜跡。"

Z

災 zāi

永佑四年/1738（5239號）："南無消~延壽藥師佛九月三十日聖誕。"

哉 zāi

1. 德元二年/1675（5871號）："吁爲是者，豈有求媚於公~。"
2. 正和二年/1681（1447號）："斯民被其澤，及之遠，安得不追思而奉祀之~?"
3. 正和二十二年/1701（2168號）："如此，民康物阜，盛矣~！盛矣~！"
4. 保大元年/1926（15449號）："有是~果爾，則巾幗勝於鬚眉多矣。"

在 zài

1. 正和十八年/1697（5474號）："這禮物將~本村寺行禮。"
2. 景盛五年/1797（5626號）："其首牲俵~長族，傳子若孫，永爲事例。"
3. 嘉隆十年/1811（4256號）："遞俵~長欼，以示厚情傳之萬代。"

贊 zàn

1. 永祚二年/1620（13384號）："~治功臣特進輔國上將軍錦衣衛都指揮使司都指揮。"
2. 陽和八年/1642（13152號）："王府~治功臣特進金紫榮祿大夫兵部軍務清吏司郎中文江侯左班生位，并許本社錢貳佰貫錢沙牢壹隻，酒貳甕。"
3. 正和八年/1687（33號）："可知時有楊貴氏號慈孝，乃揚武威勇，~治功臣。"
4. 正和十三年/1692（7098號）："~成美事，甚大幸也。"

讚 zàn

1. 永治二年/1677（5347 號）："然稱~夫人之碩德，仰慕夫人之高風。"
2. 正和八年/1687（33 號）："與其鬪綺羅、誇珍寶，稱~於一時，曷若傳香火、樹聲名，永垂於萬世?"
3. 正和二十三年/1702（11636 號）："因緣做好慶~，爰茲啟建法會，大行美矣哉，快樂無殃盛矣哉。"

葬 zàng

永佑三年/1737（12616 號）："此間人民仰望，見天中有黃雲一片，蔽於正所，即日表奏王使，庭臣就處行禮安~。"

1. 端慶三年/1507（5137 號）："本年十二月拾五日未時~於。"
2. 正和二十年/1699（1619 號）："其配享永永無窮，千秋百歲之後，~祭以禮，大小隨宜。"
3. 成泰十四年/1902（17701 號）："人~也，天~也，坐位方向，年久不記。"
4. 保大十二年/1937（19359 號）："由此本年正月十二日，我親父招募武貴公聖號保祿，享壽九十五歲，捐塵安~於北墳。"

澤 zé

景盛四年/1796（13342 號）："彗日增輝，~流甘露。"

擇 zé

1. 正和二十年/1699（3343 號）："順安府嘉林縣農務社上村……全村上下等爲~保後佛。"
2. 永盛三年/1707（8805 號）："或無子息，應許本社~人任替，灑掃剗削，務在潔淨，以介景福。"
3. 景興二十年/1759（2016 號）："乃~市田壹畝，及祠堂土肆尺，立爲祭田，留爲承祀，以垂香火於無窮。"
4. 嘉隆十年/1811（4256 號）："放照伊例，~獻禮神一具，忌禮四具，每忌金銀一千。"

正和十四年/1693（10630 號）："茲本社~保置裴文治字安心爲後神。"

增　zēng

正和八年/1687（1445 號）："而復優加銀錢，~廣封邑，其功最高也。"

正和六年/1685（2614 號）："福壽~隆智慧開，德相圓明大辨才。"

齋　zhāi

1. 正和二十三年/1702（7084 號）："忌日內寺作~盤拾具。"
2. 保大五年/1930（17104 號）："然後忌日，本寺宣經具設~盤上供。"
3. 保大五年/1930（17106 號）："自後忌日，本寺宣經具設~盤、金銀、花菓上供。"

永盛五年/1709（11901 號）："其全社每大人作二~盤，以承忌臘，苗裔不絕。"

永盛四年/1708（8072 號）："其本寺自上至下忌臘父母，三旬正月初五日，號慈心米拾斗，粢~列爲拾盤，三寶三盤。"

嘉隆六年/1807（14483 號）："前一日，三甲正糯米五斗，古錢四陌付守寺，買~品供養。"

景盛元年/1793（3793 號/12631 號）："係遞年正月八席祈福增~盤壹具惠粢壹盤。"

1. 正和十九年/1698（6700 號）："忌日常供祭，粢盤用~延。"
2. 正和二十年/1699（1619 號）："至如遞年忌日，具設~盤，供奉祀事。"
3. 保泰六年/1725（8134 號）："尤且輕財愛人，囂囂然，大丈夫之氣節，彼雲~社多倚賴焉。"
4. 景興三十六年/1775（11092號）："至第一忌三月十四日，預前一日~戒清淨，六供禮儀，誦經念佛。"

1. 永盛六年/1710（11344號）："係遞年常忌翁後婆後，本社忌買豬壹口，粢十盤，酒一圩，~盤一具，饌將在寺處。"
2. 永佑三年/1737（1824號）："及常先十月十五日節，亦饌~壹盤。"

景興十二年/1751（7130號）："特進紫金榮祿大夫甲辰科及第進士工部尚書微川侯敬~，何肅夫撰。"

瞻 zhān

永壽四年/1661（8645號）："臣仰祝~主巍巍德萬壽。"

1. 正和二十年/1699（3650號）："斯鄉遙~碩望，景仰仁聲，疇昔往來，均蒙恩惠。"
2. 龍德三年/1734（9227號）："何至顧~陰宅而惻然，有斯感哉。"
3. 嗣德二十三年/1870（17199號）："道統淵源，~者起敬。"

展 zhǎn

景興二十六年/1765（8885號）："其前顯考阮公字福稔妣阮氏號妙田，~忌於三月十四日。"

盞 zhǎn

景盛五年/1797（11697號）："許每盤圓餅八件，方餅四件，殽味十~。"

張 zhāng

1. 永佑三年/1737（12480號）："當此之時，世傳在旁州演州府東城縣安樂莊，有一名家酋長，姓~名度。"
2. 永佑四年/1738（11677號）："茲~賴總應福寺，經時累久，逼

穿頹弊。"
3. 同慶元年/1886（4730 號）："曾祖妣黃公次室~氏宛號妙香，二月十九日忌。"

長 zhǎng

景興三十九年/1778（2009 號）："村~阮有親、范俊祿、阮文珊點指。"

丈 zhàng

正和二十二年/1701（11524 號）："臨者，不知其幾千~。"

真 zhēn

治平龍應五年/1209（4103 號）："係名花擷菓獻聖象，而福滿三千；會合星宿~仙列香筵，而感來下界。"

枕 zhěn

1. 永治元年/1676（372 號）："茲惟范叟舊娶阮娘，友中鸞鳳~上鴛鴦。"
2. 保泰十年/1729（11801 號）："竊見古跡名藍，伽廬佛寺，明堂聚水，玄武~山。"
3. 永佑三年/1737（11644 號）："夫婦好底人，三生香火，一~風流，綽綽乎，有餘裕矣。"

振 zhèn

正和十年/1689（5113 號）："鄉間蠢蠢，子孫~~。"

鎮 zhèn

永盛二年/1706（1393 號）："群峰~後，萬水趨前。"

蒸 zhēng

保泰十年/1729（9985 號）："與神配享，日世~嘗。"

整 zhěng

1. 正和二十三年/1702（11636號）："廟祠三開，後堂柳墻諸方，召匠勤勤~飭。"
2. 景興四十六年/1785（1931號）："係百歲送終日，本甲等齊~衣帽，並就行禮。"

弘定八年/1607（1136號）："係遞年忌日各甲~卞粢盛五具，香梢五檯，金銀□五千關，芙萏等物，遞將本寺於以奠之。"

證 zhèng

景興三十三年/1772（1825號）："聖賢~鑒，民社康延。"

之 zhī

1. 慶德三年/1651（814號）："投~以桃，報之以李。"
2. 德元二年/1675（4558號）："金木水火土，天~五行。"
3. 正和十八年/1697（5471號）："村中有姓阮名曰公泰字福力號大志，以少年孤幼~軀，當至難福德~任。"
4. 明命二十一年/1840（15175b號）："蓋聞佛道之教，從來久矣，不可無鐘音以響~。"

保泰四年/1723（10940號）："趣不林泉而有山清~完抱，景鄰鄉里而無塵跡之侵籠。"

1. 正和二十三年/1702（6429號）："然則斯舉也，豈以過情之譽，而爲求媚~具哉？"
2. 景盛三年/1795（9006號）："故刻~於石，以誌~也。"

永慶四年/1732（6694號）："於戲

德澤，及於當時，難可量~。"

1. 明命十三年/1832（14231 號）："英雄之地，文獻~鄉。"
2. 嗣德十七年/1864（15928 號）："人既有答來~禮，我豈亡報往~情。"

隻 zhī

1. 正和八年/1687（30 號）："沙牢一~，粢肆盤，芙蓲酒足用。"
2. 永佑元年/1735（32 號）："係每忌謹以沙牢一~，粢五盤，酒一盂，芙蓲等，並就廳堂行禮如儀。"

姪 zhí

正和十三年/1692（9360 號）："孫傳~繼，千載無訛。"

執 zhí

1. 洪德四年/1473（7134 號）："又本地方有一猛虎，常爲民害，王作偶人形，手有~錐，立於要路。"
2. 永慶四年/1732（6694 號）："乃是~水放水之處，非架虹橋，何得穩步哉？"
3. 景盛六年/1798（10992 號）："曆屬~徐，情孚協洽。"

職 zhí

1. 弘定八年/1607（1136 號）："本村員~福果崇修佛像各座，行廊兩列，功力浩繁。其費不算。"
2. 福泰七年/1649（5279 號）："貴官~掌，輔位聖皇。"
3. 景治七年/1669（5107 號）："後之當官涖~者，當培養此善心，推行此善道，永傳於無窮。"
4. 景興二十五年/1764（11510 號）："茲本社，前十里侯贈封百戶~謝貴公字充終，在堂妻陶氏黨，行冠鄉村，尊推十里。"

至 zhì

景盛四年/1796（13342號）："~於顯雙親於隨光，則崇德報功之道，盡享先靈於有所。"

螽 zhōng

陽德三年/1674（6941號）："至之齡，孫侄圍眾多之福，和氣充門戶，男孫有~羽詵詵，光彩溢家庭。"

鍾 zhōng

正和二十一年/1700（7616號）："地~靈秀，寺號寶光。"

鐘 zhōng

1. 正和十六年/1695（5335號）："本社再應保爲後佛，興功造鑄洪~一果。"
2. 正和十六年/1695（5335號）："家財自出使錢三百貫又作閣~。"
3. 景興四十一年/1780（11555號）："茲上仕信新造後堂七間，構作~閣四柱，鳩工雕畫棟樑。"

咒 zhòu

永盛十二年/1716（10438號）："聽蓮花之~，較諸鄰比之，名藍始無以過。"

豬 zhū

景治七年/1669（450號）："熟食一盤，~頭一首，祀事配享以爲血事，萬代以酬此恩此義。"

景興二十九年/1768（8563號）："係遞年十二月十五日，例其諱曰，~一口，酒壹坏，金銀一千，梁三具。"

助 zhù

1. 福泰七年/1649（5279號）：
"王公十方信施，~功德，結善緣。"
2. 正和十三年/1692（2164號）：
"顧我四鄰，鼎居二縣，守望相~，恩若一家。"
3. 嗣德三十年/1877（15863號）：
"鄉內有興功，社內有供田，有~資及十方進供。"
4. 保大五年/1930（17061號）：
"間有邑女氏情願出花銀千元，~成美事。"

築 zhù

景興三年/1742（8104號）："遞年培~，~立堤路。"

鑄 zhù

正和十六年/1695（5335號）："本社再應保爲後佛，興功造~洪鐘一果。"

甎 zhuān

嗣德六年/1853（19083號）："垣繚~甓，不甚宏廠。"

傳 zhuàn

永治元年/1676（3329號）："然而，可以暫，不可以久；善於始，難保善於終，仍銘於石以壽其~。"

撰 zhuàn

成泰十九年/1907（567號）："茲本村修理亭宇，伊賴出家銀叁拾元乞~，將忌後拾位刻於石碑，立亭廡左邊。"

轉 zhuǎn

1. 正和十三年/1692（3346號）："皇圖鞏固，帝道遐昌，佛日增輝，法輪常~，天下太平，國家長久。"

2. 正和十八年/1697（5474 號）："祭長認取~次耕作以供忌日之禮。"

嗣德十三年/1860（7748 號）："例遞年三月初六初七等日，入席例有殺牲，各甲當該~次兮。"

饌 zhuàn

永治元年/1676（1401 號）："係至忌日，整辨具~壹盤，湖金銀五百，酒壹坼，芙蔶一匣，將在碑前謹告。"

1. 保泰六年/1725（11119 號）："三寶物付僧寺耕種，陳設酒~各等器磁價錢壹陌，依期例日同親。"

2. 龍德二年/1733（11130 號）："日作~壹盤，芙蔶茶酒，將就碑字，年年代代，其如田不得專賣他人。"

3. 景興四十六年/1785（1499 號）："供畢，有面拜者，見員飲食，又整作~具。"

莊 zhuāng

永壽四年/1661（2767 號）："龍池祭祀，養魚鱉之物，廟觀~嚴，制度超前，樓台美麗，規模勝昔。"

1. 永佑三年/1737（12482 號）："洪娘奮威大怒，即火燒橋路，時三公始進回本~，已見燒橋火盡，時二娘相交戰鬥，一皆死沒矣。"

2. 永佑三年/1737（12616 號）："本~家臣百人中有一人被旋風一陣，死在宮邊之右，後有封爲土令神公。"

3. 永佑三年/1737（11488 號）："帝返回本~，帝以爲靈應，依夢所報，帝行宴賞賜。"

裝 zhuāng

永治二年/1677（11225 號）："上殿燒香，前堂後堂，左右行廊，押階後庭，再造案前三座及~金塑繪。"

捉 zhuō

景興三十一年/1770（8886 號）："嗣後，若何人恃其己物，不據券內，本社定~牛一頭，價十四錢拾貫。"

衷 zhōng

永治二年/1677（5369 號）："貳名茲信娌，上帝本降~。"

光中四年/1791（7750 號）："蓋聞知恩報恩，以德報德，此今古自然之常理，而生民固有之良~，故凡澤及於人，人必追思而祀之。"

重 zhòng

景興二十七年/1766（10646 號）："於是邑人更加愛~，仍共立條約，志之於左，以垂來世。"

眾 zhòng

1. 福泰七年/1649（5279 號）："願成佛道度~生。"
2. 正和二年/1681（1446 號）："在朝廷，既令著各處鄉邑尤加厚意，分財與~，以禮接人。"

景興二十二年/1761（8884 號）："阮伯藝爲繼室，頗有賢行，和其家睦，其鄰~皆以善。"

茲 zī

景興二十年/1759（1836 號）："~其信娌黎氏堅號慈霑，應出銅錢、古錢貳拾貫，田壹畝。"

陽德元年/1672（1962 號）："~將上項亭中斷賣與本縣山路社官員。"

298 zī 粢

【粢】

正和十二年/1691（2942 號）："~社內所有社人曲春會、阮氏草素視良心厚情，率數錢文壹百陸拾貫，置數田壹畝五高，各處所列計後。"

【莍】

1. 永慶二年/1730（7822 號）："~氏豸信娌阮氏年號妙宣，守役兼勾當仕丁文日字福知妻阮氏珍號妙茸。"
2. 嗣德十九年/1866（19799 號）："~叶保寄忌一位。"

【祘】

景盛六年/1798（8432 號）："~得石，是用刻石，并誌我後身前之功業，身後之榮昌。"

粢 zī

【敉】

永盛二年/1706（13239 號）："年每忌~一盤，酒一盂，豬一口，并臘日~一盤奉事。"

【粦】

景興二十三年/1762（5453 號）："拾貳月初貳日，本社敬臘~、肉、酒，供承祀後。"

【粦】

景興二十三年/1762（5440 號）："本社敬臘~肉酒金銀祀後碑記。"

【粲】

1. 正和六年/1685（2534 號）："係遞年忌辰二月二十八日例，本社~捌具，每具陸斗，雞壹嘴，巨好酒一埕，芙蔔一封等物，祭器如儀。"
2. 永盛七年/1711（13134 號）："遞年忌四月二十六日~二盤，豬一隻，酒一圩。"

【粲】

景興二十九年/1768（8563 號）："遞年十二月十五日，例其諱曰，豬一口，酒壹圩，金銀一千，~三具。"

【籹】

永盛六年/1710（11344 號）："係遞年常忌翁後婆後，本社忌買豬壹口，~十盤，酒一圩，齋盤一具，饌將在寺處。"

總 zǒng

永慶二年/1730（7822號）："同溪社梁德財妻范氏堅，社長兼本~武長黎德配妻武氏。"

1. 景興三十年/1769（12471號）："富良社~長。"
2. 咸宜元年/1885（377號）："環龍縣安下~盛豪坊東閣亭樑上字題如後。"

縱 zòng

正和十年/1689（5569號）："黎氏號如熙，本同鄉貫奉管村民，不以職位自驕，不以該官自~。"

奏 zòu

永佑三年/1737（12616號）："此間人民仰望見天中有黃雲一片，蔽於正所，即日表~王使庭臣，就處行禮安葬。"

卒 zú

保大五年/1930（17104號）："寶下及本身配享以~其傳，其如忌日列計於左。"

嘴 zuǐ

1. 正和六年/1685（2534號）："係遞年忌辰二月二十八日例，本社粢捌具，每具陸斗，雞壹~，巨好酒一埕，芙菖一封等物，祭器如儀。"
2. 正和七年/1686（9955號）："係至祭日，每粢壹盤，當米五斗，雞壹~，并酒、芙菖、金銀、香盞、著席用足。"

最 zuì

1. 永盛二年/1706（5847號）："夫天地之間，道理~大。"
2. 景興二十五年/1764（7000

號):"蓋聞仁爲~大,能求仁可以得。"

遵 zūn

保泰八年/1727（11142號）:"文祝行禮如儀,代代各~,繼世不絕。"

1. 龍德二年/1733（5042號）:"爰立約書,記銘碑內,以傳將來,一~厚道。"
2. 景興十七年/1756（6688號）:"係遞年諱日,白酒半盂,粢盤每高貳盤,~如前例,供在碑前。"
3. 景盛四年/1796（12868號）:"以上等節社內~依,若何人廢欠某事,許族人叀經呈官司查論。"

尊 zūn

1. 景興七年/1746（10706號）:"鄉邑~敬之心,處處壹皆讓,盼人人共保後神,億年享祿。"
2. 景盛六年/1798（8432號）:"社長高富~。"

景盛七年/1799（9008號）:"孝女陳氏李,良婿范登科,知佛道,當~供肥田餘壹畝。"

佐 zuǒ

1. 治平龍應五年/1209（4103號）:"次祝修福五等,推寶貨祿,位高遷~。"
2. 治平龍應五年/1209（4103號）:"~聖億載,奉佛无遺。"

坐 zuò

1. 永治五年/1680（2186號）:"師乃沐浴畢,端~網上,故辭眾云:'……'。"
2. 正和十八年/1697（5232號）:"鴻福寺正~行廊二間二床。"

光中二年/1789（7045號）:"有良田壹所陸高~落同□處。"

作 zuò

永盛十三年/1717（11940號）：
"凡柒尺有餘，許錢~柱閣鐘。"

座 zuò

1. 慶德三年/1651（4929號）：
"裴仲道字德蘇，號福基，發財興功，及本寺士娌重修本寺上殿燒香前堂三~碑。"
2. 永壽二年/1659（5348號）：
"上福寺已丑年十一月十八日，修造上殿燒香前堂佛像各~。"

漢字文明研究·書系之四

本書爲國家社科基金重大項目"越南漢字資源整理及相關專題研究"（17ZDA308）階段性成果，國家社科基金一般項目"漢字文化圈俗字比較研究"（12BYY069）相關成果。

越南碑銘文獻的文字學研究
（下）

何華珍　劉正印　等◎著

中國社會科學出版社

下　編

越南碑銘文獻目錄

編　　例

　　一、本編收錄越南碑銘拓片 10352 單位，其材料來源爲《越南漢喃銘文匯編》（第一集，北屬時期至李朝）、《越南漢喃銘文匯編》（第二集，陳朝）和《越南漢喃銘文拓片總集》（1—22 冊）。

　　二、本目錄每一條目包括的信息有碑銘的公元紀年、年號、標題、拓片編號，例如：1680-正和元年-建立神廟祭田-6494。需要說明的是：

　　1. 碑銘年號

　　（1）若碑銘中爲年號數字紀年，則直接取用，如 3066 號碑銘落款"皇朝正和十年歲次己巳孟冬穀日"，年號即"正和十年"。

　　（2）若碑銘中爲年號干支紀年，則據年號干支推論出年號數字及對應的公元紀年，如 7823 號碑銘落款"皇朝正和萬萬歲甲子年十二月季冬穀日"，正和（1680—1705）甲子年，即爲"正和五年"，公元紀年爲"1684 年"。

　　（3）若碑銘不同的面刻有兩個或兩個以上的年號，則以最早的年號時間爲準，並在該碑銘題目後標註符號"◆"。

　　（4）有些碑銘中的年號數字在年號起止期之外，導致新舊年號重疊，本目錄仍按舊年號推算，不改爲新年號紀年。

　　2. 拓片編號

　　（1）碑銘拓片編號爲越南漢喃研究院所藏拓片編號（起始數字"0"省略，如 00538 號寫作 538）。碑銘拓片無編號，則編號欄空缺。

　　（2）若同一碑銘存在多次拓印編號，則在括弧中予以注明。如黎朝初期碑銘目錄中的《題龍光洞並引》（洪德九年）有兩份完全一致的拓片，編號分別爲 17345、297，編號欄注明：17345（297 同）。

　　3. 碑銘標題

　　（1）凡有額題的碑銘則以額題爲標題；无額題的碑銘，則標題欄統一標爲"無題"。部分陳朝及陳朝以前的碑銘標題擬定多依從《越南漢喃銘文匯編》。

(2）碑銘中出現較多"後神碑記"、"後佛碑記"等額題的"後碑"，其中的"後"字有多種不同的寫法，如"后""候""後"等。此類碑銘標題中的"後"字，依據原碑所刻字形，不做改動。

三、本目錄按越南朝代順序排列，大致分爲九部分，分別是：郡縣時期碑銘目錄、丁朝至前黎朝碑銘目錄、李朝碑銘目錄、陳朝碑銘目錄、後黎朝初期碑銘目錄、莫朝碑銘目錄、後黎朝中興期碑銘目錄、西山朝碑銘目錄、阮朝碑銘目錄。

四、本目錄收錄內容較清晰、年號時間明確的碑銘拓片：

1. 陳朝以前（含陳朝）的碑銘數量很少，本目錄主要參照《越南漢喃銘文匯編》。重刻或疑似重刻的碑銘置於該時期碑銘目錄之後，並予說明。

2. 陳朝之後年代不清、重刻或疑似重刻的碑銘，不予收錄。

3. 只能明確爲某一時間段的碑刻，全部置於該時期碑銘目錄的末尾處。如9397號《重修大慶寺碑》落款"皇朝陽德萬萬年之壽季夏穀日"，只能明確爲"陽德"年間所刻，年號欄爲"陽德"，對應的公元紀年爲"1672—1674"。

五、本目錄中的碑銘標題，如有殘泐無法判讀者，用"□"代替。異體字、避諱字統一改爲通用繁體字，喃字則剪切圖片字樣。

一　郡縣時期碑銘目錄（968年以前）

序號	公元紀年	年號	標題	編號
1	314	（西晉）建興二年	晉故使持節冠軍將軍交州牧陶列侯碑	
2	601	（隋）仁壽元年	舍利塔銘	
3	618	（隋）大業十四年	大隋九真郡寶安道場之碑文	20945
4	798	（唐）貞元十四年	青梅社鐘銘	
5	948	（南漢）乾和六年	日早古鐘銘	

二　丁朝至前黎朝碑銘目錄（968—1009）

序號	公元紀年	年號	標　題	編號
1	973		佛頂尊勝加句靈驗陀羅尼	VB1
2	979		佛頂尊勝加句靈驗陀羅尼	VB2
3	979		佛頂尊勝加句靈驗陀羅尼	VB3
4	979		佛頂尊勝加句靈驗陀羅尼	VB8
5	995		一柱寺的石幢	
6	十世紀		佛頂尊勝加句靈驗陀羅尼	
7	十世紀		佛頂尊勝加句靈驗陀羅尼	

三　李朝碑銘目錄（1010—1225）

序號	公元紀年	年號	標題	編號
1	1090	廣佑六年	明淨寺碑文	45350/45351
2	1099	會豐八年	阿彌陀佛頌	VB9
3	1100	會豐九年	安穫山報恩寺碑記	17539（20950同）
4	1107	隆符元化七年	保寧崇福寺碑	20946
5	1118	會祥大慶九年	崇嚴延聖寺碑銘	20953
6	1121	天符睿武二年	大越國李家第四帝崇善延齡塔碑	32724/32725
7	1157	大定十八年	古越村延福寺碑銘	30279
8	1166	政隆寶應四年	大朱摩山崇大光聖岩碑	29477
9	1207	治平龍應三年	寶掌太婆墓誌	24956
10	1185—1214		祝聖報恩寺碑	30285/30287
11	1125	天符睿武六年	乾尼山香嚴寺碑銘	20957
12	1126	天符睿武七年	仰山靈稱寺碑銘	20955/20954
13	1174	天感至寶元年	奉聖夫人黎氏墓誌	10755/10761
14	1175	天感至寶二年	圓光寺碑銘（阿彌陀佛）	28943
15	1209	治平龍應五年	報恩禪寺碑記	4102/4103
16	1175—1225		溱津祠跡	6366/6367

四　陳朝碑銘目錄（1225—1400）

序號	公元紀年	年號	標題	編　號
1	1226	建中元年	紹隆寺碑	30265/30266
2	1246	天應政平十五年	孤峰山摩崖	29163
3	1269	紹隆十二年	多貝峒木牌	
4	1312	興隆二十年	古跡神祠碑	
5	1321	大慶八年	白鶴通聖觀鐘記	4997/4998/4999/5000
6	1327	開泰四年	大悲延明寺碑/三寶田記	5309/5310/5311/5312
7	1328	開泰五年	延福院碑	
8	1331	開佑三年	崇天寺碑	5114/5115
9	1335	開佑七年	摩崖紀功文	13494
10	1343	紹豐三年	浴翠山靈濟塔記	30256
11	1348	紹豐八年	天寧山三寶地	T. 02
12	1349	紹豐九年	太上皇帝聖旨	30258
13	1353	紹豐十三年	東山社摩崖	17273
14	1357	紹豐十七年	興福寺摩崖（佛法僧寶）	19162
15	1361	大治四年	永報寺碑	
16	1362	大治五年	青梅圓通塔碑	
17	1366	大治九年	普成寺碑/佛	4516/4517
18	1367	大治十年	顯曜塔碑	21404
19	1367	大治十年	崇慶寺碑	30274
20	1368	大治十一年	陽巖摩崖	4096/12010
21	1372	紹慶三年	崇嚴寺碑	20965
22	1374	隆慶二年	桂陽村大悲寺佛槃	
23	1375	隆慶三年	玉亭社碑	19581/19582/19583/19584
24	1376	隆慶四年	天尊峒摩崖	5751
25	1382	昌符六年	貝溪村大悲寺佛槃	25662/25663
26	1390	光泰三年	真源寺佛槃	
27	1293	興隆元年	崇興寺田碑	17680/17681

四　陳朝碑銘目錄（1225—1400）　311

續表

序號	公元紀年	年號	標　題	編　號
28	1293	興隆元年	奉陽公主神道碑	7804
29	1324	開泰元年	興福寺碑	
30	1339	開佑十一年	開嚴碑記	23637/23638
31	1358	大治元年	慈庵碑記	25883
32	1360	大治三年	勝業律寺石柱 （石柱三寶/大城名 ○/勝業律寺）	25861/25862/25863/25864
33	1369	大定元年	福明寺碑	29593
34	1382	昌符六年	慈恩寺碑銘並序	4060
35	1279—1293		聖光寺鐘	
36	1225—1400		雲本寺鐘	
37	1299—1395		吳家氏碑	39706/39707/39708/39709
38	1358—1376		登浴翠山留題	30257
39	1373—1377		隆慶御書 （清虛洞碑）	27202
40	1376—1377		錦川鐘	

五　後黎朝初期碑銘目錄（1428—1527）

序號	公元紀年	年號	標題	編號
1	1430	順天三年	清河玉譜碑記	16996
2	1431	順天四年	御製詩	
3	1432	順天五年	無題	12341
4	1433	順天六年	藍山永陵碑	48219
5	1442	大寶三年	藍山佑陵碑	13481
6	1445	太和三年	大悲寺碑記	
7	1450	太和八年	黎朝第三王太和八年庚午五月十日	
8	1450	太和八年	國朝佐命功臣之碑	45296
9	1453	太和十一年	貝洞聖跡碑記	2104/2105/2106
10	1456	延寧三年	西越國國太夫人阮氏之墓	16515a/16515b
11	1465	光順六年	無題	11766
12	1465	光順六年	謚恭武之石志	
13	1467	光順八年	無題	7968
14	1470	洪德元年	福勝寺碑	18185/18186
15	1471	洪德二年	祀田碑記	3382/3383
16	1471	洪德二年	郡上主黎氏之墓誌	11302/11303
17	1471	洪德二年	菩仕造橋碑記	17641
18	1472	洪德三年	無題	6275
19	1472	洪德三年	無題	9524/9525
20	1472	洪德三年	無題	20161
21	1473	洪德四年	奉祀碑記	7134
22	1477	洪德八年	御製白鴉詩	47323
23	1478	洪德九年	題壺公洞並引	20964
24	1478	洪德九年	題龍光洞並引	17345（297同）
25	1479	洪德十年	延慶寺碑記	4486
26	1484	洪德十五年	光順四年癸未科進士題名記	1349

五　後黎朝初期碑銘目錄（1428—1527）

續表

序號	公元紀年	年號	標題	編號
27	1484	洪德十五年	洪德十二年辛丑科進士題名記	1350
28	1484	洪德十五年	洪德六年乙未科進士題名記	1353
29	1484	洪德十五年	洪德九年戊戌科進士題名記	1313
30	1484	洪德十五年	光順七年丙戌科進士題名記	1316
31	1484	洪德十五年	太和六年戊辰科進士題名記	1323
32	1484	洪德十五年	大寶三年壬戌科進士題名記	1358
33	1484	洪德十五年	大越太保平樂侯墓誌	48238/48239
34	1485	洪德十六年	桂挾流芳之碑（壽安宮敬妃阮氏神道碑）	1921
35	1487	洪德十八年	洪德十八年丁未科進士題名記	1361
36	1487	洪德十八年	湊津祠例碑記	6370/6371
37	1487	洪德十八年	佛	7208
38	1488	洪德十九年	駙馬都尉考妣墓誌	47124
39	1490	洪德二十一年	佛法三寶	4579
40	1491	洪德二十二年	皇圖鞏固咄山寺彌陀佛碑	9571
41	1492	洪德二十三年	大越唐王墓誌	48203
42	1492	洪德二十三年	大越唐王神道碑	17931
43	1494	洪德二十五年	御製題綠雲洞	
44	1495	洪德二十六年	無題	10523/10524/10525/10526/10527/10528
45	1496	洪德二十七年	無題	1310
46	1497	洪德二十八年	贈舒郡公鄭公神道碑	53119
47	1497	洪德二十八年	峨眉寺碑	50702
48	1498	景統元年	大越藍山昭陵碑	13473
49	1498	景統元年	坤元至德之碑	1919

續表

序號	公元紀年	年號	標題	編號
50	1498	景統元年	光淑貞惠謙節和沖仁聖皇太后挽詩	13478/13478b/13478c
51	1498	景統元年	珠光玉潔之碑（大越韶陽公主神道碑）	13485（1920同）
52	1498	景統元年	大越錦榮長公主神道碑	13486
53	1498	景統元年	無題	20900
54	1500	景統三年	顯瑞庵碑	1223
55	1500	景統三年	景統三年十月二十八日起造	13095
56	1501	景統四年	御製題龍光洞二首	296
57	1501	景統四年	御製題浴翠山並引	2814（5657同）（11913同）
58	1501	景統四年	御製題龍光洞二首	17346
59	1501	景統四年	御製題白鵐洞二首	47321
60	1501	景統四年	御製題壺公洞	48308
61	1501	景統四年	御製泛神符海登只節山留題一首	47304
62	1501	景統四年	御製題綠雲洞二首	
63	1501	景統四年	御製題照白山	47123
64	1504	景統七年	大越藍山裕陵碑	10556
65	1505	端慶元年	無題	5304
66	1505	端慶元年	大越藍山敬陵碑	13482（17924同）
67	1505	端慶元年	含弘光大之碑	13483
68	1507	端慶三年	無題	5137
69	1508	端慶四年	竹庵寺碑/一會主	10139/10140
70	1509	端慶五年	三寶	17324
71	1510	洪順二年	古跡靈祠碑記	1954
72	1510	洪順二年	夏寺碑	24322
73	1511	洪順三年	皇圖鞏固	8731
74	1511	洪順三年	明慶大名藍碑	11417
75	1511	洪順三年	磻溪侯墓誌	13545/13546
76	1511	洪順三年	御製金甌寺詩並敘	
77	1511	洪順三年	御製詠義國公阮文郎亭詩	

五　後黎朝初期碑銘目錄（1428—1527）

續表

序號	公元紀年	年號	標題	編號
78	1511	洪順三年	御製題白鴉洞詩二首	47322
79	1512	洪順四年	總督大王神祠記	1255
80	1513	洪順五年	洪順三年辛未科進士題名石記	1369b
81	1513	洪順五年	敕給賜	3675
82	1513	洪順五年	無題	3676
83	1514	洪順六年	題照白山詩並序	47122
84	1515	洪順七年	無爲寺碑	1942
85	1515	洪順七年	大悲寺	2102/2103（13207/13208 同）
86	1515	洪順七年	光慶寺碑銘並敘	11788
87	1521	光紹六年	洪順六年甲戌科進士題名記	1356
88	1522	光紹七年	萬壽	2557
89	1525	統元四年	虬山渡記	1737（20118 同）
90	1527	統元六年	崇慶寺碑	8644

六 莫朝碑銘目錄（1527—1592）

序號	公元紀年	年號	標題	編號
1	1529	明德三年	明德三年己丑科進士題名碑	1305
2	1529	明德三年	貝溪鄉大悲寺碑/大悲寺	2092/2093
3	1531	大正二年	阮橋市碑/阮橋市碑之記	3007/3008
4	1531	大正二年	法佛僧	9139
5	1532	大正三年	重修陽岩寺石碑	12007
6	1534	大正五年	巨靈寺碑	12880
7	1536	大正七年	光紹三年戊寅科進士題名記	1308
8	1536	大正七年	景統五年壬戌科進士題名記	1359
9	1536	大正七年	重構銅午寺碑	11518（20366同）
10	1538	大正九年	水閣補經碑	1224
11	1538	大正九年	皇都寺碑	8098/8099
12	1540	大正十一年	靈福寺碑	8294
13	1541	廣和元年	寶鐵花燈檠碑	2225/2226
14	1541	廣和元年	大悲寺碑記	13331
15	1542	廣和二年	高靈寺砌甎碑	9180
16	1542	廣和二年	惠雲佛座碑記	11813
17	1543	廣和三年	重修置石四橋碑銘	9841/9842
18	1544	廣和四年	橋池村德睦寺碑	1854
19	1544	廣和四年	順安府文江縣清鄧社鄧寺	5878/5879
20	1544	廣和四年	湊津神祠碑記/信施	6368/6369
21	1545	廣和五年	古靈寺碑記	9152
22	1548	景曆元年	寶枕寺碑銘記	7569/7570
23	1554	光寶元年	無題	7898
24	1557	光寶四年	施田碑銘	11481
25	1557	光寶四年	重修靈感寺碑銘	2189
26	1558	光寶五年	重修寶林寺碑記	12112
27	1558	光寶五年	趙皇神祠碑記	2573
28	1559	光寶六年	福樓寺石碑	5826

六 莫朝碑銘目錄（1527—1592）

續表

序號	公元紀年	年號	標題	編號
29	1562	光寶九年	造天福寺之碑/信施田	10067/10068
30	1562	光寶九年	檜山寺碑記	10419
31	1562	光寶九年	清光寺碑記	5433
32	1563	光寶十年	清光寺田土碑記	5434
33	1562	淳福元年	修造婆丁寺之碑/信施田	10060/10061
34	1562	淳福元年	棟橘寺碑記	13180
35	1562	淳福元年	重修瑞應觀	18455/18456
36	1562	淳福元年	麒麟寺碑	16927
37	1562	淳福元年	金鑪中村麒麟寺碑	16926
38	1563	淳福二年	重修建靈寺再新造佛像碑/信施	8018/8019
39	1563	淳福二年	西寺井碑	3688
40	1564	淳福三年	修福樓寺橋池碑	5827
41	1564	淳福三年	信施/大悲寺碑	13324/13325
42	1564	淳福三年	新造佛碑	6272
43	1567	崇康二年	真聖觀碑/皇帝萬歲	5802/5803
44	1567	崇康二年	新造慶隆橋碑記/信施	7999/8000
45	1568	崇康三年	嚴光寺碑	12813
46	1570	崇康五年	重修興福寺碑	11383
47	1571	崇康六年	天佑寺碑記	12556
48	1572	崇康七年	瑞應石碑銘/應舍寺/信施田/一信施	8202/8203/8213/8214
49	1572	崇康七年	皇帝萬歲	12812
50	1572	崇康七年	碑記	9869
51	1572	崇康七年	重修佛像碑	10877
52	1572	崇康七年	寶福寺新造碑/三寶田	2703/2704
53	1573	崇康八年	大悲寺碑	2094/2095
54	1573	崇康八年	津市木碑	6158
55	1574	崇康九年	先賢祠碑/本縣斯文	9382/9383
56	1574	崇康九年	澹江橋碑/信施	10167/10168
57	1575	崇康十年	華嚴寺碑	885
58	1575	崇康十年	羅浮羅淵濮洞橋市碑/新郡公信施	8092/8093

318　下編　越南碑銘文獻目録

續表

序號	公元紀年	年號	標題	編號
59	1575	崇康十年	滿月庵碑	10026
60	1578	延成元年	華嚴寺	1935
61	1578	延成元年	三教像銘碑（修造高陽寺三教像碑銘）	4662
62	1578	延成元年	福林弘誓寺碑/信施	7273/7274
63	1578	延成元年	陽津寺碑	8447
64	1578	延成元年	崇恩寺碑/信施	8518/8519
65	1579	延成二年	蘇郡公神道碑銘	4339
66	1579	延成二年	無題	4340
67	1579	延成二年	無題	10053/10054
68	1579	延成二年	新刊信施付田碑	10286
69	1579	延成二年	修構圓光龕碑記	13111/13112
70	1580	延成三年	靈光神祠碑/庚辰年造	1748/1749
71	1580	延成三年	記由碑一邊	3121
72	1580	延成三年	重修淥寺碑記	8897
73	1580	延成三年	修復每猱橋碑記	10234
74	1580	延成三年	重修大慈寺碑	11448
75	1582	延成五年	信施法雲寺碑	5261
76	1582	延成五年	圓覺寺碑/信施	5891/5892
77	1582	延成五年	重修石碑	7256
78	1582	延成五年	華津寺碑	10645
79	1583	延成六年	路館井碑	5950
80	1583	延成六年	造石佛碑/信施	9569/9570
81	1583	延成六年	大名藍崇慶寺碑	8534
82	1583	延成六年	重修靈山寺碑記	10901/10902/10903
83	1583	延成六年	興福寺碑記/興福寺福田碑	11381/11382
84	1583	延成六年	造砌石碑	12657
85	1583	延成六年	信施/福龍寺碑	12830/12831
86	1584	延成七年	永慶寺碑記	10465
87	1585	延成八年	構作新亭碑記	3853
88	1585	延成八年	端拜社員外村/興造大端廷碑	4591/4592
89	1585	延成八年	信施/崇光寺碑	4886/4887

六 莫朝碑銘目錄（1527—1592） 319

續表

序號	公元紀年	年號	標 題	編 號
90	1585	延成八年	重修延福寺石碑	7695
91	1586	端泰元年	東拋寺新造繞香前堂碑	4580
92	1586	端泰元年	鴻福寺洪鐘碑	5247/5248
93	1586	端泰元年	福慶寺造■碑/檀那信施	7962/7963
94	1586	端泰元年	圓光寺碑	12995
95	1587	端泰二年	修造石橋二處碑	3179
96	1587	端泰二年	聖恩寺三寶田/浮灘社修造石碑	4368/4369
97	1587	端泰二年	福慶寺碑	4457
98	1587	端泰二年	重修寶光寺碑記	4950
99	1587	端泰二年	鳳祥寺/重修上殿佛像燒香前堂	14285
100	1587	端泰二年	鳳祥寺碑記/信施	14288/14289
101	1588	端泰三年	修福樓寺石井碑	5828/5831
102	1588	端泰三年	重修寺佛樹館碑	5943
103	1588	端泰三年	造佛玉皇碑/信施	7493/7494
104	1588	端泰三年	興造千冬橋第壹碑	7820
105	1588	端泰三年	重修靈饔寺	12511/12512
106	1588	端泰三年	安丁寺碑	12579
107	1589	端泰四年	僊福館碑	4092
108	1588	興治元年	興慶寺碑記/信施	9774/9775
109	1588	興治元年	重修停駕陰司新橋	2287/2288/2289/2290
110	1588	興治元年	信施/大同寺碑	5901/5902
111	1589	興治二年	圓陽觀碑/信施	2207/2208
112	1589	興治二年	安養寺碑	4757
113	1589	興治二年	無題	7277/7278
114	1589	興治二年	霞樓寺碑/信施	9894/9895
115	1589	興治二年	洪慶寺田碑記	9910
116	1589	興治二年	信施/修造寶慶寺碑	9728/9729
117	1590	興治三年	天福寺碑	3963
118	1590	興治三年	大同庵二寺市亭溪橋碑/信施	5903/5904
119	1590	興治三年	安東寺碑記	10547
120	1590	興治三年	延福寺碑	12887

續表

序號	公元紀年	年號	標題	編號
121	1591	興治四年	新造玉皇諸佛寶光寺碑記	4949
122	1591	興治四年	迎福碑記	5133
123	1591	興治四年	靈光寺碑記	8545（19113同）
124	1591	洪寧元年	真聖觀碑/信施	5804/5805
125	1591	洪寧元年	三教寺/三寶物	2696/2697
126	1592	洪寧二年	顯洞庵碑記	1222
127	1592	洪寧二年	大慈寺碑	11449
128	1562—1565	淳福	重修壽寧寺碑記	8011
129	1566—1577	崇康	法雨寺碑/田記	7852/7853
130	1589—1590	興治二或三年	興慶寺/碑記	9776/9777

七　後黎朝中興期碑銘目錄（1533—1789）

序號	公元紀年	年號	標題	編號
1	1572	洪福元年	無題	5177
2	1572	洪福元年	無題	11537
3	1572	洪福元年	無題	12339/12340
4	1572	洪福元年	無題	12458/12459/12460
5	1572	洪福元年	無題	12463/12464
6	1572	洪福元年	事跡碑記	15597/15598
7	1578	光興元年	重修石碑	17846
8	1583	光興六年	永福寺碑/信施	13487/13488
9	1585	光興八年	重修報恩寺碑記	20952（17545同）
10	1588	光興十一年	重修嘉興寺碑記	19305
11	1591	光興十四年	重修德彝橋碑	2391
12	1593	光興十六年	興福寺碑	2063
13	1593	光興十六年	圓陽觀碑	2196/2197/2198/2199
14	1593	光興十六年	八覺寺八田碑	14323/14324
15	1594	光興十七年	一興功會主記	6432
16	1594	光興十七年	鴻福寺補陀碑	5245/5246
17	1595	光興十八年	貝庵洞僊碑	20147
18	1598	光興二十一年	重修寶福岩寺碑/一信施本縣各總社	5762/5763
19	1600	慎德元年	重修福光寺碑/信施	8222/8223
20	1600	慎德元年	再木柱橋寺	11066
21	1601	弘定二年	青雀崇恩寺碑記	6431
22	1602	弘定三年	崑山資福寺碑	18792
23	1603	弘定四年	三開碑	2099/2100/2101
24	1603	弘定四年	福林寺/報恩福林寺碑記	2577/2578
25	1603	弘定四年	重修興福寺碑	11379
26	1603	弘定四年	福山寺重修佛像/黃山村新造石碑	5810/5811
27	1603	弘定四年	觀音寺碑	5893/5894

續表

序號	公元紀年	年號	標題	編號
28	1603	弘定四年	修造佛春園寺碑	5947/5948
29	1604	弘定五年	古法殿造碑	2021/2022
30	1604	弘定五年	善心信施	2533
31	1604	弘定五年	無題	11412
32	1604	弘定五年	靈龍寺/碑記	6038/6039
33	1604	弘定五年	修造石路碑	5954
34	1604	弘定五年	寄忌碑	3290
35	1605	弘定六年	三關虹橋碑/修造石路碑	12003/12004
36	1605	弘定六年	重修寶山寺碑	16672
37	1605	弘定六年	顯靈祠石碑	7120/7121
38	1605	弘定六年	帝釋殿記/皇帝萬萬歲	9768/9769
39	1605	弘定六年	重修儴侶寺佛碑/信施	8442/8443
40	1605	弘定六年	重修興慶寺碑/南無阿彌陀佛	11040/11041
41	1605	弘定六年	阮族碑記	1484
42	1606	弘定七年	重修龍慶寺碑	849（3642同）
43	1606	弘定七年	佛跡靈山寺修造碑記/三寶佛法僧	1913/1914
44	1606	弘定七年	重修福娘寺碑/興功	2514/2515
45	1606	弘定七年	造砌磚帝釋廟殿碑記/皇帝萬萬歲/天帝祠朔繪之碑	9770/9771/9772/9773
46	1606	弘定七年	天雨寺新造前堂石碑/信施	7696/7697
47	1606	弘定七年	重修永嚴寺碑/信施	8038/8039
48	1606	弘定七年	重修大慈寺碑	11482
49	1606	弘定七年	石橋碑記	3544/3545/3546/3547
50	1607	弘定八年	崑/山/資/福/寺/碑	18776/18777/18778/18779/18780/18781
51	1607	弘定八年	文廟記	6506/6507/6508/6509
52	1607	弘定八年	信施全村物阜民康	6817/6818
53	1607	弘定八年	福田碑	5806
54	1607	弘定八年	博皮寺碑/信施碑記	11168/11169

七　後黎朝中興期碑銘目錄（1533—1789）

續表

序號	公元紀年	年號	標題	編號
55	1607	弘定八年	造福樓寺伏樹路碑	5829/5830
56	1607	弘定八年	福樓寺新造佛像施田碑	5832/5833
57	1608	弘定九年	信施福田碑	8883
58	1608	弘定九年	重修神光寺大法師碑	13553/13554
59	1608	弘定九年	重造安丁寺碑	12720/12721/12722
60	1608	弘定九年	凡功德碑	13484
61	1608	弘定九年	前朝丁先皇帝廟功/德碑記並銘	15853/15854
62	1608	弘定九年	前朝黎大行皇帝廟/功德碑記並銘	15870/15871
63	1609	弘定十年	文會碑記	4421/4422
64	1610	弘定十一年	天福寺碑/原各士娌	3949/3950
65	1610	弘定十一年	修造先賢碑	12096
66	1610	弘定十一年	福光寺碑	12536/12537
67	1610	弘定十一年	重修屯貝大悲寺碑/三寶物	12593/12594
68	1610	弘定十一年	無題	13098/13099
69	1610	弘定十一年	洪福寺碑記/信施	13407/13408
70	1610	弘定十一年	功德碑記	13071/13072
71	1610	弘定十一年	永慶寺石碑/信施	13089/13090
72	1610	弘定十一年	無題	4739/4740
73	1610	弘定十一年	新造石橋碑記	4743/4744/4745
74	1611	弘定十二年	新造佛寺碑/宅庵寺佛跡	19139/19140
75	1611	弘定十二年	洪恩寺碑/信施興造	9/10
76	1611	弘定十二年	瓊華靈春福陰萬寧/祿溪無事等之橋碑	3217/3218
77	1611	弘定十二年	太師寺碑記/寶塔村士娌記	4495/4496
78	1611	弘定十二年	崇恩寺碑記/信施	8514/8515
79	1611	弘定十二年	大靈寺碑記/信施/大茶社碑記	10307/10308/10309/10310
80	1611	弘定十二年	勝明寺碑記/信施	9521/9522
81	1611	弘定十二年	靈應寺碑	11061

續表

序號	公元紀年	年號	標題	編號
82	1611	弘定十二年	重修菩提寺佛橋碑	5749/5750
83	1611	弘定十二年	重修造作/聖像前朝/黎大行皇帝/碑記並銘	15859/15860/15861/15862
84	1612	弘定十三年	重修造安咸寺碑	1218
85	1612	弘定十三年	修造神光寺碑記	2312/2313/2314
86	1612	弘定十三年	重修靈應寺閣鐘碑	2786
87	1612	弘定十三年	重修龍慶寺碑	8220/8221
88	1612	弘定十三年	重修報國寺碑/全村及十方信施	8338/8339
89	1612	弘定十三年	報恩寺碑/信施	9326/9327
90	1612	弘定十三年	施田鴻福寺碑	5238
91	1612	弘定十三年	重修淨光寺碑	5490
92	1612	弘定十三年	福田碑記◆	11391/11392
93	1613	弘定十四年	修裴寺	24
94	1613	弘定十四年	福靈寺碑	2854
95	1613	弘定十四年	興福寺碑	11377
96	1613	弘定十四年	修造靈光寺碑/信施佛功德	9401/9402
97	1613	弘定十四年	新造香林寺佛石柱碑	5823/5824
98	1614	弘定十五年	興功信施/重修崇福寺佛祖庵碑	476/477
99	1614	弘定十五年	重修天尊觀寶光院碑/信施功德	2678/2679
100	1614	弘定十五年	新造繡塔寺碑/信施記	3144/3145
101	1614	弘定十五年	法佛僧/龍慶寺	8628/8629/8630
102	1614	弘定十五年	青蘭寺/碑記	5986/5987
103	1614	弘定十五年	崑山	18772
104	1615	弘定十六年	重修文廟碑	2699
105	1615	弘定十六年	信施錢/造碑	7641/7642/7643
106	1615	弘定十六年	福會寺碑	8186
107	1615	弘定十六年	塔寺碑記/信施	8532/8533
108	1615	弘定十六年	嘉定縣仕婗信施/福來寺碑記	4806/4807
109	1615	弘定十六年	天竺寺碑/修造石碑	5509/5510

七　後黎朝中興期碑銘目錄（1533—1789）

續表

序號	公元紀年	年號	標題	編號
110	1615	弘定十六年	先賢碑/興功	11626/11627
111	1616	弘定十七年	營造仁禮橋/興功/信施/碑館並序◆	16541/16542/16543/16544
112	1616	弘定十七年	大王嬪廟記	17886/17887
113	1616	弘定十七年	理斷	4571
114	1616	弘定十七年	□光寺井碑	16809
115	1616	弘定十七年	大王嬪廟記	1894
116	1616	弘定十七年	十方功德/法雲寺碑記	8192/8193
117	1616	弘定十七年	法雲寺碑記	6154/6155
118	1616	弘定十七年	一信施碑/城隍寺碑記	8276/8277
119	1616	弘定十七年	榮福寺碑	11594/11595
120	1616	弘定十七年	興造靈福寺庵碑/會主信施	11615/11616
121	1616	弘定十七年	清陵寺碑記	4152/4153
122	1616	弘定十七年	興福永亭寺/碑記信施	10422/10423
123	1616	弘定十七年	修造華女橋碑/信施	11424/11425
124	1616	弘定十七年	皇帝萬萬歲/重修揆橋碑記	13195/13196
125	1616	弘定十七年	修造津驛觀碑	16691
126	1617	弘定十八年	修造碑記/靈仙觀	2240/2241
127	1617	弘定十八年	造▨大橋立碑/修造靈仙寺碑	724/725
128	1617	弘定十八年	伏/伏/重修造佛碑記/佛降下福興寺廣翼平安碑記	4025/4026/4027/4028
129	1617	弘定十八年	施田明慶寺碑	4532
130	1617	弘定十八年	修造花蓮寺香跡庵碑記	10644
131	1617	弘定十八年	新福寺碑	5706
132	1617	弘定十八年	修造佛像蓮池寺碑/一信施	10852/10853
133	1617	弘定十八年	修造白毫寺碑/修造豪舍橋碑	11434/11435
134	1617	弘定十八年	無題	12305/12306
135	1618	弘定十九年	重修龍銳橋碑/信施	16682/16683

續表

序號	公元紀年	年號	標題	編號
136	1618	弘定十九年	先賢祠碑	1667/1668
137	1618	弘定十九年	安朗禪院寺石碑	8094/8102/8212
138	1618	弘定十九年	普照寺碑/信施	10055/10056
139	1618	弘定十九年	興嚴寺碑/信施	5092/5093
140	1618	弘定十九年	施田市碑記/皇帝萬歲	5134/5135
141	1618	弘定十九年	永亭庵碑/信施	10432/10433
142	1618	弘定十九年	龍龜寺碑/始造碑記	5192/5193
143	1618	弘定十九年	無題	8284
144	1618	弘定十九年	興功及信施碑記	11367
145	1618	弘定十九年	福溪碑記	13348/13349
146	1619	弘定二十年	新造仙山寺碑並銘	16696
147	1619	弘定二十年	崇恩寺碑記/信施	8516/8517
148	1619	弘定二十年	靈光寺碑記	8546
149	1619	永祚元年	慶光寺碑記/信施	8498/8499
150	1619	永祚元年	棟蓮寺碑記	8929
151	1619	永祚元年	真覺寺碑/市廛村記	9621/9622
152	1619	永祚元年	安經法佛僧寶駕	12008
153	1619	永祚元年	興功阿哩寺碑	19607
154	1619	永祚元年	新造明空國師蕉山神祠碑記/蕉山祠碑	19444/19445
155	1620	永祚二年	信施興福寺碑	19395
156	1620	永祚二年	一信施/無爲寺碑	2017/2018
157	1620	永祚二年	信施/大悲寺碑	2115/2116
158	1620	永祚二年	主婆呵寺碑/後開創伽藍	3101/3102
159	1620	永祚二年	本社及十方信施/重修興化禪寺碑	3107/3108
160	1620	永祚二年	天福寺碑/乙卯年造鐘	3967/3968
161	1620	永祚二年	大悲寺碑	8283
162	1620	永祚二年	柴山寺碑記	10452
163	1620	永祚二年	釋迦寺修造砌磚碑	11366
164	1620	永祚二年	靈光寺碑	4003/4004
165	1620	永祚二年	天竺閣碑記	4049

七　後黎朝中興期碑銘目錄（1533—1789）　327

續表

序號	公元紀年	年號	標題	編號
166	1620	永祚二年	無題	4568
167	1620	永祚二年	資敬寺墻壁碑	5537
168	1620	永祚二年	元祖廷古跡/曾下社碑記	12872/12873
169	1620	永祚二年	皇上萬萬歲/福勝寺碑記	12876/12877
170	1620	永祚二年	會主並信施/修造九品碑記	12968/12969
171	1620	永祚二年	修造九品碑記/會主並信施	13109/13110
172	1620	永祚二年	崇明寺碑/信施	13383/13384
173	1621	永祚三年	崇恩寺碑記	4839/4840/4841/4842
174	1621	永祚三年	乾安寺碑記（創造乾安寺碑文記）	19046
175	1621	永祚三年	乾安寺碑記	428
176	1621	永祚三年	鐘山寶光寺碑/十方信施功德	2389/2390
177	1621	永祚三年	修造柳溪寺碑記/信施	6062/6063
178	1621	永祚三年	開福寺碑	6161
179	1621	永祚三年	新造崇恩寺碑	6466
180	1621	永祚三年	安國寺碑記/一信施	7378/7379
181	1621	永祚三年	崇福寺碑記/皇圖鞏固	8705/8706
182	1621	永祚三年	大統寺碑記/一信施	10457/10458
183	1621	永祚三年	新造顯靈寺田土碑記/一信施	10938/10939
184	1621	永祚三年	興造蓮池寺碑/興功信施	11632/11633
185	1621	永祚三年	普成寺碑/佛	4514/4515
186	1621	永祚三年	重修福陽寺佛像/供田三寶新造碑	5752/5753
187	1621	永祚三年	信施	7144
188	1621	永祚三年	新造崇興寺碑/南無阿彌陀佛	12762/12763
189	1621	永祚三年	恭進本祠貳位大王監察惠田之碑	15608

續表

序號	公元紀年	年號	標題	編號
190	1622	永祚四年	含龍山崇德禪古寺/跡陳朝已有皂隸頹/弊破散新造石碑記/皇圖有永佛道無窮◆	13524/13525/13526/13527
191	1622	永祚四年	祝聖青樓等寺香火田碑	66
192	1622	永祚四年	功德/洪福柳江先生碑	5142/5143
193	1622	永祚四年	信施田土建初寺碑	2175
194	1622	永祚四年	重修集福寺碑	2176
195	1622	永祚四年	茹娘寺碑	2192
196	1622	永祚四年	信施/龍光寺碑	3081/3082
197	1622	永祚四年	菇娘寺碑	6768
198	1622	永祚四年	重修陽和寺碑	7387/7388
199	1622	永祚四年	修造古法寺碑/信施	7590/7591
200	1622	永祚四年	修造白多寺碑記/信施	10105/10106
201	1622	永祚四年	檜山寺碑記/一信施	10420/10421
202	1622	永祚四年	造森行寺碑	10463
203	1622	永祚四年	淬山寺修造石碑/一信施功德	10871/10872
204	1622	永祚四年	雲羅寺井碑/歲次壬戌年	1388/1389/1390
205	1622	永祚四年	慶祐寺/始造碑	4202/4203
206	1622	永祚四年	信施記/福膠寺碑	4352/4353
207	1622	永祚四年	歲次壬戌年造/理斷	4569/4570/4571
208	1622	永祚四年	普靈寺碑	4589
209	1625	永祚四年	無題	4910
210	1622	永祚四年	福聖寺碑/修造石碑	5094/5095
211	1622	永祚四年	無題	5647
212	1622	永祚四年	玉棗寺碑	12605
213	1622	永祚四年	功德/洪福柳江先生碑	13045/13046
214	1622	永祚四年	永慶寺碑/信施	13083/13084/13085/13086
215	1622	永祚四年	崇巖寺碑	13295
216	1623	永祚五年	重修寶山寺碑	16666
217	1623	永祚五年	信施/重修龍偃寺	7716/7717

七　後黎朝中興期碑銘目錄（1533—1789）　329

續表

序號	公元紀年	年號	標　題	編　號
218	1624	永祚六年	東門寺記	317
219	1624	永祚六年	重修衙山寺碑	10873/10874
220	1624	永祚六年	佛法/僧寶/福海寺碑	5425/5426/5427/5428
221	1624	永祚六年	信施/光慶寺碑記	13073/13074
222	1625	永祚七年	寶福寺碑	18375
223	1625	永祚七年	立碑本社祭祀萬代	6867
224	1625	永祚七年	林泉寺碑	15816/15817/15818/15819
225	1626	永祚八年	渡沫寺碑/興功修造	2569/2570
226	1626	永祚八年	令給造例碑/古跡顯聖廟	10516/10517/10518
227	1626	永祚八年	永快寺	10937
228	1626	永祚八年	興功萬壽寺碑/信施	4237/4238
229	1626	永祚八年	鴻福寺鐵燈檠碑	5243/5244
230	1626	永祚八年	信施	13519
231	1627	永祚九年	興教社/修造石碑/興福寺/古跡名藍	2058/2059/2060/2061
232	1627	永祚九年	古跡市施三寶碑	2549
233	1627	永祚九年	會主發財功德/功德閣鐘碑/重修天尊觀三/清宮造鐘閣碑	2674/2675/2676/2677
234	1627	永祚九年	塑繪佛像碑/種木築隄施土開港碑	6277/6278
235	1627	永祚九年	感應寺碑記	7344/7345
236	1627	永祚九年	崇福寺碑	7856/7857
237	1627	永祚九年	佛現寺碑/一信施	4518/4519
238	1627	永祚九年	王尊府諡崇勳從祀碑	4582
239	1627	永祚九年	天慶圯寺碑/一信施	4583/4584
240	1627	永祚九年	三寶田陸畝壹高/重修鷺舉寺造碑	5754/5755
241	1627	永祚九年	鴻福寺施田碑	5234/5235
242	1628	永祚十年	戊辰年東村同心會立牌記	18107
243	1628	永祚十年	重修國師祠碑記	19454
244	1628	永祚十年	興造林陽觀碑	1869/1870/1871

續表

序號	公元紀年	年號	標題	編號
245	1628	永祚十年	興造神光寺碑記/南無阿彌陀佛	2315/2316
246	1628	永祚十年	法雲寺碑	3716
247	1628	永祚十年	信施/重修奉侓寺碑	6034/6035
248	1628	永祚十年	普光寺碑/普光寺碑	8060/8061
249	1628	永祚十年	本社置保士饒/福膠寺候佛碑	4349/4350/4351
250	1628	永祚十年	國師碑	5140
251	1628	永祚十年	國師碑	13151
252	1629	永祚十一年	大悲寺碑	2091/2096/2097/2098
253	1629	永祚十一年	崇報寺碑	3715
254	1629	永祚十一年	檜山寺/造殿碑記/一信施/一貴官/興功會主/天祿社	10411/10412/10413/10414/10415/10416
255	1629	永祚十一年	道派碑記	13350/13351
256	1629	德隆元年	洪慶寺碑記/一信施碑記	9906/9907
257	1630	德隆二年	新造花蘆處石碑	11914
258	1630	德隆二年	新造僊侶寺碑/信施	8440/8441
259	1630	德隆二年	造安悉寺碑/佛僧法	11116/11117
260	1630	德隆二年	重修寶龕寺佛相碑/明徵社古跡名藍	14307/14308
261	1630	德隆二年	重造大悲寺碑	1683
262	1630	德隆二年	重修龍斗寺	1229
263	1631	德隆三年	山石碑	1231
264	1631	德隆三年	新造興聖瓦寺佛碑/三寶渡市三寶田碑	18528/18529
265	1631	德隆三年	功德碑記	954
266	1631	德隆三年	無題	3155
267	1631	德隆三年	供應田土爲碑/本社等事共記	3182/3183
268	1631	德隆三年	創造生堂留傳繼世	6866
269	1631	德隆三年	立岳父/造碑記/廟遺香	7008/7009/7010
270	1631	德隆三年	修福湖山寺碑記	8878

七　後黎朝中興期碑銘目錄（1533—1789）　331

續表

序號	公元紀年	年號	標題	編號
271	1631	德隆三年	神祠碑記	10900
272	1631	德隆三年	修造華女橋碑/會主信施	11426/11427
273	1631	德隆三年	大慶寺碑	4483
274	1631	德隆三年	究嶺山上頂天臺寺碑記/仕婗信施碑記	4491/4492
275	1631	德隆三年	國師碑記	5138/5139
276	1631	德隆三年	三寶碑/瀘湖寺陂	1904/1905
277	1632	德隆三年	歲次庚申年十二月十八日造	4590
278	1632	德隆四年	天雨寺新造前堂石碑/信施	7698/7699
279	1632	德隆四年	洪福寺碑記	16854/16855
280	1632	德隆四年	建福同平寺記/士婗信施記	20605/20606
281	1632	德隆四年	信施/遠山寺碑記	7267/7268/7269/7270
282	1632	德隆四年	信施	7699
283	1632	德隆四年	新造嘉良橋立碑/信施嘉良橋碑	4239/4240
284	1632	德隆四年	創立王府掌監阮相公生祠碑銘並敘	5372
285	1632	德隆四年	信施田寶林寺立碑	5844
286	1632	德隆四年	惠田本社功德仁孝碑/許本社八甲繼耕流傳祭祀	12211/12212
287	1632	德隆四年	神光寺碑/興功信施	13555/13556
288	1633	德隆五年	重修亭碑記	3852
289	1633	德隆五年	妙感修心見聞樂道碑	230
290	1633	德隆五年	刊聖經寄先人勸善碑	231
291	1633	德隆五年	古跡名藍華嚴寺碑	886
292	1633	德隆五年	供佛產碑	3161
293	1633	德隆五年	端明寺造補陀碑記/一本社信施	6240/6241
294	1633	德隆五年	先安寺碑記/信施	8500/8501
295	1633	德隆五年	廚首寺寶隆庵碑記/祖佛市田碑記	4176/4177

續表

序號	公元紀年	年號	標題	編號
296	1633	德隆五年	石郡公神道碑	5787
297	1633	德隆五年	供田大字寺碑	5788/5789
298	1634	德隆六年	重修香盞寺碑/香盞寺田碑	18480/18481
299	1634	德隆六年	靈光寺碑/會主	16783/16784/16785/16786
300	1634	德隆六年	㰍壽寺碑記	19794/19795
301	1634	德隆六年	永福寺碑	1259/1260
302	1634	德隆六年	檀那信施記	1682
303	1634	德隆六年	修造艷舍寺/本村興功德/信施功德/並田記碑	1686/1687/1688/1689
304	1634	德隆六年	興功寺市碑記重修/信施功德	2564/2571
305	1634	德隆六年	巨陀寺碑記/皇帝萬歲壽	3533/3534
306	1634	德隆六年	新造洪慶寺石碑/日月開光寺	8138/8139
307	1634	德隆六年	慶光寺碑記/信施	8502/8503
308	1634	德隆六年	勝明寺田碑/三寶田記	9515/9516
309	1634	德隆六年	檜山寺碑記/供施土	10417/10418
310	1634	德隆六年	重修笥山寺/再新造銘碑	10875/10876
311	1634	德隆六年	晚弄市碑/興功新造碑	12399/12400/12401
312	1634	德隆六年	皇帝萬歲/洞林寺碑	14470/14471
313	1635	德隆七年	鄉孝奉祀碑記	1476/1516
314	1635	德隆七年	興功石磋碑/西山本寺/西山本寺/一十方信施	20860/20861/20862/20863
315	1635	德隆七年	重修大悲寺碑/貴官功德	1700/1701
316	1635	德隆七年	興隆寺碑/一信施	6066/6067
317	1635	德隆七年	延福寺鐘閣田碑記/始造田功德立碑	6232/6233
318	1635	德隆七年	重修名藍永庵寺/一信施碑記	7986/7987

七　後黎朝中興期碑銘目錄（1533—1789）

續表

序號	公元紀年	年號	標題	編號
319	1635	德隆七年	重修禪院寺碑/十方功德信施	8184/8185
320	1635	陽和元年	造立文廟碑/先賢位號	3633/3634
321	1635	陽和元年	金爐寺碑/修造信施	12323/12324
322	1635	陽和元年	修造先賢流傳/信施萬代碑	12718/12719
323	1635	陽和元年	無題	12310
324	1635	陽和元年	中觀寺新造檠燈鐵一座	2806
325	1636	陽和二年	靈仁資福寺	3153
326	1636	陽和二年	大揚寺田碑	3158
327	1636	陽和二年	重修福林寺碑	3926/3927
328	1636	陽和二年	平樂寺並第/二廟碑記/壽康寧	6148/6149/6150/6151
329	1636	陽和二年	法雲寺碑記/信施	6152/6153
330	1636	陽和二年	永安寺碑記/一信施	11398/11399
331	1636	陽和二年	華巖寺碑	4034
332	1636	陽和二年	碑記	4831
333	1636	陽和二年	功德造刊碑	3169
334	1636	陽和二年	立義田池碑銘記	4872
335	1636	陽和二年	重修西施寺碑/祿施村大小等興功會主	5584/5585
336	1636	陽和二年	三寶市碑	12097
337	1637	陽和三年	寶光寺碑	19945/19946
338	1637	陽和三年	後神碑記	3036
339	1637	陽和三年	重修迎僊棷館碑銘記/信施	7428/7429
340	1637	陽和三年	三寶市碑/興功信施記	4612/4613
341	1637	陽和三年	修造碑	5373/5374
342	1637	陽和三年	昭福寺碑記	13153/13154
343	1638	陽和四年	創祖殿供田造/行廊聖恩寺碑	4372/4373
344	1638	陽和四年	始造敬天臺碑/壹功德	5241/5242
345	1638	陽和四年	淨光寺碑	5489

續表

序號	公元紀年	年號	標題	編號
346	1638	陽和四年	修造白雲寺碑/功德	5842/5843
347	1638	陽和四年	青蘭寺碑記/功德	5982/5983
348	1639	陽和五年	廣福寺興功新造石碑/一功德本社十方信施	16385/16386
349	1639	陽和五年	福慶寺碑/皇上萬萬年	18028/18029
350	1639	陽和五年	鎮國寺碑記/大功德長鐫	245/246
351	1639	陽和五年	東門寺	318
352	1639	陽和五年	重修大悲寺/功德碑記	804/805
353	1639	陽和五年	重修長生福慶寺	955
354	1639	陽和五年	巫山廟/砌石棋碑記	1396/1397
355	1639	陽和五年	功德/昭應寺碑	3140/3141
356	1639	陽和五年	大揚寺田碑	3156
357	1639	陽和五年	修造萬代寺碑/興功信施	3186/3187
358	1639	陽和五年	修造法雨寺碑/十方信施記	7850/7851
359	1639	陽和五年	重修東魯橋並廟碑記/信施	10447/10448
360	1639	陽和五年	皇上萬萬年	4001
361	1640	陽和六年	修造大悲寺碑銘	1788
362	1640	陽和六年	新造法光官寺	3272
363	1640	陽和六年	候神候佛附食造碑	6061
364	1640	陽和六年	本社尊爲後神碑	8954/8955
365	1640	陽和六年	會主興功檜山寺造碑記/會主天祿社二村各府縣總社信施/前功德已往	10408/10409/10410
366	1640	陽和六年	後神碑記	4864
367	1640	陽和六年	大相公祠萬世功碑/漢沱社條約奉祀	5469/5470
368	1640	陽和六年	留傳本寂寺碑/供養三寶田記	5531/5532
369	1641	陽和七年	大悲寺碑銘	1771/1772/1773
370	1641	陽和七年	禪師慧嬰供田碑	3157

七　後黎朝中興期碑銘目錄（1533—1789）　335

續表

序號	公元紀年	年號	標題	編號
371	1641	陽和七年	黃梅寺碑	7703/7704
372	1641	陽和七年	賜傳代碑/田記書云	7872/7873
373	1641	陽和七年	修法雨寺/長壽庵碑/彌陀佛/田記	7876/7877/7878/7879
374	1641	陽和七年	修造前堂延光寺/原三寶市碑記	8796/8797
375	1641	陽和七年	貝葉寺施田碑	9493/9494
376	1641	陽和七年	興清寺□傳/皇上萬萬年	11042/11043
377	1641	陽和七年	興福寺碑	11374/11375/11376
378	1641	陽和七年	修造永泰寺	5777
379	1642	陽和八年	暎靈寺碑	19606
380	1642	陽和八年	掌監官員留田本社鑿石碑記	586
381	1642	陽和八年	創造亭廟浮屠碑/本社造亭碑記	3152/3154
382	1642	陽和八年	本神碑記	3661
383	1642	陽和八年	清光寺碑/信官興造碑	3931/3932
384	1642	陽和八年	修造中靈寺	10141/10142
385	1642	陽和八年	無題	13152
386	1642	陽和八年	重修渡哿寺石碑/一信施	11966/11967
387	1642	陽和八年	無題	5141
388	1643	陽和九年	靈山寺碑	20938
389	1643	陽和九年	阿三哩寶寺市碑	19608
390	1643	陽和九年	靈山寺碑	19273
391	1643	陽和九年	三保土市碑/信施	6601/6602
392	1643	陽和九年	碑立中亭/本社記	12387/12388
393	1643	福泰元年	重修長樂橋碑	11346
394	1644	福泰二年	興功造普光庵碑記/祖宗積善萬代流傳	16750/16751
395	1644	福泰二年	三宝天派渡額碑記	18358
396	1644	福泰二年	重修明空國師莊憲大王/二位神祠奉事田造碑記	16948/16949

336　下編　越南碑銘文獻目錄

續表

序號	公元紀年	年號	標題	編號
397	1644	福泰二年	修造延光寺碑	3632
398	1644	福泰二年	修造玉華寺碑	7978
399	1644	福泰二年	三宝天泒渡額碑記	11057
400	1644	福泰二年	修造華女橋碑/信施	11422/11423
401	1644	福泰二年	沛江橋碑/功德信施	4646/4647
402	1645	福泰三年	信施/興造祠廟碑記/一天應殿碑記	3842/3843/3844/3845
403	1645	福泰三年	後神碑記	8485/8486
404	1645	福泰三年	留私田供三宝碑	9823/9824
405	1646	福泰四年	奉令旨	2880
406	1646	福泰四年	功德造刊碑	3170
407	1646	福泰四年	無題	8345
408	1646	福泰四年	立袝食碑記	8881
409	1646	福泰四年	豐光寺碑記/信施	9900/9901
410	1646	福泰四年	乾天寺碑記	10456
411	1646	福泰四年	本社碑記	10956
412	1646	福泰四年	後佛碑記/祠後神碑	4693/4694
413	1646	福泰四年	立附食碑記	12368/12369
414	1647	福泰五年	寧福禪寺三寶祭祀田碑	2895
415	1647	福泰五年	寧福禪寺三寶祭祀田碑	2896
416	1647	福泰五年	重修神聰國師莊憲大王/慶井奉事田市渡造碑記	16950/16951
417	1647	福泰五年	獻瑞庵報嚴塔碑銘/獻瑞庵香火田碑記	2892/2893
418	1647	福泰五年	敕建寧福禪寺碑	2894
419	1647	福泰五年	奉薦池碑	3922
420	1647	福泰五年	望福寺碑記	9889
421	1647	福泰五年	古跡名藍福延寺碑記	4133/4134
422	1647	福泰五年	爲立奉事/留傳碑記	5800/5801
423	1647	福泰五年	寧福禪寺三寶祭祀田碑	2887

七 後黎朝中興期碑銘目錄（1533—1789） 337

續表

序號	公元紀年	年號	標題	編號
424	1648	福泰六年	上下大小等/丹涘社碑	1808/1811
425	1648	福泰六年	天福寺碑/本社十方信施	3964/3969
426	1648	福泰六年	後神祀田碑記	6128
427	1648	福泰六年	本社忌日碑記/後佛	8956/8957
428	1648	福泰六年	功德田碑記	8958
429	1648	福泰六年	功德碑記	8974
430	1648	福泰六年	附後神碑記	9081/9082/9083/9084
431	1648	福泰六年	附後神碑記	9085/9086/9087/9088
432	1648	福泰六年	後神祀田碑記	9589
433	1648	福泰六年	靜慮禪寺碑/功德信施	4484/4485
434	1648	福泰六年	大悲寺碑	4775
435	1648	福泰六年	重斯文科目/造立石碑	12696/12697
436	1649	福泰七年	重修興福寺	3199
437	1649	福泰七年	重修清光寺/造鑄洪鐘碑	3945/3946
438	1649	福泰七年	修造聖祠碑	6387
439	1649	福泰七年	無題	6385/6386
440	1649	福泰七年	後佛碑記	8456
441	1649	福泰七年	尊事碑	8742/8743
442	1649	福泰七年	修造神廟配享留傳萬代功德碑/儀節敬禮億載表約	9986/9987
443	1649	福泰七年	重修隆/興寺碑	11356/11357/11358/11359
444	1649	福泰七年	聖主萬萬歲/興福寺石砌記	11384/11385
445	1649	福泰七年	新造興山寺鑄洪鐘	5278/5279
446	1649	慶德元年	立顯應英靈廟之碑/給義田銀許平章社奉事	10595/10596
447	1649	慶德元年	興功新造燈檠碑記/信施	3831/3832
448	1649	慶德元年	賀■長官碑記	3930
449	1649	慶德元年	惠田碑	8342
450	1649	慶德元年	華舍社碑記/後神碑記	13075/13076

續表

序號	公元紀年	年號	標題	編號
451	1650	慶德二年	慶光寺	8457
452	1650	慶德二年	新造亭田記碑	3200
453	1650	慶德二年	修造三寶市碑/古跡慶山寺記	2603/2604
454	1650	慶德二年	一信施十方/布禮寺碑記	3846/3868
455	1650	慶德二年	天福寺碑田	3953/3954
456	1650	慶德二年	重修古雷寺碑/再重修碑	7931/7932
457	1650	慶德二年	新造後神碑	7996
458	1650	慶德二年	無題	8343
459	1650	慶德二年	三寶市福光寺	8365
460	1650	慶德二年	崇福寺碑記/法佛僧	8701/8702
461	1650	慶德二年	本社巨小等/碑記	8732/8733
462	1650	慶德二年	後神碑記	4257
463	1650	慶德二年	文朗亭碑/義田記/令論/義田記◆	4648/4649/4650/4651
464	1650	慶德二年	延福寺碑/功德信施	4652/4653
465	1650	慶德二年	文盛亭碑/義田記	4654/4655
466	1650	慶德二年	寶塔寺碑記/大功德	6324/6325
467	1651	慶德三年	奉祀碑記/篡修碑記◆	7142/7143
468	1651	慶德三年	西山禪寺/十方信施	20858/20859
469	1651	慶德三年	石碑安興寺	17967
470	1651	慶德三年	吳相公堂記	19304
471	1651	慶德三年	造香火碑記	814
472	1651	慶德三年	法佛僧	1910
473	1651	慶德三年	大揚崇福寺記/供養香火田碑	3159/3160
474	1651	慶德三年	供應田土/屬本祠碑	3180/3181
475	1651	慶德三年	重修靈柴福山寺碑記	10453
476	1651	慶德三年	扶擁社六甲碑記	4908/4909
477	1651	慶德三年	上等神祠廟碑記/本社興功信供	4911/4912
478	1651	慶德三年	棟高寺碑	4929

七　後黎朝中興期碑銘目錄（1533—1789）　339

續表

序號	公元紀年	年號	標題	編號
479	1652	慶德四年	理/斷/杜舍社碑記	19513/19514
480	1652	慶德四年	天佑廟寶金石碑	18388
481	1652	慶德四年	奉事田記	7979
482	1652	慶德四年	賜本社田碑	2536
483	1652	慶德四年	內庵國恩寺碑/功德	4505/4506
484	1652	慶德四年	增修大悲寺/端拜社碑記	4572/4573
485	1652	慶德四年	義田記/令諭	4649/4650
486	1652	慶德四年	造西天寺碑/信施田碑	5148/5149
487	1652	慶德四年	後神碑記/立約	12865/12866
488	1653	盛德元年	奉令論供給三寶皂隸碑記/恢造重修佛祖崑山資福寺	18797/18798
489	1653	盛德元年	阮氏玉銀碑	3726/3727
490	1653	盛德元年	立造廟亭施田/後神碑記	3918/3919
491	1653	盛德元年	造後神碑/本社記	6024/6025
492	1653	盛德元年	端明寺造石路碑記/本社次會主功德碑	6242/6243
493	1653	盛德元年	留傳附享碑/遞年祭祀忌日	10916/10917
494	1653	盛德元年	延慶佛寺碑記	4029
495	1653	盛德元年	施田三寶碑	5157
496	1653	盛德元年	無題	12005
497	1653	盛德元年	重修功德田記/天福寺皂隸碑	1250/1251
498	1653	盛德元年	福泰元年癸未科進士題名記	1302
499	1653	盛德元年	永祚十年戊辰科進士題名記	1303
500	1653	盛德元年	慶德貳年庚寅科進士題名記	1309
501	1653	盛德元年	慶德四年壬辰科進士題名記	1311
502	1653	盛德元年	陽和三年丁丑科進士題名記	1314

續表

序號	公元紀年	年號	標題	編號
503	1653	盛德元年	弘定十四年癸丑科進士題名記	1315
504	1653	盛德元年	弘定貳十年己未科進士題名記	1318
505	1653	盛德元年	正治八年乙丑科制科題名記	1322
506	1653	盛德元年	光興三年庚辰科進士題名記	1325
507	1653	盛德元年	光興十五年壬辰科進士題名記	1332
508	1653	盛德元年	弘定十七年丙辰科進士題名記	1334
509	1653	盛德元年	陽和六年庚辰科進士題名記	1338
510	1653	盛德元年	光興二十一年戊戌科進士題名記	1339
511	1653	盛德元年	德龍三年辛亥未科進士題名記	1340
512	1653	盛德元年	福泰四年丙戌科進士題名記	1352
513	1653	盛德元年	永祚五年癸亥科會試題名記	1354
514	1653	盛德元年	弘定十貳年庚戌科進士題名記	1355
515	1653	盛德元年	順平六年甲寅制科題名記	1357
516	1653	盛德元年	光興十貳年己丑科進士題名記	1363
517	1653	盛德元年	光興六年癸未科進士題名記	1364
518	1653	盛德元年	弘定八年丁未科進士題名記	1365
519	1653	盛德元年	嘉泰五年丁丑科制科題名記	1367
520	1653	盛德元年	光興十八年乙未科進士題名記	1370
521	1653	盛德元年	弘定五年甲辰科進士題名記	1373

七 後黎朝中興期碑銘目錄（1533—1789） 341

續表

序號	公元紀年	年號	標題	編號
522	1653	盛德元年	弘定三年壬寅科進士題名記	1375
523	1654	盛德二年	保置候神	20493
524	1654	盛德二年	後神碑	8110/8111
525	1654	慶德六年	興崇佛法	19272
526	1654	盛德二年	聖上太平時/重修千歲寺/功德供田碑/信主興崇記	6955/6956/6957/6958
527	1654	盛德二年	後神碑/靈僊寺碑	721/722
528	1654	盛德二年	新造義田金碑/祭祀流傳萬代	2081/2082
529	1654	盛德二年	奉嘉旨碑	6384
530	1654	盛德二年	興造先賢碑	6660/6661
531	1654	盛德二年	後神碑記/流傳萬代	11750/11751
532	1654	盛德二年	賀士府序碑/三寶市碑記	13372/13373
533	1654	盛德二年	無題	13421/13422
534	1655	盛德三年	祔後神福食碑/義田財碑記	19737/19738
535	1655	盛德三年	功德福衙寺碑	1475
536	1655	盛德三年	後佛碑銘	2087/2088
537	1655	盛德三年	錦江縣文會碑記/祠宇碑記	2946/2947
538	1655	盛德三年	太靈觀寺/功德碑記	3369/3370
539	1655	盛德三年	雲羅寺/供惠田碑記	3663/3664
540	1655	盛德三年	修造洪福寺碑/永祀碑	6326/6327
541	1655	盛德三年	法雨寺碑	7864
542	1655	盛德三年	法雨寺皂隸碑/券約並田記	7854/7855
543	1655	盛德三年	豎庵聖堂留田供祀記	8573/8574/8575/8576
544	1655	盛德三年	鑒天主聖母傳碑	10380
545	1655	盛德三年	號雲龍	4303/4304/4305/4306
546	1656	盛德四年	銅皷殿宇廟□壽國□	20951
547	1656	盛德四年	重修（東山縣雲仍社先賢祠廟碑並銘）	17593/17594/17595/17596

342　下編　越南碑銘文獻目錄

續表

序號	公元紀年	年號	標題	編號
548	1656	盛德四年	昭禪寺皂隸碑	432/433
549	1656	盛德四年	天福寺皂隸碑/重修功德田記	1248/1249
550	1656	盛德四年	本村新造石碑/立券約事	1971/1972
551	1656	盛德四年	興功修造亭碑/興功修造	2682/2683
552	1656	盛德四年	華林三寶市/一興功造碑	2985/2986
553	1656	盛德四年	重修崇恩寺碑	3910
554	1656	盛德四年	豎德光祠碑/惠田祀記	3924/3925
555	1656	盛德四年	功德信施/福嚴寺三寶市碑	7178/7179
556	1656	盛德四年	二社同一約流傳萬代碑記/以塞後世之爭端	7652/7653
557	1656	盛德四年	天祚寺/後佛碑記	8631/8632
558	1656	盛德四年	後神碑/鄧舍於廟碑記	8664/8665
559	1656	盛德四年	副神碑記/本社碑記	9384/9385
560	1656	盛德四年	後神碑記	9764/9765
561	1656	盛德四年	創立先聖賢碑記/本縣斯文興功	11588/11589
562	1656	盛德四年	祥雲寺碑/流傳萬代	11905/11906
563	1656	盛德四年	無題	4917/4918
564	1656	盛德四年	後神碑記	4271
565	1657	盛德五年	立石碑首竜寺	14248
566	1657	盛德五年	立石碑首竜寺	19257
567	1657	盛德五年	碑	19967
568	1657	盛德五年	無題	1056
569	1657	盛德五年	新造碑記各幅等詞	1938/1939
570	1657	盛德五年	新造碑鑒文契/本村永垂萬代	1979/1980
571	1657	盛德五年	造文契碑記	6683
572	1657	盛德五年	興造明亭碑/永傳萬世云	2355/2356
573	1657	盛德五年	顯應寺/供惠田碑	3454/3455

七　後黎朝中興期碑銘目錄（1533—1789）　343

續表

序號	公元紀年	年號	標題	編號
574	1657	盛德五年	後佛碑記/行惠留福之碑	6136/6137
575	1657	盛德五年	無題	6605/6606/6607
576	1657	盛德五年	廣濟橋碑記/士娓興功德	7309/7310
577	1657	盛德五年	附神廟後碑	8340/8341
578	1657	盛德五年	新造後神碑	9566/9567
579	1657	盛德五年	本會修造構作祠宇聖廟碑	11413
580	1657	盛德五年	本寂寺福田碑/功德供田記	5529/5530
581	1657	盛德五年	立石碑首龍寺	12709
582	1657	盛德五年	棟高寺後佛碑記/信施三寶田	12901/12902
583	1657	盛德五年	瑞山社亭碑	15634
584	1658	盛德六年	後神碑記	2926
585	1658	盛德六年	石碑券約	1973/1974
586	1658	盛德六年	流傳碑記	7615
587	1658	永壽元年	杜村靈應塔寺碑	9140
588	1658	永壽元年	重修安丁亭碑記並銘	4425
589	1658	永壽元年	萬世後祀	4480
590	1658	永壽元年	諱日寄寶光寺/流傳碑記	7614/7615
591	1659	永壽二年	興功新造亭/祠寺市碑記	8190/8191
592	1659	永壽二年	作□碑奉祀銘/流傳永久	16368/16369
593	1659	永壽二年	立國老夫人碑	1855/1856
594	1659	永壽二年	造貽傳後神碑/祭田奉事碑記	3608/3609
595	1659	永壽二年	天福寺碑/己亥年造石	3947/3948
596	1659	永壽二年	重修蠻都橋碑/皇帝萬歲	6144/6145
597	1659	永壽二年	後神碑記/行惠留福之碑	6193/6194
598	1659	永壽二年	后神碑/敬保碑	11611/11612

續表

序號	公元紀年	年號	標題	編號
599	1659	永壽二年	隆慶亭碑	4479
600	1659	永壽二年	無題	5348
601	1659	永壽二年	奉祀傳萬代/奉財碑記	13409/13410
602	1660	永壽三年	造碑祠宇	17607/17608
603	1660	永壽三年	古跡福溪寺奉事碑記	899/901
604	1660	永壽三年	乃造后伕獻題名碑記	947/948
605	1660	永壽三年	興明生祠碑/皇帝萬歲壽	2148/2149
606	1660	永壽三年	敕建尊德塔券石	2883
607	1660	永壽三年	皇上萬萬年	3748/3750
608	1660	永壽三年	創立後神石碑/功德銀田記字	6870/6871
609	1660	永壽三年	惠田碑	8347
610	1660	永壽三年	留傳萬代	8995
611	1660	永壽三年	靈廟造碑記/天祿社西東二村	10426/10427
612	1660	永壽三年	梁名公後神之碑/梁名公後神之碑	10597/10598
613	1660	永壽三年	無題	8344
614	1660	永壽三年	武相公祠址碑記	5648/5649/5650/5651
615	1660	永壽三年	武相公實錄碑記	4913/4914/4915/4916
616	1661	永壽四年	創立生祠義碑銘文記	19060
617	1661	永壽四年	古跡名藍重修信施	11789
618	1661	永壽四年	創立生祠義碑銘文記/帝王萬萬歲大平盛事	19060/19061
619	1661	永壽四年	後神	17447
620	1661	永壽四年	造施田爲市碑	16802
621	1661	永壽四年	重興聖廟碑/嬴樓城	2766/2767
622	1661	永壽四年	寶光寺碑	2864/2865
623	1661	永壽四年	移傳萬代/西甲碑記	3580/3581
624	1661	永壽四年	修造亭碑記貽傳萬代	3582
625	1661	永壽四年	後佛像位	3866
626	1661	永壽四年	梧山寺碑/功德	7200/7201

七　後黎朝中興期碑銘目錄（1533—1789）　345

續表

序號	公元紀年	年號	標　題	編　號
627	1661	永壽四年	西甲碑記/貽傳萬代	8645/8646
628	1661	永壽四年	修造亭碑記貽傳萬代/萬世	8651/8652
629	1661	永壽四年	金剛寺碑記/後佛碑記	9374/9375
630	1661	永壽四年	本甲奉祀	9944/9945
631	1661	永壽四年	修造佛法雲寺碑	10323
632	1661	永壽四年	恩留萬代碑銘	10402/10403
633	1661	永壽四年	重修蓮池寺碑/重修信施	11634/11635
634	1661	永壽四年	後佛碑記	4301/4302
635	1661	永壽四年	雲龍寺碑銘後神立文萬代記	4307
636	1661	永壽四年	靈光寺碑	5155/5156
637	1661	永壽四年	創立惠田石碑	12088/12089
638	1661	永壽四年	果山祠碑記	2630/2631
639	1662	永壽五年	興教社興福寺/修造石碑	2033/2034
640	1662	永壽五年	流傳萬代記	2995
641	1662	永壽五年	供田天福寺碑	3951/3952
642	1662	永壽五年	無題	4577
643	1662	永壽五年	修造崇光寺/崇恩繼後碑	7865/7866
644	1662	永壽五年	重修顯應寺碑記/信施	8737/8738
645	1662	永壽五年	文保記	11030
646	1662	永壽五年	中亭碑	11031
647	1662	萬慶元年	延福寺碑/信施功德	4637/4638
648	1662	萬慶元年	本村後神碑記/後神碑記	9368/9369
649	1663	景治元年	奉録抄寫入碑記/興造祠廟容堂屹碑	459/460
650	1663	景治元年	□社立碑	18065
651	1663	景治元年	重將碑記/流傳奉事	18067/18068
652	1663	景治元年	興造祠廟容堂屹碑	460
653	1663	景治元年	新造買亭碑記	1945

346　下編　越南碑銘文獻目錄

續表

序號	公元紀年	年號	標題	編號
654	1663	景治元年	石碑賣亭/留傳萬代	1977/1978
655	1663	景治元年	集福寺留惠碑/本社姓名	2177/2178
656	1663	景治元年	奉供惠田記/恭奉配碑	3703/3704
657	1663	景治元年	阮舍村文字碑記/阮公附廟碑	3706/3707
658	1663	景治元年	后神靈光碑記	3717
659	1663	景治元年	無題	3749
660	1663	景治元年	後神碑記/本社記	6116/6117
661	1663	景治元年	後神碑記	8476
662	1663	景治元年	新造買亭文契碑記	1933
663	1663	景治元年	天祚寺碑記/一信施碑記	8633/8634
664	1663	景治元年	永流傳候神候佛相碑記	4972
665	1663	景治元年	沛上亭	4576/4577
666	1663	景治元年	永安省白鶴縣上征總	4945
667	1663	景治元年	延福寺銘/後神銘	5004/5005
668	1663	景治元年	尊置后神/奉祀事碑	12554/12555
669	1663	景治元年	皇帝萬萬歲/重修揆橋碑記	13193/13194
670	1664	景治二年	普光塔碑記	2188
671	1664	景治二年	流傳奉祀	18066
672	1664	景治二年	本社立碑/慶賀譚家/功德榮盛/名銘於石	17587/17588/17589/17590
673	1664	景治二年	光恩寺碑	1073
674	1664	景治二年	功德田洞寺碑記/興功重修洞寺	1549/1550
675	1664	景治二年	奉事後仸碑記/古跡永福禪寺	6593/6594
676	1664	景治二年	慶光寺碑/後佛碑記	8466/8467
677	1664	景治二年	後神碑記/全社碑記	8477/8478
678	1664	景治二年	全村康泰祀/億載榮華碑	8654/8655/8656/8657

七　後黎朝中興期碑銘目錄（1533—1789）

續表

序號	公元紀年	年號	標題	編號
679	1664	景治二年	全村康泰記/奉祀事/候神碑	8658/8659/8660/8661
680	1664	景治二年	慶賀譚家/本村立碑/功德榮盛/名銘於石	10332/10333/10334/10335
681	1664	景治二年	永傳候佛相碑記	4979/4980
682	1664	景治二年	福聖寺碑/端言記	5085/5086
683	1664	景治二年	黃市館碑記	13055/13056
684	1665	景治三年	附後佛碑記◆	19561/19562
685	1665	景治三年	無題	20917
686	1665	景治三年	恭進祭田/祠宇石碑	17584/17585
687	1665	景治三年	新造■長敘事碑記	1934
688	1665	景治三年	付田碑記	2943
689	1665	景治三年	闍梨寺功德碑記	3478
690	1665	景治三年	湘茫橋碑/功德信施記	6826/6827
691	1665	景治三年	重修迎儴橋館碑記	7427
692	1665	景治三年	信施/重修新造延福寺石碑	7713/7714
693	1665	景治三年	後佛碑記	8693/8694
694	1665	景治三年	後神一位碑記/香羅社修造碑	8707/8708
695	1665	景治三年	後神一位碑記/香羅社修造碑	8709/8710
696	1665	景治三年	候伕碑記	9587/9588
697	1665	景治三年	恭進祭田/祠宇石碑	10330/10331
698	1665	景治三年	永福廟/供田快溪社記	4481/4482
699	1665	景治三年	造作祠宇曁立石碑記	5768/5769
700	1665	景治三年	新造/後神/碑記	12293/12294/12295/12296
701	1666	景治四年	南無阿彌陀佛	4370/4371
702	1666	景治四年	本亭碑	19842/19843
703	1666	景治四年	修造靈光寺碑/興功信施碑記	19854/19855
704	1666	景治四年	後伕碑記	3251
705	1666	景治四年	太靈觀寺/諸佛菩薩	3344/3345
706	1666	景治四年	爲後佛後神碑	3672

續表

序號	公元紀年	年號	標題	編號
707	1666	景治四年	永流傳候神候佛相碑記/原古跡祝聖寺	4971/4972
708	1666	景治四年	爲後佛後神碑	8535
709	1666	景治四年	無題	13198/13199/1320/13201/13202/13203/13204/13205
710	1666	景治四年	福光寺碑記/雲水庵	9916/9917
711	1666	景治四年	南無阿彌陀佛/作福聖恩寺碑	4374/4375/4376
712	1666	景治四年	無題	12996/12997
713	1666	景治四年	刻豎祝臺銘	738/739/740/741/742/743/744/745
714	1666	景治四年	後神/奉事/碑記/始立◆	10573/10574/10575/10576
715	1667	景治五年	立佛寺香火留傳碑	1916
716	1667	景治五年	聖堂碑傳	19923/19924
717	1667	景治五年	後神碑記	19964
718	1667	景治五年	重修□□碑文	16231
719	1667	景治五年	少保郡夫人鄭碑記	1895
720	1667	景治五年	永鎮庵碑	2345/2346/2347/2348/2349/2350/2351/2352/2353
721	1667	景治五年	祠宇碑記/慶延文學/登科實錄/魁元勳業	2710/2711/2712/2713
722	1667	景治五年	明福寺	9873
723	1667	景治五年	聖宰寺碑	4362b/4363
724	1667	景治五年	重修再造上殿諸佽碑/一信施功德碑記	4687/4688
725	1667	景治五年	建惠田留傳祀事碑	4832/4833
726	1667	景治五年	創立候神/惠田碑記	12074/12075/12076/12077
727	1667	景治五年	無題	13430
728	1667	景治五年	修造候神佛石碑記	13882
729	1667	景治五年	脩造置橋碑記	19210
730	1667	景治五年	後神碑記	11710
731	1668	景治六年	無題	2206
732	1668	景治六年	遺寺後佛碑記	16354

七 後黎朝中興期碑銘目錄（1533—1789）

續表

序號	公元紀年	年號	標題	編號
733	1668	景治六年	杞事碑記	1699
734	1668	景治六年	南無阿彌陀佛	19209
735	1668	景治六年	無題	17448/17449
736	1668	景治六年	重修玄天觀碑銘	262
737	1668	景治六年	祀事碑記/戊申年造	1669/1670
738	1668	景治六年	三寶碑記	2479
739	1668	景治六年	建謀福遠碑之圖	3285
740	1668	景治六年	候佛碑銘/普惠碑銘	3718/3719
741	1668	景治六年	福林寺碑/功德信施	6050/6051
742	1668	景治六年	大慶寺後佛碑/端言	6186/6187
743	1668	景治六年	重修寶光寺碑記	7613
744	1668	景治六年	法光寺碑記/後佛流傳萬代	8090/8091
745	1668	景治六年	慶光寺碑/後佛碑記	8458/8459
746	1668	景治六年	後神碑記	8971/8972
747	1668	景治六年	後神碑記/億載流傳/祀事永延/全村康泰	9107/9108/9109/9110
748	1668	景治六年	後神碑記	11538/11539
749	1668	景治六年	本社立碑後神/神佛證明功德	5079/5080
750	1668	景治六年	創立斯文碑	12098/12099
751	1668	景治六年	修造石碑/候神附食	12782/12783
752	1668	景治六年	本社文約	9905
753	1668	景治六年	普明禪寺碑	13206a/13206b
754	1668	景治六年	新造/大福/寺鑄/洪鐘	14575
755	1669	景治七年	創立後神碑/奉事碑◆	4500/4501
756	1669	景治七年	修造鄭相公事業實錄碑	19077/19078/19079/19080
757	1669	景治七年	重修文廟並儀門碑記	5107/5108
758	1669	景治七年	興嚴寺碑/義田記	5088/5089
759	1669	景治七年	段村蛾坊碑	19760
760	1669	景治七年	創建後神之碑/本社惠田恩祭祀記	19526/19527

350　下編　越南碑銘文獻目錄

續表

序號	公元紀年	年號	標題	編號
761	1669	景治七年	新造上殿太子寺碑/一信施功德碑	18542/18543
762	1669	景治七年	資財碑記/後神奉祀碑	450/451
763	1669	景治七年	創建阮令公/後神生祠之碑/刊留本社恩義/供祭祀之記	1433/1434/1435/1436
764	1669	景治七年	碑造鑒文契/福永垂子孫◆	1750/1751
765	1669	景治七年	後神碑記/流傳萬代	2466/2469
766	1669	景治七年	重將碑銘/流傳奉祀	2952/2953
767	1669	景治七年	安靈寺/造鑄洪鐘碑	3201/3202
768	1669	景治七年	壺天寺後佛碑	6410
769	1669	景治七年	後佛碑記/法師寺碑	6555/6556
770	1669	景治七年	附三宝後伕	7199
771	1669	景治七年	慶光寺碑/後佛碑記	8464/8465
772	1669	景治七年	後佛碑記	8637
773	1669	景治七年	皇帝萬歲/後神碑記	9342/9343
774	1669	景治七年	明福寺	9872
775	1669	景治七年	候神碑記	9904
776	1669	景治七年	壺天寺後佛碑	10404
777	1669	景治七年	再造重修光慶寺碑記	10613
778	1669	景治七年	后神碑記/本社奉祀	11387/11388
779	1669	景治七年	淨光寺碑/奉事田記	5477/5478
780	1669	景治七年	本社奉抄各令立碑/本社官員鄉長巨小等同立碑	13100/13101
781	1669	景治七年	後神碑記/一信供田	13298/13299
782	1669	景治七年	重修文廟並儀門碑記	14634/14635
783	1670	景治八年	崇光寺留田記/修造候佛碑	2113/2114
784	1670	景治八年	後神碑記	2436
785	1670	景治八年	古跡筵聖寺碑	2547
786	1670	景治八年	當朝重將/流傳田記	2954/2955
787	1670	景治八年	新造節義神道碑記/大王上等神祠	3124/3125

七　後黎朝中興期碑銘目錄（1533—1789）　351

續表

序號	公元紀年	年號	標題	編號
788	1670	景治八年	崇光寺/後佛碑	3239/3240
789	1670	景治八年	後神碑記/作廟祠後神碑記	3504/3505
790	1670	景治八年	尊配神佛/造立碑記	3705/3708
791	1670	景治八年	立碑後神/三村祀事造廟碑記	7047/7097
792	1670	景治八年	創立後神/造亭碑記	7091/7092
793	1670	景治八年	重修寶光寺碑記/士娓信施	7619/7620/7623
794	1670	景治八年	後神碑記	8493
795	1670	景治八年	後神碑記/流傳萬代	8642/8643
796	1670	景治八年	後神碑立	8896
797	1670	景治八年	創立後神/造亭碑記	10249/10250
798	1670	景治八年	永灵光山寺碑記/一信施	10923/10924
799	1670	景治八年	先賢流萬代/斯文創立碑	11649/11650
800	1670	景治八年	創立候神/惠田碑記	11763/11764
801	1670	景治八年	後神碑記	11963/11964
802	1670	景治八年	范相公家譜/事業碑銘記	4104/4105
803	1670	景治八年	范家祖宗/奉祀碑記	4108/4109
804	1670	景治八年	無題	4298
805	1670	景治八年	後神碑/許田銀	3419/3420
806	1670	景治八年	興造崇報四恩寺碑/興功會主	4900/4901
807	1670	景治八年	創立後神碑記/許本社惠田恩	5122/5123
808	1670	景治八年	造立碑承祀記	5295/5296
809	1670	景治八年	貽傳後神碑/本社立端記	5546/5547
810	1670	景治八年	後佛惠田祀事	13503
811	1671	景治九年	流傳祀碑/火王叙位	18069/18070
812	1671	景治九年	增修梂洒碑/功德信施	4566/4567
813	1671	景治九年	神祠碑銘/信施	20912/20913

352　下編　越南碑銘文獻目錄

續表

序號	公元紀年	年號	標題	編號
814	1671	景治九年	供田大王轎旗碑	19480/19481
815	1671	景治九年	創立後神碑記	990/991/992/993
816	1671	景治九年	神光寺大法師碑/南無阿彌陀佛	2317/2318
817	1671	景治九年	祀事碑記/立券約	3411/3412
818	1671	景治九年	創立後神碑/奉事位居左	3899/3900
819	1671	景治九年	後神碑記/何惠造亭奉事香火義田	7074/7075
820	1671	景治九年	供伕田	9137/9138
821	1671	景治九年	三寶磬	9141/9142
822	1671	景治九年	三寶市館之碑/本總興功姓名	10024/10025
823	1671	景治九年	大靈寺信施田碑記/皇圖永固佛道無窮	10321/10322
824	1671	景治九年	大統寺碑記/一信施	10459/10460
825	1671	景治九年	光慶寺/寶台柱	10614/10615
826	1671	景治九年	配饗碑記/本社共保文約	10957/10958
827	1671	景治九年	修造佛寺龍橋碑記	4146
828	1671	景治九年	造立後佛碑/尊奉事諱日碑	5202/5203
829	1671	景治九年	後神碑記	12276/12277/12278/12279
830	1671	景治九年	荻橋碑	12311
831	1671	景治九年	神祠碑銘	13113
832	1671	景治九年	河路澤潞等社/棟福亭勝豐村	13261/13262/13263/13264
833	1672	景治十年	無題	12708
834	1672	陽德元年	後神碑記	17242
835	1672	陽德元年	永世龍鑑/修講堂碑	19828/19829
836	1672	陽德元年	本社記	6029
837	1672	陽德元年	後佛碑	18243
838	1672	陽德元年	三宝市碑/興功德記	17945/17946
839	1672	陽德元年	後佛碑	18243
840	1672	陽德元年	世澤堂碑	19836/19837

七　後黎朝中興期碑銘目錄（1533—1789）

續表

序號	公元紀年	年號	標題	編號
841	1672	陽德元年	重修壽松寺	19759
842	1672	陽德元年	棣池村後佛後神碑/官員上下立端	1847/1848
843	1672	陽德元年	立券唱兒記	1962
844	1672	陽德元年	斷賣亭壽/錢文碑記	2278/2279
845	1672	陽德元年	創立後神碑記並銘	3312/3313
846	1672	陽德元年	佚春庵磐寺	3579
847	1672	陽德元年	創立後神碑/惠田永祀記	6757/6758
848	1672	陽德元年	創立後神碑/慧田祀事記	6759/6760
849	1672	陽德元年	壽祠碑/香火立/田土永記/慶延碑	6761/6762/6763/6764
850	1672	陽德元年	創立慧田碑/造祭記	6868/6869
851	1672	陽德元年	慧田碑/設祀記	6872/6873
852	1672	陽德元年	後神碑記	7541/7542
853	1672	陽德元年	三宝市碑	7807
854	1672	陽德元年	無題	7886
855	1672	陽德元年	佚春庵磐寺/法佛僧	8649/8650
856	1672	陽德元年	聖皇萬歲/後神碑記	8729/8730
857	1672	陽德元年	創立後神碑/祭祀奉事/萬載流傳/全村康泰	8865/8866/8867/8868
858	1672	陽德元年	奉祀後神碑	8880
859	1672	陽德元年	後神碑記	8941
860	1672	陽德元年	皇帝萬歲/福來館碑記	9710/9711
861	1672	陽德元年	新造作後佚碑	10161
862	1672	陽德元年	天臺柱/華津寺	10634/10635/10636/10637
863	1672	陽德元年	感應寺碑/各上土會隨功德	10655/10656
864	1672	陽德元年	萬福亭	11029
865	1672	陽德元年	崇建法雲寺/後佛香火碑記	5006/5007
866	1672	陽德元年	福林寺碑記/信施功德	11231/11232
867	1672	陽德元年	奉祀後神碑	11410/11411

續表

序號	公元紀年	年號	標題	編號
868	1672	陽德元年	一興造石橋碑/一功德信施石棋	11580/11581
869	1672	陽德元年	本村惠田恩記	11596
870	1672	陽德元年	斯文本縣興功碑記祠宇	11623
871	1672	陽德元年	玗村惠田恩記/創立後神阮公裴族碑	11665/11666
872	1672	陽德元年	後佛碑	5083/5084
873	1672	陽德元年	修造武職碑	12020
874	1672	陽德元年	造碑後神/本社造立/新亭碑記/壽	13119/13120/13121/13122
875	1673	陽德二年	乾安寺碑記	19053
876	1673	陽德二年	創立義田恩記/種福修惠碑	2194/2195
877	1673	陽德二年	瑞總買本/縣教坊司	2280/2281
878	1673	陽德二年	後神碑記/券約田記	3815/3816
879	1673	陽德二年	重修金籠寺/一信施碑記	8723/8724
880	1673	陽德二年	後神碑記/留傳萬代	8913/8914
881	1673	陽德二年	聖皇萬歲/後神碑記	8918/8919
882	1673	陽德二年	後神碑記	8942/8943
883	1673	陽德二年	底川社立保爲後神碑記	8964
884	1673	陽德二年	後佛本社碑記	8968
885	1673	陽德二年	聖皇萬歲/後神碑記	8981/8982
886	1673	陽德二年	後神碑記/留傳萬代	8991/8992
887	1673	陽德二年	後神碑記/留傳萬代	8993/8994
888	1673	陽德二年	後神碑記	8996
889	1673	陽德二年	皇上萬年/後神碑記	9338/9339
890	1673	陽德二年	修造白多寺碑記/一信施	10143/10144/10145
891	1673	陽德二年	寶福寺碑/十方信施碑	11291/11292
892	1673	陽德二年	新造石碑/流傳萬代	4763/4764
893	1673	陽德二年	中貯社英靈山洞寺/古跡名藍重修碑記	5812/5813

七　後黎朝中興期碑銘目錄（1533—1789）　355

續表

序號	公元紀年	年號	標題	編號
894	1673	陽德二年	興造迪明寺碑記/一信施	12487/12488
895	1673	陽德二年	啟聞勅旨准給/本社各甲姓名/修車樓殿碑記/奏本准田奉事◆	10583/10584/10585/10586
896	1673	陽德二年	瑞總買本/縣教坊司/斷買亭籌/錢文碑記	2278/2279/2280/2281
897	1674	陽德三年	石橋碑記	4054
898	1674	陽德三年	附神祠廟之碑	19482/19483
899	1674	陽德三年	興功施田石碑	1138
900	1674	陽德三年	修創花亭碑記	1961
901	1674	陽德三年	後神碑記/富貴流傳	6126/6127
902	1674	陽德三年	立祀址生祠香火留傳永久碑	6941/6942
903	1674	陽德三年	封後神碑記	8510/8511
904	1674	陽德三年	再造如羅寺碑記/古跡名藍英靈感應	8711/8712
905	1674	陽德三年	後神碑記	9355/9356
906	1674	陽德三年	無題	9690
907	1674	陽德三年	興慶寺/一重修/一信施/造碑記	11021/11022/11023/11024
908	1674	陽德三年	修造碑記字	11067
909	1674	陽德三年	再新造興慶寺碑	11859/11860
910	1674	陽德三年	修造館碑/三宝市	11909/11910
911	1674	陽德三年	後佛碑/許田錢記	3417/3418
912	1674	陽德三年	創立范市館碑記/功德信施	11947/11948
913	1674	陽德三年	無雙橋石柱碑	4053
914	1674	陽德三年	修造館碑	4101
915	1674	陽德三年	造後佛碑記/南無阿彌陀佛	5635/5636
916	1674	陽德三年	新造石碑	12023
917	1674	陽德三年	新造柏橋/信施	12205/12206
918	1674	陽德三年	奉事/附神碑	12402/12403
919	1674	陽德三年	皇圖有永佛道無窮	13527

356　下編　越南碑銘文獻目錄

續表

序號	公元紀年	年號	標題	編號
920	1674	德元元年	新造崇敬寺/佛碑銘記	18176/18177
921	1674	德元元年	後神碑記/留傳萬代	8916/8917
922	1674	德元元年	無題	3208/3209/3210/3211
923	1674	德元元年	寧福禪寺三寶祭祀田碑	2897
924	1674	德元元年	尊後神碑記	9376/9377
925	1674	德元元年	無題	2891
926	1675	德元二年	後神碑/祀事田	7862/7863
927	1675	德元二年	南無阿彌陀佛/原古跡名藍中村	19137/19138
928	1675	德元二年	修造寺碑	19997
929	1675	德元二年	摩空壁石/勝地名碑	19931/19932
930	1675	德元二年	尊爲後神碑記	837/999
931	1675	德元二年	後佛碑記	2459/2460/2461
932	1675	德元二年	造功德碑/十方信供田三宝伕	2558/2561
933	1675	德元二年	慶隆寺候佛碑	3062/3063
934	1675	德元二年	無題	3204/3205/3206/3207
935	1675	德元二年	天應福林寺/後佛碑記	3431/3432
936	1675	德元二年	尊爲後佛碑/興崇功德記	3433/3434
937	1675	德元二年	南無阿彌陀佛	3724/3725
938	1675	德元二年	青嘉橋碑	6005
939	1675	德元二年	後佛碑記/奉祀留傳	6416/6417
940	1675	德元二年	慶光寺碑/後佛碑記	8479/8480
941	1675	德元二年	後神立碑/本社端言	8524/8525
942	1675	德元二年	本社立忌/碑記	8965/8966
943	1675	德元二年	新造天福橋碑記	9561
944	1675	德元二年	創立後神碑	9804/9805
945	1675	德元二年	本總各社姓名	9843/9844/9845/9846
946	1675	德元二年	雲洞禪庵/明福寺	9870/9871
947	1675	德元二年	南無阿彌陀佛	10196
948	1675	德元二年	新立黃市/靈碑明記	10280/10281

七　後黎朝中興期碑銘目錄（1533—1789）

續表

序號	公元紀年	年號	標題	編號
949	1675	德元二年	茶靈寺/一信施/並新買/田土碑	10291/10292/10293/10294
950	1675	德元二年	始造碑記/長老名藍寺/福/壽	10648/10649/10650/10651
951	1675	德元二年	修造寺碑/置田三宝	10697/10698
952	1675	德元二年	本社敘用/後伕碑記	11143/11144
953	1675	德元二年	皇上萬萬年/慶林寺墻碑	11378/11380
954	1675	德元二年	尊寶後神文/立後神碑記	11479/11480
955	1675	德元二年	修造靈眉寺碑/著述姓名功德	11544/11545
956	1675	德元二年	奉事候神/石碑	4098/4099
957	1675	德元二年	興福磬寺	4100
958	1675	德元二年	尊為後佛碑/興崇功德記	4226/4227
959	1675	德元二年	重修大悲寺/功德信施	4558/4559/4560/4561
960	1675	德元二年	后城隍碑記/立祠恭事記	4891/4892
961	1675	德元二年	再修後神碑/祀流傳萬代	5360/5361
962	1675	德元二年	鄧家祠址碑記/祭物儀節事例/祭田逐分處所/敬神田立券文	5871/5872/5873/5874
963	1675	德元二年	昭儀祀事碑記/永祀券文/祭田逐分處所/祭物儀節例	13079/13080/13081/13082
964	1675	德元二年	後神碑記	13123/13124
965	1675	德元二年	無題	13339
966	1675	德元二年	後神碑記	13387
967	1675	德元二年	都太監文會侯之墓	14458
968	1675	德元二年	演祀碑記	15228
969	1676	永治元年	安清寺/新造/興功/石碑	1832/1833/1834/1835
970	1676	永治元年	功則祀之	3085
971	1676	永治元年	后甲碑記	3329
972	1676	永治元年	后神碑記/丙戌年造	4749/4750

續表

序號	公元紀年	年號	標題	編號
973	1676	永治元年	寄忌碑	3091
974	1676	永治元年	樂善碑	3093
975	1676	永治元年	阮公碑記	3325
976	1676	永治元年	無題	2706
977	1676	永治元年	寺后碑記	934
978	1676	永治元年	修寫文契記	1242
979	1676	永治元年	寄忌碑記	1401
980	1676	永治元年	存著不忘	1407
981	1676	永治元年	後佛碑記/重修蒲提殿婆姆寺	2190/2191
982	1676	永治元年	洞午寺始造石階天臺碑記/功德信施	20348/20349
983	1676	永治元年	恭刊令諭奉事碑	2785
984	1676	永治元年	永福堂碑	19810
985	1676	永治元年	金鞍寺後伕碑	369/372
986	1676	永治元年	建立祀事碑記	767
987	1676	永治元年	新造後佛碑記/羅溪社官員鄉長端約	911/912
988	1676	永治元年	祔後神祠碑記/後神香火流傳	949/995
989	1676	永治元年	新買田碑記	1082
990	1676	永治元年	重修感恩寺碑	1918
991	1676	永治元年	後伕碑記/留傳萬代	2434/2435
992	1676	永治元年	附後神碑并銘	3341
993	1676	永治元年	後神碑/碑事記	3807/3808
994	1676	永治元年	後佛碑記/香火祀事	6032/6033
995	1676	永治元年	勝嚴亭/何公碑	8230/8231
996	1676	永治元年	後佛碑記	8635/8636
997	1676	永治元年	阮門勳業/曆世祀碑	10095/10096/10097/10098
998	1676	永治元年	洞午寺始造石階天臺碑記/功德信施	11516/11517
999	1676	永治元年	創立後佛碑/供田含竜寺銘記	11559/11560
1000	1676	永治元年	興功再造寺碑/信施	11630/11631

七　後黎朝中興期碑銘目錄（1533—1789）

續表

序號	公元紀年	年號	標題	編號
1001	1676	永治元年	興本社本會造/聖賢碑記	11957/11958
1002	1676	永治元年	候佛碑	4095
1003	1676	永治元年	小宗世科堂圖/小宗世科堂記	4342/4343
1004	1676	永治元年	福德寺碑/功德信施	4820/4821
1005	1676	永治元年	無題	5610/5611
1006	1676	永治元年	香火流傳田記	5378
1007	1676	永治元年	奉事/候神碑	5633/5634
1008	1676	永治元年	奉事碑記/約券田記	5733/5743
1009	1676	永治元年	修造重興/福恩寺碑	5766/5767
1010	1676	永治元年	後神碑記	13127/13128
1011	1676	永治元年	後城隍碑記/立端言碑記	13168/13169
1012	1676	永治元年	大悲寺/信施記	13326/13327
1013	1676	永治元年	密語寺碑石記	13634
1014	1676	永治元年	脩造碑記	3278/3279
1015	1676	永治元年	後神碑記/本社端約/惠享無窮/福留萬代◆	6139/6140/6141/6142
1016	1677	永治二年	無題	2292/2293
1017	1677	永治二年	后伕碑記	2265/2266
1018	1677	永治二年	無題	18538/18539
1019	1677	永治二年	無題	16236/16237
1020	1677	永治二年	圓通寺碑記	15970
1021	1677	永治二年	後佛碑記	11709
1022	1677	永治二年	再造文廟碑/先賢位號	3635/3636
1023	1677	永治二年	新造前堂碑慶林寺/構作後堂樹木移記	3893/3894
1024	1677	永治二年	祀事阮家碑記/祭物儀節事例/二村祀事券文/祭田逐分處所	19085/19086/19087/19088
1025	1677	永治二年	興造祥光慶寺碑記/南無阿彌陀佛福衍	19228/19229
1026	1677	永治二年	永世香火碑/立石碑祀事	16706/16707

續表

序號	公元紀年	年號	標題	編號
1027	1677	永治二年	界薄流傳	1946
1028	1677	永治二年	當今重將/功名事業/功臣田私土/碑銘記流傳	18058/18059/18060/18061
1029	1677	永治二年	事業碑	1200
1030	1677	永治二年	祀事阮家碑記/二村祀事券文/祭田逐分處所/祭物儀節事例	1201/1202/1203/1204
1031	1677	永治二年	天興寺造鑄洪鐘樓閣	1450
1032	1677	永治二年	開市碑記/萬年地分	3776/3777/3778
1033	1677	永治二年	阮功造碑	6201
1034	1677	永治二年	尊後神碑記	8513
1035	1677	永治二年	後神碑記	8699/8700
1036	1677	永治二年	後佛碑記/本村碑記	9911/9912
1037	1677	永治二年	興功敬神佛事	9988
1038	1677	永治二年	修造新亭之碑	10059
1039	1677	永治二年	後佛碑記	10155/10156/10157/10158
1040	1677	永治二年	創立後神碑記	10232/10233
1041	1677	永治二年	大茶社大靈寺碑記/皇圖永固佛道無窮/天下太平/國政民安	10315/10316/10317/10318
1042	1677	永治二年	無題	10401
1043	1677	永治二年	後神碑/本村記	4451/4452/4453/4454
1044	1677	永治二年	銘辭碑/後伕碑記/崇光寺碑/艷村碑記	4882/4883/4884/4885
1045	1677	永治二年	華亭碑/永世碑	4894/4895/4896/4897
1046	1677	永治二年	本社記/阮令公/張貴氏/後神碑	5344/5345/5346/5347
1047	1677	永治二年	后伕碑記	5368/5369
1048	1677	永治二年	立祀事碑記/香火流傳碑記◆	5377/5378
1049	1677	永治二年	無題	10715/10716
1050	1677	永治二年	後神碑記/造亭碑記	5586/5587
1051	1677	永治二年	開市碑記/萬年地分	12190/12191/12192
1052	1677	永治二年	造配神碑	12654/12655

七　後黎朝中興期碑銘目錄（1533—1789）

續表

序號	公元紀年	年號	標題	編號
1053	1677	永治二年	施田延福寺三寶物/皇帝萬歲後佛碑記	12892/12893
1054	1677	永治二年	東文廟碑記/福祿縣斯文碑記	15833/15834
1055	1677	永治二年	清禪	15885
1056	1677	永治二年	福林寺	11225
1057	1678	永治三年	終不可諠	3092
1058	1678	永治三年	普慶寺	20919
1059	1678	永治三年	無題	1232
1060	1678	永治三年	無題	19390
1061	1678	永治三年	無題	1449
1062	1678	永治三年	重脩福林寺碑	19410
1063	1678	永治三年	普慶寺	20377
1064	1678	永治三年	買亭籌兩/造立石碑/流傳萬代/遺古跡記	775/776/777/778
1065	1678	永治三年	祀事記	1844
1066	1678	永治三年	戀德爺碑/感德報祀/本社記/惠田約儀節祭文	2152/2153/2154/2155
1067	1678	永治三年	造立增福亭/一項碑記	3415/3416
1068	1678	永治三年	重修福林塑繪佛像并栱林橋碑記/古跡名藍本社會主功德碑記	3928/3929
1069	1678	永治三年	感德報祀/戀德爺碑/惠田約儀節祭文/本社記	7106/7107/7108/7109
1070	1678	永治三年	重修橋靈碑	7655
1071	1678	永治三年	後神碑記/本社碑記	8494/8495
1072	1678	永治三年	後/神/碑/記	8506/8507/8508/8509
1073	1678	永治三年	延光寺碑/興功閣鐘	8790/8791
1074	1678	永治三年	後伕碑記	8855/8856
1075	1678	永治三年	創立後佛碑	9681/9682/9683
1076	1678	永治三年	後佛雲洞碑記	9731/9732
1077	1678	永治三年	立約端言/後神碑	10284/10285
1078	1678	永治三年	阮貴氏/後神碑	10749/10750/10751/10752

續表

序號	公元紀年	年號	標題	編號
1079	1678	永治三年	天臺柱/信施/功德	11226/11227/11228
1080	1678	永治三年	無題	5491/5492
1081	1678	永治三年	擇路社文淵村/後佛洪藍寺碑記	13287/13288
1082	1678	永治三年	古跡埭高寺/修造上殿碑	13368/13369
1083	1678	永治三年	永流傳候佛相碑記/原古跡和寺	13986/13987
1084	1679	永治四年	流傳萬代/石橋碑記	3542/3543
1085	1679	永治四年	本村立碑	17803
1086	1679	永治四年	無題	838
1087	1679	永治四年	阮氏寄臘之碑	22
1088	1679	永治四年	新造/天臺/石壺/无寺	16787/16788/16789/16750
1089	1679	永治四年	蘇族碑記	285
1090	1679	永治四年	流傳萬代/石橋碑記	3542/3543
1091	1679	永治四年	無題	3572/3573/3574/3575
1092	1679	永治四年	神靈/新造/玉石	16780/16781/16782
1093	1679	永治四年	買亭歌唱碑	1243
1094	1679	永治四年	衍福生祠碑	2996
1095	1679	永治四年	立碑買疇錢萬代之圖	3464
1096	1679	永治四年	無題	3850/3851
1097	1679	永治四年	南無阿彌陀佛	19230
1098	1679	永治四年	始立聖賢廟碑記	20513/20514
1099	1679	永治四年	修造崇恩寺碑記	19419/19420
1100	1679	永治四年	造本國聖祖文碑	2749
1101	1679	永治四年	南郊殿碑記	161a/161b/161c/161d
1102	1679	永治四年	徽文殿毓慶寺碑記/皇上萬萬歲聖主萬萬年	447/448
1103	1679	永治四年	修造之碑	2323
1104	1679	永治四年	立生祠後神/奉事碑記	3219/3220
1105	1679	永治四年	後佛兼後神牌字記/靈應寺碑	3230/3231
1106	1679	永治四年	造壽山亭/立後神碑/全社記	3655/3656/3657/3658

七　後黎朝中興期碑銘目錄（1533—1789）

續表

序號	公元紀年	年號	標題	編號
1107	1679	永治四年	興隆寺後佛碑記	6068
1108	1679	永治四年	無題	6236/6237/6238/6239
1109	1679	永治四年	新造后神石碑	7955
1110	1679	永治四年	一興功重修塘林寺/一信施	7984/7985
1111	1679	永治四年	奉祀後神碑	8879
1112	1679	永治四年	後神碑記/本社應保	9361/9362
1113	1679	永治四年	後神碑記	9482
1114	1679	永治四年	天臺柱/修造	9890/9891/9892/9893
1115	1679	永治四年	本村立碑	10083
1116	1679	永治四年	始立聖賢廟碑記	11519/11520
1117	1679	永治四年	新造興功磬碑/信施	11531/11532
1118	1679	永治四年	後神立碑/新造立碑記	11702/11703
1119	1679	永治四年	光慶寺天台柱	11781/11782/11783/11784
1120	1679	永治四年	重修蘇江橋碑記	4123/4124
1121	1679	永治四年	長公主碑記/生祠碑記	4333/4334
1122	1679	永治四年	安養佛寺/後侅碑記	4724/4725
1123	1679	永治四年	綠保寺大/開石勒碑	4808/4809
1124	1679	永治四年	江鄉後神/詠聖神格	4868/4869
1125	1679	永治四年	建造橋渡碑/全社諸人記	5299/5300
1126	1679	永治四年	始造/延福寺/鏨碑/萬代記	5778/5779/5780/5781
1127	1679	永治四年	奉祀後神碑	12374
1128	1679	永治四年	創造亭廟/功德碑	12710/12711
1129	1679	永治四年	皇帝萬萬歲/圓光寺行廊三門石碑記	12998/12999
1130	1679	永治四年	圓光龕/祝聖壽/天下安/萬萬年	13105/13106/13107/13108
1131	1679	永治四年	路園留傳碑	13197
1132	1679	永治四年	永傳爲候佛碑	13635
1133	1679	永治四年	圓通寺碑記/壹信施	15971/15972
1134	1679	永治四年	造碑寄忌	1536

續表

序號	公元紀年	年號	標題	編號
1135	1680	永治五年	寄忌碑記	3473
1136	1680	永治五年	尊保郎隍記	2997
1137	1680	永治五年	新造/天臺/蓮花/禪寺	20645/20646/20647/20648
1138	1680	永治五年	功德會主/造寺鐘碑	20649/20650
1139	1680	永治五年	留傳萬代/候佛主造	772/773
1140	1680	永治五年	重修林楊觀佛像碑	1886/1887
1141	1680	永治五年	普光塔碑記/奉祀端碑記	2183/2184
1142	1680	永治五年	顯光塔記	2186
1143	1680	永治五年	買簹文契之碑	2690
1144	1680	永治五年	後神碑記	3057/3058
1145	1680	永治五年	永福碑之圖	3284
1146	1680	永治五年	重修	15886
1147	1680	永治五年	後神碑記	3784/3785
1148	1680	永治五年	東店石柣碑/始造後碑記	3920/3921
1149	1680	永治五年	四座祔神碑/賢侯先施/本村厚報	3995/3996/3997/3998
1150	1680	永治五年	龍慶寺後佽碑	6424
1151	1680	永治五年	隆慶寺	6425
1152	1680	永治五年	夫妻雙全共爲☒長立碑	6495
1153	1680	永治五年	後神碑/祀事例	8100/8101
1154	1680	永治五年	文屬甲祀廟碑	8369
1155	1680	永治五年	先賢祠廟碑	8385
1156	1680	永治五年	新造崇高恩寺碑記/十方信施	8520/8521
1157	1680	永治五年	興功更/造慶靈/名寺天/臺碑記	8975/8976/8977/8978
1158	1680	永治五年	後神碑記	9444
1159	1680	永治五年	清國寺造石碑	9788
1160	1680	永治五年	永慶寺碑/一信施記	10035/10036
1161	1680	永治五年	壺天寺後佽碑	10406
1162	1680	永治五年	後佛碑記	10640

七 後黎朝中興期碑銘目錄（1533—1789）

續表

序號	公元紀年	年號	標題	編號
1163	1680	永治五年	創立碑記/姓名功德	11546/11547
1164	1680	永治五年	後神碑記/全村碑記	11736/11737
1165	1680	永治五年	無題	11800
1166	1680	永治五年	重修春光/寺碑/信施	11919/11920/11921/11922
1167	1680	永治五年	後神碑記/本村共記	4765/4766
1168	1680	永治五年	創立後仸碑/香火流傳	5362/5363
1169	1680	永治五年	明德塔碑	5951
1170	1680	永治五年	重造崇光寺碑/信施	12299/12300
1171	1680	永治五年	新造祔後神祠碑記	13141/13142
1172	1680	永治五年	奏本准田奉事	10586
1173	1680	永治五年	新造祔後神祠碑記/東甲兌甲南甲北甲	13143/13144
1174	1680	永治五年	蓬橋碑記	13365
1175	1680	正和元年	蔣大合祀之碑	26/27
1176	1680	正和元年	蔣大合祀之碑/德厚者其流光	26/27
1177	1680	正和元年	事跡碑記	15578（1556同）
1178	1680	正和元年	重修雞山下村廟停碑	5933
1179	1680	正和元年	恭承祀事	11655
1180	1680	正和元年	祀事後神碑文/祀事田立券文	9863/9864
1181	1680	正和元年	慶壽碑	8143/8144
1182	1680	正和元年	建立神廟祭田	6494
1183	1681	正和二年	僊靈寺	23
1184	1681	正和二年	始造哥橋碑	20558/20559
1185	1681	正和二年	後神碑記	19752
1186	1681	正和二年	無題	16452
1187	1681	正和二年	東牢寺天臺記	1419/1420/1421/1451
1188	1681	正和二年	大悲寺後堂奉事阮將公碑記並銘	1441/1446/1447/1448
1189	1681	正和二年	阮家祠址碑記/爲共立券約文/祭物儀節事例/祭田所定式例	1986/1987/1988/1989

續表

序號	公元紀年	年號	標題	編號
1190	1681	正和二年	黃雲寺/供田池/後佛碑	2282/2283/2284/2285
1191	1681	正和二年	無題◆	2889
1192	1681	正和二年	興功後佛碑記	2979
1193	1681	正和二年	全邑千年碑記/聖王萬壽	3042/3043
1194	1681	正和二年	無題	3525/3526/3527/3528
1195	1681	正和二年	金縷市碑記	3667
1196	1681	正和二年	永泰寺碑/本社功德	6335/6336
1197	1681	正和二年	後神碑/立碑許記田池錢財銘記	6793/6794
1198	1681	正和二年	斷賣亭等令錢文契碑記/天漠洲買本縣教坊司	6897/9898
1199	1681	正和二年	附神碑銘	8326
1200	1681	正和二年	後佛碑記/留傳萬代	8989/8990
1201	1681	正和二年	候神碑	9558
1202	1681	正和二年	無題	9642/9643/9644/9645
1203	1681	正和二年	後佛二象碑記	9885/9886
1204	1681	正和二年	後佛像碑記	10175/10176/10177
1205	1681	正和二年	始造哥橋碑	11525/11526
1206	1681	正和二年	光慶寺/一功德	11779/11780
1207	1681	正和二年	立券約義田記/聯神後佛碑記	4168/4169
1208	1681	正和二年	光振堂碑	4336/4337
1209	1681	正和二年	無題	4387/4388/4389/4390
1210	1681	正和二年	造立碑/奉事留/傳萬代/本社共記	4919/4920/421/4922
1211	1681	正和二年	新造立/碑祀事/留附後/本社共記	4923/4924/4925/4926
1212	1681	正和二年	無題	4952/4953/4954/4955
1213	1681	正和二年	創立後神碑/惠田錢碑記	5622/5623
1214	1681	正和二年	後神碑記/流傳萬代	12449/12450
1215	1681	正和二年	後神碑	12768/12769

七　後黎朝中興期碑銘目錄（1533—1789）　367

續表

序號	公元紀年	年號	標題	編號
1216	1681	正和二年	後神碑記/流傳祀事	13010/13011
1217	1681	正和二年	無題	13163
1218	1681	正和二年	皇帝萬萬歲/再造撲橋碑記	13191/13192
1219	1681	正和二年	慶靈寺碑記/本社功德	13213/13214
1220	1681	正和二年	文會碑	13391/13392
1221	1681	正和二年	新造後佛碑記	14950
1222	1681	正和二年	興功橋數碑	15029/15030
1223	1681	正和二年	後佛碑記	10173/10174
1224	1682	正和三年	臺柱供	4
1225	1682	正和三年	追报碑記	3089
1226	1682	正和三年	邨江總各社戶□民立石碑流傳/奉事爲本土大王公主三位代代	18063/18064
1227	1682	正和三年	後佛碑記/流傳萬代	2079/2080
1228	1682	正和三年	圓陽/觀後/佛碑/記造	2200/2201/2202/2203
1229	1682	正和三年	後佚碑記	3009/3012
1230	1682	正和三年	本縣官員立一碑之鑿石/⚌長振作萬之聲名	3048/3049
1231	1682	正和三年	賣籌文契之碑	3280
1232	1682	正和三年	唱籌碑記	3487
1233	1682	正和三年	重刊治所碑	7814/7815
1234	1682	正和三年	買東甲忌/端言碑記	8979/8980
1235	1682	正和三年	後神碑記/封後神位	9357/9358
1236	1682	正和三年	無題	9730
1237	1682	正和三年	祀候神碑記	9762
1238	1682	正和三年	後神碑記	9789
1239	1682	正和三年	福/壽/堂/萬/年/香	9962/9963/9964/9965/9966/9967
1240	1682	正和三年	福/壽/堂/萬/年/香	9972/9973/9974/9975/9976/9977
1241	1682	正和三年	無題	9989
1242	1682	正和三年	普照寺碑/新造全科功德	10057/10058
1243	1682	正和三年	後佛碑記	10643

368　下編　越南碑銘文獻目錄

續表

序號	公元紀年	年號	標題	編號
1244	1682	正和三年	陶貴公祀事碑/後神奉祀碑記	4050/4051
1245	1682	正和三年	香/華/燃/燈	7340/7341/7342/7343
1246	1682	正和三年	西亭造碑記/功德造碑記	4161/4162
1247	1682	正和三年	新造帝釋觀碑記/南無阿彌陀佛	4706/4707
1248	1682	正和三年	修造石龍石臘記	5409/5410
1249	1682	正和三年	後神碑記/兌甲立端言奉祀碑記	13170/13171
1250	1682	正和三年	後神碑/銘記/河海社/始造	13251/13252/13253/13254
1251	1682	正和三年	建崇明寺供田碑/奉事阮家碑記	13385/13386
1252	1682	正和三年	平山祠/永信碑	13567/13568
1253	1682	正和三年	前立文契/後有供祠	15723/15724
1254	1683	正和四年	本社造亭約束碑/本社功德傳記碑◆	3015/3016
1255	1683	正和四年	無題	3873/3874
1256	1683	正和四年	龍景寺後佛	19890
1257	1683	正和四年	新造買疇錢碑記	19953
1258	1683	正和四年	無題	18389
1259	1683	正和四年	□造石碑	16814
1260	1683	正和四年	後伕生碑記/遺田許本社忌臘記	913/914
1261	1683	正和四年	無題	1240
1262	1683	正和四年	立文契記/買縣籌亭碑記	1665/1666
1263	1683	正和四年	修造仙山寺/奉施田碑記	2798/2799
1264	1683	正和四年	修造古跡天福寺之碑	3281
1265	1683	正和四年	祠宇碑/先賢官爵職諱謚	3797/3799
1266	1683	正和四年	感德報祀/張爺碑記/祭田祭物/本社券文	3888/3889/3890/3891
1267	1683	正和四年	重修仙侶寺佛碑	8444

七　後黎朝中興期碑銘目錄（1533—1789）　369

續表

序號	公元紀年	年號	標題	編號
1268	1683	正和四年	後佛碑記	8481/8482
1269	1683	正和四年	後伕碑記	8483/8484
1270	1683	正和四年	後神碑記/本社碑記	8489/8490
1271	1683	正和四年	後神碑記	9378/9379
1272	1683	正和四年	始造亭碑記	9436/9437
1273	1683	正和四年	慶靈寺	9553
1274	1683	正和四年	新造/天台/柱記/信施	9562/9563/9564/9565
1275	1683	正和四年	崇慶寺碑記/一信施	10305/10306
1276	1683	正和四年	造烊鑄洪/鐘龍慶寺/仕娌興功/致主社	10376/10377/10378/10379
1277	1683	正和四年	後神碑記	10713/10714
1278	1683	正和四年	一造會仙亭碑	10851
1279	1683	正和四年	構作福來寺石碑記	10904
1280	1683	正和四年	光慶禪寺/一興功碑	11777/11778
1281	1683	正和四年	興山禪寺碑/本社功德癸亥年造石	5435/5436
1282	1683	正和四年	創立後神碑/全村上下記	5465/5466
1283	1683	正和四年	廟亭碑記/四甲有功姓名	12625/12626
1284	1683	正和四年	後伕碑	13063/13064
1285	1683	正和四年	無題	13155/13156/13157/13158
1286	1683	正和四年	後神碑記/立端言碑記	13164/13165
1287	1683	正和四年	河路澤潞二社文勝文豐/二村後佛碑記堞福寺	13279/13280
1288	1683	正和四年	開造仙靈寺/興功碑記	13411/13412
1289	1684	正和五年	無題	20069/20070
1290	1684	正和五年	重修芙蓸寺碑記（長壽寶碑記）/信施碑記/賜鄉社田碑記/賜本族田碑記	17683/17684/17685/17686
1291	1684	正和五年	遺錢許本社忌臘記/後伕生碑記	904/918
1292	1684	正和五年	後事記/德義碑	1257/1258

370　下編　越南碑銘文獻目錄

續表

序號	公元紀年	年號	標題	編號
1293	1684	正和五年	圓光塔碑記	2187
1294	1684	正和五年	崇德碑	3591/3592
1295	1684	正和五年	興造芝田亭/及永椿寺碑	3791/3792
1296	1684	正和五年	造後神碑	6028
1297	1684	正和五年	後神碑記	7376/7377
1298	1684	正和五年	重修福渡寺	7490
1299	1684	正和五年	重修安樂寺碑記/信施	7823/7824
1300	1684	正和五年	觀莫寺碑	8115/8116
1301	1684	正和五年	立後神碑記	9261/9262
1302	1684	正和五年	封後神碑記/本村碑記	9352/9353
1303	1684	正和五年	後佛碑記	9913/9914
1304	1684	正和五年	新造館瓦安悉□市碑記/十方信施	10947/10948
1305	1684	正和五年	月光寺/天臺柱/功德/信施	11179/11180/11181/11182
1306	1684	正和五年	後神/碑記	11933/11934
1307	1684	正和五年	東柱亭造碑記/本村功德碑記	4131/4132
1308	1684	正和五年	□後神碑	5129
1309	1684	正和五年	新立右行廊銘碑/造立左行廊記	5407/5408
1310	1684	正和五年	藁洲社/修造石碑	12270/12271
1311	1684	正和五年	無題	12320/12321/12322
1312	1684	正和五年	造立附神石碑記	12381/12382
1313	1684	正和五年	修造普光寺碑	12383/12384
1314	1684	正和五年	□後神碑	13093
1315	1684	正和五年	黃龍殿碑記	13498/13499/13450/13451
1316	1684	正和五年	在和光寺/新造祝香/臺石柱記	13883/13834/13885/13886
1317	1684	正和五年	後神碑記	9176/9177/9178/9179
1318	1685	正和六年	延祿坊新造	4644/4645
1319	1685	正和六年	無題	1398/1399

七　後黎朝中興期碑銘目錄（1533—1789）　371

續表

序號	公元紀年	年號	標題	編號
1320	1685	正和六年	後伕碑記	1774/1775/1776
1321	1685	正和六年	阮氏碑記	974
1322	1685	正和六年	寺后碑記	1537
1323	1685	正和六年	福慶寺/碑記	18030/18031/18032
1324	1685	正和六年	後神碑記/扶寧社下村記	2482/2483
1325	1685	正和六年	後神碑記/流傳萬代	2534/2535
1326	1685	正和六年	無題	2614/02615
1327	1685	正和六年	爲修造后神碑	2626
1328	1685	正和六年	龍齊禪寺碑	3687
1329	1685	正和六年	建立後伕碑/住程寺	6052/6053
1330	1685	正和六年	重修光慶寺碑記/十方信施	6553/6554
1331	1685	正和六年	興福寺/後佛碑記	8721/8722
1332	1685	正和六年	後佛碑記	9350/9351
1333	1685	正和六年	重修廟亭碑記	9922
1334	1685	正和六年	寶光寺/興功/新造天臺/一信施	11319/11320/11321/11322
1335	1685	正和六年	世鑑永傳/後神像碑記	11493/11494
1336	1685	正和六年	后神碑記/功德嗣傳	11771/11772
1337	1685	正和六年	慶光寺/後佛碑記	11790/11791
1338	1685	正和六年	立功德碑	4490
1339	1685	正和六年	后神碑記/流傳萬代	5772/5773
1340	1685	正和六年	皇上萬歲/施田碑記	12808/12809
1341	1686	正和七年	艷舍館碑記/修造上殿燒香	1692/1693
1342	1686	正和七年	古跡市亭碑記	3856/3857
1343	1686	正和七年	萬福大禪寺碑/建立三寶田祀事祖師恩光塔碑記	2146/2147
1344	1686	正和七年	祭田碑記/逐分有差/坐落處所	19364/19365
1345	1686	正和七年	造起功德/會主右碑	1205/1206/1207
1346	1686	正和七年	興功造新/構作廣福寺碑	19366/19367

372 下編　越南碑銘文獻目錄

續表

序號	公元紀年	年號	標題	編號
1347	1686	正和七年	鑴刻碑銘文/新亭立❏記/本甲	18392/18393/18394/18395
1348	1686	正和七年	後佛報恩/寺碑記	18419/18420
1349	1686	正和七年	瓊琚友好/甘棠遺澤/情文兼著/邊豆靜嘉	1085/1086/1087/1088
1350	1686	正和七年	遞年旬日/奉事碑記/功德長留/祭祀常儀	1208/1209/1210/1211
1351	1686	正和七年	厚德宮碑/惠天逐分/儀文事例	1896/1897/1898/1899
1352	1686	正和七年	昊盛陵碑記	1915
1353	1686	正和七年	東岸縣扶昊社阮侯後佛碑并銘記	2324/2325/2326/2327
1354	1686	正和七年	報德之碑/永留千古	2516/2517
1355	1686	正和七年	石橋碑記	3221
1356	1686	正和七年	報德後/神碑記	3711/3712/3713/3714
1357	1686	正和七年	慶光賢像碑記	3923
1358	1686	正和七年	後神碑/祀事田	6296/6297
1359	1686	正和七年	造像後佛碑/供田事記	6457/6458
1360	1686	正和七年	吳工尊神碑/丙寅年冬節/全社等共立/惠許本社田	6778/6779/6780/6781
1361	1686	正和七年	後佛碑記/全村共記	7060/7061
1362	1686	正和七年	申公碑/世祀田	7069/7070/7071
1363	1686	正和七年	無題	7954
1364	1686	正和七年	黃太后碑/祭田處所/分耕奉祀/迎年事例	8745/8746/8747/8748
1365	1686	正和七年	二社/造立/奉祀/後神	8869/8870/8871/8872
1366	1686	正和七年	聖賢祠碑記	9380/9381
1367	1686	正和七年	吳家詞址碑記/祭物儀節事例/爲共立券約文/敬祭天分處所	9954/9955/9956/9957
1368	1686	正和七年	無題	9958/9959/9960/9961
1369	1686	正和七年	始造石碑記	9990
1370	1686	正和七年	後神碑記/香火萬代	10424/10425

七　後黎朝中興期碑銘目錄（1533—1789）　373

續表

序號	公元紀年	年號	標題	編號
1371	1686	正和七年	興福再造永亭寺/會主信施碑記	10428/10429
1372	1686	正和七年	本社各甲姓名/修車樓殿碑記	10584/10585
1373	1686	正和七年	無題	10997
1374	1686	正和七年	後神碑記/資財	11114/11115
1375	1686	正和七年	無題	11983/11984/11985/11986
1376	1686	正和七年	神佛之碑	4614/4615/4616/4617
1377	1686	正和七年	後神碑記/奉事約記	5175/5176
1378	1686	正和七年	惠義碑/本族碑/南甲記	12217/12218/12219
1379	1686	正和七年	修造永隆寺碑/本社功德記碑	12289/12290
1380	1686	正和七年	重造淨光寺碑記/一信施	12499/12500
1381	1686	正和七年	登科目錄石碑/重造先賢祭田	12706/12707
1382	1686	正和七年	後伕碑記	13057/13058
1383	1686	正和七年	創立候佛永承碑記/本村蒙許後伕原和寺立碑	13982/13983
1384	1686	正和七年	新修構作聚靈寺/留傳萬代碑記文	3854/3855
1385	1686	正和七年	古跡市碑記	3857
1386	1687	正和八年	無題	19411
1387	1687	正和八年	后佛碑記	2038/2039
1388	1687	正和八年	福林□/石柱香	20067/20068
1389	1687	正和八年	後神碑記	19636
1390	1687	正和八年	後神碑記	18390
1391	1687	正和八年	義田碑記	30/33
1392	1687	正和八年	重修漢伏波將軍祠碑記	192
1393	1687	正和八年	白馬神祠碑記	193
1394	1687	正和八年	無題	707
1395	1687	正和八年	法雨寺三府祠碑記	1288/1289

374　下編　越南碑銘文獻目錄

續表

序號	公元紀年	年號	標題	編號
1396	1687	正和八年	大將軍少保公勳德碑記	1442/1443/1444/1445
1397	1687	正和八年	三寶市/功德市碑	1617/1618
1398	1687	正和八年	石階碑記	3222
1399	1687	正和八年	後神碑記	6125
1400	1687	正和八年	福生寺處後佛碑記	6219/6220
1401	1687	正和八年	義田香火祀事	5480
1402	1687	正和八年	無題	7560/7561/7562
1403	1687	正和八年	羅山寺/天臺一柱	8640/8641
1404	1687	正和八年	奉祀後神碑	8882
1405	1687	正和八年	後神碑記/奉事	8924/8325
1406	1687	正和八年	後神碑記	9218
1407	1687	正和八年	皇上萬年/後神碑記	9336/9337
1408	1687	正和八年	重修天福橋碑記/一信施碑記	9559/9560
1409	1687	正和八年	後神碑記	9712
1410	1687	正和八年	夫妻後神/造福隆亭/創立之碑/建事祠堂	10561/10562/10563/10564
1411	1687	正和八年	始造碑記/重修祠宇	10998/10999
1412	1687	正和八年	興慶/寺再/修造/天臺	11013/11014/11015/11016
1413	1687	正和八年	重山魏郡公后神碑記/南村后神碑	11049/11050
1414	1687	正和八年	無題	11094/11095/11096
1415	1687	正和八年	後神碑記	11098/11099
1416	1687	正和八年	後神碑記/本村共記	11738/11739
1417	1687	正和八年	後佛碑記	4048
1418	1687	正和八年	芳渡橋/再造像碑	4391/4392
1419	1687	正和八年	奉祀後神碑	12375
1420	1687	正和八年	后神碑記	12690/12691
1421	1687	正和八年	修造候佛碑記/功績多庵永傳	13995/13996
1422	1688	正和九年	後佛碑記	2042/2043
1423	1688	正和九年	白皎寺/碑傳記/壹興功	18466/18467/18468

七　後黎朝中興期碑銘目錄（1533—1789）　375

續表

序號	公元紀年	年號	標題	編號
1424	1688	正和九年	後佛碑記	2042/2043
1425	1688	正和九年	寄忌碑記	3318
1426	1688	正和九年	寄忌碑記	905/906
1427	1688	正和九年	修造古跡蓬萊佛寺碑記	8216
1428	1688	正和九年	壹興功	18468
1429	1688	正和九年	買籌文契之碑	2689
1430	1688	正和九年	重修興聖瓦寺佛碑/三寶渡市三寶田碑	18530/18531
1431	1688	正和九年	▨長碑記/理斷碑記	1955/1956/1957/1958
1432	1688	正和九年	阮令公碑記/爲立券約文/祭田定式例	1982/1983/1984/1985
1433	1688	正和九年	後神碑記	3237/3238
1434	1688	正和九年	廟祠安福	7592/7593
1435	1688	正和九年	新造和樂亭碑	8439
1436	1688	正和九年	創立後/神碑記	8677/8678
1437	1688	正和九年	敘忌碑記	8963
1438	1688	正和九年	立後佛碑記	9292/9293
1439	1688	正和九年	新造砌磋後防行郎碑/一信施碑	9573/9574
1440	1688	正和九年	洪磬寺碑記/一信施以下	9908/9909
1441	1688	正和九年	無題	11132/11133/11134
1442	1688	正和九年	後神碑記/端傳萬代	11164/11165
1443	1688	正和九年	光寶寺立碑/興功修造記	4801/4802
1444	1688	正和九年	皇上萬萬歲/修造玉柱橋碑記	12874/12875
1445	1688	正和九年	新造天/臺石柱/柱貽奉	13102/13103/13104
1446	1689	正和十年	後伕碑記	2040/2041
1447	1689	正和十年	銘/光/靈/寺	16810/16811/16812/16813
1448	1689	正和十年	後伕碑記	2040/2041
1449	1689	正和十年	天臺/崇慶寺/三宝	16770/16771/16772/16773

續表

序號	公元紀年	年號	標題	編號
1450	1689	正和十年	約祭文義節	18266
1451	1689	正和十年	靈	16812
1452	1689	正和十年	崇慶寺	16771
1453	1689	正和十年	報恩碑記/信約文記/惠田逐分記/尊德姓字記	1710/1711/1712/1713
1454	1689	正和十年	永思之碑/用曉來者/喬棠遺陰/桑梓至情	2509/2510/2511/2512
1455	1689	正和十年	饒免租役刻志	2593
1456	1689	正和十年	正法殿石碑/戶兒姓名	2605/2606
1457	1689	正和十年	建謀福遠石碑之圖	2692
1458	1689	正和十年	後佛碑記	3065
1459	1689	正和十年	後神碑記	3066
1460	1689	正和十年	無題	3881/3882/3883/3884
1461	1689	正和十年	天福寺碑/一本社十方功德	3965/3966
1462	1689	正和十年	後佛碑	7067
1463	1689	正和十年	立後神碑記	9255/9256
1464	1689	正和十年	創立後神碑/建堂碑記	10243/10244
1465	1689	正和十年	興覺寺碑	10360
1466	1689	正和十年	造立後神碑記	11102/11103
1467	1689	正和十年	本總創立/祠宇碑記	11843/11844
1468	1689	正和十年	後神碑記	4038
1469	1689	正和十年	後佛碑記	4061
1470	1689	正和十年	後神碑記	4062
1471	1689	正和十年	靈詔社造後神碑記	6717
1472	1689	正和十年	無題	4127/4128/4129/4130
1473	1689	正和十年	芳渡記傳/后神之碑/本社奉祀/諱日萬代	4383/4384/4385/4386
1474	1689	正和十年	後神碑記	4463/4464/4465/4466
1475	1689	正和十年	慈佛之碑	4593/4594/4595/4596
1476	1689	正和十年	法雲寺後佛碑/全村惠田記	5008/5009
1477	1689	正和十年	流傳萬代	5113

七　後黎朝中興期碑銘目錄（1533—1789）　377

續表

序號	公元紀年	年號	標題	編號
1478	1689	正和十年	立武家爲後神碑記/許本社受惠田碑	5125/5124
1479	1689	正和十年	堂址碑記/券文留傳/址薦惠田/堂祭廟亭	5568/5569/5570/5571
1480	1689	正和十年	奉祀後神碑/興造己已載	12379/12380
1481	1689	正和十年	給流傳萬代	12758
1482	1689	正和十年	新造婆定橋碑	13366
1483	1689	正和十年	修造蓬橋碑記	13367
1484	1689	正和十年	金貴寺碑記	4318
1485	1690	正和十一年	本村后碑記	4732
1486	1690	正和十一年	無題	2709
1487	1690	正和十一年	德碑厚祀	1706/1707/1708/1709
1488	1690	正和十一年	後佛碑記/月老寺	3506/3507
1489	1690	正和十一年	寄忌碑	2311
1490	1690	正和十一年	磊溪橋碑	3553/3554/3555
1491	1690	正和十一年	阮家碑記	1040
1492	1690	正和十一年	石橋碑記	4737/4738
1493	1690	正和十一年	普光后伕/左諒官碑	883/884
1494	1690	正和十一年	無題	4726/4727
1495	1690	正和十一年	陳公碑記	4185/4186
1496	1690	正和十一年	趙族合祀碑壇	1189
1497	1690	正和十一年	靈山會上龍山寺福隆峒功德碑記	19234
1498	1690	正和十一年	大慶寺候佛碑/本社瑞言共記	6184/6185
1499	1690	正和十一年	後神自請詞	19637/19638
1500	1690	正和十一年	享德碑記	19850
1501	1690	正和十一年	光恩市處	279
1502	1690	正和十一年	昭儀神祠碑/皂隸祭田/歲時享祀/記功銘德	714/715/716/717
1503	1690	正和十一年	雲羅寺/天臺磚砌廚米宛	1384/1385/1386/1387
1504	1690	正和十一年	造後佛碑	1882/1883

378 下編　越南碑銘文獻目錄

續表

序號	公元紀年	年號	標題	編號
1505	1690	正和十一年	造後佛碑	1884/1885
1506	1690	正和十一年	本會斯文碑傳/遞年春節就祭	2150/2151
1507	1690	正和十一年	感恩報祀碑/本社聯名惠田記	2169/2170
1508	1690	正和十一年	阮家祠址碑記/祭物儀節事例/祠址祭田處所/祠址立券文事	2621/2622/2623/2624
1509	1690	正和十一年	歷代科名碑記	2684/2685
1510	1690	正和十一年	追配碑記	3086
1511	1690	正和十一年	馮後神碑記	6716
1512	1690	正和十一年	本會斯文碑傳/遞年春節就祭	7110/7111
1513	1690	正和十一年	屈侯後神碑記/留傳萬代	7206/7207
1514	1690	正和十一年	供田立亭/興功碑記	7594/7595
1515	1690	正和十一年	重修橋靈碑	7654
1516	1690	正和十一年	長壽庵田碑記	8320
1517	1690	正和十一年	後神碑記	8512
1518	1690	正和十一年	後神碑記	8940
1519	1690	正和十一年	後神碑記/本社碑記	9363/9364
1520	1690	正和十一年	永慶寺碑記/皇圖有永佛道無窮	10037/10038
1521	1690	正和十一年	碑記/奉事/始立	10574/10575/10576
1522	1690	正和十一年	後神碑記	10628
1523	1690	正和十一年	後神碑記	10632/10633
1524	1690	正和十一年	後佛碑記	10642
1525	1690	正和十一年	後神碑記/本社立端	11162/11163
1526	1690	正和十一年	法佛僧/靈光寺/天臺柱/一興功	11312/11313/11314/11315
1527	1690	正和十一年	重修興福寺碑/興功信施記	11575/11576
1528	1690	正和十一年	本村惠田/後神碑記	11669/11670
1529	1690	正和十一年	無題	11831/11832/11833/11834
1530	1690	正和十一年	後佛像碑記	4044

七　後黎朝中興期碑銘目錄（1533—1789）　379

續表

序號	公元紀年	年號	標題	編號
1531	1690	正和十一年	後神碑記/本社碑記	4155/4156
1532	1690	正和十一年	本社保置/後佛碑記	5077/5078
1533	1690	正和十一年	後神碑記/萬代祀事	5274/5275/5276/5277
1534	1690	正和十一年	後神碑記	5479
1535	1690	正和十一年	崇報碑記	5907/5908/5909/5910
1536	1690	正和十一年	創立後神/奉祀碑記	12132/12133
1537	1690	正和十一年	無題	12366
1538	1690	正和十一年	天/臺/寶/柱	13176/13177/13178/13179
1539	1690	正和十一年	天臺柱/主佛降幅/左右/監壇	13273/13274/13275/13276
1540	1690	正和十一年	崇報碑記	15171/15172/15173/15174
1541	1690	正和十一年	十方施石碑/南無阿彌陀佛	15570/15571
1542	1691	正和十二年	無題	2942
1543	1691	正和十二年	永祀碑記	3339/3340
1544	1691	正和十二年	修造先賢進士碑	6388/6389
1545	1691	正和十二年	阮宗實錄	20662/20663/20664/20665
1546	1691	正和十二年	候佛碑記	10361
1547	1691	正和十二年	阮宗實錄	3075
1548	1691	正和十二年	後神碑記	915/916
1549	1691	正和十二年	興造橋碑記（再造興隆橋石碑記）	19123
1550	1691	正和十二年	永保堂（永保堂碑記並銘）/勳業盛/福澤遠/石碑記	19822/19823/19824/19825
1551	1691	正和十二年	古跡名藍記	18457/18458
1552	1691	正和十二年	無題	17655/17656/17657/17658
1553	1691	正和十二年	立後佛碑（立美音寺後佛生位碑記）	17966
1554	1691	正和十二年	勒碑記姓名	16791/16792
1555	1691	正和十二年	興功新造行郎錦光寺碑	16817/16818
1556	1691	正和十二年	報德之碑	1702/1703/1704/1705
1557	1691	正和十二年	崇恩寺碑/造鑄洪像	2746/2747

續表

序號	公元紀年	年號	標題	編號
1558	1691	正和十二年	後神碑記	2923/2924
1559	1691	正和十二年	後神碑記	3029/3030
1560	1691	正和十二年	立後神碑/祭田奉事	3629/3630
1561	1691	正和十二年	無題	3677/3678
1562	1691	正和十二年	候神候佛碑/功德洪鐘碑記	3978/3979
1563	1691	正和十二年	承祀碑	3999/4000
1564	1691	正和十二年	功德石階碑/功德信施	6362/6363
1565	1691	正和十二年	清雲寺碑/造立碑記	6791/6792
1566	1691	正和十二年	斯文碑記	6943/6944
1567	1691	正和十二年	創立後神碑	7090
1568	1691	正和十二年	重修黃梅寺	7700
1569	1691	正和十二年	爲立石碑奉事	8066/8067/8068
1570	1691	正和十二年	候佛碑	8386
1571	1691	正和十二年	興造橋碑記	8544
1572	1691	正和十二年	皇上萬萬歲/後神碑記	9393/9394
1573	1691	正和十二年	石香/興功/敬祝	9865/9866/9867/9868
1574	1691	正和十二年	後伕碑記	10621/10622
1575	1691	正和十二年	後神碑記	10626/10627
1576	1691	正和十二年	立后神碑	11372/11373
1577	1691	正和十二年	無題	11835
1578	1691	正和十二年	重修三寶市碑記/一信施功德	11866/11867
1579	1691	正和十二年	造佛像碑	11942/11943
1580	1691	正和十二年	創修范寺	11944
1581	1691	正和十二年	清涼寺碑/興功會主/立端誓願	4211/4212/4213
1582	1691	正和十二年	吟田市碑/三寶市	4510/4511
1583	1691	正和十二年	大王碑記/本社祀事	4836/4837
1584	1691	正和十二年	靈光寺古跡	5151
1585	1691	正和十二年	茲預立石碑	5152
1586	1691	正和十二年	造立碑記	5196/5197/5198/5199
1587	1691	正和十二年	景山靈寺/寥舍社碑記	5375/5376

七 後黎朝中興期碑銘目錄（1533—1789） 381

續表

序號	公元紀年	年號	標題	編號
1588	1691	正和十二年	無題	5550/5551/5552/5553
1589	1691	正和十二年	普賴寺碑/信施功德	5608/5609
1590	1691	正和十二年	後神碑	5716/5717/5718/5719
1591	1691	正和十二年	重修高隆寺碑/并白栘舘記	12316/12317/12318/12319
1592	1691	正和十二年	奉事後神	12419/12420
1593	1691	正和十二年	無題	12727/12728/12729/12730
1594	1691	正和十二年	寶帶寺瓊華宮殿	12933
1595	1691	正和十二年	壹興/功始/造天/臺柱	13283/13284/13285/13286
1596	1691	正和十二年	天臺柱/一興功	13320/13321/13322/13322/13323
1597	1691	正和十二年	大悲寺碑記/施記	13328/13329
1598	1691	正和十二年	大悲寺碑記	13330
1599	1691	正和十二年	文聖廟碑	3570
1600	1692	正和十三年	本村應保/楊家造碑/上下共記/萬代遵祀	7036/7037/7038/7039
1601	1692	正和十三年	無題	3328
1602	1692	正和十三年	無題	3566
1603	1692	正和十三年	新造瓊疊亭/天地長久/本社文約/後神惠田	3645/3646/3647/3648
1604	1692	正和十三年	永祀碑記	3333/3334
1605	1692	正和十三年	無題	2680/2681
1606	1692	正和十三年	無題	7098/7099/7100/7101
1607	1692	正和十三年	建開/九品（建開九品蓮花碑記）	20350/20351
1608	1692	正和十三年	后伕碑記	19658
1609	1692	正和十三年	恩鄉佐廟候神/奉事惠田碑記	18552/18553
1610	1692	正和十三年	義批造亭碑記/第一東閣甲碑	360/361
1611	1692	正和十三年	新造瓊罍亭/後神惠田/本社文約/天地長久	852/853/854/855
1612	1692	正和十三年	後佛流傳萬代碑記	924
1613	1692	正和十三年	興功重修碑	1234

382　下編　越南碑銘文獻目錄

續表

序號	公元紀年	年號	標　題	編　號
1614	1692	正和十三年	阮家祠址安樂簡/奉祀姓名券文/祭物儀節事例/奉祀各社逐分	2164/2165/2166/2167
1615	1692	正和十三年	恩留萬代碑	3193/3194
1616	1692	正和十三年	造鑄洪鐘/立石碑記	3346/3347
1617	1692	正和十三年	後神碑	3384/3385
1618	1692	正和十三年	造佛碑/一功德記	3429/3430
1619	1692	正和十三年	厚報碑記	3755/3756
1620	1692	正和十三年	造/立/天/臺	6073/6074/6075/6076
1621	1692	正和十三年	延福寺/候佛碑/供錢田	6227/6228/6229
1622	1692	正和十三年	始造亭廟碑/本社碑記	6244/6245
1623	1692	正和十三年	感恩報祀碑/各甲聯名記	7102/7103/7104/7105
1624	1692	正和十三年	新造碑/祀事碑記	7488/7489
1625	1692	正和十三年	興功新造婆□寺	7491/7492
1626	1692	正和十三年	永隆寺/臺柱石/新造天/壹興功	7547/7548/7549/7550
1627	1692	正和十三年	本社應保/後神碑	7670/7671
1628	1692	正和十三年	皇都禪寺/祭祀碑記/三宝福田/後佛事像	8106/8107/8108/8109
1629	1692	正和十三年	楊家造碑/本村應保/上下共計/萬代遵祀	9068/9069/9070/9071
1630	1692	正和十三年	皇上萬歲/後神碑記	9344/9345
1631	1692	正和十三年	後神碑記/本社碑記	9359/9360
1632	1692	正和十三年	一興功感靈仁佛/新造堂石碑	17465/17466
1633	1692	正和十三年	實錄黃公碑	9851
1634	1692	正和十三年	本亭奉事吳家碑記/吳令公惠田逐分/本亭立券約文/祭物儀節事例	9950/9951/9952/9953
1635	1692	正和十三年	本社重修廟碑/本社紀事跡	10461/10462
1636	1692	正和十三年	重修橋碑/功德碑	10786/10787
1637	1692	正和十三年	後神碑/武貴公/張貴氏/本社記	11000/11001/11002/11003

七　後黎朝中興期碑銘目錄（1533—1789）　383

續表

序號	公元紀年	年號	標題	編號
1638	1692	正和十三年	新造香路寺石碑	11047/11048
1639	1692	正和十三年	後神二位	11120/11121
1640	1692	正和十三年	修造候神碑記/寄與列祖內外	11209/11210
1641	1692	正和十三年	建開/九品/蓮花/碑記	11512/11513/11514/11515
1642	1692	正和十三年	鐘閣造碑	11605
1643	1692	正和十三年	後佛造碑	11606
1644	1692	正和十三年	繼興功祠字碑/後試中	11624/11625
1645	1692	正和十三年	候神碑記/本社興功進供	4325/4326
1646	1692	正和十三年	候佛碑記/抄保文碑記	4327/4328
1647	1692	正和十三年	福神之碑	4597/4598/4599/4600
1648	1692	正和十三年	富貴村造立池碑記	4676
1649	1692	正和十三年	立廟亭碑記/留傳萬萬代/黎朝萬萬歲/鄭主萬萬年	4834/4835/4860/4861
1650	1692	正和十三年	後神碑記	4865
1651	1692	正和十三年	後神碑記	4866
1652	1692	正和十三年	後城隍碑記/立碑恭敬事	4870/4871
1653	1692	正和十三年	無題	5090/5091
1654	1692	正和十三年	本村祀事/後神後佛/創立石碑/惠田所記	5222/5223/5224/5225
1655	1692	正和十三年	造立後神碑記	5339
1656	1692	正和十三年	永福禪寺碑/永福禪寺後佛碑	5637/5638
1657	1692	正和十三年	重修鷲峯寺造碑	5760/5761
1658	1692	正和十三年	重修興隆佛寺/立三宝田碑記	5814/5815
1659	1692	正和十三年	本村文約/天地長久/造立文碑/後神惠田	5935/5936/5937/5938
1660	1692	正和十三年	貝村官員鄉老全村上下等/造伏像大悲寺碑記	12585/12586/12587/12588
1661	1692	正和十三年	圓光/寺造/天臺/石柱	13000/13001/13002/13003
1662	1692	正和十三年	皇帝壽萬歲/後佛碑記	13039/13040

384　下編　越南碑銘文獻目錄

續表

序號	公元紀年	年號	標題	編號
1663	1692	正和十三年	皇朝萬歲/全村碑記/前後神碑記/後神碑記	13047/13048/13049/13050
1664	1692	正和十三年	本村立/後神碑	13356/13357
1665	1692	正和十三年	平安/福寺/造鑄/洪鐘	14109/14110/14111/14112
1666	1692	正和十三年	創造後神碑	15486
1667	1693	正和十四年	寄忌碑	2254
1668	1693	正和十四年	天臺石	19418
1669	1693	正和十四年	無題	20532/20533
1670	1693	正和十四年	後神碑記/流傳萬代	20809/20810
1671	1693	正和十四年	西甲/苗裔/立碑	18398/18399/18400
1672	1693	正和十四年	供田白鶴寺碑記	16243
1673	1693	正和十四年	功德市碑	16803
1674	1693	正和十四年	後佛生碑記/福溪寺碑	902/903
1675	1693	正和十四年	無題	1410/1411/1412
1676	1693	正和十四年	後佛碑文	1561/1562
1677	1693	正和十四年	杜家碑/譜系記	3195/3196
1678	1693	正和十四年	立大亭石碑記/三甲并興功記	3267/3268
1679	1693	正和十四年	興造後佛宮碑	3352
1680	1693	正和十四年	本社造立例席/券約各條碑文	3961/3962
1681	1693	正和十四年	立券約文/後神碑記/各日例記/惠田處所	6055/6056/6057/6058
1682	1693	正和十四年	無題	6390/6391/6392/6393
1683	1693	正和十四年	增篆寺碑/諸後佛記	6689/6690
1684	1693	正和十四年	石碑記/皇帝萬歲	6937/6938
1685	1693	正和十四年	修造佛像碑記	7151
1686	1693	正和十四年	創立鄭館碑記	7720/7721
1687	1693	正和十四年	石碑/一功德橋望處	7992/7993
1688	1693	正和十四年	掛立後神碑	8032/8033/8034/8035
1689	1693	正和十四年	新造福慶寺天臺石供	8615/8616/8617/8618
1690	1693	正和十四年	候神碑記/全村共記	9346/9347

七　後黎朝中興期碑銘目錄（1533—1789）

續表

序號	公元紀年	年號	標　題	編　號
1691	1693	正和十四年	新造補陀羅漢碑記/一信施碑記	9575/9576
1692	1693	正和十四年	靈光寺/石香樹/花臺敬/祝皇天	9819/9820/9821/9822
1693	1693	正和十四年	無題	9855/9856/9857/9858
1694	1693	正和十四年	後神碑記/流傳萬代	10123/10124
1695	1693	正和十四年	後神碑記	10624/10625
1696	1693	正和十四年	後神碑記	10630/10631
1697	1693	正和十四年	翁覺寺/後佛記/新造碑/功德記	10830/10831/10832/10833
1698	1693	正和十四年	永靈光山寺/興功及信施石碑記	10925/10926
1699	1693	正和十四年	崇慶寺/三寶物/壹天柱/茲功德	10959/10960/10961/10962
1700	1693	正和十四年	修造後神碑記	11106/11107
1701	1693	正和十四年	無題	11667/11668
1702	1693	正和十四年	造立瓦亭碑記/後神信施碑記	4874/4888
1703	1693	正和十四年	新造構作/福慶寺碑	12251/12252
1704	1693	正和十四年	重修/筊橋/碑記	12312/12313/12314/12315
1705	1693	正和十四年	始造案前/寶帶寺碑記	12934/12935
1706	1693	正和十四年	後神碑記	13116
1707	1693	正和十四年	興功修造/寶林寺碑	15602/15603
1708	1694	正和十五年	全村/始造/石碑/立記◆	13247/13248/13249/13250
1709	1694	正和十五年	後佛碑記	3203
1710	1694	正和十五年	后佛碑記	1149
1711	1694	正和十五年	后佛碑記	3541
1712	1694	正和十五年	後神碑記	16819/16820/16821/16822
1713	1694	正和十五年	興功重修	12136
1714	1694	正和十五年	慎終追遠	3090
1715	1694	正和十五年	庵隘寺碑記	20949
1716	1694	正和十五年	阮貴候神	9763
1717	1694	正和十五年	無題	8069/8070/8071

386 下編 越南碑銘文獻目錄

續表

序號	公元紀年	年號	標題	編號
1718	1694	正和十五年	流傳萬代	5128
1719	1694	正和十五年	德林靈庵寺/後伕碑	15/16/17/18
1720	1694	正和十五年	創立後佛碑記	2273/2274
1721	1694	正和十五年	興福寺修造石碑	2299
1722	1694	正和十五年	立壇碑記/附先賢記/敬道跡記	3256/3257/3258
1723	1694	正和十五年	後神後佛碑記	3840/3841
1724	1694	正和十五年	崇恩新造伕寺碑	3911
1725	1694	正和十五年	奉事後神碑記	3914/3915/3916/3917
1726	1694	正和十五年	無題	6095/6096/6097/6098
1727	1694	正和十五年	三宝寺/嚴約内	6634/6635
1728	1694	正和十五年	崇福寺仕媲碑記	8703/8704
1729	1694	正和十五年	奉事碑記	9257/9258/9259/9260
1730	1694	正和十五年	後神碑記/供田	9601/9602
1731	1694	正和十五年	置祀後佛碑記/南無阿彌陀佛	9654/9655
1732	1694	正和十五年	創立/後佛/碑記	9874/9875/9876
1733	1694	正和十五年	後佛碑	9915
1734	1694	正和十五年	興功碑記/功德碑記	10047/10048/10049/10050
1735	1694	正和十五年	後伕碑記	10267/10268
1736	1694	正和十五年	後伕碑記	10269/10270
1737	1694	正和十五年	庵隘寺碑記	10287
1738	1694	正和十五年	安悉市/皇圖有永佛道無窮	11149/11150
1739	1694	正和十五年	福皮寺碑記/本社及工德碑記	11173/11174
1740	1694	正和十五年	修造聖像/始立碑記	11207/11208
1741	1694	正和十五年	金/光/靈/寺	11293/11294/11295/11296
1742	1694	正和十五年	無題	11490/11491/11492
1743	1694	正和十五年	本寺碑記/信施功德	11734/11735
1744	1694	正和十五年	后神碑記	4118
1745	1694	正和十五年	後神碑記	4141

七 後黎朝中興期碑銘目錄（1533—1789） 387

續表

序號	公元紀年	年號	標題	編號
1746	1694	正和十五年	造橋蒙處碑記/信施石橋碑記	4323/4324
1747	1694	正和十五年	一善仕記	4347
1748	1694	正和十五年	再興功二館	4348
1749	1694	正和十五年	後神碑記	4867
1750	1694	正和十五年	大覽神光寺重修碑記	5459/5460
1751	1694	正和十五年	聖祖姑仙寺碑記/十方信施記	5602/5603
1752	1694	正和十五年	創立本社/後神碑記	5707/5708
1753	1694	正和十五年	無題	12677a/12677b/12678/12679
1754	1694	正和十五年	無題	12680/12681/12682/12683
1755	1694	正和十五年	福龍寺碑/信施	12832/12833
1756	1694	正和十五年	後神碑記/本社共記	13117/13118
1757	1694	正和十五年	後神碑記	13147/13148
1758	1694	正和十五年	河路澤路/二社文勝/文豐二村/後神碑記	13265/13266/13267/13268
1759	1694	正和十五年	修造橋館記碑/完好圓成功德	13660/13661
1760	1694	正和十五年	始興功/福山寺/造石柱/立香臺（福山寺天臺石柱四面）	17220/17221/17222/17223
1761	1694	正和十五年	聖隆寺碑記/一十方功德	14804/14805
1762	1694	正和十五年	奉祀後佛/蕙田碑記/奉事忌日/蕙田處所	15073/15074/15075/15076
1763	1695	正和十六年	皇上萬歲壽	20878
1764	1695	正和十六年	前亭碑記/功德永垂	6318/6319
1765	1695	正和十六年	本甲約記	20035/20036
1766	1695	正和十六年	無題	20242/20243/20244/20245
1767	1695	正和十六年	興福寺壹興功/供三宝/石田樘/佛法會	19413/19414/19415/19416
1768	1695	正和十六年	佛天/塔禪/寺敬/臺前	18033/18034/18035/118036
1769	1695	正和十六年	無題	18487/18488/18489/18490
1770	1695	正和十六年	紅雲山/洪恩寺	5月6日
1771	1695	正和十六年	聖德寺碑	1042/1043/1044

388　下編　越南碑銘文獻目錄

續表

序號	公元紀年	年號	標題	編號
1772	1695	正和十六年	無題	1252/1253/1254
1773	1695	正和十六年	報德追祀碑/修造花發寺碑/功德護功集福碑	1557/1558/1559/1560
1774	1695	正和十六年	靈明寺/天臺柱	2144/2145
1775	1695	正和十六年	後佛記/功德名	2210/2211
1776	1695	正和十六年	修造廟停/碑傳萬代/兼知■長/奉事碑記	3361/3362/3363/3364
1777	1695	正和十六年	造作前堂基碑/重刊姓名記	3367/3368
1778	1695	正和十六年	無題	3723
1779	1695	正和十六年	重興月堂	3733/3734
1780	1695	正和十六年	東上甲/後神碑	6107/6108
1781	1695	正和十六年	奉祀碑記/約文/祭田/祭田	6178/6179/6180/6181
1782	1695	正和十六年	造天臺永泰寺名記	6332
1783	1695	正和十六年	修造法聖寺碑記/功德信施	6364/6365
1784	1695	正和十六年	永報碑	6459/6460/6461/6462
1785	1695	正和十六年	衛山亭後神碑記	6707/6708
1786	1695	正和十六年	後佛碑記/慧田碑記	6747/6748
1787	1695	正和十六年	興功修造/泙艾名館/悅國哝栘/等栐碑記	6802/6803/6804/6805
1788	1695	正和十六年	後伕碑記	7225/7226
1789	1695	正和十六年	後伕碑記	7227/7228
1790	1695	正和十六年	真幸/寺天/臺壹/興功	7249/7250/7251/7252
1791	1695	正和十六年	無題	7893/7894/7895/7896
1792	1695	正和十六年	無題	7897
1793	1695	正和十六年	無題	7935
1794	1695	正和十六年	修造行廟玉華寺碑	7939
1795	1695	正和十六年	鳳眼縣/洛潤社/後神/碑記	8083/8084/8085/8086
1796	1695	正和十六年	上福縣科名碑記	8196/8197/8198/8199
1797	1695	正和十六年	後佛碑記/文會村福會寺	8200/8201

七 後黎朝中興期碑銘目錄（1533—1789） 389

續表

序號	公元紀年	年號	標題	編號
1798	1695	正和十六年	後神碑記/本社碑記	8938/8939
1799	1695	正和十六年	慶元寺後佛碑記	8962
1800	1695	正和十六年	後佛碑記	9551
1801	1695	正和十六年	始造/熙載橋/天臺/石柱記	9638/9639/9640/9641
1802	1695	正和十六年	田土祠堂碑	9684
1803	1695	正和十六年	石臺鏡天/龍巢寺	10276/10277/10278/10279
1804	1695	正和十六年	後伕碑記/本村祀事	10391/10392
1805	1695	正和十六年	安明寺碑記	10395/10396/10397
1806	1695	正和十六年	龍花禪寺/石橋碑記/立田及井/興功創造	10845/10846/10847/10848
1807	1695	正和十六年	後神碑/東上甲	10974/10975
1808	1695	正和十六年	天/香/一/柱	11308/11309/11310/11311
1809	1695	正和十六年	永慶/寺壹/天臺/柱記	11711/11712/11713/11714
1810	1695	正和十六年	新造候伕碑	11999/12000
1811	1695	正和十六年	候神碑記/本社共記	4361/4362
1812	1695	正和十六年	造西天寺/後佛碑記	5153/5154
1813	1695	正和十六年	後神碑記	5335/5336
1814	1695	正和十六年	鄧家奉祀碑記/萬世奉祀券文/祭物儀節事例/祀田逐分處所	5867/5868/5869/5870
1815	1695	正和十六年	修造石碑/附神祭望	12389/12390
1816	1695	正和十六年	皇上萬萬歲/興造閣鐘碑記	12878/12879
1817	1695	正和十六年	後神碑記	13027/13028/13029
1818	1695	正和十六年	後神碑記	13315
1819	1695	正和十六年	無題	13403/13404/13405/13406
1820	1695	正和十六年	美市館/惠江橋/信施人/造碑記	13417/13418/13419/13420
1821	1695	正和十六年	石柱碑記傳	14047/14048/14049/14050
1822	1695	正和十六年	一功德	14051/14052/14053
1823	1695	正和十六年	興功萬寶寺	14054/14055/14056/14057
1824	1695	正和十六年	無題	14058/14059/14060

續表

序號	公元紀年	年號	標題	編號
1825	1695	正和十六年	聖靈庵寺碑/周藩社古跡	14508
1826	1695	正和十六年	原古跡福明寺/作立石碑記事	14734/14735
1827	1696	正和十七年	后寺碑記	2902/2903
1828	1696	正和十七年	世次實敘/家譜碑記/東華鄭進士	2988/2989/2990
1829	1696	正和十七年	無題	1922
1830	1696	正和十七年	后寺碑記	2902/2903
1831	1696	正和十七年	節日記碑/流傳□臘	16585/16586/16587/16588
1832	1696	正和十七年	并銘碑記/後神碑記	20914/20915
1833	1696	正和十七年	尊事後神碑/流傳本村約	2729/2730/2731/2732
1834	1696	正和十七年	奉事碑記	3986/3987/3988/3989
1835	1696	正和十七年	後神/高阮/碑記	13862/13863/13864/13865
1836	1696	正和十七年	後神碑記	19650
1837	1696	正和十七年	燈敬奉神	18248/18249/18250
1838	1696	正和十七年	無題	16588
1839	1696	正和十七年	神後造立碑記/文約	972/973
1840	1696	正和十七年	造立先靈祠祀田碑記	1645/1646
1841	1696	正和十七年	留傳祀事記/後佛碑	1764/1765
1842	1696	正和十七年	無題	2171/2172/2173/2174
1843	1696	正和十七年	崇福寺碑	2231/2232
1844	1696	正和十七年	後佛碑記	3059
1845	1696	正和十七年	崇慶寺/新興寺/跡閣鐘/墼碑記	3116/3117/3118/3119
1846	1696	正和十七年	丁家后神承祀/定保券約等例/福亭祭田儀節例	3584/3585/3586/3587
1847	1696	正和十七年	後神三甲/貽例碑記/奉事如儀/原租分田承祀	3956/3957/3958/3959
1848	1696	正和十七年	先賢壽基之碑	6129
1849	1696	正和十七年	永報碑記	6188/6189
1850	1696	正和十七年	始造/祝臺/興功/創記	6311/6312/6313/6314

七　後黎朝中興期碑銘目錄（1533—1789）　391

續表

序號	公元紀年	年號	標題	編號
1851	1696	正和十七年	奉祀後佛後神碑記/前亭碑記	6315/6316/6317/6318
1852	1696	正和十七年	法佛僧/月恒寺/造天臺/萬代記	6772/6773/6774/6775
1853	1696	正和十七年	大慈寺/後佛碑	6925/6926/6927/6928
1854	1696	正和十七年	創立後佛碑記	7085/7086/7087/7088
1855	1696	正和十七年	黎貴候神碑/上村立端記	7445/7446
1856	1696	正和十七年	祀事流傳/心報碑誌	7858/7859
1857	1696	正和十七年	大悲寺/新造/天臺/石柱	9033/9034/9035/9036
1858	1696	正和十七年	奉抄	9449/9450/9451/9452
1859	1696	正和十七年	興功/始造/祝臺/創記	9704/9705/9706/9707
1860	1696	正和十七年	後神碑記留傳/新造廟堂萬代	9746/9747/9748/9749
1861	1696	正和十七年	後神碑記留傳/新造廟堂萬代	9750/9751/9752/9753
1862	1696	正和十七年	後佛壹位	10319/10320
1863	1696	正和十七年	梁添公/城隍之/碑丙子/年重鐫	10609/10610/10611/10612
1864	1696	正和十七年	阮公之生墳/世系壽齡	10684/10685
1865	1696	正和十七年	后神碑記/興佛聖神/各條例造/鐘亭井渡	10686/10687/10688/10689
1866	1696	正和十七年	奉祀之碑	4329/4330/4331/4332
1867	1696	正和十七年	富樂坊碑本坊碑	4827/4828
1868	1696	正和十七年	本亭/後神/奉祀/碑記	4855/4856/4857/4858
1869	1696	正和十七年	無題	5160
1870	1696	正和十七年	無題	5161
1871	1696	正和十七年	萬代/祀事/後伕/碑記	5270/5271/5272/5273
1872	1696	正和十七年	瑁川水橋碑記/皇帝萬萬歲壽/天下太平/南無阿彌陀佛	5379/5380/5381/5382
1873	1696	正和十七年	大覽神光寺新造護法	5458
1874	1696	正和十七年	無題	5744
1875	1696	正和十七年	慶來寺石橋碑/各仕修造仙橋	5960/5961

續表

序號	公元紀年	年號	標題	編號
1876	1696	正和十七年	辛未年會市/本總始造/三寶市石碑/門寺沃土	12178/12179/12180/12181
1877	1696	正和十七年	重修大/悲禪寺/前堂佛/像碑記	12589/12590/12591/12592
1878	1696	正和十七年	無題	12850/12851/12852/12853
1879	1696	正和十七年	後神碑記/并銘碑記	13114/13115
1880	1696	正和十七年	烊鑄釋迦佛像/松雲寺造碑記	13701/13702
1881	1696	正和十七年	恭/敬/天/臺	14034
1882	1696	正和十七年	寶/龕/香/臺	14303/14304/14305/14306
1883	1696	正和十七年	晚山寺/立石碑	15005/15006/15007/15008
1884	1696	正和十七年	香/臺/寶/福	15456/15457/15458/15459
1885	1696	正和十七年	無題	6350
1886	1696	正和十七年	前朝丁先皇帝廟功/德增修殿廟碑	15855/15856
1887	1697	正和十八年	買田開寺/興功鑄鐘/立墻作閣/功德碑記	6044/6045/6046/6047
1888	1697	正和十八年	始石碑造/三安樂寺寶	20677/20678
1889	1697	正和十八年	後神碑記	6807/6808
1890	1697	正和十八年	無題	8565/8566/8567/8568
1891	1697	正和十八年	碑	20922/20923
1892	1697	正和十八年	主龍神	19417
1893	1697	正和十八年	造聖壽寺	19796/19797
1894	1697	正和十八年	無題	19816/19817/19818/19819
1895	1697	正和十八年	修造集福/橋桐碑記	18179/18180
1896	1697	正和十八年	壹天臺柱	17651/17652/17653/17654
1897	1697	正和十八年	洪雲山洪恩寺/興功會主碑	7\ \8
1898	1697	正和十八年	乾安寺碑記/東甲興功造	425/429
1899	1697	正和十八年	會主興功造乾安寺碑記/奉天廣德驛望南甲重修	426/427
1900	1697	正和十八年	後佛碑	1547/1548

七　後黎朝中興期碑銘目錄（1533—1789）　393

續表

序號	公元紀年	年號	標題	編號
1901	1697	正和十八年	法光觀/興功始/造石柱/敬天臺	1994/1995/1996/1997
1902	1697	正和十八年	修造石碑	2044/2045
1903	1697	正和十八年	三寶證明	2789
1904	1697	正和十八年	感恩德碑	6008/6009/6010/6011
1905	1697	正和十八年	無題	6351/6352/6353
1906	1697	正和十八年	陳字後伕碑記	8335
1907	1697	正和十八年	無題	8798/8799/8800/8801
1908	1697	正和十八年	奉祀後神碑記	8877
1909	1697	正和十八年	無題	10808
1910	1697	正和十八年	奉事後神碑記	11283/11284
1911	1697	正和十八年	後神碑記/後佛碑記	11456/11457
1912	1697	正和十八年	後神碑記	11458
1913	1697	正和十八年	創立永寧寺碑/刊釋姓名人數	11597/11598
1914	1697	正和十八年	後神碑記/全村共記	11728/11729/11730/11731
1915	1697	正和十八年	後神碑記/全村共記	11732/11733
1916	1697	正和十八年	造立范市/館記/記銘慶留/萬代	11949/11950/11951/11952
1917	1697	正和十八年	一本市二總/再造碑記	4344/4345/4346
1918	1697	正和十八年	後神碑記/全亭壽康	4526/4527
1919	1697	正和十八年	鴻福寺/後佛碑	5232/5233
1920	1697	正和十八年	無題	3651
1921	1697	正和十八年	修創淨光寺/新鑄淨光鐘/通塑淨寺佛/勒碑并刻銘	5471/5472/5473/5474
1922	1697	正和十八年	無題	5838/5839/5840/5841
1923	1697	正和十八年	後神/碑記/流傳/萬代	12673/12674/12675/12676
1924	1697	正和十八年	本社追勳/永立碑記	12838/12839
1925	1697	正和十八年	興崇/三寶/天臺/石柱	13583/13584/13585/13586
1926	1697	正和十八年	無題	13978/13979/13980/13981
1927	1697	正和十八年	橋丐碑記/一興功德	14815/14816
1928	1697	正和十八年	無題	14923

394 下編 越南碑銘文獻目錄

續表

序號	公元紀年	年號	標題	編號
1929	1697	正和十八年	奉事碑記	5736/5737/5738/5739
1930	1698	正和十九年	修造智仙了寺	4974
1931	1698	正和十九年	新造燒香前堂/靈山寺石碑記	14292/14293
1932	1698	正和十九年	興造閣鐘碑記	4898/4899
1933	1698	正和十九年	玉林全社/興功造亭/始立石碑/奉祀綿延	7174/7175/7176/7177
1934	1698	正和十九年	奉事碑	20080/20081/20082
1935	1698	正和十九年	山龍寺造天臺/天臺一柱/造作石/全貳社新	15656
1936	1698	正和十九年	無題	11108/11109/11110/11111
1937	1698	正和十九年	重修素橋立碑記/原古跡橋樑頹弊再	8218/8219
1938	1698	正和十九年	南無阿彌陀佛/德光寺碑記	19203/19204
1939	1698	正和十九年	興隆寺碑/興隆砌石碑	18280/18281
1940	1698	正和十九年	原婆哿寺/重刊碑記	18462/18463
1941	1698	正和十九年	興功新造寶淚錦光仙寺	16815/16816
1942	1698	正和十九年	左青威社/後伕奉事	19/20/21
1943	1698	正和十九年	洪福寺古文碑記	289/290
1944	1698	正和十九年	洪福禪寺後佛造碑記	321
1945	1698	正和十九年	洪福禪寺後佛造碑記	322
1946	1698	正和十九年	無題	323
1947	1698	正和十九年	洪福禪寺後佛造碑記	324
1948	1698	正和十九年	洪福禪寺後佛造碑記	325
1949	1698	正和十九年	洪福禪寺後佛造碑記	326
1950	1698	正和十九年	洪福禪寺後佛造碑記	327
1951	1698	正和十九年	洪福禪寺後佛造碑記	328
1952	1698	正和十九年	洪福禪寺後佛造碑記	329
1953	1698	正和十九年	洪福禪寺後佛造碑記	330
1954	1698	正和十九年	洪福禪寺後佛造碑記	331
1955	1698	正和十九年	洪福禪寺後佛造碑記	332
1956	1698	正和十九年	奉祀後神碑記	839/840/841/842

七　後黎朝中興期碑銘目錄（1533—1789）

續表

序號	公元紀年	年號	標題	編號
1957	1698	正和十九年	后神馮胱碑記	1011
1958	1698	正和十九年	崇建三開砌扁記	1960
1959	1698	正和十九年	停駕處堆回寺碑	2294/2295
1960	1698	正和十九年	重修顯光寺立後佛碑記/一興功德報碑誌永垂	2525/2526
1961	1698	正和十九年	造立後伕事	2787
1962	1698	正和十九年	功德碑記	3105/3106
1963	1698	正和十九年	杜工碑記	3310/3311
1964	1698	正和十九年	奉事後佛碑記/奉事後神碑記	3905/3912/3913
1965	1698	正和十九年	寶光寺碑/造銅像跡	3982/3983
1966	1698	正和十九年	阮禪師重修佛寺碑文	6208/6209/6210/6211
1967	1698	正和十九年	增篆寺置後伕碑	6700
1968	1698	正和十九年	斯文會造碑記/先賢碑記	6713/6714
1969	1698	正和十九年	林泉寺	6862/6863/0684/6865
1970	1698	正和十九年	重修寶光寺/信施碑記	7624/7625
1971	1698	正和十九年	後伕碑記	7630
1972	1698	正和十九年	無題	7881
1973	1698	正和十九年	津渡石碑/會主興功/十方功德/一功德	8237/8238/8239/8240
1974	1698	正和十九年	無題	8301/8302/8303/8304
1975	1698	正和十九年	後佛碑記/留傳萬代	8542/8543
1976	1698	正和十九年	傳寶/光寺/造柱/功臺	8757/8758/8759/8760
1977	1698	正和十九年	祭祀之田	8895
1978	1698	正和十九年	九天玄女仙跡/天臺石/左天降幅/友伕護扶	8902/8903/8904/8905
1979	1698	正和十九年	後神碑記	8948/8949
1980	1698	正和十九年	無題	8973
1981	1698	正和十九年	造後佛碑/流傳萬代	9314/9315
1982	1698	正和十九年	後伕碑記/本社共記	9348/9349
1983	1698	正和十九年	福/川/寺/天臺	9453/9454/9455/9456

續表

序號	公元紀年	年號	標題	編號
1984	1698	正和十九年	無題	9595/9596/9597/9598
1985	1698	正和十九年	興隆寺之碑/興功德之碑	11370/11371
1986	1698	正和十九年	重修造/橋烈碑	11533/11534
1987	1698	正和十九年	重修古跡神祠/創立本朝碑記	11603/11604
1988	1698	正和十九年	永仙橋碑記	11741
1989	1698	正和十九年	造/立/天/臺	11845/11846/11847/11848
1990	1698	正和十九年	壽康亭碑記/大王護社記	8230/8233/4159/4160
1991	1698	正和十九年	雲龍寺爲後佛碑記	4296/4297
1992	1698	正和十九年	無題	4702/4703/4704/4705
1993	1698	正和十九年	崇恩寺碑記	4859
1994	1698	正和十九年	爽俺/寺造/天臺/鐫記	4956/4957/4958/4958b
1995	1698	正和十九年	新造石路碑寺/功德三寶物記	5204/5205
1996	1698	正和十九年	阮家後神碑	5364/5365
1997	1698	正和十九年	造刊石碑/創立後佛	12413/12314
1998	1698	正和十九年	無題	12606/12607/12608/12609
1999	1698	正和十九年	石主碑記	13038
2000	1698	正和十九年	永慶寺	13067/13068/13069/13070
2001	1698	正和十九年	後神碑記	13135/13136
2002	1698	正和十九年	石橋碑	13426/13427
2003	1698	正和十九年	神光寺碑	13549/13550/13551/13552
2004	1698	正和十九年	神光寺造/鑄洪鐘壹/果跡正皂/隸勇銳社	13557/13558/13559/13560
2005	1698	正和十九年	添靈寺碑/義立社記	14080/14081/14082/14083
2006	1698	正和十九年	新造前堂鐘鼓鳳寺/重修燒香鳳祥寺碑	14286/14287
2007	1698	正和十九年	榆市寺碑記/興造伏跡	14377/14378
2008	1698	正和十九年	懸鼓寺	14562/14563/14564/14565
2009	1698	正和十九年	興福寺/富貴/壽康/石柱香	14886
2010	1698	正和十九年	石橋碑記	14924

七 後黎朝中興期碑銘目錄（1533—1789） 397

續表

序號	公元紀年	年號	標題	編號
2011	1698	正和十九年	聖塔寺/天臺柱	14928
2012	1698	正和十九年	始造/洪鐘/崇林/寺記	15493/15494/15495/15496
2013	1698	正和十九年	無題	3306
2014	1698	正和十九年	林泉寺	15820/15821/15822/15823
2015	1698	正和十九年	奉事碑	1729/1730
2016	1699	正和二十年	候佛石碑/胤嗣社立碑記	4969/4970
2017	1699	正和二十年	東甲祀田碑	3484/3485
2018	1699	正和二十年	橋□□造碑記	13651
2019	1699	正和二十年	造天/臺國/師報/恩寺	18415/18416/18417/18418
2020	1699	正和二十年	致仕碑記	19830
2021	1699	正和二十年	雷山寺/興功/天臺/壹柱	10841/10842/10843/10844
2022	1699	正和二十年	遙山景竹龍寺	16062
2023	1699	正和二十年	基郡公之碑	3653/3654
2024	1699	正和二十年	橋村廣福寺後/佛石碑流傳記	16383/16384
2025	1699	正和二十年	珠林寺集福碑/新造功德立記	60/63
2026	1699	正和二十年	奉事後伕碑記	366/370
2027	1699	正和二十年	後佛碑約/十方功德	1619/1620
2028	1699	正和二十年	重刊後佛碑	1766
2029	1699	正和二十年	建天/開崇/光寺/後佛/碑記	2107/2108/2109/2110/2111
2030	1699	正和二十年	敕建零光塔	2182
2031	1699	正和二十年	無題	2193
2032	1699	正和二十年	顯光寺立碑記/奉事後佛	2523/2524
2033	1699	正和二十年	福隆寺碑記	3013/3014
2034	1699	正和二十年	朝應禪寺/興功石碑	3142/3143
2035	1699	正和二十年	創後佛碑並記	3307
2036	1699	正和二十年	本村共立約記/興造後佛宮碑	3342/3343
2037	1699	正和二十年	奉事後佛碑記	3594/3595/3596/3597

續表

序號	公元紀年	年號	標題	編號
2038	1699	正和二十年	惠澤寺/新造洪鐘	3602/3603/3604
2039	1699	正和二十年	祭例事儀/報答碑記/惠田各所	3649/3650/3652
2040	1699	正和二十年	本亭別恩碑/彪炳芳名/程亭各甲/流傳萬代	6040/6041/6042/6043
2041	1699	正和二十年	善人等/興功造/永興寺/祝香臺	6197/6198/6199/6200
2042	1699	正和二十年	奉事杜黎/貴氏/母子後神/碑記	6223/6224/6225/6226
2043	1699	正和二十年	□東二甲碑傳	6281/6282/6283/6284
2044	1699	正和二十年	永泰寺碑/善仕興功	6333/6334
2045	1699	正和二十年	無題	6769
2046	1699	正和二十年	後伕碑記	6914/6915
2047	1699	正和二十年	奉事碑記/儀節券文	7362/7363
2048	1699	正和二十年	興功/造立/天臺/壹柱	7586/7587/7588/7589
2049	1699	正和二十年	天/臺/一/柱	8001/8002/8003/8004
2050	1699	正和二十年	慶林寺後佛碑	8112/8113
2051	1699	正和二十年	後神碑記/本社置保	8491/8492
2052	1699	正和二十年	奉事後佛碑記並銘	8526/8527
2053	1699	正和二十年	後佛碑	9050/9051
2054	1699	正和二十年	香/臺/供/佛	9056/9057/9058/9059
2055	1699	正和二十年	鑄洪/鐘供/普光/寺記	9153/9154/9155/9156
2056	1699	正和二十年	立後佛碑記	9223/9294
2057	1699	正和二十年	訶棗橋碑記/皇朝萬萬歲	9501/9502
2058	1699	正和二十年	後神碑記/流傳/萬代	9541/9542/9543/9544
2059	1699	正和二十年	真萊寺碑記/修造磉石	9579/9580
2060	1699	正和二十年	范武陶陳/後神/祀田碑記/建立	9617/9618/9619/9620
2061	1699	正和二十年	後佛碑記流傳	9733/9734
2062	1699	正和二十年	後神碑記/流傳/萬代	9735/9736/9737/9738
2063	1699	正和二十年	後神碑記/流傳/萬代	9739/9740/9741/9742
2064	1699	正和二十年	功德龍皮寺碑記/本社新造傳萬代	9744/9745

七　後黎朝中興期碑銘目錄（1533—1789）

續表

序號	公元紀年	年號	標題	編號
2065	1699	正和二十年	後神碑記/本村應保	9799/9800
2066	1699	正和二十年	壹興造神祠銘德碑	10197/10198
2067	1699	正和二十年	龍花寺/一興/功天/壹碑	10878/10879/10880/10881
2068	1699	正和二十年	修造洪鐘碑記/月光寺碑記/重修前堂後閣/一信施功德記	11183/11184/11185/11186
2069	1699	正和二十年	創立田界石碑	11584/11585
2070	1699	正和二十年	後神碑記	4143
2071	1699	正和二十年	恭進/始造/石臺/壹柱	4409/4410/4411/4412
2072	1699	正和二十年	後佛碑記	5158
2073	1699	正和二十年	承祀碑	5210/5211/5212/5213
2074	1699	正和二十年	承祀碑	5288/5289/5290/5291
2075	1699	正和二十年	前聖斯文/造立碑記	5333/5334
2076	1699	正和二十年	功德碑記/後佛碑記	5525/5526
2077	1699	正和二十年	右神左佛碑記/本社奉事券文/奉祀儀節祭文/祀田逐分處所	5851/5852/5853/5854
2078	1699	正和二十年	道場興功隆恩寺新造閣鐘/仕娓修造上殿隆恩寺	5919/5920
2079	1699	正和二十年	本庄奉祀約文/奉祀後神碑記/奉祀儀節/惠田處所	5944/5945/5946
2080	1699	正和二十年	永慶寺/修造後堂碑	12358/12359
2081	1699	正和二十年	無題	12601/12602/12603/12604
2082	1699	正和二十年	埬高寺碑記/興功	12905/12906
2083	1699	正和二十年	婆同寺碑記跡	12915/12916
2084	1699	正和二十年	崇修寶恩寺碑/信施功德名記	13181/13182
2085	1699	正和二十年	洪福禪寺後佛造碑記	13544
2086	1699	正和二十年	無題	13587/13588
2087	1699	正和二十年	寶恩/寺造/石柱/鑒記	13801/13802/13803/13804
2088	1699	正和二十年	無題	14957/14958/14959/14960
2089	1699	正和二十年	碑渭/內社/造渭/川橋	15139/15140/15141/15142

續表

序號	公元紀年	年號	標題	編號
2090	1699	正和二十年	祀事碑記	1770
2091	1699	正和二十年	奉事後佛碑記	15166
2092	1699	正和二十年	本村共立/本村共立	15632/15633
2093	1700	正和二十一年	追遠碑記	20039/20040
2094	1700	正和二十一年	立碑記/安國寺	7372/7373/7374/7375
2095	1700	正和二十一年	興功石碑/東山禪寺/南無阿彌陀佛	14509
2096	1700	正和二十一年	碑記	12978
2097	1700	正和二十一年	文廟/香燈/奉事	10039/10040/10041
2098	1700	正和二十一年	銳光寺興功	9552
2099	1700	正和二十一年	醻恩碑記/本社銘記/儀節祭文/奉事祭天	1437/1438/1439/1440
2100	1700	正和二十一年	後神碑記/一附神祠廟	19500/19501/19502/19503
2101	1700	正和二十一年	奉祀/候神碑記	19701/19702
2102	1700	正和二十一年	後家先碑記/本甲奉祀	19755/19756
2103	1700	正和二十一年	鑄聖像碑/興功名記/延福寺碑/功德信施	19812/19813/19814/19815
2104	1700	正和二十一年	無題	18208/18209/18210/18211
2105	1700	正和二十一年	青池縣苓塘社大慈村奉事碑記	718/719/720
2106	1700	正和二十一年	重修功德碑記	1225/1226/1227/1228
2107	1700	正和二十一年	無題	3803/3804/3805/3806
2108	1700	正和二十一年	靈椿寺碑記	6249/6250
2109	1700	正和二十一年	靈椿寺碑記	6251/6252
2110	1700	正和二十一年	後佛碑記/留傳萬代	6289/6291
2111	1700	正和二十一年	賞春亭碑/本亭功德	6328/6329/6330/6331
2112	1700	正和二十一年	造石碑/功德碑	6360/6361
2113	1700	正和二十一年	後佛碑記	6518/6519
2114	1700	正和二十一年	後佛碑記/後佛像	6531/6532
2115	1700	正和二十一年	一興功/焚香祝/南無阿/彌陀佛	6821/6822/6823/6824
2116	1700	正和二十一年	後佛碑記/留傳萬代	6832/6833
2117	1700	正和二十一年	重修寺碑	7032/7033/7034/7035

七　後黎朝中興期碑銘目錄（1533—1789）　401

續表

序號	公元紀年	年號	標題	編號
2118	1700	正和二十一年	奉事碑記	7152/7153/7154/7155
2119	1700	正和二十一年	重修靈光寺新造碑記/信施	7484/7485
2120	1700	正和二十一年	一興功碑記/瓦館信施碑記	7616/7617
2121	1700	正和二十一年	造像安樂寺碑記	7819
2122	1700	正和二十一年	祀事/後神/留傳/碑記	8044/8045/8046/8047
2123	1700	正和二十一年	始造/洪鐘/真幸/祠記	8125/8126/8127/8128
2124	1700	正和二十一年	興崇作淨山寺/留傳萬代碑記	8140/8142
2125	1700	正和二十一年	重修聖廟碑記	8316/8317/8318/8319
2126	1700	正和二十一年	敬事祠宇碑記	8569/8570/8572
2127	1700	正和二十一年	重修聖露寺碑記	8588
2128	1700	正和二十一年	金蓮/寺天/臺石/壹柱	8749/8750/8751/8752
2129	1700	正和二十一年	本社碑記/後佛碑記	8944/8945
2130	1700	正和二十一年	無題	9039/9040/9041/9042
2131	1700	正和二十一年	天/臺/壹/柱	9754/9755/9756/9757
2132	1700	正和二十一年	承祀碑/各節/流傳/萬代	9859/9860/9861/9862
2133	1700	正和二十一年	後神碑記/流傳萬代	10119/10120/10121/10122
2134	1700	正和二十一年	本社保置	10700
2135	1700	正和二十一年	龍華寺三關碑/南無阿彌陀佛	10849/10850
2136	1700	正和二十一年	重修聖像碑記/功德信施碑記	11187/11188
2137	1700	正和二十一年	創立祠宇碑記/構作敬禮碑記	11247/11248
2138	1700	正和二十一年	曆敘先王碑記/本社諸科試中記	11249/11250
2139	1700	正和二十一年	一興功始造/館橋渡碑記	11329/11330
2140	1700	正和二十一年	隆興寺/興功造/資功德/集福碑	11360/11361/11362/11363
2141	1700	正和二十一年	功德金蓮寺碑記	11836
2142	1700	正和二十一年	同村后神碑記	4057

續表

序號	公元紀年	年號	標題	編號
2143	1700	正和二十一年	龍原寺造立碑記	4260
2144	1700	正和二十一年	奉後神碑記/分田祭田囑券/欽蒙祇受敕命/奉事約文儀節	4459/4460/4461/4462
2145	1700	正和二十一年	嚴光寺碑/皇帝萬歲	5118/5119
2146	1700	正和二十一年	後佛碑記/奉事田記	5596/5597
2147	1700	正和二十一年	造作石碑記並銘/造作香火記並銘	5764/5765
2148	1700	正和二十一年	造立/福慶寺/後佛/碑記	12243/12244/12245/12246
2149	1700	正和二十一年	無題	12664b/12665/12666
2150	1700	正和二十一年	皇帝萬歲/嚴光寺碑	12810/12811
2151	1700	正和二十一年	清光寺碑/新造行廊	12854/12855
2152	1700	正和二十一年	候神碑記/萬代流傳	13012/13013
2153	1700	正和二十一年	河路澤潞路二社/文勝/文豐二村後神/碑記	13257/13258/13259/13260
2154	1700	正和二十一年	重修上殿隆恩寺碑記	14546/14547
2155	1700	正和二十一年	同橘社/青橘寺慶	15184/15185/15186/15187
2156	1700	正和二十一年	古跡名藍記	15557
2157	1701	正和二十二年	無題	4729
2158	1701	正和二十二年	後神造/延福寺/立石柱	18024/18025/18026
2159	1701	正和二十二年	功沉華/流傳萬/刊石	16825/16826/16827
2160	1701	正和二十二年	阿魯寺碑	15556
2161	1701	正和二十二年	及一總立碑	20554/20555/20556/20557
2162	1701	正和二十二年	流傳萬	16826
2163	1701	正和二十二年	立祀後神張氏號慈懿	578
2164	1701	正和二十二年	長生福慶寺	966/967/968/969
2165	1701	正和二十二年	後事田碑記	1081
2166	1701	正和二十二年	官人村置保后神碑記/奉事後神字眞齊左位	1100/1101
2167	1701	正和二十二年	本村置保後神碑記/奉事後神字熏光右位	1113/1114
2168	1701	正和二十二年	立後神碑	1769

七　後黎朝中興期碑銘目錄（1533—1789）　403

續表

序號	公元紀年	年號	標題	編號
2169	1701	正和二十二年	集福金臺寺/永垂萬世觀瞻	2019/2020
2170	1701	正和二十二年	流傳祀事碑	2168
2171	1701	正和二十二年	天府筵福寺/立石碑後佛	2262/2263
2172	1701	正和二十二年	黃雲寺/碑記	2276/2277
2173	1701	正和二十二年	顯光寺殿/奉後佛立碑記	2521/2522
2174	1701	正和二十二年	南無阿彌陀佛	2748
2175	1701	正和二十二年	古跡橋沙處	3031
2176	1701	正和二十二年	天德寺/天臺/功德	3038/3039/3040/3041
2177	1701	正和二十二年	建謀福遠立碑之圖	3458
2178	1701	正和二十二年	普覺庵	6260/6261/6262
2179	1701	正和二十二年	壹立石寶燒香/磬竭丹心懇禱/福錫安人盛物/祚扶億載皇圖	6443/6444/6445/6446
2180	1701	正和二十二年	香林/佛寺/天臺/石柱	6670/6671/6672/6673
2181	1701	正和二十二年	後佛碑記	7068
2182	1701	正和二十二年	後神碑記	7077/7078/7079/7080
2183	1701	正和二十二年	無題	7486/7487
2184	1701	正和二十二年	無題	8187/8188/8189
2185	1701	正和二十二年	後佛興功	8293
2186	1701	正和二十二年	天臺柱	9389/9390/9391/9392
2187	1701	正和二十二年	靈福寺/始開興/功造/碑記	9445/9446/9447/9448
2188	1701	正和二十二年	始造/後佛/碑記	9459/9460/9461
2189	1701	正和二十二年	田土祠堂碑	9685
2190	1701	正和二十二年	興功/新造/天臺/壹柱	9697/9698/9699/9700
2191	1701	正和二十二年	始造/橋碑	10005/10006
2192	1701	正和二十二年	普照寺	10051/10052
2193	1701	正和二十二年	構作新造佛像五相/施三寶田	11064/11065
2194	1701	正和二十二年	慶光寺碑記/押石磋	8504/8505
2195	1701	正和二十二年	興功新造瓦貫碑記/本府縣社資助德記	11243/11244

續表

序號	公元紀年	年號	標題	編號
2196	1701	正和二十二年	再修/造天/臺勝/福寺	11285/11286/11287/11288
2197	1701	正和二十二年	信施/本社功	11418/11419/11420/11421
2198	1701	正和二十二年	及一總立碑	11521/11522/11523/11524
2199	1701	正和二十二年	含龍寺碑/創立洪鐘/閣芃石磋	11561/11562/11563
2200	1701	正和二十二年	興功構作/明福寺碑	11663/11664
2201	1701	正和二十二年	新造前堂/春光寺碑	11923/11924
2202	1701	正和二十二年	無題	11935/11936/11937
2203	1701	正和二十二年	靈光寺碑記	4975/4976
2204	1701	正和二十二年	靈龍寺	5179
2205	1701	正和二十二年	後佽碑記	5724
2206	1701	正和二十二年	懸鼓寺普陀碑	5897/5898
2207	1701	正和二十二年	新造石碑/青蘭寺	5984/5985
2208	1701	正和二十二年	重修永慶寺/修造上殿燒香	12356/12357
2209	1701	正和二十二年	興福寺/創立/石碑爲/後佛	12637/12638/12639/12640
2210	1701	正和二十二年	鄭公後/碑記	12940/12941
2211	1701	正和二十二年	烊鑄	13059/13060
2212	1701	正和二十二年	鑄像碑記/上等神祠	13189/13190
2213	1701	正和二十二年	元和自造立石碑記/興功構作	13984/13985
2214	1701	正和二十二年	天福寺/石碑記	14035/14036
2215	1701	正和二十二年	立竹/景華/揚寺/寶臺	14337/14338/14339/14340
2216	1701	正和二十二年	立石碑/傳萬代	14349/14350
2217	1701	正和二十二年	造石碑記/付本後來	14754/14755
2218	1701	正和二十二年	斯文先賢祠宇碑	15437/15438
2219	1702	正和二十三年	無題	6678/6679/6680/6681
2220	1702	正和二十三年	后佛碑記/寄興	4488/4489
2221	1702	正和二十三年	學舍田土碑記/集善姓名碑記	14252/14253
2222	1702	正和二十三年	後佽碑記/本社共記	5722/5723
2223	1702	正和二十三年	寄忌碑記	4417

七　後黎朝中興期碑銘目錄（1533—1789）　405

續表

序號	公元紀年	年號	標題	編號
2224	1702	正和二十三年	無題	7405/7406/7407/7408
2225	1702	正和二十三年	永寧寺	16307
2226	1702	正和二十三年	後佛碑記	4889
2227	1702	正和二十三年	無題	20522/20523/20524/20525
2228	1702	正和二十三年	無題	20527/20528/20529/20530
2229	1702	正和二十三年	貝庵碑記	20145
2230	1702	正和二十三年	龍水寺碑	20417
2231	1702	正和二十三年	新造洪鐘並閣碑記（西山寺碑記）	20855/20856/20857
2232	1702	正和二十三年	無題	338/339/340/344
2233	1702	正和二十三年	后伕青春寺碑記	1008
2234	1702	正和二十三年	貝庵碑記	1239
2235	1702	正和二十三年	天臺石柱/班靈寺/後佛記/本村記	2120/2121/2123/2124
2236	1702	正和二十三年	壽	2275
2237	1702	正和二十三年	後佛碑記	2328
2238	1702	正和二十三年	法佛僧/天臺記/原古跡/同靈寺	3025/3026/3027/3028
2239	1702	正和二十三年	後神碑記	3197/3198
2240	1702	正和二十三年	玄女跡/金鐘寺/諸佛護持/皇天降福	3761/3762/3763/3764
2241	1702	正和二十三年	無題	6427/6428/6429/6430
2242	1702	正和二十三年	後佛碑	6435/6436/6437/6438
2243	1702	正和二十三年	五老碑記/祭文體式	7024/7025
2244	1702	正和二十三年	始造/奉事/後伕/碑記	7081/7082/7083/7084
2245	1702	正和二十三年	弘誓報恩閣碑	7275/7276
2246	1702	正和二十三年	廣濟橋碑記	7307/7308
2247	1702	正和二十三年	額寶寺興功造碑記/一興功碑記	7327/7328
2248	1702	正和二十三年	興功造/作石柱/燃燈記	7336/7337/7338/7339
2249	1702	正和二十三年	無題	7408
2250	1702	正和二十三年	重修昭祥寺碑	7568
2251	1702	正和二十三年	興功新造/信施石碑	7722/7723

406　下編　越南碑銘文獻目錄

續表

序號	公元紀年	年號	標題	編號
2252	1702	正和二十三年	造香柱記	7910/7911/7912/7913
2253	1702	正和二十三年	再重修壽寧寺/一信施	8024/8025
2254	1702	正和二十三年	本社/祀事/碑記	8042/8043/8057
2255	1702	正和二十三年	皇都禪寺碑記/惠田各處本社後祀	8096/8097
2256	1702	正和二十三年	後佛/天臺/伽山/寺記	8399/8400/8401/8402
2257	1702	正和二十三年	無題	8547/8548/8549
2258	1702	正和二十三年	無題	8554
2259	1702	正和二十三年	無題	8608/8609/8610/8611
2260	1702	正和二十三年	南無阿彌陀佛	9254
2261	1702	正和二十三年	皇上萬萬歲/後神碑記	9340/9341
2262	1702	正和二十三年	無題	9388
2263	1702	正和二十三年	立候伕像/全村名記供施錢田/萬代碑傳	9495/9496/9497/9498
2264	1702	正和二十三年	潭市始造瓦館碑記/一興功一信施	9581/9582
2265	1702	正和二十三年	永嚴寺/茲鑄造/大洪鐘/石碑記	9847/9848/9849/9850
2266	1702	正和二十三年	后神碑記/祭文田記	9932/9933
2267	1702	正和二十三年	修造亭祠碑記/資材並應用各後記	10103/10104
2268	1702	正和二十三年	新美寺十方功德記/新造前堂碑記	10905/10906/10907/10908
2269	1702	正和二十三年	本總造石碑記	10909/10910/10911
2270	1702	正和二十三年	興功/始造/會仙/館碑	11239/11240/11241/11242
2271	1702	正和二十三年	始造/後伕/奉事/碑記	11259/11260/11261/11262
2272	1702	正和二十三年	無題	11463/11464/11465
2273	1702	正和二十三年	無題	11636/11637/11638/11639
2274	1702	正和二十三年	尊立後神/石碑廣記	11671/11672
2275	1702	正和二十三年	本總造館立碑/會主功德刊記	11707/11708
2276	1702	正和二十三年	創立/天臺/延福/寺記	11809/11810/11811/11812
2277	1702	正和二十三年	創立後伕碑記	11814
2278	1702	正和二十三年	後神碑記	11829/11830

七 後黎朝中興期碑銘目錄（1533—1789） 407

續表

序號	公元紀年	年號	標題	編號
2279	1702	正和二十三年	重修道橋/造立道館/福德/碑記	11929/11930/11931/11932
2280	1702	正和二十三年	三寶/前隆/萊寺/擎天柱	4021/4022/4023/4024
2281	1702	正和二十三年	聖壽寺碑/十方功德	4110/4111
2282	1702	正和二十三年	聖壽寺碑記/仕娳善男興功	4112/4113
2283	1702	正和二十三年	聖壽寺碑記/善男諸人	4119/4120/4121/4122
2284	1702	正和二十三年	筵慶寺/新造/天臺/壹柱	4267/4268/4269/4270
2285	1702	正和二十三年	報/恩/奉/事	4397/4398/4399/4400
2286	1702	正和二十三年	崑福寺/天寶臺	4405/4406/4407/4408
2287	1702	正和二十三年	壹興功/後神碑記	4810/4811
2288	1702	正和二十三年	興功/功德/修葺祠宇碑	5109/5110/5111/5112
2289	1702	正和二十三年	後神後佛碑記	5208/5209
2290	1702	正和二十三年	重修/興福/大寺	5315/5316/5317
2291	1702	正和二十三年	後神碑記	5340/5341
2292	1702	正和二十三年	興功/構作/天臺/石柱	5397/5398/5399/5400
2293	1702	正和二十三年	崇修/興福/寺作/石碑	12538/12539/12540/12541
2294	1702	正和二十三年	重修常明/禪寺上殿/燒香前堂/造像碑記	12612/12613/12614/12615
2295	1702	正和二十三年	會主/興功/天臺/續記	12925/12926/12927/12928
2296	1702	正和二十三年	范公後/碑記	12954/12955
2297	1702	正和二十三年	後太監官碑記/本巷上下	13096/13097
2298	1702	正和二十三年	皇帝萬歲/後神碑記	13344/13345
2299	1702	正和二十三年	太翁姓后/老娳姓氏	14325/14326/14327/1438
2300	1702	正和二十三年	慶煙靈寺碑/造鑄彌陀佛	14511/14512
2301	1702	正和二十三年	修葺祠宇碑/興功/功德	14633
2302	1702	正和二十三年	造立/天臺/柱凍/山寺	14961/14962/14963/14964
2303	1702	正和二十三年	後神碑記	15097

408　下編　越南碑銘文獻目錄

續表

序號	公元紀年	年號	標題	編號
2304	1702	正和二十三年	報恩光/寺天臺/碑記永/傳萬代	4413/4414/4415/4416
2305	1703	正和二十四年	無題	830/831/832
2306	1703	正和二十四年	無題	20931
2307	1703	正和二十四年	寶恩寺興功造寺	20703
2308	1703	正和二十四年	洞/午/寺/靈應	20354/20355/20356/20357
2309	1703	正和二十四年	創立後神碑記/集福亭碑	10230/10231
2310	1703	正和二十四年	造林福□記	20153
2311	1703	正和二十四年	後佛碑例	6054
2312	1703	正和二十四年	無題	275/276
2313	1703	正和二十四年	寶恩寺/天臺/石柱/興功	20707/20708/20709/20710
2314	1703	正和二十四年	後神碑記	19968/19969
2315	1703	正和二十四年	重修興聖寺/本社造立碑/進施功德會/福田市渡記	18520/18521/18522/18523
2316	1703	正和二十四年	安興寺	17969/17970
2317	1703	正和二十四年	立後神碑/本甲共記	1744/1745/1746/1747
2318	1703	正和二十四年	天臺/石柱/福林/寺記	3247/3248/3249/3250
2319	1703	正和二十四年	後神碑記	3413/3414
2320	1703	正和二十四年	後神碑/許粟錢	3448/3449
2321	1703	正和二十四年	奉事碑記	3521/3522/3523/3524
2322	1703	正和二十四年	法雲寺碑記/造閣鐘壹座	6156/6157
2323	1703	正和二十四年	宝山寺/後佛碑	6636/6637
2324	1703	正和二十四年	崇嚴寺碑記/燒香堂碑記	6722/6723
2325	1703	正和二十四年	興造橋樑碑記/南無阿彌陀佛	6724/6738
2326	1703	正和二十四年	香/臺/石/柱	6836/6837/6838/3839
2327	1703	正和二十四年	普光寺碑記	7127/7128
2328	1703	正和二十四年	華嚴寺/內上殿/石柱香	7332/7333/7334/7335

七 後黎朝中興期碑銘目錄（1533—1789） 409

續表

序號	公元紀年	年號	標題	編號
2329	1703	正和二十四年	藿洲社□□教坊司並買石橋記	7368/7369
2330	1703	正和二十四年	興功開市/石碑壹柱	7942/7943/7944/7945
2331	1703	正和二十四年	天臺/功德/崇安/寺記	8263/8264/8265/8266
2332	1703	正和二十四年	後佛碑記	8967
2333	1703	正和二十四年	本社碑記/後佛像	9145/9146
2334	1703	正和二十四年	天臺/石柱	9635/9636/9637
2335	1703	正和二十四年	後神碑記/上洪府/錦江縣/陽明社	9646/9647/9648/9649
2336	1703	正和二十四年	祀事永延	10011
2337	1703	正和二十四年	立天柱碑/舊跡同田板洞處碑記/興功築前社同記	10534/10535/10536/10537
2338	1703	正和二十四年	宝光/佛寺/天臺/壹柱	11189/11190/11191/11192
2339	1703	正和二十四年	構作市館碑記/善男信女功德	11245/11246
2340	1703	正和二十四年	始造婆妮寺前堂貳間碑記/再造伕像	11406/11407
2341	1703	正和二十四年	後神後佛/奉事萬代/本社保文/造立碑記	11685/11686/11687/11688
2342	1703	正和二十四年	無題	11938/11939
2343	1703	正和二十四年	天福寺/敬天臺	4009/4010/4011/4012
2344	1703	正和二十四年	后神造石碑記	4059
2345	1703	正和二十四年	無題	4475/4476/4477/4478
2346	1703	正和二十四年	後佛碑記/還本寂寺	5533/5534
2347	1703	正和二十四年	興造寺市/玉瓦石館/姓名功德/流傳碑記	12182/12183/12184/12185
2348	1703	正和二十四年	無題	12285/12286/12287/12288
2349	1703	正和二十四年	乾福寺/後僊碑/買田功/德鑄鐘	12436/12437/12438/12439
2350	1703	正和二十四年	琳川社/造立/後神石/碑記	12483/12484/12485/12486
2351	1703	正和二十四年	無題	12667/12668/12669
2352	1703	正和二十四年	羅起寺/案前石	12822/12823
2353	1703	正和二十四年	後伕碑記	12977

410 下編 越南碑銘文獻目錄

續表

序號	公元紀年	年號	標題	編號
2354	1703	正和二十四年	大悲寺	5170
2355	1703	正和二十四年	買簿文契碑	4188
2356	1703	正和二十四年	後佛碑記	13340
2357	1703	正和二十四年	盛德宏功/福衍無疆	13533/13534/13535/13436
2358	1703	正和二十四年	候佚碑記	13826
2359	1703	正和二十四年	恭/敬/天/臺	14018/14019/14020/14021
2360	1703	正和二十四年	興功橋□碑/一十方功德	14466/14467
2361	1703	正和二十四年	何仙/寺/天臺/供	14619
2362	1703	正和二十四年	無題	14798/14799/14800/14801
2363	1703	正和二十四年	青松寺/天臺記	14965/14966/14967/14968
2364	1703	正和二十四年	內佛/禪寺/造立/天臺	15157/15158/15159/15160
2365	1703	正和二十四年	後佛福龍寺	5629/5630
2366	1703	正和二十四年	禮儀/供田/十方功德記/永福寺碑記	6561/6586/6595/6596
2367	1703	正和二十四年	十方功德/貽碑萬代	1610/1611
2368	1703	正和二十四年	後神碑記	896/897
2369	1703	正和二十四年	無題	6637/6632/6633
2370	1704	正和二十五年	鄉老碑文	4196/4197/4198
2371	1704	正和二十五年	龍眼/寺石/柱香/奉記	16063/16064/16065/16066
2372	1704	正和二十五年	南無阿彌陀佛/造鐘閣碑記	20116/20117
2373	1704	正和二十五年	永福寺流石碑	6583/6584
2374	1701	正和二十五年	天臺一/柱葛靈寺/女神儴	3817/3818/3819
2375	1704	正和二十五年	閣鐘壹座	18204
2376	1704	正和二十五年	後神碑記	4528
2377	1704	正和二十五年	香柱/興功/創立/福寺	9677/9678/9679/9680
2378	1704	正和二十五年	三知社富貴亭重修碑記	4677
2379	1704	正和二十五年	本總造亭碑記	1267/1268/1269
2380	1704	正和二十五年	創立後神後佛碑記	13395/13396
2381	1704	正和二十五年	事神碑記/事跡光華	16067/16068

七　後黎朝中興期碑銘目錄（1533—1789）　411

續表

序號	公元紀年	年號	標題	編號
2382	1704	正和二十五年	光恩/禪寺/天臺/柱石	863/864/865/866
2383	1704	正和二十五年	崇師報本碑記	926/927
2384	1704	正和二十五年	秋桂社重修停駕寺並地獄橋/陰司堆回清涼觀碑記	2296/2297
2385	1704	正和二十五年	興鑄聖像大法師碑記/南無阿彌陀佛	2319/2320/2321/2322
2386	1704	正和二十五年	報德之碑	2625
2387	1704	正和二十五年	後神碑	3021/3022/3023/3024
2388	1704	正和二十五年	奉事後佛碑記/本社奉事約文	3637/3638
2389	1704	正和二十五年	古松/寺天/臺石/一柱	3751/3752/3753/3754
2390	1704	正和二十五年	九天玄/女興功/天臺壹/柱陀具寺	3820/3821/3822/3823
2391	1704	正和二十五年	後神碑記/人兼五福/本村奉事/流傳萬代	6118/6119/6120/6121
2392	1704	正和二十五年	古跡名藍延福寺/造作石階碑	6230/6231
2393	1704	正和二十五年	天臺/柱靈/椿寺/功德	6263/6264/6265/6266
2394	1704	正和二十五年	先賢祠宇/從祀范生碑記/先賢本社斯文/供資祠宇	6320/6321/6322/6323
2395	1704	正和二十五年	無題	6575/6576
2396	1704	正和二十五年	增造石碑/昭垂代遠	6945/6946
2397	1704	正和二十五年	跡崇光寺碑記/修造功德完好	7232/7233
2398	1704	正和二十五年	古跡名藍/靈山寺碑記	7323/7324
2399	1704	正和二十五年	文學作興/祠宇碑記	7760/7761
2400	1704	正和二十五年	原古跡/凍嚴寺/三寶市/造石碑	8145/8146/8147/8148
2401	1704	正和二十五年	文屬甲/再聖賢修/祀廟碑	8372/8373/8374
2402	1704	正和二十五年	崇慶寺寶玉石	8647/8648
2403	1704	正和二十五年	臘嘗先/奉事忌/后代碑/祭祀留	8753/8754/8755/8756
2404	1704	正和二十五年	四社壹村/開市立碑	9017/9018
2405	1704	正和二十五年	後佛碑記/在勝明寺	9509/9510

續表

序號	公元紀年	年號	標題	編號
2406	1704	正和二十五年	超福寺/興功/創立/香柱	9677/9678/9679/9680
2407	1704	正和二十五年	無題	9743
2408	1704	正和二十五年	保安寺鑄造洪鐘記	9758/9759/9760/9761
2409	1704	正和二十五年	後神碑記	10111/10112
2410	1704	正和二十五年	竹庵寺/造碑記	10135/10136/10137/10138
2411	1704	正和二十五年	新造三關白多寺碑記/興功信施	10146/10147
2412	1704	正和二十五年	後神碑記/香火萬代	10450/10451
2413	1704	正和二十五年	後神碑記/本社立端	11160/11161
2414	1704	正和二十五年	造永寧/寺碑記/一興功/會主新	11599/11600/11601/11602
2415	1704	正和二十五年	後神碑記	11661/11662
2416	1704	正和二十五年	本總保文/留傳萬代/官員等職/造立碑記	11698/11699/10700/11701
2417	1704	正和二十五年	本寺碑記	11880/11881/11882
2418	1704	正和二十五年	無題	4017/4018/4019/4020
2419	1704	正和二十五年	造石階碑	4047
2420	1704	正和二十五年	後神碑記	4142
2421	1704	正和二十五年	後神碑記/樹名碑記	4144/4145
2422	1704	正和二十五年	建謀福遠碑	4187
2423	1704	正和二十五年	唱籌碑文	4199/4200
2424	1704	正和二十五年	金貴寺碑記傳	4319/4320/4321/4322
2425	1704	正和二十五年	原古跡開寶寺/北邊繚墻碑記	4354/4355
2426	1704	正和二十五年	三知社富貴亭重修碑記/皇上萬萬年	4677/4678
2427	1704	正和二十五年	後神碑記	4851/4852
2428	1704	正和二十五年	二村本亭	5136
2429	1704	正和二十五年	天臺/元亨/康寧/全社	5324/5325/5326/5327
2430	1704	正和二十五年	創立室堂/承祀家先/永爲苗裔/均田碑記	5561/5562/5563/5564
2431	1704	正和二十五年	後伕碑記	5711/5712
2432	1704	正和二十五年	彌陀禪寺碑記	5899/5900

七 後黎朝中興期碑銘目錄（1533—1789） 413

續表

序號	公元紀年	年號	標題	編號
2433	1704	正和二十五年	古跡安樂縣个心社立碑石記/興功造鑄佛像齊盆寺	5923/5924
2434	1704	正和二十五年	立爲/萬代/後神/石碑	5968/5969/5970/5971
2435	1704	正和二十五年	皇朝萬萬歲/後佛碑記/後神碑記	12052/12053/12054/12055
2436	1704	正和二十五年	無題	12103/12104/12105/12106
2437	1704	正和二十五年	設立碑記/奉祀後神	12140/12141
2438	1704	正和二十五年	奉祀候神/設立碑記	12142/12143/12144/12145
2439	1704	正和二十五年	重修安/樂社金/爐寺碑/記並銘	12207/12208/12209/12210
2440	1704	正和二十五年	後神碑記/本村奉事	12426/12427/12428/12429
2441	1704	正和二十五年	造附後神碑	12650/12651
2442	1704	正和二十五年	無題	12652/12653
2443	1704	正和二十五年	福興名寺/後佛碑記	12842/12843
2444	1704	正和二十五年	皇帝萬歲/會主千年	12942/12943
2445	1704	正和二十五年	新造閣鐘碑記/靈通寺貳社記	13041/13042
2446	1704	正和二十五年	松雲寺/建立/天臺/留跡	13712/13713/13714/13715
2447	1704	正和二十五年	後佛碑記	13880/13881
2448	1704	正和二十五年	新造/景青/春寺/寶臺	14362/14363/14364/14365
2449	1704	正和二十五年	俄巴石橋碑	14374
2450	1704	正和二十五年	唐隆寺/興功/德天/臺柱	14740
2451	1704	正和二十五年	三島山西天禪寺/十方鑄像記立石碑	14742/14743
2452	1704	正和二十五年	橋魯處石碑	15015
2453	1704	正和二十五年	預造後神石碑/承祀留傳萬代	15203/15204
2454	1704	正和二十五年	木具亭立石碑/立文契記	15626/15627
2455	1704	正和二十五年	瓊琚永好	15628/15629
2456	1704	正和二十五年	三宝渡碑記/再造石橋碑	15637/15638
2457	1704	正和二十五年	造立碑記/壹功德	15646/15647

414　下編　越南碑銘文獻目錄

續表

序號	公元紀年	年號	標題	編號
2458	1704	正和二十五年	置造石碑後佛龍纏寺	3397/3398
2459	1704	正和二十五年	後佛碑	3122
2460	1704	正和二十五年	壹大悲寺/後佛碑記	1612/1613
2461	1704	正和二十五年	崇恩寺記	11886/11887/11888
2462	1705	正和二十六年	石約星記	17988
2463	1705	正和二十六年	無題	5349/5350/5351/5352
2464	1705	正和二十六年	敬天壹/功在靈/聚寺記	3824/3825/3826
2465	1705	正和二十六年	行惠福之碑	6135
2466	1705	正和二十六年	興功碑/功德	7140/7141
2467	1705	正和二十六年	創造碑記	7325/7326
2468	1705	正和二十六年	後佛碑記/本社碑記	8462/8463
2469	1705	正和二十六年	壹興功潭市/館古跡碑記	9585/9586
2470	1705	正和二十六年	後佛碑記/後佛阮氏俸號慈蘭神像	10192/10193
2471	1705	正和二十六年	崇嚴寺石碑記	10258/10259
2472	1705	正和二十六年	古跡慶雲寺/新造碑記	11277/11278
2473	1705	正和二十六年	天/臺/壹/柱	11304/11305/11306/110307
2474	1705	正和二十六年	本總功德/□□橋碑	11704/11705
2475	1705	正和二十六年	興福寺/始造/天臺/壹砫	4263/4264/4265/4266
2476	1705	正和二十六年	無題	5284/5285/5286/5287
2477	1705	正和二十六年	立後佛香/火奉事/留傳永久/石碑記	5511/5512/5513/5514
2478	1705	正和二十六年	後佛碑記/姑仙寺	5592/5593
2479	1705	正和二十六年	貝村大悲禪寺/修造後閣行廊碑	12595/12596
2480	1705	正和二十六年	天/臺/石/柱	13520/13521/13522/13523
2481	1705	正和二十六年	興功/功德/石貢碑記/隴外社貢尼地分	13775/13776/13777/13778
2482	1705	正和二十六年	留跡石磬多庵寺	14001/14002
2483	1705	正和二十六年	無題	14366/14367
2484	1705	正和二十六年	造立/石柱/花幡寺/天臺	14790

七　後黎朝中興期碑銘目錄（1533—1789）　415

續表

序號	公元紀年	年號	標題	編號
2485	1705	正和二十六年	始造後神立碑/奉祀流傳萬代	15201/15202
2486	1705	正和二十六年	立後神/配享香/火留傳/萬代碑	5517/5518/5519/5520
2487	1705	永盛元年	修造/寶華/堂寺/香臺	14143/14144/14145/14146
2488	1705	永盛元年	修造太清/寺/記	10838/10839/10840
2489	1705	永盛元年	寶慶寺碑記/洪鐘閣瓦碑	15392/15393
2490	1705	永盛元年	靈庵寺碑記	3728/3728/3729/3730
2491	1705	永盛元年	後伕碑記/留傳萬代	6834/6835
2492	1705	永盛元年	興福寺後伕碑/創碑文	5320/5321/5322/5323
2493	1705	永盛元年	無題	13528/13529/13530/13531
2494	1705	永盛元年	天/臺/石/柱	15044/15045/15046/15047
2495	1705	永盛元年	開巖寺/石柱香/萬代傳/姓名志	16753/16754/16755/16756
2496	1705	永盛元年	新造石碑記	10394
2497	1705	永盛元年	後神碑記	12569
2498	1705	永盛元年	爲興功立碑事	5880/5881
2499	1705	永盛元年	文會碑記	13393
2500	1705	永盛元年	本村奉事/後佛後神碑	5216/5217/5218
2501	1705	永盛元年	古跡名/藍龍恩/寺天臺/香石柱	5915/5916/5917/5918
2502	1705	永盛元年	後神碑/奉事記	10663/10664/10665
2503	1705	永盛元年	靈源/禪寺/天臺/石住	6968/6969/6970/6971
2504	1705	永盛元年	一興功新造慶林寺碑記/再造重修/信施	11715/11716/11717/11718
2505	1705	永盛元年	前塔禪寺	18037/18038/18039
2506	1705	永盛元年	興功新造/慶靈禪寺	10890/10891
2507	1705	永盛元年	興功修造/完成建立/本寺/碑記	11017/11018/11019/11020
2508	1705	永盛元年	後佛福龍寺	5628/5631
2509	1705	永盛元年	建立重修/再造/興慶禪寺/碑記	11025/11026/11027/11028
2510	1705	永盛元年	興教社碑	2298
2511	1705	永盛元年	後神碑記	12569

續表

序號	公元紀年	年號	標題	編號
2512	1705	永盛元年	永福寺石碑記	6581/6582
2513	1705	永盛元年	擎天/三寶/前庵/市寺	4013/4014/4015/4016
2514	1705	永盛元年	興功修/造石柱/天臺會/天寺記	13969/13970/13971/13972
2515	1705	永盛元年	資教寺/敬天/一柱/功德	3069/3070/3071/3072
2516	1706	永盛二年	奉惠記	16849
2517	1706	永盛二年	石橋碑記	3892
2518	1706	永盛二年	本社置保候伕/本社置保候伕碑記	20218/20219
2519	1706	永盛二年	八陽寺/蓋問福報/降□/太平	2931/2932/2933/2934
2520	1706	永盛二年	後神碑記	20591
2521	1706	永盛二年	長春軒詩	19831
2522	1706	永盛二年	興功興福寺碑記	19689/19692
2523	1706	永盛二年	無題	18212/18213/18214
2524	1706	永盛二年	興功造/作石橋/碑記字	16402/16403/16404/16405
2525	1706	永盛二年	官人村置保后神碑記	1109/1110
2526	1706	永盛二年	無題	1392/1393/1394/1395
2527	1706	永盛二年	山村銘田/萬代爲據	1947/1948
2528	1706	永盛二年	福林寺/後佛碑/記奉事/流萬代	2083/2084/2085/2086
2529	1706	永盛二年	永傳奉事文儀	2695
2530	1706	永盛二年	祠堂園楊	3055/3056
2531	1706	永盛二年	後伕造碑記/兼後神/壹寄與	3233/3234/3235
2532	1706	永盛二年	後佛碑記	3437/3438
2533	1706	永盛二年	闍黎寺後佛碑記	3461
2534	1706	永盛二年	後神碑記/惠田	6439/6440/6441/6442
2535	1706	永盛二年	永福禪寺碑記/崇建新造伕像	6577/6578
2536	1706	永盛二年	造/香/石/柱	6811/6812/6813/6814
2537	1706	永盛二年	修造/石碑/萬代/留傳	6849/6850/6851/6852
2538	1706	永盛二年	無題	6994/6995/6996/6997

七 後黎朝中興期碑銘目錄（1533—1789） 417

續表

序號	公元紀年	年號	標題	編號
2539	1706	永盛二年	丙戌年立券約/新造壹石碑記	7136/7137
2540	1706	永盛二年	銳光禪寺	7404
2541	1706	永盛二年	附神碑記	7638/7639
2542	1706	永盛二年	造護/法福/寧寺/碑記	7740/7741/7742/7743
2543	1706	永盛二年	無題	8241/8242/8243/8244
2544	1706	永盛二年	一興功/永寶寺/新造天/臺石柱	8417/8418/8419/8420
2545	1706	永盛二年	無題	8601/8602/8603
2546	1706	永盛二年	後伕碑記	8987/8988
2547	1706	永盛二年	立後佛碑記	9290/9291
2548	1706	永盛二年	報恩記/報恩記	9691/9692
2549	1706	永盛二年	創立/後神/祀事/碑記	9806/9807/9808/9809
2550	1706	永盛二年	無題	9880
2551	1706	永盛二年	後神碑記/億載流傳	10009/10010
2552	1706	永盛二年	無題	10125/10126/10127
2553	1706	永盛二年	後伕碑記	10128/10129
2554	1706	永盛二年	新造/后神/碑記	10130/10131/10132/10133
2555	1706	永盛二年	崇慶寺/天臺/壹柱/造記	10301/10302/10303/10304
2556	1706	永盛二年	尊保後神文/立後神碑記	11466/11467/11469
2557	1706	永盛二年	始造/石階/上殿/光烈寺	11527/11528/11529/11530
2558	1706	永盛二年	後伕立碑	11554
2559	1706	永盛二年	創立石香/案前碑記	11769/11770
2560	1706	永盛二年	本總斯文/興功記/功德記/立祠宇碑	11805/11806/11807/11808
2561	1706	永盛二年	壹重修金蓮寺前堂碑記	11837/11838
2562	1706	永盛二年	後神碑記	11853/11854/11855
2563	1706	永盛二年	建立石碑	11965
2564	1706	永盛二年	修功德碑記	4041
2565	1706	永盛二年	後佛碑記	4228

418　下編　越南碑銘文獻目錄

續表

序號	公元紀年	年號	標題	編號
2566	1706	永盛二年	後神碑記/留傳萬代	4773/4774
2567	1706	永盛二年	修造候佛碑記/捌萬靈天寺碑	4960/4961
2568	1706	永盛二年	修造館亭井處/立石碑記	4965/4966
2569	1706	永盛二年	弄亭社塔局寺碑記	5194/5195
2570	1706	永盛二年	内裔社斯文碑記	5845/5846/5847/5848
2571	1706	永盛二年	無題	5929/5930/5931/5932
2572	1706	永盛二年	興功/修造/天臺/壹柱	12116/12117/12118/12119
2573	1706	永盛二年	修造/安國寺/前堂創立/石碑	12146/12147/12148/12149
2574	1706	永盛二年	後神碑記/流傳萬代	13025/13026
2575	1706	永盛二年	無題	13237/13238/13239
2576	1706	永盛二年	造前堂婆藝寺立碑記	13722
2577	1706	永盛二年	本社造橋碑記	14217/14218
2578	1706	永盛二年	先賢祠宇立碑記	14813/14814
2579	1706	永盛二年	敬福/禪寺/新造/天臺	14873
2580	1706	永盛二年	涅盤寺古跡/名藍石碑記	15400/15401
2581	1706	永盛二年	造立文契/立副本亭	15652/15653
2582	1706	永盛二年	天臺/中鄉/石柱/新造	15673
2583	1706	永盛二年	花祿市碑記	15749
2584	1706	永盛二年	安悉寺新造閣鐘碑	11122/11123
2585	1706	永盛二年	後佛碑記	11656/11657
2586	1707	永盛三年	後佛碑記	13061/13062
2587	1707	永盛三年	陰助井	2846/2847
2588	1707	永盛三年	里仁文會碑	2392/2425
2589	1707	永盛三年	新造前堂松柏寺碑記/二信瓦創造候佛立碑記	20216/20217
2590	1707	永盛三年	十方善信功德/興功會主/興功功德	20592/20593/20594
2591	1707	永盛三年	新造/碍陵/洪鐘/寺記	29537a/29537b/29537c/29537d
2592	1707	永盛三年	始造石碑/號崇慶寺/流傳萬代	20838/20839/20840

七　後黎朝中興期碑銘目錄（1533—1789）　419

續表

序號	公元紀年	年號	標題	編號
2593	1707	永盛三年	後神碑記/萬代流傳	20711/20712/20713
2594	1707	永盛三年	重修靈光寺/普資功德/興功信施碑/普資功德	19856/19857/19858/19859
2595	1707	永盛三年	創立石香案之前/恭請十方諸佛會	18045/18046
2596	1707	永盛三年	無題	1295
2597	1707	永盛三年	崇慶寺/造石磋軒記崇	3114/3115
2598	1707	永盛三年	南無阿彌陀佛	3689/3690/3691/3692/3693/3694
2599	1707	永盛三年	無題	3811/3812/3813/3814
2600	1707	永盛三年	奉事後佛碑記	3903/3904
2601	1707	永盛三年	無題	3970/3971/3972
2602	1707	永盛三年	修造阮福碑/後神田記	6014/6015
2603	1707	永盛三年	侯/記/伕碑	6016/6017/6018
2604	1707	永盛三年	重修樂江橋碑/一十方功德/立橋江碑/功德慈碑	6545/6546/6547/6548
2605	1707	永盛三年	古跡/觀音/禪寺/留記	6624/6625/6626/6627
2606	1707	永盛三年	寶山寺/天臺/興功/留跡	6644/6645/6646/6647
2607	1707	永盛三年	觀空/千歲/天臺/石柱	6951/6952/6953/6954
2608	1707	永盛三年	烊鑄/興慶/禪寺/洪鐘	6960/6961/6962/6963
2609	1707	永盛三年	興功/構作/天香/石柱	6982/6983/6984/6985
2610	1707	永盛三年	興功/修造/館□齊/碑記	7495/7496/7497/7498
2611	1707	永盛三年	興功造像碑記/壹信施永隆寺	7551/7552
2612	1707	永盛三年	福光寺碑記	7596/7597
2613	1707	永盛三年	碑記	7644
2614	1707	永盛三年	碑記	7645
2615	1707	永盛三年	無題	7925/7926/7927/7928
2616	1707	永盛三年	碑記青/奄禪寺/一興功/新造石	7950/7951/7952/7953
2617	1707	永盛三年	重修宝光寺/興功石碑記	7990/7991

420　下編　越南碑銘文獻目錄

續表

序號	公元紀年	年號	標題	編號
2618	1707	永盛三年	無題	8591/8592/8593/8594
2619	1707	永盛三年	奉祀范家碑記	8802/8803/8804/8805
2620	1707	永盛三年	本社立端辭記/後神碑記/儀節	8816/8817/8818/8819
2621	1707	永盛三年	造/作/香/臺/壹/柱	8827/8828/8829/8830/8831/8832
2622	1707	永盛三年	供/天/香/臺	8983/8984/8985/8986
2623	1707	永盛三年	後神碑記/萬代流傳	9797/9798
2624	1707	永盛三年	光慶寺	10616
2625	1707	永盛三年	後神碑記	10617/10618
2626	1707	永盛三年	後神碑記	10619/10620
2627	1707	永盛三年	新造天臺一柱奉供	10654
2628	1707	永盛三年	婆生寺	10764/10765/10766/10767
2629	1707	永盛三年	後神碑記	10892/10893/10894/10895
2630	1707	永盛三年	後佛碑	10921/10922
2631	1707	永盛三年	創立先賢堂祠碑記	10996
2632	1707	永盛三年	福皮寺碑記	11171/11172
2633	1707	永盛三年	始立外同碑	11299/11300
2634	1707	永盛三年	創立先聖賢碑/著述斯文各號	11586/11587
2635	1707	永盛三年	興造/曆橋/永傳/碑記	11953/11954/11955/11956
2636	1707	永盛三年	烊鑄靈像碑	4114
2637	1707	永盛三年	後神碑記◆	4150/4151
2638	1707	永盛三年	興福寺記	4311
2639	1707	永盛三年	興功修/造天臺/壹柱興/福寺記	4312/4313/4314/4315
2640	1707	永盛三年	重修卧雲寺	4552
2641	1707	永盛三年	大悲寺沛上亭/后佛碑記	4574/4575
2642	1707	永盛三年	明童寺/寶香/天臺/一柱	4667/4668/4669/4670
2643	1707	永盛三年	後佛碑記	5169
2644	1707	永盛三年	姑儜寺/後佛碑記	5588/5589
2645	1707	永盛三年	福慶寺/崇造/天臺/供宝三	12247/12248/12249/12250

七　後黎朝中興期碑銘目錄（1533—1789）　421

續表

序號	公元紀年	年號	標題	編號
2646	1707	永盛三年	豐澤上二/村三甲/延慶寺碑/記功德	12280/1228112282/12283
2647	1707	永盛三年	奉祀後神碑/後神文約記	12377/12378
2648	1707	永盛三年	立碑亭中/碑記姓名	12391/12392
2649	1707	永盛三年	立碑亭中	12395/12396
2650	1707	永盛三年	俱延名寺後堂/袝後佛功德碑	12663/12664a
2651	1707	永盛三年	興功重修寺造像供田碑/明益寺碑記	13137/13138
2652	1707	永盛三年	神光寺扁	13565
2653	1707	永盛三年	密語/寺記/洪鐘/烊鑄	13636a/13636b/13636c/13636d
2654	1707	永盛三年	候佛碑記	13892
2655	1707	永盛三年	報恩寺候佛碑	13893
2656	1707	永盛三年	立石磬寺記	13973
2657	1707	永盛三年	清仙寺立碑記/一十方興功德	14069/14070
2658	1707	永盛三年	修造橋樑石柱/立石橋碑記	14147/14148
2659	1707	永盛三年	無題	14275
2660	1707	永盛三年	黃龍寺/天臺柱	15430/15431/15432
2661	1708	永盛四年	后伕碑記	921
2662	1708	永盛四年	後神/留傳/萬代/碑記	20691/20692/20693/20694
2663	1708	永盛四年	無題	2840/2841
2664	1708	永盛四年	修造亭碑記/恭進碑記	4258/4259
2665	1708	永盛四年	玉津寺始/造石	20535/20536
2666	1708	永盛四年	造戊子年碑/重修金光寺	19507/19508/19509/19510
2667	1708	永盛四年	庵寺	16212/16213/16214/16215
2668	1708	永盛四年	善仕興功/興福寺碑/修造集福/之記	1427/1428/1429/1430
2669	1708	永盛四年	奉事后佛之碑	2596
2670	1708	永盛四年	隨後佛碑記	3095/3096/3097
2671	1708	永盛四年	修造佛事碑記	3113
2672	1708	永盛四年	磬石德音	3583

422　下編　越南碑銘文獻目錄

續表

序號	公元紀年	年號	標題	編號
2673	1708	永盛四年	造佛像鑄碑/一功德	6006/6007
2674	1708	永盛四年	供薦象馬碑	6484/6485
2675	1708	永盛四年	無題	6569/6570/6571/6572/6573/6574
2676	1708	永盛四年	重修本鄉亭立石碑	6682
2677	1708	永盛四年	共立端碑/後神之碑/日月光/乾坤大	6695/6696/6697/6698
2678	1708	永盛四年	後神碑記/全村保記	7182/7183/7184/7185
2679	1708	永盛四年	後神碑記/本社立約	7600/7601
2680	1708	永盛四年	無題	7602
2681	1708	永盛四年	寶國寺興功鑿磐	7640
2682	1708	永盛四年	黃梅寺/候佛碑記	7718/7719/7727/7728
2683	1708	永盛四年	福慶寺興功造碑/壇那功德	7956/7957
2684	1708	永盛四年	修造再重修建靈寺碑/一興功碑	8020/8021
2685	1708	永盛四年	果敢禪寺/萬代/功德	8072/8079/8080
2686	1708	永盛四年	興功作福/橋枕壹處/造立碑記	8117/8118/8119/8120
2687	1708	永盛四年	造作/後堂/碑記	8280/8281/8282
2688	1708	永盛四年	明祥寺碑記/一功德信施	8445/8446
2689	1708	永盛四年	後佛碑記	8460/8461
2690	1708	永盛四年	境僊觀處/磐石德音	8530/8531
2691	1708	永盛四年	報恩寺/後佛碑/並銘記/永傳碑	9302/9303/9304/9305
2692	1708	永盛四年	報恩寺/後佛碑記	9306/9307
2693	1708	永盛四年	報恩寺碑記/流傳萬代	9322/9323
2694	1708	永盛四年	平安/會主/奉伕/天臺	10254/10255/10256/10257
2695	1708	永盛四年	壺天寺後伕碑	10405
2696	1708	永盛四年	興功修造佛像天福寺碑記/一信施等功德	10442/10443
2697	1708	永盛四年	創立/後佛/碑記	10882/10883/10884/10885
2698	1708	永盛四年	興造石柱橋碑記/壹信施仕妮碑記	11229/11230
2699	1708	永盛四年	新造勝福/寺亭碑記	11289/11290

七　後黎朝中興期碑銘目錄（1533—1789）　423

續表

序號	公元紀年	年號	標題	編號
2700	1708	永盛四年	造磬牧童寺記	11459/11460
2701	1708	永盛四年	修造靈寶寺碑/功德姓名碑記	11815/11816
2702	1708	永盛四年	後神碑記	11856/11857/11858
2703	1708	永盛四年	無題	11972a/11972b
2704	1708	永盛四年	題那來寺記/興陸社立碑記	5103/5104
2705	1708	永盛四年	創立石碑/已有約/全村記	5163/5164/5165
2706	1708	永盛四年	淨光寺/后佛碑/忌日十月二十五日	5485/5486/5487/5488
2707	1708	永盛四年	創立/天臺/柱	12174/12175/12176/12177
2708	1708	永盛四年	無題	12342/12343
2709	1708	永盛四年	無題	12508
2710	1708	永盛四年	後佛像碑記	12643
2711	1708	永盛四年	後佛碑記	12662
2712	1708	永盛四年	尊爲後佛碑記	12670
2713	1708	永盛四年	後諱碑記/東甲後祀萬代	13034/13035
2714	1708	永盛四年	候神碑記/開造構作/亭中碑記/候神碑記	13233/13234/13235/13236
2715	1708	永盛四年	大悲寺碑記/興功會主記	13336/13337
2716	1708	永盛四年	興功造像/崇福寺碑記	13643/13644
2717	1708	永盛四年	蓮花/寺記/建立/天臺	14115/14116/14117/14118
2718	1708	永盛四年	興陸社立碑記/題那來寺碑	14126/14127
2719	1708	永盛四年	光福/禪寺/造立/天臺	14164/14165/14166/14167
2720	1708	永盛四年	揚禪寺碑記	15107/15108
2721	1708	永盛四年	崇慶寺壁牆/興功造碑記	15407/15408
2722	1708	永盛四年	造石碑記/本縣教坊立端記	15715/15716
2723	1708	永盛四年	後位碑記/留傳萬代	1518/1519
2724	1709	永盛五年	無題	6470/6475

序號	公元紀年	年號	標題	編號
2725	1709	永盛五年	立亭碑記/乾坤如在/金石不移/本社約文◆	11724/11725/11726/11727
2726	1709	永盛五年	荃長立碑	10212/10213
2727	1709	永盛五年	無題	20813/20814/20815/20816
2728	1709	永盛五年	天應福林寺/後佛碑記	3435/3436
2729	1709	永盛五年	斯文碑記/功德碑記	7261/7262
2730	1709	永盛五年	門衙市	20948
2731	1709	永盛五年	本社碑記/後神奉祠	19959/19960/19961
2732	1709	永盛五年	後神碑記/後神神號記	19970/19971
2733	1709	永盛五年	興功/創造/祝香/臺記	18660/18661/18662/18663
2734	1709	永盛五年	無題	16831
2735	1709	永盛五年	無題	1731/1732
2736	1709	永盛五年	功德大悲寺碑銘/功德田三宝	1805/1806
2737	1709	永盛五年	衍慶留後碑	1923/1924
2738	1709	永盛五年	興功集福二/社梂橋處/造立石橋構/作碑共記	3175/3176/3177/3178
2739	1709	永盛五年	後佛碑記	3436
2740	1709	永盛五年	萬世奉祀碑	3783
2741	1709	永盛五年	上答社推尊/後神造碑記	3798/3801
2742	1709	永盛五年	萬代榮觀/億年券約	3877/3878/3879/3880
2743	1709	永盛五年	碧山禪寺碑	6279/6280
2744	1709	永盛五年	供薦橋碑	6486/6487
2745	1709	永盛五年	永福禪寺石磬流記/南無阿彌陀佛	6564/6565
2746	1709	永盛五年	造立後神碑記	6711
2747	1709	永盛五年	善仕造刊海會/經創立佛像碑	7545/7546
2748	1709	永盛五年	新造后神/碑記祀事	7571/7572
2749	1709	永盛五年	福慶寺柳墻碑/功德行郎碑	7960/7961
2750	1709	永盛五年	本總興造/功德/祠宇碑記	8435/8436/8437/8438

七　後黎朝中興期碑銘目錄（1533—1789）

續表

序號	公元紀年	年號	標題	編號
2751	1709	永盛五年	天臺塔寺	8536/8537/8538/8539
2752	1709	永盛五年	阮/舍/社/鄧/亭/祠/造/碑	9129/9130/9131/9132/9133/9134/9135/9136
2753	1709	永盛五年	報恩寺/後佛記/立/碑	9298/9299/9300/9301
2754	1709	永盛五年	源灿村寺在灿村處	9365/9366/9367
2755	1709	永盛五年	門衛市	10283
2756	1709	永盛五年	福靈寺興功/新造石碑記	10682/10683
2757	1709	永盛五年	淬/山/天/臺	10867/10868/10869/10870
2758	1709	永盛五年	創建後佛/石碑記來/在/世	11086/11087/11088/11089
2759	1709	永盛五年	金橋碑記	11454/11455
2760	1709	永盛五年	新修造/會僊亭/全社等/創碑記	11640/11641/11642/11643
2761	1709	永盛五年	修建/華裔/橋樑/碑記	11872/11873/11874/11875
2762	1709	永盛五年	興功開造/仙灵寺立/後佛/碑記	11901/11902/11903/11904
2763	1709	永盛五年	建立范市米/行瓦館碑記	11945/11946
2764	1709	永盛五年	始造石碑記	4686
2765	1709	永盛五年	本村約文/奉祀後神碑/奉祀儀節/惠田處所	5939/5940/5941/5942
2766	1709	永盛五年	重修香海禪寺碑記/重光功德碑記	12420b/12421/12422/12423
2767	1709	永盛五年	萬世奉祀碑記	12563/12564/12565/12566
2768	1709	永盛五年	上答社金光/道場立碑記	12610/12611
2769	1709	永盛五年	上答社推尊/後神造碑記	12633/12634
2770	1709	永盛五年	本社構/作亭創/一興功	12745/12746/12747
2771	1709	永盛五年	一興功建立報/恩禪寺碑記鐫	12759/12760
2772	1709	永盛五年	後佛碑記/流傳萬世	12982/12983/12984
2773	1709	永盛五年	皇帝萬歲/埧石碑記	13036/13037
2774	1709	永盛五年	皇圖鞏固	13370/13371

426　下編　越南碑銘文獻目錄

續表

序號	公元紀年	年號	標題	編號
2775	1709	永盛五年	興功橋市/始造碑記	13399/13400/13401/13402
2776	1709	永盛五年	徧音/天臺/立柱	13756/13757/13758
2777	1709	永盛五年	新造/石柱臺/謹恭事/祈禮	14291
2778	1709	永盛五年	無題	14775
2779	1709	永盛五年	功德修造閣鐘/興福寺石碑記	14881/14882
2780	1709	永盛五年	春雷社/野客寺/造鑄/洪鐘	15415/15416/15417/15418
2781	1709	永盛五年	黃龍寺/造立/後刊碑	15427/15428/15429
2782	1709	永盛五年	造石碑記/寧竜亭述立永契◆	15635/15636
2783	1710	永盛六年	後伕文銘永傳碑記	2866
2784	1710	永盛六年	崇光寺	3236
2785	1710	永盛六年	本 社/置 寶/候 神/立碑記	11221/11222/11223/11224
2786	1710	永盛六年	碑/緒祖記	19965/19966
2787	1710	永盛六年	貴台公留福碑	675/734/2222/2223
2788	1710	永盛六年	後伕碑記/留福溪寺	898/900
2789	1710	永盛六年	萬世奉祀碑記	1198
2790	1710	永盛六年	惠數	1199
2791	1710	永盛六年	陳貴氏留澤碑	2160/2161/2162/2163
2792	1710	永盛六年	後佛供田碑記/嚴應寺後佛像	2218/2219
2793	1710	永盛六年	修造石橋碑記/十方功德姓名	2869/2870
2794	1710	永盛六年	後佛碑記/天應福林寺	3427/3428
2795	1710	永盛六年	後神後佛/福林寺碑記	3837/3838/3839/3849
2796	1710	永盛六年	候佛福慶寺碑記	3867
2797	1710	永盛六年	無題	3886/3887
2798	1710	永盛六年	萬代/後伕碑記	6202/6203
2799	1710	永盛六年	天臺/石柱/興功/信施	6204/6205/6206/6207
2800	1710	永盛六年	立石碑記/功德碑	6378/6379
2801	1710	永盛六年	無題	6480/6481/6482/6483

七　後黎朝中興期碑銘目錄（1533—1789）

續表

序號	公元紀年	年號	標題	編號
2802	1710	永盛六年	興雲禪寺碑記/檀梛信施	6599/6600
2803	1710	永盛六年	興雲禪寺石磐碑傳/十方功德	6603/6604
2804	1710	永盛六年	陳貴氏留澤碑	7116/7117/7118/7119
2805	1710	永盛六年	本總文會/創立祠宇/恭進田土/崇祀碑記	7527/7528/7529/7530
2806	1710	永盛六年	興功鑄雲磬/永隆寺碑記	7543/7544
2807	1710	永盛六年	慶蒙禪寺碑記/造兩閣修前堂/功德	7626/7627/7628/7629
2808	1710	永盛六年	後佛碑記	8950/8951
2809	1710	永盛六年	后神碑記	9370/9371/9372/9373
2810	1710	永盛六年	壹興功銳/光寺碑記	9549/9550
2811	1710	永盛六年	候神碑記/流傳萬代/本村上下/聖壽無疆	9613/9614/9615/9616
2812	1710	永盛六年	奉事后佛碑記/奉事后神碑記	10099/10100
2813	1710	永盛六年	瓊華禪寺新造碑記	10134
2814	1710	永盛六年	一新造白多市館碑/一興功會主功德碑	10149/10150/10151/10152
2815	1710	永盛六年	立石碑	10207/10208/10209
2816	1710	永盛六年	香灵寺/功德碑記	10299/10300
2817	1710	永盛六年	慶明寺贊为/市人多■砬/磧砮碣■■/碑磹磌蹠砦	10886/10887/10888/10889
2818	1710	永盛六年	興功集事/重修遼市橋館之/往來行客功德	10963/10964/10965/10966
2819	1710	永盛六年	本社/置保/候神/立碑記	11221/11222/11223/11224
2820	1710	永盛六年	奉事墳墓碑	11263/11264
2821	1710	永盛六年	重修洪慶寺/後伕碑記	11344/11345
2822	1710	永盛六年	先賢祠址碑	11400/11401
2823	1710	永盛六年	立祠宇碑/本會斯文	11432/11433
2824	1710	永盛六年	修造豪舍橋碑	11445
2825	1710	永盛六年	永慶橋碑記	11719

428　下編　越南碑銘文獻目錄

續表

序號	公元紀年	年號	標題	編號
2826	1710	永盛六年	會市立祠亭碑/本總各社名記	11839/11840
2827	1710	永盛六年	創立時/橋/木瓦碑/記	11897/11898/11899/11900
2828	1710	永盛六年	金吾寺新/造鴻鐘記	11959/11960
2829	1710	永盛六年	後佛碑記	4471/4472
2830	1710	永盛六年	興勸會主拾殿碑記/隴外社徧音寺	4963/4964
2831	1710	永盛六年	後神碑記/候神碑記	5131/5132
2832	1710	永盛六年	後神碑記/血食萬世	12257/12258
2833	1710	永盛六年	萬世奉祀碑/周稱社奉祀碑	12550/12551/12552/12553
2834	1710	永盛六年	無題	12734
2835	1710	永盛六年	一興功始建立/古跡靈光禪寺立碑記	12754/12755
2836	1710	永盛六年	崇興寺碑	12761/12787
2837	1710	永盛六年	皇朝/萬年/萬歲聖主/後神碑	13225/13226/13227/13228
2838	1710	永盛六年	無題	13300/13301
2839	1710	永盛六年	清僊寺佛像碑/興功會主/本村功德/十方功德	14075/14076/14077/14078
2840	1710	永盛六年	造石像彌陀碑/檀梛功德	14232/14233
2841	1710	永盛六年	興功造石橋碑	14407
2842	1710	永盛六年	古跡興隆寺/功德後佛碑記	14408/14409
2843	1710	永盛六年	縣教坊立文契	14415
2844	1710	永盛六年	造立/靈山/禪寺/天臺	15135/15136/15137/15138
2845	1710	永盛六年	安然/禪寺/造立/天臺	15234/15235/15236/15237
2846	1710	永盛六年	興功造立石橋碑記	15367/15368
2847	1710	永盛六年	無題	15373/15374/15375/15376
2848	1710	永盛六年	龍肝寺/臺天柱	15422/15423/15424/15425
2849	1710	永盛六年	古跡名藍永福寺/修造石碑記	15445/15446/15447/15448
2850	1710	永盛六年	始造/石陛/天臺/功德	15672

七　後黎朝中興期碑銘目錄（1533—1789）　429

續表

序號	公元紀年	年號	標題	編號
2851	1711	永盛七年	興功造石橋碑	14407
2852	1711	永盛七年	靈寶	15070/15071/15072
2853	1711	永盛七年	后伕碑記	7198
2854	1711	永盛七年	例碑記	14416
2855	1711	永盛七年	亭門碑記	20136/20137
2856	1711	永盛七年	崑山資福寺記/奉祀後佛碑	18782/18783
2857	1711	永盛七年	重光寺石磬記	938
2858	1711	永盛七年	後佛聖碑記	1244
2859	1711	永盛七年	上空佛無為寺碑記	1953
2860	1711	永盛七年	建立後佛碑記	2694
2861	1711	永盛七年	修造石橋/十方功德/姓名/碑記	3189/3190/3191/3192
2862	1711	永盛七年	全社仝立約文/從祀後神碑記	3439/3440
2863	1711	永盛七年	鑄像碑記	3552
2864	1711	永盛七年	金鐘寺石碑記/仁育社古跡傳	3765/3766
2865	1711	永盛七年	永衍千年	6216
2866	1711	永盛七年	留傳萬代	6217
2867	1711	永盛七年	修造上福寺	7205
2868	1711	永盛七年	開湖碑記/造湖碑石	7321/7322
2869	1711	永盛七年	興功心竜寺/蓋瓦殿造碑	7329/7330
2870	1711	永盛七年	立祠殿碑誌/重刊	7687/7688
2871	1711	永盛七年	造立廟祠碑記/前代先師	8022/8023
2872	1711	永盛七年	后神碑記/并銘	8131/8132/8133
2873	1711	永盛七年	後神碑記	8946/8947
2874	1711	永盛七年	一興功/石碏前堂碑記	9902/9903
2875	1711	永盛七年	惠霑萬世/酬功報德/楊名顯親/申令公之碑	9946/9947/9948/9949
2876	1711	永盛七年	無題	10295/10296/10297/10298
2877	1711	永盛七年	大靈寺碑/一興功	10311/10312/10313/10314

430 下編　越南碑銘文獻目錄

續表

序號	公元紀年	年號	標題	編號
2878	1711	永盛七年	候侁像碑記	10362/10363
2879	1711	永盛七年	後佛碑記	10641
2880	1711	永盛七年	隆興寺碑錄	11364/11365
2881	1711	永盛七年	創立普光/寺石皆碑記	11569/11570
2882	1711	永盛七年	全村/奉事/後佛/碑傳	11590/11591/11592/11593
2883	1711	永盛七年	崇恩寺記	11883/11884/11885
2884	1711	永盛七年	無題	11973/11974/11975/11976
2885	1711	永盛七年	從祀後神碑記/全村全立約文	4224/4225
2886	1711	永盛七年	重修橘林寺再建立廟庭碑記	4671/4672
2887	1711	永盛七年	三甲二村共記	5021
2888	1711	永盛七年	奉事/後佛/碑記	5576/5577/5578/5579
2889	1711	永盛七年	後神碑記/候神碑	13133/13134
2890	1711	永盛七年	無題	13166/13167
2891	1711	永盛七年	建祠宇碑記/興功功德記	13424/13425
2892	1711	永盛七年	隴外社作興功/增葺祠廟石殿	13779/13780
2893	1711	永盛七年	鳳翔/寺記/新造/天臺	14290
2894	1711	永盛七年	香惠/寺/洪鐘/記	14301
2895	1711	永盛七年	造立貢橋碑記/同資功德姓名	14351/14352
2896	1711	永盛七年	新造青春寺殿佛像/燒香前堂鑄瓦立碑記	14355/14356/14357/14358
2897	1711	永盛七年	龍/山/寺/鐘	14778
2898	1711	永盛七年	建立後神碑記	2688
2899	1712	永盛八年	鮮魚六坊碑記	4674/4675
2900	1712	永盛八年	青光寺/古跡名藍/祀香壹記/興功創造	17146/17147/17148/17149
2901	1712	永盛八年	縣市碑記/筆記光花	20220/20221
2902	1712	永盛八年	無題	18615/18616/18617/18618
2903	1712	永盛八年	無題	16448
2904	1712	永盛八年	立石禪記	17428

七　後黎朝中興期碑銘目錄（1533—1789）　431

續表

序號	公元紀年	年號	標題	編號
2905	1712	永盛八年	無題	1265/1266
2906	1712	永盛八年	福德寺/興功/始造/天台柱	3243/3244/3245/3246
2907	1712	永盛八年	後神碑記/尊奉承事碑	3261/3262
2908	1712	永盛八年	造後佚石碑	3399/3400
2909	1712	永盛八年	無題	3865
2910	1712	永盛八年	留澤碑文/永垂奉事	6212/6213/6214/6215
2911	1712	永盛八年	留惠奉事	6218
2912	1712	永盛八年	金雀寺禪碑記/仕娓興功完好	6294/6295
2913	1712	永盛八年	後佚碑記	6916/6917
2914	1712	永盛八年	後神碑記/后神碑記	7147/7148
2915	1712	永盛八年	後佛碑記	7166/7167/7168/7169
2916	1712	永盛八年	後佚碑記	7349/7350
2917	1712	永盛八年	重修立/東城寺/碑記	7521/7522/7523
2918	1712	永盛八年	無題	7524/7525/7526
2919	1712	永盛八年	靈山/寺石/天臺/供佛	7689/7690/7691/7692
2920	1712	永盛八年	東靈寺/興功造/天/臺	7974/7975/7976/7977
2921	1712	永盛八年	後神碑記/富禾村祠	9332/9333
2922	1712	永盛八年	無題	9583/9584
2923	1712	永盛八年	向山寺/扶康社/天臺/石柱	9835/9836/9837/9838
2924	1712	永盛八年	古跡名藍攀龍寶寺/興功構作新造石碑	10201/10202
2925	1712	永盛八年	奉事后神碑記	10694/10695
2926	1712	永盛八年	後神碑/記奉祀/渡村端詞	10734/10735/10736
2927	1712	永盛八年	天恩寺碑	10912/10913
2928	1712	永盛八年	始建鐘閣重修後堂碑記/南無長壽王菩薩大證明	11038/11039
2929	1712	永盛八年	壹興功再/造石築/路兩邊津/渡碑記	11325/11326/11327/11328
2930	1712	永盛八年	本社應保/後神碑記/萬代無斷/繼傳祀事	11720/11721/11722/11723

432　下編　越南碑銘文献目錄

續表

序號	公元紀年	年號	標題	編號
2931	1712	永盛八年	創造佛/聖兩金/像并石/階碑記	11773/11774/11775/11776
2932	1712	永盛八年	重開領東/東岩大禪/寺	11969/11970/11971
2933	1712	永盛八年	重修本總/斯文碑記	11987/11988
2934	1712	永盛八年	無題	4189
2935	1712	永盛八年	修學祠/文會碑	4564/4565
2936	1712	永盛八年	後佛碑記	4951
2937	1712	永盛八年	奉事後佛碑記	5437/5438
2938	1712	永盛八年	會主理作/福景圓成	12836/12837
2939	1712	永盛八年	無題	13159/13160/13161/13162
2940	1712	永盛八年	後神碑記	13305/13306
2941	1712	永盛八年	無題	13317/13318/13319
2942	1712	永盛八年	新造石橋林/福處碑記	14449/14450
2943	1712	永盛八年	交參/禪寺/造立/天臺	15253/15254/15255/15256
2944	1712	永盛八年	惠田坐落處所	3639
2945	1713	永盛九年	梁山縣碑記	2659/2660
2946	1713	永盛九年	無題	8571
2947	1713	永盛九年	惠靈祠後神碑文/三社村後佛事例	1462/1463/1464/1465
2948	1713	永盛九年	范公家譜碑記	1466/1467/1468/1469
2949	1713	永盛九年	仙/山/寺/造/天/臺	2790/2791/2792/2793/2794/2795
2950	1713	永盛九年	重建天臺慶多寺記	3003/3004/3005/3006
2951	1713	永盛九年	立後神碑/約本村記	3044/3045/3046/3047
2952	1713	永盛九年	建作石柱館碑記	3252/3253/3254
2953	1713	永盛九年	造佛碑記	3402/3403
2954	1713	永盛九年	後佛/碑記	6471/6472/6473/6474
2955	1713	永盛九年	後佛碑記	7160/7161
2956	1713	永盛九年	后神碑記	7937/7938/7948/7949
2957	1713	永盛九年	造立前堂碑記/皇帝萬萬年	8016/8017
2958	1713	永盛九年	後佛碑記	8960/8961
2959	1713	永盛九年	無題	9020/9021

七　後黎朝中興期碑銘目錄（1533—1789）　433

續表

序號	公元紀年	年號	標題	編號
2960	1713	永盛九年	無題	9121/9122/9123/9124
2961	1713	永盛九年	無題	9487/9488/9489
2962	1713	永盛九年	靈來/寺/造碑/記	9724/9725/9726/9727
2963	1713	永盛九年	後神碑記	10062/10063
2964	1713	永盛九年	劉公鄭夫/肆村碑記/創立後神	10565/10566/10567
2965	1713	永盛九年	五老碑記	10719/10720/10721
2966	1713	永盛九年	後神碑記/本村立端昭垂萬代	11112/11113
2967	1713	永盛九年	後神碑	4042/4043
2968	1713	永盛九年	修造永慶寺/石押階上殿	12354/12355
2969	1713	永盛九年	山東社官子村碑記/富貴壽康寧	15733/15734
2970	1714	永盛十年	無題	10481/10482
2971	1714	永盛十年	無題	4720
2972	1714	永盛十年	合龍寺碑記	162
2973	1714	永盛十年	後神碑記	20193
2974	1714	永盛十年	無題	17989/17990/17991/17992
2975	1714	永盛十年	合龍寺碑記	156/157/158/159
2976	1714	永盛十年	合龍寺碑記	160
2977	1714	永盛十年	慶流碑記/寧福禪寺碑記	2876/2877/2878/2879
2978	1714	永盛十年	英靈禪寺/新造碑記	6285/6286
2979	1714	永盛十年	無題	9115/9116/9117/9118
2980	1714	永盛十年	會主興功長/安過江/橋上完成碑	9440/9441/9442/9443
2981	1714	永盛十年	興福	9627
2982	1714	永盛十年	流傳萬代/後佛碑記	9717/9718/9719/9720
2983	1714	永盛十年	造作/天臺/石柱	10483/10484/10485
2984	1714	永盛十年	無題	10493
2985	1714	永盛十年	創候佛碑	11564
2986	1714	永盛十年	後神碑/記事文	4045/4046

434　下編　越南碑銘文獻目錄

續表

序號	公元紀年	年號	標題	編號
2987	1714	永盛十年	全社造亭碑記/修寫各甲位次	4660/4661
2988	1714	永盛十年	後神碑記	5370/5371
2989	1714	永盛十年	造光林寺/建石碑記	12032/12033/12034/12035
2990	1714	永盛十年	眷靈寺后佛碑記	12790/12791
2991	1714	永盛十年	皇越黎朝億萬年/大僚村后神碑記	12794/12795
2992	1714	永盛十年	昭福寺墙碑	13149/13150
2993	1714	永盛十年	後神碑記	13352/13353
2994	1714	永盛十年	修造兩錢/書契碑記	1653/1654
2995	1715	永盛十一年	后神碑記	2650/2651
2996	1715	永盛十一年	無題	5683
2997	1715	永盛十一年	後佛碑/寶光寺	3980/3981
2998	1715	永盛十一年	后神碑記	2650/2651
2999	1715	永盛十一年	報祀碑/祀事萬劫	11271/11272/11273/11274
3000	1715	永盛十一年	無題	8208/8209/8210/8211
3001	1715	永盛十一年	裴相公進士碑	18664/18665
3002	1715	永盛十一年	後神碑記	621/622
3003	1715	永盛十一年	後神碑記	1024
3004	1715	永盛十一年	國主阮福周……鼎建順化天姥寺碑記銘	2585
3005	1715	永盛十一年	祖師碑記	3742/3743
3006	1715	永盛十一年	永傳萬代/後神碑記	3871/3872
3007	1715	永盛十一年	構造新亭碑記/本社坐亭/輪流肆角/壹功德	3906/3907/3908/3909
3008	1715	永盛十一年	修造太微宮殿神祠石碑/十方信施石碑	6162/6163
3009	1715	永盛十一年	後神碑記/供薦義田	6190/6191
3010	1715	永盛十一年	永福禪寺碑記/南無阿彌陀佛	6589/6590
3011	1715	永盛十一年	興功肇祥寺峒	7567
3012	1715	永盛十一年	後神碑記	8898/8899/8900/8901
3013	1715	永盛十一年	興功造橋/石柱立/牌閥閱流/傳萬代	9825/9826/9827/9828

七　後黎朝中興期碑銘目錄（1533—1789）　435

續表

序號	公元紀年	年號	標題	編號
3014	1715	永盛十一年	淬山寺/一興功/修造/石碑	10863/10864/10865/10866
3015	1715	永盛十一年	金貴寺碑記	4316/4317
3016	1715	永盛十一年	大悲寺沛上亭	4578
3017	1715	永盛十一年	後神/誠/敬/碑記	4618/4619/4620/4621
3018	1715	永盛十一年	信供/佛天/香臺/宝柱	5050/5051/5052/5053
3019	1715	永盛十一年	無題	5383/5384/5385/5386
3020	1715	永盛十一年	淨光寺後佛碑記	5481/5482
3021	1715	永盛十一年	本社奉事百世不迁/姑儘寺後佛碑記	5598/5599/5600/5601
3022	1715	永盛十一年	奉事后神碑記/儀節祀田處所	5855/5856/5857/5858
3023	1715	永盛十一年	修造太微宮神祠石碑	5955
3024	1715	永盛十一年	修造前堂/后神碑記/創立石碑/開菩提寺	12170/12171/12172/12173
3025	1715	永盛十一年	修造同午針橋	12453/12454/12455
3026	1715	永盛十一年	新造後堂并閣種碑記	12493/12494/12495/12496
3027	1715	永盛十一年	後神碑記	12974
3028	1715	永盛十一年	後伕碑記	13065
3029	1715	永盛十一年	後神碑記	13362
3030	1715	永盛十一年	華煙/禪寺/造立/天臺	14593
3031	1715	永盛十一年	儀田立碑	4799
3032	1716	永盛十二年	後神碑記	20029
3033	1716	永盛十二年	奉祀後神碑記/本社奉祀券文/奉祀儀節祭文	10599/10600/10601/10602
3034	1716	永盛十二年	黎相公事業勳名碑記	19058/19059
3035	1716	永盛十二年	黎相公事業勳名碑記	1197/1219
3036	1716	永盛十二年	書契交約後先賢碑注祭祀	1671/1672/1673/1674
3037	1716	永盛十二年	修造三寶市碑記	1767/1768
3038	1716	永盛十二年	侍內監達郡公碑記	2363/2364/2365/2366
3039	1716	永盛十二年	延應大禪寺碑記/興功修造中前堂/貴官各職資功德/十方善信資功德	2752/2753/2754/2755

續表

序號	公元紀年	年號	標題	編號
3040	1716	永盛十二年	無題	3241/3242
3041	1716	永盛十二年	後佛碑記	3973/3974/3975
3042	1716	永盛十二年	后神碑記	6533/6534
3043	1716	永盛十二年	後佛碑記	10288/10289/10290
3044	1716	永盛十二年	無題	10434/10435/10436/10437
3045	1716	永盛十二年	寺奉佛碑記/一功德	10438/10439/10440/10441
3046	1716	永盛十二年	無題	10473/10474/10475/10476/10477/10478
3047	1716	永盛十二年	無題	10479/10480
3048	1716	永盛十二年	後伕碑記	10623
3049	1716	永盛十二年	錢田端例/共記	10747/10748
3050	1716	永盛十二年	皇朝監察黎先生墓誌銘	10788/10789/10790/10791
3051	1716	永盛十二年	靈光寺後佛碑	11316/11317/11318
3052	1716	永盛十二年	明慶寺創立堂上碑記/大名藍興功造作石碱	11414/11415/11416
3053	1716	永盛十二年	永僊橋碑記/再造重修碑記	11752/11753
3054	1716	永盛十二年	奉祀後神碑記	4079/4080/4081/4082
3055	1716	永盛十二年	後神碑記	4487
3056	1716	永盛十二年	慶靈寺/創立/天臺/石柱	4533/4534/4535/4536
3057	1716	永盛十二年	後神碑記	4800
3058	1716	永盛十二年	永傳候伕像碑記	4978
3059	1716	永盛十二年	永傳候佛像碑記	4981
3060	1716	永盛十二年	無題	4989
3061	1716	永盛十二年	永傳碑記	4990
3062	1716	永盛十二年	永傳後佛像碑記	4991
3063	1716	永盛十二年	候神碑記/四甲共記	5019/5020
3064	1716	永盛十二年	永傳碑記/立碑忌日	5096/5097
3065	1716	永盛十二年	創立金泉社侯神碑記	12071/12072/12073
3066	1716	永盛十二年	無題	12346/12347/12348/12349
3067	1716	永盛十二年	鄧舍社天佑禪寺碑記	12557/12558

七　後黎朝中興期碑銘目錄（1533—1789）　437

續表

序號	公元紀年	年號	標題	編號
3068	1716	永盛十二年	無題	12597/12598/12599/12600
3069	1716	永盛十二年	一興功石押階宮廟旋繞碑記	12733
3070	1716	永盛十二年	皇朝萬萬歲/後佛碑記	12788/12789
3071	1716	永盛十二年	皇朝萬歲/後神碑記	12804/12805
3072	1716	永盛十二年	崠高寺/後佛碑記	12903/12904
3073	1716	永盛十二年	立碑忌日/永傳碑記	13902/13903
3074	1716	永盛十二年	永傳候伕像碑記	13920/13921
3075	1716	永盛十二年	興功石橋碑記/同資功德姓名	14472/14473
3076	1716	永盛十二年	造立石/磲同犯■/伽芙蓉/等處碑記	14780/14781/14782/14783
3077	1716	永盛十二年	無題	15406
3078	1716	永盛十二年	後神碑記	15739
3079	1716	永盛十二年	造/作/天/臺/石/住	9062/9063/9064/9065/9066/9067
3080	1716	永盛十二年	後神碑記	168/169/170/171
3081	1717	永盛十三年	法殿敕令/造立石碑/社內憑跡/記奉事正	6447/6448/6449/6450
3082	1717	永盛十三年	都梁綜祭田碑誌/都梁綜碑記	2661/2662
3083	1717	永盛十三年	后神碑記	2928
3084	1717	永盛十三年	傳萬代記	15398/15399
3085	1717	永盛十三年	重修錦江縣文祠會財碑	2950/2951
3086	1717	永盛十三年	碑記	13675/13676
3087	1717	永盛十三年	永盛六年庚寅科進士題名記	1343
3088	1717	永盛十三年	正和六年乙丑科進士題名記	1347
3089	1717	永盛十三年	無題	2611
3090	1717	永盛十三年	朔郎/造鑄/洪鐘/寺記	28541a/28541b/28541c/28541d
3091	1717	永盛十三年	興功/柱在/桂林寺	20211/20212/20213
3092	1717	永盛十三年	無題	16566
3093	1717	永盛十三年	文貞公祠碑記	1127

續表

序號	公元紀年	年號	標題	編號
3094	1717	永盛十三年	永盛八年壬辰科進士題名記	1317
3095	1717	永盛十三年	永盛貳年丙戌科進士題名記	1319
3096	1717	永盛十三年	正和貳十一年庚辰科進士題名記	1320
3097	1717	永盛十三年	正和十五年甲戌科進士題名記	1321
3098	1717	永盛十三年	正和九年戊辰科進士題名記	1324
3099	1717	永盛十三年	正和四年癸亥科進士題名記	1236
3100	1717	永盛十三年	永治元年丙辰科進士題名記	1327
3101	1717	永盛十三年	永壽貳年己亥科進士題名記	1329
3102	1717	永盛十三年	正和十貳年辛未科進士題名記	1330
3103	1717	永盛十三年	陽德貳年癸丑科進士題名記	1331
3104	1717	永盛十三年	永治五年庚申科進士題名記	1333
3105	1717	永盛十三年	正和貳十四年癸未科進士題名記	1335
3106	1717	永盛十三年	正和十八年丁丑科進士題名記	1336
3107	1717	永盛十三年	景治五年丁未科進士題名記	1337
3108	1717	永盛十三年	永盛十一年乙未科進士題名記	1341
3109	1717	永盛十三年	盛德四年丙申科進士題名記	1342
3110	1717	永盛十三年	永壽四年辛丑科進士題名記	1344
3111	1717	永盛十三年	景治貳年甲辰科進士題名記	1345
3112	1717	永盛十三年	景治八年庚戌科進士題名記	1346
3113	1717	永盛十三年	後神碑記	1533/1534

七　後黎朝中興期碑銘目錄（1533—1789）　439

續表

序號	公元紀年	年號	標題	編號
3114	1717	永盛十三年	無題	1803/1804
3115	1717	永盛十三年	御提樂林寺詩	1959
3116	1717	永盛十三年	崇恩報德/後神之碑	2473/2474/2475/2476
3117	1717	永盛十三年	法殿敕令/造立石碑/社內憑跡/記奉事正	2589/2590/2591/2592
3118	1717	永盛十三年	後佛碑記	2618/2619
3119	1717	永盛十三年	後神碑記	2915/2916
3120	1717	永盛十三年	甫創祠宇碑記	3462/3463/3514
3121	1717	永盛十三年	奉祀石碑	6088
3122	1717	永盛十三年	重修虹橋集福碑敘/十方檀梛共資功德	6543/6544
3123	1717	永盛十三年	興/雲/寺/天/臺/住	6612/6613/6614/6615/6616/6617
3124	1717	永盛十三年	後神碑記	6789/6790
3125	1717	永盛十三年	興功修造碑記/功德姓名所記	7162/7163
3126	1717	永盛十三年	灵宝寺碑/興功修造	7517/7518/7519/7520
3127	1717	永盛十三年	灵山寺/佛碑/功德/碑記	7834/7835/7844/7845
3128	1717	永盛十三年	興功德山水寺/造鑄洪鐘碑記	7958/7959
3129	1717	永盛十三年	果敢/禪寺/天臺/石柱	8075/8076/8077/8078
3130	1717	永盛十三年	留傳萬代碑記	8141
3131	1717	永盛十三年	慧明庵	9408/9409
3132	1717	永盛十三年	棗橋碑記/功德道場	9503/9504
3133	1717	永盛十三年	後神碑記/本村應保/端約留傳/造作石碑	9793/9794/9795/9796
3134	1717	永盛十三年	奉事後神碑記/奉往北使碑祠	9942/9943
3135	1717	永盛十三年	石碑流記	10071/10072
3136	1717	永盛十三年	奉事後神碑記/奉事後神儀物/奉事考妣儀物/後神田池數目	10557/10558/10559/10560
3137	1717	永盛十三年	阮世家留澤碑/壹頭壹報	10606/10607/10608
3138	1717	永盛十三年	石奉祀碑	11080

續表

序號	公元紀年	年號	標題	編號
3139	1717	永盛十三年	住宅田園/家財造寺/供爲三寶/記一碑傳	11082/11083/11084/11085
3140	1717	永盛十三年	白毫寺碑記	11436/11437/11438
3141	1717	永盛十三年	無題	11940
3142	1717	永盛十三年	無題	11941
3143	1717	永盛十三年	重修興慶	4759/4760
3144	1717	永盛十三年	後佛碑記	4977
3145	1717	永盛十三年	陳氏後伕神像	4982
3146	1717	永盛十三年	建造上殿/伕堂興福/寺石碑創/制永流傳	5065/5066/5067/5068
3147	1717	永盛十三年	造后神碑記	5792
3148	1717	永盛十三年	無題	12232/12233/12234
3149	1717	永盛十三年	無題	12534/12535
3150	1717	永盛十三年	無題	12723/12724/12725/12726
3151	1717	永盛十三年	後/神/碑/記	13243/13244/13245/13246
3152	1717	永盛十三年	興功佛像鳳翔碑記/新造後堂左右行廊	14283/14284
3153	1717	永盛十三年	傳萬代記	15399
3154	1718	永盛十四年	無題	3184/3185
3155	1718	永盛十四年	無題	19999
3156	1718	永盛十四年	構作石橋碑記	452/453/454/455
3157	1718	永盛十四年	跡興慶寺/造作天臺/焚香上禱/福祿日來	3297/3298/3299/3479
3158	1718	永盛十四年	先師配響/壽榮坊祭田事例	6354/6355
3159	1718	永盛十四年	後神碑記	6521/6522/6523/6524
3160	1718	永盛十四年	無題	6691/6692
3161	1718	永盛十四年	無題	7360/7361
3162	1718	永盛十四年	西村樹跡碑/乾崇教寺異	7449/7450
3163	1718	永盛十四年	重修崇教寺碑/東村無全五福	7451/7452
3164	1718	永盛十四年	後伕碑記	7715
3165	1718	永盛十四年	御題法雨寺詩	7880

七　後黎朝中興期碑銘目錄（1533—1789）　441

續表

序號	公元紀年	年號	標題	編號
3166	1718	永盛十四年	無題	8257/8258/8259/8260
3167	1718	永盛十四年	立石碑/福寺記	9422/9423
3168	1718	永盛十四年	興功	9628
3169	1718	永盛十四年	尊爲■長奉事碑記/隨往北使左記	9940/9941
3170	1718	永盛十四年	興福永亭禪寺/一信施功德	10430/10431
3171	1718	永盛十四年	無題	10444/10445/10446
3172	1718	永盛十四年	圓融庵	10796/10797/10798
3173	1718	永盛十四年	始造慶石	11740
3174	1718	永盛十四年	始造彌陀/木像碑記	11742/11743
3175	1718	永盛十四年	祠宇碑記	4261/4262
3176	1718	永盛十四年	無題	4663/4664/4665/4666
3177	1718	永盛十四年	傳奉事碑/永/記	4986/4987/4988
3178	1718	永盛十四年	無題	5162
3179	1718	永盛十四年	修造燒香/前堂/碑記/古法寺立石	5171/5172/5173/5174
3180	1718	永盛十四年	集福/興功/構作橋東/立碑記	5911/5912/5913/5914
3181	1718	永盛十四年	重修舘安/市中碑立/本府興功/完成共記	12329/12330/12331/12332
3182	1718	永盛十四年	無題	13172/13173/13174/13175
3183	1718	永盛十四年	蓮華寺碑	14784/14785
3184	1718	永盛十四年	後神碑記	4157/4158
3185	1718	永盛十四年	貳社共論會市碑記	2617
3186	1719	永盛十五年	后神碑記	2927
3187	1719	永盛十五年	無題	13066
3188	1719	永盛十五年	新造祠宇碑記/皇上壽萬萬歲	20876/20877
3189	1719	永盛十五年	崇師報本碑記	891/908
3190	1719	永盛十五年	重修神祠碑/恭獻看作志	1047/1048
3191	1719	永盛十五年	永中甲姓名記/永西甲/安永甲姓名記/三甲造永福寺碑	1261/1262/1263/1264

442　下編　越南碑銘文獻目錄

續表

序號	公元紀年	年號	標題	編號
3192	1719	永盛十五年	林楊觀/後佚碑記	1874/1875
3193	1719	永盛十五年	後佛碑記	2335/2336
3194	1719	永盛十五年	後神碑記	2455/2456
3195	1719	永盛十五年	重修后神后佛碑記	2802
3196	1719	永盛十五年	後佛後神碑	3226/3227/3228/3229
3197	1719	永盛十五年	蓬萊社/福德琉/會主造/石柱樑	3291/3292/3293/3482
3198	1719	永盛十五年	靈應寺	3379/3380/3381
3199	1719	永盛十五年	蓬萊社橋碑	3468/3480/3481
3200	1719	永盛十五年	後神共記各役爲據	3859/3860/3861/3862
3201	1719	永盛十五年	清陀寺/彌陀相/石柱香/一興功	6080/6081/6082/6083
3202	1719	永盛十五年	興功/鑄鐘斗/興雲/禪寺記	6608/6609/6610/6611
3203	1719	永盛十五年	崇修上殿碑/兌上村兼五福	7435/7436
3204	1719	永盛十五年	一興功新/造三/聖禪寺石/碑記	7940/7941/7946/7947
3205	1719	永盛十五年	後佛碑記	8050/8051/8052
3206	1719	永盛十五年	造立/石觀/碑記	8053/8054/8055/8056
3207	1719	永盛十五年	厚福寺/法佛僧	8540/8541
3208	1719	永盛十五年	承祀後神石庵碑記	8619/8620/8621/8622
3209	1719	永盛十五年	田池祀事/忌臘碑記	8670/8671/8672/8673
3210	1719	永盛十五年	重修☒橋碑記	8959
3211	1719	永盛十五年	後神碑記/億年配享	9147/9148
3212	1719	永盛十五年	留傳碑記	10078
3213	1719	永盛十五年	造烊/鑄洪/鐘福/慶寺	10352/10353/10345/10355
3214	1719	永盛十五年	華津寺/造碑記	10638/10639
3215	1719	永盛十五年	婆顏寺碑記/興功構作鐵燈壹株	10756/10757
3216	1719	永盛十五年	無題	10987/10988/10989/10990/10991
3217	1719	永盛十五年	靈光寺/天臺柱/一興功/一功德	11215/11216/11217/11218
3218	1719	永盛十五年	奉祀後神/創立碑記	11619/11620/11621/11622

七 後黎朝中興期碑銘目錄（1533—1789）

續表

序號	公元紀年	年號	標題	編號
3219	1719	永盛十五年	始造玉皇/木像碑記	11744/11745
3220	1719	永盛十五年	本社斯文/創造祠址/并置祭田/立石碑記	11818/11819/11820/11821
3221	1719	永盛十五年	後佛	4154
3222	1719	永盛十五年	吟田市碑	4512/4513
3223	1719	永盛十五年	永傳候佛像碑記	4992
3224	1719	永盛十五年	後神碑	5423/5424
3225	1719	永盛十五年	聖塔寺興功/造作閣鐘碑記	5905/5906
3226	1719	永盛十五年	修造石橋/興功碑記	12110/12111
3227	1719	永盛十五年	仁裏社篩村善仕/重修延福寺碑記	12274/12275
3228	1719	永盛十五年	新造迪明寺後堂碑/興功并功德姓名記	12489/12490/12491/12492
3229	1719	永盛十五年	重修前堂碑記	14372/14373
3230	1719	永盛十五年	興功石板棣都處碑記	14590
3231	1719	永盛十五年	聖塔寺興功/造作閣鐘碑記	14925/14926
3232	1719	永盛十五年	流傳萬代	4761/4762
3233	1719	永盛十五年	本村后佛像優婆貽譚氏■號妙果碑記	7453/7454
3234	1720	永盛十六年	後伕碑記	14235
3235	1720	永盛十六年	仁垂後世勸義尤深/碑記/奉事/生祠	6562/6566/6567/6568
3236	1720	永盛十六年	造作	13677
3237	1720	永盛十六年	歷代鄉解列位先生/雲集村儒先碑記	2398/2399
3238	1720	永盛十六年	無題	8114
3239	1720	永盛十六年	後伕碑記	5106
3240	1720	永盛十六年	事功集記	20194
3241	1720	永盛十六年	造立崑山寺/奉祀后佛碑	18784/18785
3242	1720	永盛十六年	無題	1621/1622/1623
3243	1720	永盛十六年	後神碑記	3353/3354/3355/3356
3244	1720	永盛十六年	新造像碑記/興功碑記	3685/3686

444　下編　越南碑銘文獻目錄

續表

序號	公元紀年	年號	標題	編號
3245	1720	永盛十六年	奉事/生祠/供田/碑記	6563/6585/6587/6588
3246	1720	永盛十六年	天/臺/一/柱	6972/6973/6974/6975
3247	1720	永盛十六年	後佽碑記	7294/7295/7296
3248	1720	永盛十六年	後佛碑記	7297/7298
3249	1720	永盛十六年	奉事後神碑記/奉事後神儀節	8036/8037
3250	1720	永盛十六年	浮灵寺	10044/10045
3251	1720	永盛十六年	慶寺/興功/石柱/祝臺	10983/10984/10985/10986
3252	1720	永盛十六年	扶普光寺/寺石碑記	11571/11572
3253	1720	永盛十六年	始造木像/三世碑記	11746/11747
3254	1720	永盛十六年	修建/光明/寺天/臺記	11755/11756/11757/11758
3255	1720	永盛十六年	求□寺造碑紀/後佽田供三宝	5058/5059
3256	1720	永盛十六年	棶□禪寺/後佽碑記	5060/5061
3257	1720	永盛十六年	碑記	5100/5101/5102
3258	1720	永盛十六年	重修榎橋碑記/恭敬石碑	12018/12019
3259	1720	永盛十六年	造立前堂/祀宇碑記	12200/12201
3260	1720	永盛十六年	本社/叁村/後神/碑記	13229/13230/13231/13232
3261	1720	永盛十六年	蔡婦阮氏治產致富敘事碑記	13376/13377/13378/13379
3262	1720	永盛十六年	後佛碑記	13670/13671/13672/13673/13674
3263	1720	永盛十六年	神跡亭碑	13860
3264	1720	永盛十六年	後佽碑記	14235
3265	1720	永盛十六年	靈匡/寺/造/天臺	14981/14982/14983/14984
3266	1720	保泰元年	顯光寺碑/一信施	2527/2528
3267	1720	保泰元年	候神碑記	19662/19663
3268	1720	保泰元年	石階碑敘	18454
3269	1720	保泰元年	後神碑記	615
3270	1720	保泰元年	後神碑記	1552/1553/1554/1555
3271	1720	保泰元年	碑記	6306
3272	1720	保泰元年	興功上殿碑記/樹傳孫子福綿	7437/7438

七　後黎朝中興期碑銘目錄（1533—1789）　445

續表

序號	公元紀年	年號	標題	編號
3273	1720	保泰元年	本總斯文/先賢碑記	7505/7506
3274	1720	保泰元年	一興功修造新/閣鐘/佛像福寧寺石/碑記	7725/7726/7744/7745
3275	1720	保泰元年	無題	9554/9555/9556/9557
3276	1720	保泰元年	一修造靈/寺碑記流	9708/9709
3277	1720	保泰元年	流傳萬代	10064
3278	1720	保泰元年	創立伽/椁禪寺/上殿燒/香碑記	11876/11877/11878/11879
3279	1721	保泰二年	領竜市處記/立碑敬先賢	20969/20970
3280	1721	保泰二年	斯文各序記	18597
3281	1721	保泰二年	後神碑記/全社	10745/10746
3282	1721	保泰二年	天福碑記	1153/1154
3283	1721	保泰二年	社稷安豐/天下太平/國家長久	20866/20867/20868
3284	1721	保泰二年	恢造重修佛祖崑山資福寺/十方功德	18786/18787
3285	1721	保泰二年	後神馮肱碑記	1010
3286	1721	保泰二年	永盛十四年戊戌科進士題名記	1301
3287	1721	保泰二年	香/臺/石/柱	2064/2065/2209/2212
3288	1721	保泰二年	興功/創造/祝香/臺記	3695/3700/3701/3702
3289	1721	保泰二年	壺天寺後仸碑記	6407
3290	1721	保泰二年	後仸碑記	7637
3291	1721	保泰二年	無題	7701/7702/7705/7706
3292	1721	保泰二年	范相公碑誌	7764/7766/7767
3293	1721	保泰二年	天柱靈福寺/候神候佛碑	8289/8290/8291/8292
3294	1721	保泰二年	無題	8306/8307
3295	1721	保泰二年	無題	8308/8309
3296	1721	保泰二年	後神石碑祀	8595/8596
3297	1721	保泰二年	茂林郎承華殿少卿黎令公後神碑記	9111/9112/9113/9114
3298	1721	保泰二年	後神碑記/後佛碑記	9577/9578

446　下編　越南碑銘文献目錄

續表

序號	公元紀年	年號	標題	編號
3299	1721	保泰二年	領竜市處記/立碑敬先賢	9926/9927
3300	1721	保泰二年	重修古者寺/敬事薦/創立功德碑/寄薦事	10519/10520/10521/10522
3301	1721	保泰二年	後神石碑	10976/10977/10978/10979
3302	1721	保泰二年	啟建大會栱錢碑/三寶證明/諸佛降幅/南無長壽王菩薩	11034/11035/11036/11037
3303	1721	保泰二年	本社/後佛碑記/後神碑記	11450/11451/11452/11453
3304	1721	保泰二年	靈寶寺	11792
3305	1721	保泰二年	始造叁關/重修碑記	11822/11823
3306	1721	保泰二年	重修本縣祠宇碑敘	4601/4602/4603/4604
3307	1721	保泰二年	興功石橋/始造石碑	4767/4768
3308	1721	保泰二年	候佛碑記/寶光寺記	4967/4968
3309	1721	保泰二年	後佛碑	4993
3310	1721	保泰二年	後祀碑記	5292
3311	1721	保泰二年	無題	5393/5394
3312	1721	保泰二年	無題	5439
3313	1721	保泰二年	無題	5441
3314	1721	保泰二年	無題	5442/5443
3315	1721	保泰二年	石位候佛	5449/5450
3316	1721	保泰二年	無題	5451/5452
3317	1721	保泰二年	修里石路碑	5953
3318	1721	保泰二年	茶山禪寺/功德碑記	12036/12037
3319	1721	保泰二年	祥雲禪寺	12062/12063
3320	1721	保泰二年	創立祠宇碑記	12215/12216
3321	1721	保泰二年	無題	12327/12328
3322	1721	保泰二年	太平寺石碑	12621
3323	1721	保泰二年	上答社/推保/神後立碑記	12627/12628/12629/12630
3324	1721	保泰二年	古跡頭/栱處新/造石橋/立碑記	12741/12742/12743/12744
3325	1721	保泰二年	候神碑記	13125

七　後黎朝中興期碑銘目錄（1533—1789）　447

續表

序號	公元紀年	年號	標題	編號
3326	1721	保泰二年	後神碑記	13145/13146
3327	1721	保泰二年	後神碑記/本村奉事	13872/13873
3328	1722	保泰三年	候佛碑記/流傳萬代	9605/9606
3329	1722	保泰三年	無題	20383
3330	1722	保泰三年	後神碑記	20607/20608/20609/20610
3331	1722	保泰三年	後神碑記	19846/19847/19848/19849
3332	1722	保泰三年	枯橋碑記	18147
3333	1722	保泰三年	興慶寺閣鐘後房/三關三府館碑	678/679
3334	1722	保泰三年	修造神祠碑/外宇石堦碑	733/2224
3335	1722	保泰三年	後佛碑記	1593/1594
3336	1722	保泰三年	后伕/碑/記	1599/1600/1601/1602
3337	1722	保泰三年	興福寺/修造石碑	2048/2049
3338	1722	保泰三年	興福寺/修造石碑	2056/2057
3339	1722	保泰三年	伽禮/禪寺/天臺/壹柱	3314/3315/3316/3317
3340	1722	保泰三年	無題	3605/3606/3607
3341	1722	保泰三年	清陀禪寺/石/柱	6077/6078/6079
3342	1722	保泰三年	無題◆	6412/6413/6414/6415
3343	1722	保泰三年	候佛創記	7786/7803
3344	1722	保泰三年	天地/安排古跡名/藍修/理靈光寺碑	7817/7818/7842/7843
3345	1722	保泰三年	後伕碑記	8321
3346	1722	保泰三年	天/臺/石/柱	9183/9184/9185/9186
3347	1722	保泰三年	候佛碑記/流傳萬代	9599/9600
3348	1722	保泰三年	候佛碑記/流傳萬代	9605/9606
3349	1722	保泰三年	歲次壬寅年立端保	9791
3350	1722	保泰三年	無題	5395/5396
3351	1722	保泰三年	無題	5444/5445
3352	1722	保泰三年	無題	5446/5447
3353	1722	保泰三年	後伕碑記	5715
3354	1722	保泰三年	后賢神/修造/石碑/傳記	14180/14181/14182/14183

448　下編　越南碑銘文獻目錄

續表

序號	公元紀年	年號	標題	編號
3355	1722	保泰三年	興功/天臺/靈山/寺記	14773
3356	1722	保泰三年	興功構作姓名/功德/功德/功德/功德	15247/15248/15249/15250/15251/15252
3357	1722	保泰三年	青廚寺記/興功構作/同資功德/功德	15306/15307/15308/15309/15310/15311
3358	1722	保泰三年	無題	1584
3359	1723	保泰四年	後神碑記	3120
3360	1723	保泰四年	本會斯文碑傳/遞年春節就祭/右面武秩英豪/左面文階俊秀	7112/7113/7114/7115
3361	1723	保泰四年	保置候神/神碑記	20505/20506
3362	1723	保泰四年	密多禪寺碑記（南岸寺碑文）	17321
3363	1723	保泰四年	無題	876
3364	1723	保泰四年	後佛像/後伕碑銘記	1582/1583
3365	1723	保泰四年	後佛碑記	1589/1590/1591
3366	1723	保泰四年	報德碑	2067/2068/2069/2070
3367	1723	保泰四年	本會斯文碑傳/右面武秩英豪/左面文階俊秀/遞年春節就祭	2156/2157/2158/2159
3368	1723	保泰四年	候神碑	3017/3018/3019/3020
3369	1723	保泰四年	後佛碑記/許田忌日	3450/3451
3370	1723	保泰四年	修後佛碑記	3598/3599/3600/3601
3371	1723	保泰四年	無題	6084/6085/6086/6087
3372	1723	保泰四年	無題	6307/6308/6309/6310
3373	1723	保泰四年	腹竜/寺/石碑/記	6725/6726/6727/6728
3374	1723	保泰四年	壹興功再造古跡永/庵寺上殿/燒香前堂鐘閣璧墻/等座碑記	7929/7930/7988/7989
3375	1723	保泰四年	創造祠址石碑	8155/8156
3376	1723	保泰四年	造後神碑/本村據依/萬古不移	8164/8165/8166
3377	1723	保泰四年	構作石香壹篆	8180/8181/8182/8183
3378	1723	保泰四年	龍肝寺磐	9523
3379	1723	保泰四年	後神碑記	9609/9610/9611/9612

七 後黎朝中興期碑銘目錄（1533—1789） 449

續表

序號	公元紀年	年號	標題	編號
3380	1723	保泰四年	慶龍寺/后佛碑記	10029/10030
3381	1723	保泰四年	無題	10066
3382	1723	保泰四年	南彥寺碑文	10252/10253
3383	1723	保泰四年	福靈寺	10468/10469/10470/10471
3384	1723	保泰四年	修造五老碑記	10717/10718
3385	1723	保泰四年	無題	10927/10928/10929/10930
3386	1723	保泰四年	後神碑記/後神	10931/10932/10933
3387	1723	保泰四年	候佛碑	10934/10935/10936
3388	1723	保泰四年	奉仸文/斗社	10940/10941
3389	1723	保泰四年	奉佛文斗社靈桐寺碑記	10942/10943/10944
3390	1723	保泰四年	寺院立石/南無阿彌陀佛	10945/10946
3391	1723	保泰四年	修造/創立/景靈寺/碑記	11893/11894/11895/11896
3392	1723	保泰四年	本社保爲後/神留傳碑記	4467/4468
3393	1723	保泰四年	候佛碑記	4966
3394	1723	保泰四年	立祠宇碑記	4983
3395	1723	保泰四年	無題	5298
3396	1723	保泰四年	候佛碑	5389/5390/5391/5392
3397	1723	保泰四年	安快禪寺碑記/後佛碑記	5521/5522
3398	1723	保泰四年	後仸碑記	5713
3399	1723	保泰四年	無題	12514/12515/12516/12517
3400	1723	保泰四年	後神碑記	12694/12695
3401	1723	保泰四年	范公後	12944/12945
3402	1723	保泰四年	候佛碑記	13894
3403	1723	保泰四年	興崇仸法	14948
3404	1723	保泰四年	東文廟碑記/東文廟碑記	15809/15810
3405	1723	保泰四年	無題	8253/8254/8255/8256
3406	1724	保泰五年	後神後佛/碑記/新造◆	17157/17158/17159/17160

450　下編　越南碑銘文獻目錄

續表

序號	公元紀年	年號	標題	編號
3407	1724	保泰五年	無題	1045
3408	1724	保泰五年	▨澤社/作新亭/垂萬代/造碑記	19768/19769/19770/19771
3409	1724	保泰五年	無題	5641/5642
3410	1724	保泰五年	延福寺/忌田碑記	18565/18566
3411	1724	保泰五年	無題	17457
3412	1724	保泰五年	新造	17159
3413	1724	保泰五年	保泰貳年辛丑科進士題名記	1379
3414	1724	保泰五年	後佛碑記/林楊觀寺	1876/1877
3415	1724	保泰五年	光/好/禪/寺	6069/6070/6071/6072
3416	1724	保泰五年	斯文碑記/甲辰年立	6372/6373/6374/6375
3417	1724	保泰五年	後佛碑記	6512/6513
3418	1724	保泰五年	後佛碑記	6514/6515/6516/6517
3419	1724	保泰五年	德馨山仰祠碑記	7042/7043/7044
3420	1724	保泰五年	后神碑記	7213/7214
3421	1724	保泰五年	後佛碑記	8275
3422	1724	保泰五年	後神碑記	8350
3423	1724	保泰五年	後神碑記	8952/8953
3424	1724	保泰五年	候佛碑記	9833/9834
3425	1724	保泰五年	后佛碑記	9924/9925
3426	1724	保泰五年	全社富盛	10012
3427	1724	保泰五年	後佛碑記	10273
3428	1724	保泰五年	後佛碑記	10807
3429	1724	保泰五年	後佛碑	11008/11009
3430	1724	保泰五年	本社置立/後神碑記	11275/11276
3431	1724	保泰五年	建立石陛三世/蓮花碑記	11573/11574
3432	1724	保泰五年	先興功創建金德寺碑記	11968
3433	1724	保泰五年	後伕石碑記	5056/5057
3434	1724	保泰五年	后佛碑	5081/5082
3435	1724	保泰五年	斯文祠址碑	5794/5795/5796/5797

七　後黎朝中興期碑銘目錄（1533—1789）　451

續表

序號	公元紀年	年號	標題	編號
3436	1724	保泰五年	皇朝壽萬萬歲/後神碑記	12802/12803
3437	1724	保泰五年	後神碑記	13185/13186/13187/13188
3438	1724	保泰五年	大同寺/興功/功德/石香柱	14536/14537/14538/14539
3439	1724	保泰五年	潭碑/開造/石橋	14574
3440	1724	保泰五年	三島靈山/西天禪寺/十方會主/立石碑記	14750/14751/14752/14753
3441	1724	保泰五年	永祥社記/后佛神碑	15968/15969
3442	1725	保泰六年	後忌碑記	16567/16568/16569/16570
3443	1725	保泰六年	後佛大悲寺/田井立碑記◆	1649/1650/1651/1652
3444	1725	保泰六年	後神碑記	19670/19671
3445	1725	保泰六年	天臺/崇敬/大禪/寺記	18172/18173/18174/18175
3446	1725	保泰六年	後忌碑記	16569/16570
3447	1725	保泰六年	無題	2646/2647/2648/2649
3448	1725	保泰六年	闍黎寺後佛碑記	3459
3449	1725	保泰六年	無題	3668/3669
3450	1725	保泰六年	立像碑記	3828
3451	1725	保泰六年	立像碑記	3829
3452	1725	保泰六年	立像碑記	3858
3453	1725	保泰六年	無題	3863/3864
3454	1725	保泰六年	寶山禪寺碑記/修造興功集福	6488/6489
3455	1725	保泰六年	無題	6654/6655
3456	1725	保泰六年	無題	6674/6675/6676/6677
3457	1725	保泰六年	佛	6819/6820
3458	1725	保泰六年	樹慶流苗裔碑	7434
3459	1725	保泰六年	無題	7994
3460	1725	保泰六年	古跡普光寺/興功閣鐘碑	8058/8059
3461	1725	保泰六年	重興報恩寺碑記/本社姓名/檀那信供/供田三寶	8134/8135/8136/8137
3462	1725	保泰六年	石黎梁碑/本腰廟	8161/8162

續表

序號	公元紀年	年號	標題	編號
3463	1725	保泰六年	天/臺/石/柱	9195/9196/9197/9198
3464	1725	保泰六年	後佛碑記	9428/9429
3465	1725	保泰六年	後佛碑	9430/9431
3466	1725	保泰六年	後佛碑記	9883/9884
3467	1725	保泰六年	无題	10093/10094
3468	1725	保泰六年	後伕碑記	10153/10154
3469	1725	保泰六年	後佛/碑/記	10809/10810/10811/10812
3470	1725	保泰六年	祖竜山蓮池寺/祖師碑記/留傳/萬代	10857/10858/10859/10860
3471	1725	保泰六年	天臺宝株	11072/11073/11074/11075
3472	1725	保泰六年	壽康全寺	11076/11077/11078/11079
3473	1725	保泰六年	後佛碑記	11118/11119
3474	1725	保泰六年	立端碑記/供田	11124/11125/11126
3475	1725	保泰六年	無題	11127/11128/11129
3476	1725	保泰六年	靈渡寺/右碑記	11175/11176/11177/11178
3477	1725	保泰六年	造佛種松碑/留傳萬代	11267/11268
3478	1725	保泰六年	修造豪舍橋碑記/功德	11439/11440
3479	1725	保泰六年	修造上殿/石碏碑記	11540/11541/11542/11543
3480	1725	保泰六年	夏永橋碑記/功德	11748/11749
3481	1725	保泰六年	後伕碑記/本社記	5714a/5714b
3482	1725	保泰六年	竺林山勝福寺/創造碑記	12026/12027
3483	1725	保泰六年	嚴光寺/後伕碑記	12970/12971
3484	1725	保泰六年	無題	12972/12973
3485	1725	保泰六年	後神碑記	13126
3486	1725	保泰六年	後神碑記	13354/13355
3487	1725	保泰六年	無題	13388/13389/13390
3488	1725	保泰六年	天蘭/禪寺/香臺/石柱	15520/15521/15522/15523
3489	1725	保泰六年	無題	3064
3490	1726	保泰七年	後神碑記	13131/13132
3491	1726	保泰七年	乾尼山香靈寺碑銘	20957
3492	1726	保泰七年	後神碑記	20318/20319

七　後黎朝中興期碑銘目錄（1533—1789）

續表

序號	公元紀年	年號	標題	編號
3493	1726	保泰七年	慈航/寺記/烊鑄/洪鐘	18236/18237/18238/18239
3494	1726	保泰七年	無題	16577
3495	1726	保泰七年	無題	17458
3496	1726	保泰七年	無題	16832
3497	1726	保泰七年	興山寺碑記	17983
3498	1726	保泰七年	保泰五年甲辰科進士題名記	1304
3499	1726	保泰七年	古汭橋碑記/福履永磐綏	1638/1639/1640/1641
3500	1726	保泰七年	無題	2066
3501	1726	保泰七年	報恩碑記/重修佛後/萬代/流傳	2071/2072/2073/2074
3502	1726	保泰七年	天臺柱記	2213/2214/2215/2369
3503	1726	保泰七年	立生後神碑	3213
3504	1726	保泰七年	南無阿彌陀伕	3232
3505	1726	保泰七年	石碑屹立式表榮觀	3593
3506	1726	保泰七年	候神碑記	3847
3507	1726	保泰七年	重修福嚴寺碑/永福事例/功德萬年/許田奉事	7011/7012/7013/7014
3508	1726	保泰七年	候佛碑記	7776/7777/7799/7800
3509	1726	保泰七年	永慶/禪寺/洪鐘/造鑄	8224/8225/8226/8227
3510	1726	保泰七年	無題	8349
3511	1726	保泰七年	無題	8497
3512	1726	保泰七年	一興功橋/停處碑記	8666/8667
3513	1726	保泰七年	青梅寺/後伕碑	9424/9425/9426/9427
3514	1726	保泰七年	重感奉事券文/儀節祭文/加惠奉祀碑記/增許惠田	9669/9670/9671/9672
3515	1726	保泰七年	後神碑記	4393
3516	1726	保泰七年	留恩遺愛之碑	5538/5539/5540/5541
3517	1726	保泰七年	修造安丁禪寺碑記	12574/12575
3518	1726	保泰七年	創造上殿前堂/佛像完成碑記	12576/12577/12578
3519	1726	保泰七年	無題	12785/12786

454 下編 越南碑銘文獻目錄

續表

序號	公元紀年	年號	標題	編號
3520	1726	保泰七年	後佛碑記/嚴光寺	12975/12976
3521	1726	保泰七年	古同/寺記/造立/天臺	14760
3522	1726	保泰七年	聖隆禪寺/造像碑記	14802/14803
3523	1727	保泰八年	靈光寺碑	18205
3524	1727	保泰八年	無題	4335/4338
3525	1727	保泰八年	重修花林寺碑記	12567/12568
3526	1727	保泰八年	光恩石柱石橋/石館碑記	879/880
3527	1727	保泰八年	候佛碑記	1431/1432
3528	1727	保泰八年	后佛碑記/流傳萬代	2343/2344
3529	1727	保泰八年	后神碑記/流傳萬代	2471/2472
3530	1727	保泰八年	無題	3223/3224/3225
3531	1727	保泰八年	闍黎寺後佛碑記	3460
3532	1727	保泰八年	闍梨寺後佛碑記	3469/3488
3533	1727	保泰八年	月老寺後伕碑記	3490
3534	1727	保泰八年	月老寺後伕碑記	3491
3535	1727	保泰八年	興功/婆柳寺/香臺/壹住	3696/3697/3698/3699
3536	1727	保泰八年	後佛碑記/行惠之碑	6138/6143
3537	1727	保泰八年	靈沼社碑記	6736
3538	1727	保泰八年	創立先賢廟/造作石碑記	8310/8311/8312/8313
3539	1727	保泰八年	供養碑記	8552/8553
3540	1727	保泰八年	本村奉事/後神碑記	8604/8605/8606/8607
3541	1727	保泰八年	後神碑記	9330/9331
3542	1727	保泰八年	後神碑記	9517/9518
3543	1727	保泰八年	燈臺/石柱/后事/碑記	9661/9662/9663/9664
3544	1727	保泰八年	後佛碑記	9703
3545	1727	保泰八年	慶/隆/寺/鐘	10031/10032/10033/10034
3546	1727	保泰八年	後神碑記/共立奉事	10692/10693
3547	1727	保泰八年	先人後神碑記/當代後神碑記	10896/10897/10898/10899
3548	1727	保泰八年	無題	11135/11136/11137

七　後黎朝中興期碑銘目錄（1533—1789）

續表

序號	公元紀年	年號	標題	編號
3549	1727	保泰八年	後伕二位	11141/11142
3550	1727	保泰八年	後神碑記/永享流傳	11472/11473/11474
3551	1727	保泰八年	後神碑記	11495/11496/11497
3552	1727	保泰八年	後神/碑記	4630/4631/4632/4633
3553	1727	保泰八年	大悲寺碑/萬代留傳	4777/4778/4779/4780
3554	1727	保泰八年	後神碑記/萬代留傳	4781/4782/4783/4784
3555	1727	保泰八年	無題	4843
3556	1727	保泰八年	無題	4844
3557	1727	保泰八年	無題	4845/4846
3558	1727	保泰八年	無題	4847
3559	1727	保泰八年	無題	4848
3560	1727	保泰八年	無題	4849
3561	1727	保泰八年	阮家後神碑記	5366/5367
3562	1727	保泰八年	後佛碑記/姑僊寺	5594/5595
3563	1727	保泰八年	興功/新造/敬天/寶臺	5783/5784/5785/5786
3564	1727	保泰八年	重修花林寺碑記	12567/12568
3565	1727	保泰八年	祠宇碑記/叢誠/祭祀	13240/13241/13242
3566	1727	保泰八年	創立祠宇碑記	14630/14631
3567	1728	保泰九年	無題	13129/13130
3568	1728	保泰九年	事跡碑記	20120/20121
3569	1728	保泰九年	本坊端約/鄧公碑記/祭田/奉事	20682/20683/20684/20685
3570	1728	保泰九年	新造石橋刊碑	19586
3571	1728	保泰九年	事跡碑記	1721/1722
3572	1728	保泰九年	後佛碑記	2125/2126
3573	1728	保泰九年	奉事後佛碑記	2978
3574	1728	保泰九年	後神碑記	6729/6730/6731/6732
3575	1728	保泰九年	后佛碑記	7191/7192
3576	1728	保泰九年	下法雲寺碑記	7193/7194
3577	1728	保泰九年	立石碑記	7474
3578	1728	保泰九年	後神碑記/本社姓名碑記	8487/8488

456 下編　越南碑銘文獻目錄

續表

序號	公元紀年	年號	標題	編號
3579	1728	保泰九年	後神再後佛/碑記/創立	8926/8927/8928
3580	1728	保泰九年	戴德碑記并銘	9203/9204/9205/9206
3581	1728	保泰九年	無題	9284/9285/9286/9287
3582	1728	保泰九年	後/佛/碑/記	9978/9979/9980/9981
3583	1728	保泰九年	候仸碑/後仸碑記	10366/10367
3584	1728	保泰九年	無題	10492
3585	1728	保泰九年	文廟碑	12158/12159/12160/12161
3586	1728	保泰九年	仙會社/東土寺/原古跡/石碑記	14451
3587	1728	保泰九年	置保后神/本社約例/安郎社/立碑文	15655
3588	1729	保泰十年	裕恩寺碑記	1075
3589	1729	保泰十年	後佛像	1789/1790/1791/1792
3590	1729	保泰十年	無題	6705/6706
3591	1729	保泰十年	供養/諸仸/天臺/石柱	7219/7220/7221/7222
3592	1729	保泰十年	造作/石柱	7223/7224
3593	1729	保泰十年	順文羕珠保/祭祀歷代/忌臘碑記/錢田土碑記	8653/8674/8675/8676
3594	1729	保泰十年	無題	9721/9722/9723
3595	1729	保泰十年	後神祀/貽萬世/須敬奉/石碑記	9982/9983/9984/9985
3596	1729	保泰十年	五老碑記	10709/10710/10711/10712
3597	1729	保泰十年	奉事後/神碑/全村/共記	10737/10738/10739/10740
3598	1729	保泰十年	修建琉慶寺碑/佛寺/碑記/完器用諸條	11801/11802/11803/11804
3599	1729	保泰十年	興功案前記/石碑福來聞	5411/5412
3600	1729	保泰十年	敕賜	5703/5704
3601	1729	保泰十年	後仸碑記	5720/5721
3602	1729	保泰十年	無題	13215/13216/13217/13218
3603	1729	保泰十年	敕賜	13437
3604	1729	保泰十年	立石亭碑	15421

七 後黎朝中興期碑銘目錄（1533—1789） 457

續表

序號	公元紀年	年號	標題	編號
3605	1729	保泰十年	裕恩寺碑記	1074/1075
3606	1729	永慶元年	造後神碑/本社保文	11683/11684
3607	1729	永慶元年	無題	5413/5414
3608	1729	永慶元年	後神碑記	19699/19700
3609	1729	永慶元年	天/臺/壹/柱	20306/20307/20308/20309
3610	1729	永慶元年	後佛石碑傳	7054/7055
3611	1729	永慶元年	無題	4812/4817/4818/4819
3612	1729	永慶元年	後事碑記	4813/4814/4815/4816
3613	1729	永慶元年	造立後神	19504/19505/19506
3614	1729	永慶元年	無題	17476/17478/17479
3615	1729	永慶元年	唱籌碑記	1066/1068
3616	1729	永慶元年	後神碑記	2138
3617	1729	永慶元年	萬代從祀	3263/3264/3265
3618	1729	永慶元年	廣恩寺碑記	6380/6381/6382/6383
3619	1729	永慶元年	創修鄭川橋碑	7724/7729/7730
3620	1729	永慶元年	高舍福林碑	7867/7868
3621	1729	永慶元年	興功/造天臺/石柱/雲羅寺	7887/7888/7889/7890
3622	1729	永慶元年	無題	8597/8598/8599/8600
3623	1729	永慶元年	黎朝太學生楊荊先生碑誌	9095/9096/9097/9098
3624	1729	永慶元年	奉事祠堂/尊立后神/碑石作造/留傳萬代	9686/9687/9688/9689
3625	1729	永慶元年	白多寺碑記	10148
3626	1729	永慶元年	後神碑記/奉事萬年	4437/4438/4439/4440
3627	1729	永慶元年	創立/天臺/觀寺	4507/4508/4509
3628	1729	永慶元年	回竜寺興功重造/石階碑記	4689/4690
3629	1729	永慶元年	回龍寺興功	4691/4692
3630	1729	永慶元年	後伕碑記	5260
3631	1729	永慶元年	後神碑文	5318/5319
3632	1729	永慶元年	無題	5357/5358/5359
3633	1729	永慶元年	昌光寺/後伕碑	5503/5504

458　下編　越南碑銘文獻目錄

續表

序號	公元紀年	年號	標題	編號
3634	1729	永慶元年	無題	5591
3635	1729	永慶元年	歸宗塔	11785
3636	1729	永慶元年	無題	12641/12642
3637	1729	永慶元年	無題	12506/12507
3638	1730	永慶二年	后神碑記	20686/20687/20688/20689
3639	1730	永慶二年	貝庵寺後伕碑記	20149
3640	1730	永慶二年	□神碑□	20314/20315
3641	1730	永慶二年	後神碑記	20316/20317
3642	1730	永慶二年	後伕碑記	1020/1021/1022/1023
3643	1730	永慶二年	無題	1221
3644	1730	永慶二年	瓊琳寺記	1606/1607/1608/1609
3645	1730	永慶二年	萬代碑記/創立後事	1643/1644
3646	1730	永慶二年	造後佛碑	1872/1873
3647	1730	永慶二年	石橋碑記	2961
3648	1730	永慶二年	後佛碑記	6130
3649	1730	永慶二年	無題	6638/6639
3650	1730	永慶二年	無題	7172/7123
3651	1730	永慶二年	興功構作石橋/興旺富貴壽康寧/兼全	7430/7431/7432/7433
3652	1730	永慶二年	無題	7539/7540
3653	1730	永慶二年	后伕碑記	7575/7576/7577/7578/7579/7580/7581/7582/7583
3654	1730	永慶二年	重修翊安橋碑/一興功會主	7821/7822
3655	1730	永慶二年	無題	7827
3656	1730	永慶二年	一興功新造/石橋立碑記	7828/7829
3657	1730	永慶二年	構作祠宇碑	8062/8063
3658	1730	永慶二年	奉事後神石碑	8158
3659	1730	永慶二年	無題	8249/8250/8251/8252
3660	1730	永慶二年	後神/碑記/創立/流傳	9237/9238/9239/9240
3661	1730	永慶二年	清闌寺	10381/10382
3662	1730	永慶二年	後伕碑記	10854/10855/10856

七　後黎朝中興期碑銘目錄（1533—1789）　459

續表

序號	公元紀年	年號	標題	編號
3663	1730	永慶二年	本社斯文繼立碑記	11255
3664	1730	永慶二年	創立/後佛/碑記	11565/11566/11567/11568
3665	1730	永慶二年	創立祠宇碑記/流傳萬代	11651/11652
3666	1730	永慶二年	當世父子並登科/奉祀祖考碑	11849/11850
3667	1730	永慶二年	後神碑記	4039/4040
3668	1730	永慶二年	後神碑記	4241/4242
3669	1730	永慶二年	創立祠宇碑記	4529
3670	1730	永慶二年	大悲寺沛上亭	4556/4557
3671	1730	永慶二年	前後神碑	5329
3672	1730	永慶二年	無題	5590
3673	1730	永慶二年	新造碑文/事例等節/後神碑記/有錢姓氏	12921/12922/12923/12924
3674	1730	永慶二年	慶靈寺/興功/天臺柱	13210/13211/13212
3675	1730	永慶二年	本社文惠碑誌	13791/13792/13793/13794
3676	1731	永慶三年	奉祀後神碑/後碑姓名記	7731/7734
3677	1731	永慶三年	造石碑記	8314/8315
3678	1731	永慶三年	後佛碑記	17807/17808
3679	1731	永慶三年	香火石碣記/墓誌	16700/16701 16702/16703
3680	1731	永慶三年	報恩記/後佛碑/萬代流傳	2075/2076/2077/2078
3681	1731	永慶三年	尚書瓊郡公碑	2842/2843/2844/2845
3682	1731	永慶三年	構作殿堂碑記/薦後碑記	3164/3165
3683	1731	永慶三年	興功新造	3901/3902
3684	1731	永慶三年	後伕碑記	6463/6464/6465
3685	1731	永慶三年	後佛碑記	7290
3686	1731	永慶三年	後神碑記	7346/7347
3687	1731	永慶三年	無題	7467/7468
3688	1731	永慶三年	後神碑記/後碑姓名記	7735/7736
3689	1731	永慶三年	無題	8163
3690	1731	永慶三年	無題	8781/8782/8783

460　下編　越南碑銘文獻目錄

續表

序號	公元紀年	年號	標題	編號
3691	1731	永慶三年	後神/祀事	8890/8891/8892/8893
3692	1731	永慶三年	後佛碑記/流傳萬代	9230/9231
3693	1731	永慶三年	椿/儀/寺/記	9472/9473/9474/9475
3694	1731	永慶三年	興覺寺記	10364/10365
3695	1731	永慶三年	興覺寺記/候佽立碑	10368/10369
3696	1731	永慶三年	興覺寺銘/立像後佽記	10370/10371
3697	1731	永慶三年	碑在那谷山興覺寺/候佽碑	10372/10373
3698	1731	永慶三年	先賢碑記	10954/10955
3699	1731	永慶三年	興功修造佛像各座/興慶寺連立石碑記	11032/11033
3700	1731	永慶三年	後神碑記	4230
3701	1731	永慶三年	雲龍寺碑記	4299/4300
3702	1731	永慶三年	立後神碑記	5130
3703	1731	永慶三年	後佛	5249/5250/5251
3704	1731	永慶三年	後佽碑記	5252/5253
3705	1731	永慶三年	青林曼汭增葺本寺/刻立石碑重修垂後	12193/12194/12195
3706	1731	永慶三年	后神碑記	12333/12334/12335/12336
3707	1731	永慶三年	無題	12370/12371/12372/12373
3708	1731	永慶三年	南無阿彌陀佛/賢後碑記	12570/12571/12572/12573
3709	1731	永慶三年	後佛碑記/流傳萬代	12980/12981
3710	1731	永慶三年	皇朝萬歲/後神碑記	12987/12988
3711	1731	永慶三年	侯神碑	13183/13184
3712	1731	永慶三年	崇寧寺立碑記	13959/13960
3713	1731	永慶三年	姓鐠造會先寺/圓成功德碑記	14482
3714	1731	永慶三年	無題	15671
3715	1732	永慶四年	萬世約文	12513
3716	1732	永慶四年	瑤珖寺石碑	18464
3717	1732	永慶四年	南無阿彌陀佛/記事記	17322/17323
3718	1732	永慶四年	無題	1470

七　後黎朝中興期碑銘目錄（1533—1789）　461

續表

序號	公元紀年	年號	標題	編號
3719	1732	永慶四年	創立石橋碑記	2221
3720	1732	永慶四年	無題	6091/6092/6093/6094
3721	1732	永慶四年	無題	6693/6694
3722	1732	永慶四年	靈沼社亭碑記/造亭事神碑記	6709/6710
3723	1732	永慶四年	奉事後伕碑記	7477
3724	1732	永慶四年	奉事/後伕/碑記	7480/7481/7482/7483
3725	1732	永慶四年	無題	7535/7536/7537/7538
3726	1732	永慶四年	無題	7825/7826
3727	1732	永慶四年	無題	8233/8234/8235/8236
3728	1732	永慶四年	無題	8765/8767
3729	1732	永慶四年	興功/宝慶寺/作行廊	10587/10588/10589/10590
3730	1732	永慶四年	後神碑記/本社立端	11152/11153/11154/11155
3731	1732	永慶四年	皇朝壽萬年增/新造行廊碑記	11550/11551/11552/11553
3732	1732	永慶四年	立例俗碑記/立祭田碑記	4684/4685
3733	1732	永慶四年	大悲寺祖師宝塔記	12582/12583/12584
3734	1732	永慶四年	無題	13462
3735	1732	龍德元年	無題	7406
3736	1732	龍德元年	興福禪寺功德碑記	16572
3737	1732	龍德元年	後神碑記	18206
3738	1732	龍德元年	辛亥科進士題名記	1307
3739	1732	龍德元年	安清寺記/造後佛像碑	1815/1817/1818/1820
3740	1732	龍德元年	無題	3098
3741	1732	龍德元年	後神碑	3373/3374
3742	1732	龍德元年	崇真禪寺碑記/十方諸伕作大證明	7366/7367
3743	1732	龍德元年	無題	7780/7798
3744	1732	龍德元年	后神碑刊	7905/7906/7907/7908
3745	1732	龍德元年	無題	8175/8178/8179
3746	1732	龍德元年	福生寺碑	8410

462　下編　越南碑銘文獻目錄

續表

序號	公元紀年	年號	標題	編號
3747	1732	龍德元年	羅貴侯永惠碑/錦川社事例記	8812/8813/8814/8815
3748	1732	龍德元年	后佛/碑記	10169/10170/10171/10172
3749	1732	龍德元年	無題	11138/11139/11140
3750	1732	龍德元年	後神碑記/本社立端	11166/11167
3751	1732	龍德元年	修建廣達社/三寶度/德碑記/買田施田功	11889/11890/11891/11892
3752	1732	龍德元年	后神碑記	4278/4279/4280
3753	1732	龍德元年	候神記/後佛碑記	4680/4681/4682
3754	1732	龍德元年	造碑記	5745
3755	1732	龍德元年	後佛碑記	5748
3756	1732	龍德元年	無題	12861/12862/12863/12864
3757	1732	龍德元年	會主功德信施	13087/13088
3758	1733	龍德二年	後神碑記	5028/5029/5030/5031
3759	1733	龍德二年	後佛碑記/萬世永傳	2999/3000/3001/3002
3760	1733	龍德二年	候佛碑記	19654/19655/19656/19657
3761	1733	龍德二年	後佛碑記	20043
3762	1733	龍德二年	祠宇碑記	17573/17574/17575/17576
3763	1733	龍德二年	後佛碑記	551
3764	1733	龍德二年	普光寺後/伕碑記	887/889
3765	1733	龍德二年	保泰八年丁未科進士題名記	1377
3766	1733	龍德二年	賴安社社村長義祀碑記	1501/1502/1503
3767	1733	龍德二年	造後佛碑/造後佛象	1812/1813/1814/1819
3768	1733	龍德二年	重修法雲寺碑記	2340/2341/2342
3769	1733	龍德二年	寶信碑記/流傳萬代	2464/2465
3770	1733	龍德二年	扶寧社奉事後佛碑記	2467/2468
3771	1733	龍德二年	奉事後神碑記	2470/2484
3772	1733	龍德二年	無題	2616
3773	1733	龍德二年	後神碑記	3260
3774	1733	龍德二年	本社保/後佛碑	3559/3560/3561/3562
3775	1733	龍德二年	條例本甲石記	3955/3960

七　後黎朝中興期碑銘目錄（1533—1789）　463

續表

序號	公元紀年	年號	標題	編號
3776	1733	龍德二年	修造祠宇碑記/修造先賢碑記	6340/6341
3777	1733	龍德二年	後佛碑記	6404
3778	1733	龍德二年	本社祠址碑記/本社斯文姓名	7149/7150
3779	1733	龍德二年	新造像押/石房□等所福/靈寺	7415/7416/7417
3780	1733	龍德二年	黃梅寺/後伕碑記	7707/7708
3781	1733	龍德二年	福慶寺古跡/興功造像碑	7966/7967
3782	1733	龍德二年	后神碑記	8172/8173/8174
3783	1733	龍德二年	無題	8305
3784	1733	龍德二年	後佛碑記	9483/9484/9485/9486
3785	1733	龍德二年	田碑記	9520
3786	1733	龍德二年	古跡名藍/修理/礼山寺石/碑記	10834/10835/10836/10837
3787	1733	龍德二年	碑字端詞約內/資田願供	11130/11131
3788	1733	龍德二年	造立後神碑記	11257/11258
3789	1733	龍德二年	無題	11352/11353
3790	1733	龍德二年	後伕碑記	11577/11578/11579
3791	1733	龍德二年	本村保置	11658/11659/11660
3792	1733	龍德二年	後神碑記	4055/4056
3793	1733	龍德二年	無題	4097
3794	1733	龍德二年	奉事後神碑記	4274/4275
3795	1733	龍德二年	後神碑記	4283/4284/4285/4286
3796	1733	龍德二年	橋快碑記/功德信施	4609/4610/4611
3797	1733	龍德二年	後神碑記	5030/5031/5032/5033
3798	1733	龍德二年	後佛碑記	5036/5037/5038/5039
3799	1733	龍德二年	后佛碑記	5040/5041/5042/5043
3800	1733	龍德二年	天竺寺/後佛碑記	5505/5506/5507/5508
3801	1733	龍德二年	爲立後神/後佛同造/并祔爺娘/一石碑記	5956/5957/5958/5959
3802	1733	龍德二年	創立碑記/奉事後神	12137/12138/12139/12150

464　下編　越南碑銘文獻目錄

續表

序號	公元紀年	年號	標題	編號
3803	1733	龍德二年	後神碑記/血食萬世	12259/12260
3804	1733	龍德二年	無題	12415/12416/12417/12418
3805	1733	龍德二年	無題	12424/12425
3806	1733	龍德二年	無題	12518/12519/12520/12521
3807	1733	龍德二年	無題	12526/12527/12528/12529
3808	1733	龍德二年	無題	12660/12661
3809	1733	龍德二年	祠宇碑記	12966/12967
3810	1733	龍德二年	祠宇碑記/祠宇碑銘	13006/13007
3811	1733	龍德二年	後神碑記/流傳萬代	13374/13375
3812	1733	龍德二年	三島山西天寺/重修立石碑記	14761/14762
3813	1733	龍德二年	后伕碑記	1520/1521/1522
3814	1733	龍德二年	鄉老奉祀碑記/鄉老后位	1524/1525
3815	1734	龍德三年	無題◆	15685/15686
3816	1734	龍德三年	后甲碑記	3331/3332
3817	1734	龍德三年	南無阿彌陀佛	2302/2303
3818	1734	龍德三年	石橋碑記	3833/3834/3835/3836
3819	1734	龍德三年	立後神碑記	13053/13054
3820	1734	龍德三年	後神碑記	4273
3821	1734	龍德三年	興聖寺重修/洪造鐘功德/易市/碑記	18524/18525/18526/18527
3822	1734	龍德三年	光平橋碑記	410/411/412/413
3823	1734	龍德三年	光平橋碑記并銘/十方會主碑記	461/462/463/464
3824	1734	龍德三年	後佛碑記	519
3825	1734	龍德三年	竜德二年癸丑科進士題名記	1374
3826	1734	龍德三年	顯靈祠後神碑記/壹社村後佛事例	1452/1453/1454/1455
3827	1734	龍德三年	范公家譜碑記	1456/1457/1458/1459
3828	1734	龍德三年	迥福禪寺碑記/供祀等事例	1471/1472/1473/1474
3829	1734	龍德三年	無題	2308

七　後黎朝中興期碑銘目錄（1533—1789）　465

續表

序號	公元紀年	年號	標題	編號
3830	1734	龍德三年	後佛碑記	2723/2724/2725
3831	1734	龍德三年	無題	3941/3942
3832	1734	龍德三年	壽福神/碑記	6743/6744/6745/6746
3833	1734	龍德三年	壽福神/碑記	6753/6754/6755/6756
3834	1734	龍德三年	興功修造/基石碑記	7635/7636
3835	1734	龍德三年	會主興功/壽寧寺/再修造/碑文記	8026/8027/8028/8029
3836	1734	龍德三年	造立后神石碑記	8149
3837	1734	龍德三年	無題	8296/8297
3838	1734	龍德三年	崇恩寺/後神後佛碑記	8691/8692
3839	1734	龍德三年	羅貴候永惠碑/春瓢社事例記	8806/8807/8808/8809
3840	1734	龍德三年	高靈禪寺/後堂碑記	9172/9173/9174/9175
3841	1734	龍德三年	後佛碑記	9219/9220
3842	1734	龍德三年	後佛碑記	9221/9222
3843	1734	龍德三年	創立/後神/碑記	9226/9227/9228/9229
3844	1734	龍德三年	後/伕/碑/記	9241/9242/9243/9244
3845	1734	龍德三年	後/伕/碑/記	9248/9249/9250/9251
3846	1734	龍德三年	后神碑記	9438
3847	1734	龍德三年	灵/山/寺/鐘	9476/9477/9478/9479
3848	1734	龍德三年	歷代貽傳/後神碑記	9713/9714/9715/9716
3849	1734	龍德三年	後神碑記/永留千古/左達/右通	10385/10386/10387/10388
3850	1734	龍德三年	興靈寺碑記/一興功信施	10544/10545/10546
3851	1734	龍德三年	後佛碑記	10815/10816
3852	1734	龍德三年	天/臺/石/柱	11068/11069/11070/11071
3853	1734	龍德三年	先賢祠址碑記/先賢祠址碑記	11389/11390
3854	1734	龍德三年	修造館橋碑記	11824/11825
3855	1734	龍德三年	香/臺/柱/記	11995/11996/11997/11998
3856	1734	龍德三年	無題	4209/4210
3857	1734	龍德三年	後神碑記/本社保文	4272/4273

續表

序號	公元紀年	年號	標題	編號
3858	1734	龍德三年	文會/興造/祠宇/碑記	4698/4699/4700/4701
3859	1734	龍德三年	后忌碑記	4984
3860	1734	龍德三年	重修波羅寺大功德碑記	5548/5549
3861	1734	龍德三年	普賴山塔記	5612
3862	1734	龍德三年	本總斯文碑記	12090/12091/12092/12093
3863	1734	龍德三年	無題	12344/12345
3864	1734	龍德三年	皇朝萬代/祀先碑記	12846/12847/12848/12849
3865	1734	龍德三年	石橋碑記/襃中社無量村	12936/12937/12938/12939
3866	1734	龍德三年	無題	13302/13303/13304
3867	1734	龍德三年	靈園寺石碑記	13428/13429
3868	1734	龍德三年	堰高石館記/興功會主/興功/功德	13614/13615/13616/13617
3869	1734	龍德三年	興功/石柱	13623/12624/12625
3870	1734	龍德三年	平安福寺洪磬	14113/14114
3871	1734	龍德三年	無題	14481
3872	1734	龍德三年	候佛碑記	15477
3873	1734	龍德三年	興造/祝功/香臺/石柱	15482/15483/15484/15485
3874	1734	龍德三年	興造石橋碑記/同資功德姓名	15497/15498
3875	1734	龍德三年	本縣教坊立端碑記/本社賣籌□錢碑文	15639/15640
3876	1734	龍德三年	修造後佛碑記	3366
3877	1734	龍德三年	造作	5280/5281/5282/5283
3878	1735	龍德四年	後佛碑記	12884/12885/12886
3879	1735	龍德四年	後佛碑記	496/505
3880	1735	龍德四年	造作忌碑記/造作忌碑	1857/1858/1859/1860
3881	1735	龍德四年	後佛碑記	6699
3882	1735	龍德四年	后伕碑記	6986/6987
3883	1735	龍德四年	後神碑記	7598/7599
3884	1735	龍德四年	無題	8668/8669
3885	1735	龍德四年	奉後佛祀/造立碑記	9288/9289

七 後黎朝中興期碑銘目錄（1533—1789） 467

續表

序號	公元紀年	年號	標題	編號
3886	1735	龍德四年	後神碑記	9462/9463
3887	1735	龍德四年	修造寺碑記/信主與功德	11219/11220
3888	1735	龍德四年	立祠宇/所碑記	11868/11869/11870/11871
3889	1735	龍德四年	後神碑記	4166/4167
3890	1735	龍德四年	實錄碑/苗裔碑	4904/4905
3891	1735	龍德四年	世系碑/敬祭碑	4906/4907
3892	1735	龍德四年	後佛碑記/流傳萬代	12445/12446
3893	1735	龍德四年	延福禪寺	12881/12882/12883
3894	1735	龍德四年	後佛碑記	12884/12885/12886
3895	1735	龍德四年	延福禪寺/後佛碑記	12888/12889
3896	1735	龍德四年	延福禪寺/後佛碑記	12890/12891
3897	1735	龍德四年	延福靈寺	12894
3898	1735	龍德四年	皇帝萬歲/後伕碑記	12895/12896
3899	1735	龍德四年	皇帝萬歲/後伕碑記	12897/12898
3900	1735	龍德四年	皇帝萬歲/後伕碑記	12899/12900
3901	1735	龍德四年	無題	13445
3902	1735	龍德四年	石橋棟梾處碑/興功修造姓名/同資/功德	14480
3903	1735	龍德四年	會/龍/寺/鐘	14579
3904	1735	龍德四年	無題	14947
3905	1735	永佑元年	後忌石碑/夫婦双全◆	10580/10581/10582
3906	1735	永佑元年	無題	4715/4751
3907	1735	永佑元年	石碑銘記/留傳後代	18404/18405
3908	1735	永佑元年	後神碑記	32
3909	1735	永佑元年	無題	163
3910	1735	永佑元年	唱籌碑記	1069/1070
3911	1735	永佑元年	崇福寺/後佛碑記	1130/1131/1132/1133
3912	1735	永佑元年	大安寺/石碑銘	1636/1637
3913	1735	永佑元年	無題	2227/2228
3914	1735	永佑元年	後佛碑記	2718/2721/2722
3915	1735	永佑元年	天姥寺碑記	7631/7632/7633/7634

468　下編　越南碑銘文獻目錄

續表

序號	公元紀年	年號	標題	編號
3916	1735	永佑元年	創立祠宇/第壹碑記	7711/7712
3917	1735	永佑元年	後佛碑記	9320/9321
3918	1735	永佑元年	後佛碑記	9519
3919	1735	永佑元年	修造婆顏寺/景天灵/立碑記	10758/10759/10760
3920	1735	永佑元年	興功創造/市館碑記	11861/11865
3921	1735	永佑元年	興功/造館/創立/碑記	4066/4067/4068/4069
3922	1735	永佑元年	天灵/禪寺/天臺/一柱	4401/4402/4403/4404
3923	1735	永佑元年	無題	5709/5710
3924	1735	永佑元年	修造仁青寺/立石碑記	12186/12187/12188/12189
3925	1735	永佑元年	無題	12684/12685/12686/12687
3926	1736	永佑二年	流傳萬代/後神碑記	18379/18380
3927	1736	永佑二年	無題	20010/20011/20012/20013
3928	1736	永佑二年	無題	20014/20015/20016/20017
3929	1736	永佑二年	保置候神/候神碑記	20501/20502
3930	1736	永佑二年	後神碑記/萬代流傳	20799/20800/20801/20802
3931	1736	永佑二年	麗澤堂碑記	19826/19827
3932	1736	永佑二年	後佛碑記	18246
3933	1736	永佑二年	天姥/大王/祠堂/碑記	587/588/589/590
3934	1736	永佑二年	新鑴後神碑記	833/834/835/836
3935	1736	永佑二年	無題	3109
3936	1736	永佑二年	後神碑誌	3659
3937	1736	永佑二年	後佛碑誌	3660
3938	1736	永佑二年	後神碑記	3757/3758
3939	1736	永佑二年	後神碑記	6103/6104/6105/6106
3940	1736	永佑二年	崇祀先賢碑	6498/6499
3941	1736	永佑二年	無題	7393/7394/795/7396
3942	1736	永佑二年	興功新造/福☐寺記	7397/7398/7399/7340
3943	1736	永佑二年	崇祀/碑記	7874/7875/7884/7885
3944	1736	永佑二年	上殿石基碑記/興功造像碑記	7964/7965
3945	1736	永佑二年	後佛碑記	8095

七　後黎朝中興期碑銘目錄（1533—1789）　469

續表

序號	公元紀年	年號	標題	編號
3946	1736	永佑二年	造作登臺碑	8396/8397/8398
3947	1736	永佑二年	一興功新/造前/堂明祥寺/碑記	8413/8414/8415/8416
3948	1736	永佑二年	聖主萬萬歲/後神兼後佛/創立/碑記	8934/8935/8936/8937
3949	1736	永佑二年	後佛碑記/本社立碑端	9002/9003
3950	1736	永佑二年	後佛碑記	9232
3951	1736	永佑二年	報恩寺/後伕碑記	9310/9311
3952	1736	永佑二年	後伕碑記	9318/9319
3953	1736	永佑二年	後神碑記	9464/9465
3954	1736	永佑二年	無題	10486/10487
3955	1736	永佑二年	先聖先賢碑記/創立祠宇碑記	11483/11484/11485/11486
3956	1736	永佑二年	保置候神/候神碑記	11502/11503
3957	1736	永佑二年	興功創造/市館碑記	11759/11760/11761/11762
3958	1736	永佑二年	居仁亭碑記并序	4063/4064
3959	1736	永佑二年	籌峰寺碑記	4553/4554/4555
3960	1736	永佑二年	後神石碑/留傳/萬代本村/共記	4769/4770/4771/4772
3961	1736	永佑二年	構作福林寺後佛碑記	4902
3962	1736	永佑二年	後佛碑記	5150
3963	1736	永佑二年	後神碑記	5330/5331/5332
3964	1736	永佑二年	無題	12220/12221/12222/12223
3965	1736	永佑二年	東甲后神碑記	12235/12236/12237
3966	1736	永佑二年	修造碑記/靈應禪寺	12337/12338
3967	1736	永佑二年	興功構作/刻立碑記	12467/12468
3968	1736	永佑二年	後神碑記/本社保記	13358/13359/13360/13361
3969	1736	永佑二年	無題	13423
3970	1736	永佑二年	後神碑記/敬保例記	13878/13879
3971	1736	永佑二年	刻石碑	15612/15613
3972	1736	永佑二年	后神碑記	15717
3973	1736	永佑二年	石橋碑記/丙辰年造	3135/3136/3137
3974	1737	永佑三年	後佛碑記	3518/3519/3520

470　下編　越南碑銘文獻目錄

續表

序號	公元紀年	年號	標題	編號
3975	1737	永佑三年	後神碑記◆	812/813
3976	1737	永佑三年	推舉碑記	4420
3977	1737	永佑三年	無題	8232
3978	1737	永佑三年	神事碑記	3767/3786/3800
3979	1737	永佑三年	無題	5639/5640
3980	1737	永佑三年	屯村先賢諡號/留傳後代永遵/祭祀/碑記	3768/3769/3779/3780
3981	1737	永佑三年	無題	11644/11645/11646/11647
3982	1737	永佑三年	無題	11648
3983	1737	永佑三年	尊神事跡	11907/11908
3984	1737	永佑三年	無題	12469/12470
3985	1737	永佑三年	無題	12480/12481/12482
3986	1737	永佑三年	無題	12532/12533
3987	1737	永佑三年	無題	12548/12549
3988	1737	永佑三年	無題	12616/12617
3989	1737	永佑三年	無題	12618/12619
3990	1737	永佑三年	上等最靈/修造事跡	12430/12431/12432
3991	1737	永佑三年	無題	12433/12434/12434b/12435
3992	1737	永佑三年	無題	12451/12452
3993	1737	永佑三年	當境正位事跡	3788/3789
3994	1737	永佑三年	神事碑記	3786/3787
3995	1737	永佑三年	無題	18460
3996	1737	永佑三年	後佛碑記	497/504/518
3997	1737	永佑三年	後神碑記/萬代不刊	619/620
3998	1737	永佑三年	後神碑記	824/825/826/827
3999	1737	永佑三年	光烈社/梂彪處/造石橋/銘碑記	867/868/869/870
4000	1737	永佑三年	後西興寺/後佛碑記	1212/1213/1214/1215
4001	1737	永佑三年	後佛碑記/安清禪寺	1821/1822/1823/1824
4002	1737	永佑三年	孝順祠碑	2246/2247/2248/2249/2250/2251
4003	1737	永佑三年	後神碑記	2497/2498
4004	1737	永佑三年	梂釣市碑記	2627

七　後黎朝中興期碑銘目錄（1533—1789）

續表

序號	公元紀年	年號	標題	編號
4005	1737	永佑三年	後佛碑記/武族田碑	2796/2797
4006	1737	永佑三年	無題	2882/2886/2888
4007	1737	永佑三年	二社/官員斯文	3171/3172/3173/3174
4008	1737	永佑三年	修造後神碑銘叙	3212
4009	1737	永佑三年	興造石橋碑記	3255
4010	1737	永佑三年	无題	3259
4011	1737	永佑三年	壽庵内庵/石橋碑記	3274/3275
4012	1737	永佑三年	無題	3288/3289
4013	1737	永佑三年	一門聖神	3300/3301/3302/3465
4014	1737	永佑三年	天官助國	3303/3304/3305
4015	1737	永佑三年	後佛碑記/天應福林寺	3423/3424
4016	1737	永佑三年	奉事碑記	3535/3536
4017	1737	永佑三年	爲立後神/碑記	6036/6037
4018	1737	永佑三年	奉事後神碑記	6874/6875/6876/6877
4019	1737	永佑三年	額曰重修伕像碑記	7124/7125
4020	1737	永佑三年	後伕碑記	7409/7410
4021	1737	永佑三年	後神碑記	7411
4022	1737	永佑三年	後伕碑記	7787/7788/7801/7802
4023	1737	永佑三年	後佛碑記	7792/7793/7794/7795
4024	1737	永佑三年	後佛作寺	7796/7797
4025	1737	永佑三年	斯文甲	8403/8404/8405
4026	1737	永佑三年	後神碑記	8840/8841/8842/8843
4027	1737	永佑三年	后神碑記	8845/8846
4028	1737	永佑三年	候神碑/後神座	9168/9169/9170/9171
4029	1737	永佑三年	後神碑記	9490/9491/9492
4030	1737	永佑三年	後神碑記/流傳/萬代/久長	9545/9546/9547/9548
4031	1737	永佑三年	本總立端	10046
4032	1737	永佑三年	無題	10065
4033	1737	永佑三年	後神後佛/制夫妻碑	10239/10240/10241/10242
4034	1737	永佑三年	無題	11461/11462
4035	1737	永佑三年	無題	11488/11489

續表

序號	公元紀年	年號	標題	編號
4036	1737	永佑三年	無題	4074/4075/4076
4037	1737	永佑三年	無題	4093
4038	1737	永佑三年	無題	4418/4419
4039	1737	永佑三年	東平社/南村/後神碑記	4626/4627/4628/4629
4040	1737	永佑三年	石橋碑記	4641/4642/4643
4041	1737	永佑三年	無題	4805
4042	1737	永佑三年	後神碑記	5219/5220/5221
4043	1737	永佑三年	無題	12461/12462
4044	1737	永佑三年	無題	12522/12523/12524/12525
4045	1737	永佑三年	萬世奉祀碑記	12559/12560/12561/12562
4046	1737	永佑三年	無題	12580a/12580b/12580c/12581
4047	1737	永佑三年	無題	12756/12757
4048	1737	永佑三年	無題	13594
4049	1737	永佑三年	無題	13653/13654/13655
4050	1737	永佑三年	興/崇寺/天臺/石住	14514
4051	1737	永佑三年	無題	12692/12693
4052	1737	永佑三年	陶匠敬事碑記/奉事碑記	3529/3530/3531/3532
4053	1737	永佑三年	當境正位事跡	3788/3789
4054	1738	永佑四年	后神碑記	2913/2914
4055	1738	永佑四年	造立文碑	5934/5935
4056	1738	永佑四年	永佑二年丙辰科進士題名記	1348
4057	1738	永佑四年	事功集記	20165
4058	1738	永佑四年	令諭皂隸碑記	18795
4059	1738	永佑四年	留惠後佛碑記	18796
4060	1738	永佑四年	後神碑記	16392
4061	1738	永佑四年	阮氏婦祭田碑	17940/17941
4062	1738	永佑四年	無題	18328
4063	1738	永佑四年	丁巳年仲秋/興功創建造/和豐塔碑記/遺留萬世基	2756/2757/2758/2759

七 後黎朝中興期碑銘目錄（1533—1789）

續表

序號	公元紀年	年號	標題	編號
4064	1738	永佑四年	寶閣寺/后佛碑記	2991/2992
4065	1738	永佑四年	昭應禪寺/興功石碑	3138/3139
4066	1738	永佑四年	承祀阮相公靈光祠址碑記	3404/3405
4067	1738	永佑四年	石橋碑記/功德碑記	3409/3410
4068	1738	永佑四年	無題	3508
4069	1738	永佑四年	無題	3623/3624/3625
4070	1738	永佑四年	候神碑記	3848
4071	1738	永佑四年	後佛碑記	3990/3991
4072	1738	永佑四年	後伕碑記/流傳萬代	3993/3994
4073	1738	永佑四年	無題	6112/6113/6114/6115
4074	1738	永佑四年	興功新造上殿燒/香前堂行郎閣/鍾洪鍾三關佛像/等座■椿寺記	6298/6299/6300/6301
4075	1738	永佑四年	後佛碑記	7040/7041/7042/7043
4076	1738	永佑四年	後伕碑記	7095/7096
4077	1738	永佑四年	後神碑記/挑李遺音	7156/7157/7158/7159
4078	1738	永佑四年	重修萃僊橋碑	7621/7622
4079	1738	永佑四年	後佛碑記	7789
4080	1738	永佑四年	原古跡凍嚴寺/一興功作 福 九/品 重 修/立碑記	8150/8151/8152/8153
4081	1738	永佑四年	後神立碑記	8528/8529
4082	1738	永佑四年	後佛碑記	8550/8551
4083	1738	永佑四年	本村立端/後神碑記	8688/8689/8690
4084	1738	永佑四年	后神碑記	8792/8793/8794/8795
4085	1738	永佑四年	后神碑記	9076/9077
4086	1738	永佑四年	後佛碑	9270/9271/9272/9273
4087	1738	永佑四年	後神/碑記/萬代/貽芳	9432/9433/9434/9435
4088	1738	永佑四年	後神碑記	9505/9506
4089	1738	永佑四年	後伕碑記	10069
4090	1738	永佑四年	後伕碑記	10070
4091	1738	永佑四年	後伕碑立	10247/10248

474　下編　越南碑銘文獻目錄

續表

序號	公元紀年	年號	標題	編號
4092	1738	永佑四年	後神碑記	10466/10467
4093	1738	永佑四年	修造應福寺/功德碑記	11677/11678
4094	1738	永佑四年	天/臺/石/柱	4005/4006/4007/4008
4095	1738	永佑四年	東亭碑記/功德造碑記	4163/4164/4165
4096	1738	永佑四年	後佛後神碑記	4474
4097	1738	永佑四年	海靈寺始創碑	4683
4098	1738	永佑四年	洪光寺碑記	5239/5240
4099	1738	永佑四年	後神石碑/萬代流傳	5493/5494
4100	1738	永佑四年	瓊琚亭碑記	5572/5573/5574/5575
4101	1738	永佑四年	奉事後佛碑	12107/12108
4102	1738	永佑四年	全社碑記/後神碑	12268/12269
4103	1738	永佑四年	立後神碑記	13051/13052
4104	1738	永佑四年	敬祝皇朝萬萬歲/戊午年/始造石橋碑記	13221/13222/13223/13224
4105	1738	永佑四年	清華處/參議官/訓子孫/後嗣碑	14459
4106	1738	永佑四年	須至碑者/祭田學田	14548/14549
4107	1738	永佑四年	無題	6993
4108	1738	永佑四年	後神石案記◆	2935/2936/2937
4109	1739	永佑五年	后神碑記/券文田祭流傳	18054/18055
4110	1739	永佑五年	無題	4734/4735
4111	1739	永佑五年	無題	12038/12039
4112	1739	永佑五年	無題	3720/3721/3722
4113	1739	永佑五年	後神碑記（本亭後神碑記）/天地久長/富貴/康	19739/19740/19741/19742
4114	1739	永佑五年	后神石碑	18017/18018/18019
4115	1739	永佑五年	後神蘇碑/事功集記	18641/18642/18643/18644
4116	1739	永佑五年	碑記	17158
4117	1739	永佑五年	古遼社後神碑記	18326
4118	1739	永佑五年	后神碑記	1107/1108
4119	1739	永佑五年	大悲寺後佛碑記	1810

七 後黎朝中興期碑銘目錄（1533—1789） 475

續表

序號	公元紀年	年號	標題	編號
4120	1739	永佑五年	後佛碑記	2136/2137
4121	1739	永佑五年	無題	2884/2885
4122	1739	永佑五年	神之德盛	3286/3287
4123	1739	永佑五年	後賢碑記	3502/3503
4124	1739	永佑五年	宗師碑記/門徒/弟子/置於庵塔	3731/3732/3746/3747
4125	1739	永佑五年	新造石橋碑叙并銘	6343/6344/6345
4126	1739	永佑五年	後佛碑記	6476/6477
4127	1739	永佑五年	僊遊縣香雲社後神碑誌	6701/6702
4128	1739	永佑五年	新造/壽福/神亭/碑記	6739/6740/6741/6742
4129	1739	永佑五年	重修/古龍/寺廟/碑記	6749/6750/6751/6752
4130	1739	永佑五年	後神碑記	7810/7811/7812/7813
4131	1739	永佑五年	始創立/長壽橋/石柱館/第一碑	7830/7831/7832/7833
4132	1739	永佑五年	天/進/供	8298/8299/8300
4133	1739	永佑五年	無題	8612/8613/8614
4134	1739	永佑五年	新造金籠寺碑/興功信供後記/福慧/圓成	8725/8726/8727/8728
4135	1739	永佑五年	創立/後伕/碑記	9276/9277/9278/9279
4136	1739	永佑五年	後神碑記	9802/9803
4137	1739	永佑五年	後神碑記/本社立端詞記	9810/9811
4138	1739	永佑五年	興灵像鐘碑記	10540/10541/10542/10543
4139	1739	永佑五年	黎朝黎相公墓誌	10792/10793/10794/10795
4140	1739	永佑五年	阮宗譜系/祠堂□位/外宗	10803/10804/10805/10806
4141	1739	永佑五年	知見庵	11799
4142	1739	永佑五年	本村/奉事	4170/4171/4172
4143	1739	永佑五年	普光寺碑記	5580/5581/5582/5583
4144	1739	永佑五年	無題	5621
4145	1739	永佑五年	阮族祠堂碑記	5643/5644/5645/5646
4146	1739	永佑五年	後神/後佛/碑記/銘聞	5962/5963/5964/5965
4147	1739	永佑五年	創立/后神/石碑/碑記	12166/12167/12168/12169

476　下編　越南碑銘文献目録

續表

序號	公元紀年	年號	標題	編號
4148	1739	永佑五年	圓光寺碑	12993/12994
4149	1739	永佑五年	後神碑記	13413/13414/13415/13416
4150	1739	永佑五年	祠宇石碑記	15725
4151	1739	永佑五年	龍胖山佛跡寺/修造流傳碑記	15997/15998
4152	1739	永佑五年	造寺扁記	982
4153	1740	永佑六年	丹鳳縣武職先賢神位	2269
4154	1740	永佑六年	後佛碑記	3443
4155	1740	永佑六年	置保後神/兼後伕/碑記字	5227/5228/5229/5230
4156	1740	景興元年	磊溪橋碑/後佛碑	3555/3556/3557/3558
4157	1740	景興元年	后伕碑記	1778
4158	1740	景興元年	后神碑記	10696
4159	1740	景興元年	無題	1782
4160	1740	景興元年	后神碑記	2726
4161	1740	景興元年	寄忌碑記	3327
4162	1740	景興元年	無題	1059
4163	1740	景興元年	無題	2242/2243/2244/2245
4164	1740	景興元年	後佛碑	3556/3557/3558
4165	1740	景興元年	崇福寄忌碑	1125
4166	1740	景興元年	辛未年附左/辛未年附右	975/977
4167	1740	景興元年	侍伕碑記	3073
4168	1740	景興元年	摩空壁石/后神各碑	19933/19934/19935/19936
4169	1740	景興元年	林楊觀/石香臺	1878/1879/1880/1881
4170	1740	景興元年	修造後事碑	2559
4171	1740	景興元年	后賢碑記	3501
4172	1740	景興元年	嚴公碑記/奉祀例碑記	7970/7971
4173	1740	景興元年	後佛碑記	10817
4174	1740	景興元年	香油/禪寺/天臺/石柱	14156/14157/14158/14159
4175	1740	景興元年	後佛碑記	2037
4176	1740	景興元年	金洞移建祠宇碑記	3569
4177	1741	景興二年	無題	9403

七　後黎朝中興期碑銘目錄（1533—1789）　477

續表

序號	公元紀年	年號	標題	編號
4178	1741	景興二年	后神碑記	1143
4179	1741	景興二年	寄后碑記	1139
4180	1741	景興二年	祀田碑記	17853/17854/17855/17856
4181	1741	景興二年	無題	19389
4182	1741	景興二年	花照社聖母碑	18391
4183	1741	景興二年	無題	17856/17857
4184	1741	景興二年	後神碑記	17912
4185	1741	景興二年	無題	498/499/508
4186	1741	景興二年	後佛/碑記	1571/1572/1573/1574
4187	1741	景興二年	後佛碑記	2333/2334
4188	1741	景興二年	尊之如佛/敬之如神/仰止碑文/萬億其世	2493/2494/0495/2496
4189	1741	景興二年	圓靈禪寺/名藍碑記	2632/2633
4190	1741	景興二年	後神奉事碑記	3670/3671
4191	1741	景興二年	重修祠址碑/再集後賢記	7997/7998
4192	1741	景興二年	無題	9412
4193	1741	景興二年	彰惠顯德之碑	5542/5543/5544/5545
4194	1741	景興二年	後神碑記	894/895
4195	1742	景興三年	后甲碑記	3337/3338
4196	1742	景興三年	無題	19388
4197	1742	景興三年	無題	19391
4198	1742	景興三年	后神碑記	19962
4199	1742	景興三年	後神碑記	31
4200	1742	景興三年	後佛碑記	221/248
4201	1742	景興三年	越甸聖宮碑/修理功德記	1563/1564
4202	1742	景興三年	朱家祠址碑記/祭物儀節事例/定祭田例/立券約文	1990/1991/1992/1993
4203	1742	景興三年	寄忌碑記	2446
4204	1742	景興三年	後神碑記	2531/2532
4205	1742	景興三年	後佛碑記	3421/3422

478　下編　越南碑銘文獻目錄

續表

序號	公元紀年	年號	標題	編號
4206	1742	景興三年	後佛碑記	3446/3447
4207	1742	景興三年	從祀碑/跋說	7869/7870
4208	1742	景興三年	法雨寺皂隸碑	8103/8104
4209	1742	景興三年	造石碑	10339/10340/10341
4210	1743	景興四年	錦江縣祠祀田碑/景興四年	2944/2945
4211	1743	景興四年	後佛碑記/流傳萬代	2442/2443
4212	1743	景興四年	無題	3087
4213	1743	景興四年	無題	2427
4214	1743	景興四年	後神碑記	917
4215	1743	景興四年	永慶/下寺/鑄造/洪鐘	21043a/21043b/21043c/21043d
4216	1743	景興四年	後神碑記/留傳萬代	20671/20672
4217	1743	景興四年	無題	19998
4218	1743	景興四年	碑立記/前後佛/后寺碑	17248/17249/17250
4219	1743	景興四年	後佛碑記/流傳萬代	2331/2332
4220	1743	景興四年	後佛碑記	2337/2338/2339
4221	1743	景興四年	后神碑記	2529/2530
4222	1743	景興四年	寄忌碑記	3276/3277
4223	1743	景興四年	新造碑	6420/6421
4224	1743	景興四年	後佛碑記	8368
4225	1743	景興四年	重修許田奉事重碑/許田本村奉事	10328/10329
4226	1743	景興四年	石橋碑記	10701
4227	1743	景興四年	崇修古跡號靈福寺碑	11341
4228	1743	景興四年	奉祀後碑記	4035/4036/4037
4229	1743	景興四年	後神碑記	5654
4230	1743	景興四年	祠宇碑記	14905
4231	1744	景興五年	無題	2638/2639
4232	1744	景興五年	興福寺田/候佛碑記	2050/2051
4233	1744	景興五年	黃宗碑記	2300/2301
4234	1744	景興五年	龍光寺碑記	3083/3084
4235	1744	景興五年	忠義民	16762

七　後黎朝中興期碑銘目錄（1533—1789）

續表

序號	公元紀年	年號	標題	編號
4236	1744	景興五年	無題	666
4237	1744	景興五年	後佛生碑記	892/893
4238	1744	景興五年	無題	1245
4239	1744	景興五年	新造永福寺碑記	1290/1291
4240	1744	景興五年	景興四年癸亥科進士題名記	1362
4241	1744	景興五年	永祐五年己未科進士題名記	1371
4242	1744	景興五年	侯佛碑記/興福寺田	2054/2055
4243	1744	景興五年	重修/艮艮/橋碑/功德	2370/2371/2372/2373
4244	1744	景興五年	後神碑記	2453/2454
4245	1744	景興五年	後神碑記/附後諸例額	3103/3104
4246	1744	景興五年	後侁碑記	3471/3472
4247	1744	景興五年	闍梨寺/月老各藍/古跡後佛/作石碑記	3493/3494/3495/3496
4248	1744	景興五年	祀神碑記/信供檀那	3737/3738
4249	1744	景興五年	后神碑記/附後諸例額	8204/8205
4250	1744	景興五年	報國寺碑/新造前堂重修內寺碑/僧志/銘曰	8328/8329/8330/8331
4251	1744	景興五年	無題	8824/8825/8826
4252	1744	景興五年	重修文廟碑記	4695/4696/4697
4253	1744	景興五年	無題	4961
4254	1744	景興五年	密語寺	13637/13638
4255	1744	景興五年	侯佛碑記	2051
4256	1744	景興五年	奉事宗師父母田記	2185
4257	1745	景興六年	無題	4748
4258	1745	景興六年	月老寺忌碑	3516
4259	1745	景興六年	后神碑記	65
4260	1745	景興六年	後佛碑記	546/549/550
4261	1745	景興六年	銘祀碑記	1079/1080
4262	1745	景興六年	蚓山社石柱記	1714/1715/1716/1717/1718/1719
4263	1745	景興六年	重修感恩寺碑記/諸人扶功德姓名	1902/1903

480　下編　越南碑銘文獻目錄

續表

序號	公元紀年	年號	標題	編號
4264	1745	景興六年	祠址碑記	2550/2551/2552/2553
4265	1745	景興六年	祠宇碑記/科目名傳	8393/8394/8395
4266	1745	景興六年	共福禪寺/造石碑記	4308/4309/4310
4267	1745	景興六年	后神碑記	4985
4268	1746	景興七年	后神全村約交碑記	1479
4269	1746	景興七年	阮景族碑記/供錢田園志	2634/2635/2636/2637
4270	1746	景興七年	阮族碑記	3326
4271	1746	景興七年	啟定癸亥春重修	19306
4272	1746	景興七年	無題	2818/2819/2820/2821
4273	1746	景興七年	東甲重修碑記	19149
4274	1746	景興七年	后神碑記	19775
4275	1746	景興七年	無題	547
4276	1746	景興七年	國師/大王/廟宇/碑記	671/735/736/737
4277	1746	景興七年	興慶寺三開碑記	2220
4278	1746	景興七年	後佛碑記	3441/3442
4279	1746	景興七年	後神碑記	6222
4280	1746	景興七年	無題	10235/10236/10237/10238
4281	1746	景興七年	後/神/碑/記	10705/10706/10707/10708
4282	1746	景興七年	芒山寺碑記/留傳萬代	7215/7216
4283	1747	景興八年	外祖字號	353
4284	1747	景興八年	內祖字號	359
4285	1747	景興八年	后神碑記/后聖碑記	1083/1084
4286	1747	景興八年	景興七年丙寅科進士題名記	1366
4287	1747	景興八年	後神碑記/皇朝萬歲	2403/2404
4288	1747	景興八年	後伕碑記/福等河沙	2597/2601
4289	1747	景興八年	後佛碑記	2968
4290	1747	景興八年	無題	6402/6403
4291	1747	景興八年	本村裴氏後伕碑	6948
4292	1747	景興八年	後神碑記/流傳萬代	7384/7385
4293	1747	景興八年	無題	10079

七 後黎朝中興期碑銘目錄（1533—1789） 481

續表

序號	公元紀年	年號	標題	編號
4294	1747	景興八年	後神碑記	97
4295	1747	景興八年	后佚碑記	3474
4296	1748	景興九年	修造文址碑記	3483
4297	1748	景興九年	按察胡仲潘碑記/先慈范恭人誄文	2826/2827
4298	1748	景興九年	安青寺寄忌碑	1830/1831
4299	1748	景興九年	後佛/碑記	2859/2860/2861
4300	1748	景興九年	立碑記	1485
4301	1748	景興九年	純忠總文址碑記	2653/2654
4302	1748	景興九年	後神碑記	20770
4303	1748	景興九年	後神碑記	19108
4304	1748	景興九年	阮氏名碑	19310
4305	1748	景興九年	後神碑記	51
4306	1748	景興九年	景興九年壬辰科進士題名記	1381
4307	1748	景興九年	後佚碑記	1425/1426
4308	1748	景興九年	無題	1647/1648
4309	1748	景興九年	後賢碑記/流傳萬代	1943/1944
4310	1748	景興九年	耆英會/長春湖碑記	7471/7472
4311	1748	景興九年	無題	8556/8557/8558
4312	1748	景興九年	無題	9022/9023/9024
4313	1748	景興九年	後神碑記	9792
4314	1748	景興九年	無題	13442
4315	1748	景興九年	后賢碑/壽國脉	3133/3134
4316	1749	景興十年	后佚碑記	1120
4317	1749	景興十年	後神碑記	20751
4318	1749	景興十年	後神碑記	950/951
4319	1749	景興十年	後佛碑記	1161/1162
4320	1749	景興十年	蚓山祠堂碑記	1738/1739/1740/1741
4321	1749	景興十年	後神碑記	3067
4322	1749	景興十年	後神碑記/佛寺碑記	3386/3387/3388/3389
4323	1749	景興十年	尊崇聖賢道大/始造祠宇石碑	8377/8378

續表

序號	公元紀年	年號	標題	編號
4324	1749	景興十年	後佛碑記/田碑記	9507/9508
4325	1749	景興十年	萃文碑記	10080
4326	1749	景興十年	興功新造上殿各座記/石碑傳久遠	5403/5404/5405/5406
4327	1749	景興十年	後佛碑記	5535/5536
4328	1750	景興十一年	好善牌記	20282
4329	1750	景興十一年	后佛碑	17997
4330	1750	景興十一年	東甲石碑記	456
4331	1750	景興十一年	後佛碑記/南無阿彌陀佛	770/771
4332	1750	景興十一年	追祀石誌	1497/1498
4333	1750	景興十一年	後佛瓊/琳寺記	1575/1576/1577/1578
4334	1750	景興十一年	後神碑記/本社保跡	3010/3011
4335	1750	景興十一年	後神碑記	3034
4336	1750	景興十一年	先賢祠宇/斯文碑記	6720/6721
4337	1750	景興十一年	修造崇嚴寺前堂碑記/十方功德碑記	7145/7146
4338	1750	景興十一年	無題	8247/8248
4339	1750	景興十一年	羅公後佛碑記	8770/8771/8772/8773
4340	1750	景興十一年	後神碑記	10027/10028
4341	1750	景興十一年	無題	11332
4342	1750	景興十一年	無題	11333
4343	1750	景興十一年	段相公家譜碑記	11334
4344	1750	景興十一年	大貝社祭祀段家後佛等節科儀	11335/11336/11337/11338
4345	1750	景興十一年	延慶寺興功/石階碑記	4030/4031
4346	1750	景興十一年	記景/棠寺/天臺/石柱	4656/4657/4658/4659
4347	1750	景興十一年	後佛碑記	5206
4348	1750	景興十一年	後神碑	12530/12531
4349	1750	景興十一年	無題	11331
4350	1751	景興十二年	段氏碑記	286
4351	1751	景興十二年	後神碑記	16370
4352	1751	景興十二年	重修聖廟碑記	12162/12163

七　後黎朝中興期碑銘目錄（1533—1789）　483

續表

序號	公元紀年	年號	標題	編號
4353	1751	景興十二年	後伕碑記	1111/1112
4354	1751	景興十二年	後佛碑記	1416/1417/1418
4355	1751	景興十二年	後佛碑誌	2736
4356	1751	景興十二年	後佛誌	2742/2743
4357	1751	景興十二年	無題	3308
4358	1751	景興十二年	紀德碑	3937/3938/3939/3940
4359	1751	景興十二年	後神段巨翁碑記/後神儀注	7129/7130
4360	1751	景興十二年	后神碑記/流傳永遠	7389/7390/7391/7392
4361	1751	景興十二年	後伕碑	7848/7849
4362	1751	景興十二年	興福寺	8717/8718/8719/8720
4363	1751	景興十二年	白豪寺碑記	11441/11442/11443/11444
4364	1751	景興十二年	后神碑記	5002
4365	1751	景興十二年	后神碑記	12024/12025
4366	1751	景興十二年	后神碑記	12202/12203/12204
4367	1751	景興十二年	無題	12646/12647/12648/12649
4368	1751	景興十二年	后神碑記	15726
4369	1752	景興十三年	無題	16398
4370	1752	景興十三年	后神碑記	17251
4371	1752	景興十三年	寄忌碑記	2727
4372	1752	景興十三年	無題	20930
4373	1752	景興十三年	皂隸崑山寺碑記	18794
4374	1752	景興十三年	無題	17913
4375	1752	景興十三年	重光寺碑記	936/937
4376	1752	景興十三年	后伕碑記	1595/1596
4377	1752	景興十三年	後佛碑記	1845/1846
4378	1752	景興十三年	德睦寺碑/後佛碑記	1849/1850
4379	1752	景興十三年	後神佛記	1890/1891/1892/1893
4380	1752	景興十三年	圓陽觀/後佛碑記	2204/2205
4381	1752	景興十三年	後佛碑記	2741
4382	1752	景興十三年	無題	3050/3052
4383	1752	景興十三年	無題	3051/3054

484　下編　越南碑銘文獻目錄

續表

序號	公元紀年	年號	標題	編號
4384	1752	景興十三年	後神碑記	3068
4385	1752	景興十三年	歲次壬申年造/後神碑記	3549/3550
4386	1752	景興十三年	後神碑田記/歲次壬申年造	3735/3736
4387	1752	景興十三年	玻璃寺碑記	6467
4388	1752	景興十三年	後神碑記	6784/6785
4389	1752	景興十三年	本社應保/神後碑記	7668/7669
4390	1752	景興十三年	本村應保/佛後神記	7676/7677
4391	1752	景興十三年	後佛碑記	7790
4392	1752	景興十三年	後神碑記/本社端詞記	9812/9813/9814
4393	1752	景興十三年	創立/后神/碑記	10222/10223/10224/10225
4394	1752	景興十三年	立后神碑/萬世不泯/夫婦/双全	10569/10570/10571/10572
4395	1752	景興十三年	奉祀后神碑記	11977/11978/11979/11980
4396	1752	景興十三年	重修白屋/寺立碑記	4077/4078/4088/4089
4397	1752	景興十三年	先賢碑記/永福文階	4147/4148/4149
4398	1752	景興十三年	斯文碑記	12048/12049
4399	1752	景興十三年	後佛碑記	1134
4400	1753	景興十四年	本社重修石廟碑文	2421
4401	1753	景興十四年	后佛碑記	4719
4402	1753	景興十四年	本亭奉祀碑記/後神萬代	8073/8074/8081/8082
4403	1753	景興十四年	修造侯神碑/萬代饗神惠	7441/7442
4404	1753	景興十四年	后神碑記	20701/20702
4405	1753	景興十四年	無題	20966
4406	1753	景興十四年	壬申科進士題名記	1360
4407	1753	景興十四年	無題	2642/2643
4408	1753	景興十四年	記德碑	3129/3130
4409	1753	景興十四年	后伕碑記	3933/3934
4410	1753	景興十四年	后佛碑記	3992
4411	1753	景興十四年	刻造後佛碑記/後佛碑記	7773/7774

七　後黎朝中興期碑銘目錄（1533—1789）　485

續表

序號	公元紀年	年號	標題	編號
4412	1753	景興十四年	後佛碑記	7785
4413	1753	景興十四年	後神碑記	9839/9840
4414	1753	景興十四年	安泰亭碑/後神碑記	4135/4136
4415	1753	景興十四年	無題	5236/5237
4416	1753	景興十四年	后佛碑	5559/5560
4417	1753	景興十四年	重修碑記	12497/12498
4418	1754	景興十五年	大科列位	2411
4419	1754	景興十五年	黃舍社文會碑記/監生舉人列位	2394/2395/2396/2397
4420	1754	景興十五年	寄忌碑記	1403
4421	1754	景興十五年	後佛碑	9308/9309
4422	1754	景興十五年	無題	20419
4423	1754	景興十五年	后神碑記/萬代貽芳	20496/20497
4424	1754	景興十五年	無題	20934
4425	1754	景興十五年	大慧圓通塔	20958
4426	1754	景興十五年	寄本甲碑	19380
4427	1754	景興十五年	無題	19963
4428	1754	景興十五年	諸家後佛	19381
4429	1754	景興十五年	無題	888/890
4430	1754	景興十五年	後神碑記/天長地久	1169/1170
4431	1754	景興十五年	無題	1460/1461
4432	1754	景興十五年	後佛碑記	1495/1496
4433	1754	景興十五年	興福寺/奉祀候佛碑記	2027/2028
4434	1754	景興十五年	重修聖宇碑	2393
4435	1754	景興十五年	理齊社碑	2402
4436	1754	景興十五年	遺惠碑	6195/6196
4437	1754	景興十五年	無題	6684/6685
4438	1754	景興十五年	後伕碑記	6908/6909
4439	1754	景興十五年	花嚴靈寺碑記	7447/7448
4440	1754	景興十五年	本甲后碑/各條例記	8389/8390
4441	1754	景興十五年	羅相公永惠碑	8999/9072/9073
4442	1754	景興十五年	大慧圓通塔	9404/9405/9406/9407

486 下編 越南碑銘文獻目錄

續表

序號	公元紀年	年號	標題	編號
4443	1754	景興十五年	無題	9887/9888
4444	1754	景興十五年	斯文碑記	10918/10919
4445	1754	景興十五年	后神碑記/萬代貽芳	11508/11509
4446	1754	景興十五年	奉祀後神牌記	4455/4456
4447	1754	景興十五年	無題	4469/4470
4448	1754	景興十五年	無題	4497/4498
4449	1754	景興十五年	後神碑記/日照月臨	4930/4931
4450	1754	景興十五年	古農總斯文會/丙辰年造立/本總先賢列位/甲戌年造碑記	5429/5430/5431/5432
4451	1754	景興十五年	山福寺創造碑	5816
4452	1754	景興十五年	敬祀碑記	5882/5883
4453	1754	景興十五年	重修武職碑記	12012/12013/12014
4454	1754	景興十五年	后神碑記	12086/12087
4455	1754	景興十五年	后神碑記	1122
4456	1755	景興十六年	后神社碑	2384/2385/2386/2387
4457	1755	景興十六年	長美社碑記/士會全碑記	2671/2672
4458	1755	景興十六年	後佛碑記	2962/2963
4459	1755	景興十六年	重修石磬□□	19920
4460	1755	景興十六年	無題	1967
4461	1755	景興十六年	書筆特賜	2179
4462	1755	景興十六年	福德后佛碑	2354
4463	1755	景興十六年	後佛碑記/留傳萬代	2378/2380
4464	1755	景興十六年	後伕碑文	2600
4465	1755	景興十六年	後伕碑記	3390/3391
4466	1755	景興十六年	福來寺	3537/3538
4467	1755	景興十六年	斷賣衝亭文契碑記/天漠洲買本縣教坊司	6895/6896
4468	1755	景興十六年	後神碑記/永爲條例	7017/7018
4469	1755	景興十六年	重修菩提/禪寺碑記	7982/7983
4470	1755	景興十六年	重修法雲寺碑記/本寺社功德姓名	10022/10023

七　後黎朝中興期碑銘目錄（1533—1789）　487

續表

序號	公元紀年	年號	標題	編號
4471	1755	景興十六年	後神碑記	10101/10102
4472	1755	景興十六年	黃甲黎公祠堂記	10801/10802
4473	1755	景興十六年	後祀碑記	4503/4504
4474	1755	景興十六年	後佛碑記	5166
4475	1755	景興十六年	後佛碑記	5554/5555
4476	1755	景興十六年	後神碑記	13077/13078
4477	1755	景興十六年	後神碑記/配享后神	13363/13364
4478	1755	景興十六年	龍恩/古跡/名藍/寺鐘	14568
4479	1755	景興十六年	山/岱/寺/鐘	14629
4480	1755	景興十六年	鄧舍總祠宇碑記	2374
4481	1756	景興十七年	無題	1807
4482	1756	景興十七年	崇祀先賢碑◆	6496/6497
4483	1756	景興十七年	無題	2407/2408
4484	1756	景興十七年	後神碑誌	20320/20321
4485	1756	景興十七年	後神碑記	19038
4486	1756	景興十七年	無題	19308
4487	1756	景興十七年	後佛碑記	225
4488	1756	景興十七年	無題	380
4489	1756	景興十七年	甲戌科進士題名記	1351
4490	1756	景興十七年	無題	2367/2368
4491	1756	景興十七年	天南碑記	3266
4492	1756	景興十七年	後伕碑記	3498/3500
4493	1756	景興十七年	后神碑記	3628
4494	1756	景興十七年	曉誡	3739
4495	1756	景興十七年	增錄寺碑	6688
4496	1756	景興十七年	興造碑記/令敕碑記	7319/7320
4497	1756	景興十七年	後神碑記/上村立端記	7443/7444
4498	1756	景興十七年	思德碑記/品式恒久	7469/7470
4499	1756	景興十七年	刻後佛碑記	7779/7782
4500	1756	景興十七年	後神碑記	7808/7809
4501	1756	景興十七年	法磬婆庵寺	8908/8909
4502	1756	景興十七年	先賢/后賢/造石/碑記	9693/9694/9695/9696

488　下編　越南碑銘文獻目錄

續表

序號	公元紀年	年號	標題	編號
4503	1756	景興十七年	后佛/碑記	10013/10014
4504	1756	景興十七年	春秋敬祭/祠宇碑記	10218/10219/10220/10221
4505	1756	景興十七年	遜齋履歷記	10799/10800
4506	1756	景興十七年	後佛碑記	10829
4507	1756	景興十七年	天南碑記	10920
4508	1756	景興十七年	候神碑記	4359
4509	1756	景興十七年	候神碑記	4360
4510	1756	景興十七年	後神碑記	4823/4824
4511	1756	景興十七年	後神碑記	5328
4512	1756	景興十七年	后神碑記	12784
4513	1756	景興十七年	無題	13933
4514	1756	景興十七年	后神碑記/留傳萬代	2487/2488
4515	1757	景興十八年	楊富碑記在寺	3539
4516	1757	景興十八年	先賢碑誌	856
4517	1757	景興十八年	后神碑記	19716/19717
4518	1757	景興十八年	景興十八年丁丑科進士題名記	1368
4519	1757	景興十八年	後佛碑記	1565/1566
4520	1757	景興十八年	觀音院顯德碑記	1925/1926/1927/1928
4521	1757	景興十八年	後佛碑記	2738
4522	1757	景興十八年	上答社推尊/後神造碑記	3795/3796
4523	1757	景興十八年	紀德碑	3935/3936
4524	1757	景興十八年	迎福禪寺/後佛碑記	6026/6027
4525	1757	景興十八年	後佛碑記	7778
4526	1757	景興十八年	景興拾捌年仲春月穀日	7816
4527	1757	景興十八年	奉事後神碑	9469/9470/9471
4528	1757	景興十八年	后神碑記	10914/10915
4529	1757	景興十八年	聯芳塔記	11786
4530	1757	景興十八年	淨行塔記實錄	11787
4531	1757	景興十八年	無題	11817
4532	1757	景興十八年	後神碑記	4243/4244

七　後黎朝中興期碑銘目錄（1533—1789）　489

續表

序號	公元紀年	年號	標題	編號
4533	1757	景興十八年	造事神碑記	5010
4534	1757	景興十八年	上答社推尊/後神造碑記	12635/12636
4535	1757	景興十八年	無題	12644/12645
4536	1757	景興十八年	梅川社石橋碑	4755/4756
4537	1758	景興十九年	列后位碑	2909/2910
4538	1758	景興十九年	立後碑記	16366/16367
4539	1758	景興十九年	後神碑記	1078
4540	1758	景興十九年	置保後神碑記/後佛碑記	1104/1105
4541	1758	景興十九年	本社祀事碑記/供祀等節事例	1512/1513/1514/1515
4542	1758	景興十九年	後佛碑記	2132
4543	1758	景興十九年	奉事后神碑記	2450/2451/2452
4544	1758	景興十九年	集市碑記	2485/2486
4545	1758	景興十九年	後佛碑記	6409
4546	1758	景興十九年	無題	6686/6687
4547	1758	景興十九年	天雨禪寺/候佛石碑	7753/7754
4548	1758	景興十九年	後佛碑	7783/7784
4549	1758	景興十九年	後佛碑記	10407
4550	1758	景興十九年	後佛碑記	10813/10814
4551	1758	景興十九年	無題	11925/11926/11927/11928
4552	1758	景興十九年	候神碑記	4544/4545
4553	1758	景興十九年	理斷碑記	12154/12155
4554	1758	景興十九年	後伕碑記	12253/12254
4555	1758	景興十九年	定香社	13916
4556	1758	景興十九年	後神碑記	14628
4557	1758	景興十九年	清華處/參議官/訓子孫/後嗣碑	14893
4558	1759	景興二十年	后神碑記	20214
4559	1759	景興二十年	後神碑記	20575
4560	1759	景興二十年	后神碑記	18484
4561	1759	景興二十年	後神碑記/后神田記	1102/1103

490 下編 越南碑銘文獻目錄

續表

序號	公元紀年	年號	標題	編號
4562	1759	景興二十年	教坊碑記	1587
4563	1759	景興二十年	後佛碑記	1836/1837/1838/1839
4564	1759	景興二十年	安清禪寺/後佛石碑	1840/1841/1842/1843
4565	1759	景興二十年	祭田碑記	2015/2016
4566	1759	景興二十年	密行禪師庵記	2181
4567	1759	景興二十年	後神碑記/本社約例	3588/3589/3590
4568	1759	景興二十年	本社祠宇	6124
4569	1759	景興二十年	無題	6949/6950
4570	1759	景興二十年	后神碑記/乙卯年造	7170/7171
4571	1759	景興二十年	原古跡名藍堁嚴寺	8154
4572	1759	景興二十年	無題	8820/8821/8822/8823
4573	1759	景興二十年	后神碑記	9235/9236
4574	1759	景興二十年	造后神碑貳位	11147/11148
4575	1759	景興二十年	後佛碑記/全村例記	5167/5168
4576	1759	景興二十年	神道碑記	5262/5263
4577	1759	景興二十年	重修龍慶寺/後佛造碑記	5454/5455/5456/5457
4578	1759	景興二十年	后神碑記	12056/12057
4579	1759	景興二十年	後神碑記	12816/12817
4580	1759	景興二十年	花/煙/寺/禪	14594
4581	1759	景興二十年	花/□/寺/碑	14617
4582	1759	景興二十年	斯文碑記	12094/12095
4583	1759	景興二十年	福林寺碑記/會善集寧修	1696/1697
4584	1760	景興二十一年	買亭門例	1949
4585	1760	景興二十一年	無題	1235
4586	1760	景興二十一年	修造文址碑記	3483
4587	1760	景興二十一年	買衝亭例碑記	19902/19903
4588	1760	景興二十一年	恭奉碑記	1423
4589	1760	景興二十一年	後佛石誌	1508/1509/1510/1511
4590	1760	景興二十一年	亭門事例/石碑鐫造	1634/1635
4591	1760	景興二十一年	后佛碑記	1677

七　後黎朝中興期碑銘目錄（1533—1789）　491

續表

序號	公元紀年	年號	標　題	編　號
4592	1760	景興二十一年	后佛碑記	1678
4593	1760	景興二十一年	立碑文契	1742/1743
4594	1760	景興二十一年	後佛碑	2440/2441
4595	1760	景興二十一年	後佛碑記	2445
4596	1760	景興二十一年	無題	2760
4597	1760	景興二十一年	後佛碑記	2764
4598	1760	景興二十一年	後神碑記/流傳萬代	3773/3774
4599	1760	景興二十一年	立教坊碑記	6400/6401
4600	1760	景興二十一年	文廟碑記/規則憑跡	6502/6503/6504/6505
4601	1760	景興二十一年	後佛碑記/瑪鍠寺記	6882/6883
4602	1760	景興二十一年	后神碑記	7181
4603	1760	景興二十一年	安/國/寺/記	7380/7381/7382/7383
4604	1760	景興二十一年	後佛碑記	7775
4605	1760	景興二十一年	後神碑記	7919/7920
4606	1760	景興二十一年	勝果塔記並銘	7936
4607	1760	景興二十一年	碑記	8040/8041
4608	1760	景興二十一年	後神碑記	8406/8407
4609	1760	景興二十一年	立後佛碑	9280/9281
4610	1760	景興二十一年	後神碑記	9790
4611	1760	景興二十一年	後佛碑	10178/10179/10180/10181
4612	1760	景興二十一年	後神碑記/各例留傳	10690/10691
4613	1760	景興二十一年	后碑記	10762/10763
4614	1760	景興二十一年	候神碑記	11145/11146
4615	1760	景興二十一年	後神碑記	4065
4616	1760	景興二十一年	後神碑記/流傳萬代	12671/12672
4617	1760	景興二十一年	登科目錄/後賢碑記	12704/12705
4618	1760	景興二十一年	後神碑記	12913/12914
4619	1760	景興二十一年	後神碑記	12960/12961
4620	1760	景興二十一年	后神碑記	13307/13308/13309
4621	1760	景興二十一年	后神碑記	13310
4622	1760	景興二十一年	後佛碑記	13338
4623	1760	景興二十一年	靈/應寺/觀鐘/志	14573

492 下編 越南碑銘文献目錄

續表

序號	公元紀年	年號	標題	編號
4624	1760	景興二十一年	造石橋館碑記	15213/15214
4625	1760	景興二十一年	立后伕碑	15661
4626	1761	景興二十二年	無題	4194/4195
4627	1761	景興二十二年	立碑爲跡	18202
4628	1761	景興二十二年	無題	465/480
4629	1761	景興二十二年	後佛碑記	513
4630	1761	景興二十二年	後神碑記	617/618
4631	1761	景興二十二年	保後神碑記	1071
4632	1761	景興二十二年	裴寺修造	1404/1405
4633	1761	景興二十二年	後伕碑記	1828/1829
4634	1761	景興二十二年	后佛碑記	2462
4635	1761	景興二十二年	顯應崇光寺禪塔記	6342
4636	1761	景興二十二年	後神奉事碑記/永永萬年	6858/6859
4637	1761	景興二十二年	后佛碑記/流芳石	8322/8323
4638	1761	景興二十二年	無題	8348
4639	1761	景興二十二年	後神碑記	8884
4640	1761	景興二十二年	界圖/筆市碑記	9529/9530
4641	1761	景興二十二年	後神碑記	9881/9882
4642	1761	景興二十二年	碑	10953
4643	1761	景興二十二年	立後神碑	11556/11557/11558
4644	1761	景興二十二年	後神碑記	11961/11962
4645	1761	景興二十二年	後神碑記	4231/4232
4646	1761	景興二十二年	協保后神碑記/流傳奉祀券文/祭文/祭田	5863/5864/5865/5866
4647	1761	景興二十二年	後神碑記	12224/12225
4648	1761	景興二十二年	後佛碑記	12411/12412
4649	1761	景興二十二年	福源寺始作/霸水社碑記	12929/12930/12931/12932
4650	1761	景興二十二年	爲後佛碑記	8784/8785
4651	1762	景興二十三年	洪造石磬	9991
4652	1762	景興二十三年	西山寺重修/創立碑記	20853/20854
4653	1762	景興二十三年	立奉祀文記	17580/17581/17582

七　後黎朝中興期碑銘目錄（1533—1789）　493

續表

序號	公元紀年	年號	標題	編號
4654	1762	景興二十三年	後佛碑記	1567/1568/1569/1570
4655	1762	景興二十三年	後神碑記	2545
4656	1762	景興二十三年	后神碑記	2644/2645
4657	1762	景興二十三年	無題	3053
4658	1762	景興二十三年	後佛碑記	6132
4659	1762	景興二十三年	後佛碑記	6411
4660	1762	景興二十三年	后神碑記	6579/6580
4661	1762	景興二十三年	後佛碑記	7287/7288/7289
4662	1762	景興二十三年	新建大司徒黃臺功生祠碑記	8228/8229
4663	1762	景興二十三年	新造石碑記/一興功	8421/8422/8423/8424
4664	1762	景興二十三年	後佛碑記	8906/8907
4665	1762	景興二十三年	后伕碑記	9625
4666	1762	景興二十三年	後神碑記	4235/4236
4667	1762	景興二十三年	文會碑記/後賢	4435/4436
4668	1762	景興二十三年	後神碑記	4441/4442
4669	1762	景興二十三年	後佛碑	5062/5063
4670	1762	景興二十三年	後佛	5440
4671	1762	景興二十三年	後佛碑記	5453
4672	1762	景興二十三年	創立后神碑記	12164/12165
4673	1762	景興二十三年	無題	12712/12713
4674	1762	景興二十三年	皇上萬萬歲/立石碑記	12800/12801
4675	1762	景興二十三年	後神碑記	12814/12815
4676	1762	景興二十三年	清仙/古寺/造鑄/洪鐘	14071/14072/14073/14074
4677	1762	景興二十三年	嚴寶/寺記/烊鑄/洪鐘	14219/14220/14221/14222
4678	1762	景興二十三年	後神三社碑記/鑒貽萬代仰瞻	15550/15551/15552/15553
4679	1762	景興二十三年	亭門事例碑記	1628/1629
4680	1763	景興二十四年	義后碑記	5886
4681	1763	景興二十四年	後神碑記/保置候神	20499/20500
4682	1763	景興二十四年	後神碑記	16372/16373
4683	1763	景興二十四年	后神碑記	817/818

494 下編 越南碑銘文獻目錄

續表

序號	公元紀年	年號	標題	編號
4684	1763	景興二十四年	後神碑記	821
4685	1763	景興二十四年	國老興隆寺碑記	952/953
4686	1763	景興二十四年	後神碑記	1062/1063
4687	1763	景興二十四年	后神碑記	1099/1115
4688	1763	景興二十四年	景興貳十一年庚辰科進士題名記	1372
4689	1763	景興二十四年	景興貳十四年貴未科進士題名記	1382
4690	1763	景興二十四年	置保文并承祀各節誌	2139
4691	1763	景興二十四年	後神碑記	2141
4692	1763	景興二十四年	后佛碑	2180
4693	1763	景興二十四年	後佛碑	2477/2478
4694	1763	景興二十四年	慶寧寺/後佛碑記	2480/2481
4695	1763	景興二十四年	無題	2772
4696	1763	景興二十四年	古珠寺後伕碑/相公夫人二位	2781/2782
4697	1763	景興二十四年	後佛碑記	2973
4698	1763	景興二十四年	嗶哩寶寺	2974
4699	1763	景興二十四年	嘉林縣富市社祠宇碑	3167/3168
4700	1763	景興二十四年	後神碑記	3759/3760
4701	1763	景興二十四年	無題	6168/6169
4702	1763	景興二十四年	供奉功德之碑/上等神陂田	6478/6479
4703	1763	景興二十四年	石碑	6934
4704	1763	景興二十四年	后伕碑記	7231
4705	1763	景興二十四年	后伕碑記/乾坤	7768/7769
4706	1763	景興二十四年	后神碑記	9918/9919
4707	1763	景興二十四年	後神後佛/奉事碑記	10591/10592/10593/10594
4708	1763	景興二十四年	后神碑記	11339/11340
4709	1763	景興二十四年	後神碑記/保置候神	11504/11505
4710	1763	景興二十四年	片石銘	4525
4711	1763	景興二十四年	後神碑記	4793/4794
4712	1763	景興二十四年	後佛碑記	5448

七　後黎朝中興期碑銘目錄（1533—1789）　495

續表

序號	公元紀年	年號	標題	編號
4713	1763	景興二十四年	后神碑記	12238
4714	1763	景興二十四年	后神碑記	12239
4715	1763	景興二十四年	後神碑記	12772/12773
4716	1763	景興二十四年	後神碑記	13139/13140
4717	1763	景興二十四年	亭門石碑記	15419/15420
4718	1763	景興二十四年	無題	15648/15649
4719	1764	景興二十五年	流傳萬代	5016
4720	1764	景興二十五年	陳家後佛碑	3188
4721	1764	景興二十五年	寶山寺後佛碑記	20002
4722	1764	景興二十五年	候神碑/本社置保	20494/20495
4723	1764	景興二十五年	科場碑記/先聖事跡	18406/18407
4724	1764	景興二十五年	天興寺後伕碑記	782/783/784/785
4725	1764	景興二十五年	黎田碑記	1999/2000/2001/2002
4726	1764	景興二十五年	後佛碑記	2127
4727	1764	景興二十五年	忠義里碑	3162/3163
4728	1764	景興二十五年	後佛碑記	3497/3509
4729	1764	景興二十五年	無題	3666
4730	1764	景興二十五年	后神碑記/皇曆無彊	6549/6550/6551/6552
4731	1764	景興二十五年	阮後神造碑記/灵沼社造碑記	6715/6737
4732	1764	景興二十五年	后佛碑	7000
4733	1764	景興二十五年	祖先諸族/後伕碑記	7062/7063/7064/7065
4734	1764	景興二十五年	后神碑記	7263
4735	1764	景興二十五年	本總斯文武/造祠宇碑記	7508/7509/7510
4736	1764	景興二十五年	寺庵事實碑	9207/9208/9209/9210
4737	1764	景興二十五年	忠孝全節碑	9215
4738	1764	景興二十五年	後賢碑記	9247
4739	1764	景興二十五年	後神碑記	9354
4740	1764	景興二十五年	無題	9411
4741	1764	景興二十五年	造亭古跡立碑記	10199/10200
4742	1764	景興二十五年	後佛碑記	10818

496　下編　越南碑銘文獻目錄

續表

序號	公元紀年	年號	標題	編號
4743	1764	景興二十五年	本縣文屬碑/各處田園記	11233/11234
4744	1764	景興二十五年	本縣文屬碑/各處田園記	11251/11252
4745	1764	景興二十五年	后神碑誌/本社碑立	11323/11324
4746	1764	景興二十五年	祠址碑記	11402/11403
4747	1764	景興二十五年	後佛碑記	11475/11476
4748	1764	景興二十五年	候神碑/本社置保	11510/11511
4749	1764	景興二十五年	後神碑記/儀田立碑	4791/4792
4750	1764	景興二十五年	祀號碑記	4881/4893
4751	1764	景興二十五年	後佛碑記	5018
4752	1764	景興二十五年	後神碑記	5214
4753	1764	景興二十五年	本亭奉事/後神碑記	5467/5468
4754	1764	景興二十五年	後事碑	5558
4755	1764	景興二十五年	無題	12100/12101/12102
4756	1764	景興二十五年	本社后神碑	12241/12242
4757	1764	景興二十五年	後神碑記	13316
4758	1764	景興二十五年	本社約立石碑/以上各條記無移易	14588/14589
4759	1764	景興二十五年	立石碑記	15384/15385
4760	1765	景興二十六年	後佛碑記/信施	4873/4879
4761	1765	景興二十六年	建立祠宇/後賢碑記	12264/12265/12266/12267
4762	1765	景興二十六年	後佛碑記	2379/2381/2382
4763	1765	景興二十六年	亭門碑記	1585/1586
4764	1765	景興二十六年	慶/山/寺/鐘	37533a/37533b/37533c/37533d
4765	1765	景興二十六年	后佛碑	17980
4766	1765	景興二十六年	無題	656
4767	1765	景興二十六年	先賢碑記/百福增隆	858/859/860
4768	1765	景興二十六年	後神碑記	1761
4769	1765	景興二十六年	奉立碑記祀	2046/2047
4770	1765	景興二十六年	後佛碑記	2972
4771	1765	景興二十六年	書筆特賜	3376
4772	1765	景興二十六年	碑記	3377

七　後黎朝中興期碑銘目錄（1533—1789）　497

續表

序號	公元紀年	年號	標題	編號
4773	1765	景興二十六年	靈塊禪寺/後佛碑記	6891/6892
4774	1765	景興二十六年	后伕碑記	6899/6900/6901/6902
4775	1765	景興二十六年	後佛碑記	6910/6911
4776	1765	景興二十六年	後佛碑記	6912/6913
4777	1765	景興二十六年	後神碑記	7507
4778	1765	景興二十六年	後佛碑記	7781
4779	1765	景興二十六年	新建鳳山后賢碑記	8381/8382/8383/8384
4780	1765	景興二十六年	后甲碑記	8391/8392
4781	1765	景興二十六年	萬古流芳	8885
4782	1765	景興二十六年	無題	9274/9275
4783	1765	景興二十六年	後神碑記	10113/10114
4784	1765	景興二十六年	后神碑記	11408
4785	1765	景興二十六年	後佛碑	11409
4786	1765	景興二十六年	無題	11629
4787	1765	景興二十六年	貳社例碑記	4879/4880
4788	1765	景興二十六年	後佛碑記	5257/5258/5259
4789	1765	景興二十六年	無題	5415/5416/5417/5418
4790	1765	景興二十六年	後神碑記	12404
4791	1765	景興二十六年	後佛碑記	15114
4792	1766	景興二十七年	候佛碑記	13897
4793	1766	景興二十七年	後神碑記/本村端保	20653/20654
4794	1766	景興二十七年	后神碑記	18159
4795	1766	景興二十七年	流傳萬代/後神碑記	18377/18378/18379/18380
4796	1766	景興二十七年	後佛碑記	1038/1039
4797	1766	景興二十七年	景興二十七年丙戌科進士題名記	1383
4798	1766	景興二十七年	后佛碑記	2128
4799	1766	景興二十七年	興圓寺碑記	2544
4800	1766	景興二十七年	無題	2555
4801	1766	景興二十七年	祠堂寶訓銘	3375
4802	1766	景興二十七年	武班官肅賀賀扁	3378
4803	1766	景興二十七年	後佛碑記	3477

續表

序號	公元紀年	年號	標題	編號
4804	1766	景興二十七年	奉事后神碑記/本社奉事約文	3640/3641
4805	1766	景興二十七年	約文/碑記	6182/6183
4806	1766	景興二十七年	科場碑記	6718/6719
4807	1766	景興二十七年	三寶渡	8379
4808	1766	景興二十七年	仝社叶保/後神碑記	8713/8714
4809	1766	景興二十七年	置后伕碑	8779/8780
4810	1766	景興二十七年	后族碑記	8873/8874
4811	1766	景興二十七年	無嗣碑	8887/8888/8889
4812	1766	景興二十七年	后神碑記	9815/9816/9817/9818
4813	1766	景興二十七年	后神碑記	10646/10647
4814	1766	景興二十七年	后神碑記	10730/10731/10732/10733
4815	1766	景興二十七年	後神碑記/黎朝萬祀	11617/11618
4816	1766	景興二十七年	後神碑記	4443/4444
4817	1766	景興二十七年	后神碑記	5268/5269
4818	1766	景興二十七年	私田碑記/留傳永遠	5401/5402
4819	1766	景興二十七年	後神碑記/事神依例	5501/5502
4820	1766	景興二十七年	斯武碑記	12040/12041
4821	1766	景興二十七年	南甲后神碑記	12229/12230
4822	1766	景興二十七年	後神碑	12405
4823	1766	景興二十七年	皇朝萬萬歲/後神碑記	12792/12793
4824	1766	景興二十七年	本社乞保福神碑	14529
4825	1766	景興二十七年	後配碑記	20588/20589
4826	1766	景興二十七年	后神碑	18606
4827	1766	景興二十七年	列位碑記	2904/2905
4828	1767	景興二十八年	上位侯碑	10949/10950/10951/10952
4829	1767	景興二十八年	景興丁亥奉	20956
4830	1767	景興二十八年	無題	17735
4831	1767	景興二十八年	寺流傳萬代田	1527
4832	1767	景興二十八年	靈山寶寺碑記/南無阿彌陀佛	1016/1017/1018/1019
4833	1767	景興二十八年	勒石永垂	1034/1035/1036/1037

七　後黎朝中興期碑銘目錄（1533—1789）　499

續表

序號	公元紀年	年號	標題	編號
4834	1767	景興二十八年	超類縣道秀社后神碑記	3148/3149
4835	1767	景興二十八年	後神碑記	3309
4836	1767	景興二十八年	後伕碑記/流傳萬代	3740/3741
4837	1767	景興二十八年	后佛碑記	3976/3977
4838	1767	景興二十八年	斯文碑記	7058/7059
4839	1767	景興二十八年	奉祀碑記/後佛座位	7284/7285
4840	1767	景興二十八年	後佛碑記	7475
4841	1767	景興二十八年	后/神/碑/記	7499/7500/7501/7502
4842	1767	景興二十八年	后神碑記	7511/7512/7513/7514
4843	1767	景興二十八年	造祠宇碑	8375/8376
4844	1767	景興二十八年	后神碑記/丁亥年暨	8715/8716
4845	1767	景興二十八年	後佛碑	9233/9234
4846	1767	景興二十八年	後神碑記/立端記/銘於後	10107/10108/10109/10110
4847	1767	景興二十八年	保后碑記	10494/10495/10496
4848	1767	景興二十八年	創造祠宇碑/本總姓名記	10505/10506/10507/10508
4849	1767	景興二十八年	後神碑記/後事萬年	10666/10667
4850	1767	景興二十八年	少保相公祠堂碑記	4214/4215/4216/4217
4851	1767	景興二十八年	鄉亭鐘閣碑記/儀式條約資供性名	5817/5818
4852	1767	景興二十八年	后神碑	12228
4853	1767	景興二十八年	後神碑記	12261
4854	1767	景興二十八年	皇朝萬歲/後神碑記	12820/12821
4855	1767	景興二十八年	後神碑記	13091/13092
4856	1767	景興二十八年	鄉寨條例碑	14520
4857	1767	景興二十八年	誌美碑記	14527
4858	1767	景興二十八年	祠堂碑記附家訓	14528
4859	1767	景興二十八年	后神條例碑	14530
4860	1767	景興二十八年	福神條例碑	14531
4861	1767	景興二十八年	祠堂條例碑	14532
4862	1767	景興二十八年	福神生祠碑記	14533

500　下編　越南碑銘文獻目錄

續表

序號	公元紀年	年號	標題	編號
4863	1767	景興二十八年	新刊家訓碑	14534
4864	1767	景興二十八年	后神保祠幷碑記	14535
4865	1768	景興二十九年	后伕碑記	6903/6904
4866	1768	景興二十九年	後伕碑記/黎朝景興之戊子年良月碑記	1827/1888
4867	1768	景興二十九年	後神碑記	17296/17297/17298/17299
4868	1768	景興二十九年	重構祠宇碑記	4605/4606/4607/4608
4869	1768	景興二十九年	供田碑記	17583
4870	1768	景興二十九年	無題	17298/17299
4871	1768	景興二十九年	后神碑記	1531/1532
4872	1768	景興二十九年	後佛碑記	1579/1580/1581
4873	1768	景興二十九年	后祀本社碑記/后神車羅碑記/黃族碑記/黎朝景興之戊子年良月碑記	1861/1862/1863/1864
4874	1768	景興二十九年	域館跡留碑記	1963
4875	1768	景興二十九年	廣嚴寺後佛碑記	1969/1970
4876	1768	景興二十九年	山遊偶題	2810
4877	1768	景興二十九年	後神後佛碑記/萬古流芳	3744/3745
4878	1768	景興二十九年	後賢碑記/開例於后	6302/6303
4879	1768	景興二十九年	文運大亨/芳名不朽	7757/7758
4880	1768	景興二十九年	后神碑記	7918
4881	1768	景興二十九年	創造後佛碑記	8157
4882	1768	景興二十九年	無題	8559/8560/8561
4883	1768	景興二十九年	無題	8562/8563/8564
4884	1768	景興二十九年	無題	9052/9053/9054/9055
4885	1768	景興二十九年	盤阿山	9410
4886	1768	景興二十九年	後佛碑記	10819
4887	1768	景興二十九年	永裕堂碑記/三村祀事條例/貢村祀事條例/本族祀事條例	4220/4221/4222/4223
4888	1768	景興二十九年	后神碑記/流傳萬代	4233/4234
4889	1768	景興二十九年	後神碑記	4356

七　後黎朝中興期碑銘目錄（1533—1789）　501

續表

序號	公元紀年	年號	標題	編號
4890	1768	景興二十九年	後神碑記/儀田立碑	4788/4790
4891	1768	景興二十九年	後神碑記	5615/5616
4892	1768	景興二十九年	山遊偶題	5655
4893	1768	景興二十九年	靈應宝殿/修造石碑	5819/5820
4894	1768	景興二十九年	立石碑	14346/14347
4895	1768	景興二十九年	置后神碑	15703
4896	1769	景興三十年	平望市銘文◆	8336/8337
4897	1769	景興三十年	後神碑記	12272/12273
4898	1769	景興三十年	重修亭宇碑	19749/19751
4899	1769	景興三十年	光恩寺/後伕田碑記	874/875
4900	1769	景興三十年	后忌碑記	20111/20112/20113a
4901	1769	景興三十年	埬□寺碑/佛	17676/17677
4902	1769	景興三十年	紅雲祠記/渥優惠澤/萬代流傳/壽福條章	11/12/13/14
4903	1769	景興三十年	普光塔碑記	795/798
4904	1769	景興三十年	景興三十年己丑科進士題名記	1378
4905	1769	景興三十年	祀田碑記	1615/1616
4906	1769	景興三十年	貳甲奉事/后忌碑記	1727/1728
4907	1769	景興三十年	后神碑記	2602
4908	1769	景興三十年	無題	2761
4909	1769	景興三十年	重創嚴光寺碑記	3452/3453
4910	1769	景興三十年	后神碑記	3895/3896
4911	1769	景興三十年	后神碑記/本社后神	3984/3985
4912	1769	景興三十年	天福禪寺	6397
4913	1769	景興三十年	后神碑記	6782/6783
4914	1769	景興三十年	無題	6998
4915	1769	景興三十年	後忌碑記	7901/7923/7924
4916	1769	景興三十年	後神碑記	8581/8582/8583/8584
4917	1769	景興三十年	后神碑記	9211/9212
4918	1769	景興三十年	無題	9263/9264
4919	1769	景興三十年	瑰池碑記	9531/9532

續表

序號	公元紀年	年號	標題	編號
4920	1769	景興三十年	本社保詞/後神碑記	9673/9674/9675/9676
4921	1769	景興三十年	后神碑記/萬古馨香	9829/9830/9831/9832
4922	1769	景興三十年	無題	10228/10229
4923	1769	景興三十年	斯文職碑記	11151
4924	1769	景興三十年	後神碑記	5022/5023
4925	1769	景興三十年	後神碑記	5063b/5064
4926	1769	景興三十年	後神碑記	5186/5187
4927	1769	景興三十年	后神碑記	5793
4928	1769	景興三十年	無題	5949
4929	1769	景興三十年	奉事候碑	12109
4930	1769	景興三十年	祠宇碑記	12471/12472
4931	1769	景興三十年	祠宇本總碑記	12473/12474
4932	1769	景興三十年	后神碑記	12656
4933	1769	景興三十年	無題	12962/12963
4934	1769	景興三十年	后佛碑記	13333
4935	1769	景興三十年	本甲後神碑記	15313
4936	1770	景興三十一年	花煙寺記	4548/4549
4937	1770	景興三十一年	立祠址碑記	8123/8124
4938	1770	景興三十一年	後神碑記	20661
4939	1770	景興三十一年	揚武碑記	18095
4940	1770	景興三十一年	后伕碑記	639/640
4941	1770	景興三十一年	興慶寺后伕碑記	676/677
4942	1770	景興三十一年	后神碑記/庚寅年造	983/984/985/986
4943	1770	景興三十一年	后佛神記	1422
4944	1770	景興三十一年	後神碑記	1632/1633
4945	1770	景興三十一年	后神碑記/後人求鑒	1758/1759
4946	1770	景興三十一年	興福寺/興建後佛碑記	2023/2024/2025/2026
4947	1770	景興三十一年	後伕碑記	3282/3283
4948	1770	景興三十一年	後佛碑記	3513
4949	1770	景興三十一年	後神碑記	6293
4950	1770	景興三十一年	無題	6537/6538/6539/6540
4951	1770	景興三十一年	無題	6541/6542

七 後黎朝中興期碑銘目錄（1533—1789） 503

續表

序號	公元紀年	年號	標題	編號
4952	1770	景興三十一年	無題	6809
4953	1770	景興三十一年	后神碑記	6918/6919
4954	1770	景興三十一年	后神碑記	7316/7331
4955	1770	景興三十一年	后神碑	8170/8171
4956	1770	景興三十一年	候神碑記	8411/8412
4957	1770	景興三十一年	仝村立端/後神碑記	8686/8687
4958	1770	景興三十一年	戒禁	8886
4959	1770	景興三十一年	后神碑	9457/9458
4960	1770	景興三十一年	一興功/豐光寺/天臺壹柱/供三寶	9896/9897/9898/9899
4961	1770	景興三十一年	詞宇碑記	10210/10211
4962	1770	景興三十一年	後佛碑記	10673
4963	1770	景興三十一年	右恭進誌	11395
4964	1770	景興三十一年	斯文碑記	11428/11429/11430/11431
4965	1770	景興三十一年	後神碑記	11795/11796
4966	1770	景興三十一年	無題	4829/4830
4967	1770	景興三十一年	後神碑記	5024/5025
4968	1770	景興三十一年	後神碑記	5026/5027
4969	1770	景興三十一年	后伕碑記	5069/5070
4970	1770	景興三十一年	後神碑記	5190/5191
4971	1770	景興三十一年	宇宙以來	5656
4972	1770	景興三十一年	碑記事	5770/5771
4973	1770	景興三十一年	本社碑記	5849/5850
4974	1770	景興三十一年	后神碑記	12021/12022
4975	1770	景興三十一年	㨂福寺/后佛碑	13277/13278
4976	1770	景興三十一年	后神碑記	629/630
4977	1771	景興三十二年	後佛碑記	2264
4978	1771	景興三十二年	事神碑記	19895
4979	1771	景興三十二年	后伕碑記//流傳萬古	19789/19790/19791
4980	1771	景興三十二年	后神碑記	383/384
4981	1771	景興三十二年	後佛碑記	525
4982	1771	景興三十二年	坤貞府碑記	1000/1001/1002/1003

504　下編　越南碑銘文獻目錄

續表

序號	公元紀年	年號	標題	編號
4983	1771	景興三十二年	光祿寺後伕碑記	1004/1005
4984	1771	景興三十二年	東鄂社儷福碑	1052/1053
4985	1771	景興三十二年	東鄂社祀事碑	1054/1055
4986	1771	景興三十二年	后佛碑記	2029/2030
4987	1771	景興三十二年	崇修後佛碑記	2031/2032
4988	1771	景興三十二年	後神碑記	3032/3033
4989	1771	景興三十二年	后神碑記	3674/3681
4990	1771	景興三十二年	后神碑記	6019
4991	1771	景興三十二年	後伕碑記	6064/6065
4992	1771	景興三十二年	后神/碑記	6304/6305
4993	1771	景興三十二年	后神碑記	6433/6434
4994	1771	景興三十二年	后佛碑記	6886/6887
4995	1771	景興三十二年	后佛碑	6947
4996	1771	景興三十二年	後神碑記	7204/7258
4997	1771	景興三十二年	春錦黎羅/后神碑記	8761/8762/8763/8764
4998	1771	景興三十二年	后神碑記	8810/8811
4999	1771	景興三十二年	后神碑記/百世不遷	8875/8876
5000	1771	景興三十二年	祠宇碑	8894
5001	1771	景興三十二年	後神碑記	9801
5002	1771	景興三十二年	后神碑記	10325/10326/10327
5003	1771	景興三十二年	后/神/碑/記	10726/10727/10728/10729
5004	1771	景興三十二年	後佛碑	11010/11011/11012
5005	1771	景興三十二年	無題	11059/11060
5006	1771	景興三十二年	后神碑記	11613/11614
5007	1771	景興三十二年	後神碑記	11851/11852
5008	1771	景興三十二年	無題	11981/11982
5009	1771	景興三十二年	後佛碑	12410
5010	1771	景興三十二年	無題	12796/12797
5011	1771	景興三十二年	端詞記	13904
5012	1771	景興三十二年	靈山寺石碑記	14442
5013	1771	景興三十二年	富貴壽康寧	15502
5014	1772	景興三十三年	後神碑記	5226

七　後黎朝中興期碑銘目錄（1533—1789）

續表

序號	公元紀年	年號	標題	編號
5015	1772	景興三十三年	無題	2655/2656
5016	1772	景興三十三年	長美社重光村仝碑記	2652
5017	1772	景興三十三年	后神碑記	12291/12292
5018	1772	景興三十三年	壬辰科進士題名碑記	19309
5019	1772	景興三十三年	攜造后佛石碑記	18562
5020	1772	景興三十三年	後佛碑記/新造碑記	16330/16331
5021	1772	景興三十三年	竜光寶寺/后佛碑記/兼后神位/歲次壬辰	534/535/536/537
5022	1772	景興三十三年	高山大王神祠碑銘并序	1025/1026
5023	1772	景興三十三年	壬辰科進士題名記	1376
5024	1772	景興三十三年	後神碑記	1760
5025	1772	景興三十三年	後佛碑記	1825/1826
5026	1772	景興三十三年	圓融塔序文	1966
5027	1772	景興三十三年	后佛碑記/安福寺碑	2506/2507
5028	1772	景興三十三年	祠址碑記	2567
5029	1772	景興三十三年	黃門寺碑	2568
5030	1772	景興三十三年	後佛碑記	2969/2970
5031	1772	景興三十三年	無題	3269/3270/3271
5032	1772	景興三十三年	後佛碑記	3444/3445
5033	1772	景興三十三年	闍黎寺后伕碑記	3470
5034	1772	景興三十三年	後伕碑記	3499
5035	1772	景興三十三年	闍黎寺后伕碑記	3510
5036	1772	景興三十三年	後佛碑記	6405
5037	1772	景興三十三年	后神碑記	7021/7022/7023
5038	1772	景興三十三年	崇福寺/集福碑記	7860/7861
5039	1772	景興三十三年	無題	8766/8768
5040	1772	景興三十三年	後/佛/碑/記	9187/9188/9189/9190
5041	1772	景興三十三年	後佛碑記	9511/9512
5042	1772	景興三十三年	附伕碑記	9513/9514
5043	1772	景興三十三年	立碑招慶寺記/立像后伕記	10497/10498
5044	1772	景興三十三年	後神碑記/本社立端	11156/11157/11158/11159

506　下編　越南碑銘文獻目錄

續表

序號	公元紀年	年號	標題	編號
5045	1772	景興三十三年	後神碑記	11607/11608
5046	1772	景興三十三年	時雨塔天恩寺開創祖師實錄	4433
5047	1772	景興三十三年	立知恩碑記	4538/4539/4540/4541
5048	1762	景興三十三年	後伕碑記	5015/5017
5049	1772	景興三十三年	後忌碑記/設立端詞	5098/5099
5050	1772	景興三十三年	后神碑記	5188/5189
5051	1772	景興三十三年	后伕碑記	5254
5052	1772	景興三十三年	本社碑記/萬載福	12262/12263
5053	1772	景興三十三年	立後神碑銘	12301/12302
5054	1772	景興三十三年	無題	12303/12304
5055	1772	景興三十三年	後神碑記/再保後佛	12818/12819
5056	1772	景興三十三年	設立端詞/後忌碑記	13905/13906
5057	1772	景興三十三年	無題	14826/14827
5058	1773	景興三十四年	無題	20414/20415
5059	1773	景興三十四年	無題	2640/2641
5060	1773	景興三十四年	永爲條例/後神碑記	7015/7016
5061	1773	景興三十四年	純忠社碑記	2657/2658
5062	1773	景興三十四年	后佛碑記	4785/4786
5063	1773	景興三十四年	斯文碑記	1627
5064	1773	景興三十四年	信甲碑記	19753/19754
5065	1774	景興三十四年	后佛碑	17981
5066	1773	景興三十四年	后神碑記	970/971
5067	1773	景興三十四年	后佛碑記	1033
5068	1773	景興三十四年	后神碑記	1642
5069	1773	景興三十四年	後神碑記	1911/1912
5070	1773	景興三十四年	後神碑記	2502/2504
5071	1773	景興三十四年	后佛碑記	2503/2505
5072	1773	景興三十四年	重修斯文先賢祠宇記并銘	2566
5073	1773	景興三十四年	流傳永世	2595
5074	1773	景興三十四年	后神碑記	2875

七　後黎朝中興期碑銘目錄（1533—1789）

續表

序號	公元紀年	年號	標題	編號
5075	1773	景興三十四年	后伕碑記	2958/2959
5076	1773	景興三十四年	天南同祠宇碑記	3273
5077	1773	景興三十四年	后神碑記	3809/3810
5078	1773	景興三十四年	造碑石/癸巳年	6668/6669
5079	1773	景興三十四年	后神碑記	6840/6841/6842/6843
5080	1773	景興三十四年	后伕碑記	6905/6906/6907
5081	1773	景興三十四年	西煙/寺天/臺石/壹柱	6978/6979/6980/6981
5082	1773	景興三十四年	後神碑記/本村立端	8679/8680/8681/8682
5083	1773	景興三十四年	后神碑記	9091/9092
5084	1773	景興三十四年	後伕碑	9296/9297
5085	1773	景興三十四年	修造石碑/構作造留傳萬代	10670/10671
5086	1773	景興三十四年	候神碑記/設立流傳	11297/11298
5087	1773	景興三十四年	后神碑記	4289/4290
5088	1773	景興三十四年	無題	4520
5089	1773	景興三十四年	無題	4585/4586
5090	1773	景興三十四年	后神碑記	4795/4796
5091	1773	景興三十四年	后伕碑記	5255/5256
5092	1773	景興三十四年	金剛寶塔碑詞	5632
5093	1773	景興三十四年	后神碑	5994
5094	1773	景興三十四年	無題	12078/12079/12080/12081
5095	1773	景興三十四年	無題	12082/12083/12084/12085
5096	1773	景興三十四年	重修福興/禪寺碑記	12477/12478
5097	1773	景興三十四年	無題	12479
5098	1773	景興三十四年	神官碑記/天長地久	12509/12510
5099	1773	景興三十四年	后神/碑記	12780/12781
5100	1773	景興三十四年	配享碑記	13281/13282
5101	1774	景興三十五年	▇村文會碑記	20577/20578
5102	1774	景興三十五年	無題	10722/10723
5103	1774	景興三十五年	僔梂社	3563/3564
5104	1774	景興三十五年	護兒碑記	19089/19090
5105	1774	景興三十五年	候佛碑記	9607/9608

508　下編　越南碑銘文獻目錄

續表

序號	公元紀年	年號	標題	編號
5106	1774	景興三十五年	后神碑記（上洪府唐安縣慕澤社上村後神碑記）	19838/19839/19840/19841
5107	1774	景興三十五年	三聖先医廟殿碑	18094
5108	1774	景興三十五年	無題	18140/18141/18142/18143
5109	1774	景興三十五年	文址碑記	17074
5110	1774	景興三十五年	后神碑記（金華縣泰符社保後神碑記）	16183
5111	1774	景興三十五年	文址碑記	186
5112	1774	景興三十五年	后佛碑記	2035/2036
5113	1774	景興三十五年	無題	2089/2090
5114	1774	景興三十五年	后佛碑記/安福寺記	2518/2519/2520
5115	1774	景興三十五年	恭奉令旨仝除碑/造本國聖祖文碑	2779/2780
5116	1774	景興三十五年	後神碑記	3037
5117	1774	景興三十五年	崇修碧洞碑記	6276
5118	1774	景興三十五年	重造祠宇碑記/後賢陰配	7418/7419/7420
5119	1774	景興三十五年	后神碑記	7904
5120	1774	景興三十五年	附神碑記	8332/8333
5121	1774	景興三十五年	后伕碑記	9027/9028
5122	1774	景興三十五年	後佛碑記	9047/9048/9049
5123	1774	景興三十五年	午塘碑記/后賢碑記	10075/10076
5124	1774	景興三十五年	清涼山西竺寺/碑記/興功會主五福/兼全	10512/10513/10514/10515
5125	1774	景興三十五年	無題	10629
5126	1774	景興三十五年	后佛碑記/后佛碑記	10753/10754
5127	1774	景興三十五年	後佛碑記	10823
5128	1774	景興三十五年	后神碑記	10969/10970/10971
5129	1774	景興三十五年	后佛文碑記	5046/5047
5130	1774	景興三十五年	后神碑記	5774/5775
5131	1774	景興三十五年	創立斯文/先賢後賢/碑/記	12064/12065/12066/12067
5132	1774	景興三十五年	無題	12440/12441/12442

七　後黎朝中興期碑銘目錄（1533—1789）　509

續表

序號	公元紀年	年號	標題	編號
5133	1774	景興三十五年	無題	12917/12918/12919/12920
5134	1774	景興三十五年	圓光寺/修上殿碑	12989/12990/12991/12992
5135	1774	景興三十五年	祠宇碑記	13290/13291/13292
5136	1774	景興三十五年	無題	13311/13312/13313/13314
5137	1774	景興三十五年	後神碑記/本村券例	14194/14195/14196/14197
5138	1775	景興三十六年	囙刻石碑記/開創/功德	8009/8010/8030/8031
5139	1775	景興三十六年	后伕碑記	13836
5140	1775	景興三十六年	后神碑記	19757/19758
5141	1775	景興三十六年	無題	19954
5142	1775	景興三十六年	后神碑記	18164/18165
5143	1775	景興三十六年	後佛碑記	17334
5144	1775	景興三十六年	瓊福寺碑記	850/851
5145	1775	景興三十六年	後神碑記	1762/1763
5146	1775	景興三十六年	景興三十六年正月初七日鐫	2142/2143
5147	1775	景興三十六年	后伕碑記	2229/2230
5148	1775	景興三十六年	後神碑記	2359/2463
5149	1775	景興三十六年	無題	2499/2500/2513
5150	1775	景興三十六年	後佛碑誌	2745
5151	1775	景興三十六年	后佛碑記	2762
5152	1775	景興三十六年	有功村內碑記/永久不刊	2765/2768
5153	1775	景興三十六年	后佛碑記/修造碑記	2929/2930
5154	1775	景興三十六年	后伕碑記	2964/2965
5155	1775	景興三十六年	後佛碑記	3425/3426
5156	1775	景興三十六年	瓊福寺碑記	3643/3644
5157	1775	景興三十六年	后神碑記	6174/6175
5158	1775	景興三十六年	無題	6399
5159	1775	景興三十六年	後佛碑記	6418
5160	1775	景興三十六年	大貝社后伕碑記	6419
5161	1775	景興三十六年	後佛碑記	6426
5162	1775	景興三十六年	后伕碑記	6510/6511

510　下編　越南碑銘文獻目錄

續表

序號	公元紀年	年號	標題	編號
5163	1775	景興三十六年	無題	6618/6619
5164	1775	景興三十六年	無題	6620/6621
5165	1775	景興三十六年	後神碑	6733
5166	1775	景興三十六年	后佛碑記	6923/6924
5167	1775	景興三十六年	后神碑記	6930/6931/6932/6933
5168	1775	景興三十六年	後神碑記	7030/7031
5169	1775	景興三十六年	後仸碑記/流傳萬代	7072/7073
5170	1775	景興三十六年	後神碑記	7089
5171	1775	景興三十六年	先後碑記/重修祠宇	7709/7710
5172	1775	景興三十六年	後神碑記	8471
5173	1775	景興三十六年	后神碑記	8472/8473
5174	1775	景興三十六年	社村碑記/後神碑位	8638/8639
5175	1775	景興三十六年	后神碑記/後神碑記	9181/9182
5176	1775	景興三十六年	後神碑記	9420/9421
5177	1775	景興三十六年	後神碑記	9467/9468
5178	1775	景興三十六年	後神碑記/永爲條例	9930/9931
5179	1775	景興三十六年	後神碑記	9934/9935
5180	1775	景興三十六年	無題	10089/10090/10091/10092
5181	1775	景興三十六年	後佛碑記	10251
5182	1775	景興三十六年	後神碑記/萬代奉事	10657/10658/10659/10660
5183	1775	景興三十六年	新立石塔/茲建祠堂/顯明家譜/記一碑傳	11090/11091/11092/11093
5184	1775	景興三十六年	創立後神碑記	11269/11270
5185	1775	景興三十六年	無題	11989/11990/11991/11992
5186	1775	景興三十六年	祠址碑記	4377/4378
5187	1775	景興三十六年	無題	4587
5188	1775	景興三十六年	後佛碑記	5207
5189	1775	景興三十六年	本村神后碑	12226/12227
5190	1775	景興三十六年	本村后神碑	12231
5191	1775	景興三十六年	無題	12702/12703
5192	1775	景興三十六年	后神碑記	12731/12732
5193	1775	景興三十六年	后神碑記	12770/12771

七　後黎朝中興期碑銘目錄（1533—1789）　511

續表

序號	公元紀年	年號	標題	編號
5194	1775	景興三十六年	后神碑記	12777
5195	1775	景興三十六年	皇朝萬歲/後神碑記	12946/12947
5196	1775	景興三十六年	皇朝萬歲/後神碑記	12952/12953
5197	1775	景興三十六年	后佛碑記	13830
5198	1775	景興三十六年	后忌碑記	13913/13914
5199	1775	景興三十六年	置后神碑	15706
5200	1775	景興三十六年	祠宇碑記/石碑記	10530/10531/10532/10533
5201	1776	景興三十七年	后伕碑記	1
5202	1776	景興三十七年	後神碑記	15487
5203	1776	景興三十七年	無題	3131/3132
5204	1776	景興三十七年	圓明塔	1015
5205	1776	景興三十七年	后伕碑	19541/19542
5206	1776	景興三十七年	后伕碑記（泰符社始造後佛碑記）	16180/16181/16182
5207	1776	景興三十七年	古庵寺	16206/16207/16208/16210/16211
5208	1776	景興三十七年	崇師報本碑記	930/931
5209	1776	景興三十七年	景興三十六年乙未科進士題名記	1380
5210	1776	景興三十七年	無題	1391
5211	1776	景興三十七年	無題	1588
5212	1776	景興三十七年	后神碑記	1752/1753
5213	1776	景興三十七年	後賢碑記	2267/2271
5214	1776	景興三十七年	本縣/官員碑記	2268/2270
5215	1776	景興三十七年	后午門碑記	2508
5216	1776	景興三十七年	文會碑記/本會事例	3610/3611
5217	1776	景興三十七年	無題	3665
5218	1776	景興三十七年	藍㘖寶山婆釘寺	3673/3680
5219	1776	景興三十七年	后神碑記	6337
5220	1776	景興三十七年	造石碑/丙申年造	6666/6667
5221	1776	景興三十七年	后神碑記	6795/6796
5222	1776	景興三十七年	無題	7386
5223	1776	景興三十七年	后神碑記	7871

續表

序號	公元紀年	年號	標題	編號
5224	1776	景興三十七年	原古跡名藍大悲寺	8159/8160
5225	1776	景興三十七年	始造祠宇石碑/尊重聖賢大道	8370/8371
5226	1776	景興三十七年	後神碑記	8468
5227	1776	景興三十七年	後神碑記	8469/8470
5228	1776	景興三十七年	后佚碑記	9025/9026
5229	1776	景興三十七年	候神碑記	9593/9594
5230	1776	景興三十七年	后神之碑	9920/9921
5231	1776	景興三十七年	造石碑	10350/10351
5232	1776	景興三十七年	后佚碑記	5475/5476
5233	1776	景興三十七年	新造石碑/隆恩寺記	5921/5922
5234	1776	景興三十七年	後神碑記	12828/12829
5235	1776	景興三十七年	後神碑記	12948/12949
5236	1776	景興三十七年	後神碑記/流傳萬代	13269/13270/13271/13272
5237	1776	景興三十七年	流傳萬代	13289
5238	1776	景興三十七年	無題	13332
5239	1776	景興三十七年	無題	13827
5240	1776	景興三十七年	無題	13829
5241	1776	景興三十七年	無題	13837
5242	1776	景興三十七年	后忌碑記	13932
5243	1776	景興三十七年	供田功德/香油寺記	14192/14193
5244	1776	景興三十七年	后佛石碑記	14600
5245	1776	景興三十七年	后佛石碑記	14614
5246	1777	景興三十八年	造後神碑記	20295
5247	1777	景興三十八年	無題	6628/6629
5248	1777	景興三十八年	後神碑記/流傳萬代	13255/13256
5249	1777	景興三十八年	崗僞/禪寺/烊鑄/洪鐘	24924a/24924b/24924c/24924d
5250	1777	景興三十八年	候神碑記	19634/19635
5251	1777	景興三十八年	塔靈寺后佛碑記	17999
5252	1777	景興三十八年	後佛碑記	1793/1794
5253	1777	景興三十八年	興福禪寺/後佛碑記	2052/2053
5254	1777	景興三十八年	祠堂碑寄	2260/2261/2306/2307

七　後黎朝中興期碑銘目錄（1533—1789）　513

續表

序號	公元紀年	年號	標題	編號
5255	1777	景興三十八年	后神碑記	2899
5256	1777	景興三十八年	后佛碑記	2982
5257	1777	景興三十八年	後佛碑記	6131
5258	1777	景興三十八年	無題	6396
5259	1777	景興三十八年	后佛碑記	6884/6885
5260	1777	景興三十八年	後神碑記	7093/7094
5261	1777	景興三十八年	石碑記	7209
5262	1777	景興三十八年	后神碑記	8334
5263	1777	景興三十八年	候神碑記	9499/9500
5264	1777	景興三十八年	侯神碑記/皇朝萬壽	9631/9632
5265	1777	景興三十八年	后忌碑記	10084
5266	1777	景興三十八年	新造石碑/后佛碑記	10159/10160
5267	1777	景興三十八年	后佛碑記	10187
5268	1777	景興三十八年	後神碑記	10245/10246
5269	1777	景興三十八年	后神碑記/永傳碑記	4181/4182
5270	1777	景興三十八年	開創碑記/天恩禪寺	4430/4431
5271	1777	景興三十八年	候佛寺記	4434
5272	1777	景興三十八年	候佛祀記	4522/4523
5273	1777	景興三十八年	後神碑記/後神神位	4853/4854
5274	1777	景興三十八年	後神碑記/後神神位	4876/4877
5275	1777	景興三十八年	興山禪寺/中興碑記	5293/5294
5276	1777	景興三十八年	後/神/碑/記	5727/5728/5729/5730
5277	1777	景興三十八年	無題	12126/12127
5278	1777	景興三十八年	後神碑記	12255/12256
5279	1777	景興三十八年	皇王萬萬歲/修亭墻碑記	12856/12857
5280	1777	景興三十八年	後神碑記	12950/12951
5281	1777	景興三十八年	祠宇碑記	13008/13009
5282	1777	景興三十八年	後神碑記/流傳萬代	13014/13015
5283	1777	景興三十八年	無題	13020/13021/13022/13023
5284	1777	景興三十八年	無題	13024
5285	1777	景興三十八年	石橋碑/野/記	13656/13657/13658/13659

514　下編　越南碑銘文獻目錄

續表

序號	公元紀年	年號	標題	編號
5286	1777	景興三十八年	井寺華煙	14591/14592
5287	1777	景興三十八年	無題	15887/15888
5288	1778	景興三十九年	續刻田記/國朝右文教崇	2430/2431
5289	1778	景興三十九年	朱公祠址碑記	2003/2004/2005/1006
5290	1778	景興三十九年	無題	2426
5291	1778	景興三十九年	無題	2834/2835/2836/2837
5292	1778	景興三十九年	無題	3614/3615
5293	1778	景興三十九年	後神碑	11104/11105
5294	1778	景興三十九年	后佛碑記	18044
5295	1778	景興三十九年	教坊碑記	1041
5296	1778	景興三十九年	後伕碑記	1797/1798
5297	1778	景興三十九年	后佛碑	1801/1802
5298	1778	景興三十九年	后佛碑	1809
5299	1778	景興三十九年	後賢碑記/流傳萬代	1940/1941
5300	1778	景興三十九年	無題	1998
5301	1778	景興三十九年	阮家祠址碑記	2007/2008/2009/2010
5302	1778	景興三十九年	無題	3476
5303	1778	景興三十九年	后神碑記	6099/6100
5304	1778	景興三十九年	後佛碑記	6406
5305	1778	景興三十九年	后神碑記	6770/6771
5306	1778	景興三十九年	後神官碑記	6776/6777
5307	1778	景興三十九年	後佛碑記	6806
5308	1778	景興三十九年	后神碑記	6921/6922
5309	1778	景興三十九年	後神碑記	8683/8684/8685
5310	1778	景興三十九年	後神碑記	9267/9268/9269
5311	1778	景興三十九年	候神碑記/皇朝萬壽	9629/9630
5312	1778	景興三十九年	後神碑記	9658/9659/9660
5313	1778	景興三十九年	天福寺/後佛碑記	9665/9666
5314	1778	景興三十九年	后神碑記/后神碑記	9667/9668
5315	1778	景興三十九年	文會碑記	11394
5316	1778	景興三十九年	後佛碑	11477/11478

七　後黎朝中興期碑銘目錄（1533—1789）　515

續表

序號	公元紀年	年號	標題	編號
5317	1778	景興三十九年	尊神資役	4032/4033
5318	1778	景興三十九年	萬代碑記	4083/4084
5319	1778	景興三十九年	無題	4445
5320	1778	景興三十九年	奉後神碑記	4447/4448
5321	1778	景興三十九年	奉後神碑記/祭忌田俵約	4449/4450
5322	1778	景興三十九年	後神碑記	12376
5323	1778	景興三十九年	後神碑記/萬代流傳	13030/13031
5324	1778	景興三十九年	後神碑記/萬代流傳	13032/13033
5325	1778	景興三十九年	立石碑	14917/14918
5326	1778	景興三十九年	后神碑記	15644
5327	1778	景興三十九年	文買亭門	15645
5328	1778	景興三十九年	皂隸碑記	191
5329	1779	景興四十年	伕後碑記	1784
5330	1779	景興四十年	功德	16209
5331	1779	景興四十年	後佛碑記	1029
5332	1779	景興四十年	後伕碑記	1795/1796
5333	1779	景興四十年	後佛碑記	1799/1800
5334	1779	景興四十年	無題	2612
5335	1779	景興四十年	後佛碑記	2735
5336	1779	景興四十年	鑄銅馬碑/十方恭進/本村恭進各社恭進	2776/2777/2778
5337	1779	景興四十年	無題	2871/2872/2873/2874
5338	1779	景興四十年	無題	2960
5339	1779	景興四十年	后神碑/留傳/尊事	3357/3358/3359/3360
5340	1779	景興四十年	右/左/后神碑記/仝社共記	6020/6021/6022/6023
5341	1779	景興四十年	心報碑記	6422/6423
5342	1779	景興四十年	后神碑記	6528/6529/6530
5343	1779	景興四十年	奉事后神碑記	6703/6704
5344	1779	景興四十年	棣蓬處石橋/石碑記	7006/7007
5345	1779	景興四十年	後伕碑誌	7066
5346	1779	景興四十年	東甲後賢碑記	7666/7667

516　下編　越南碑銘文獻目錄

續表

序號	公元紀年	年號	標題	編號
5347	1779	景興四十年	后碑記	8408
5348	1779	景興四十年	后神碑記	8969/8970
5349	1779	景興四十年	無題	9029/9030/9031/9032
5350	1779	景興四十年	后佛碑記	10002
5351	1779	景興四十年	創立	10015
5352	1779	景興四十年	創立祠宇/顯設碑記	11004/11005/11006/11007
5353	1779	景興四十年	無題	4446
5354	1779	景興四十年	后神碑記	4636
5355	1779	景興四十年	後伕碑記	5181
5356	1779	景興四十年	修造文碑后神/遞年祭祀如儀	5834/5835/5836/5837
5357	1779	景興四十年	許本社恩田碑	12120
5358	1779	景興四十年	后神碑記	12124/12125
5359	1779	景興四十年	後神碑記/后神碑記	12738/12739/12740
5360	1779	景興四十年	前立后神像碑	14379/14380/14381
5361	1779	景興四十年	錫山社/五福禪寺碑記	14647
5362	1779	景興四十年	無題	8577/8578/8579/8580
5363	1780	景興四十一年	后神碑	2900/2901
5364	1780	景興四十一年	無題	3618
5365	1780	景興四十一年	無題	23294a/23294b/23294c/23294d
5366	1780	景興四十一年	重修崇福寺廟庵碑記	469/475
5367	1780	景興四十一年	金蓮寺後佛碑記/楞伽塔宗徒碑記	802/803
5368	1780	景興四十一年	后神碑記	828/829
5369	1780	景興四十一年	景興三十九年戊戌科進士題名記	1306
5370	1780	景興四十一年	己亥盛科進士碑記	1312
5371	1780	景興四十一年	奕世留香/后神碑記	1936/1937
5372	1780	景興四十一年	無題	2140
5373	1780	景興四十一年	福神碑記	2805
5374	1780	景興四十一年	後佛碑誌	2984
5375	1780	景興四十一年	後神碑記	6109
5376	1780	景興四十一年	后神碑記	6176/6177

七　後黎朝中興期碑銘目錄（1533—1789）　517

續表

序號	公元紀年	年號	標　題	編　號
5377	1780	景興四十一年	後伕興功碑/閣鐘碑記	6734/6735
5378	1780	景興四十一年	福明寺/後佛碑記	6828/6829
5379	1780	景興四十一年	廣濟橋碑記/慶子孫苗裔/功德等河渺/福祿壽增嘉	7312/7313/7314/7315
5380	1780	景興四十一年	新殿碑銘/事神例記	7605/7606
5381	1780	景興四十一年	后神碑記	7916/7917
5382	1780	景興四十一年	后神碑	8366
5383	1780	景興四十一年	壽福碑	8367
5384	1780	景興四十一年	後神碑記	8474/8475
5385	1780	景興四十一年	後神碑記	10203/10204/10205/10206
5386	1780	景興四十一年	生神碑誌	10271/10272
5387	1780	景興四十一年	后神碑記	10652/10653
5388	1780	景興四十一年	后佛碑	11555
5389	1780	景興四十一年	創立碑記	11653/11654
5390	1780	景興四十一年	後神碑	11827/11828
5391	1780	景興四十一年	后佛碑記	4201
5392	1780	景興四十一年	后神碑記	4204/4205/4206
5393	1780	景興四十一年	創立碑記	4530/4531
5394	1780	景興四十一年	後神碑記	5515/5516
5395	1780	景興四十一年	后神碑記/留傳萬代	5604/5605
5396	1780	景興四十一年	后神碑記	5821/5822
5397	1780	景興四十一年	后神碑誌	5978/5979
5398	1780	景興四十一年	后神碑記	12153
5399	1780	景興四十一年	附神碑記	12397/12398
5400	1780	景興四十一年	饗之有所/傳以無窮	12698/12699/12700/12701
5401	1780	景興四十一年	重修石橋/碑記	12714/12715
5402	1780	景興四十一年	后神碑/記/本社共/立	12748/12749/12750/12751
5403	1780	景興四十一年	後神碑記	12752/12753
5404	1780	景興四十一年	後神寺碑/銘記瑞號	13934/13935
5405	1781	景興四十二年	后佛碑記	20058
5406	1781	景興四十二年	后神碑記	20064

518 下編 越南碑銘文献目錄

續表

序號	公元紀年	年號	標題	編號
5407	1781	景興四十二年	本亭后神碑	8833/8834
5408	1781	景興四十二年	刻修/配享後神碑	20611/20612/20613/20614
5409	1781	景興四十二年	靈光寺后佛碑記	16776
5410	1781	景興四十二年	皂隸碑記	184
5411	1781	景興四十二年	功德石銘垂	704/705
5412	1781	景興四十二年	賴安社伯公碑記	1506/1507
5413	1781	景興四十二年	後神碑記	1908/1909
5414	1781	景興四十二年	后佛碑記/祀典永垂	2867/2868
5415	1781	景興四十二年	圖黎寺后伕碑記	3492
5416	1781	景興四十二年	候神/碑記	6110/6111
5417	1781	景興四十二年	崇造灵椿寺碑記	6246/6247/6248
5418	1781	景興四十二年	後佛碑記	6273/6274
5419	1781	景興四十二年	后神碑記	6597/6598
5420	1781	景興四十二年	靈山寺石祠碑記	6786
5421	1781	景興四十二年	普同后佛碑記	6787
5422	1781	景興四十二年	無題	6788
5423	1781	景興四十二年	后神碑記	6844/6845/6846/6847
5424	1781	景興四十二年	後佛碑記	7164/7165
5425	1781	景興四十二年	后神碑記	7909
5426	1781	景興四十二年	後佛	8087/8088/8089
5427	1781	景興四十二年	后神碑記/歷代流傳	8920/8921
5428	1781	景興四十二年	后神碑記/歷代流傳	8922/8923
5429	1781	景興四十二年	后神碑記/萬代流傳	8932/8933
5430	1781	景興四十二年	興功/新造/天臺/石柱	9191/9192/9193/9194
5431	1781	景興四十二年	拙山詩序	9533/9534/9535/9536/9537/9538/9540
5432	1781	景興四十二年	候神/碑記	9633/9634
5433	1781	景興四十二年	置碑后佛	10383/10384
5434	1781	景興四十二年	后佛碑記	10827/10828
5435	1781	景興四十二年	候佛碑記/曆名功德	11193/11194
5436	1781	景興四十二年	無題	11195/11196/11197/11198
5437	1781	景興四十二年	立后伕碑記	11548/11549
5438	1781	景興四十二年	后神碑記	5144/5147

七　後黎朝中興期碑銘目錄（1533—1789）　519

續表

序號	公元紀年	年號	標　題	編　號
5439	1781	景興四十二年	後神碑記	5734/5735
5440	1781	景興四十二年	后佛后神碑記	5776
5441	1781	景興四十二年	無題	12475/12476
5442	1781	景興四十二年	皇朝萬歲/修造碑記	12844/12845
5443	1781	景興四十二年	候佛碑記	13896
5444	1782	景興四十三年	無題	16014
5445	1782	景興四十三年	后伕碑記	1679/1680
5446	1782	景興四十三年	后神碑記	20670
5447	1782	景興四十三年	無題	9164
5448	1782	景興四十三年	后神碑記/存如禩萬	8930/8931
5449	1782	景興四十三年	后神碑記	20503/20504
5450	1782	景興四十三年	后神碑記	19106
5451	1782	景興四十三年	東山縣安獲社廣納等三村后神碑記	16624a/16624b/16625a/16625b/16626
5452	1782	景興四十三年	安獲左府黎公生祠碑記	16627a/16627b/16628a/16628b
5453	1782	景興四十三年	東山縣安獲社銳村后神碑記	16631a/16631b/16632a/16632b
5454	1782	景興四十三年	后神碑記	16633a/16633b/16634a/16634b
5455	1782	景興四十三年	銳村柰甲后忌碑記	16678/16679
5456	1782	景興四十三年	後神碑記	299/300
5457	1782	景興四十三年	后神碑記	301/308
5458	1782	景興四十三年	後神碑記	302/305/306/307
5459	1782	景興四十三年	生祠碑記	303/304
5460	1782	景興四十三年	后神碑記	755/756
5461	1782	景興四十三年	重修神祠碑/恭獻看作誌	1049/1050
5462	1782	景興四十三年	后伕碑記	1680
5463	1782	景興四十三年	後神碑記	1906/1907
5464	1782	景興四十三年	后伕碑	2062
5465	1782	景興四十三年	仙遊縣董園社后神碑記	2360/2361/2362
5466	1782	景興四十三年	后佛碑記	2599

520　下編　越南碑銘文獻目錄

續表

序號	公元紀年	年號	標題	編號
5467	1782	景興四十三年	無題	2857
5468	1782	景興四十三年	后神碑記	2906/2907/2908
5469	1782	景興四十三年	后神碑記	3319/3320
5470	1782	景興四十三年	后神碑記	3323/3324
5471	1782	景興四十三年	後佛碑記	6101/6102
5472	1782	景興四十三年	法電寺/天長/地久	6165/6166/6167
5473	1782	景興四十三年	續立題名碑	6346/6347
5474	1782	景興四十三年	無題	6348/6349
5475	1782	景興四十三年	華山寺碑/信施	6394/6395
5476	1782	景興四十三年	後佛碑記	6408
5477	1782	景興四十三年	後佛碑記	7279/7280
5478	1782	景興四十三年	黃姑寺/后佛碑記	7281/7282
5479	1782	景興四十三年	后伕碑記	7473
5480	1782	景興四十三年	先賢祠址碑記/崇先祀振文風	8261/8262
5481	1782	景興四十三年	后神碑記/后賢碑記/流傳萬代	9164/9165/9166/9167
5482	1782	景興四十三年	副神碑記	9386/9387
5483	1782	景興四十三年	無題	9626
5484	1782	景興四十三年	后神碑記/流傳萬代	10389/10390
5485	1782	景興四十三年	范家石記	10400
5486	1782	景興四十三年	重修祠宇/再造碑記	10994/10995
5487	1782	景興四十三年	候神配享/本村例/礼樂	11199/11200/11201/11202
5488	1782	景興四十三年	文會碑記/本總祀田	11211/11212/11213/11214
5489	1782	景興四十三年	興慶寺/南無阿彌陀佛	4716/4717
5490	1782	景興四十三年	後神碑記/後神神位	4850/4878
5491	1782	景興四十三年	后神碑記	5266/5267
5492	1782	景興四十三年	后佛碑記	5566/5567
5493	1782	景興四十三年	黎度社/后神碑	5740/5741/5742
5494	1782	景興四十三年	立後伕碑記	5876/5877
5495	1782	景興四十三年	無題	5997/5998
5496	1782	景興四十三年	后神碑記	12156

七 後黎朝中興期碑銘目錄（1533—1789） 521

續表

序號	公元紀年	年號	標題	編號
5497	1782	景興四十三年	后神碑記	12157
5498	1782	景興四十三年	后神碑記	12456/12457
5499	1782	景興四十三年	本社立碑/四村共記	12542/12543
5500	1782	景興四十三年	後神碑記/皇朝壽萬歲	13004/13005
5501	1782	景興四十三年	后碑奉事	13394
5502	1782	景興四十三年	后神碑	13907/13908
5503	1782	景興四十三年	定香社/造刻寺碑	13909/13910
5504	1782	景興四十三年	后神碑/后忌碑記	13911/13912
5505	1782	景興四十三年	無題	13917
5506	1782	景興四十三年	修造木橋碑記	15343/15344
5507	1782	景興四十三年	后神碑記	11506/11507
5508	1783	景興四十四年	后伕碑記	20644
5509	1783	景興四十四年	勇悍甲碑記	17027
5510	1783	景興四十四年	無題	17819
5511	1783	景興四十四年	后佛碑	16457
5512	1783	景興四十四年	買亭門碑記	569/576
5513	1783	景興四十四年	后佛碑記	684/685/686/687
5514	1783	景興四十四年	后佛碑記	1030
5515	1783	景興四十四年	無題	1150
5516	1783	景興四十四年	先賢碑記	1865/1866
5517	1783	景興四十四年	后忌碑記/后佛碑	2556/2560
5518	1783	景興四十四年	后伕碑記	2608
5519	1783	景興四十四年	后伕碑記	2609
5520	1783	景興四十四年	無題	2977
5521	1783	景興四十四年	后佛碑記	3126
5522	1783	景興四十四年	后碑文記	6398
5523	1783	景興四十四年	六甲立買例碑	6557/6558
5524	1783	景興四十四年	后伕碑記/曆世奉祀	6860/6861
5525	1783	景興四十四年	后佛碑	7001
5526	1783	景興四十四年	后神碑記/永爲條例	7019/7020
5527	1783	景興四十四年	后神碑記/永爲條例	7026/7027/7028/7029
5528	1783	景興四十四年	兆翁樂甲/先賢碑記	7131/7132

522 下編 越南碑銘文獻目錄

續表

序號	公元紀年	年號	標題	編號
5529	1783	景興四十四年	后神碑記	9328/9329
5530	1783	景興四十四年	后賢碑記	9480/9481
5531	1783	景興四十四年	后神碑記/永爲條例	9928/9929
5532	1783	景興四十四年	後神碑記	9936/9937/9938/9939
5533	1783	景興四十四年	先後光慶	10085/10086/10087/10088
5534	1783	景興四十四年	後賢碑記/流傳萬代	10260/10261/10262
5535	1783	景興四十四年	敬祭壇遺/創立碑銘	10702/10703
5536	1783	景興四十四年	後佛碑記	10820
5537	1783	景興四十四年	本總碑記/各社員目	11235/11236/11237/11238
5538	1783	景興四十四年	本總創立/祠宇碑記	11841/11842
5539	1783	景興四十四年	無題	4178
5540	1783	景興四十四年	修造貳亭	4550/4551
5541	1783	景興四十四年	后神碑記	4927/4928
5542	1783	景興四十四年	嚴光寺碑/鑄像碑記	5116/5117
5543	1783	景興四十四年	后銘碑記	5725/5726
5544	1783	景興四十四年	本社鄉老/后神碑記	12307/12308/12309
5545	1783	景興四十四年	無題	12985/12986
5546	1783	景興四十四年	後神碑記	13018/13019
5547	1783	景興四十四年	後佛碑記	15109
5548	1783	景興四十四年	山西社碑記	15501
5549	1784	景興四十五年	造石碑	10342/10344
5550	1784	景興四十五年	石橋碑記	16719/16720
5551	1784	景興四十五年	祀田碑記	19986
5552	1784	景興四十五年	永福寺石碑記	1284/1285/1286/1287
5553	1784	景興四十五年	無題	3709
5554	1784	景興四十五年	琫☒福神事錄碑記	10668/10669
5555	1784	景興四十五年	無題	19533/19534
5556	1784	景興四十五年	后神庵碑記	19952
5557	1784	景興四十五年	午☒保單	18675
5558	1784	景興四十五年	景興四十五年正月穀日修造	928

七　後黎朝中興期碑銘目錄（1533—1789）　523

續表

序號	公元紀年	年號	標題	編號
5559	1784	景興四十五年	發科先賢碑	929
5560	1784	景興四十五年	斯文碑記	941/942
5561	1784	景興四十五年	后佛碑記	1027/1028
5562	1784	景興四十五年	永福寺石碑記	1285/1286
5563	1784	景興四十五年	永福寺碑記	1292/1293
5564	1784	景興四十五年	修佚灵寺	1299/1300
5565	1784	景興四十五年	無題	2133/2134/2135
5566	1784	景興四十五年	后佛碑記	2329/2330
5567	1784	景興四十五年	后賢碑記	2607
5568	1784	景興四十五年	無題	2610
5569	1784	景興四十五年	嗹哩寶寺	2966
5570	1784	景興四十五年	嗹哩寺碑	2967
5571	1784	景興四十五年	后神碑記	2993/2994
5572	1784	景興四十五年	后佛碑記	3577/3578
5573	1784	景興四十五年	后神碑記	6536
5574	1784	景興四十五年	興造本縣石碑	6662/6663
5575	1784	景興四十五年	後佛碑記	6797/6798
5576	1784	景興四十五年	造作石碑	6959
5577	1784	景興四十五年	無題	6976/6977
5578	1784	景興四十五年	后神碑記	8327
5579	1784	景興四十五年	無題	8555
5580	1784	景興四十五年	后佛碑記	8769
5581	1784	景興四十五年	后神碑記	9074/9075
5582	1784	景興四十五年	後佚碑	9282/9283
5583	1784	景興四十五年	天雲寺碑記	9701/9702
5584	1784	景興四十五年	石橋碑記	10081/10082
5585	1784	景興四十五年	后神碑記/萬代流傳	10336/10337/10338
5586	1784	景興四十五年	后神碑記	10344/10345
5587	1784	景興四十五年	后本甲碑	10605
5588	1784	景興四十五年	后神碑記	10724/10725
5589	1784	景興四十五年	本總祠宇碑/東區承祀所	11203/11204/11205/11206

524　下編　越南碑銘文獻目錄

續表

序號	公元紀年	年號	標題	編號
5590	1784	景興四十五年	後佛後神碑記/山灵禪寺	11342/11343
5591	1784	景興四十五年	后神碑記	11347
5592	1784	景興四十五年	後神碑記	4394/4395
5593	1784	景興四十五年	後神碑記	4787/4789
5594	1784	景興四十五年	後佛碑記	5048
5595	1784	景興四十五年	後佛碑記	5049
5596	1784	景興四十五年	后神碑記	5652
5597	1784	景興四十五年	后神碑記	5992/5993
5598	1784	景興四十五年	重修延光寺/興功會主碑	12716/12717
5599	1784	景興四十五年	普光寺/立碑記	12858/12859/12860
5600	1784	景興四十五年	候神碑記	12956/12957/12958/12959
5601	1784	景興四十五年	後神碑記/流傳萬代	13016/13017
5602	1784	景興四十五年	無題	13341
5603	1784	景興四十五年	后神碑記	13915
5604	1784	景興四十五年	東密社碑記	15440
5605	1785	景興四十六年	無題	6631/6632/6633
5606	1785	景興四十六年	無題	11468
5607	1785	景興四十六年	無題	19750
5608	1785	景興四十六年	買衝亭例碑	17956/17957
5609	1785	景興四十六年	后忌碑記	16684/16685
5610	1785	景興四十六年	嘉遠縣甘蔗社後佛碑記	258/260
5611	1785	景興四十六年	景興四十六年九月初四日立石碑	572
5612	1785	景興四十六年	五社村福碑記	1247
5613	1785	景興四十六年	後位碑記	1499/1500
5614	1785	景興四十六年	后祀事碑	1929/1930
5615	1785	景興四十六年	南甲后祀碑	1931/1932
5616	1785	景興四十六年	無題	2981
5617	1785	景興四十六年	后佛碑記	3110
5618	1785	景興四十六年	后佛碑記	3111/3112

七　後黎朝中興期碑銘目錄（1533—1789）

續表

序號	公元紀年	年號	標題	編號
5619	1785	景興四十六年	後佛碑記	3616/3617
5620	1785	景興四十六年	后神官碑記	6500/6501
5621	1785	景興四十六年	無題	8998
5622	1785	景興四十六年	后佛碑記	10822
5623	1785	景興四十六年	無題	11100
5624	1785	景興四十六年	文會碑記	11368/11369
5625	1785	景興四十六年	後佛碑記	11470/11471
5626	1785	景興四十六年	後神碑記	11609
5627	1785	景興四十六年	後神碑記	11610
5628	1785	景興四十六年	后神碑	4499
5629	1785	景興四十六年	二位碑記	4521
5630	1785	景興四十六年	后伕碑	4524
5631	1785	景興四十六年	後佛碑記	5044/5045
5632	1785	景興四十六年	嘉遠縣甘蔗社后神碑記	5758/5759
5633	1785	景興四十六年	後神碑記	5976/5977
5634	1785	景興四十六年	后佛碑記	12196/12197
5635	1785	景興四十六年	后佛碑記	12198/12199
5636	1785	景興四十六年	後神碑記	12213/12214
5637	1785	景興四十六年	后神碑記/流傳萬代	12909/12910
5638	1785	景興四十六年	后神碑記	12911/12912
5639	1785	景興四十六年	學田碑記	13293/13294
5640	1785	景興四十六年	後佛碑記	13763
5641	1785	景興四十六年	后伕碑記	13768
5642	1785	景興四十六年	買亭門碑記	15386/15387
5643	1785	景興四十六年	置后伕碑	15712
5644	1786	景興四十七年	后神立碑記	9334/9335
5645	1786	景興四十七年	后伕碑記	10981/10982
5646	1786	景興四十七年	后佛碑記	238
5647	1786	景興四十七年	后神碑記	1163/1164
5648	1786	景興四十七年	後神碑記/天長地久	1165/1166
5649	1786	景興四十七年	時中古寺后佛碑記	1675

526　下編　越南碑銘文獻目錄

續表

序號	公元紀年	年號	標題	編號
5650	1786	景興四十七年	無題	1676
5651	1786	景興四十七年	后神碑記	1756/1757
5652	1786	景興四十七年	後神碑記/流傳萬代	2457/2458
5653	1786	景興四十七年	無題	2975
5654	1786	景興四十七年	后神碑記	3621
5655	1786	景興四十七年	后神碑記	3622
5656	1786	景興四十七年	后神碑記	3898
5657	1786	景興四十七年	後佛碑記	6622/6623
5658	1786	景興四十七年	后神碑記	6766
5659	1786	景興四十七年	后神碑記	6767
5660	1786	景興四十七年	香火奉事/后神碑記	7439/7440
5661	1786	景興四十七年	後伕碑記	8105
5662	1786	景興四十七年	本總崇修/祠宇碑記	8433/8434/8448/8449
5663	1786	景興四十七年	後神碑記	9019
5664	1786	景興四十七年	後神碑記	9416/9417
5665	1786	景興四十七年	後神碑記	9656/9657
5666	1786	景興四十七年	後神碑記	11281/11282
5667	1786	景興四十七年	營建石橋/天壽平格/其砟/如山	11679/11680/11681/11682
5668	1786	景興四十七年	後神碑記/皇天監玆	11797/11798
5669	1786	景興四十七年	阮家碑記	4106/4107
5670	1786	景興四十七年	后神碑記	4341
5671	1786	景興四十七年	斯文碑記/重修碑記	12028/12029
5672	1786	景興四十七年	斯武碑記/重修碑記	12030/12031
5673	1786	景興四十七年	后神碑記	12447/12448
5674	1787	景興四十八年	后伕碑記	8853/8854
5675	1787	昭統元年	無題	2771
5676	1787	昭統元年	無題	16959
5677	1787	昭統元年	無題	20976
5678	1787	昭統元年	後神碑記/附銘	20571/20572/20573/20574
5679	1787	昭統元年	后神碑記/鳳嶺長存	20083/20084
5680	1787	昭統元年	鳳嶺長存/后神碑記	1723/1724/1725/1726

七　後黎朝中興期碑銘目錄（1533—1789）　527

續表

序號	公元紀年	年號	標題	編號
5681	1787	昭統元年	遷侶峰廣嚴寺尼献供傀儡例田記	1964/1965
5682	1787	昭統元年	朱族祠堂碑記	1981
5683	1787	昭統元年	延福寺記	2310
5684	1787	昭統元年	后神碑記	3627
5685	1787	昭統元年	后神碑記/留傳萬代	7202/7203
5686	1787	昭統元年	無題	8167/8168/8169
5687	1787	昭統元年	學祭田碑/恭進田碑	9766/9767
5688	1787	昭統元年	后神碑記	10214/10215/10216/10217
5689	1787	昭統元年	崇修祠宇碑	10509/10510/10511
5690	1787	昭統元年	創立後神碑記	10704
5691	1787	昭統元年	后神碑記	5617/5618
5692	1787	昭統元年	後神碑記	5731/5732
5693	1787	昭統元年	後佛碑記/田畝記	12001/12002
5694	1787	昭統元年	金仙寺/后伕碑記	12114/12115
5695	1787	昭統元年	無題	12806/12807
5696	1787	昭統元年	石碑后神碑	15289/15290
5697	1787	昭統元年	無題	15295/15296
5698	1787	昭統元年	後佛碑記	15349
5699	1788	昭統二年	無題	20935/20936
5700	1788	昭統二年	後神留記/造石碑	10346/10347
5701	1788	昭統二年	正陽寺石磬記	19143
5702	1788	昭統二年	先賢碑記	845
5703	1788	昭統二年	后神碑記	1095/1096
5704	1788	昭統二年	后神碑記	7902/7903
5705	1788	昭統二年	後神碑記	5034/5035
5706	1788	昭統二年	無題	12121/12122/12123
5707	1788	昭統二年	無題	13453
5708	1788	昭統二年	無題	13454
5709	1788	昭統二年	石碑記	15298/15299
5710	1789	昭統三年	尚書宰相公/祠堂碑記	352/355
5711	1562—1565	淳福	金鑪中村麒麟寺碑	16926

528　下編　越南碑銘文獻目錄

續表

序號	公元紀年	年號	標題	編號
5712	1600—1619	弘定□年	先賢碑	11993/11994
5713	1619—1628	永祚	古跡祠碑	25
5714	1619—1628	永祚	無題	8346
5715	1619—1628	永祚	興造集賢館大福館碑記/府縣總社信施	10454/10455
5716	1619—1628	永祚	重鐫玄天觀碑銘	264
5717	1649—1652	慶德	立後神碑記/供田	9591/9592
5718	1653—1657	盛德	候神附食造碑	6059/6060
5719	1658—1661	永壽	錦江縣斯文碑	2948/2949
5720	1658—1661	永壽	遺祀後神碑記	15786
5721	1658—1661	永壽	遺奉祀留傳石碑/白貯寺	16395/16394
5722	1658—1661	永壽	古跡名藍重修信施	11789
5723	1663—1671	景治	古跡慶寧寺	2444
5724	1663—1671	景治	古跡寺碑/全社守隸	1274/1278
5725	1663—1671	景治	光慶寺碑記/信施	11767/11768
5726	1672—1673	陽德	重修大慶寺碑	9397
5727	1676—1680	永治	後仸碑記/留傳萬代	2432/2433
5728	1680—1705	正和	後佛碑記/四甲祀事	5337/5338
5729	1680—1705	正和	東閣第一甲/美批造亭碑/高山西興廟/興功員名等	362/363/364/365
5730	1680—1705	正和	崇光寺碑/信施	12297/12298
5731	1680—1705	正和	建昌府武仙縣知來社永嘉村龍目寺碑記	18668/18669/18670/18671
5732	1680—1705	正和	天臺石柱記/萬代焚香/興功新造	8005/8006/8007/8008
5733	1680—1705	正和	後佛碑記	8734/8735/8736
5734	1680—1705	正和	含竜寺/香臺一柱/壹功德/一興功	10501/10502/10503/10504
5735	1680—1705	正和	無題	12443/12444
5736	1705—1719	永盛	無題	10472/10488/10489/10490/10491
5737	1705—1719	永盛	平安/福寺/修造/天臺	14105/14106/14107/14108
5738	1705—1719	永盛	德睦寺碑/後佛碑記	1851/1852

七 後黎朝中興期碑銘目錄（1533—1789） 529

續表

序號	公元紀年	年號	標題	編號
5739	1720—1729	保泰	後神碑記	3330
5740	1740—1786	景興	呈靈/禪寺/造鑄/洪鐘	10678/10679/10680/10681

八 西山朝碑銘目錄（1778—1802）

序號	公元紀年	年號	標題	編號
1	1788	泰德十一年	後伕碑記	7052/7053
2	1788	泰德十一年	造石碑	10342/10343
3	1788	泰德十一年	后神碑記/流傳萬代	10348/10349
4	1788	泰德十一年	后神碑記	5619/5620
5	1788	泰德十一年	后神碑記	15291/15292
6	1789	光中二年	無題	4086
7	1789	光中二年	無題	1733/1734
8	1789	光中二年	后佛碑記	2448
9	1789	光中二年	後佛碑記	3456
10	1789	光中二年	後神碑記	6122/6123
11	1789	光中二年	后神碑	6648/6649
12	1789	光中二年	後伕碑記	7045/7046
13	1789	光中二年	後伕碑記	7048/7049
14	1789	光中二年	后佛碑記	8176/8177
15	1789	光中二年	置後伕碑	8774/8775
16	1789	光中二年	后伕碑誌	9013/9014
17	1789	光中二年	後神碑記	9224/9225
18	1789	光中二年	新造作後伕碑	10162
19	1789	光中二年	新造作後伕碑/號普光寺	10163/10164
20	1789	光中二年	后神碑記	10165/10166
21	1789	光中二年	後忌碑記	10568
22	1789	光中二年	后佛碑	10768/10769/10770/10771
23	1789	光中二年	后佛碑	10772/10773/10774/10775
24	1789	光中二年	后佛碑記	10776/10777
25	1789	光中二年	無題	11097
26	1789	光中二年	無題	11101
27	1789	光中二年	后神碑記	5145/5146

續表

序號	公元紀年	年號	標題	編號
28	1789	光中二年	后神佛立碑/本社創例記	12134/12135
29	1789	光中二年	后神碑記	12151/12152
30	1789	光中二年	無題	12735
31	1789	光中二年	無題	12736/12737
32	1789	光中二年	無題	12776
33	1789	光中二年	后神碑記	12840/12841
34	1789	光中二年	石碑后伕記	15155/15156
35	1789	光中二年	演祀碑記	15226
36	1789	光中二年	石碑記/慶留苗裔	15837/15838
37	1789	光中二年	石碑記/慶留苗裔	15837/15838
38	1789	光中二年	無題	20091/20092
39	1789	光中二年	無題	5297
40	1790	光中三年	奉祀後伕碑記	7050/7051
41	1790	光中三年	后伕碑記	1504/1505
42	1790	光中三年	后碑記	1735/1736
43	1790	光中三年	無題	2447
44	1790	光中三年	后佛碑記	2449
45	1790	光中三年	追遠慎終	2863
46	1790	光中三年	后神碑記	3612/3613
47	1790	光中三年	無題	7076
48	1790	光中三年	后神碑記	7317/7318
49	1790	光中三年	后神碑記	9623/9624
50	1790	光中三年	高舍寺后佛碑	10185/10186
51	1790	光中三年	后佛碑記	10188/10189
52	1790	光中三年	后神碑記	10393
53	1790	光中三年	後神碑記	5342/5343
54	1790	光中三年	候神碑記	13988
55	1790	光中三年	后伕碑記	15297
56	1790	光中三年	流傳萬代	20827/20828/20829
57	1790	光中三年	后神碑記	3626
58	1790	光中三年	後佛碑記	8245/8246

532　下編　越南碑銘文獻目錄

續表

序號	公元紀年	年號	標題	編號
59	1791	光中四年	後神碑記/創立/単保田例/共記◆	10741/10742/10743/10744
60	1791	光中四年	京靈寺	16932
61	1791	光中四年	無題	4542
62	1791	光中四年	無題	16953
63	1791	光中四年	無題	12050/12051
64	1791	光中四年	買教坊鑄錢/本社造碑記	6893/6894
65	1791	光中四年	無題	16946
66	1791	光中四年	阮族後祭碑銘	964
67	1791	光中四年	重修碑記	1174/1175
68	1791	光中四年	后佛碑記/造立石碑	2258/2259
69	1791	光中四年	后佛碑記	2739
70	1791	光中四年	修造行廊碑記	3466
71	1791	光中四年	后神碑記	6001/6002
72	1791	光中四年	無題	6030/6031
73	1791	光中四年	後神碑記	6559/6560
74	1791	光中四年	造碑石	6990/6991/6992
75	1791	光中四年	后伕碑記	7291/7292
76	1791	光中四年	后神碑記	7750/7751/7552
77	1791	光中四年	無題	8788/8789
78	1791	光中四年	后神碑記/后賢碑記	9161/9162/9163
79	1791	光中四年	後神碑記	9252/9253
80	1791	光中四年	后佛碑記	10190/10191
81	1791	光中四年	後佛碑	11446
82	1791	光中四年	重修祠宇碑記	11628
83	1791	光中四年	後神碑記	5355/5356
84	1791	光中四年	本社奉祀/奉事后神碑記/保文券約/祀田逐分處所	5859/5860/5861/5862
85	1791	光中四年	后神碑	5980/5981
86	1791	光中四年	後神碑記/流傳萬代	13219/13220
87	1791	光中四年	奉祖師/造石碑記	14620/14621

八　西山朝碑銘目錄（1778—1802）　533

續表

序號	公元紀年	年號	標　題	編　號
88	1791	光中四年	后伕碑記	2734
89	1791	光中四年	後神碑記	4502
90	1792	光中五年	諸家後伕	19382/19383
91	1792	光中五年	后伕碑記	794
92	1792	光中五年	學田碑記（應天府青威縣睦舍社學田碑記）	19615/19616/19617
93	1792	光中五年	后伕碑記	17236
94	1792	光中五年	後佛碑誌	2740
95	1792	光中五年	后伕像碑	6490/6491
96	1792	光中五年	百世不遷/日照月臨	6492/6493
97	1792	光中五年	本村造石碑記/壬子年製	6939/6940
98	1792	光中五年	後神碑記	9265/9266
99	1792	光中五年	後神碑記	9418/9419
100	1792	光中五年	后伕碑記	10003
101	1792	光中五年	無題	10449
102	1792	光中五年	後神碑記	10529
103	1792	光中五年	后神碑記/萬代流傳	10552/10553
104	1792	光中五年	後神碑記	4070/4071/4072/4073
105	1792	光中五年	后神碑記	4251/4252/4253
106	1792	光中五年	後神碑記	4546/4547
107	1792	光中五年	后神碑記/流傳萬代	5120/5121
108	1792	光中五年	無題	5353/5354
109	1792	光中五年	後佛碑記/還本寂寺	5523/5524
110	1792	光中五年	後神碑記	5624/5625
111	1792	光中五年	后神碑	12778/12779
112	1792	光中五年	後神碑記	12964/12965
113	1792	光中五年	後神石碑記	14653/14654
114	1792	光中五年	後神碑記	15065/15066
115	1793	景盛元年	重鐫碑記	18721/18722
116	1793	景盛元年	無題	3897
117	1793	景盛元年	后神碑記	1754/1755

續表

序號	公元紀年	年號	標題	編號
118	1793	景盛元年	後伕碑	6133
119	1793	景盛元年	后佛碑記/留傳萬代	6356/6357
120	1793	景盛元年	后神碑記	7133
121	1793	景盛元年	重鐫碑記	8064/8065
122	1793	景盛元年	無題	21780a/21780b/21780c/21780d
123	1793	景盛元年	無題	23157a/23157b/23157c/23157d
124	1793	景盛元年	福林寺鍾	25193a/25193b/25193c/25193d
125	1793	景盛元年	后佛碑記	603
126	1793	景盛元年	后神碑記	659
127	1793	景盛元年	河路碑	1551
128	1793	景盛元年	后伕碑記	1625
129	1793	景盛元年	立后碑記	2252/2256/2257
130	1793	景盛元年	重修碑記	2686/2687
131	1793	景盛元年	無題	2976
132	1793	景盛元年	後神碑記	3793/3794
133	1793	景盛元年	無題	3897
134	1793	景盛元年	后神碑記/萬代留傳	6089/6090
135	1793	景盛元年	創脩事跡/寶慶寺碑	6358/6359
136	1793	景盛元年	后賢碑記	6664/6665
137	1793	景盛元年	重脩造/天臺/一柱永/千年	7002/7003/7004/7005
138	1793	景盛元年	后神碑記	8698
139	1793	景盛元年	后伕碑記	10821
140	1793	景盛元年	后佛碑記	10824/10825/10826
141	1793	景盛元年	后神碑記	11081
142	1793	景盛元年	后神碑記	4249/4250
143	1793	景盛元年	後神碑記	5419/5420/5421/5422
144	1793	景盛元年	無題	12042/12043
145	1793	景盛元年	無題	12044/12045/12046/12047
146	1793	景盛元年	無題	12130/12131
147	1793	景盛元年	後神碑記	12408/12409
148	1793	景盛元年	后神碑記/諸位碑記	12503/12504/12505

八　西山朝碑銘目錄（1778—1802）　535

續表

序號	公元紀年	年號	標題	編號
149	1793	景盛元年	後神碑記	12631/12632
150	1793	景盛元年	候神碑	13811
151	1793	景盛元年	鳳/翔/寺/鐘	14279
152	1793	景盛元年	造鑄洪磬/大福禪寺記	14576/14577
153	1793	景盛元年	置后神碑	15690/15691
154	1793	景盛元年	丁后伕碑	10554
155	1793	景盛元年	皇朝景盛/初年春日	10115/10116/10117/10118
156	1794	景盛二年	前科■附學碑	18596
157	1794	景盛二年	無題	3146/3147
158	1794	景盛二年	文範社碑記	6012/6013
159	1794	景盛二年	無題	16217a/16217b/16217c/16217d
160	1794	景盛二年	無題	23750a/23750b/23750c/23750d
161	1794	景盛二年	勝林寺鐘	25404a/25404b/25404c/25404d
162	1794	景盛二年	崇德祠世祀之碑	1185/1186
163	1794	景盛二年	后神碑記	1630/1631
164	1794	景盛二年	造樓閣艷舍館/修造前堂碑記	1690/1691
165	1794	景盛二年	無題	2855
166	1794	景盛二年	無題	2856
167	1794	景盛二年	北甲後碑	7660/7661
168	1794	景盛二年	後神碑記	7662/7663
169	1794	景盛二年	南甲後碑	7664/7665
170	1794	景盛二年	衍慶豐碑	8324/8325
171	1794	景盛二年	崇/光/寺/鐘	8450/8451/8452/8453
172	1794	景盛二年	集福碑	11348/11349
173	1794	景盛二年	重脩普濟寺碑/後碑記	11350/11351
174	1794	景盛二年	后賢諸靈碑記	5483/5484
175	1794	景盛二年	無題	12015/12016/12017
176	1794	景盛二年	無題	14578
177	1794	景盛二年	造鑄洪磬/三島山西天寺	14748/14749

續表

序號	公元紀年	年號	標題	編號
178	1794	景盛二年	石寶碑記	1694
179	1795	景盛三年	后神碑記	16178
180	1795	景盛三年	僊根祠碑記	17437
181	1795	景盛三年	奉後伕碑記壽	7056/7057
182	1795	景盛三年	無題	2613
183	1795	景盛三年	無題	3885
184	1795	景盛三年	后佛碑記/乙卯年造	6338/6339
185	1795	景盛三年	無題	5159
186	1795	景盛三年	安/寺/鍾/福	21605a/21605b/21605c/21605d
187	1795	景盛三年	成事碑記	17341
188	1795	景盛三年	后神碑記	819
189	1795	景盛三年	后伕碑記	1597/1598
190	1795	景盛三年	后伕碑記	1603/1604
191	1795	景盛三年	無題	1681
192	1795	景盛三年	無題	2858
193	1795	景盛三年	后伕碑	3365
194	1795	景盛三年	后伕碑記	6999
195	1795	景盛三年	纂修碑記/奉祀碑記	7142/7143
196	1795	景盛三年	後神碑記	7503/7504
197	1795	景盛三年	貢口橋館/興功碑記	7515/7516
198	1795	景盛三年	后神碑記	7573/7574
199	1795	景盛三年	后神碑記	7658/7659
200	1795	景盛三年	道學留香	7759
201	1795	景盛三年	後神碑誌/本社例忠	9006/9007
202	1795	景盛三年	後佛碑記	9295
203	1795	景盛三年	祠宇石碑記	10226/10227
204	1795	景盛三年	后佛碑	10398/10399
205	1795	景盛三年	崇脩隆興寺碑/南無三宝證明	11354/11355
206	1795	景盛三年	后配碑記	11754
207	1795	景盛三年	后佛碑記/永傳萬代	4192/4193
208	1795	景盛三年	后神碑記	12128/12129

八　西山朝碑銘目錄（1778—1802）　537

續表

序號	公元紀年	年號	標題	編號
209	1795	景盛三年	後神碑記/香火萬年	12774/12775
210	1795	景盛三年	崇修大悲寺/功德碑記	13334/13335
211	1795	景盛三年	后佛碑	15667
212	1796	景盛四年	重脩祠宇碑記/歷科誠中碑記◆	11253/11254
213	1796	景盛四年	延慶寺碑記/銘功記德	16170/16171
214	1796	景盛四年	后神碑記	10021
215	1796	景盛四年	後神碑記/丙辰年	5126/5127
216	1796	景盛四年	銘功紀德	16171
217	1796	景盛四年	無題	423
218	1796	景盛四年	后伕碑記	921
219	1796	景盛四年	無題	2501
220	1796	景盛四年	快州文廟碑/斯文永壽	3567/3571
221	1796	景盛四年	靈椿碑記脩造/行廊後堂鐘閣/丙辰年造/孟冬完成	6253/6254/6255/6256
222	1796	景盛四年	無題	6656/6657/6658/6659
223	1796	景盛四年	無題	6988
224	1796	景盛四年	后神碑記	7656/7657
225	1796	景盛四年	后伕碑記	8777/8778
226	1796	景盛四年	后神碑誌/本社例記	9004/9005
227	1796	景盛四年	后神碑誌/本社例事	9010/9011/9012
228	1796	景盛四年	後伕碑記/流傳萬代	9316/9317
229	1796	景盛四年	后神碑記	9324/9325
230	1796	景盛四年	造后神碑	10672
231	1796	景盛四年	創造祠宇/斯文碑記	12058/12059/12060/12061
232	1796	景盛四年	永慶橋碑記	12350/12351/12352/12353
233	1796	景盛四年	無題	12465/12466
234	1796	景盛四年	無題	12868/12869
235	1796	景盛四年	後神碑記/丙辰年	12870/12871
236	1796	景盛四年	無題	13342/13343

538　下編　越南碑銘文献目錄

續表

序號	公元紀年	年號	標題	編號
237	1796	景盛四年	後神碑記	5387/5388
238	1797	景盛五年	吳族世德碑記	1191
239	1797	景盛五年	法/雲/寺/鐘	9992/9993/9994/9995
240	1797	景盛五年	無題	11690
241	1797	景盛五年	無題	3619/3620
242	1797	景盛五年	新造碑記	8425/8426/8427/8428
243	1797	景盛五年	後神碑記	9060/9061
244	1797	景盛五年	後神碑記/流傳萬代	20803/20804/20805/20806
245	1797	景盛五年	前財後功同得福	263
246	1797	景盛五年	黃公祠址碑記/碑址祭物定例/碑例祭田/爲立券文	2011/2012/2013/2014
247	1797	景盛五年	斯文會碑	2572
248	1797	景盛五年	后佛碑記	2980
249	1797	景盛五年	郁軒先生碑記	3123
250	1797	景盛五年	無題	6765
251	1797	景盛五年	貞順碑/后神碑記	7531/7532/7533/7534
252	1797	景盛五年	配享碑記	8695/8696/8697
253	1797	景盛五年	後神碑記	9245/9246
254	1797	景盛五年	後伕碑記/流傳萬代	9312/9313
255	1797	景盛五年	后佛碑記/重修婆生寺	10780/10781
256	1797	景盛五年	本總文會/聖祠碑記	10967/10968
257	1797	景盛五年	后忌碑記	10980
258	1797	景盛五年	無題	11487
259	1797	景盛五年	無題	11689/11690/11691
260	1797	景盛五年	斯文會/例碑記/鷥頭社/附配位	11694/11695/11696/11697
261	1797	景盛五年	安康縣文廟碑記	4673
262	1797	景盛五年	后神碑記	4803/4804
263	1797	景盛五年	后神碑記	5626/5627
264	1797	景盛五年	后神碑記	5974/5975
265	1797	景盛五年	無題	12325/12326

八　西山朝碑銘目錄（1778—1802）　539

續表

序號	公元紀年	年號	標題	編號
266	1797	景盛五年	大/悲/寺/鐘	14223/14224/14225/14226
267	1797	景盛五年	后伕碑	15662
268	1798	景盛六年	無題	20673/20674/20675/20676
269	1798	景盛六年	后佛碑記	3511
270	1798	景盛六年	後佛碑記	3512
271	1798	景盛六年	后神碑記	815/816
272	1798	景盛六年	后伕碑記	2598
273	1798	景盛六年	亭前文契石碑/買各例亭門記	2701/2702
274	1798	景盛六年	后甲碑記	3321/3322
275	1798	景盛六年	后伕碑記	5178
276	1798	景盛六年	北甲后碑記	19379
277	1798	景盛六年	新造碑記	18160
278	1798	景盛六年	再造碑記	16454
279	1798	景盛六年	彌/勒/寺/鍾	21718a/21718b/21718c/21718d
280	1798	景盛六年	造鑄/記靈/□寺/□□	23011a/23011b/23011c/23011d
281	1798	景盛六年	竜斗寺后碑記	1230
282	1798	景盛六年	報恩碑	2129
283	1798	景盛六年	道統原流	3684
284	1798	景盛六年	后佛碑記	6878/6879
285	1798	景盛六年	后佛碑記	6880/6881
286	1798	景盛六年	慶善碑/滿睢觀寺	7762/7763
287	1798	景盛六年	田主碑記	8285/8286/8287/8288
288	1798	景盛六年	后神碑記	9037/9038
289	1798	景盛六年	後神碑記/流傳萬代	9650/9651/9652/9653
290	1798	景盛六年	阮家碑記	10073/10074
291	1798	景盛六年	崇/福/寺/鐘	10263/10264/10256/10266
292	1798	景盛六年	後神碑記	10577/10578/10579
293	1798	景盛六年	本社碑記	10992/10993
294	1798	景盛六年	后伕碑記	4713
295	1798	景盛六年	后伕碑記	4714

540　下編　越南碑銘文獻目錄

續表

序號	公元紀年	年號	標題	編　號
296	1798	景盛六年	懸鼓寺后佛碑記	5895/5896
297	1798	景盛六年	開福寺碑	5952
298	1798	景盛六年	明徵社/寶龕寺/造鑄/洪鐘	14309/14310/14311/14312
299	1798	景盛六年	藹宇/懸鼓/日昭/寺鐘	14556/14557/14558/14559
300	1798	景盛六年	懸鼓寺磬/日昭藹宇	14560/14561
301	1798	景盛六年	崇/福/寺/鐘	15575
302	1798	景盛六年	萬/福/禪/寺	15674/15675/15676/15677
303	1799	景盛七年	后佛碑記	20963
304	1799	景盛七年	后神碑記	7212
305	1799	景盛七年	后祠碑記	7476
306	1799	景盛七年	開/嚴/寺/鐘	16757/16758/16759/16760
307	1799	景盛七年	玉龍橋碑記	16615
308	1799	景盛七年	玉龍橋碑記	298
309	1799	景盛七年	后神碑機	1540
310	1799	景盛七年	后佛碑記	3099/3100
311	1799	景盛七年	后佛碑記	19906/19907
312	1799	景盛七年	釋/迦/寺/鐘	21553a/21553b/21553c/21553d
313	1799	景盛七年	香/盞/寺/鐘	26075a/26075b/26075c/26075d
314	1799	景盛七年	隆/恩/寺/鐘	28598a/28598b/28598c/28598d
315	1799	景盛七年	延/福/寺/鐘	31846a/31846b/31846c/31846d
316	1799	景盛七年	后神全村約文碑記	1479
317	1799	景盛七年	佛后碑記	7198
318	1799	景盛七年	后佛碑記	7259/7260
319	1799	景盛七年	無題	7266
320	1799	景盛七年	重修祠宇造立碑記	7836/7837/7846/7847
321	1799	景盛七年	先賢名位/造立碑記	7838/7839/7840/7841
322	1799	景盛七年	后佛碑記	8215
323	1799	景盛七年	后佛碑誌	9008/9009
324	1799	景盛七年	后神碑記/流傳萬代	9149/9150/9151
325	1799	景盛七年	后碑記	10077

八　西山朝碑銘目錄（1778—1802）　541

續表

序號	公元紀年	年號	標題	編號
326	1799	景盛七年	后神碑記	10194/10195
327	1799	景盛七年	後神碑記/永世長存	10274/10275
328	1799	景盛七年	后佛碑記	10282
329	1799	景盛七年	文武/同用/設立祠址/附配碑記	11673/11674/11675/11676
330	1799	景盛七年	后神碑記	4183/4184
331	1799	景盛七年	黎朝遺臣忠潛公之墓	4218/4219
332	1799	景盛七年	從祀碑記/己未年造	4245/4246
333	1799	景盛七年	崇祀碑記/己未年造	4247/4248
334	1799	景盛七年	后神碑記	4357/4358
335	1799	景盛七年	無題	4825/4826
336	1799	景盛七年	立先人碑記/景盛柒年歲在己未拾貳月吉日	5613/5614
337	1799	景盛七年	佛日增輝/集福碑記	5927/5928
338	1799	景盛七年	后伕碑記	5999/6000
339	1799	景盛七年	無題	12544/12545/12546/12547
340	1799	景盛七年	無題	12907/12908
341	1799	景盛七年	無題	13346/13347
342	1799	景盛七年	松雲寺記/造鑄洪磬	13720/13721
343	1799	景盛七年	地桑社/造鑄洪鐘婆藝/寺記	13724/13725/13726/13727
344	1799	景盛七年	婆藝寺記/造鑄洪磬	13728/13729
345	1799	景盛七年	寶靈寺	15070/15071/15072
346	1799	景盛七年	大/安/寺/鐘	15197/15198/15199/15200
347	1799	景盛七年	石碑銘文	15276
348	1799	景盛七年	造鑄/洪鐘/花龍/寺記	15478/15479/15480/15481
349	1800	景盛八年	無題	13044
350	1800	景盛八年	后神碑記	3060/3061
351	1800	景盛八年	寶/山/寺/鍾	21643a/21643b/21643c/21643d
352	1800	景盛八年	靈/寶/寺/鍾	26401a/26401b/26401c/26401d
353	1800	景盛八年	茂和社脩造碑	1256

續表

序號	公元紀年	年號	標題	編號
354	1800	景盛八年	后伕事例碑記	1624
355	1800	景盛八年	后神碑記	1968
356	1800	景盛八年	後佛碑記	2130/2131
357	1800	景盛八年	本縣同疇祠址碑	3568
358	1800	景盛八年	無題	6003/6004
359	1800	景盛八年	寶/山/寺/鐘	6640/6641/6642/6643
360	1800	景盛八年	文會碑記/留傳億年	7210/7211
361	1800	景盛八年	斯文碑記	7264/7265
362	1800	景盛八年	后伕碑記	7914/7915
363	1800	景盛八年	置爲后佛	8776
364	1800	景盛八年	置後伕碑	8786/8787
365	1800	景盛八年	后神碑記/流傳萬代	9157/9158/9159/9160
366	1800	景盛八年	明靈/寺古跡名/藍鐘	10356/10357/10358/10359
367	1800	景盛八年	興福禪寺	10548/10549/10550/10551
368	1800	景盛八年	后佛碑記	10778/10779
369	1800	景盛八年	后佛碑記/重修婆生寺	10782/10783
370	1800	景盛八年	后佛碑記/重修婆生寺	10784/10785
371	1800	景盛八年	後神碑記	11265/11266
372	1800	景盛八年	后神碑記	11793/11794
373	1800	景盛八年	立取壽例	4087
374	1800	景盛八年	后神碑記	4179/4180
375	1800	景盛八年	淨慈塔記併銘	4432
376	1800	景盛八年	無題	5972/5973
377	1800	景盛八年	后神碑記	12240
378	1800	景盛八年	無題	12385/12386
379	1800	景盛八年	皇朝萬歲/后神碑記	12798/12799
380	1800	景盛八年	無題	12824/12825
381	1800	景盛八年	無題	12826/12827
382	1800	景盛八年	無題	13397/13398
383	1800	景盛八年	會例碑	14026/14027

八　西山朝碑銘目錄（1778—1802）　543

續表

序號	公元紀年	年號	標題	編號
384	1800	景盛八年	無題	14642/14643
385	1800	景盛八年	彌/陀/寺/鐘	14843/14844/14845/14846
386	1800	景盛八年	聖祠碑記	14899
387	1800	景盛八年	聖祠碑記	14900/14901
388	1800	景盛八年	留永/福寺/造鑄/洪鐘	15450/15451/15452/15453
389	1800	景盛八年	永福寺磬/天下美銅	15454/15455
390	1800	景盛八年	陽光寺鐘	15561
391	1800	景盛八年	春/福/寺/鐘	15825
392	1801	景盛九年		7683/7684/7685/7686
393	1801	景盛九年		16793/16794/16795/16796
394	1801	景盛九年	龍恩寺/大銅磬	14569/14570
395	1801	景盛九年	再立碑記/重脩前堂	8014/8015
396	1801	景盛九年	后神碑記	5463/5464
397	1801	景盛九年	伽□寺/焚香供/崇道佛/天臺柱	16431/16432/16433/16434
398	1801	景盛九年	□/山/寺/鐘	21784a/21784b/21784c/21784d
399	1801	景盛九年	恭/慎/寺/鐘	21786a/21786b/21786c/21786d
400	1801	景盛九年	永/慶/寺/鐘	31866a/31866b/31866c/31866d
401	1801	景盛九年	后神碑記	389
402	1801	景盛九年	靈/天/禪/寺	6964/6965/6966/6967
403	1801	景盛九年	內/跡/寺/鐘	10674/10675/10676/10677
404	1801	景盛九年	造祠宇碑/勒石碑記	11535/11536
405	1801	景盛九年	后神碑記/貞順碑	11825b/11826
406	1801	景盛九年	無題	12406/12407
407	1801	景盛九年	萬古馨香/附神碑記/銘云	12764/12765/12766/12767
408	1801	景盛九年	長/樂/寺/鐘	14581
409	1802	景盛十年	始買兩錢/取籌立碑記	5807/5808
410	1801	寶興元年	后神碑記	19886
411	1801	寶興元年	崇/恩/庵/鐘	32612a/32612b/32612c/32612d
412	1801	寶興元年	光/志/寺/鐘	39796a/39796b/39796c/39796d

續表

序號	公元紀年	年號	標題	編號
413	1801	寶興元年	無題	22704a/22704b/22704c/22704d
414	1801	寶興元年	延/福/寺/鍾	31342a/31342b/31342c/31342d
415	1801	寶興元年	斯文碑記	18144
416	1801	寶興元年	后神碑記	3348/3349/3350/3351
417	1801	寶興元年	無題	6048/6049
418	1801	寶興元年	無題	6650/6651/6652/6653
419	1801	寶興元年	後神碑記	7737/7738/7739
420	1801	寶興元年	無題	9043/9044/9045/9046
421	1801	寶興元年	后神碑記	5105
422	1801	寶興元年	后神碑記	5995/5996
423	1801	寶興元年	後神碑記/流傳萬代	12501/12502
424	1801	寶興元年	松雲寺后佛碑記	13706
425	1801	寶興元年	后神碑記	14234
426	1801	寶興元年	靈宝寺記	14515/14516
427	1801	寶興元年	詔傳碑記	2773/2774
428	1801	寶興元年	興功修造	2800/2801
429	1801	寶興元年	瓊薔縣重修祠宇碑記	2823
430	1801	寶興元年	重修廟宇碑	2415/2416/2417/2418
431	1802	寶興二年	光/福/寺/鍾	32527a/32527b/32527c/32527d
432	1802	寶興二年	后神碑記/年年流芳躅/日日受荣名	20489/20490/20491/20492
433	1802	寶興二年	后佚碑	8409
434	1802	寶興二年	無題	2439
435	1802	寶興二年	碑誌	3679
436	1802	寶興二年	后神碑記/萬福攸同	3781/3782
437	1802	寶興二年	后佚碑	6221
438	1802	寶興二年	后佚碑記	7646
439	1802	寶興二年	黃河泰山/神	9015/9016
440	1802	寶興二年	后神碑記/年年流芳躅/日日受荣名	11498/11499/11500/11501
441	1802	寶興二年	无題	13496

續表

序號	公元紀年	年號	標題	編號
442	1803	寶興三年	香芹社乾庙村黎縣丞碑序	2838/2839/2850/2851
443	1793—1801	景盛	后伕碑記	114

九　阮朝碑銘目録（1802—1945）

序號	公元紀年	年號	標題	編號
1	1802	嘉隆元年	棟福寺/崇修/再造/天臺供	17408/17409/17410/17411
2	1802	嘉隆元年	後仸碑記	18931
3	1802	嘉隆元年	后仸碑記	19802
4	1802	嘉隆元年	八古詩記	12360/12361/12362/12363
5	1803	嘉隆二年	後神碑記/配享碑記/本社後仸	20624/20625/20626
6	1803	嘉隆二年	后神碑記	18133/18134
7	1803	嘉隆二年	無題	20003
8	1803	嘉隆二年	本社後仸	20626
9	1803	嘉隆二年	鼎建會館簽題錄	195
10	1803	嘉隆二年	粵東會館碑記	196
11	1803	嘉隆二年	廟亭碑記	807/808/809
12	1803	嘉隆二年	續神祠舊碑	1276
13	1803	嘉隆二年	太靈寺寄忌碑	3371/3372
14	1803	嘉隆二年	后仸碑記	7283
15	1803	嘉隆二年	彌/陀/寺/鐘	7672/7673/7674/7675
16	1803	嘉隆二年	後神碑記	8206/8207
17	1803	嘉隆二年	後佛碑記	5887/5888/5889/5890
18	1803	嘉隆二年	靈山/上/寺洪/鐘	15215/15216/15217/15218
19	1803	嘉隆二年	靈山/下/寺洪/鐘	15220/15221/15222/15223
20	1803	嘉隆二年	靈/移/寺/鐘	15350/15351/15352/15353
21	1804	嘉隆三年	崇化敦俗之碑	20124/20125
22	1804	嘉隆三年	重修碑記/甲子年造	4379/4380/4381/4382
23	1804	嘉隆三年	旨賜	5875
24	1804	嘉隆三年	后佛碑記	13703
25	1804	嘉隆三年	無題	13704/13705
26	1805	嘉隆四年	后佛碑	15668
27	1805	嘉隆四年	后神碑記	18218/18219/18220

九　阮朝碑銘目錄（1802—1945）　547

續表

序號	公元紀年	年號	標題	編號
28	1805	嘉隆四年	后伕碑記	19893
29	1805	嘉隆四年	無題	20666/20667/20668
30	1805	嘉隆四年	後神碑/本其事/而記之/追思祀	6267/6268/6269/6270
31	1805	嘉隆四年	后神碑記	5461/5462
32	1805	嘉隆四年	靈寶寺	14208/14209/14210/14211
33	1805	嘉隆四年	無題	15148
34	1805	嘉隆四年	後神碑記	15149
35	1805	嘉隆四年	后佛碑	15663
36	1805	嘉隆四年	置後伕碑	15664
37	1805	嘉隆四年	后佛碑	15670
38	1806	嘉隆五年	菩/提/寺/鐘	17274/17275/17276/17277
39	1806	嘉隆五年	后佛碑記	660
40	1806	嘉隆五年	后神碑記	9089/9090
41	1806	嘉隆五年	從祀先賢碑記/從祀先賢碑記	11404/11405
42	1806	嘉隆五年	後神碑記	4281
43	1806	嘉隆五年	后神碑記/本社保文	4287/4288
44	1806	嘉隆五年	后神碑記/流傳萬古	14776/14777
45	1806	嘉隆五年	后神碑記	15293/15294
46	1806	嘉隆五年	後神碑記	15784/15785
47	1807	嘉隆六年	後神碑記	6292
48	1807	嘉隆六年	后神碑記	16288
49	1807	嘉隆六年	興功仙山寺碑記	16655
50	1807	嘉隆六年	尼珠塔跡記（尼珠塔禪師生緣出處貫跡□記）	18192/18193
51	1807	嘉隆六年	碑后神記	20246/20247
52	1807	嘉隆六年	后神碑記	820
53	1807	嘉隆六年	後神碑記	6271
54	1807	嘉隆六年	後佛碑記	6288
55	1807	嘉隆六年	后伕碑記	14483
56	1808	嘉隆七年	珠龍寺碑記	19096

續表

序號	公元紀年	年號	標題	編號
57	1808	嘉隆七年	重修興功碑記	18824
58	1808	嘉隆七年	十方功德	349
59	1808	嘉隆七年	后佛碑記	920
60	1808	嘉隆七年	后伕碑記	6134
61	1808	嘉隆七年	后神碑記	14445/14446
62	1808	嘉隆七年	本甲上祖造碑記	14866/14867
63	1808	嘉隆七年	后神碑記	15727/15728
64	1808	嘉隆七年	后神碑記	15731/15732
65	1808	嘉隆七年	后神碑記/百世不遷	15844/15845
66	1809	嘉隆八年	恭奉詔旨全鄭碑/本國聖祖文碑	2769/2770
67	1809	嘉隆八年	后佛碑記	1031
68	1809	嘉隆八年	后伕碑記	16778
69	1809	嘉隆八年	教坊例碑	20072
70	1809	嘉隆八年	上奇上甲	20101
71	1809	嘉隆八年	后神碑記	386
72	1809	嘉隆八年	丁家善誌	7900
73	1809	嘉隆八年	后神碑	4458
74	1809	嘉隆八年	重修文廟碑記	4875/4890
75	1809	嘉隆八年	無題	5966/5967
76	1809	嘉隆八年	買亭門碑記	15439
77	1809	嘉隆八年	買亭門碑記	15465/15466
78	1809	嘉隆八年	中祠碑記/己巳年製	15835/15836
79	1810	嘉隆九年	留傳萬代/后神碑記	16359/16360
80	1810	嘉隆九年	神伕后碑	19549/19550/19551
81	1810	嘉隆九年	后神碑記	16360
82	1810	嘉隆九年	後神碑記/留傳萬代	20714/20715
83	1810	嘉隆九年	后神碑記	8662/8663
84	1810	嘉隆九年	上老碑誌/祠雲慧日	11396/11397
85	1810	嘉隆九年	后佛碑記/流傳萬代	14764/14765
86	1810	嘉隆九年	大像寺碑記	15992
87	1811	嘉隆十年	后佛碑記	16396/16397

九　阮朝碑銘目錄（1802—1945）　549

續表

序號	公元紀年	年號	標題	編號
88	1811	嘉隆十年	興功修造扁	16952
89	1811	嘉隆十年	流傳萬代	17446
90	1811	嘉隆十年	后忌碑記	17768
91	1811	嘉隆十年	會主碑記（大安縣梁捨下社斯文會主碑）	18567
92	1811	嘉隆十年	后佛碑記	19990
93	1811	嘉隆十年	后佛碑記	19996
94	1811	嘉隆十年	後神碑記	165
95	1811	嘉隆十年	崇修洪福寺碑記	293
96	1811	嘉隆十年	后神碑記	357
97	1811	嘉隆十年	后佛碑記/流傳萬代	881/882
98	1811	嘉隆十年	羅溪吳氏祠堂碑記/羅溪吳氏忌田碑記	909/910
99	1811	嘉隆十年	后賢碑記	922/923
100	1811	嘉隆十年	后伕碑記	6287
101	1811	嘉隆十年	后神碑記/留傳萬代	4254/4255/4256
102	1811	嘉隆十年	遺風餘烈	13537/13540
103	1811	嘉隆十年	后佛碑記	13580
104	1811	嘉隆十年	庚貴年造寺碑/修造隆恩寺碑	14544/14545
105	1811	嘉隆十年	後神碑記	15738
106	1811	嘉隆十年	萬古留芳	15764
107	1811	嘉隆十年	后神碑記	4291/4292
108	1811	嘉隆十年	后神碑/券文記	4276/4277
109	1812	嘉隆十一年	後神碑記	20622/20623
110	1812	嘉隆十一年	立碑爲跡	18202b
111	1812	嘉隆十一年	后伕碑記/流傳萬代	19912/19913
112	1812	嘉隆十一年	后神碑記/天長地久	20289/20290
113	1812	嘉隆十一年	后神碑記	20928
114	1812	嘉隆十一年	無題	417
115	1812	嘉隆十一年	后神碑記	9093/9094

續表

序號	公元紀年	年號	標題	編號
116	1812	嘉隆十一年	繼往開來之碑/日月行天	5302/5303
117	1812	嘉隆十一年	后佛碑記	15436
118	1812	嘉隆十一年	無題	15512/15513
119	1813	嘉隆十二年	功德碑記	16340
120	1813	嘉隆十二年	造作佛寺竪立石碑	16933
121	1813	嘉隆十二年	後神碑記（壹後神位）/流傳萬代	17443/17444
122	1813	嘉隆十二年	后神碑記	478
123	1813	嘉隆十二年	木橋碑記/癸酉年製	2807/2808
124	1813	嘉隆十二年	碑記留傳	5885
125	1813	嘉隆十二年	后神碑記	5988/5989/5980/5981
126	1813	嘉隆十二年	青/橘/寺/鐘	15178/15179/15180/15181
127	1813	嘉隆十二年	后神碑記/年月日時	15718/15719
128	1813	嘉隆十二年	后神碑記	15729/15730
129	1813	嘉隆十二年	後佛碑記	15766
130	1813	嘉隆十二年	后佛碑記/萬古留香	15794/15795
131	1814	嘉隆十三年	祇園福果	18113
132	1814	嘉隆十三年	後佛碑記	20044
133	1814	嘉隆十三年	無題	18299
134	1814	嘉隆十三年	福隆崗珠山寺	19235
135	1814	嘉隆十三年	后仸碑記	15798/15799
136	1814	嘉隆十三年	后神萬代碑記	14230
137	1814	嘉隆十三年	后仸碑記	15767
138	1814	嘉隆十三年	唱歌碑記	16219
139	1814	嘉隆十三年	無題	16967
140	1814	嘉隆十三年	天光禪寺碑記（懷德府壽昌縣左嚴總樹禡村天光寺號口禡宮碑文）	17012/17013
141	1814	嘉隆十三年	后佛碑記	19652/19653
142	1814	嘉隆十三年	后佛碑記	19989
143	1814	嘉隆十三年	後忌碑記	72

九　阮朝碑銘目錄（1802—1945）　551

續表

序號	公元紀年	年號	標題	編號
144	1814	嘉隆十三年	天光禪寺碑記	122/123
145	1814	嘉隆十三年	無題	334
146	1814	嘉隆十三年	后佛碑記	529
147	1814	嘉隆十三年	後神祠宇碑記	1662/1663
148	1814	嘉隆十三年	斯文石祠址碑記	7647/7648/7649
149	1814	嘉隆十三年	後神碑記/萬古如新	5499/5500
150	1814	嘉隆十三年	八/覺/寺/鐘	14329/14330/14331/14332
151	1814	嘉隆十三年	八覺寺磬	14333/14334
152	1814	嘉隆十三年	斯文碑記	15524
153	1814	嘉隆十三年	甲戌年覇下總斯文碑記	15525
154	1814	嘉隆十三年	金/響/重/新	15555/a—b—c—d
155	1814	嘉隆十三年	福祿縣/下祠碑記	15619/15620
156	1814	嘉隆十三年	后佚碑記/千古留香	15770/15771
157	1814	嘉隆十三年	后佚碑記	15775/15776
158	1814	嘉隆十三年	后佚碑記	15777/15778
159	1814	嘉隆十三年	會主興功碑記	15787/15788
160	1814	嘉隆十三年	后佛碑記	15796/15797
161	1814	嘉隆十三年	后佚碑記	15800/15801
162	1814	嘉隆十三年	后佛碑記	15802/15803
163	1814	嘉隆十三年	后佛碑記	15804/15805
164	1814	嘉隆十三年	一柱寺鐘	15881
165	1814	嘉隆十三年	圓光塔碑記	422
166	1815	嘉隆十四年	后神碑記	20636
167	1815	嘉隆十四年	后佛碑記	16297
168	1815	嘉隆十四年	后佚碑記	16220
169	1815	嘉隆十四年	智/果/寺/鐘	21356a/21356b/21356c/21356d
170	1815	嘉隆十四年	重建關聖廟簽題錄	167
171	1815	嘉隆十四年	重建關聖廟碑記	172/173/174
172	1815	嘉隆十四年	重建關聖廟簽題錄	175
173	1815	嘉隆十四年	再造鎮北寺碑/集福本坊十方功德	243/244

續表

序號	公元紀年	年號	標　題	編　號
174	1815	嘉隆十四年	后佛碑	604
175	1815	嘉隆十四年	刻石勒功	754
176	1815	嘉隆十四年	無題	7603/7604
177	1815	嘉隆十四年	后神碑記	5264/5265
178	1815	嘉隆十四年	后碑銘記	5495/5496
179	1815	嘉隆十四年	后碑銘記	5497/5498
180	1815	嘉隆十四年	后神石碑	14444
181	1815	嘉隆十四年	代序/隆恩/寺/鐘	14540/14541/14542/14543
182	1815	嘉隆十四年	西/天/寺/鐘	14746
183	1815	嘉隆十四年	寧/福/寺/鐘	15545/15546/15547/15548
184	1815	嘉隆十四年	無題	15806
185	1816	嘉隆十五年	後神碑記	20753
186	1816	嘉隆十五年	無題	17058
187	1816	嘉隆十五年	清同寺碑記	16295/16296
188	1816	嘉隆十五年	后神碑記/嘉隆萬萬年之拾五	17624/17625
189	1816	嘉隆十五年	光華寺/造寺碑記	17674/17675
190	1816	嘉隆十五年	后忌碑誌	17697
191	1816	嘉隆十五年	后神碑記/丙子年造	19703/19704
192	1816	嘉隆十五年	后佛碑記（陶氏後佛碑記）	20201/20202
193	1816	嘉隆十五年	重修東門寺之碑	319
194	1816	嘉隆十五年	無題	385/393
195	1816	嘉隆十五年	無題	701
196	1816	嘉隆十五年	后佛碑記	919
197	1816	嘉隆十五年	斯文碑記	945/946
198	1816	嘉隆十五年	后佛碑記	1149
199	1816	嘉隆十五年	后神碑/乙酉年造/流傳永遠	7357/7358/7359
200	1816	嘉隆十五年	教坊交文碑記	15609
201	1817	嘉隆十六年	后神碑記	6290
202	1817	嘉隆十六年	碩亭碑記	16069
203	1817	嘉隆十六年	重修來遠橋記	19323

九　阮朝碑銘目錄（1802—1945）　553

續表

序號	公元紀年	年號	標題	編號
204	1817	嘉隆十六年	福建會館興創錄	277
205	1817	嘉隆十六年	后神碑記	399/400
206	1817	嘉隆十六年	龍光寺碑記	501
207	1817	嘉隆十六年	后神碑記	623
208	1817	嘉隆十六年	衍澤祠恭述之碑	1187/1188
209	1817	嘉隆十六年	重修來遠橋記	8360
210	1817	嘉隆十六年	重修慈恩祠碑	4052
211	1817	嘉隆十六年	民德歸厚之碑/留訓	5305/5306/5307/5308
212	1817	嘉隆十六年	無題	12068/12069/12070
213	1817	嘉隆十六年	福建會館興創錄	13548
214	1817	嘉隆十六年	春/山/禪/寺	13850/13851/13852/13853
215	1817	嘉隆十六年	石井碑記	14689/14690
216	1818	嘉隆十七年	流傳萬代	17436
217	1818	嘉隆十七年	古蓬碑記	18619/18620
218	1818	嘉隆十七年	后神碑記	19697/19698
219	1818	嘉隆十七年	後佛碑記	222/256
220	1818	嘉隆十七年	后伕碑記	255
221	1818	嘉隆十七年	后神碑記	689
222	1818	嘉隆十七年	后神碑記	823
223	1818	嘉隆十七年	后神碑記	7186/7187/7188/7189
224	1818	嘉隆十七年	后神碑記	7234/7235/7236/7237
225	1818	嘉隆十七年	永寧碑記	4125/4126
226	1818	嘉隆十七年	奉/太/清/祠	13947/13948/13949/13950
227	1818	嘉隆十七年	福/林/寺/鐘	14691
228	1818	嘉隆十七年	朔望寺田碑記	15610
229	1818	嘉隆十七年	教坊碑記	15832
230	1818	嘉隆十七年	普明碑記	15978
231	1818	嘉隆十七年	后神碑記	566
232	1819	嘉隆十八年	後神碑記	18053
233	1819	嘉隆十八年	后佛碑記	17955
234	1819	嘉隆十八年	后忌碑記/皇朝嘉隆萬萬年	20104/20105

續表

序號	公元紀年	年號	標題	編號
235	1819	嘉隆十八年	嘉隆十八年三月奉造	471
236	1819	嘉隆十八年	后神碑記	631
237	1819	嘉隆十八年	后神碑記/流傳永遠	7455/7456
238	1819	嘉隆十八年	無題	7553/7554/7555
239	1819	嘉隆十八年	源流記	10007/10008
240	1819	嘉隆十八年	醫會碑記/醫會詞記/供田/祀田	4137/4138/4139/4140
241	1819	嘉隆十八年	聖/隆/寺/鐘	14806/14807/14808/14809
242	1819	嘉隆十八年	天/臺/石/柱	15049/15050/15051/15052
243	1819	嘉隆十八年	奉開新港記	15549
244	1819	嘉隆十八年	碑記	15993
245	1820	明命元年	后神碑記	20225/20226
246	1820	明命元年	鑄造	16582
247	1820	明命元年	密多寺鐘（本社鐘文）	17305/17306/17307/17308
248	1820	明命元年	后神碑記	17434/17435
249	1820	明命元年	五甲碑（順安上村五甲石碑記）	20196
250	1820	明命元年	祠址碑	20203/20204
251	1820	明命元年	重修白馬廟簽題錄	189
252	1820	明命元年	重修白馬廟碑記	190
253	1820	明命元年	重修捐報錄	194
254	1820	明命元年	重修簽題錄	197
255	1820	明命元年	重修會館碑記	198
256	1820	明命元年	後忌碑記	490
257	1820	明命元年	德功成道塔	9398/9399/9400
258	1820	明命元年	后伕碑記	13707
259	1820	明命元年	后佛碑記	14322
260	1820	明命元年	南無阿彌陀佛/千古留香	14695/14696
261	1820	明命元年	華/幡/禪/寺	14791/14792/14793/14794
262	1820	明命元年	後神碑記	15750/15751

九　阮朝碑銘目錄（1802—1945）　555

續表

序號	公元紀年	年號	標　題	編　號
263	1820	明命元年	后佛碑記	15973
264	1821	明命二年	后伕碑記	20768
265	1821	明命二年	福林寺碑記/明命二年春月吉日	18111/18112
266	1821	明命二年	后神碑記	16362
267	1821	明命二年	石橋碑記	16856
268	1821	明命二年	景靈寺碑	16915/16916
269	1821	明命二年	文會碑記	18162/18163
270	1821	明命二年	厚賢碑記	19612/19613/19614
271	1821	明命二年	奉事億年	20090
272	1821	明命二年	后神碑記	409
273	1821	明命二年	后神碑記	561
274	1821	明命二年	后神碑記	562
275	1821	明命二年	后神碑記	564
276	1821	明命二年	后伕碑記	638/956
277	1821	明命二年	后伕碑記	641/642
278	1821	明命二年	後佛生碑	663
279	1821	明命二年	忌臘碑記	667
280	1821	明命二年	后伕碑記	963
281	1821	明命二年	無題	7607/7608/7609/7610
282	1821	明命二年	和/光/寺/鐘	13887/13888/13889/13890
283	1821	明命二年	延/靈/寺/鐘	14188/14189/14190/14191
284	1821	明命二年	后神碑記	14294
285	1821	明命二年	后佛碑記	15772
286	1822	明命三年	重修碑記/前監生官職碑/萬壽皇朝無疆/前校生員職	17424/17425/17426/17427
287	1822	明命三年	后神碑記/皇朝明命三年季冬月吉日立碑	17461/17462
288	1822	明命三年	后忌碑記	17695/17696
289	1822	明命三年	明命三年歲次壬午冬月吉日立碑	19672
290	1822	明命三年	後佛碑記	19805/19806/19807

556　下編　越南碑銘文獻目錄

續表

序號	公元紀年	年號	標題	編號
291	1822	明命三年	后神碑記	19889
292	1822	明命三年	禮樂后碑記	19921/19922
293	1822	明命三年	重修洞午寺碑記	20339/20340/20341/20342
294	1822	明命三年	皇朝明命三年二月二十五日立碑	20343/20344/20345/20346
295	1822	明命三年	后神碑記	351
296	1822	明命三年	后佛碑記	601
297	1822	明命三年	后佛碑記	608
298	1822	明命三年	后伕碑記	644/645
299	1822	明命三年	后伕碑記	957/958
300	1822	明命三年	無題	13209
301	1822	明命三年	后忌碑記	13581
302	1822	明命三年	崇/寧/寺/鐘	13925/13926/13927/13928
303	1822	明命三年	崇寧寺磬	13929/13930
304	1822	明命三年	后伕碑記/古跡名藍寺	14394/14395
305	1822	明命三年	立后碑	15682
306	1823	明命四年	重修徽文殿碑記/南無十方功德	445/446
307	1823	明命四年	后佛碑記	635
308	1823	明命四年	朱氏碑記	688
309	1823	明命四年	花魚姓名碑記	14260
310	1823	明命四年	唐/隆/寺/鐘	14738
311	1823	明命四年	慶/龍/寺/鐘	15623
312	1824	明命五年	后神碑記	16379/16380
313	1824	明命五年	會光庵□録碑記	16030
314	1824	明命五年	無題	16380
315	1824	明命五年	后佛碑記	16401
316	1824	明命五年	重修儀門碑記	16971
317	1824	明命五年	重修廟宇碑記	16975
318	1824	明命五年	造正禦向碑	17965
319	1824	明命五年	流傳萬代	18611/18612

九　阮朝碑銘目錄（1802—1945）　557

續表

序號	公元紀年	年號	標題	編號
320	1824	明命五年	買衝亭碑	19938
321	1824	明命五年	配享碑記	19941
322	1824	明命五年	重修碑記	20509
323	1824	明命五年	后佛碑記	249
324	1824	明命五年	后伕碑記	643
325	1824	明命五年	亭門各例碑記	6888
326	1824	明命五年	造鑄/洪鐘/珈瑜/寺記	13687/13688/13689/13690
327	1824	明命五年	珈瑜寺記/造鑄洪磬	13691/13692
328	1824	明命五年	天/福/寺/鐘	14030/14031/14032/14033
329	1824	明命五年	天/德/寺/鐘	14397/14398/14399/14400
330	1824	明命五年	洞/林/寺/鐘	14476/14477/14478/14479
331	1824	明命五年	靈/山/寺/鐘	14624
332	1824	明命五年	龍/寶/寺/鐘	14632
333	1824	明命五年	后神碑記/南無阿彌陀佛	14666/14667
334	1824	明命五年	大/卞/寺/鐘	14890
335	1824	明命五年	報/恩/寺/鐘	15339/15340/15341/15342
336	1824	明命五年	萬/福/寺/鐘	15541/15542/15543/15544
337	1825	明命六年	圓光寺鐘	16942/16943/16944/16945
338	1825	明命六年	後神銘記	16912/16913
339	1825	明命六年	豎立石柱碑記	16924/16925
340	1825	明命六年	香象甲重修碑記（紫衣最靈大王廟）	16968
341	1825	明命六年	無題	17281/17282/17283/17284
342	1825	明命六年	附伕碑記	19904/19905
343	1825	明命六年	后伕碑記	20048
344	1825	明命六年	后伕碑記	961
345	1825	明命六年	學田碑記	1171/1172
346	1825	明命六年	后神碑記	4634/4635
347	1825	明命六年	珈瑜寺后碑記	13684
348	1825	明命六年	珈瑜寺后碑記	13685
349	1825	明命六年	后神碑記	15069

558　下編　越南碑銘文獻目錄

續表

序號	公元紀年	年號	標題	編號
350	1825	明命六年	春祭碑記/乙酉年製	15807/15808
351	1826	明命七年	無題	20515/20516
352	1826	明命七年	福/山/寺/鐘	17226/17227/17228/17229
353	1826	明命七年	石橋碑記	18197
354	1826	明命七年	念南無大方廣佛華嚴經	17100/17101/17102
355	1826	明命七年	古今碑	18548
356	1826	明命七年	北甲后碑記	19377
357	1826	明命七年	祠址碑記/天長地久	19706/19707/19708/19709
358	1826	明命七年	后佛碑記	19991
359	1826	明命七年	本族祀事之碑	20128/20129
360	1826	明命七年	雪竜寺鐘	21630a/21630b/21630c/21630d
361	1826	明命七年	念南無大方廣佛華嚴經	137
362	1826	明命七年	關聖廟朱漆碑記	176
363	1826	明命七年	後佛碑記	7770/7771
364	1826	明命七年	藏書樓記	5672
365	1826	明命七年	大/悲/寺/鐘	13680/13681/13682/13683
366	1826	明命七年	崇寧寺碑記/繼善碑記	13923/13924
367	1826	明命七年	遵路/社華/楊寺/洪鐘	14342/14343/14343/14345
368	1826	明命七年	石橋碑記/同資功德	14456/14457
369	1826	明命七年	文運大亨/祠宇碑記	14897/14898
370	1827	明命八年	皇朝明命捌年春	17230
371	1827	明命八年	重修祠宇碑記/曆科試中碑記	11253/11254
372	1827	明命八年	斯會碑記	18576/18577/18578/18579
373	1827	明命八年	歷代科名/熙朝品爵	18580/18581/18582/18583
374	1827	明命八年	興/靈/寺/鐘	18599/18600/18601/18602
375	1827	明命八年	后神碑誌	18748
376	1827	明命八年	后神碑記	18751
377	1827	明命八年	無題	19320

九　阮朝碑銘目錄（1802—1945）　559

續表

序號	公元紀年	年號	標題	編號
378	1827	明命八年	段橋碑記	19763
379	1827	明命八年	無題	20045
380	1827	明命八年	天/福/院/鐘	21483a/21483b/21483c/21483d
381	1827	明命八年	后伕碑記	341
382	1827	明命八年	公位/大王/祠堂/碑記	670/672/673/674
383	1827	明命八年	聖誕忌辰碑記/寺田流傳萬代	1527/1528
384	1827	明命八年	無題	2811
385	1827	明命八年	無題	5665
386	1827	明命八年	靈/寶/寺/鐘	14489
387	1827	明命八年	普/門/寺/鐘	14490
388	1827	明命八年	后神碑記	14676/14677
389	1827	明命八年	后伕碑記	15337
390	1827	明命八年	后伕碑記	15338
391	1827	明命八年	奉敬碑記/奉敬碑記	15463/15464
392	1827	明命八年	后忌碑記/萬代留傳	15195/15196
393	1828	明命九年	無題	20367/20370
394	1828	明命九年	皇/隆/寺/鐘	16421/16422/16423/16424
395	1828	明命九年	伕候碑記	16306
396	1828	明命九年	鐘/寺/光/靈	16430a/16430b/16430c/16430d
397	1828	明命九年	無題	19294
398	1828	明命九年	無題	19295
399	1828	明命九年	后伕碑記	20027/20028
400	1828	明命九年	無題	20370
401	1828	明命九年	山/水/寺/鐘	38698a/38698b/38698c/38698d
402	1828	明命九年	斯文後碑記	19574
403	1828	明命九年	改建靈山古寺碑記	267
404	1828	明命九年	后佛碑記	295
405	1828	明命九年	后伕碑記	336
406	1828	明命九年	來族后神碑記	563
407	1828	明命九年	后佛碑記	599

560　下編　越南碑銘文献目錄

續表

序號	公元紀年	年號	標題	編號
408	1828	明命九年	造橋碑記	2565
409	1828	明命九年	岩山崗古庵寺/鑄造洪鐘碑記	11051/11052/11053/11054
410	1828	明命九年	黃/龍/寺/鐘	14494
411	1828	明命九年	東/陽/寺/鐘	14615
412	1828	明命九年	仙/侶/寺/鐘	14969/14970/14971/14972
413	1828	明命九年	斯文碑記	15176
414	1829	明命十年	後伕碑記	20022/20023
415	1829	明命十年	后神碑記	20333/20334/20335
416	1829	明命十年	扶兽總	16226
417	1829	明命十年	寺田碑記	16376
418	1829	明命十年	扁/音/寺/鐘	13748/13749/13750/13751
419	1829	明命十年	普光寺碑	16031
420	1829	明命十年	奉造恭進碑	16225
421	1829	明命十年	石橋碑記/龍飛己丑年鑴	18624/18625
422	1829	明命十年	石橋碑記	18803
423	1829	明命十年	后伕碑記	20241
424	1829	明命十年	后神碑記	20658/20659/20660
425	1829	明命十年	無題	269
426	1829	明命十年	后佛神碑記	270
427	1829	明命十年	洪福寺后佛碑記	313
428	1829	明命十年	洪福寺后佛碑記	316
429	1829	明命十年	洪福寺后佛碑記	335
430	1829	明命十年	后伕碑記	1120
431	1829	明命十年	石橋碑記	13515
432	1829	明命十年	青/龍/寺/鐘	13759/13760/13761/13761b
433	1829	明命十年	觀/音/寺/鐘	13785/13786/13787/13788
434	1829	明命十年	觀音寺磬/己丑造鑄	13789/13790
435	1829	明命十年	慶/安/靈/寺	14486
436	1829	明命十年	東/山/寺/鐘	14497
437	1829	明命十年	無題	14518

九　阮朝碑銘目錄（1802—1945）　561

續表

序號	公元紀年	年號	標題	編號
438	1829	明命十年	花/安/寺/鐘	14616
439	1829	明命十年	安/鎮/寺/鐘	14645
440	1829	明命十年	金/龜/寺/鐘	14857
441	1829	明命十年	清/涼/寺/鐘	15558
442	1829	明命十年	萬/古/靈/祠	15559
443	1830	明命十一年	明命拾壹年叁月拾五日立望恩詞	18330
444	1830	明命十一年	王津寺碑記/修理寺宇碑	20540/20541/20542/20543
445	1830	明命十一年	追薦碑記	18998
446	1830	明命十一年	后佛碑記	16051/16052
447	1830	明命十一年	中和碑記	16917/16918
448	1830	明命十一年	天/笠/寺/鐘	21551a/21551b/21551c/21551d
449	1830	明命十一年	重修鐘閣碑記	266
450	1830	明命十一年	陳家饗祀之碑	2546
451	1830	明命十一年	奉/通/觀/鐘	13951/13952/13953/13954
452	1830	明命十一年	香火不刊	13961/13962/13963/13964
453	1830	明命十一年	後佛碑記	14097
454	1830	明命十一年	捌萬/靈/天寺/鐘	14168/14169/14170/14171
455	1830	明命十一年	石橋碑記/同資功德	14474/14475
456	1830	明命十一年	盤/天/寺/鐘	14492
457	1830	明命十一年	興/崇/寺/鐘	14495
458	1830	明命十一年	花/煙/寺/鐘	14595
459	1830	明命十一年	楊/禪/寺/鐘	15110/15111/15112/15113
460	1830	明命十一年	飯伕碑記	15765
461	1830	明命十一年	後伕碑記/千古留芳	15768/15769
462	1830	明命十一年	後佛碑記	15773/15774
463	1830	明命十一年	后伕碑記	15782/15783
464	1830	明命十一年	后伕碑記	15790/15791
465	1830	明命十一年	佛後碑記	15949
466	1830	明命十一年	御製御河碑記	5671
467	1831	明命十二年	皇朝明命三年壬午會試科進士題名碑	5695/16467

562 下編 越南碑銘文獻目錄

續表

序號	公元紀年	年號	標題	編號
468	1831	明命十二年	皇朝明命柒年丙戌會試科進士題名碑	5699/16468
469	1831	明命十二年	皇朝明命拾年己丑會試科進士題名碑	5696/16469
470	1831	明命十二年	后神碑記	17459/17460
471	1831	明命十二年	后神碑記	17976
472	1831	明命十二年	後伕碑記	18677
473	1831	明命十二年	石橋碑記（遼東社石橋碑記）	19115
474	1831	明命十二年	石橋碑記/功德碑記	2537/2562
475	1831	明命十二年	皇朝明命柒年丙戌會試科進士題名記	2582
476	1831	明命十二年	靈/光/禪/寺	15055/15056/15057/15058
477	1831	明命十二年	斯文碑記	15177
478	1831	明命十二年	後佛碑記	15657
479	1831	明命十二年	后伕碑記	15812
480	1832	明命十三年	雙安碑記	17231
481	1832	明命十三年	無題	17372/17373
482	1832	明命十三年	無題	17368/17369/17370/17371
483	1832	明命十三年	重修碑記	16244
484	1832	明命十三年	歌工交詞	18166
485	1832	明命十三年	萬春寺碑記	18626/18627
486	1832	明命十三年	功德碑記	19866
487	1832	明命十三年	無題	20389
488	1832	明命十三年	造立碑記	20565/20566
489	1832	明命十三年	壬辰碑記	655
490	1832	明命十三年	教坊字契碑記	2291
491	1832	明命十三年	無題	7650/7651
492	1832	明命十三年	后伕碑記	13843
493	1832	明命十三年	本村監生后神碑記	14231
494	1832	明命十三年	五社興功/石橋碑記	14468/14469
495	1832	明命十三年	塔釋/寺/洪鐘/記	14485
496	1832	明命十三年	乾/隆/寺/鐘	14868

九　阮朝碑銘目錄（1802—1945）　563

續表

序號	公元紀年	年號	標題	編號
497	1832	明命十三年	清/秀/寺/鐘	14953/14954/14955/14956
498	1832	明命十三年	上祖碑記	14974
499	1832	明命十三年	歌工碑記/南山壽	15841/15842
500	1833	明命十四年	黎朝衍福陵	16507/16508/16509/16510
501	1833	明命十四年	黎朝華蠻陵	16511/16512/16513/16514
502	1833	明命十四年	黎朝華浦陵	16517/16518/16519/16520
503	1833	明命十四年	黎朝華嵩陵	16503/16504/16505/16506
504	1833	明命十四年	癸巳年修造石橋	16851/16852
505	1833	明命十四年	無題	416
506	1833	明命十四年	雲會/社鵲/蔑寺/洪鐘	14484
507	1833	明命十四年	本社后銘碑	19595b
508	1833	明命十四年	皇朝明命拾叁年壬辰會試科進士題名碑	16470
509	1833	明命十四年	興功碑記	17267
510	1833	明命十四年	安延村市甲亭碑記	18871
511	1833	明命十四年	無題	20375
512	1833	明命十四年	後佛碑記	314
513	1833	明命十四年	皈依佛碑記	7371
514	1833	明命十四年	皇朝明命拾叁年壬辰會試科進士題名碑	5697
515	1833	明命十四年	覺靈寺/鑄洪磬	13695//13696
516	1833	明命十四年	覺靈/寺記/造鑄/洪鐘	13697/13698/13699/13700
517	1833	明命十四年	雄/安/寺/鐘	15188/15189/15190/15191
518	1834	明命十五年	後神碑記	20763
519	1834	明命十五年	麒駝寺鐘	13591
520	1834	明命十五年	後賢碑記	20745
521	1834	明命十五年	本村各例	18167
522	1834	明命十五年	後神碑記/鼎盛	19484/19485
523	1834	明命十五年	後忌	53
524	1834	明命十五年	後神碑記	54

564　下編　越南碑銘文獻目錄

續表

序號	公元紀年	年號	標題	編號
525	1834	明命十五年	後亭碑記	71
526	1834	明命十五年	寄忌碑記	556
527	1834	明命十五年	安東懺碑記	1135
528	1834	明命十五年	麒駝/寺磬	13589/13590
529	1834	明命十五年	配杞碑誌	14758
530	1834	明命十五年	本縣先賢碑記/修理祠宇碑記	14894/14895
531	1834	明命十五年	後碑本甲記	15103
532	1835	明命十六年	好義知方	18027
533	1835	明命十六年	無題	18298
534	1835	明命十六年	雲塢/社天/福寺/洪鐘	13666/13667/13668/13669
535	1835	明命十六年	置後神碑	15704
536	1835	明命十六年	安/山/寺/鐘	16335/16336/16337/16338
537	1835	明命十六年	永橋碑記	16458
538	1835	明命十六年	崇修多嘉村瓦橋碑	16901
539	1835	明命十六年	靈祠碑記	17271
540	1835	明命十六年	無題	18315
541	1835	明命十六年	後神碑記	43
542	1835	明命十六年	日昭殿記	457/458
543	1835	明命十六年	后佛碑記	574
544	1835	明命十六年	乙未年碑記	648/649/650/651
545	1835	明命十六年	造立石碑/流傳萬代	779/780/781
546	1835	明命十六年	重修文廟記	2699/2700
547	1835	明命十六年	後賢碑記/流傳永遠	7681/7682
548	1835	明命十六年	會隆碑記	14460
549	1836	明命十七年	後佛碑記	20656/20657
550	1836	明命十七年	石橋碑記	19169
551	1836	明命十七年	萬安橋碑記	19167
552	1836	明命十七年	無題	16302
553	1836	明命十七年	皇朝明命拾陸年乙未會試科進士題名碑	16471

九　阮朝碑銘目錄（1802—1945）　565

續表

序號	公元紀年	年號	標題	編號
554	1836	明命十七年	寄忌碑記	17108
555	1836	明命十七年	福林寺碑	18114/18115
556	1836	明命十七年	無題	19040
557	1836	明命十七年	寄忌碑記	19800
558	1836	明命十七年	崇興寺碑記/萬代流傳	19896/19897
559	1836	明命十七年	興/福/寺/鐘	23588a/23588b/23588c/23588d
560	1836	明命十七年	無題	382
561	1836	明命十七年	後伕碑記	514/527
562	1836	明命十七年	村后碑記	538
563	1836	明命十七年	無題	2584
564	1836	明命十七年	無題	5690
565	1836	明命十七年	皇朝明命拾六年乙未會試科進士題名碑	5692
566	1836	明命十七年	御制慶寧橋碑記	13491
567	1836	明命十七年	後神碑記/後神碑記	13662/13663
568	1836	明命十七年	後神碑記	14039/14040
569	1836	明命十七年	鳳翔磬	14280/14281
570	1836	明命十七年	石誌永記	14911/14912
571	1836	明命十七年	竺/林/寺/鐘	14919
572	1836	明命十七年	無題	15514/15515
573	1836	明命十七年	無題	15526/15527
574	1837	明命十八年	后神碑記/明命拾捌年拾月三拾日立保詞	16381/16382
575	1837	明命十八年	文會祠址碑	16779
576	1837	明命十八年	靈光寺碑/蓮社世香	16797/16798/16799/16800
577	1837	明命十八年	寄忌碑記	17093
578	1837	明命十八年	無題	17096/17097/17098/17099
579	1837	明命十八年	仝社碑記	17972
580	1837	明命十八年	石橋碑記	18106
581	1837	明命十八年	石橋碑記（東靖社石橋碑記）	19197

566　下編　越南碑銘文獻目錄

續表

序號	公元紀年	年號	標題	編號
582	1837	明命十八年	無題	20369
583	1837	明命十八年	後神碑記/本社端詞記	20739/20740
584	1837	明命十八年	後伕碑記	73
585	1837	明命十八年	寄忌碑記	129
586	1837	明命十八年	寄忌田碑記	133
587	1837	明命十八年	無題	141
588	1837	明命十八年	洪福寺后佛碑記	315
589	1837	明命十八年	后佛碑記	636
590	1837	明命十八年	斯文武會/重修碑記	10861/10862
591	1837	明命十八年	浴翠山水碑記	5668
592	1837	明命十八年	候佛碑記	13891
593	1837	明命十八年	萬/福/寺/鐘	14043/14044/14045/14046
594	1837	明命十八年	天祿州脩造碑記	14295
595	1837	明命十八年	寶/光/寺/鐘	14388/14389/14390/14391
596	1837	明命十八年	興/隆/寺/鐘	14411/14412/14413/14414
597	1837	明命十八年	齊/盆/寺/鐘	14920
598	1837	明命十八年	齊盆寺磬/齊盆寺磬	14921/14922
599	1837	明命十八年	後佛碑記	15083
600	1837	明命十八年	後佛碑記	15935
601	1837	明命十八年	後伕碑記	15938
602	1838	明命十九年	新修石橋碑記/永昭千古	20841/20842/20843/20844
603	1838	明命十九年	普光寺碑	16032
604	1838	明命十九年	圓光寺碑記	16116
605	1838	明命十九年	聖/龍/禪/寺	16427a/16427b/16427c/16427d
606	1838	明命十九年	皇朝明命戊戌年會試科進士題名碑	16472
607	1838	明命十九年	靈/寶/寺/鐘	17708/17709/17710/17711
608	1838	明命十九年	西/昌/寺/鐘	17815/17816/17817/17818
609	1838	明命十九年	靈祠碑記	18104/18105
610	1838	明命十九年	後伕碑記	18359/18360
611	1838	明命十九年	後佛碑記/永爲世鑒	18361/18362

九　阮朝碑銘目錄（1802—1945）

續表

序號	公元紀年	年號	標題	編號
612	1838	明命十九年	寶/福/寺/鐘	28516a/28516b/28516c/28516d
613	1838	明命十九年	壽昌先賢祠宇碑記/留奉祠宇田池碑記	251/252/253/254
614	1838	明命十九年	佛后碑記	516
615	1838	明命十九年	后伕碑記	607
616	1838	明命十九年	寄忌碑記	616
617	1838	明命十九年	後佛碑記	627
618	1838	明命十九年	無題	695
619	1838	明命十九年	無題	696
620	1838	明命十九年	皇朝明命戊戌會試科進士題名碑	5698
621	1838	明命十九年	無題	13464/13492
622	1838	明命十九年	長公主第十三祠堂碑記	13469
623	1838	明命十九年	蓮/花/寺/鐘	14119/14120/14121/14122
624	1838	明命十九年	靈/光/寺/鐘	14236/14237/14238/14239
625	1838	明命十九年	五/福/寺/鐘	14651
626	1838	明命十九年	后祖碑記	14848
627	1838	明命十九年	春/風/寺/鐘	15019/15020/15021/15022
628	1838	明命十九年	皇朝明命拾玖造	15161/15162
629	1839	明命二十年	文山村亭	19281
630	1839	明命二十年	同平寺鐘碑記/己亥年穀日鐫	20601/20602/20603/20604
631	1839	明命二十年	寄忌碑記	749
632	1839	明命二十年	追崇碑記	16374
633	1839	明命二十年	武功左碑	2579
634	1839	明命二十年	武功右碑	2580
635	1839	明命二十年	無題	16650
636	1839	明命二十年	建造方亭碑記	17075
637	1839	明命二十年	多兼賣碑誌	17366
638	1839	明命二十年	前賢碑記	17953
639	1839	明命二十年	道統源流（增廣祠宇碑記）	18653/18654

568　下編　越南碑銘文献目錄

續表

序號	公元紀年	年號	標題	編號
640	1839	明命二十年	后佚碑記	19406
641	1839	明命二十年	后佚碑記	20271
642	1839	明命二十年	保慶寺鐘	28533a/28533b/28533c/28533d
643	1839	明命二十年	建造方亭碑	182
644	1839	明命二十年	南無阿彌陀佛證明	528
645	1839	明命二十年	阮門忌日碑記	530
646	1839	明命二十年	後佚碑記	628
647	1839	明命二十年	東甲寺田碑/蓬萊社風土記	3484/3485
648	1839	明命二十年	利濟橋	5678
649	1839	明命二十年	武功左碑	5685
650	1839	明命二十年	武功碑記	5686
651	1839	明命二十年	武功右碑	5688
652	1839	明命二十年	瑤琁寺鐘	14022/14023/14024/14025
653	1839	明命二十年	後佚碑記	14041/14042
654	1839	明命二十年	靈/光/寺/鐘	15048
655	1839	明命二十年	青橘寺慶/己亥年造	15182/15183
656	1839	明命二十年	青/雲/寺/鐘	15302/15303/15304/15305
657	1839	明命二十年	石橋碑記	15792/15793
658	1840	明命二十一年	敕建黎朝昭統皇帝陵	17861
659	1840	明命二十一年	敕建黎朝裕宗皇帝陵	17859
660	1840	明命二十一年	敕建黎朝顯宗永皇帝陵	17860
661	1840	明命二十一年	敕建黎朝嘉宗美皇帝陵	17935
662	1840	明命二十一年	敕建黎朝熙宗章皇帝陵	17936
663	1840	明命二十一年	敕建黎朝純宗簡皇帝陵	17934
664	1840	明命二十一年	敕建黎朝懿宗徽皇帝陵	17937
665	1840	明命二十一年	福山寺碑記	17235
666	1840	明命二十一年	石碑記	20041

九　阮朝碑銘目錄（1802—1945）　569

續表

序號	公元紀年	年號	標題	編號
667	1840	明命二十一年	敕建黎朝神宗淵皇帝陵	17837
668	1840	明命二十一年	徵王事跡碑記	20918
669	1840	明命二十一年	祠址碑記	16355
670	1840	明命二十一年	最靈祠碑記	16982
671	1840	明命二十一年	祠址宴老碑記	17070
672	1840	明命二十一年	雕漆方亭碑記	17073
673	1840	明命二十一年	館使寺寄忌碑	17133
674	1840	明命二十一年	無題	18089
675	1840	明命二十一年	造像碑記	18802
676	1840	明命二十一年	天理在人心	19100
677	1840	明命二十一年	無題	19394
678	1840	明命二十一年	徵王事跡碑記	20980
679	1840	明命二十一年	雕漆方亭碑記	183
680	1840	明命二十一年	祠址宴老碑記	188
681	1840	明命二十一年	附享碑記	271
682	1840	明命二十一年	洪福寺後佛碑記	343
683	1840	明命二十一年	后神碑記	582
684	1840	明命二十一年	獵拜州	13467
685	1840	明命二十一年	雲塢社/天福寺	13664/13665
686	1840	明命二十一年	那/來/寺/鐘	14128/14129/14130/14131
687	1840	明命二十一年	西/國/寺/鐘	15175
688	1840	明命二十一年	清藍寺/造天臺	15241/15242
689	1840	明命二十一年	崇/慶/寺/鐘	15560
690	1840	明命二十一年	無題	15848
691	1840	明命二十一年	無題	15867
692	1841	紹治元年	本村碑記	15761/15762
693	1841	紹治元年	酬恩碑記	19107
694	1841	紹治元年	無題	17150/17151
695	1841	紹治元年	天長府美祿縣務本社啟文祠碑記	16070
696	1841	紹治元年	寄忌碑記/辛丑年造	16823/16824

570　下編　越南碑銘文獻目錄

續表

序號	公元紀年	年號	標題	編號
697	1841	紹治元年	無題	17609/17610
698	1841	紹治元年	后神碑記	18511/18512
699	1841	紹治元年	修造後堂鐘樓慶林禪寺碑記	19384/19385
700	1841	紹治元年	奉祀碑記	20122/20123
701	1841	紹治元年	□玄寺鐘	21556a/21556b/21556c/21556d
702	1841	紹治元年	寄忌碑記	233
703	1841	紹治元年	後佛碑記	312
704	1841	紹治元年	富/宮/寺/鐘	14587
705	1841	紹治元年	永祥祭田碑	14638/14639
706	1841	紹治元年	興/福/寺/鐘	15516/15517/15518/15519
707	1841	紹治元年	立后碑記	15681
708	1842	紹治二年	無題	2376
709	1842	紹治二年	無題	16841
710	1842	紹治二年	皇朝紹治元年辛丑會試	16473
711	1842	紹治二年	皇朝紹治貳年壬寅會試	16474
712	1842	紹治二年	集福碑記	17962
713	1842	紹治二年	御製詩一首 過愛子江述古	19296
714	1842	紹治二年	御製詩一首 鴻嶺	19301
715	1842	紹治二年	無題	19335/19336
716	1842	紹治二年	范林祖堂	19718
717	1842	紹治二年	本寺後伕碑記	19803/19804
718	1842	紹治二年	后佛碑記	20775
719	1842	紹治二年	寶/光/寺/鐘	22887a/22887b/22887c/22887d
720	1842	紹治二年	交/參/寺/鐘	34129a/34129b/34129c/34129d
721	1842	紹治二年	後忌碑記	109
722	1842	紹治二年	後忌碑記	111
723	1842	紹治二年	寄忌碑記	235
724	1842	紹治二年	寄忌碑記	236
725	1842	紹治二年	配享碑記	239

九　阮朝碑銘目錄（1802—1945）　571

續表

序號	公元紀年	年號	標題	編號
726	1842	紹治二年	寺配碑記	241
727	1842	紹治二年	無題	242
728	1842	紹治二年	寄忌碑記	606
729	1842	紹治二年	弘恩寺碑文	613
730	1842	紹治二年	御製詩一首登護城山	2809
731	1842	紹治二年	御製詩一首登護城山	5667
732	1842	紹治二年	皇朝紹治元年辛丑會試恩科進士題名碑	5693
733	1842	紹治二年	皇朝紹治二年壬寅會試恩科進士題名碑	5700
734	1842	紹治二年	覺靈寺碑記/后佚碑記	13693/13694
735	1842	紹治二年	後神碑記	14763
736	1842	紹治二年	白/松/寺/鐘	15167/15168/15169/15170
737	1842	紹治二年	交/參/寺/鐘	15257/15258/15259/15260
738	1842	紹治二年	土/山/寺/鐘	15361/15362/15363/15364
739	1842	紹治二年	無題	15958
740	1842	紹治二年	無題	15959
741	1842	紹治二年	亭所碑記	18168/18169
742	1843	紹治三年	奉佚碑	16889
743	1843	紹治三年	平橋	16232
744	1843	紹治三年	皇朝紹治三年癸卯會試科進士題名碑	16475
745	1843	紹治三年	無題	16835
746	1843	紹治三年	無題	16935
747	1843	紹治三年	天僊祠記	17534/17534a
748	1843	紹治三年	石碑記	18322/18323/18324/18325
749	1843	紹治三年	無題	18607
750	1843	紹治三年	内寺碑記/三宝證明	19732/19733
751	1843	紹治三年	埬數寺鐘	31913a/31913b/31913c/31913d

續表

序號	公元紀年	年號	標題	編號
752	1843	紹治三年	玉山帝君祠記/合貲姓氏碑記	61/62
753	1843	紹治三年	后佛碑記	309
754	1843	紹治三年	洪福寺寄忌碑記	310
755	1843	紹治三年	寄忌日碑	311
756	1843	紹治三年	寄祖先碑	337
757	1843	紹治三年	寄祖先碑	347
758	1843	紹治三年	寄忌碑記	515/517
759	1843	紹治三年	楊先生碑記	7899
760	1843	紹治三年	無題	8351/8352/8353/8354
761	1843	紹治三年	推舉碑記	4420
762	1843	紹治三年	淨智玅玄體自空寂	5215
763	1843	紹治三年	香江曉泛	5673
764	1843	紹治三年	皇朝紹治三年癸卯會試科進士題名碑	5694
765	1843	紹治三年	御製詩一首 過普利河感作	5705
766	1843	紹治三年	御製詩一首 屏嶺登高	13466
767	1843	紹治三年	御製詩一首 海兒觀禦碑	13490
768	1843	紹治三年	多/庵/寺/鐘	14003/14004/14005/14006
769	1843	紹治三年	后忌碑記	14160
770	1843	紹治三年	阿/彌/寺/鐘	14487
771	1843	紹治三年	后伕碑記	15332
772	1843	紹治三年	后伕碑記	15334
773	1843	紹治三年	福/林/寺/鐘	15388/15389/15390/15391
774	1843	紹治三年	寶/慶/寺/鐘	15394/15395/15396/15397
775	1843	紹治三年	涅/盤/寺/鐘	15402/15403/15404/15405
776	1843	紹治三年	后伕碑記/後伕碑記	15779/15780
777	1843	紹治三年	後伕碑記	15781
778	1843	紹治三年	前朝丁先皇帝廟功/功德碑記	15857/15858
779	1844	紹治四年	諸家後伕碑記	19386

九　阮朝碑銘目錄（1802—1945）　573

續表

序號	公元紀年	年號	標題	編號
780	1844	紹治四年	洪福寺碑記	342
781	1844	紹治四年	福生寺碑	16195/16196
782	1844	紹治四年	重修福慶寺碑	16298/16299
783	1844	紹治四年	無題	16300
784	1844	紹治四年	記路碑石	16303
785	1844	紹治四年	皇朝紹治肆年甲辰會試科進士題名碑	16476
786	1844	紹治四年	石橋碑記	18109
787	1844	紹治四年	追薦碑記	18990
788	1844	紹治四年	唐安文址碑/歷代先賢碑	19779/19780
789	1844	紹治四年	後忌碑記	40
790	1844	紹治四年	後忌碑記	92
791	1844	紹治四年	寄忌碑	93
792	1844	紹治四年	重修會館後座碑記	199
793	1844	紹治四年	重修後座簽題錄	200
794	1844	紹治四年	寄忌碑記	596
795	1844	紹治四年	寄忌碑記	597
796	1844	紹治四年	寄忌碑記	605
797	1844	紹治四年	無題	610
798	1844	紹治四年	無題	611
799	1844	紹治四年	甲辰年認記	653
800	1844	紹治四年	甲辰年碑記	654
801	1844	紹治四年	無題	2583
802	1844	紹治四年	無題	5691
803	1844	紹治四年	皇朝紹治肆年甲辰會試科進士題名碑	5701
804	1844	紹治四年	寄忌碑記	14155
805	1844	紹治四年	後佛位/後碑識	14269/14270
806	1844	紹治四年	後忮碑記	14271/14272
807	1844	紹治四年	後甲碑記	14660/14661
808	1844	紹治四年	青/藍/寺/鐘	15243/15244/15245/15246
809	1844	紹治四年	后忮碑記	15333

574　下編　越南碑銘文獻目錄

續表

序號	公元紀年	年號	標題	編號
810	1844	紹治四年	慶/靈/寺/鐘	15471/15472/15473/15474
811	1844	紹治四年	慶靈寺/富市村	15475/15476
812	1845	紹治五年	本寺真錄碑記	17055
813	1845	紹治五年	后伕碑記	17256
814	1845	紹治五年	寄忌碑記	595
815	1845	紹治五年	泰柑寺碑記	17049
816	1845	紹治五年	泰柑寺碑記	17050
817	1845	紹治五年	后伕碑記	17256
818	1845	紹治五年	進供碑記	17272
819	1845	紹治五年	進供碑記	17314
820	1845	紹治五年	後伕碑記	17316
821	1845	紹治五年	永福寺碑記	17938
822	1845	紹治五年	靈仙寺碑記	19254
823	1845	紹治五年	靈仙寺碑記	19256
824	1845	紹治五年	登科碑記	19958
825	1845	紹治五年	無題	20372
826	1845	紹治五年	寄忌碑記	632
827	1845	紹治五年	德/隆/寺/鐘	14498
828	1845	紹治五年	聖/塔/寺/鐘	14927
829	1845	紹治五年	先賢碑記	15574
830	1845	紹治五年	腹/龍/寺/鐘	15789
831	1846	紹治六年	無題	18477
832	1846	紹治六年	捌畝寺碑記	18925
833	1846	紹治六年	洞午寺/豎造祖堂碑	20362/20363/20364/20365
834	1846	紹治六年	□□寺十方碑	18689
835	1846	紹治六年	石橋碑記	17192
836	1846	紹治六年	延豪總祠址碑記/本總科名前輩	17838/17839/17840/17841
837	1846	紹治六年	附石橋碑記/景灵寺鐘碑記	18098/18099
838	1846	紹治六年	捌畝寺碑記	18925
839	1846	紹治六年	無題	19349

九　阮朝碑銘目錄（1802—1945）　575

續表

序號	公元紀年	年號	標題	編號
840	1846	紹治六年	后伕碑記	19387
841	1846	紹治六年	後神碑記	19468/19469
842	1846	紹治六年	後伕碑記	19872
843	1846	紹治六年	本甲后之碑	20093/20094
844	1846	紹治六年	香福寺鐘	29363a/29363b/29363c/29363d
845	1846	紹治六年	後伕碑記	107
846	1846	紹治六年	後伕碑記	108
847	1846	紹治六年	南無阿彌陀佛	294
848	1846	紹治六年	無題	333
849	1846	紹治六年	東甲碑記	646
850	1846	紹治六年	玉津寺碑記	1272/1283
851	1846	紹治六年	御制詩	2586
852	1846	紹治六年	御制天姥寺福緣寶塔碑	2587
853	1846	紹治六年	無題	9923
854	1846	紹治六年	御制詩	5675/5676
855	1846	紹治六年	御制天姥寺福緣寶塔寺	5681
856	1846	紹治六年	御制詩	5682
857	1846	紹治六年	紹治六年佛後碑	13781
858	1846	紹治六年	紹治六年	13783
859	1846	紹治六年	紹治六年佛後碑	13784
860	1846	紹治六年	記忌石碑	13828
861	1846	紹治六年	後佛碑記	14258
862	1846	紹治六年	后伕碑記	15434
863	1846	紹治六年	東/明/寺/鐘	15441/15442/15443/15444
864	1846	紹治六年	丙午/年造	15461/15462
865	1846	紹治六年	萬福寺碑記	15530/15531
866	1847	紹治七年	寶/光/寺/鐘	14149/14150/14151/14152
867	1847	紹治七年	飛龍丁未仲秋月穀日圓光寺碑記	16112
868	1847	紹治七年	飛龍丁未仲秋月穀日圓光寺碑記	16117

576　下編　越南碑銘文獻目錄

續表

序號	公元紀年	年號	標題	編號
869	1847	紹治七年	白鶴寺碑記	16241
870	1847	紹治七年	祠址碑記	16390
871	1847	紹治七年	皇朝紹治柒年丁未會試科進士題名碑	16477
872	1847	紹治七年	文會重修文祠宇碑記	17591/17592
873	1847	紹治七年	鐘閣碑記	17809
874	1847	紹治七年	石橋碑□	17864/17865
875	1847	紹治七年	后伕碑記	17961
876	1847	紹治七年	忌日碑記	19493/19494
877	1847	紹治七年	黎氏祠碑	20451
878	1847	紹治七年	永年碑記	20769
879	1847	紹治七年	壹柱寺碑	18823
880	1847	紹治七年	壹柱寺碑	350
881	1847	紹治七年	寄忌碑記	637
882	1847	紹治七年	東甲碑記	960
883	1847	紹治七年	壹柱寺碑	11301
884	1848	紹治七年	山水寺碑記	5666
885	1847	紹治七年	皇朝紹治七年丁未會試科進士題名碑	5702
886	1847	紹治七年	無題	13465
887	1847	紹治七年	後佛碑記	14101
888	1847	紹治七年	後伕碑記	14102
889	1847	紹治七年	寶/山/寺/鐘	14493
890	1847	紹治七年	□墙村鐘	14747
891	1847	紹治七年	交山/寺磬	14835/14836
892	1847	紹治七年	後伕碑記	15077
893	1848	嗣德元年	玄寺/鐘昭	16532/16533
894	1848	嗣德元年	后佛碑記	16216
895	1848	嗣德元年	無題	20870/20871
896	1848	嗣德元年	斯是祠址碑記	16377/16378
897	1848	嗣德元年	無題	17546/17547/17548
898	1848	嗣德元年	無題	16410/16411

九 阮朝碑銘目錄（1802—1945） 577

續表

序號	公元紀年	年號	標題	編號
899	1848	嗣德元年	皇朝嗣德元年戊申會試科進士題名碑	16478
900	1848	嗣德元年	重修新三元祠碑記	17044
901	1848	嗣德元年	重修碑記	17057
902	1848	嗣德元年	香火屋碑	17071
903	1848	嗣德元年	重修碑記	17076
904	1848	嗣德元年	文址碑記/嗣德元年拾壹月穀日（米場總會文碑記）	17195/17196
905	1848	嗣德元年	先賢碑記/萬代瞻仰	18181/18182
906	1848	嗣德元年	無題	20821
907	1848	嗣德元年	無題	20921
908	1848	嗣德元年	重修碑記	185
909	1848	嗣德元年	香火屋碑	187
910	1848	嗣德元年	後堂碑記	523
911	1848	嗣德元年	無題	5664
912	1848	嗣德元年	安養庵一定和尚碑記	13440
913	1848	嗣德元年	候佛碑記	13765
914	1848	嗣德元年	立碑記	14123
915	1848	嗣德元年	興陸社立碑記	14124/14125
916	1848	嗣德元年	清明庵碑	14571/14572
917	1848	嗣德元年	石文留記	15060
918	1848	嗣德元年	遺愛碑記/田池碑記	15713/15714
919	1848	嗣德元年	會老碑記	15839/15840
920	1849	嗣德二年	寄忌銘碑	18924
921	1849	嗣德二年	寄忌銘碑	19035
922	1849	嗣德二年	無題	16301
923	1849	嗣德二年	寄忌碑	18927
924	1849	嗣德二年	更造金石寺碑記銘	19293
925	1849	嗣德二年	造福碑	19451
926	1849	嗣德二年	無題	20373
927	1849	嗣德二年	無題	20374

578　下編　越南碑銘文獻目錄

續表

序號	公元紀年	年號	標題	編　號
928	1849	嗣德二年	無題	19345
929	1849	嗣德二年	寄忌碑	57
930	1849	嗣德二年	寄忌碑記	237
931	1849	嗣德二年	寄忌碑記	626
932	1849	嗣德二年	寄忌碑記	634
933	1849	嗣德二年	慈孝寺碑記	13431
934	1849	嗣德二年	無題	13432
935	1849	嗣德二年	會/天/寺/鐘	13965/13966/13967/13968
936	1849	嗣德二年	靈/驗/寺/鐘	14085/14086/14087/14088
937	1849	嗣德二年	後佚碑記	14273/14274
938	1849	嗣德二年	萬古流芳	14668
939	1849	嗣德二年	靈/山/寺/鐘	15320/15321/15322/15323
940	1849	嗣德二年	阮金族碑記	15615/15616
941	1849	嗣德二年	本村碑記	15752/15753
942	1849	嗣德二年	清/水/寺/鐘	15826
943	1850	嗣德三年	本甲祀事之碑	20114/20115
944	1850	嗣德三年	後佚碑	20300
945	1850	嗣德三年	后禪碑記	819
946	1850	嗣德三年	普光寺後佚碑記	16838
947	1850	嗣德三年	普光寺後佚碑記	16842
948	1850	嗣德三年	勅旨右珠延應寺	2783/2784
949	1850	嗣德三年	無題	17105
950	1850	嗣德三年	後佛碑記	17180
951	1850	嗣德三年	記忌在寺	17255
952	1850	嗣德三年	無題	17627
953	1850	嗣德三年	始造洪鐘	17718/17719/17720/17721
954	1850	嗣德三年	重修祠宇碑記/合記	17842/17843
955	1850	嗣德三年	盛美社 先科/登科 合記	17844/17845
956	1850	嗣德三年	黎氏碑記	18235
957	1850	嗣德三年	橋鐘碑記	18674

九　阮朝碑銘目錄（1802—1945）

續表

序號	公元紀年	年號	標題	編號
958	1850	嗣德三年	重修天光禪寺碑記/天光門徒臨濟正派	18716/18717
959	1850	嗣德三年	寄忌碑記	18922
960	1850	嗣德三年	上谷橋碑記	19084
961	1850	嗣德三年	無題	20292
962	1850	嗣德三年	寄忌碑記	39
963	1850	嗣德三年	後忌碑記	44
964	1850	嗣德三年	鎮北寺碑記	240
965	1850	嗣德三年	南無阿彌陀佛	272
966	1850	嗣德三年	寄忌碑記	664/665
967	1850	嗣德三年	頭廊店后忌碑記	932/933
968	1850	嗣德三年	無題	2409/2410/2428/2429
969	1850	嗣德三年	捌社文會/歷代登科	7421/7422/7423/7424
970	1850	嗣德三年	陳族祠堂記/陳家規範	9782/9783
971	1850	嗣德三年	玉/恩/寺/鐘	13807/13808/13809/13810
972	1850	嗣德三年	修造候佛碑記/留跡多庵永傳	13993/13994
973	1850	嗣德三年	太/平/寺/鐘	14014/14015/14016/14017
974	1850	嗣德三年	伽/西/寺/鐘	14089/14090/14091/14092
975	1850	嗣德三年	春/來/寺/鐘	14213/14214/14215/14216
976	1850	嗣德三年	花/本/寺/鐘	14240/14241/14242/14243
977	1850	嗣德三年	后伕碑記	14438/14439
978	1850	嗣德三年	靈/嚴/寺/鐘	14832
979	1850	嗣德三年	交參寺磬/庚戌年造	15265/15266
980	1850	嗣德三年	人皆見之/萬古英風	15964/15965
981	1850	嗣德三年	上等最靈	5231
982	1851	嗣德四年	皇朝嗣德四年辛亥會試科進士題名碑	16481
983	1851	嗣德四年	松雲寺后佛碑記	13708
984	1851	嗣德四年	皇朝嗣德貳年己酉會試科進士題名碑	16479/16480
985	1851	嗣德四年	廣照總賢址	17542/17543

580　下編　越南碑銘文獻目錄

續表

序號	公元紀年	年號	標題	編號
986	1851	嗣德四年	阮家后忌碑	17797/17798/17799/17800
987	1851	嗣德四年	石橋碑記	18129
988	1851	嗣德四年	貞砥碑記	18244
989	1851	嗣德四年	配神碑記	19719/19720
990	1851	嗣德四年	後神碑記	70
991	1851	嗣德四年	後伕碑	223
992	1851	嗣德四年	辛亥碑記	647
993	1851	嗣德四年	菩提寺碑記	694
994	1851	嗣德四年	慈廉縣重修祠宇碑記/慈廉縣會財碑	786/787
995	1851	嗣德四年	交址碑記	811
996	1851	嗣德四年	無題	3572/3573/3574/3575
997	1851	嗣德四年	記忌石碑	13822
998	1851	嗣德四年	增葺鄉學碑記	14250/14251
999	1851	嗣德四年	祠址碑記	14417/14418
1000	1851	嗣德四年	陳家碑記	14419/14420
1001	1851	嗣德四年	知止村學田碑/歲次辛亥年造	15025/15026
1002	1851	嗣德四年	春/夏/秋/冬	15678
1003	1851	嗣德四年	置后神碑	15705
1004	1851	嗣德四年	無題	15951
1005	1852	嗣德五年	無題	16221
1006	1852	嗣德五年	神跡碑第壹面/神跡碑第貳面◆	17439/17440
1007	1852	嗣德五年	無題	17485/17486
1008	1852	嗣德五年	候伕碑記	17489
1009	1852	嗣德五年	追祀碑記	17620/17621
1010	1852	嗣德五年	后神碑記	17640
1011	1852	嗣德五年	新設祠址碑記	17687/17688
1012	1852	嗣德五年	士林寨碑記	19360/19361
1013	1852	嗣德五年	後佛碑記	19745
1014	1852	嗣德五年	重修文址碑	19785/19786
1015	1852	嗣德五年	無題	20599/20600

九 阮朝碑銘目錄（1802—1945） 581

續表

序號	公元紀年	年號	標題	編號
1016	1852	嗣德五年	報祀碑	19887
1017	1852	嗣德五年	報祀碑	19888
1018	1852	嗣德五年	三壽阮門陳氏寄忌碑記	662
1019	1852	嗣德五年	大哉道乎	3294/3295/3296
1020	1852	嗣德五年	聖/母/祠/鐘	13943/13944/13945/13946
1021	1852	嗣德五年	后神碑記	14227/14228
1022	1852	嗣德五年	靈/龜/寺/鐘	14523/14524/14525/14526
1023	1852	嗣德五年	修造鐘閣碑記	14837
1024	1852	嗣德五年	皈佛碑記	14839
1025	1852	嗣德五年	青/徵/寺/鐘	14943/14944/14945/14946
1026	1852	嗣德五年	寶林寺碑	15604
1027	1852	嗣德五年	恬江社武會碑記	16934
1028	1853	嗣德六年	□□碑誌	17510
1029	1853	嗣德六年	后伕碑	20298
1030	1853	嗣德六年	後佛碑記	17142
1031	1853	嗣德六年	南無佛十方	17141
1032	1853	嗣德六年	石碑階敘/重修瑞應觀	18497/18498
1033	1853	嗣德六年	皇朝嗣德陸年癸丑會試科進士題名碑	16482
1034	1853	嗣德六年	茀祿（三元祠）石磬	17036/17037
1035	1853	嗣德六年	慎終追遠	17379
1036	1853	嗣德六年	嗣德陸年捌月吉日重修廟宇碑	18503
1037	1853	嗣德六年	文址碑記/龍飛癸丑/天地長存/人民瞻仰	18628/18629/18630/18631
1038	1853	嗣德六年	文會碑記	18666
1039	1853	嗣德六年	寄忌碑	18833
1040	1853	嗣德六年	重修祀廟記	19083
1041	1853	嗣德六年	後佛碑記	20000
1042	1853	嗣德六年	萬代流傳/後佛碑記	20172/20173

續表

序號	公元紀年	年號	標題	編號
1043	1853	嗣德六年	無題	20823/20824
1044	1853	嗣德六年	無題	7563/7564/7565/7566
1045	1853	嗣德六年	溫舍社文址碑	5798/5799
1046	1853	嗣德六年	陳廟碑記	13516
1047	1853	嗣德六年	后佛碑記	13764
1048	1853	嗣德六年	記忌石碑	13838
1049	1853	嗣德六年	龍/會/寺/鐘	14427/14428/14429/14430
1050	1853	嗣德六年	思慕碑記	14566
1051	1853	嗣德六年	祠祉碑記	14771
1052	1853	嗣德六年	無題	15032/15033/15034/15035
1053	1853	嗣德六年	后伕碑記	15282
1054	1854	嗣德七年	寄忌后碑記	20299
1055	1854	嗣德七年	重修館■碑	16704/16705
1056	1854	嗣德七年	修造閣碑記/大南嗣德柒年	17170/17171
1057	1854	嗣德七年	無題	19348
1058	1854	嗣德七年	無題	19350
1059	1854	嗣德七年	重修佛像碑	19459
1060	1854	嗣德七年	三/岐/寺/鐘	26061a/26061b/26061c/26061d
1061	1854	嗣德七年	預享碑記	101
1062	1854	嗣德七年	苓塘壽老壇碑記	752
1063	1854	嗣德七年	第三祖寶塔	4365
1064	1854	嗣德七年	延慶王神道碑銘	13470/13471
1065	1854	嗣德七年	立祠址碑	14869
1066	1854	嗣德七年	后伕碑記	15273
1067	1854	嗣德七年	后伕碑記	15274
1068	1854	嗣德七年	無題	15504/15505/15506/15507
1069	1854	嗣德七年	無題	15508/15509/15510/15511
1070	1855	嗣德八年	立碑記忌	17266
1071	1855	嗣德八年	后神碑記	583
1072	1855	嗣德八年	后忌碑記/后忌碑記	13578/13579
1073	1855	嗣德八年	定香村石矼碑記	16714/16715

九　阮朝碑銘目錄（1802—1945）　583

續表

序號	公元紀年	年號	標題	編號
1074	1855	嗣德八年	重修清河亭宇碑記	16995
1075	1855	嗣德八年	館使寺功德碑記（館使寺碑記）	17137
1076	1855	嗣德八年	立碑記	17265
1077	1855	嗣德八年	文會碑記	17338/17339
1078	1855	嗣德八年	鄉學碑記	17979a/17979b
1079	1855	嗣德八年	興山寺碑記	17982
1080	1855	嗣德八年	本村碑記/后賢碑記	18135/18136
1081	1855	嗣德八年	本村碑記	18137/18138
1082	1855	嗣德八年	重修福慶寺功德碑記	18558/18559
1083	1855	嗣德八年	造廟碑記	18647
1084	1855	嗣德八年	寄忌碑記	18846
1085	1855	嗣德八年	瓊雲寺碑記	19460
1086	1855	嗣德八年	寄忌碑	19808/19809
1087	1855	嗣德八年	無題	20150
1088	1855	嗣德八年	無題	20579
1089	1855	嗣德八年	后佛碑記	206
1090	1855	嗣德八年	竪碑寄忌	506
1091	1855	嗣德八年	村后碑記	542
1092	1855	嗣德八年	御制	1246
1093	1855	嗣德八年	廟亭奉事交詞	1281/1282
1094	1855	嗣德八年	武族碑記	1481
1095	1855	嗣德八年	聖跡碑記	8387/8388
1096	1855	嗣德八年	學田碑記	14348
1097	1855	嗣德八年	本社修造碑記錄	14739
1098	1855	嗣德八年	文址碑記	14903/14904
1099	1855	嗣德八年	渭/疇/寺/鐘	15115
1100	1855	嗣德八年	幽/山/寺/鐘	15369/15370/15371/15372
1101	1855	嗣德八年	追薦本師忌日碑記	15534
1102	1855	嗣德八年	置立后碑	15666
1103	1855	嗣德八年	重修偃市祠記	15744/15745

584　下編　越南碑銘文獻目錄

續表

序號	公元紀年	年號	標題	編號
1104	1855	嗣德八年	福德後佛碑記	15920
1105	1855	嗣德八年	無題	15942
1106	1855	嗣德八年	佛寺碑	15980
1107	1856	嗣德九年	無題	20940
1108	1856	嗣德九年	皇朝嗣德九年丙辰科進士題名碑	16483
1109	1856	嗣德九年	東壽總碑記	178/179
1110	1856	嗣德九年	護國禪寺後佚碑記	18861
1111	1856	嗣德九年	無題	18382
1112	1856	嗣德九年	無題	18383
1113	1856	嗣德九年	寄忌碑	250
1114	1856	嗣德九年	無題	17553/17554/17555
1115	1856	嗣德九年	武乙堂碑記	19864
1116	1856	嗣德九年	寄忌碑	17094
1117	1856	嗣德九年	萬古流芳	17475
1118	1856	嗣德九年	東壽總碑記	18096
1119	1856	嗣德九年	東壽總碑記	18097
1120	1856	嗣德九年	無題	18435
1121	1856	嗣德九年	寄忌碑記	18851
1122	1856	嗣德九年	後神碑記	18854
1123	1856	嗣德九年	新造鐘閣	19609
1124	1856	嗣德九年	寄忌碑誌/丁巳年制	19929/19930
1125	1856	嗣德九年	后神碑記	20730
1126	1856	嗣德九年	后佛碑記	20848
1127	1856	嗣德九年	後忌碑記	46
1128	1856	嗣德九年	寄忌碑	128
1129	1856	嗣德九年	東壽總碑記	180/181
1130	1856	嗣德九年	寄忌碑記	234
1131	1856	嗣德九年	中壹甲碑記	401
1132	1856	嗣德九年	寄忌碑記	483
1133	1856	嗣德九年	寄忌碑記	484
1134	1856	嗣德九年	寄忌碑記	485

九 阮朝碑銘目錄（1802—1945） 585

續表

序號	公元紀年	年號	標題	編號
1135	1856	嗣德九年	斯文碑記	486
1136	1856	嗣德九年	阮門黎氏寄忌碑記	565
1137	1856	嗣德九年	梁山縣碑記	2659/2660
1138	1856	嗣德九年	無題	13511/13512/13513/13514
1139	1856	嗣德九年	文會條例/祠址碑	14028/14029
1140	1856	嗣德九年	文址碑銘	14405/14406
1141	1856	嗣德九年	學田碑記	14907//14908
1142	1856	嗣德九年	無題	15358
1143	1856	嗣德九年	石碑銘記	15588
1144	1856	嗣德九年	石碑銘記	15589
1145	1856	嗣德九年	第二代祖碑/重修事跡記	13507/13508/13509/13510
1146	1856	嗣德九年	長久/龍飛丙辰	15851/15852
1147	1857	嗣德十年	無題	18478
1148	1857	嗣德十年	后伕碑記	20744
1149	1857	嗣德十年	無題	17110
1150	1857	嗣德十年	光明寺碑記	17120
1151	1857	嗣德十年	光明寺碑記	17124
1152	1857	嗣德十年	光明寺碑記	17125
1153	1857	嗣德十年	光明寺碑記	17126
1154	1857	嗣德十年	惘幡總文址碑	17438
1155	1857	嗣德十年	萬古流芳	17480
1156	1857	嗣德十年	候神碑誌	17481
1157	1857	嗣德十年	無題	18120/18121
1158	1857	嗣德十年	無題	18139
1159	1857	嗣德十年	神號碑記	18863
1160	1857	嗣德十年	金沙寺碑記	19114
1161	1857	嗣德十年	義合族碑記/嗣德丁巳冬季	19832/19833/19834/19835
1162	1857	嗣德十年	附伕碑記	19908
1163	1857	嗣德十年	寄忌碑記	19987
1164	1857	嗣德十年	後伕碑記	20551

586　下編　越南碑銘文獻目錄

續表

序號	公元紀年	年號	標題	編號
1165	1857	嗣德十年	無題	19535/19536
1166	1857	嗣德十年	無題	19537/19538
1167	1857	嗣德十年	東甲寄忌碑	110
1168	1857	嗣德十年	重修鎮武觀碑記	228
1169	1857	嗣德十年	寄忌碑記	580
1170	1857	嗣德十年	丁巳碑記	652
1171	1857	嗣德十年	寄忌碑記	1142
1172	1857	嗣德十年	寶光古跡碑	7612
1173	1857	嗣德十年	龍/内/寺/鐘	14779
1174	1857	嗣德十年	梅/山/寺/鐘	15127/15128/15129/15130
1175	1857	嗣德十年	靈山寺鐘	15131/15132/15133/15134
1176	1857	嗣德十年	祠宇碑記	15614
1177	1958	嗣德十一年	后佛碑記	19852
1178	1858	嗣德十一年	立德牌記	18003
1179	1858	嗣德十一年	重修安慶寺碑	18357
1180	1858	嗣德十一年	后神碑記/萬世永傳	18764/18765
1181	1858	嗣德十一年	后神碑記	19487/19488
1182	1858	嗣德十一年	木橋碑記	19688
1183	1858	嗣德十一年	祀田處恭進錢	19781/19782
1184	1858	嗣德十一年	后神碑記	20280
1185	1858	嗣德十一年	后神碑記	20727
1186	1858	嗣德十一年	後忌碑寄	37
1187	1858	嗣德十一年	寄忌碑記	52
1188	1858	嗣德十一年	寄忌碑	112
1189	1858	嗣德十一年	無題	232
1190	1858	嗣德十一年	憑烈南下甲/修造石碑記	726/727
1191	1858	嗣德十一年	文會恭進碑	7425/7426
1192	1858	嗣德十一年	無題	4726/4727
1193	1858	嗣德十一年	石橋碑記	4737/4738
1194	1858	嗣德十一年	無題	5661
1195	1858	嗣德十一年	無題	15316

續表

序號	公元紀年	年號	標題	編號
1196	1858	嗣德十一年	無題	15740
1197	1858	嗣德十一年	無題	15741
1198	1858	嗣德十一年	無題	15742
1199	1859	嗣德十二年	英靈如在/今古留芳	19955/19956
1200	1859	嗣德十二年	□德碑□	19048
1201	1859	嗣德十二年	后享碑記	19462/19463/19464
1202	1859	嗣德十二年	重修儀門碑記	16971
1203	1859	嗣德十二年	無題	20630
1204	1859	嗣德十二年	重興蓮派寺離塵院記	202/203
1205	1859	嗣德十二年	無題	16042
1206	1859	嗣德十二年	本寨■碑記	16406
1207	1859	嗣德十二年	桐鄉社禮舍村斯文文址碑記	16522/16523
1208	1859	嗣德十二年	重修儀門碑記	16974
1209	1859	嗣德十二年	光明寺碑記	17123
1210	1859	嗣德十二年	后佽位	17254
1211	1859	嗣德十二年	碧瑠寺碑記	17513
1212	1859	嗣德十二年	文址祀田碑	17689/17690
1213	1859	嗣德十二年	無題	18130
1214	1859	嗣德十二年	斯文碑記	18145/18146
1215	1859	嗣德十二年	兌甲碑記	18149/18150
1216	1859	嗣德十二年	寄忌碑記	18276
1217	1859	嗣德十二年	無題	18338
1218	1859	嗣德十二年	皇朝嗣德十二年歲次己未季春吉日造作	18355
1219	1859	嗣德十二年	皇朝嗣德十二年歲次己未季春吉日造作	18356
1220	1859	嗣德十二年	文會碑記	18384
1221	1859	嗣德十二年	佽后日忌碑記	18554/18555
1222	1859	嗣德十二年	佽后忌日碑記（福慶寺祭田碑記）	18557

續表

序號	公元紀年	年號	標題	編號
1223	1859	嗣德十二年	興功修補硃漆/勝山寺碑記	18729/18730
1224	1859	嗣德十二年	巳未龍飛仲冬月造	19458
1225	1859	嗣德十二年	無題	19639/19640/19641/19642
1226	1859	嗣德十二年	本總后賢碑記	20511/20512
1227	1859	嗣德十二年	後伕碑記	20771
1228	1859	嗣德十二年	祀田碑記	227
1229	1859	嗣德十二年	無題	439
1230	1859	嗣德十二年	後神碑記	1155
1231	1859	嗣德十二年	後神碑記	1158
1232	1859	嗣德十二年	無題	4734/4735
1233	1859	嗣德十二年	無題	13468
1234	1859	嗣德十二年	杜氏後碑	14256
1235	1859	嗣德十二年	明徵碑記/銘亭記事	14313/14314
1236	1859	嗣德十二年	神/儴/寺/鐘	14433/14434/14435/14436
1237	1859	嗣德十二年	會阮碑記	14461
1238	1859	嗣德十二年	興福寺鐘	14883
1239	1859	嗣德十二年	興福寺磬/己未年造	14884/14885
1240	1859	嗣德十二年	慶/天/禪/寺	15489/15490/15491/15492
1241	1859	嗣德十二年	后廟續記	15743
1242	1859	嗣德十二年	右石碑記	15924
1243	1860	嗣德十三年	后神碑記	20723
1244	1860	嗣德十三年	後神碑記/本村端詞	20735/20736
1245	1860	嗣德十三年	后神碑記	20748
1246	1860	嗣德十三年	后神碑記	20620/20621
1247	1860	嗣德十三年	寄忌蓮派寺碑	212
1248	1860	嗣德十三年	寄忌碑記	16287
1249	1860	嗣德十三年	無題	16693
1250	1860	嗣德十三年	光明寺碑記	17121
1251	1860	嗣德十三年	光明寺碑記	17122
1252	1860	嗣德十三年	重修記忌碑	17174
1253	1860	嗣德十三年	重修記忌正碑	17175

九　阮朝碑銘目錄（1802—1945）　589

續表

序號	公元紀年	年號	標題	編號
1254	1860	嗣德十三年	重修記忌碑	17179
1255	1860	嗣德十三年	后神位	17257
1256	1860	嗣德十三年	金鼓村碑記	17506
1257	1860	嗣德十三年	立德碑記	18251
1258	1860	嗣德十三年	慶靈橋碑記	18345
1259	1860	嗣德十三年	縣宇四第碑	18655
1260	1860	嗣德十三年	光花寺碑記	18681
1261	1860	嗣德十三年	光花寺碑記	18682
1262	1860	嗣德十三年	皇朝嗣德萬萬年之十三庚申春碑	18943
1263	1860	嗣德十三年	佳麗尊神廟碑/嗣德年月日新鐫	19681/19682
1264	1860	嗣德十三年	鄉賢祠碑	19940
1265	1860	嗣德十三年	侍仸碑記	19948
1266	1860	嗣德十三年	無題	20394
1267	1860	嗣德十三年	無題	20397
1268	1860	嗣德十三年	無題	20398
1269	1860	嗣德十三年	無題	20403
1270	1860	嗣德十三年	無題	20404
1271	1860	嗣德十三年	后神碑記	20729
1272	1860	嗣德十三年	仙靈寺鐘	21425a/21425b/21425c/21425d
1273	1860	嗣德十三年	無題	17233
1274	1860	嗣德十三年	寄忌碑記	95
1275	1860	嗣德十三年	寄忌碑	348
1276	1860	嗣德十三年	無題	419
1277	1860	嗣德十三年	都梁總碑記/都梁總祭田碑誌	2661/2662
1278	1860	嗣德十三年	鄉例碑記/嗣德拾叁年	7746/7747
1279	1860	嗣德十三年	鄉例碑記/嗣德拾叁年	7748/7749
1280	1860	嗣德十三年	恭錄尊神玉譜	7933/7934/7980/7981
1281	1860	嗣德十三年	皇上萬歲	11279/11280

590　下編　越南碑銘文獻目錄

續表

序號	公元紀年	年號	標題	編號
1282	1860	嗣德十三年	禱雨廟碑	14229
1283	1860	嗣德十三年	學田碑記	14336
1284	1860	嗣德十三年	丁舍鄉賢祠碑/祀田學田志	14583/14584
1285	1860	嗣德十三年	安/然/寺/鐘	15230/15231/15232/15233
1286	1860	嗣德十三年	隆慶寺/鑄洪磬	15624/15625
1287	1860	嗣德十三年	寄后碑記	55
1288	1861	嗣德十四年	寄忌佛寺碑記	16267
1289	1861	嗣德十四年	石碑銘記	16285
1290	1861	嗣德十四年	文址碑記	16357
1291	1861	嗣德十四年	后佛碑記	16418
1292	1861	嗣德十四年	后佛碑記	16419
1293	1861	嗣德十四年	無題	16420
1294	1861	嗣德十四年	立記忌碑	17264
1295	1861	嗣德十四年	阮公文齋先生碑記	17558/17559/17560/17561
1296	1861	嗣德十四年	鄉兵碑記	18153/18154
1297	1861	嗣德十四年	神祠碑記	19118
1298	1861	嗣德十四年	無題	19119
1299	1861	嗣德十四年	神祠碑記	19126
1300	1861	嗣德十四年	后忌石碑記	19135
1301	1861	嗣德十四年	集善會碑	19258/19259
1302	1861	嗣德十四年	無題	19300
1303	1861	嗣德十四年	后伕碑記	19424
1304	1861	嗣德十四年	后神碑記	19495/19496
1305	1861	嗣德十四年	費舍尊神廟碑/嗣德十四年季秋月吉日	19685/19686
1306	1861	嗣德十四年	事跡碑記	19747/19748
1307	1861	嗣德十四年	□人功德碑記	20834
1308	1861	嗣德十四年	黎朝節義祠碑記	28/29
1309	1861	嗣德十四年	無題	420
1310	1861	嗣德十四年	碑記	1119
1311	1861	嗣德十四年	無題	2539

續表

序號	公元紀年	年號	標題	編號
1312	1861	嗣德十四年	無題	2941
1313	1861	嗣德十四年	柴莊總文址碑記/興功名次碑記	7229/7230
1314	1861	嗣德十四年	永/賴/寺/鐘	14757
1315	1861	嗣德十四年	山普甲后碑	15100
1316	1861	嗣德十四年	伕后碑記	15301
1317	1861	嗣德十四年	置后神碑	15693
1318	1861	嗣德十四年	置后神碑	15694
1319	1861	嗣德十四年	置后賢碑	15707
1320	1862	嗣德十五年	皇朝嗣德拾五年壬戌會科進士題名碑	16484
1321	1862	嗣德十五年	渭璜社亭碑記	16108
1322	1862	嗣德十五年	立記忌碑	17261
1323	1862	嗣德十五年	清靈祠碑記	17528/17529
1324	1862	嗣德十五年	後神碑記	19164/19165
1325	1862	嗣德十五年	無題	19798
1326	1862	嗣德十五年	陳家碑記	19863
1327	1862	嗣德十五年	無題	12006
1328	1862	嗣德十五年	後佛碑記	15936
1329	1862	嗣德十五年	后碑記	15937
1330	1862	嗣德十五年	后忌碑記	15941
1331	1862	嗣德十五年	後佛碑記	15944
1332	1862	嗣德十五年	興功碑記	15960
1333	1863	嗣德十六年	奉伕碑	16894
1334	1863	嗣德十六年	後伕碑記	16456
1335	1863	嗣德十六年	流德光	16553
1336	1863	嗣德十六年	吳氏碑記	16993
1337	1863	嗣德十六年	鄉老碑記/嗣德十六年十月吉日	17728/17729
1338	1863	嗣德十六年	石橋碑誌（香奮社奮村石橋碑記）	17829/17830/17831/17832
1339	1863	嗣德十六年	后祀碑記	20102/20103
1340	1863	嗣德十六年	后祀碑記	20126/20127

續表

序號	公元紀年	年號	標題	編號
1341	1863	嗣德十六年	無題	20396
1342	1863	嗣德十六年	洪福大禪寺配享碑記	274
1343	1863	嗣德十六年	題名碑亭記	1328a/1328b
1344	1863	嗣德十六年	雲集村儒先碑記	2398/2399/2400/2401
1345	1863	嗣德十六年	長美社碑記/士會全碑記	2671/2672
1346	1863	嗣德十六年	崇/福/寺/鐘	13647/13648/13649/13650
1347	1863	嗣德十六年	後祖碑	14261
1348	1863	嗣德十六年	造石碑記	14721
1349	1863	嗣德十六年	文址碑記/得勝上村/天子萬年/義興大安	19193/19194/19195/19196
1350	1864	嗣德十七年	無題	18342
1351	1864	嗣德十七年	後神碑記	15098
1352	1864	嗣德十七年	後伕碑記	15961
1353	1864	嗣德十七年	鼎建文址簽題錄	16987
1354	1864	嗣德十七年	清河文址碑記	16989
1355	1864	嗣德十七年	無題	16991
1356	1864	嗣德十七年	無題	17756/17757
1357	1864	嗣德十七年	后神碑記	18268
1358	1864	嗣德十七年	玉壺寺寄忌后碑	18289
1359	1864	嗣德十七年	陳祠堂碑	18385
1360	1864	嗣德十七年	敬酬碑記	18872
1361	1864	嗣德十七年	無題	19319
1362	1864	嗣德十七年	新亭碑記	19599
1363	1864	嗣德十七年	興功碑記	19600
1364	1864	嗣德十七年	寄忌在武族	19976
1365	1864	嗣德十七年	寄忌在武族	115
1366	1864	嗣德十七年	重修靈山古寺碑記	268
1367	1864	嗣德十七年	重修壹柱寺誌	345
1368	1864	嗣德十七年	重修徽文殿毓慶寺碑記	449

九　阮朝碑銘目錄（1802—1945）　593

續表

序號	公元紀年	年號	標題	編號
1369	1864	嗣德十七年	文址碑記	712
1370	1864	嗣德十七年	無題	2554
1371	1864	嗣德十七年	吳族譜系略記	7195/7196
1372	1864	嗣德十七年	后神碑記	7351/7352/7353/7354
1373	1864	嗣德十七年	候佚碑記	13766
1374	1864	嗣德十七年	後佛碑記	14255
1375	1864	嗣德十七年	陳後碑記	15928
1376	1864	嗣德十七年	陳後碑記	15930
1377	1864	嗣德十七年	後佚碑記	15952
1378	1864	嗣德十七年	記忌碑記	15954
1379	1864	嗣德十七年	無題	15955
1380	1865	嗣德十八年	庵梨寺碑記	17270
1381	1865	嗣德十八年	境隆寺碑記	17268
1382	1865	嗣德十八年	故黎北軍都督鎮郡公之墓	20430/20431
1383	1865	嗣德十八年	後本甲碑記	15099
1384	1865	嗣德十八年	后神碑記	20250
1385	1865	嗣德十八年	□忌碑	17509
1386	1865	嗣德十八年	靈應寺碑記/庵梨寺碑記	17269/17270
1387	1865	嗣德十八年	集福碑記	19452
1388	1865	嗣德十八年	勅賜	20440
1389	1865	嗣德十八年	皇朝嗣德拾捌年立碑	18015
1390	1865	嗣德十八年	皇朝嗣德拾捌年乙丑會科進士題名碑	16486
1391	1865	嗣德十八年	皇朝嗣德拾捌年乙丑會科武進士題名碑	5687
1392	1865	嗣德十八年	后神碑記	16020
1393	1865	嗣德十八年	普光寺碑	16037
1394	1865	嗣德十八年	無題	16055/16056/16057/16058
1395	1865	嗣德十八年	無題	16190/16191

594　下編　越南碑銘文獻目錄

續表

序號	公元紀年	年號	標題	編號
1396	1865	嗣德十八年	皇朝嗣德拾捌年乙丑會科進士題名碑	16485
1397	1865	嗣德十八年	寄忌碑記	16903
1398	1865	嗣德十八年	嗣德十八年造碑記	17208
1399	1865	嗣德十八年	同春文祠進供姓名碑記	17209
1400	1865	嗣德十八年	仝社碑記	17971
1401	1865	嗣德十八年	公亭碑記	18110
1402	1865	嗣德十八年	己丑年造/鄉塾碑記	18170/18171
1403	1865	嗣德十八年	己丑年立后碑	18286
1404	1865	嗣德十八年	嗣德十八年造	19166
1405	1865	嗣德十八年	石橋碑記/己丑年造	19183/19184
1406	1865	嗣德十八年	矼橋碑記	19185/19186
1407	1865	嗣德十八年	祭田碑記	19453
1408	1865	嗣德十八年	尚書潘公圭嶽神道碑（皇朝故資善大夫禮部尚書潘公圭嶽神道碑銘）	20144
1409	1865	嗣德十八年	寄忌碑記	45
1410	1865	嗣德十八年	寄忌碑	104
1411	1865	嗣德十八年	寄忌蓮派碑	218
1412	1865	嗣德十八年	奕午甲碑記	387
1413	1865	嗣德十八年	來族寄忌碑記	579
1414	1865	嗣德十八年	寄忌碑記	693
1415	1865	嗣德十八年	小科碑誌	861
1416	1865	嗣德十八年	中科碑誌	862
1417	1865	嗣德十八年	文貞公祠碑記	1128/1129
1418	1865	嗣德十八年	玉庵橋碑記	2665/2666
1419	1865	嗣德十八年	重修福壽甲亭碑	2822
1420	1865	嗣德十八年	文湖亭碑記	11863/11864
1421	1865	嗣德十八年	第三祖李狀元行狀	4364
1422	1865	嗣德十八年	重登浴翠山亭	5658
1423	1865	嗣德十八年	神光寺恭紀	13566

九　阮朝碑銘目錄（1802—1945）　595

續表

序號	公元紀年	年號	標題	編號
1424	1865	嗣德十八年	嗣德拾捌年	13752
1425	1865	嗣德十八年	嗣德拾捌年	13754/13755
1426	1865	嗣德十八年	后伕碑記	13990
1427	1865	嗣德十八年	無題	14825
1428	1865	嗣德十八年	瓊林寺鐘	14992/14993/14994/14995
1429	1865	嗣德十八年	後伕碑記	15194
1430	1865	嗣德十八年	后伕碑記	15335
1431	1865	嗣德十八年	后佛碑記	15336
1432	1865	嗣德十八年	後伕碑記	15945
1433	1866	嗣德十九年	無題	18346/18347/18348/18349/18350/18351/18352/18352/18354
1434	1866	嗣德十九年	候佛碑記	16101
1435	1866	嗣德十九年	重修玄真祠碑記	17016
1436	1866	嗣德十九年	先下靈祠重修碑記	17038
1437	1866	嗣德十九年	無題	17039
1438	1866	嗣德十九年	祠址碑/曆科碑	17355/17356
1439	1866	嗣德十九年	寄忌碑記	18227/18228
1440	1866	嗣德十九年	立德碑記	18273
1441	1866	嗣德十九年	三登社文址碑記	18563
1442	1866	嗣德十九年	瑰花禪寺事跡碑記	18698
1443	1866	嗣德十九年	石橋碑記	19187
1444	1866	嗣德十九年	寄忌碑記	19799
1445	1866	嗣德十九年	從忌碑記	19983
1446	1866	嗣德十九年	無題	20418
1447	1866	嗣德十九年	無題	135
1448	1866	嗣德十九年	來族寄忌碑記	581
1449	1866	嗣德十九年	憑烈後忌碑記	729
1450	1866	嗣德十九年	寄忌碑	747
1451	1866	嗣德十九年	候伕碑記	13762
1452	1866	嗣德十九年	后佛碑記	14321
1453	1866	嗣德十九年	德臘社/嚴楞寺	15641/15642
1454	1866	嗣德十九年	嚴/楞/寺/鐘	15643

續表

序號	公元紀年	年號	標題	編號
1455	1867	嗣德二十年	阮堂碑記/后忌碑記	14462/14463/14464
1456	1867	嗣德二十年	后神碑記	20262
1457	1867	嗣德二十年	黎家祖宗庙碑記	16564/16565
1458	1867	嗣德二十年	無題	17359
1459	1867	嗣德二十年	永福寺鐘	17350/17351/17352/17353
1460	1867	嗣德二十年	張氏積善之碑	18088
1461	1867	嗣德二十年	寄忌碑記	18229/18230
1462	1867	嗣德二十年	如山之壽	19910/19911
1463	1867	嗣德二十年	后神碑記	20261
1464	1867	嗣德二十年	寄忌碑記	78
1465	1867	嗣德二十年	后忌碑記	810
1466	1867	嗣德二十年	無題	5660
1467	1867	嗣德二十年	文祠碑記	14037/14038
1468	1867	嗣德二十年	后佛碑記	14133
1469	1867	嗣德二十年	本社文址碑記/條例恭進碑記	14246/14247
1470	1867	嗣德二十年	本社學田碑誌	14359/14360
1471	1867	嗣德二十年	立碑寄忌	14464/14465
1472	1867	嗣德二十年	后佛碑記	15435
1473	1868	嗣德二十一年	東阿館碑	19554/19555
1474	1868	嗣德二十一年	后伕碑記	17262
1475	1868	嗣德二十一年	寄忌碑記	19973
1476	1868	嗣德二十一年	無題	17293
1477	1869	嗣德二十一年	后伕二位	18593/18594
1478	1868	嗣德二十一年	無題	17331
1479	1868	嗣德二十一年	承後神碑	19405
1480	1868	嗣德二十一年	留寄祀田碑	558
1481	1868	嗣德二十一年	普光寺碑記	16035
1482	1868	嗣德二十一年	陳氏碑記	16290
1483	1868	嗣德二十一年	從祀碑記	16353
1484	1868	嗣德二十一年	后神碑記	17240
1485	1868	嗣德二十一年	后伕碑記	17262

九　阮朝碑銘目錄（1802—1945）　597

續表

序號	公元紀年	年號	標題	編號
1486	1868	嗣德二十一年	敬酬碑記	18873
1487	1868	嗣德二十一年	記忌碑	18900
1488	1868	嗣德二十一年	后神碑記	20258
1489	1868	嗣德二十一年	后神碑記	20277
1490	1868	嗣德二十一年	后神碑記	20281
1491	1868	嗣德二十一年	后神碑記	20757
1492	1868	嗣德二十一年	后神碑記	20767
1493	1868	嗣德二十一年	後忌碑記	49
1494	1868	嗣德二十一年	寄忌碑記	116
1495	1868	嗣德二十一年	重修玄天觀碑記	261
1496	1868	嗣德二十一年	內阮甲後碑	557
1497	1868	嗣德二十一年	黎黃認齊先生神道碑	560
1498	1868	嗣德二十一年	壽老名碑	746
1499	1868	嗣德二十一年	重修壽址碑記	751
1500	1868	嗣德二十一年	清福寺寄忌后碑記	753
1501	1868	嗣德二十一年	金蓮寺碑記	806
1502	1868	嗣德二十一年	皇朝嗣德貳拾一年戊辰會科武進士題名碑	5689
1503	1868	嗣德二十一年	皈佛碑記	14840
1504	1868	嗣德二十一年	無題	14906
1505	1869	嗣德二十二年	無題	18505
1506	1869	嗣德二十二年	蓮水甲碑記	18889
1507	1869	嗣德二十二年	蓮水甲碑記	18890
1508	1869	嗣德二十二年	皇朝萬年之貳拾貳碑記	18545
1509	1869	嗣德二十二年	雲籠文址碑記/鄉先興功碑記	16919/16920
1510	1869	嗣德二十二年	文址碑記（米場總會文碑）/嗣德貳拾貳年柒月吉日重鐫	17193/17194
1511	1869	嗣德二十二年	笛弄文址碑記/己巳年冬修造	17211/17212

598 下編 越南碑銘文獻目錄

續表

序號	公元紀年	年號	標題	編號
1512	1869	嗣德二十二年	廣照總祠址	17536/17537
1513	1869	嗣德二十二年	寄忌碑	18009
1514	1869	嗣德二十二年	後神忌	18240
1515	1869	嗣德二十二年	供進	18568
1516	1869	嗣德二十二年	供進碑記/文址碑記	18569/18570
1517	1869	嗣德二十二年	無題	19151
1518	1869	嗣德二十二年	鄭門碑記	16157/16158
1519	1869	嗣德二十二年	阮族保后碑記	16257
1520	1869	嗣德二十二年	高族厚忌碑	16265
1521	1869	嗣德二十二年	鄭族厚碑記	16266
1522	1869	嗣德二十二年	修密山協鎮阮侯墓碑記	17601/17602
1523	1869	嗣德二十二年	嗣德貳拾貳年歲次己巳柒月拾貳日吉辰	17754
1524	1869	嗣德二十二年	文址碑記/全社創立	18102/18103
1525	1869	嗣德二十二年	無題	18623
1526	1869	嗣德二十二年	后神碑記/立碑誌文	18746/18747
1527	1869	嗣德二十二年	記忌碑	18896
1528	1869	嗣德二十二年	寄忌碑記	19041
1529	1869	嗣德二十二年	寄忌碑記	19049
1530	1869	嗣德二十二年	無題	19152
1531	1869	嗣德二十二年	無題	19329
1532	1869	嗣德二十二年	后伕碑記	20297
1533	1869	嗣德二十二年	荷伕碑記	19603
1534	1869	嗣德二十二年	無題	381
1535	1869	嗣德二十二年	寄忌碑記	414
1536	1869	嗣德二十二年	安朗寺寄忌碑記	438
1537	1869	嗣德二十二年	陳家碑記	7356
1538	1869	嗣德二十二年	文址碑記	13593
1539	1869	嗣德二十二年	後伕碑記	14098
1540	1869	嗣德二十二年	后神碑記	15240

九　阮朝碑銘目錄（1802—1945）

續表

序號	公元紀年	年號	標題	編號
1541	1869	嗣德二十二年	嗣德己巳萬萬年之二十二	15503
1542	1870	嗣德二十三年	配享碑誌	20818/20819
1543	1870	嗣德二十三年	鄭家后忌碑記	16549/16550/16551/16552
1544	1870	嗣德二十三年	青上文祠記事碑	17199
1545	1870	嗣德二十三年	文會曆朝科宦記/本村生徒會長記	17201/17202
1546	1870	嗣德二十三年	後佛碑	18571
1547	1880	嗣德三十三年	無題	19446
1548	1870	嗣德二十三年	后神碑記	19489/19490
1549	1870	嗣德二十三年	嗣德庚午年	16128
1550	1870	嗣德二十三年	萬古碑	16130
1551	1870	嗣德二十三年	阮族后忌碑	16263
1552	1870	嗣德二十三年	無題	16560
1553	1870	嗣德二十三年	東兌新亭碑	16883
1554	1870	嗣德二十三年	勝光寺碑/賴氏福碑	17161/17162
1555	1870	嗣德二十三年	無題	17691/17692/17693/17694
1556	1870	嗣德二十三年	武址碑記/曆朝武宦碑記	17866/17867
1557	1870	嗣德二十三年	文祠碑記	18344
1558	1870	嗣德二十三年	亭橋碑記（勝舊靈祠並具瞻石橋碑記）	18676
1559	1870	嗣德二十三年	仝社碑記	19181
1560	1870	嗣德二十三年	無題	19422
1561	1870	嗣德二十三年	楊公祠所碑記/嗣德庚午仲秋吉日	20141/20142
1562	1870	嗣德二十三年	后神碑記	20294
1563	1870	嗣德二十三年	后佛碑記	20681
1564	1870	嗣德二十三年	后神碑記	20755
1565	1870	嗣德二十三年	后神碑記	20756
1566	1870	嗣德二十三年	寄忌碑記	94
1567	1870	嗣德二十三年	寄忌先靈碑記/長慶寺碑記	151/152
1568	1870	嗣德二十三年	寄忌碑記	509

續表

序號	公元紀年	年號	標題	編號
1569	1870	嗣德二十三年	鐘亭石橋碑	2388
1570	1870	嗣德二十三年	無題	13457
1571	1870	嗣德二十三年	無題	13497
1572	1870	嗣德二十三年	後佚碑記	14103
1573	1870	嗣德二十三年	庚午年造	14664/14665
1574	1870	嗣德二十三年	奕葉留芳	14680/14681
1575	1870	嗣德二十三年	後本甲碑記	15106
1576	1870	嗣德二十三年	無題	15281
1577	1870	嗣德二十三年	寄忌在寺	15953
1578	1871	嗣德二十四年	依於普光寺	16836
1579	1871	嗣德二十四年	靖蠻剿撫兵部左侍郎阮使公記銘	20443
1580	1871	嗣德二十四年	無題	18303a/18303b/18304a/18304b
1581	1871	嗣德二十四年	依於普光寺	16837
1582	1871	嗣德二十四年	依於普光寺	16843
1583	1871	嗣德二十四年	桐鄉社禮舍村張文議石碑誌	16524
1584	1871	嗣德二十四年	阮堂后碑	16526/16527
1585	1871	嗣德二十四年	無題	16833
1586	1871	嗣德二十四年	寄忌碑記	17033
1587	1871	嗣德二十四年	寄忌碑記	17035
1588	1871	嗣德二十四年	河燈橋碑記	17769/17770/17771/17772
1589	1871	嗣德二十四年	石橋碑記	17862/17863
1590	1871	嗣德二十四年	銅鐘碑記/瀘湖寺碑	17868/17869
1591	1871	嗣德二十四年	阮朝嗣德辛未二十四年正月吉日志	18369/18370
1592	1871	嗣德二十四年	皇朝嗣德辛未仲春吉日牌志	18486
1593	1871	嗣德二十四年	洞中村文址碑記	18978/18979/18980/18981
1594	1871	嗣德二十四年	敬酬碑記	18988
1595	1871	嗣德二十四年	嗣德貳拾肆年柒月初貳日附錄石橋碑記	19110/19111
1596	1871	嗣德二十四年	黎朝校生阮壽公碑	19303

九　阮朝碑銘目錄（1802—1945）　601

續表

序號	公元紀年	年號	標題	編號
1597	1871	嗣德二十四年	無題	19321
1598	1871	嗣德二十四年	靖蠻剿撫阮使公碑銘	20444
1599	1871	嗣德二十四年	后神碑記	571
1600	1871	嗣德二十四年	葵渚興圓寺記	2543
1601	1871	嗣德二十四年	無題	7412/7413/7414
1602	1871	嗣德二十四年	無題	9786
1603	1871	嗣德二十四年	蒲田條約碑誌	14203
1604	1871	嗣德二十四年	嗣德辛未	14878/14879
1605	1872	嗣德二十五年	皈佛碑記	16093
1606	1972	嗣德二十五年	文址祀田碑記	20631
1607	1872	嗣德二十五年	御制順安汛記	16233/16234
1608	1872	嗣德二十五年	從祀碑記	16464
1609	1872	嗣德二十五年	后佛寄忌事誌	17003
1610	1872	嗣德二十五年	嗣德壬申年造	17780/17781
1611	1872	嗣德二十五年	修造碑誌/恭進銘文/前輩職色	17870/17871/17872
1612	1872	嗣德二十五年	法音景寺/后佛叁位	18591/18592
1613	1872	嗣德二十五年	皇朝嗣德二十五年歲在壬申二月吉日	18982/18983
1614	1872	嗣德二十五年	寄忌石碑	20051
1615	1872	嗣德二十五年	無題	20425
1616	1872	嗣德二十五年	後神碑記	20764
1617	1872	嗣德二十五年	后佛寄忌事誌	149
1618	1872	嗣德二十五年	重興蓮派寺離塵院別誌	204
1619	1872	嗣德二十五年	奕午碑記	397
1620	1872	嗣德二十五年	本府前進士題名碑/本府前朝諸名科碑	788/789
1621	1872	嗣德二十五年	青/春/寺/鐘	14368/14369/14370/14371
1622	1872	嗣德二十五年	蒼后碑誌	14854
1623	1872	嗣德二十五年	置后神碑	15696
1624	1873	嗣德二十六年	兌巷后碑記	14853

602　下編　越南碑銘文獻目錄

續表

序號	公元紀年	年號	標題	編號
1625	1873	嗣德二十六年	后神碑記	20260
1626	1873	嗣德二十六年	后神伕碑	20263
1627	1873	嗣德二十六年	石碑后記	15000
1628	1873	嗣德二十六年	文址碑記	18958
1629	1873	嗣德二十六年	文址碑銘	16283
1630	1873	嗣德二十六年	石橋碑記	16463
1631	1873	嗣德二十六年	來成黎族祭田碑記	16554/16555
1632	1873	嗣德二十六年	仁厚碑記	16571
1633	1873	嗣德二十六年	供田寺碑記/樂善會	17662/17663
1634	1873	嗣德二十六年	清化省紹化府東山縣光照總光照社榮光村官員兵民上下等爲編記重修橋樑事	17712/17713
1635	1873	嗣德二十六年	供進田碑記	17766/17767
1636	1873	嗣德二十六年	無題	18757
1637	1873	嗣德二十六年	萬寶總碑記	18937
1638	1873	嗣德二十六年	無題	19189
1639	1873	嗣德二十六年	斯文碑記	19618
1640	1873	嗣德二十六年	后伕碑誌	20269
1641	1873	嗣德二十六年	無題	20386
1642	1873	嗣德二十六年	寄忌碑記	105
1643	1873	嗣德二十六年	無題	702
1644	1873	嗣德二十六年	安謨山川人物碑誌/嗣德癸酉四月立	9526/9527
1645	1873	嗣德二十六年	無題	5669
1646	1873	嗣德二十六年	燕/山/寺/鐘	14138/14139/14140/14141
1647	1873	嗣德二十六年	后神碑記	14153
1648	1873	嗣德二十六年	無題	14452
1649	1873	嗣德二十六年	伕后碑記	15300
1650	1873	嗣德二十六年	文祠新碑/扶龍早上富川叁總	15621/15622
1651	1874	嗣德二十七年	后忌碑記	17778/17779
1652	1874	嗣德二十七年	無題	17015

九 阮朝碑銘目錄（1802—1945） 603

續表

序號	公元紀年	年號	標題	編號
1653	1874	嗣德二十七年	無題	15850
1654	1874	嗣德二十七年	奉侟碑	16886
1655	1874	嗣德二十七年	從祀碑記	16732/16733
1656	1874	嗣德二十七年	義鄉亭廟碑	2563
1657	1874	嗣德二十七年	無題	17095
1658	1874	嗣德二十七年	無題	16545/16546/16547/16548
1659	1874	嗣德二十七年	來成村文址碑記銘/祭田□捐錢人員姓名碑記銘	16562/16563
1660	1874	嗣德二十七年	石橋碑記	16719
1661	1874	嗣德二十七年	無題	16724
1662	1874	嗣德二十七年	壽鶴總文址碑記	16725/16726
1663	1874	嗣德二十七年	奉侟碑	16892
1664	1874	嗣德二十七年	館使寺潘氏之碑	17135
1665	1874	嗣德二十七年	龍雲寺碑記	17611/17612
1666	1874	嗣德二十七年	追祀碑記	17622/17623
1667	1874	嗣德二十七年	宝來寺信女會行香碑	17760/17761
1668	1874	嗣德二十七年	皇朝嗣德二十七年十一月吉日修造/前朝前輩職色碑記/恭進編記/進供以下/恭進錢志	17873/17874/17875/17876/17877
1669	1874	嗣德二十七年	歷代登科碑記	18595
1670	1874	嗣德二十七年	富樂橋碑記	19134
1671	1874	嗣德二十七年	福林寺記	19284
1672	1874	嗣德二十七年	會元橋碑記	20382
1673	1874	嗣德二十七年	陳族合祀碑壇/孝義可嘉	282/283
1674	1874	嗣德二十七年	安陽王祠碑記	2377
1675	1874	嗣德二十七年	亂後登浴翠山	2812
1676	1874	嗣德二十七年	後賢/碑記	7678/7679/7680
1677	1874	嗣德二十七年	亂後登浴翠山	5670
1678	1874	嗣德二十七年	清/庵/寺/鐘	15001/15002/15003/15004
1679	1874	嗣德二十七年	南甲后碑	15093/15094

604　下編　越南碑銘文獻目錄

續表

序號	公元紀年	年號	標題	編號
1680	1874	嗣德二十七年	文址碑記	15345
1681	1874	嗣德二十七年	上甲后碑	15607
1682	1874	嗣德二十七年	無題	15850
1683	1874	嗣德二十七年	無題	127
1684	1875	嗣德二十八年	前堂碑記	18959
1685	1875	嗣德二十八年	無題	16027
1686	1875	嗣德二十八年	寄忌碑記	16075
1687	1875	嗣德二十八年	蓮花寺石碑記	16168
1688	1875	嗣德二十八年	后賢碑記	16286
1689	1875	嗣德二十八年	無題	16539/16540
1690	1875	嗣德二十八年	武后碑記	17636
1691	1875	嗣德二十八年	皇朝嗣德萬萬年之二十八孟夏中浣碑成	18945
1692	1875	嗣德二十八年	石橋碑記/己亥年造	18970/18971
1693	1875	嗣德二十八年	學田碑記/皇朝嗣德乙亥年之冬	19524/19525
1694	1875	嗣德二十八年	重修內亭碑記	20779
1695	1875	嗣德二十八年	貞石垂名	177
1696	1875	嗣德二十八年	無題	211
1697	1875	嗣德二十八年	嗣德乙亥	1177
1698	1875	嗣德二十八年	本邑文廟碑記	2375/2383
1699	1875	嗣德二十八年	無題	13460/13461
1700	1875	嗣德二十八年	新造石碑	14731/14732
1701	1875	嗣德二十八年	造石碑記	14737
1702	1875	嗣德二十八年	貳社碑記	15875/15876
1703	1875	嗣德二十八年	侍佽碑	15976
1704	1876	嗣德二十九年	碑謝記	15147
1705	1876	嗣德二十九年	靈神事跡碑記	15878
1706	1876	嗣德二十九年	無題	16847
1707	1876	嗣德二十九年	無題	16846
1708	1876	嗣德二十九年	鄭大科碑	17984
1709	1876	嗣德二十九年	無題	16273

九　阮朝碑銘目錄（1802—1945）　605

續表

序號	公元紀年	年號	標題	編號
1710	1876	嗣德二十九年	天福碑記	16363
1711	1876	嗣德二十九年	無題	16613
1712	1876	嗣德二十九年	文址碑記	16664/16665
1713	1876	嗣德二十九年	館使寺寄忌碑	17132
1714	1876	嗣德二十九年	館使寺寄忌碑	17134
1715	1876	嗣德二十九年	清醫祠碑記	17520
1716	1876	嗣德二十九年	長溪橋碑記/諸員人供錢以下	17793/17794/17795/17796
1717	1876	嗣德二十九年	法音景寺/后佛碑記	18589/18590
1718	1876	嗣德二十九年	文址碑記	18614
1719	1876	嗣德二十九年	文址碑	18935
1720	1876	嗣德二十九年	感善碑記	19371
1721	1876	嗣德二十九年	后神碑記	19470/19471
1722	1876	嗣德二十九年	武址祠碑	19928
1723	1876	嗣德二十九年	敕賜十塔彌陀寺碑記	20460
1724	1876	嗣德二十九年	福神祠碑	20778
1725	1876	嗣德二十九年	后神碑記	69
1726	1876	嗣德二十九年	寄忌碑記	75
1727	1876	嗣德二十九年	寄忌碑記	99
1728	1876	嗣德二十九年	寄忌碑記	100
1729	1876	嗣德二十九年	寄忌碑	750
1730	1876	嗣德二十九年	寄忌碑記	799
1731	1876	嗣德二十九年	崇福寄忌碑	1124
1732	1876	嗣德二十九年	無題	2813
1733	1876	嗣德二十九年	無題	5659
1734	1876	嗣德二十九年	無題	13381
1735	1876	嗣德二十九年	立碑候伕	14007
1736	1876	嗣德二十九年	嗣德貳拾玖年新鐫	14396
1737	1876	嗣德二十九年	蒼后碑誌	14855
1738	1876	嗣德二十九年	后佛碑誌	14860
1739	1876	嗣德二十九年	立碑記	15150

606　下編　越南碑銘文獻目錄

續表

序號	公元紀年	年號	標題	編號
1740	1876	嗣德二十九年	無題	15357
1741	1876	嗣德二十九年	無題	15894
1742	1877	嗣德三十年	后位碑記	17020
1743	1877	嗣德三十年	本村后神碑記	14161
1744	1877	嗣德三十年	無題	14659
1745	1877	嗣德三十年	奉侁碑記	15948
1746	1877	嗣德三十年	寄忌碑記	16074
1747	1877	嗣德三十年	廣濟寺碑記	16255/16256
1748	1877	嗣德三十年	無題	16662
1749	1877	嗣德三十年	鄉先碑誌	16921
1750	1877	嗣德三十年	石碑記	17309
1751	1877	嗣德三十年	後侁碑記	17315
1752	1877	嗣德三十年	石碑記	17317
1753	1877	嗣德三十年	寺山祠碑	17374/17375
1754	1877	嗣德三十年	無題	17569/17570/17571/17572
1755	1877	嗣德三十年	山院武址碑誌	17599/17600
1756	1877	嗣德三十年	宝/來/寺/鐘	17774/17775/17776/17777
1757	1877	嗣德三十年	果鋭上社/武址石碑記	17880/17881
1758	1877	嗣德三十年	嗣德丁丑年造	18002
1759	1877	嗣德三十年	后神碑寄	18014
1760	1877	嗣德三十年	寄忌碑記	18087
1761	1877	嗣德三十年	嗣德三十年十月初四日立牌	18340
1762	1877	嗣德三十年	皇朝嗣德叁拾年仲春吉日新鑄	18504
1763	1877	嗣德三十年	祠址碑記/天子萬年	19176/9177
1764	1877	嗣德三十年	丁丑年造	19950
1765	1877	嗣德三十年	靈山寺	20378
1766	1877	嗣德三十年	無題	20384
1767	1877	嗣德三十年	寄忌碑記	77
1768	1877	嗣德三十年	寄忌碑記	80
1769	1877	嗣德三十年	后佛碑記	208

九　阮朝碑銘目錄（1802—1945）

續表

序號	公元紀年	年號	標題	編號
1770	1877	嗣德三十年	後伕碑寄	210
1771	1877	嗣德三十年	寄忌碑記	367
1772	1877	嗣德三十年	無題	763
1773	1877	嗣德三十年	后神碑記	1121
1774	1877	嗣德三十年	崇祀碑記	4366/4367
1775	1877	嗣德三十年	后忌碑記	13573
1776	1877	嗣德三十年	后忌碑記	13574
1777	1877	嗣德三十年	后忌碑記	13575
1778	1877	嗣德三十年	潘氏碑記	13825
1779	1877	嗣德三十年	福/光/寺/鐘	14204/14205/14206/14207
1780	1877	嗣德三十年	鐘/靈/山/寺	14443
1781	1877	嗣德三十年	皇朝丁丑	14662/14663
1782	1877	嗣德三十年	奕葉留芳	14687/14688
1783	1877	嗣德三十年	禪/寺/明/福	14736
1784	1877	嗣德三十年	皇朝嗣德丁丑族后碑誌	14852
1785	1877	嗣德三十年	門徒從祀位/門徒奉事碑	15091/15092
1786	1877	嗣德三十年	崇/慶/寺/鐘	15409/15410/15411/15412
1787	1877	嗣德三十年	寄忌碑	15532
1788	1877	嗣德三十年	奉上社斯文碑記/文在斯	15585/15586
1789	1877	嗣德三十年	興福鄉/三會碑記	15863/15864/15865/15866
1790	1877	嗣德三十年	保徵文址碑	14315/14316
1791	1878	嗣德三十一年	后神碑記/立碑記	20236/20237/20238/20239
1792	1878	嗣德三十一年	伽/寺/鐘/俰	16618/16619/16620/16621
1793	1878	嗣德三十一年	中軍前定奇碑	3710
1794	1878	嗣德三十一年	無題	15849
1795	1878	嗣德三十一年	寄忌碑誌	16115
1796	1878	嗣德三十一年	龍興寺前堂碑記	16914
1797	1878	嗣德三十一年	阮門從祀碑記	16976
1798	1878	嗣德三十一年	武會碑記/雲仍太社	17597/17598

608　下編　越南碑銘文獻目錄

續表

序號	公元紀年	年號	標題	編　號
1799	1878	嗣德三十一年	文址碑記/嗣德叁拾壹年夏月造	17698/17699
1800	1878	嗣德三十一年	無題	17730/17731
1801	1878	嗣德三十一年	后忌碑記	17784/17785/17786/17787
1802	1878	嗣德三十一年	韶山文址碑記	17805/17806
1803	1878	嗣德三十一年	嗣德叁拾壹年貳月日/鄉例碑記	17963/17964
1804	1878	嗣德三十一年	黃門寄忌碑	18010
1805	1878	嗣德三十一年	玉陀文址碑記/嗣德叁拾壹年拾月吉日	19068/19069
1806	1878	嗣德三十一年	靈江碑記	19313
1807	1878	嗣德三十一年	寄忌碑記	19374
1808	1878	嗣德三十一年	碑虹星橋記	19443
1809	1878	嗣德三十一年	后神碑記	20239
1810	1878	嗣德三十一年	無題	20407
1811	1878	嗣德三十一年	無題	20408
1812	1878	嗣德三十一年	寄忌碑記	388
1813	1878	嗣德三十一年	寄忌碑記	390
1814	1878	嗣德三十一年	寄忌碑記	402
1815	1878	嗣德三十一年	無題	532
1816	1878	嗣德三十一年	無題	541
1817	1878	嗣德三十一年	寄忌碑記	625
1818	1878	嗣德三十一年	寄忌碑記	658
1819	1878	嗣德三十一年	無題	748
1820	1878	嗣德三十一年	寄忌碑記	962
1821	1878	嗣德三十一年	本縣祠誌	9528
1822	1878	嗣德三十一年	石橋碑記	5301
1823	1878	嗣德三十一年	黎舍橋碑記/戊寅年制	5556/5557
1824	1878	嗣德三十一年	後忌碑記	14257
1825	1878	嗣德三十一年	黎族碑記/戊寅年造	14669/14670
1826	1878	嗣德三十一年	興王碑記	15144
1827	1878	嗣德三十一年	先賢列位	15460

九　阮朝碑銘目錄（1802—1945）　609

續表

序號	公元紀年	年號	標題	編號
1828	1878	嗣德三十一年	後伕碑記/后伕碑記	15814/15815
1829	1879	嗣德三十二年	福林寺碑記	18961/18962
1830	1879	嗣德三十二年	神祠佛寺碑記/嗣德三十二年二月日	18963/18964
1831	1879	嗣德三十二年	黎門阮氏碑記	17512
1832	1879	嗣德三十二年	重修清亭碑記	16109
1833	1879	嗣德三十二年	白鶴寺碑記	16281
1834	1879	嗣德三十二年	寄忌碑記	16767
1835	1879	嗣德三十二年	古梁香亭碑記	16986
1836	1879	嗣德三十二年	無題	18584
1837	1879	嗣德三十二年	立碑記	18603/18604
1838	1879	嗣德三十二年	黎氏前人功德碑記	18911
1839	1879	嗣德三十二年	前功開創碑記	18912
1840	1879	嗣德三十二年	福林寺后碑記	19407
1841	1879	嗣德三十二年	潮商公所碑記	20434
1842	1879	嗣德三十二年	后神碑記	20728
1843	1879	嗣德三十二年	后神碑記	20743
1844	1879	嗣德三十二年	寄忌后碑記	50
1845	1879	嗣德三十二年	無題	408
1846	1879	嗣德三十二年	無題	13455/13456
1847	1879	嗣德三十二年	候佛碑記	13998
1848	1879	嗣德三十二年	皇朝萬年	14455
1849	1879	嗣德三十二年	萬代如見	14717
1850	1879	嗣德三十二年	集靈碑誌	14856
1851	1879	嗣德三十二年	乾隆寺碑/己卯年	14864/14865
1852	1879	嗣德三十二年	陳公碑記	15974
1853	1879	嗣德三十二年	后佛碑記	16768
1854	1879	嗣德三十二年	整頓祠碑記	19160
1855	1880	嗣德三十三年	貝庵廟碑	20143
1856	1880	嗣德三十三年	▢▢亭碑記	19764/19765/19766/19767
1857	1880	嗣德三十三年	鐘/靈	16617
1858	1880	嗣德三十三年	無題	15898

610　下編　越南碑銘文獻目錄

續表

序號	公元紀年	年號	標題	編號
1859	1880	嗣德三十三年	奉伕碑記	16840
1860	1880	嗣德三十三年	奉伕碑記	16839
1861	1880	嗣德三十三年	奉神碑記	20076/20077
1862	1880	嗣德三十三年	后神碑記	20766
1863	1880	嗣德三十三年	寄忌碑記	510
1864	1880	嗣德三十三年	從村祠碑記	16327/16328
1865	1880	嗣德三十三年	寄忌碑記	16575/16576
1866	1880	嗣德三十三年	寄忌碑記	16766
1867	1880	嗣德三十三年	石碑記	17332/17333
1868	1880	嗣德三十三年	西甲后碑記	19225
1869	1880	嗣德三十三年	如山之壽	19939
1870	1880	嗣德三十三年	后神碑記	20274
1871	1880	嗣德三十三年	寄忌碑記	79
1872	1880	嗣德三十三年	寄忌碑記	392
1873	1880	嗣德三十三年	立石碑記	633
1874	1880	嗣德三十三年	立碑寄忌	959
1875	1880	嗣德三十三年	修造候佛碑記	13997
1876	1880	嗣德三十三年	杜門碑券	14719
1877	1880	嗣德三十三年	快/樂/寺/鐘	15209/15210/15211/15212
1878	1881	嗣德三十四年	佛后碑記	16462
1879	1881	嗣德三十四年	無題	20380
1880	1881	嗣德三十四年	無題	17127
1881	1881	嗣德三十四年	館使寺碑記	17131
1882	1881	嗣德三十四年	館使寺功德碑記	17138
1883	1881	嗣德三十四年	立不易方	16129
1884	1881	嗣德三十四年	北邊祠址碑記	16728/16729
1885	1881	嗣德三十四年	重修中殿方亭碑記	17072
1886	1881	嗣德三十四年	館使寺碑記	17128
1887	1881	嗣德三十四年	寄忌碑記	17130
1888	1881	嗣德三十四年	館使寺碑記	17136
1889	1881	嗣德三十四年	無題	17347/17348
1890	1881	嗣德三十四年	寄忌碑記	18293

九　阮朝碑銘目錄（1802—1945）　611

續表

序號	公元紀年	年號	標題	編號
1891	1881	嗣德三十四年	端肅社碑記	18613
1892	1881	嗣德三十四年	金皷村寄忌	18678
1893	1881	嗣德三十四年	皇朝嗣德三十四年辛巳夏鶴俸碑記	18944
1894	1881	嗣德三十四年	進村神廟碑記（崔嵬社進村神廟碑記）	18969
1895	1881	嗣德三十四年	上谷社文會碑	19075/19076
1896	1881	嗣德三十四年	整福橋碑記	19158
1897	1881	嗣德三十四年	無題	19479
1898	1881	嗣德三十四年	后神碑記	19497/19498
1899	1881	嗣德三十四年	新築市碑記/范林市碑記	19710/19711
1900	1881	嗣德三十四年	嗣德辛巳孟夏造	19881
1901	1881	嗣德三十四年	中科顯宦碑記	19882
1902	1881	嗣德三十四年	本村小科碑記	19883
1903	1881	嗣德三十四年	嗣德辛巳記	19884
1904	1881	嗣德三十四年	無題	20078/20079
1905	1881	嗣德三十四年	帝君祠碑記	20140
1906	1881	嗣德三十四年	后神碑記	20754
1907	1881	嗣德三十四年	重修福慶寺後堂記	965
1908	1881	嗣德三十四年	千福寺碑記	2542
1909	1881	嗣德三十四年	后神碑記	7457/7458
1910	1881	嗣德三十四年	申禁祛獘	13297
1911	1881	嗣德三十四年	仝社會鑄/靈齊寺磬	14276/14277
1912	1882	嗣德三十五年	無題	20381
1913	1882	嗣德三十五年	無題	18506
1914	1882	嗣德三十五年	寄忌碑記	20232
1915	1882	嗣德三十五年	無題	18100/18101
1916	1882	嗣德三十五年	無題	16845
1917	1882	嗣德三十五年	后忌碑記	16247
1918	1882	嗣德三十五年	上甲厚碑	16597
1919	1882	嗣德三十五年	后碑記	16769
1920	1882	嗣德三十五年	奉伕碑	16890

612　下編　越南碑銘文獻目錄

續表

序號	公元紀年	年號	標題	編號
1921	1882	嗣德三十五年	武石碑記	17081
1922	1882	嗣德三十五年	寄忌碑	17259
1923	1882	嗣德三十五年	石碑記	17330
1924	1882	嗣德三十五年	院江文會碑	17726/17727
1925	1882	嗣德三十五年	阮家忌碑記	17801/17802
1926	1882	嗣德三十五年	修造碑誌/進供碑記	17878/17879
1927	1882	嗣德三十五年	寄忌碑記（懷德府永順縣安城總安宅村碑記）	18092
1928	1882	嗣德三十五年	水秀塊寺記/進供碑記	19062/19063
1929	1882	嗣德三十五年	無題	19192
1930	1882	嗣德三十五年	揆亭碑記	19355
1931	1882	嗣德三十五年	嗣德叁拾五年拾壹月初肆日造	19378
1932	1882	嗣德三十五年	后神碑記	19466/19467
1933	1882	嗣德三十五年	奕世流芳	19499
1934	1882	嗣德三十五年	新造后忌碑	19585
1935	1882	嗣德三十五年	后神碑記	20224
1936	1882	嗣德三十五年	無題	20393
1937	1882	嗣德三十五年	重修捐貲姓氏右碑記	1220
1938	1882	嗣德三十五年	婆藝寺碑記	13723
1939	1882	嗣德三十五年	陳族之碑	14353/14354
1940	1882	嗣德三十五年	無題	14448
1941	1882	嗣德三十五年	后佛碑記	14694
1942	1882	嗣德三十五年	無題	15036/15037
1943	1882	嗣德三十五年	廟向碑記	15611
1944	1883	嗣德三十六年	后忌碑記	16282
1945	1883	嗣德三十六年	皇朝嗣德癸未秋	16446/16447
1946	1883	嗣德三十六年	皇朝嗣德癸未秋	16447
1947	1883	嗣德三十六年	後佛碑記	17384
1948	1883	嗣德三十六年	後佛碑記	17390

九　阮朝碑銘目錄（1802—1945）　613

續表

序號	公元紀年	年號	標題	編號
1949	1883	嗣德三十六年	興功碑記	17392
1950	1883	嗣德三十六年	嗣德癸未年造	17397
1951	1883	嗣德三十六年	嗣德癸未年三月拾柒日	17399
1952	1883	嗣德三十六年	無題	17626
1953	1883	嗣德三十六年	豪梁文址碑記	17927/17928
1954	1883	嗣德三十六年	寄忌寺碑	18255
1955	1883	嗣德三十六年	寄忌寺碑	18256
1956	1883	嗣德三十六年	寄忌寺碑	18259
1957	1883	嗣德三十六年	寄忌寺碑	18261
1958	1883	嗣德三十六年	寄忌寺碑	18262
1959	1883	嗣德三十六年	壽域祖祠碑記	19131
1960	1883	嗣德三十六年	留忌碑記	20234
1961	1883	嗣德三十六年	后神碑記	20275
1962	1883	嗣德三十六年	靈儷巷碑記	730
1963	1883	嗣德三十六年	無題	13895
1964	1883	嗣德三十六年	後伕碑記	14095
1965	1883	嗣德三十六年	香/萊/寺/鐘	14421/14422/14423/14424
1966	1883	嗣德三十六年	寄忌碑記	14723
1967	1884	建福元年	后神碑記	20765
1968	1884	建福元年	無題	17189
1969	1884	建福元年	武址碑記	20883/20884
1970	1884	建福元年	寄忌碑記	624
1971	1884	建福元年	功德碑記	16292
1972	1884	建福元年	無題	16556/16557
1973	1884	建福元年	無題	16695
1974	1884	建福元年	武址碑記	16708/16709
1975	1884	建福元年	宋氏碑記	17154
1976	1884	建福元年	崇珠殿碑記	17789
1977	1884	建福元年	無題	18072
1978	1884	建福元年	無題	18074
1979	1884	建福元年	寄忌碑記	18895

614　下編　越南碑銘文獻目錄

續表

序號	公元紀年	年號	標題	編號
1980	1884	建福元年	記忌碑	18899
1981	1884	建福元年	石橋碑記	19116
1982	1884	建福元年	無題	732
1983	1884	建福元年	后佅石碑記	14605
1984	1884	建福元年	后佅石碑記	14607
1985	1884	建福元年	后佅石碑記	14612
1986	1884	建福元年	后佅石碑記	14613
1987	1885	咸宜元年	朝陽久照碑記	19690/19691
1988	1885	咸宜元年	奉編忌墓以下	17577
1989	1885	咸宜元年	天桃寺碑記/進供碑記	17882/17883
1990	1885	咸宜元年	立碑寄忌	18277
1991	1885	咸宜元年	祠阮氏碑	18864
1992	1885	咸宜元年	杜門寄忌碑記	18867
1993	1885	咸宜元年	十方功德碑記（禪珖寺碑記）/釋迦佛塔/慎終追遠/彌陀佛塔	18901/18902/18903/18904
1994	1885	咸宜元年	黎氏功德碑記	18905
1995	1885	咸宜元年	其存者長	18923
1996	1885	咸宜元年	其存者長	19034
1997	1885	咸宜元年	天壽寺碑記	19130
1998	1885	咸宜元年	壽域神廟碑記	19132
1999	1885	咸宜元年	無題	19148
2000	1885	咸宜元年	石橋碑記	19215
2001	1885	咸宜元年	橫瀝碑記	19353
2002	1885	咸宜元年	朝陽久照碑記	19691
2003	1885	咸宜元年	后神碑記	20248
2004	1885	咸宜元年	后碑佅記	20273
2005	1885	咸宜元年	寄忌碑記	42
2006	1885	咸宜元年	寄忌碑記	81
2007	1885	咸宜元年	本鄉奉事	13563/13564
2008	1885	咸宜元年	無題	15847

九　阮朝碑銘目錄（1802—1945）

續表

序號	公元紀年	年號	標題	編號
2009	1886	同慶元年	照/光/寺/鐘	14623
2010	1886	同慶元年	鄧門寄忌碑記	17064
2011	1886	同慶元年	后神碑記	20253
2012	1886	同慶元年	義后碑記	16349
2013	1886	同慶元年	文址祭田誌	16188
2014	1886	同慶元年	陳門劉氏彭門劉氏后碑	16998
2015	1886	同慶元年	潘門劉氏后碑	16999
2016	1886	同慶元年	關門劉氏后碑	17004
2017	1886	同慶元年	慈恩寺后碑	17005
2018	1886	同慶元年	慈恩寺懺碑	17006
2019	1886	同慶元年	功德碑記	17017
2020	1886	同慶元年	寄忌碑后	18234
2021	1886	同慶元年	壽域亭碑記	19129
2022	1886	同慶元年	附伕碑記	19915/19916
2023	1886	同慶元年	后佛碑記	20030
2024	1886	同慶元年	慈恩寺后碑	143
2025	1886	同慶元年	潘門劉氏后碑	144
2026	1886	同慶元年	陳門劉氏彭門劉氏后碑	145
2027	1886	同慶元年	關門劉氏后碑	148
2028	1886	同慶元年	后佛碑記	217
2029	1886	同慶元年	重修玄天觀碑記	265
2030	1886	同慶元年	東甲寄忌后/丙戌年造	4721/4730
2031	1886	同慶元年	后神碑記/丙戌年造	4749/4750
2032	1886	同慶元年	東園亭宇碑記	13571
2033	1886	同慶元年	后寺碑記	14383
2034	1886	同慶元年	后神碑記	14622
2035	1886	同慶元年	照/光/寺/鐘	14623
2036	1886	同慶元年	後佛碑記	14692
2037	1886	同慶元年	無題	14849
2038	1886	同慶元年	無題	17508

616　下編　越南碑銘文獻目錄

續表

序號	公元紀年	年號	標題	編號
2039	1887	同慶二年	本社後神碑記	20807/20808
2040	1887	同慶二年	后伕石碑	14602
2041	188	同慶二年	后伕石碑	14601
2042	1887	同慶二年	后伕碑記	16399
2043	1887	同慶二年	開公寺黎郡公鐘記	16656
2044	1887	同慶二年	寄忌碑記	18265
2045	1887	同慶二年	石橋碑記	18737
2046	1887	同慶二年	無題	19179
2047	1887	同慶二年	後伕碑記	19369
2048	1887	同慶二年	無題	19397
2049	1887	同慶二年	慶/隆/寺/鐘	34013a/34013b/34013c/34013d
2050	1887	同慶二年	寄忌碑記	103
2051	1887	同慶二年	劉門堂上歷代祖先各諸靈位之碑記	146
2052	1887	同慶二年	寄忌黎甲	398
2053	1887	同慶二年	金縷中村文祠記	430
2054	1887	同慶二年	鄉例碑記	7755/7756
2055	1887	同慶二年	后伕碑記	13686
2056	1887	同慶二年	后伕石碑	14599
2057	1887	同慶二年	后伕石碑/后伕石碑	14601/14602
2058	1887	同慶二年	造石碑記	14706
2059	1887	同慶二年	寄忌碑記	14727
2060	1887	同慶二年	族后碑誌	14858
2061	1887	同慶二年	石碑后記	14998
2062	1887	同慶二年	南甲后碑	15095/15096
2063	1887	同慶二年	后佛碑記	15318
2064	1887	同慶二年	后神碑記	15324
2065	1887	同慶二年	后神碑記	15326
2066	1887	同慶二年	后神碑記	15328
2067	1887	同慶二年	儻庵寺碑記/集福貳會恭造	15872/15873
2068	1887	同慶二年	石碑記	15917

九　阮朝碑銘目錄（1802—1945）　617

續表

序號	公元紀年	年號	標題	編號
2069	1887	同慶二年	後伕碑記	15943
2070	1888	同慶三年	天皇龍山	18308/18309
2071	1888	同慶三年	寄忌碑記	14715/14716
2072	1888	同慶三年	天皇龍山	18309
2073	1888	同慶三年	福林寺后忌碑	19404
2074	1888	同慶三年	延慶碑記	16048
2075	1888	同慶三年	周族碑記	16752
2076	1888	同慶三年	追祔列姓	17042
2077	1888	同慶三年	重修記忌碑	17178
2078	1888	同慶三年	武址碑記/戊子年造	17303/17304
2079	1888	同慶三年	寄忌碑	18008
2080	1888	同慶三年	翊運功臣普賴公碑	18073
2081	1888	同慶三年	寄忌碑	18245
2082	1888	同慶三年	寄忌碑記	18278
2083	1888	同慶三年	王林寺碑記	18939/18940
2084	1888	同慶三年	無題	19260
2085	1888	同慶三年	寄忌碑記	96
2086	1888	同慶三年	無題	762
2087	1888	同慶三年	萬世日月	7257
2088	1888	同慶三年	神后碑記	13876/13877
2089	1888	同慶三年	後伕碑記	14094
2090	1888	同慶三年	壹甲碑記/戊子年造	14678/14679
2091	1888	同慶三年	造石碑記	14707
2092	1888	同慶三年	寄忌碑記	14708
2093	1888	同慶三年	武門寄忌碑	14725
2094	1888	同慶三年	立后佛碑	14863
2095	1888	同慶三年	后碑記	14997
2096	1888	同慶三年	後本甲碑記	15105
2097	1888	同慶三年	后神碑記	15123
2098	1888	同慶三年	立保碑記	15239
2099	1888	同慶三年	后神碑記	15270
2100	1888	同慶三年	無題	16073

618　下編　越南碑銘文獻目錄

續表

序號	公元紀年	年號	標題	編號
2101	1889	成泰元年	金榜流芳	16738/16739/16740/16741/16742/16743/16744/16745/16746/16747/16748/16749
2102	1889	成泰元年	東甲后牌記	14682/14683
2103	1889	成泰元年	后忌碑記	16612
2104	1889	成泰元年	後祠碑記	18865
2105	1889	成泰元年	后神碑記	17258
2106	1889	成泰元年	奉佛牌記	16878
2107	1889	成泰元年	忌位碑記銘	16329
2108	1889	成泰元年	無題	16653
2109	1889	成泰元年	奉伕碑	16907
2110	1889	成泰元年	高舍總文祠碑/千古不磨	17357/17358
2111	1889	成泰元年	無題	17526/17527
2112	1889	成泰元年	成泰己丑年正月吉日立碑	17552
2113	1889	成泰元年	雙瓦橋碑記	17659/17660/17661
2114	1889	成泰元年	仁聲祠碑記/祀事孔明	18621/18622
2115	1889	成泰元年	后神碑記	18646
2116	1889	成泰元年	裴氏寄忌亭字碑記	18909
2117	1889	成泰元年	寄忌銘碑	18921
2118	1889	成泰元年	山祠碑記	19156/19157
2119	1889	成泰元年	寄忌碑	19408
2120	1889	成泰元年	后神碑記	20240
2121	1889	成泰元年	后伕碑記	20291
2122	1889	成泰元年	享忌后碑	20560
2123	1889	成泰元年	享忌后碑	20561
2124	1889	成泰元年	成泰元年己丑春	20865
2125	1889	成泰元年	寄忌碑記	368
2126	1889	成泰元年	忌日碑寄	512
2127	1889	成泰元年	阮族碑記	7286
2128	1889	成泰元年	無題	14202

九　阮朝碑銘目錄（1802—1945）　619

續表

序號	公元紀年	年號	標題	編號
2129	1889	成泰元年	靈/感/寺/鐘	14488
2130	1889	成泰元年	后神碑記/芳流曆世	14766/14767
2131	1889	成泰元年	無題	14976
2132	1889	成泰元年	本村條例碑記/成泰元年十二月十五日立碑銘	15346/15347
2133	1889	成泰元年	武祠堂碑記	15587
2134	1889	成泰元年	置后神碑	15695
2135	1889	成泰元年	忌位碑記銘	15921
2136	1890	成泰二年	無題	16699
2137	1890	成泰二年	本村碑記	15760/15763
2138	1890	成泰二年	普光寺碑記	16036
2139	1890	成泰二年	橋代新亭碑記	16609
2140	1890	成泰二年	寄忌碑記	16906
2141	1890	成泰二年	□寺寄忌碑	17503
2142	1890	成泰二年	無題	17563/17564/17565/17566
2143	1890	成泰二年	無題	17578/17579
2144	1890	成泰二年	無題	17734
2145	1890	成泰二年	鄉兵碑記/庚寅年造	18155/18156
2146	1890	成泰二年	無題	19351
2147	1890	成泰二年	后神碑記	19398
2148	1890	成泰二年	后佛碑	20304
2149	1890	成泰二年	后賢碑記	20325
2150	1890	成泰二年	無題	20438
2151	1890	成泰二年	無題	20439
2152	1890	成泰二年	寄忌碑記	106
2153	1890	成泰二年	蓮派后忌碑	213
2154	1890	成泰二年	無題	216
2155	1890	成泰二年	后佛碑記	226
2156	1890	成泰二年	國朝本府曆科碑記/成泰庚寅仲春重修	792/793
2157	1890	成泰二年	四莊忠義碑	7255
2158	1890	成泰二年	無題	13438/13439

620　下編　越南碑銘文獻目錄

續表

序號	公元紀年	年號	標題	編號
2159	1890	成泰二年	石碑文記	13839
2160	1890	成泰二年	重修興隆碑記	14410
2161	1890	成泰二年	石碑記	14652
2162	1890	成泰二年	福林寺碑	14658
2163	1890	成泰二年	建石碑文	14697
2164	1890	成泰二年	碑記永年	14730
2165	1890	成泰二年	寺正碑記	14889
2166	1890	成泰二年	無題	14975
2167	1890	成泰二年	后神碑記	15143
2168	1890	成泰二年	無題	15356
2169	1890	成泰二年	造石碑体例	15359
2170	1890	成泰二年	無題	15360
2171	1890	成泰二年	本村碑記	15754/15755
2172	1890	成泰二年	本村碑記	15762/15763
2173	1890	成泰二年	寄忌碑記	16578/16579
2174	1890	成泰二年	先母黎捷予神道表	13472
2175	1891	成泰三年	無題	17115
2176	1891	成泰三年	鶴橋	16727
2177	1891	成泰三年	富盛石碑	16882
2178	1891	成泰三年	無題	17279
2179	1891	成泰三年	文后碑記	16453
2180	1891	成泰三年	澄淵社碑記	16449/16450
2181	1891	成泰三年	鄉后碑記	16451
2182	1891	成泰三年	香光寺碑記	16600
2183	1891	成泰三年	香光寺碑記	16601
2184	1891	成泰三年	勇悍甲神祠重修碑記	17026
2185	1891	成泰三年	武石碑	17119
2186	1891	成泰三年	后伕碑記	17253
2187	1891	成泰三年	文會碑記/辛卯年造	17286/17287
2188	1891	成泰三年	鐘成恭進碑	17586
2189	1891	成泰三年	土昔亭碑記	19427/19428

九　阮朝碑銘目錄（1802—1945）　621

續表

序號	公元紀年	年號	標題	編號
2190	1891	成泰三年	后神碑記	19611
2191	1891	成泰三年	侍伕碑記	19949
2192	1891	成泰三年	禪門尊后碑誌	20223
2193	1891	成泰三年	寄忌碑記	41
2194	1891	成泰三年	寄后碑銘	215
2195	1891	成泰三年	寒林所	435
2196	1891	成泰三年	太保勤政殿大學士德國公范忠雅公墓碑銘	5679/5680
2197	1891	成泰三年	後神碑記	13874/13875
2198	1891	成泰三年	後伕碑記	14096
2199	1891	成泰三年	后伕石碑	14598
2200	1891	成泰三年	后伕石碑	14603
2201	1891	成泰三年	后伕碑記	14606
2202	1891	成泰三年	后伕石碑	14608
2203	1891	成泰三年	后伕石碑	14609
2204	1891	成泰三年	后伕石碑	14611
2205	1891	成泰三年	后神碑記	14973
2206	1891	成泰三年	石碑后記	14996
2207	1891	成泰三年	本甲碑記	15146
2208	1891	成泰三年	重建諒山文廟碑記	16000
2209	1891	成泰三年	后伕石碑	14610
2210	1892	成泰四年	錦袍橋重修碑記	16595
2211	1892	成泰四年	後佛碑	20531
2212	1892	成泰四年	無題	19977
2213	1892	成泰四年	無題	17285
2214	1892	成泰四年	后位碑記	17019
2215	1892	成泰四年	厚忌碑記	16262
2216	1892	成泰四年	后大寺悲忌	16268
2217	1892	成泰四年	成泰肆年	16342
2218	1892	成泰四年	呂田下村	16440
2219	1892	成泰四年	光后碑記	16441

622　下編　越南碑銘文獻目錄

續表

序號	公元紀年	年號	標題	編號
2220	1892	成泰四年	愛山社斯文碑	16528/16529
2221	1892	成泰四年	愛山社祠址碑記	16530/16531
2222	1892	成泰四年	記忌石碑	16869
2223	1892	成泰四年	寄忌石碑	16870
2224	1892	成泰四年	后忌碑	17007
2225	1892	成泰四年	敬立碑誌	17030
2226	1892	成泰四年	諸靈碑記	17091
2227	1892	成泰四年	黎舍社池塘甲立碑記	18517
2228	1892	成泰四年	寄忌后碑	18852
2229	1892	成泰四年	后神碑寄	18853
2230	1892	成泰四年	寄忌碑記	18897
2231	1892	成泰四年	黎氏寄忌后碑	18908
2232	1892	成泰四年	聖橋	18984/18985
2233	1892	成泰四年	后神碑記	19098
2234	1892	成泰四年	后伕碑記	19651
2235	1892	成泰四年	寄忌碑記	82
2236	1892	成泰四年	寄忌碑記	84
2237	1892	成泰四年	寄忌后碑	86
2238	1892	成泰四年	寄忌后碑	87
2239	1892	成泰四年	寄忌碑記	88
2240	1892	成泰四年	寄忌碑記	89
2241	1892	成泰四年	寄忌碑記	90
2242	1892	成泰四年	寄忌后碑	91
2243	1892	成泰四年	諸靈碑記	125
2244	1892	成泰四年	寄忌碑	130
2245	1892	成泰四年	后忌碑記	131
2246	1892	成泰四年	后忌碑	132
2247	1892	成泰四年	寄忌碑記	13796
2248	1892	成泰四年	無題	14172/14173/14174/14175
2249	1892	成泰四年	無題	14198/14199/14200/14201
2250	1892	成泰四年	后伕碑記	14693

九　阮朝碑銘目錄（1802—1945）　623

續表

序號	公元紀年	年號	標題	編號
2251	1892	成泰四年	后神碑記	15271
2252	1892	成泰四年	置后神碑	15692
2253	1892	成泰四年	后忌碑記	17009
2254	1893	成泰五年	安樂縣文廟石碑	14896
2255	1893	成泰五年	后碑記	20634
2256	1893	成泰五年	后神碑記	20742
2257	1893	成泰五年	附祠碑	15931
2258	1893	成泰五年	陳大王祠碑記	16039
2259	1893	成泰五年	仁厚碑記	16573
2260	1893	成泰五年	張公后碑	16994
2261	1893	成泰五年	第二廟功德碑/癸巳年造	17291/17292
2262	1893	成泰五年	成泰五年癸巳月十五日/南岸碑記	17342/17343
2263	1893	成泰五年	無題	17457
2264	1893	成泰五年	武址碑記/本社先賢	17556/17557
2265	1893	成泰五年	石碑傳記	17985
2266	1893	成泰五年	東員東安后忌碑記	17986
2267	1893	成泰五年	舊館新會碑記	18564
2268	1893	成泰五年	后神碑記	18752/18753
2269	1893	成泰五年	后神碑記	18760/18761
2270	1893	成泰五年	寄忌碑	18898
2271	1893	成泰五年	后佛碑記	19409
2272	1893	成泰五年	奉記明空國師莊憲大王	19439/19440
2273	1893	成泰五年	成泰癸巳年碑記	19918/19919
2274	1893	成泰五年	後佛碑記	20179
2275	1893	成泰五年	福海寺碑記/成泰五年癸巳	20208/20209
2276	1893	成泰五年	后神碑記	20251
2277	1893	成泰五年	福珠寺碑	58/59
2278	1893	成泰五年	后碑記忌	85
2279	1893	成泰五年	真武觀石碑	229

續表

序號	公元紀年	年號	標題	編號
2280	1893	成泰五年	寄忌碑誌	570
2281	1893	成泰五年	崇福寺碑	573
2282	1893	成泰五年	后忌碑記	13607
2283	1893	成泰五年	候石碑	13859
2284	1893	成泰五年	后碑信記	14585/14586
2285	1893	成泰五年	后位碑記	14910
2286	1894	成泰六年	寄忌碑記	17087
2287	1894	成泰六年	祥光塔碑記	19125
2288	1894	成泰六年	后佛碑記	13835
2289	1894	成泰六年	后神碑	20310
2290	1894	成泰六年	后神碑記	20716
2291	1894	成泰六年	無題	16717/16718
2292	1894	成泰六年	甲午年修造碑記	17172
2293	1894	成泰六年	無題	17541
2294	1894	成泰六年	本甲碑記本社碑記	17987
2295	1894	成泰六年	成泰甲午年造	18431
2296	1894	成泰六年	普覺寺碑記	18443
2297	1894	成泰六年	無題	18444
2298	1894	成泰六年	寄忌碑記	18894
2299	1894	成泰六年	銘碑寄忌	18918
2300	1894	成泰六年	土昔祠碑記	19433
2301	1894	成泰六年	尹公碑	19679
2302	1894	成泰六年	幢南村后神碑記	20215
2303	1894	成泰六年	無題	121
2304	1894	成泰六年	朱大宅后碑	150
2305	1894	成泰六年	東新碑記	164
2306	1894	成泰六年	后佛碑記	209
2307	1894	成泰六年	后佛碑記	224
2308	1894	成泰六年	方亭志道先生神道碑	395/396
2309	1894	成泰六年	黎公廟碑	13043
2310	1894	成泰六年	後神碑記	13848

九　阮朝碑銘目錄（1802—1945）　625

續表

序號	公元紀年	年號	標題	編號
2311	1894	成泰六年	后神碑記	14437
2312	1894	成泰六年	兌族碑誌	14851
2313	1894	成泰六年	后佛碑記	15261
2314	1894	成泰六年	東新碑記	15736
2315	1894	成泰六年	仝村碑記	15758/15759
2316	1894	成泰六年	清水寺慶銘	15830/15831
2317	1894	成泰六年	▨隆祠碑	15988
2318	1894	成泰六年	無題	20831/20832
2319	1895	成泰七年	無題	17944
2320	1895	成泰七年	靈應寺碑記	20544
2321	1895	成泰七年	后神碑記	20734
2322	1895	成泰七年	本村碑記	15756/15757
2323	1895	成泰七年	后神碑記	15269
2324	1895	成泰七年	會同廟碑記	16143
2325	1895	成泰七年	定和碑記	16713
2326	1895	成泰七年	無題	16936/16937/16938
2327	1895	成泰七年	無題	16939/16940/16941
2328	1895	成泰七年	無題	17458
2329	1895	成泰七年	文址碑記/皇朝成泰柒年歲乙未月仲秋吉日	17851/17852
2330	1895	成泰七年	吉日碑記	18396/18397
2331	1895	成泰七年	后神碑記	18766/18767
2332	1895	成泰七年	雲程總紳豪碑	19141
2333	1895	成泰七年	集福碑/成泰千秋乙未年造	19153/19154
2334	1895	成泰七年	無題	19297
2335	1895	成泰七年	本縣碑記	19783
2336	1895	成泰七年	后忌二位	20567
2337	1895	成泰七年	后忌碑記	20568
2338	1895	成泰七年	後神碑記	166
2339	1895	成泰七年	弘恩寺忌后碑	598
2340	1895	成泰七年	無題	692

續表

序號	公元紀年	年號	標題	編號
2341	1895	成泰七年	重修碑記	871
2342	1895	成泰七年	忌后碑記	872/873
2343	1895	成泰七年	無題	13441
2344	1895	成泰七年	候寺碑	13812
2345	1895	成泰七年	祠堂碑記	13823
2346	1895	成泰七年	新社會記	13846
2347	1895	成泰七年	香火不刊	13847
2348	1895	成泰七年	無題	15737
2349	1896	成泰八年	后忌碑記	16240
2350	1896	成泰八年	無題	16736
2351	1896	成泰八年	后忌碑記/后神碑記	18758/18759
2352	1896	成泰八年	文址碑記	19178
2353	1896	成泰八年	成泰捌年捌月穀日恭鐫	19332
2354	1896	成泰八年	成泰八年八月十一日	19333
2355	1896	成泰八年	無題	20311
2356	1896	成泰八年	寄忌碑記	83
2357	1896	成泰八年	寄忌碑記	102
2358	1896	成泰八年	驛望社科譜	592
2359	1896	成泰八年	弘恩寺忌后碑	602
2360	1896	成泰八年	無題	699
2361	1896	成泰八年	萬代如見	13821
2362	1896	成泰八年	后神碑記	15327
2363	1896	成泰八年	後神碑記	15590
2364	1896	成泰八年	記忌碑	15720
2365	1896	成泰八年	阮族石碑	15962
2366	1897	成泰九年	無題	17029
2367	1897	成泰九年	如山之壽	19909
2368	1897	成泰九年	西甲奉后	19239
2369	1897	成泰九年	無題	20441
2370	1897	成泰九年	后伕碑記	16083

九　阮朝碑銘目錄（1802—1945）

續表

序號	公元紀年	年號	標題	編號
2371	1897	成泰九年	后伕碑記	16089
2372	1897	成泰九年	阮族寄忌碑記	16261
2373	1897	成泰九年	后忌	16649
2374	1897	成泰九年	陳氏后忌碑記	17549/17550
2375	1897	成泰九年	文會券例田土計后	17743/17744
2376	1897	成泰九年	后佛碑記	18470
2377	1897	成泰九年	山塔寺碑記	18932
2378	1897	成泰九年	碑文址記/文會碑記	18974/18975
2379	1897	成泰九年	□村武址碑記	19070/19071
2380	1897	成泰九年	萬川社寺	19109
2381	1897	成泰九年	百世不迁	19241
2382	1897	成泰九年	無題	19290
2383	1897	成泰九年	後佛碑記	19588
2384	1897	成泰九年	朝陽寢廟碑記/成泰丁酉年造	19693/19694
2385	1897	成泰九年	本社后神碑記	20302
2386	1897	成泰九年	無題	20401
2387	1897	成泰九年	無題	20409
2388	1897	成泰九年	無題	20410
2389	1897	成泰九年	蓮后忌碑	247
2390	1897	成泰九年	億年香火	728
2391	1897	成泰九年	古中今記/丁酉年壽耆碑記	757/758
2392	1897	成泰九年	寄忌碑記	764
2393	1897	成泰九年	后伕碑記	14104
2394	1897	成泰九年	后位碑誌	14142
2395	1897	成泰九年	無題	14519
2396	1897	成泰九年	后佛碑記	14842
2397	1897	成泰九年	后伕碑記	14977
2398	1897	成泰九年	后伕碑記	14980
2399	1898	成泰十年	海王祠碑	18118
2400	1898	成泰十年	后忌碑記	13600

628　下編　越南碑銘文獻目錄

續表

序號	公元紀年	年號	標題	編號
2401	1898	成泰十年	立寄忌碑	502
2402	1898	成泰十年	嚴慶寺碑記	8627
2403	1898	成泰十年	春和庯記	16002/16003
2404	1898	成泰十年	無題	16072
2405	1898	成泰十年	后寺碑記	16132
2406	1898	成泰十年	有功則祀	16136
2407	1898	成泰十年	陳族碑記	16147
2408	1898	成泰十年	陳族碑記	16148
2409	1898	成泰十年	立石碑記	16160
2410	1898	成泰十年	無題	16663
2411	1898	成泰十年	重修雲立寺第壹碑/戊戌年造	17669/17670
2412	1898	成泰十年	後神碑記	18632
2413	1898	成泰十年	寄忌碑記	18991
2414	1898	成泰十年	伕寺碑記	19064
2415	1898	成泰十年	文會碑記	19213
2416	1898	成泰十年	青廉文祠碑	19214
2417	1898	成泰十年	后神碑記	19491/19492
2418	1898	成泰十年	后伕碑記	20303
2419	1898	成泰十年	佛后碑記	20328
2420	1898	成泰十年	無題	20420
2421	1898	成泰十年	無題	494
2422	1898	成泰十年	無題	691
2423	1898	成泰十年	樂善會碑記	697
2424	1898	成泰十年	崇福碑記	1117
2425	1898	成泰十年	后忌碑記	13601
2426	1898	成泰十年	后忌碑記	13602
2427	1898	成泰十年	后忌碑記	13603
2428	1898	成泰十年	無題	14909
2429	1898	成泰十年	后神碑記	15102
2430	1898	成泰十年	置后神碑	15708
2431	1898	成泰十年	置后本村碑	15710

九　阮朝碑銘目錄（1802—1945）　629

續表

序號	公元紀年	年號	標　題	編　號
2432	1898	成泰十年	無題	15987
2433	1898	成泰十年	后伕碑記	20270
2434	1899	成泰十一年	東英文祠碑記	20018/20019
2435	1899	成泰十一年	無題	20820
2436	1899	成泰十一年	阮世族祖墓碑	16640/16641
2437	1899	成泰十一年	重九登山得雨	17344
2438	1899	成泰十一年	重修殿宇碑記	19437
2439	1899	成泰十一年	黎朝王相公神	16248/16249
2440	1899	成泰十一年	成泰十一年	16875
2441	1899	成泰十一年	興隆寺后碑	17181
2442	1899	成泰十一年	無題	17507
2443	1899	成泰十一年	后神碑記	18004
2444	1899	成泰十一年	無題	18339
2445	1899	成泰十一年	文址碑記	19091/19092/19093/19094
2446	1899	成泰十一年	修造拜堂碑	19136
2447	1899	成泰十一年	石□碑記	19175
2448	1899	成泰十一年	土昔祠碑記	19429
2449	1899	成泰十一年	重修廟宇碑記	19436
2450	1899	成泰十一年	成泰己亥年記	19988
2451	1899	成泰十一年	南無阿彌陀佛	287/288/291/292
2452	1899	成泰十一年	寄忌碑記	371
2453	1899	成泰十一年	奉敕旌表碑記	489
2454	1899	成泰十一年	立碑記	690
2455	1899	成泰十一年	無題	766
2456	1899	成泰十一年	遊笛弄洞/名山題跋	11055/11056
2457	1899	成泰十一年	無題	5684
2458	1899	成泰十一年	重修慈孝寺碑記	13433/13434
2459	1899	成泰十一年	春旭范后碑	13679
2460	1899	成泰十一年	后忌碑記	13918/13919
2461	1899	成泰十一年	后伕碑記	13922
2462	1899	成泰十一年	清/涼/臺/鐘	15031

630　下編　越南碑銘文獻目錄

續表

序號	公元紀年	年號	標題	編號
2463	1899	成泰十一年	后伕碑記	15275
2464	1900	成泰十二年	後佛碑記	20032
2465	1900	成泰十二年	典元碑記	17163
2466	1900	成泰十二年	南無十方叁寶證明	64
2467	1900	成泰十二年	阮族碑記	16145
2468	1900	成泰十二年	無題	16279
2469	1900	成泰十二年	本甲碑記	17143
2470	1900	成泰十二年	罔珠亭記	17302
2471	1900	成泰十二年	寄忌碑	18263b
2472	1900	成泰十二年	阮族碑記	18827
2473	1900	成泰十二年	其存者長	19029
2474	1900	成泰十二年	銘碑寄忌	19031
2475	1900	成泰十二年	成泰十二年修理前堂碑記	19072
2476	1900	成泰十二年	奉記王女水晶公主王譜錄	19441/19442
2477	1900	成泰十二年	候神碑記	19743
2478	1900	成泰十二年	武會石牌記/武址祠碑	19925/19926
2479	1900	成泰十二年	無題	19975
2480	1900	成泰十二年	重修碑記（東英重修文祠記）	20020/20021
2481	1900	成泰十二年	文祠碑記	20052
2482	1900	成泰十二年	無題	20446
2483	1900	成泰十二年	無題	20447
2484	1900	成泰十二年	忌後碑記	219
2485	1900	成泰十二年	亭宇從饗碑記	482
2486	1900	成泰十二年	文村亭前土主從饗碑記	487
2487	1900	成泰十二年	弘恩寺后碑記	600
2488	1900	成泰十二年	后忌碑記	13582
2489	1900	成泰十二年	香火如山	13989
2490	1900	成泰十二年	龍會寺本社太老諸靈寄忌碑位	14425

九 阮朝碑銘目錄（1802—1945） 631

續表

序號	公元紀年	年號	標題	編號
2491	1900	成泰十二年	立石碑記	14741
2492	1900	成泰十二年	上甲祠祭土碑記	14772
2493	1900	成泰十二年	無題	14930
2494	1900	成泰十二年	石牌碑記	14935/14936
2495	1900	成泰十二年	后佚碑記	15192/15193
2496	1900	成泰十二年	重修文聖廟碑	15999
2497	1901	成泰十三年	寄忌碑記	18832
2498	1901	成泰十三年	右榜通知	17204
2499	1901	成泰十三年	右榜通知	17203
2500	1901	成泰十三年	無題	20379
2501	1901	成泰十三年	憑烈碑誌	723/731
2502	1901	成泰十三年	無題	16001
2503	1901	成泰十三年	進供功德	16086
2504	1901	成泰十三年	進供功德	16088
2505	1901	成泰十三年	阮族碑記	16138
2506	1901	成泰十三年	阮族碑記	16146
2507	1901	成泰十三年	雙文祠碑記	17197
2508	1901	成泰十三年	成泰辛丑年碑記/奉抄□玉譜新制	17441/17442
2509	1901	成泰十三年	奉會福集	17788
2510	1901	成泰十三年	黎遺賢碑記	17849/17850
2511	1901	成泰十三年	成泰辛丑吉日立碑	18090
2512	1901	成泰十三年	捌畝寺碑記	18926
2513	1901	成泰十三年	捌畝后碑	18928
2514	1901	成泰十三年	寄忌碑	19042
2515	1901	成泰十三年	改修龍珠寺碑記	19097
2516	1901	成泰十三年	后佚碑記	19368
2517	1901	成泰十三年	神祠碑記	19447
2518	1901	成泰十三年	勒功碑記	19448
2519	1901	成泰十三年	碑從寺所	19590
2520	1901	成泰十三年	成泰辛丑年	20182
2521	1901	成泰十三年	成泰辛丑年	20183

632 下編 越南碑銘文獻目錄

續表

序號	公元紀年	年號	標題	編號
2522	1901	成泰十三年	成泰辛丑年/東會碑記	20184/20185
2523	1901	成泰十三年	甲后碑記	20233
2524	1901	成泰十三年	東階	20368
2525	1901	成泰十三年	無題	20387
2526	1901	成泰十三年	后神后忌	20587
2527	1901	成泰十三年	寄忌碑記	76
2528	1901	成泰十三年	寄忌碑	378
2529	1901	成泰十三年	范族碑記	436
2530	1901	成泰十三年	無題	765
2531	1901	成泰十三年	后伕碑記	14163
2532	1901	成泰十三年	東甲后碑	14704
2533	1901	成泰十三年	寄忌碑記	14705
2534	1901	成泰十三年	后神碑記	15120
2535	1902	成泰十四年	后神碑記	18768/18769
2536	1902	成泰十四年	宝恩后碑	20705
2537	1902	成泰十四年	鑄鐘進供碑記	16658
2538	1902	成泰十四年	后神碑寄	18270
2539	1902	成泰十四年	受益文牌銘誌	18119
2540	1902	成泰十四年	無題	17810/17811/17812/17813
2541	1902	成泰十四年	無題	16660
2542	1902	成泰十四年	后忌碑記	17089
2543	1902	成泰十四年	黎氏後碑	17167
2544	1902	成泰十四年	候伕后記	17487/17488
2545	1902	成泰十四年	中店候賢碑記	17494/17495
2546	1902	成泰十四年	東甲天仙祠碑記	17523/17524
2547	1902	成泰十四年	無題	17701/17702/17703/17704
2548	1902	成泰十四年	無題	17738/17739
2549	1902	成泰十四年	無題	17812/17813
2550	1902	成泰十四年	芳茶總文祠碑	18461
2551	1902	成泰十四年	成泰壬寅年春	18672/18673
2552	1902	成泰十四年	無題	18826

九　阮朝碑銘目錄（1802—1945）　633

續表

序號	公元紀年	年號	標題	編號
2553	1902	成泰十四年	陳氏碑記	18866
2554	1902	成泰十四年	碑千萬年記/阮朝成泰壬寅年春天造	18965/18966
2555	1902	成泰十四年	無題	18972/18973
2556	1902	成泰十四年	本寺碑記/壬寅恭進	19081/19082
2557	1902	成泰十四年	武會忌后碑	19927
2558	1902	成泰十四年	忌后碑	35
2559	1902	成泰十四年	后忌碑立	36
2560	1902	成泰十四年	寄忌碑立	38
2561	1902	成泰十四年	后忌碑記	126
2562	1902	成泰十四年	皇南成泰	539
2563	1902	成泰十四年	皇南成泰	540
2564	1902	成泰十四年	成泰壬寅春	545
2565	1902	成泰十四年	無題	555
2566	1902	成泰十四年	立碑寄忌	593
2567	1902	成泰十四年	后佚碑記	14987
2568	1902	成泰十四年	無題	15238
2569	1903	成泰十五年	寄忌碑	822
2570	1903	成泰十五年	仁芍縣珖寺碑	17948
2571	1903	成泰十五年	成泰拾五年夏節一碑	16009
2572	1903	成泰十五年	無題	16010
2573	1903	成泰十五年	無題	16011
2574	1903	成泰十五年	後佛后佚	16164
2575	1903	成泰十五年	馨山寺碑記	16692
2576	1903	成泰十五年	附鐫重修亭宇記	17451
2577	1903	成泰十五年	皇朝成泰十五年柒月日立文碑	17453
2578	1903	成泰十五年	祀田碑記	17551
2579	1903	成泰十五年	癸卯碑記	18005
2580	1903	成泰十五年	后神碑記	18269
2581	1903	成泰十五年	候神碑記	18386
2582	1903	成泰十五年	鄉老碑	18869

續表

序號	公元紀年	年號	標題	編號
2583	1903	成泰十五年	寄忌碑	18870
2584	1903	成泰十五年	奉頒廟記	19180
2585	1903	成泰十五年	恭題碑記	19772
2586	1903	成泰十五年	寺后碑記	19801
2587	1903	成泰十五年	寄忌碑文	19821
2588	1903	成泰十五年	後佛碑記	19874
2589	1903	成泰十五年	寄忌之碑	34
2590	1903	成泰十五年	寄后碑記	56
2591	1903	成泰十五年	成泰壬寅修葺捐銀芳名碑記	67
2592	1903	成泰十五年	修補玉山祠碑記	117
2593	1903	成泰十五年	寄忌后碑	437
2594	1903	成泰十五年	金江相國阮公神道碑	492/493
2595	1903	成泰十五年	寄忌碑	520
2596	1903	成泰十五年	武族后神之碑	577
2597	1903	成泰十五年	成泰癸卯仲冬	584
2598	1903	成泰十五年	仁信會石碑記	585
2599	1903	成泰十五年	重修寧福寺碑	13382
2600	1903	成泰十五年	后伕碑記	13767
2601	1903	成泰十五年	長甲寄忌碑/黃氏碑	14655/14656
2602	1903	成泰十五年	晚山寺鐘	15009/15010/15011/15012
2603	1903	成泰十五年	后佛碑記	15219
2604	1903	成泰十五年	后寺碑記	16135
2605	1904	成泰十六年	無題	8911
2606	1904	成泰十六年	無題	16581
2607	1904	成泰十六年	寄忌碑誌	16902
2608	1904	成泰十六年	無題	16580/16581
2609	1904	成泰十六年	甲辰歲冬	16614
2610	1904	成泰十六年	甲辰年造	16616
2611	1904	成泰十六年	無題	16671
2612	1904	成泰十六年	無題	16735

九　阮朝碑銘目錄（1802—1945）　635

續表

序號	公元紀年	年號	標題	編號
2613	1904	成泰十六年	重修廟宇碑記	16972
2614	1904	成泰十六年	清光寺碑誌/福菓圓成	17144/17145
2615	1904	成泰十六年	密多府碑記	17311
2616	1904	成泰十六年	后佛碑記	17386
2617	1904	成泰十六年	范氏碑記	17511
2618	1904	成泰十六年	東山縣文址碑記	17746/17747
2619	1904	成泰十六年	廣焰總文址碑記	17748/17749
2620	1904	成泰十六年	候佛碑記	18648
2621	1904	成泰十六年	修理後宮碑記	18936
2622	1904	成泰十六年	無題	18942
2623	1904	成泰十六年	創建福德祠碑	19095
2624	1904	成泰十六年	成泰拾陸年拾月拾捌日立碑誌	19224
2625	1904	成泰十六年	成泰拾陸年冬複月吉日	19226
2626	1904	成泰十六年	無題	19317
2627	1904	成泰十六年	后神碑記	19486
2628	1904	成泰十六年	寺忌碑記	19793
2629	1904	成泰十六年	后寺（成泰甲辰碑記）	19947
2630	1904	成泰十六年	金山寺壇碑記	20786
2631	1904	成泰十六年	供田碑記	20881/20882
2632	1904	成泰十六年	寄忌碑	47
2633	1904	成泰十六年	修補玉山祠碑記	118
2634	1904	成泰十六年	東二甲碑	491
2635	1904	成泰十六年	寄忌碑記	591
2636	1904	成泰十六年	春氏寄忌碑	700
2637	1904	成泰十六年	無題	8911
2638	1904	成泰十六年	后神碑記/全村烈記	13870/13871
2639	1904	成泰十六年	後佚碑	14099
2640	1904	成泰十六年	后神碑記	14162
2641	1904	成泰十六年	蓮/華/寺/鐘	14786/14787/14788/14789

636　下編　越南碑銘文獻目錄

續表

序號	公元紀年	年號	標題	編號
2642	1904	成泰十六年	後佛碑記	15914
2643	1905	成泰十七年	置后神碑	15702
2644	1905	成泰十七年	東壹甲碑記	488
2645	1905	成泰十七年	無題	20152
2646	1905	成泰十七年	寄忌碑記	16082
2647	1905	成泰十七年	無題	16610
2648	1905	成泰十七年	無題	16885
2649	1905	成泰十七年	重修文趾簽題錄	16988
2650	1905	成泰十七年	配享碑	17377
2651	1905	成泰十七年	配享碑/配享碑記	17380/17381
2652	1905	成泰十七年	無題	17519
2653	1905	成泰十七年	候神碑記	18649
2654	1905	成泰十七年	寄忌銘碑	18916
2655	1905	成泰十七年	無題	19025
2656	1905	成泰十七年	南亭重修碑記	19150
2657	1905	成泰十七年	後佛碑記	19873
2658	1905	成泰十七年	無題	20968
2659	1905	成泰十七年	寄忌碑	48
2660	1905	成泰十七年	中村科宦壽老記	543
2661	1905	成泰十七年	中村記事石碑	544
2662	1905	成泰十七年	后忌碑記	13604
2663	1905	成泰十七年	后忌碑記	13606
2664	1905	成泰十七年	無題	13842
2665	1905	成泰十七年	後佽碑記	14093
2666	1905	成泰十七年	寶/光/寺/鐘	14384/14385/14386/14387
2667	1905	成泰十七年	后神碑記	15124
2668	1905	成泰十七年	普光寺后碑	16134
2669	1905	成泰十七年	成泰拾柒年肆月貳拾壹日	16643/16644
2670	1906	成泰十八年	無題	16012
2671	1906	成泰十八年	無題	20480/20481
2672	1906	成泰十八年	功義紀念碑	16198

九　阮朝碑銘目錄（1802—1945）　637

續表

序號	公元紀年	年號	標題	編號
2673	1906	成泰十八年	無題	16712
2674	1906	成泰十八年	成泰丙午年文會石碑記	17847/17848
2675	1906	成泰十八年	福園寺碑記	18888
2676	1906	成泰十八年	佛后碑記	19122
2677	1906	成泰十八年	正甲廟碑記	19127
2678	1906	成泰十八年	文富廟碑記	19128
2679	1906	成泰十八年	福隆靈寺	19238
2680	1906	成泰十八年	阮神后碑	19676
2681	1906	成泰十八年	鄉后碑誌	19677
2682	1906	成泰十八年	后神碑誌	19678
2683	1906	成泰十八年	阮神后碑	19680
2684	1906	成泰十八年	后神碑記	20323
2685	1906	成泰十八年	平蠻寺記	20435
2686	1906	成泰十八年	石山寺記	20436
2687	1906	成泰十八年	無題	13446
2688	1906	成泰十八年	寺后碑記	14580
2689	1906	成泰十八年	有功則祀	14722
2690	1906	成泰十八年	成泰十八年丙午春	15540
2691	1907	成泰十九年	無題	16494
2692	1907	成泰十九年	慶流萬古碑	20795
2693	1907	成泰十九年	無題	20869
2694	1907	成泰十九年	自皈於佛	474
2695	1907	成泰十九年	后神碑記	18510
2696	1907	成泰十九年	朗安祠碑記	18850
2697	1907	成泰十九年	碑從佛所	19589
2698	1907	成泰十九年	二位公主玉譜碑記/皇朝成泰丁未年造	19629/19632
2699	1907	成泰十九年	六位大王玉譜碑記	19631/19630
2700	1907	成泰十九年	無題	20412
2701	1907	成泰十九年	崇福寺碑記	470
2702	1907	成泰十九年	重修崇福寺碑記	472

638　下編　越南碑銘文獻目錄

續表

序號	公元紀年	年號	標題	編號
2703	1907	成泰十九年	崇福寺碑記	473
2704	1907	成泰十九年	崇福寺碑記	479
2705	1907	成泰十九年	無題	554
2706	1907	成泰十九年	忌后碑記	567
2707	1907	成泰十九年	石不敢當	568
2708	1907	成泰十九年	重修碑記	713
2709	1907	成泰十九年	無題	13592
2710	1907	成泰十九年	后忌碑記	13608
2711	1907	成泰十九年	建石碑文	14698
2712	1907	成泰十九年	武室寄忌碑	14728
2713	1907	成泰十九年	會所石碑	15564
2714	1907	維新元年	皇朝維新元年丁未	16850
2715	1907	維新元年	維新元年十一月	16954
2716	1907	維新元年	無題	17833/17834/17835/17836
2717	1907	維新元年	會老碑記	18161
2718	1907	維新元年	寒林碑記	18556
2719	1907	維新元年	萬古流芳	18762/18763
2720	1907	維新元年	后忌正	19372
2721	1907	維新元年	無題	19373
2722	1907	維新元年	寄忌碑	19376
2723	1907	維新元年	順安社南祠碑	20199/20200
2724	1907	維新元年	無題	8910
2725	1907	維新元年	后忌碑記	13992
2726	1907	維新元年	後佛碑記	14335
2727	1907	維新元年	後佛碑記	14341
2728	1908	維新二年	后忌碑記	13577
2729	1908	維新二年	後忌碑記	16648
2730	1908	維新二年	維新戊申夏	20181
2731	1908	維新二年	寄忌碑	16008
2732	1908	維新二年	記忌石碑	16871
2733	1908	維新二年	寄忌石碑	16872
2734	1908	維新二年	范杜后忌碑記	17022

九　阮朝碑銘目錄（1802—1945）　639

續表

序號	公元紀年	年號	標題	編號
2735	1908	維新二年	内寺碑記/證明功德	17168/17169
2736	1908	維新二年	后忌碑記	17782/17783
2737	1908	維新二年	紀念碑記	18075
2738	1908	維新二年	后伕碑記	18076
2739	1908	維新二年	后忌碑記	18077
2740	1908	維新二年	后忌碑記	18079
2741	1908	維新二年	造寺碑記	18081
2742	1908	維新二年	后佛碑記	18082
2743	1908	維新二年	后忌碑記	18083
2744	1908	維新二年	御製詩一首	18311
2745	1908	維新二年	佛后碑記	18679
2746	1908	維新二年	四時享祀碑題	18680
2747	1908	維新二年	萬福寨碑記	18938
2748	1908	維新二年	后伕碑記	19047
2749	1908	維新二年	無題	19292
2750	1908	維新二年	無題	19322
2751	1908	維新二年	后忌碑記	19375
2752	1908	維新二年	上略顯靈廟碑記	19438
2753	1908	維新二年	碑文記	19449
2754	1908	維新二年	諸家寄忌碑記	19578
2755	1908	維新二年	祠堂碑記	19879/19880
2756	1908	維新二年	二甲古越碑記	20192
2757	1908	維新二年	碑立記	20615
2758	1908	維新二年	后伕碑記	415
2759	1908	維新二年	阮家碑記	533
2760	1908	維新二年	無題	5663
2761	1908	維新二年	御製詩一首　簧序書聲	5674
2762	1908	維新二年	后忌碑記	13626
2763	1908	維新二年	石碑候佛	13833
2764	1908	維新二年	寄后碑記	13841
2765	1908	維新二年	靈/山/寺/鐘	14774

續表

序號	公元紀年	年號	標 題	編 號
2766	1908	維新二年	南墨廟宅碑記	15983/15984/15985/15986
2767	1909	維新三年	阿彌陀佛	20785
2768	1909	維新三年	維新己酉閏二月立碑	17645
2769	1909	維新三年	▨仙峝寺	15996
2770	1909	維新三年	無題	16004
2771	1909	維新三年	普光寺重修碑記	16028
2772	1909	維新三年	無題	16098
2773	1909	維新三年	無題	16867/16868
2774	1909	維新三年	后忌碑記	17092
2775	1909	維新三年	院山泰來寺碑記/維新三年正月日重修	17603/17604
2776	1909	維新三年	維新己酉閏二月立碑	17647
2777	1909	維新三年	聖址碑記	17706/17707
2778	1909	維新三年	無題	17762/17763/17764/17765
2779	1909	維新三年	立碑後忌	18078
2780	1909	維新三年	無題	18608
2781	1909	維新三年	後神碑記	18634
2782	1909	維新三年	后忌碑記	19027
2783	1909	維新三年	無題	19343
2784	1909	維新三年	蓺西甲碑記	19579
2785	1909	維新三年	亥店后碑記	19580
2786	1909	維新三年	后佛碑誌	20266
2787	1909	維新三年	后佛碑誌	20267
2788	1909	維新三年	無題	20388
2789	1909	維新三年	后忌碑記	124
2790	1909	維新三年	徽文碑記	440
2791	1909	維新三年	無題	443
2792	1909	維新三年	謝門潘氏后碑	444
2793	1909	維新三年	無題	552
2794	1909	維新三年	維新己酉	774

九　阮朝碑銘目錄（1802—1945）　641

續表

序號	公元紀年	年號	標題	編號
2795	1909	維新三年	吳家碑記	7355
2796	1909	維新三年	靈寶寺	14317/14318/14319/14320
2797	1909	維新三年	后族碑記	14913
2798	1909	維新三年	徽文寺碑記	442
2799	1910	維新四年	庚戌年春造	20616
2800	1910	維新四年	拜賜碑	19450
2801	1910	維新四年	奉佽碑	16888
2802	1910	維新四年	徽文碑記	441
2803	1910	維新四年	生和碑記	16155
2804	1910	維新四年	神舍文址碑記	16688/16689
2805	1910	維新四年	奉佽碑	16891
2806	1910	維新四年	中光寺立碑記	17455/17456
2807	1910	維新四年	后佽碑記	18080
2808	1910	維新四年	后神碑記	18223/18224
2809	1910	維新四年	后神碑記	18231
2810	1910	維新四年	后神碑寄	18271
2811	1910	維新四年	南無阿彌陀佛	18290
2812	1910	維新四年	寄忌銘碑	19026
2813	1910	維新四年	后神碑記	19190
2814	1910	維新四年	無題	19331
2815	1910	維新四年	本土尊神碑記	19412
2816	1910	維新四年	水中笃碑記	19570
2817	1910	維新四年	白東甲后碑	19571
2818	1910	維新四年	宋武公益第貳碑記/維新庚戌夏	20175/20176
2819	1910	維新四年	宋武公益碑記/維新庚戌春	20177/20178
2820	1910	維新四年	無題	20371
2821	1910	維新四年	無題	273
2822	1910	維新四年	上亭村公田碑記	481
2823	1910	維新四年	百世不遷	575
2824	1910	維新四年	后賢碑記	13628

642 下編 越南碑銘文獻目錄

續表

序號	公元紀年	年號	標題	編　號
2825	1910	維新四年	后賢碑記	13629
2826	1910	維新四年	永/福/寺/鐘	14176/14177/14178/14179
2827	1910	維新四年	造石碑記	14673
2828	1910	維新四年	祠址后碑/黎氏碑記	14674/14675
2829	1910	維新四年	百世流芳	14684
2830	1910	維新四年	寺正碑記	14888
2831	1910	維新四年	造石碑記	14934
2832	1910	維新四年	瓊林后記	14986
2833	1910	維新四年	節義后碑記	15063
2834	1911	維新五年	洞午寺后佛碑記	20347
2835	1911	維新五年	無題	19280
2836	1911	維新五年	武族后碑	17633
2837	1911	維新五年	重修慶隆寺碑/維新五年捌月吉日造	16078/16079
2838	1911	維新五年	無題	16203
2839	1911	維新五年	皇朝維新五年孟冬穀日造功碑	16361
2840	1911	維新五年	從祀碑記	16465
2841	1911	維新五年	有福神跡碑/福社神跡碑	16428/16429
2842	1911	維新五年	從神寄忌	17028
2843	1911	維新五年	龍飛辛亥孟夏	17176
2844	1911	維新五年	憑溪社亭碑記	17182
2845	1911	維新五年	憑溪社亭碑文	17183
2846	1911	維新五年	皇朝維新五年歲次辛亥良月吉日	17406
2847	1911	維新五年	無題	18007
2848	1911	維新五年	第五惠	18373
2849	1911	維新五年	靈祠碑記	18738/18739
2850	1911	維新五年	無題	18960
2851	1911	維新五年	后碑	19099
2852	1911	維新五年	新廟碑記	19191
2853	1911	維新五年	無題	19278

九　阮朝碑銘目錄（1802—1945）　643

續表

序號	公元紀年	年號	標題	編號
2854	1911	維新五年	修造寺碑	19601
2855	1911	維新五年	維新五年	19605
2856	1911	維新五年	印山寺記銘	20437
2857	1911	維新五年	后佛碑記	20534
2858	1911	維新五年	無題	5677
2859	1911	維新五年	后佛牌	14100
2860	1911	維新五年	龍會寺老婆諸靈寄忌碑位	14426
2861	1911	維新五年	北/宮/殿/鐘	14929
2862	1911	維新五年	后亭碑記	15366
2863	1912	維新六年	寄忌碑誌	16647
2864	1912	維新六年	阮族碑	16877
2865	1912	維新六年	維新六年冬月壬日立碑記後	19133
2866	1912	維新六年	圓光寺修造祖堂碑誌	16118
2867	1912	維新六年	無題	16159
2868	1912	維新六年	重修北寧碑亭記	16737
2869	1912	維新六年	維新六年	16876
2870	1912	維新六年	興隆寺武氏碑記	17177
2871	1912	維新六年	重修碑記/諸人功德碑記	18532/18533
2872	1912	維新六年	無題	18549
2873	1912	維新六年	后位碑記	19216
2874	1912	維新六年	后神碑記	19472/19473
2875	1912	維新六年	碑后寄忌	20704
2876	1912	維新六年	無題	20847
2877	1912	維新六年	后佛石碑	13834
2878	1912	維新六年	后伕碑	14507
2879	1912	維新六年	福后碑記	14880
2880	1912	維新六年	造石碑記	14932
2881	1912	維新六年	后伕碑記	14999
2882	1912	維新六年	后神碑記	15126

644　下編　越南碑銘文獻目錄

續表

序號	公元紀年	年號	標題	編號
2883	1912	維新六年	增/華/寺/鐘	15827
2884	1913	維新七年	無題	16496
2885	1913	維新七年	后亭碑記	19396
2886	1913	維新七年	后佛碑記	17391
2887	1913	維新七年	無題	16259
2888	1913	維新七年	無題	16274
2889	1913	維新七年	功德碑記	16442
2890	1913	維新七年	推保碑記	16444
2891	1913	維新七年	供引詞記	16445
2892	1913	維新七年	寄忌碑記	16645/16646
2893	1913	維新七年	寶閣碑記	17164
2894	1913	維新七年	配享碑記	17389
2895	1913	維新七年	候佛碑記	18469
2896	1913	維新七年	維新七年九月初九日立碑	18499
2897	1913	維新七年	維新柒年玖月日立碑文	18500
2898	1913	維新七年	維新柒年玖月日立碑	18501
2899	1913	維新七年	維新柒年玖月日立碑	18502
2900	1913	維新七年	明堂甲后神碑記	18513
2901	1913	維新七年	明堂池塘貳甲后碑記	18515
2902	1913	維新七年	池塘甲后神碑記	18516
2903	1913	維新七年	維新癸丑春	19312
2904	1913	維新七年	本縣祀田碑記	19784
2905	1913	維新七年	后伕碑記	20305
2906	1913	維新七年	崇/山/望/祠	21277a/21277b/21277c/21277d
2907	1913	維新七年	婆藝寺田碑記	13709
2908	1913	維新七年	后碑記	14132
2909	1913	維新七年	西天寺聖母廟碑記/維新癸丑年造	14744/14745
2910	1913	維新七年	后伕碑誌	15165

九　阮朝碑銘目錄（1802—1945）　645

續表

序號	公元紀年	年號	標題	編號
2911	1913	維新七年	后伕碑記	15811
2912	1914	維新八年	無題	17791
2913	1914	維新八年	無題	20428
2914	1914	維新八年	歲次甲寅	20004
2915	1914	維新八年	東城碑記	20005
2916	1914	維新八年	社族碑記	16139
2917	1914	維新八年	無題	16192
2918	1914	維新八年	紀念碑記	16201
2919	1914	維新八年	學歐阡志	16202
2920	1914	維新八年	無題	16309
2921	1914	維新八年	無題	16318
2922	1914	維新八年	無題	16323
2923	1914	維新八年	萬世不磨	16389
2924	1914	維新八年	皇朝維新八年孟秋月吉日修造	16947
2925	1914	維新八年	重修方亭碑誌	16979
2926	1914	維新八年	無題	17205
2927	1914	維新八年	清南府碑	17723
2928	1914	維新八年	下浣本村鄉老修理嚴花寺碑記	17740/17741
2929	1914	維新八年	功德殿碑誌	18287
2930	1914	維新八年	祖國古跡碑記/會同重修碑記	18708/18709
2931	1914	維新八年	后享碑文	18804
2932	1914	維新八年	后寺碑記	18805
2933	1914	維新八年	鄧氏寄忌碑記	18862
2934	1914	維新八年	村慶隆寺	19246
2935	1914	維新八年	無題	19352
2936	1914	維新八年	后神碑誌	20265
2937	1914	維新八年	槐市后碑	20590
2938	1914	維新八年	范氏碑記	13824
2939	1914	維新八年	巨祿鄉碑記	15874
2940	1915	維新九年	后神碑記	20719

續表

序號	公元紀年	年號	標題	編號
2941	1915	維新九年	卯甲碑記/條例各節	18050/18051
2942	1915	維新九年	無題	16029
2943	1915	維新九年	石碑記	16095
2944	1915	維新九年	鄉先碑續記	16923
2945	1915	維新九年	皇朝維新九年乙卯年歲仲秋月吉日豎碑誌	16955
2946	1915	維新九年	祈安禮碑記	17018
2947	1915	維新九年	祈安禮碑記	17025
2948	1915	維新九年	配享碑誌	17388
2949	1915	維新九年	癸甲碑記/各節祭祀	18056/18057
2950	1915	維新九年	無題	19298
2951	1915	維新九年	維新九年十月日	19431
2952	1915	維新九年	無題	20385
2953	1915	維新九年	后寺碑記	14914
2954	1915	維新九年	瓊林后記	14985
2955	1915	維新九年	后本甲碑記	15101
2956	1915	維新九年	丹鑾左甲碑記	15748
2957	1915	維新九年	無題	15975
2958	1916	維新十年	紀念功義	16197
2959	1916	維新十年	敬田碑記	16461
2960	1916	維新十年	丙辰后神碑記	18267
2961	1916	維新十年	維新丙辰春	20180
2962	1916	維新十年	寄忌	20633
2963	1916	維新十年	普明寶塔寺碑	13517
2964	1916	維新十年	歲次丙辰年造碑於亭	14505
2965	1916	維新十年	瓊林后記	14988
2966	1916	啟定元年	無題	20817
2967	1916	啟定元年	后神位前	16175
2968	1916	啟定元年	無題	16497
2969	1916	啟定元年	吳族碑記	16179
2970	1916	啟定元年	無題	20188/20189

九　阮朝碑銘目錄（1802—1945）　647

續表

序號	公元紀年	年號	標題	編號
2971	1916	啟定元年	后忌碑記	13618
2972	1916	啟定元年	何氏碑記	16805
2973	1916	啟定元年	雲籠社文會祀田碑記	16922
2974	1916	啟定元年	后寺碑記	18233
2975	1916	啟定元年	寄忌碑	18440
2976	1916	啟定元年	候神碑記	18636
2977	1916	啟定元年	無題	19261
2978	1916	啟定元年	無題	19269
2979	1916	啟定元年	無題	19314
2980	1916	啟定元年	守護碑誌	19649
2981	1916	啟定元年	無題	20189
2982	1916	啟定元年	后神碑記	20249
2983	1916	啟定元年	無題	20391
2984	1916	啟定元年	后神碑記	20720
2985	1916	啟定元年	后神碑記	20721
2986	1916	啟定元年	配享牌誌	20833
2987	1916	啟定元年	日炤社祠寺碑誌/啟定元年冬月吉日立石碑	14554/14555
2988	1916	啟定元年	後神碑	15735
2989	1916	啟定元年	興/隆/寺/鐘	15828
2990	1916	啟定元年	無題	15829
2991	1917	啟定二年	無題	18711
2992	1917	啟定二年	悠久無疆	20879
2993	1917	啟定二年	后神碑記	20252
2994	1917	啟定二年	斯文碑誌	16199
2995	1917	啟定二年	供田明法寺立碑	16015
2996	1917	啟定二年	無題	16121
2997	1917	啟定二年	后寺牌記	16137
2998	1917	啟定二年	本亭重修碑	16193
2999	1917	啟定二年	報恩碑記	17001
3000	1917	啟定二年	武祉碑誌	18151/18152

648　下編　越南碑銘文獻目錄

續表

序號	公元紀年	年號	標題	編號
3001	1917	啟定二年	無題	18310
3002	1917	啟定二年	快州府僊侶縣安㴲社洼村內甲碑記	18428/18429
3003	1917	啟定二年	雄廟山路碑記	18718
3004	1917	啟定二年	福林寺碑記	18941
3005	1917	啟定二年	無題	19342
3006	1917	啟定二年	無題	19347
3007	1917	啟定二年	后神碑記	19659
3008	1917	啟定二年	寄忌碑	19978
3009	1917	啟定二年	無題	20411
3010	1917	啟定二年	無題	20413
3011	1917	啟定二年	仙臺社后神碑記	14733
3012	1917	啟定二年	后佚碑	14817
3013	1917	啟定二年	貳總立碑記	14931
3014	1917	啟定二年	后佚碑記	14989
3015	1917	啟定二年	寄忌后碑	16122
3016	1918	啟定三年	寄忌石碑	18806
3017	1918	啟定三年	候神碑記	14952
3018	1918	啟定三年	千古不磨	16094
3019	1918	啟定三年	普光寺碑記	16131
3020	1918	啟定三年	保艾爾後	17328
3021	1918	啟定三年	山市寺鐘	17361/17362/17363/17364
3022	1918	啟定三年	寄忌碑	18011
3023	1918	啟定三年	無題	18071
3024	1918	啟定三年	皇朝啟定歲次戊午孟冬/姓字聯芳	18423/18424
3025	1918	啟定三年	寄忌碑	18809
3026	1918	啟定三年	無題	19288
3027	1918	啟定三年	無題	19289
3028	1918	啟定三年	無題	19330
3029	1918	啟定三年	啟定三年秋	19435
3030	1918	啟定三年	寺后碑記	19788

九　阮朝碑銘目錄（1802—1945）　649

續表

序號	公元紀年	年號	標　題	編　號
3031	1918	啟定三年	寄忌碑	19979
3032	1918	啟定三年	后神碑記	20733
3033	1918	啟定三年	寺候碑	13813
3034	1918	啟定三年	寺候碑	13814
3035	1918	啟定三年	候伕碑記	13815
3036	1918	啟定三年	寺候碑	13816
3037	1918	啟定三年	后伕碑記	14079
3038	1918	啟定三年	后忌碑記	14718
3039	1918	啟定三年	無題	14824
3040	1918	啟定三年	后佛碑	14831
3041	1918	啟定三年	如西功德碑記	14937/14938
3042	1918	啟定三年	後神碑記	14949
3043	1918	啟定三年	后神牌記	14951
3044	1918	啟定三年	御製三青峒詩序	15889
3045	1918	啟定三年	皇朝啓定	15891
3046	1919	啟定四年	後伕碑記	20324
3047	1919	啟定四年	御製天姥寺福緣塔臨幸偶成一律併序	16235
3048	1919	啟定四年	啟定四年己未冬	16317
3049	1919	啟定四年	后佛碑記	16460
3050	1919	啟定四年	皇朝啟定肆年己未科進士題名碑	16498
3051	1919	啟定四年	聖隆寺紀念碑文	17139
3052	1919	啟定四年	紀功碑記	18093
3053	1919	啟定四年	安平寺碑	18131
3054	1919	啟定四年	寄忌牌	18257
3055	1919	啟定四年	寄忌寺碑	18260
3056	1919	啟定四年	寄忌寺碑	18263a
3057	1919	啟定四年	無題	18264
3058	1919	啟定四年	后神碑記	18637
3059	1919	啟定四年	黎氏后碑	18907
3060	1919	啟定四年	光祿殿碑記	19174

續表

序號	公元紀年	年號	標題	編號
3061	1919	啟定四年	里仁寺碑記/啟定四年夏	19425/19426
3062	1919	啟定四年	銘名石碑	19548
3063	1919	啟定四年	重脩英靈寺碑	19602
3064	1919	啟定四年	后碑記/革例碑記	19673/19674
3065	1919	啟定四年	后神碑記	20718
3066	1919	啟定四年	皇朝啟定四年十一月十五日立碑銘詞	14915/14916
3067	1919	啟定四年	谷林社	14991
3068	1919	啟定四年	東拜甲後碑	15104
3069	1919	啟定四年	后神牌記	15267
3070	1920	啟定五年	杜舍邨祥光慶寺碑	19227
3071	1920	啟定五年	碑殿靈英	17165/17166
3072	1920	啟定五年	阿彌陀佚	17213
3073	1920	啟定五年	桃園善譜祀田碑誌（善譜祀田碑記）/恭紀善譜十方官銜姓名供銀碑誌	17521/17522
3074	1920	啟定五年	祖溪寺碑記	18117
3075	1920	啟定五年	后神碑記	18225
3076	1920	啟定五年	寄忌寺碑	18258
3077	1920	啟定五年	后神碑記	18638
3078	1920	啟定五年	三樂社胡邨廟碑記/三樂胡邨脩亭碑記	18651/18652
3079	1920	啟定五年	后佛碑記	18684
3080	1920	啟定五年	阮氏陳氏碑記	18879
3081	1920	啟定五年	后忌碑記	18917
3082	1920	啟定五年	百世不遷	19251
3083	1920	啟定五年	景光寺碑記	19624/19625
3084	1920	啟定五年	斯文后碑	14671/14672
3085	1920	啟定五年	平都市碑	15488
3086	1920	啟定五年	無題	15893
3087	1921	啟定六年	置后碑	15711
3088	1921	啟定六年	后碑記	16023

九　阮朝碑銘目錄（1802—1945）　651

續表

序號	公元紀年	年號	標題	編號
3089	1921	啟定六年	附配碑記	16107
3090	1921	啟定六年	無題	16133
3091	1921	啟定六年	鄉賢后神碑誌	16310
3092	1921	啟定六年	啟定六年辛酉孟冬	16311
3093	1921	啟定六年	溪村鄉賢后神碑	16321
3094	1921	啟定六年	啟定六年辛酉歲秋	16325
3095	1921	啟定六年	后神碑記	16807
3096	1921	啟定六年	后神碑記	16808
3097	1921	啟定六年	陳家后府碑記	16844
3098	1921	啟定六年	富多碑記	17498
3099	1921	啟定六年	潮音譜碑文	19337
3100	1921	啟定六年	后忌碑誌	19568/19569
3101	1921	啟定六年	阮族后忌碑誌	19592
3102	1921	啟定六年	步羅下村後夫人黎氏碑記	20210
3103	1921	啟定六年	寄忌碑記	20632
3104	1921	啟定六年	后神碑記/恬靜坤貞	13861a/13861b
3105	1921	啟定六年	立碑侯伕記/立碑侯伕記	14009/14010
3106	1921	啟定六年	立碑侯伕記/立碑侯伕記/立碑侯伕記	14011/14012/14013
3107	1921	啟定六年	皇朝啟定辛酉新鐫	14552/14553
3108	1921	啟定六年	后伕碑記	14582
3109	1921	啟定六年	置后碑	15697
3110	1921	啟定六年	西甲后碑	15698
3111	1921	啟定六年	置后碑	15699
3112	1921	啟定六年	置后碑	15709
3113	1922	啟定七年	無題	18547
3114	1922	啟定七年	無題	20916
3115	1922	啟定七年	宋文社東甲碑記/啟定七年壬戌秋造	17155/17156
3116	1922	啟定七年	后神碑記	17247
3117	1922	啟定七年	重光寺范氏寄后碑	16007

續表

序號	公元紀年	年號	標題	編號
3118	1922	啟定七年	無題	16127
3119	1922	啟定七年	扶魯祠三總碑	16224
3120	1922	啟定七年	后佛碑記	16459
3121	1922	啟定七年	啟定壬戌冬	16806
3122	1922	啟定七年	配享碑記	17378
3123	1922	啟定七年	天福寺碑	17514
3124	1922	啟定七年	追祀碑記	17619
3125	1922	啟定七年	鄉老碑銘	17668
3126	1922	啟定七年	阮族探花公祠碑記	17736
3127	1922	啟定七年	寄忌碑	18013
3128	1922	啟定七年	皇朝啟定壬戌年	18321
3129	1922	啟定七年	寄懺家先碑記	18814
3130	1922	啟定七年	銘碑寄忌	19028
3131	1922	啟定七年	皇朝啟定柒年玖月吉日立碑記	19066/19067
3132	1922	啟定七年	無題	19587
3133	1922	啟定七年	啟定柒年	19598
3134	1922	啟定七年	鄉候碑記	19660
3135	1922	啟定七年	忌后碑記	20564
3136	1922	啟定七年	重修白鶴祠記/著熏勞表心產	13938/13939
3137	1922	啟定七年	后神碑誌	14244
3138	1922	啟定七年	后神碑記	14503
3139	1922	啟定七年	后神碑記	14506
3140	1922	啟定七年	有守社碑記	14759
3141	1922	啟定七年	后族碑記	14850
3142	1922	啟定七年	北宮祠碑記/十方功德碑記	14939/14940
3143	1922	啟定七年	牌后壹位	15229
3144	1922	啟定七年	后亭碑記	15329
3145	1922	啟定七年	后亭碑記	15365
3146	1923	啟定八年	無題	19338
3147	1923	啟定八年	功德碑記	16097

九　阮朝碑銘目錄（1802—1945）　653

續表

序號	公元紀年	年號	標　題	編　號
3148	1923	啟定八年	阮族碑記	16177
3149	1923	啟定八年	鄉老碑記	16654
3150	1923	啟定八年	進供碑記	16697/16698
3151	1923	啟定八年	黃族寄忌碑記	17023
3152	1923	啟定八年	后伕碑	17383
3153	1923	啟定八年	癸亥年功德碑	17396
3154	1923	啟定八年	義地碑記	17715/17716/17717
3155	1923	啟定八年	后佛碑記	18479
3156	1923	啟定八年	后伕碑記	18586
3157	1923	啟定八年	雄廟紀念碑	18707
3158	1923	啟定八年	雄廟典例碑	18710
3159	1923	啟定八年	無題	18712
3160	1923	啟定八年	無題	18713
3161	1923	啟定八年	寄忌碑記	18835
3162	1923	啟定八年	寄忌碑記	18838
3163	1923	啟定八年	寄忌碑后	18915
3164	1923	啟定八年	無題	18920
3165	1923	啟定八年	寄忌碑記	18996
3166	1923	啟定八年	后寄碑銘	19033
3167	1923	啟定八年	神廡碑記	19306
3168	1923	啟定八年	啟定捌年貳月拾日立碑記	19457
3169	1923	啟定八年	九甲寄忌后碑誌	19567
3170	1923	啟定八年	后祠碑寄	19591
3171	1923	啟定八年	會同祭亭碑記	19596
3172	1923	啟定八年	無題	20392
3173	1923	啟定八年	后賢碑記	13627
3174	1923	啟定八年	石碑后伕	13840
3175	1923	啟定八年	北宮碑記	14933
3176	1923	啟定八年	再立后祠碑誌	15929
3177	1924	啟定九年	無題	19155
3178	1924	啟定九年	奉立碑記	17319

654　下編　越南碑銘文獻目錄

續表

序號	公元紀年	年號	標題	編號
3179	1924	啟定九年	無題	18341
3180	1924	啟定九年	普光寺后碑	16040
3181	1924	啟定九年	神后碑記	16080
3182	1924	啟定九年	神后碑記	16081
3183	1924	啟定九年	佛后碑記	16084
3184	1924	啟定九年	佛后碑記	16087
3185	1924	啟定九年	本縣文廟續記	16187
3186	1924	啟定九年	無題	16223
3187	1924	啟定九年	寄忌碑記	17060
3188	1924	啟定九年	武石碑記	17082
3189	1924	啟定九年	臨濟正派	17365
3190	1924	啟定九年	義武社文祠碑記/啟定甲子年鐫	17613/17614
3191	1924	啟定九年	無題	17814
3192	1924	啟定九年	無題	17884/17885
3193	1924	啟定九年	無題	17891
3194	1924	啟定九年	后亭碑記	18207
3195	1924	啟定九年	集福會善男碑記/集福會信女碑記	18448/18449
3196	1924	啟定九年	光華后神碑記	18683
3197	1924	啟定九年	立碑寄忌	18818
3198	1924	啟定九年	立碑後忌	18820
3199	1924	啟定九年	安樂會碑	19231
3200	1924	啟定九年	重修碑記	19430
3201	1924	啟定九年	后祀碑記	20097/20098
3202	1924	啟定九年	鳳格社紀念碑記	20130/20131
3203	1924	啟定九年	鄉后碑記	14245
3204	1924	啟定九年	后神碑記	14812
3205	1924	啟定九年	后伕碑誌	14861
3206	1924	啟定九年	后伕碑記	15018
3207	1924	啟定九年	后亭碑記	15331
3208	1924	啟定九年	南無阿彌陀伕	15569

九　阮朝碑銘目錄（1802—1945）

續表

序號	公元紀年	年號	標題	編號
3209	1924	啟定九年	置后碑	15689
3210	1924	啟定九年	無題	15890
3211	1924	啟定九年	無題	15892
3212	1924	啟定九年	無題	15896
3213	1924	啟定九年	玉壺寺聖跡功德碑碑誌	15904
3214	1925	啟定十年	無題	19271
3215	1925	啟定十年	奉爲開山覺靈寶塔	19267
3216	1925	啟定十年	重修亭宇碑記	20782
3217	1925	啟定十年	裴家碑記	15918
3218	1925	啟定十年	啟定拾年造前堂	16140
3219	1925	啟定十年	無題	16151
3220	1925	啟定十年	無題	16154
3221	1925	啟定十年	寄忌碑記	17066
3222	1925	啟定十年	寄忌碑記	17067
3223	1925	啟定十年	三課童官陳貴氏諱碗　號妙豐登之靈位	17078
3224	1925	啟定十年	慶隆寺碑記	17188
3225	1925	啟定十年	無題	17190
3226	1925	啟定十年	無題	17922
3227	1925	啟定十年	后亭碑記	18215
3228	1925	啟定十年	后佛碑記	18731
3229	1925	啟定十年	鄉后碑記	18807
3230	1925	啟定十年	寄忌碑記	18934
3231	1925	啟定十年	紀念碑	19159
3232	1925	啟定十年	紀念碑	19161
3233	1925	啟定十年	后神碑記	19461
3234	1925	啟定十年	后神碑記	19474
3235	1925	啟定十年	后神碑記	19475/19476
3236	1925	啟定十年	百世不遷	19477/19478
3237	1925	啟定十年	梧桐后神碑記	19593
3238	1925	啟定十年	安舍后神碑記	19594

656　下編　越南碑銘文獻目錄

續表

序號	公元紀年	年號	標題	編號
3239	1925	啓定十年	隆/慶/寺/鐘	14184/14185/14186/14187
3240	1925	啓定十年	無題	14447
3241	1925	啓定十年	山西行宮重修	15562
3242	1925	啓定十年	永慶寺碑	15630
3243	1925	啓定十年	神后碑記	15913
3244	1926	保大元年	□陵聖德神功碑	18307
3245	1926	保大元年	寄忌后碑	16124
3246	1926	保大元年	保大元年拾壹月初吉日	16668
3247	1926	保大元年	安富亭創立興贊成之紀念碑	17065
3248	1926	保大元年	后忌碑誌	17103
3249	1926	保大元年	后神碑記	18012
3250	1926	保大元年	立碑後忌	18437
3251	1926	保大元年	后佛碑記	18561
3252	1926	保大元年	甲村祠寺田土碑記/保大元年歲丙寅修造	18967/18968
3253	1926	保大元年	誌碑伕寺	19044
3254	1926	保大元年	后佛碑寄	19056
3255	1926	保大元年	御製詩一首	19302
3256	1926	保大元年	后神碑記	20731
3257	1926	保大元年	本村后碑	13613
3258	1926	保大元年	西甲后碑	15121
3259	1926	保大元年	后神碑記	15122
3260	1926	保大元年	東甲后碑	15125
3261	1926	保大元年	億年禋祀流碑	15287
3262	1926	保大元年	億年禋祀流碑	15288
3263	1926	保大元年	官子村永福寺功德紀念后碑	15449
3264	1926	保大元年	永慶寺碑	15631
3265	1926	保大元年	無題	15897
3266	1927	保大二年	保大二年冬	16895

九　阮朝碑銘目錄（1802—1945）　657

續表

序號	公元紀年	年號	標　題	編　號
3267	1927	保大二年	遺囑碑文	19736
3268	1927	保大二年	富多候神碑記	17496/17497
3269	1927	保大二年	紳豪碑記	16176
3270	1927	保大二年	保大貳年捌月貳拾壹日	16304
3271	1927	保大二年	香光碑今古/錦袍碑修熏	16598/16599
3272	1927	保大二年	仁壽仝會碑	16879
3273	1927	保大二年	后佛碑記	17002
3274	1927	保大二年	本社興周寺功德碑	17923
3275	1927	保大二年	皇阮朝保大二年歲丁卯	18331
3276	1927	保大二年	立碑後忌	18817
3277	1927	保大二年	陳門寄忌碑記	18882
3278	1927	保大二年	雲程總列聖賢像碑	19142
3279	1927	保大二年	神后牌記	19200
3280	1927	保大二年	神后碑記	19202
3281	1927	保大二年	無題	20154
3282	1927	保大二年	傳燈碑記	20155
3283	1927	保大二年	后忌碑記	13595
3284	1927	保大二年	后忌碑記	13597
3285	1927	保大二年	后忌碑記	13599
3286	1927	保大二年	后忌碑記	13619
3287	1927	保大二年	后忌碑記	13620
3288	1927	保大二年	后忌碑記	13621
3289	1927	保大二年	后忌碑記	13622
3290	1927	保大二年	后佛碑記	13710
3291	1927	保大二年	武族后神石碑	13867/13868
3292	1927	保大二年	無題	13869
3293	1927	保大二年	永安省文廟碑/永安省文廟碑	14636/14637
3294	1927	保大二年	安下社玉譜碑記	14797
3295	1927	保大二年	后神碑記	15054

658　下編　越南碑銘文獻目錄

續表

序號	公元紀年	年號	標題	編號
3296	1927	保大二年	保大二年吉	15090
3297	1927	保大二年	后亭碑記	15330
3298	1927	保大二年	置后碑	15700
3299	1927	保大二年	置后碑	15701
3300	1928	保大三年	無題	19683
3301	1928	保大三年	□社后忌碑	20586
3302	1928	保大三年	保大叁年歲次戊辰拾壹月拾五日	16558
3303	1928	保大三年	后神碑記	15017
3304	1928	保大三年	千磨	16047
3305	1928	保大三年	萬年享祀	16092
3306	1928	保大三年	無題	16119
3307	1928	保大三年	厚忌碑	16584
3308	1928	保大三年	重修碑作更/功德碑喜隨	17289/17290
3309	1928	保大三年	立碑記	17500
3310	1928	保大三年	寄忌碑記	18086
3311	1928	保大三年	戊辰年東村同心會立碑記	18107
3312	1928	保大三年	后神貳位碑記	18226
3313	1928	保大三年	阮氏祠堂后碑	18367
3314	1928	保大三年	立碑後忌	18821
3315	1928	保大三年	立碑後忌	18822
3316	1928	保大三年	無題	18831
3317	1928	保大三年	后佛碑記	18837
3318	1928	保大三年	重修清朗亭宇碑記	18848
3319	1928	保大三年	奉后碑誌	19237
3320	1928	保大三年	無題	19249
3321	1928	保大三年	無題	19250
3322	1928	保大三年	無題	19266
3323	1928	保大三年	無題	19268
3324	1928	保大三年	無題	19285
3325	1928	保大三年	后伕碑記	19626

續表

序號	公元紀年	年號	標題	編號
3326	1928	保大三年	本寺后位	19792
3327	1928	保大三年	后祀碑記	20099/20100
3328	1928	保大三年	無題	20206
3329	1928	保大三年	十塔寺誌	20461/20462/20463/20464
3330	1928	保大三年	宗慶寺功德碑	20835
3331	1928	保大三年	后忌碑記	13598
3332	1928	保大三年	后忌碑記	13605
3333	1928	保大三年	造石碑記	14701
3334	1928	保大三年	造石碑記	14702
3335	1928	保大三年	造石碑記	14703
3336	1928	保大三年	寄忌碑記	14709
3337	1928	保大三年	造石碑記	14710
3338	1928	保大三年	保大三年十月初四日立保祠	14712
3339	1928	保大三年	后厨碑記	14990
3340	1928	保大三年	香子碑記	15038
3341	1928	保大三年	后口碑記	15059
3342	1928	保大三年	寶/察/寺/鐘	15116/15117/15118/15119
3343	1928	保大三年	后堂碑記	15650/15651
3344	1928	保大三年	厚神碑記	15966
3345	1929	保大四年	靈慶寺碑誌	20487/20488
3346	1929	保大四年	無題	20482/20483/20484/20485
3347	1929	保大四年	配享碑記	17376
3348	1929	保大四年	造石碑記	20791
3349	1929	保大四年	增福寺各后忌碑記	20792
3350	1929	保大四年	保大己巳年四月初八日立碑	17326
3351	1929	保大四年	萬/寶/寺/鐘	14061/14062/14063/14064
3352	1929	保大四年	后神碑記	15024
3353	1929	保大四年	丹鑾花祿市碑記	15746
3354	1929	保大四年	森山佽寺碑記	16022
3355	1929	保大四年	千古不磨	16091

660 下編 越南碑銘文獻目錄

續表

序號	公元紀年	年號	標題	編號
3356	1929	保大四年	圓光寺碑	16111
3357	1929	保大四年	崇慶寺碑	16305
3358	1929	保大四年	無題	17325
3359	1929	保大四年	保大四年己巳四月吉日	17335
3360	1929	保大四年	修功德后佟碑記	17337
3361	1929	保大四年	后佟碑記	17387
3362	1929	保大四年	塑像功德碑	17394
3363	1929	保大四年	寄忌后碑	17501
3364	1929	保大四年	紀念碑	17502
3365	1929	保大四年	春浦社回龍寺碑	17889/17890
3366	1929	保大四年	功德碑建肇	17915
3367	1929	保大四年	保大萬萬年之肆/弁兵碑記	18183/18184
3368	1929	保大四年	南福后碑記	18343
3369	1929	保大四年	普覺寺碑記	18445
3370	1929	保大四年	普覺寺配享碑	18446
3371	1929	保大四年	佛后碑記	18692
3372	1929	保大四年	無題	18834
3373	1929	保大四年	無題	19282
3374	1929	保大四年	本社寺后	19787
3375	1929	保大四年	附佟后碑	19917
3376	1929	保大四年	后佟碑記	13711
3377	1929	保大四年	后佟碑記	14382
3378	1929	保大四年	后忌碑記	14699
3379	1929	保大四年	無題	14711
3380	1929	保大四年	造石碑記	14713
3381	1929	保大四年	造石碑記	14714
3382	1929	保大四年	寄忌碑記	14716
3383	1929	保大四年	后神碑記	15016
3384	1929	保大四年	功德碑記	15028
3385	1929	保大四年	阮族碑誌	15064

九　阮朝碑銘目錄（1802—1945）　661

續表

序號	公元紀年	年號	標題	編號
3386	1929	保大四年	富壽紀念碑	15163
3387	1929	保大四年	富壽村紀念碑	15164
3388	1929	保大四年	后賢碑記	15317
3389	1929	保大四年	無題	15991
3390	1930	保大五年	古鏡重圓說	18313
3391	1930	保大五年	供銀築石路碑	20845/20846
3392	1930	保大五年	后亭碑記	20287
3393	1930	保大五年	保大五年馨山寺碑	16669
3394	1930	保大五年	槐市后伕碑記	20585
3395	1930	保大五年	重脩功德（南清府奉祀）/南清府碑記	17294/17295
3396	1930	保大五年	紀事碑	16194
3397	1930	保大五年	寄忌碑記	16904
3398	1930	保大五年	東珖社后神碑記	16909
3399	1930	保大五年	同慶村後神碑記	16910
3400	1930	保大五年	無題	16911
3401	1930	保大五年	鞋匠亭（功德碑）	16978
3402	1930	保大五年	新開鄉會同碑	16980
3403	1930	保大五年	后神碑記	16983
3404	1930	保大五年	記忌碑	17061
3405	1930	保大五年	寄忌碑	17062
3406	1930	保大五年	洪古寺德	17104
3407	1930	保大五年	洪禪寺德	17106
3408	1930	保大五年	后伕碑記	17920
3409	1930	保大五年	黎族碑記/付給詞摘錄	17949/17950/17951/17952
3410	1930	保大五年	鄧氏碑誌	18128
3411	1930	保大五年	祖功尊德	18368
3412	1930	保大五年	枚中亞壽藏記	18421/18422
3413	1930	保大五年	豐登寺後佛碑	18573
3414	1930	保大五年	圓明寺寄忌碑	18842
3415	1930	保大五年	圓明寺配享碑	18843

續表

序號	公元紀年	年號	標題	編號
3416	1930	保大五年	圓明寺寄忌碑	18844
3417	1930	保大五年	圓明寺寄忌碑	18845
3418	1930	保大五年	后佛碑記	19201
3419	1930	保大五年	無題	20158
3420	1930	保大五年	無題	20159
3421	1930	保大五年	步羅寺后碑義記	20205
3422	1930	保大五年	碑伕后記	20329
3423	1930	保大五年	后伕碑記	15262
3424	1930	保大五年	后伕碑記	15264
3425	1930	保大五年	供德誌碑	15378
3426	1930	保大五年	供德誌碑	15379
3427	1930	保大五年	后伕碑記	15813
3428	1930	保大五年	無題	15895
3429	1930	保大五年	玄天寄忌碑	15905
3430	1930	保大五年	玄天寄忌碑	15906
3431	1930	保大五年	玄天寄忌碑	15907
3432	1930	保大五年	玄天寄忌碑	15908
3433	1930	保大五年	玄天村	15911
3434	1930	保大五年	無題	15989
3435	1931	保大六年	保大辛未年造	17751/17752/17753
3436	1931	保大六年	后伕碑	18585
3437	1931	保大六年	無題	20445
3438	1931	保大六年	配享碑記	18686
3439	1931	保大六年	無題	17755
3440	1931	保大六年	德隆譜碑記	16103
3441	1931	保大六年	皇朝保大辛未年秋	16110
3442	1931	保大六年	寄忌后碑	16120
3443	1931	保大六年	后忌碑記	16258
3444	1931	保大六年	厚忌碑記	16260
3445	1931	保大六年	無題	16308
3446	1931	保大六年	無題	16312
3447	1931	保大六年	無題	16324

續表

序號	公元紀年	年號	標題	編號
3448	1931	保大六年	花院寄忌碑記	16408
3449	1931	保大六年	后佛花院碑記	16409
3450	1931	保大六年	厚忌碑誌	16594
3451	1931	保大六年	功德石碑	16977
3452	1931	保大六年	會統碑記	17046
3453	1931	保大六年	會統祠	17047
3454	1931	保大六年	續記諸家碑	17329
3455	1931	保大六年	紀念碑記（金鼓寺立碑記）	17505
3456	1931	保大六年	保大辛未年造	17682
3457	1931	保大六年	紀念功德碑	17929
3458	1931	保大六年	后神碑記	18006
3459	1931	保大六年	碑后注甲	18430
3460	1931	保大六年	碑后伕記	18587
3461	1931	保大六年	后伕碑記	18588
3462	1931	保大六年	后伕碑記	18609
3463	1931	保大六年	華氏碑誌	18828
3464	1931	保大六年	圓明寺配享碑	18841
3465	1931	保大六年	后忌碑記	18914
3466	1931	保大六年	寄忌碑記	19030
3467	1931	保大六年	寄忌碑石	19032
3468	1931	保大六年	后佛碑寄	19045
3469	1931	保大六年	西甲奉后	19243
3470	1931	保大六年	后神碑	13866
3471	1931	保大六年	香火如山	13991
3472	1931	保大六年	后伕碑記	15263
3473	1931	保大六年	楊氏后賢碑	15348
3474	1931	保大六年	古庵寺重修碑記	15879/15880
3475	1931	保大六年	阮黎后神碑	15912
3476	1931	保大六年	圓明寺寄忌碑	18840
3477	1932	保大七年	無題	19008
3478	1932	保大七年	后佛碑	18123

續表

序號	公元紀年	年號	標題	編號
3479	1932	保大七年	配享碑記	18690
3480	1932	保大七年	建造第壹宮碑記	16024
3481	1932	保大七年	保大七年秋	17210
3482	1932	保大七年	重修同春祠碑	16013
3483	1932	保大七年	協順祠后碑	16025
3484	1932	保大七年	建造第壹宮碑記	16026
3485	1932	保大七年	延隆會碑記	16045
3486	1932	保大七年	福隆寺碑記	16085
3487	1932	保大七年	寄忌碑	16099
3488	1932	保大七年	無題	16313
3489	1932	保大七年	無題	16314
3490	1932	保大七年	潘鄉賢紀念碑	16326
3491	1932	保大七年	皇朝保大五年秋造立	16716
3492	1932	保大七年	后神碑誌	16990
3493	1932	保大七年	后神碑誌	16992
3494	1932	保大七年	后碑誌	17077
3495	1932	保大七年	無題	17090
3496	1932	保大七年	后佛碑	17385
3497	1932	保大七年	新造碑記	17464
3498	1932	保大七年	鴻臚寺卿阮公墓碑	17722
3499	1932	保大七年	配享后碑	18447
3500	1932	保大七年	后忌碑記	18836
3501	1932	保大七年	后亭碑記	18994
3502	1932	保大七年	后佛碑寄	19001
3503	1932	保大七年	無題	19002
3504	1932	保大七年	后佛碑記	19003
3505	1932	保大七年	無題	19005
3506	1932	保大七年	無題	19006
3507	1932	保大七年	無題	19010
3508	1932	保大七年	無題	19011
3509	1932	保大七年	無題	19012

九 阮朝碑銘目錄（1802—1945） 665

續表

序號	公元紀年	年號	標題	編號
3510	1932	保大七年	無題	19013
3511	1932	保大七年	無題	19014
3512	1932	保大七年	無題	19015
3513	1932	保大七年	無題	19016
3514	1932	保大七年	無題	19017
3515	1932	保大七年	無題	19018
3516	1932	保大七年	無題	19019
3517	1932	保大七年	無題	19020
3518	1932	保大七年	無題	19021
3519	1932	保大七年	寄忌碑	19121
3520	1932	保大七年	北甲碑誌	19244
3521	1932	保大七年	無題	19274
3522	1932	保大七年	海堤紀念碑	19358
3523	1932	保大七年	保大柒年	20151
3524	1932	保大七年	名垂不朽	13538/13539
3525	1932	保大七年	圓明禪寺紀念碑誌	13547
3526	1932	保大七年	奕世流芳	14685//14686
3527	1932	保大七年	功德田碑記/建宝塔碑記	15582/15583
3528	1932	保大七年	儼庵寺碑記/儼庵石路誌	15868/15869
3529	1932	保大七年	淇□祠重修碑記/淇□祠重修碑記	15899/15900
3530	1932	保大七年	無題	15939
3531	1932	保大七年	無題	15940
3532	1933	保大八年	后伕碑記	19746
3533	1933	保大八年	紀念功德碑	16174
3534	1933	保大八年	清化省承天相濟會義地碑記/名譽會員	16638/16639
3535	1933	保大八年	紀念癸酉造	16169
3536	1933	保大八年	癸酉年	16721/16722
3537	1933	保大八年	紀念功德碑記	16857
3538	1933	保大八年	黎族碑記	16973

續表

序號	公元紀年	年號	標題	編號
3539	1933	保大八年	大重修祭堂碑	16981
3540	1933	保大八年	重修三甲私土碑	17069
3541	1933	保大八年	后佛碑記	17318
3542	1933	保大八年	龍寺龕	17327
3543	1933	保大八年	謁天仙靈祠感作 并小引	17525
3544	1933	保大八年	僊蹟禪寺紀念碑記	18294
3545	1933	保大八年	僊蹟禪寺寄懺碑記	18295
3546	1933	保大八年	寄忌碑記	18876
3547	1933	保大八年	保大癸酉年冬	19073/19074
3548	1933	保大八年	重修大亭碑記	19844/19845
3549	1933	保大八年	后神碑記	20259
3550	1933	保大八年	后伕配享碑記	20783
3551	1933	保大八年	重修紀念碑記/供題列貴碑記	20787/20788
3552	1933	保大八年	后忌碑記	13609
3553	1933	保大八年	后忌碑記	13610
3554	1933	保大八年	后忌碑記	13611
3555	1933	保大八年	后忌碑記	13612
3556	1933	保大八年	南/無/十/方	13974/13975/13976/13977
3557	1933	保大八年	阮族后碑	15023
3558	1933	保大八年	春雷社修善堂碑記	15413/15414
3559	1933	保大八年	石詞記	15599
3560	1933	保大八年	禡鑽寺寄后碑	15600
3561	1933	保大八年	無題	15990
3562	1934	保大九年	功德碑記	18292
3563	1934	保大九年	故北寧總督鳳羽阮相公紀念碑	17014
3564	1934	保大九年	后神碑記	17450
3565	1934	保大九年	無題	17310
3566	1934	保大九年	廣福寺碑記	17917
3567	1934	保大九年	重脩功德碑	17086

九 阮朝碑銘目錄（1802—1945） 667

續表

序號	公元紀年	年號	標題	編號
3568	1934	保大九年	花嚴會家先附配碑記	16043
3569	1934	保大九年	花嚴會碑記	16044
3570	1934	保大九年	無題	16049/16050
3571	1934	保大九年	聖恩寺華嚴譜	16090
3572	1934	保大九年	無題	16104
3573	1934	保大九年	無題	16315
3574	1934	保大九年	無題	16316
3575	1934	保大九年	無題	16319
3576	1934	保大九年	無題	16320
3577	1934	保大九年	保大甲戌春碑記	17187
3578	1934	保大九年	保大九年歲次甲戌四月日造	17892
3579	1934	保大九年	后神碑記	18877
3580	1934	保大九年	后神碑記	18891
3581	1934	保大九年	寄忌后碑	18892
3582	1934	保大九年	寄忌功德碑	18893
3583	1934	保大九年	寄忌銘碑	18913
3584	1934	保大九年	紀念碑記	18989
3585	1934	保大九年	靈光寺后伕碑	20024
3586	1934	保大九年	無題	13542
3587	1934	保大九年	后伕碑記	14084
3588	1934	保大九年	后佛碑記	14212
3589	1934	保大九年	后伕碑	14646
3590	1934	保大九年	報恩碑記	15902
3591	1934	保大九年	玄天寄忌碑	15909
3592	1934	保大九年	玄天寄忌碑	15910
3593	1934	保大九年	歲豐人安	15967
3594	1935	保大十年	后神碑記	20254
3595	1935	保大十年	男行孤魂之靈位/女行孤魂之靈位	16252/16253/16254
3596	1935	保大十年	無題	18955/18956/18957
3597	1935	保大十年	無題	16254

續表

序號	公元紀年	年號	標題	編號
3598	1935	保大十年	民后碑銘	16437
3599	1935	保大十年	無題	16861
3600	1935	保大十年	無題	16862
3601	1935	保大十年	無題	16864
3602	1935	保大十年	飯佛后石碑	16880
3603	1935	保大十年	雷音寺置田碑記	16884
3604	1935	保大十年	泰柑寺碑	17054
3605	1935	保大十年	記功后碑	17063
3606	1935	保大十年	重修義立祠記	17079
3607	1935	保大十年	碑記功	17080
3608	1935	保大十年	題洞灵山古寺	17400
3609	1935	保大十年	后神碑記	18272
3610	1935	保大十年	立石碑記	18275
3611	1935	保大十年	王壺寺聖跡碑	18285
3612	1935	保大十年	仙福寺紀念碑	18291
3613	1935	保大十年	玉壺寺功德碑	18297
3614	1935	保大十年	后佛碑記	18819
3615	1935	保大十年	寄忌后碑	19000
3616	1935	保大十年	石碑寄忌	19051
3617	1935	保大十年	阿彌陀佛	19188
3618	1935	保大十年	殷富碑記	19357
3619	1935	保大十年	阿彌陀佛（功德碑）	19868
3620	1935	保大十年	后忌碑記	19871
3621	1935	保大十年	配享碑	19876
3622	1935	保大十年	寄忌碑	19877
3623	1935	保大十年	后祀之碑	20108/20109
3624	1935	保大十年	重修正祠碑記	15565
3625	1935	保大十年	重修柴溪亭碑記	15584
3626	1935	保大十年	玉壺寺寄后碑	15901
3627	1936	保大十一年	忌后碑	20569
3628	1936	保大十一年	禮登寺功德碑	18572
3629	1936	保大十一年	汪族后碑	17634

九　阮朝碑銘目錄（1802—1945）　669

續表

序號	公元紀年	年號	標題	編號
3630	1936	保大十一年	石碑銘記	15601
3631	1936	保大十一年	無題	16105
3632	1936	保大十一年	保大拾壹年仲春	17401/17402/17403
3633	1936	保大十一年	無題	17417
3634	1936	保大十一年	后神碑記	17484
3635	1936	保大十一年	后神碑記	17499
3636	1936	保大十一年	阮族后碑	17635
3637	1936	保大十一年	廣雲寺碑記	18334
3638	1936	保大十一年	吳氏五節碑	18336
3639	1936	保大十一年	陶公祠堂記	18482/18483
3640	1936	保大十一年	配享碑記	18995
3641	1936	保大十一年	保大拾壹年四月拾貳日	19362/19363
3642	1936	保大十一年	無題	19423
3643	1936	保大十一年	神跡碑記	19511/19512
3644	1936	保大十一年	無題	19516
3645	1936	保大十一年	后神碑記	19696
3646	1936	保大十一年	無題	20166
3647	1936	保大十一年	後神碑誌	20167
3648	1936	保大十一年	無題	20168
3649	1936	保大十一年	后神碑記	20312
3650	1936	保大十一年	寺后碑記	14887
3651	1936	保大十一年	北宮皇朝保大十壹年癸春牌記	14941/14942
3652	1936	保大十一年	紀念碑記	15576/15577
3653	1937	保大十二年	無題	17472
3654	1937	保大十二年	配享碑記	16034
3655	1937	保大十二年	千古不磨	16076
3656	1937	保大十二年	安獲社銳村重修寶山寺碑記	16659
3657	1937	保大十二年	配享碑	17085
3658	1937	保大十二年	石碑記	17184

續表

序號	公元紀年	年號	標題	編號
3659	1937	保大十二年	皇朝保大丁丑七月日	17413
3660	1937	保大十二年	保大丁丑年秋	17418
3661	1937	保大十二年	皇朝保大丁丑仲春月	17429
3662	1937	保大十二年	無題	17822a/17822b
3663	1937	保大十二年	無題	17823a/17823b/17824
3664	1937	保大十二年	光花寺后佛碑配享	18687
3665	1937	保大十二年	劉氏后忌碑記	19036
3666	1937	保大十二年	鄧族寄忌碑	19037
3667	1937	保大十二年	止善社武族碑記	19359
3668	1937	保大十二年	宮亭碑記	19597
3669	1937	保大十二年	無題	19867
3670	1937	保大十二年	爲立碑記	19869
3671	1937	保大十二年	有濘社文祠碑	19957
3672	1937	保大十二年	無題	20156
3673	1937	保大十二年	無題	20171
3674	1937	保大十二年	陶氏后碑	13854
3675	1937	保大十二年	斯文田碑誌	14361
3676	1937	保大十二年	蓮/花/寺/鐘	14440
3677	1937	保大十二年	造石碑記	14700
3678	1937	保大十二年	萬聖躬歲/玉譜碑記	15499/15500
3679	1937	保大十二年	經始宮亭/石碑永記/宇宙巍峨	15579/15580/15581
3680	1938	保大十三年	福神碑記	19520/19521/19522/19523
3681	1938	保大十三年	貞後不轉	20073/20074/20075
3682	1938	保大十三年	后神碑記	19539/19540
3683	1938	保大十三年	福珠寺寄忌后碑	19974
3684	1938	保大十三年	竹林祠碑/竹林祠進供碑	16293/16294
3685	1938	保大十三年	黎族次支碑記	16559
3686	1938	保大十三年	無題	16860
3687	1938	保大十三年	無題	16863

九　阮朝碑銘目錄（1802—1945）　671

續表

序號	公元紀年	年號	標　題	編　號
3688	1938	保大十三年	無題	16908
3689	1938	保大十三年	無題	17045
3690	1938	保大十三年	無題	17185
3691	1938	保大十三年	無題	17186
3692	1938	保大十三年	戊寅功德碑記	17395
3693	1938	保大十三年	保大戊寅閏七月二十八日	17419
3694	1938	保大十三年	皇朝保大拾叁年正月貳拾吉日	17629
3695	1938	保大十三年	遠炤總文址碑記/總炤遠文址碑記	17825/17826
3696	1938	保大十三年	遠炤總文址碑記	17827/17828
3697	1938	保大十三年	寄忌碑記	18241
3698	1938	保大十三年	追薦碑誌	18247
3699	1938	保大十三年	神后碑記	18279
3700	1938	保大十三年	后寺碑記	18288
3701	1938	保大十三年	光花寺后佛配享碑	18699
3702	1938	保大十三年	無題	18701/18702
3703	1938	保大十三年	無題	18948
3704	1938	保大十三年	配享碑記	19050
3705	1938	保大十三年	無題	19171
3706	1938	保大十三年	無題	19218
3707	1938	保大十三年	無題	19219
3708	1938	保大十三年	后神碑記	19517/19518
3709	1938	保大十三年	無題	19980
3710	1938	保大十三年	貞石不轉	20075
3711	1938	保大十三年	施報碑記	20095/20096
3712	1938	保大十三年	保大戊寅年夏	20583/20584
3713	1938	保大十三年	族后碑誌	14847
3714	1938	保大十三年	阮族祠堂碑記/阮族后碑記	15224/15225
3715	1938	保大十三年	恭德誌碑	15377
3716	1938	保大十三年	歷代奉記	15617

續表

序號	公元紀年	年號	標 題	編 號
3717	1939	保大十四年	敬刻石碑	17032
3718	1939	保大十四年	無題	16005
3719	1939	保大十四年	寄忌后碑	16006
3720	1939	保大十四年	六甲后享	16141
3721	1939	保大十四年	各族始祖	16142
3722	1939	保大十四年	伕前碑記	16339
3723	1939	保大十四年	寄忌碑文	16775
3724	1939	保大十四年	無題	16865
3725	1939	保大十四年	重修/國師/故宅/碑記	16928/16929/16930/16931
3726	1939	保大十四年	敬刻石碑	17031
3727	1939	保大十四年	龍飛庚辰孟秋	17173
3728	1939	保大十四年	無題	17191
3729	1939	保大十四年	保大已卯年	17412
3730	1939	保大十四年	保大已卯年	17414
3731	1939	保大十四年	保大已卯年	17415
3732	1939	保大十四年	保大已卯年	17416
3733	1939	保大十四年	安興文祠碑記	17423
3734	1939	保大十四年	神跡碑記	17433
3735	1939	保大十四年	碑記后神	17646
3736	1939	保大十四年	碑記后神	17650
3737	1939	保大十四年	后寺碑記	17947
3738	1939	保大十四年	無題	18091
3739	1939	保大十四年	鄉兵碑記/己卯年造	18157/18158
3740	1939	保大十四年	寄忌碑記	18242
3741	1939	保大十四年	無題	18332
3742	1939	保大十四年	后伕碑記	18610
3743	1939	保大十四年	后佛碑寄	18859
3744	1939	保大十四年	中寺功德碑	19232/19233
3745	1939	保大十四年	后神碑記	19519
3746	1939	保大十四年	勝光寺	19610
3747	1939	保大十四年	后佛碑記	20148

續表

序號	公元紀年	年號	標題	編號
3748	1939	保大十四年	玉藻碑記	15591/15592
3749	1939	保大十四年	立后神碑	15721/15722
3750	1940	保大十五年	無題	19623
3751	1940	保大十五年	祀后碑記/保大十五年造	17959/17960
3752	1940	保大十五年	無題	16046
3753	1940	保大十五年	后神碑記	16125
3754	1940	保大十五年	無題	16322
3755	1940	保大十五年	功德碑銘	16438
3756	1940	保大十五年	民后碑記	16439
3757	1940	保大十五年	無題	16608
3758	1940	保大十五年	重修碑記	17407
3759	1940	保大十五年	保大拾五年	17631
3760	1940	保大十五年	重修鐘閣/埭茶寺碑	17678/17679
3761	1940	保大十五年	保大拾五年貳月拾玖日	17737
3762	1940	保大十五年	保大拾五年二月初肆日	17745
3763	1940	保大十五年	東山縣廣焰總芙蕾村阮族全族上下等爲立碑記事緣諸家人寄忌節日並鉛錢田各處所列計	17750
3764	1940	保大十五年	廣福殿碑記	17914
3765	1940	保大十五年	寄忌碑	17921
3766	1940	保大十五年	無題	17925
3767	1940	保大十五年	后佚碑記	17926
3768	1940	保大十五年	佚后碑忌	18020
3769	1940	保大十五年	仝重本光社寺配享	18021
3770	1940	保大十五年	光明寺后	18085
3771	1940	保大十五年	興隆碑記/興隆后佚碑	18283/18284
3772	1940	保大十五年	有功則祀	18296
3773	1940	保大十五年	無題	18337
3774	1940	保大十五年	雄王祠考	18704

674　下編　越南碑銘文獻目錄

續表

序號	公元紀年	年號	標題	編號
3775	1940	保大十五年	朱氏寄忌碑	18880
3776	1940	保大十五年	朱氏寄忌碑	18883
3777	1940	保大十五年	保大十五年三月立石碑寄	18946
3778	1940	保大十五年	紀念功德后碑	18949
3779	1940	保大十五年	紀念功德后碑	18950
3780	1940	保大十五年	紀念功德后碑	18951
3781	1940	保大十五年	紀念功德后碑	18952
3782	1940	保大十五年	紀念功德后碑	18953
3783	1940	保大十五年	本社后賢碑記	19211
3784	1940	保大十五年	紀念碑記	20313
3785	1940	保大十五年	玉壺寺后碑記	15903
3786	1941	保大十六年	公田碑記	20789
3787	1941	保大十六年	合敬忌后碑記	20790
3788	1941	保大十六年	紀念功德碑記	18574/18575
3789	1941	保大十六年	森山聖母祠大拜堂碑	16021
3790	1941	保大十六年	東甲后碑	16038
3791	1941	保大十六年	保大辛巳年	16126
3792	1941	保大十六年	配享后碑	16173
3793	1941	保大十六年	寄忌后碑	16341
3794	1941	保大十六年	寄后碑記	17068
3795	1941	保大十六年	無題	17320
3796	1941	保大十六年	修聖母祠碑記/十方善信功德	17421/17422
3797	1941	保大十六年	文址弼富村碑記/保大辛巳年夏六月	17820/17821
3798	1941	保大十六年	寄忌碑	18016
3799	1941	保大十六年	后神碑記	18022
3800	1941	保大十六年	后佛碑記	18084
3801	1941	保大十六年	南福后神碑記	18374
3802	1941	保大十六年	阮朝保大辛巳年瑞應觀重修碑誌	18452

九　阮朝碑銘目錄（1802—1945）　675

續表

序號	公元紀年	年號	標　題	編　號
3803	1941	保大十六年	光花寺后佛配享碑記	18697
3804	1941	保大十六年	光花寺后佛配享碑記	18700
3805	1941	保大十六年	后神碑記	18906
3806	1941	保大十六年	后神碑記	18910
3807	1941	保大十六年	無題	18930
3808	1941	保大十六年	寄忌碑誌	19170
3809	1941	保大十六年	無題	19334
3810	1941	保大十六年	寺后碑記	19552/19553
3811	1941	保大十六年	阮族約造碑	19560
3812	1941	保大十六年	寄忌碑記	19951
3813	1941	保大十六年	紀念碑	20138/20139
3814	1941	保大十六年	后伕碑記	20330
3815	1941	保大十六年	目篆廣開寺碑	20794
3816	1941	保大十六年	永福寄后碑	15593
3817	1941	保大十六年	永福寄后碑	15594
3818	1941	保大十六年	永福寄后碑	15595
3819	1941	保大十六年	永福興功碑	15596
3820	1941	保大十六年	花祿市望祠碑記	15747
3821	1942	保大十七年	后神碑記	20322
3822	1942	保大十七年	重修石碑	18801
3823	1942	保大十七年	寄忌碑記	16905
3824	1942	保大十七年	后佛碑記	17313
3825	1942	保大十七年	白藤靈祠碑記/十方功德碑	17430/17431
3826	1942	保大十七年	修理興功碑	17432
3827	1942	保大十七年	院江鄉老碑記/保大十七年仲春	17732/17733
3828	1942	保大十七年	后佛碑記	17901
3829	1942	保大十七年	后佛碑記	17902
3830	1942	保大十七年	后伕碑記	17919
3831	1942	保大十七年	后神碑記	18217

續表

序號	公元紀年	年號	標題	編號
3832	1942	保大十七年	后神碑記	18221
3833	1942	保大十七年	無題	18222
3834	1942	保大十七年	后神碑記	18232
3835	1942	保大十七年	枚范氏碑	18335
3836	1942	保大十七年	有功則祀/注村后碑	18426/18427
3837	1942	保大十七年	隆皋寺碑記	18800
3838	1942	保大十七年	后神碑記	18875
3839	1942	保大十七年	寄忌碑記	18878
3840	1942	保大十七年	芳門寄忌碑	18884
3841	1942	保大十七年	寄忌碑	18885
3842	1942	保大十七年	寄忌碑	18887
3843	1942	保大十七年	崔嵬社進村紀念功德后碑	18954
3844	1942	保大十七年	紀念碑記	18986
3845	1942	保大十七年	重修亭祠	18987
3846	1942	保大十七年	寄后碑記	18992
3847	1942	保大十七年	后忌碑記	18997
3848	1942	保大十七年	東甲碑后	19242
3849	1942	保大十七年	北甲奉后	19245
3850	1942	保大十七年	無題	19344
3851	1942	保大十七年	后神碑記	19528
3852	1942	保大十七年	無題	19575
3853	1942	保大十七年	紀念功德碑	19622
3854	1943	保大十八年	安山亭后碑	20336
3855	1943	保大十八年	后伕碑記	20326
3856	1943	保大十八年	后伕碑記	20327
3857	1943	保大十八年	宿緣殿后碑	20331
3858	1943	保大十八年	配享碑寄	18808
3859	1943	保大十八年	無題	18839
3860	1943	保大十八年	寄忌碑	18886
3861	1943	保大十八年	缽塔后佛碑記	18933
3862	1943	保大十八年	立碑寄忌	19043

九　阮朝碑銘目錄（1802—1945）　677

續表

序號	公元紀年	年號	標題	編號
3863	1943	保大十八年	本社后賢碑記	19212
3864	1943	保大十八年	無題	19255
3865	1943	保大十八年	后神碑記	19529
3866	1943	保大十八年	陳族家先配享佛	19576
3867	1943	保大十八年	功德碑重修	19981
3868	1943	保大十八年	紀念會仝工作班功德碑	19982
3869	1943	保大十八年	昌蟲殿后碑	20337
3870	1943	保大十八年	春橋亭后碑	20338
3871	1943	保大十八年	立碑記忌	20793
3872	1944	保大十九年	萬靈庵碑記	20160
3873	1944	保大十九年	紀念碑	20507
3874	1944	保大十九年	阜元堂碑	19944
3875	1944	保大十九年	功德碑	19865
3876	1848—1883	嗣德	后忌碑記	13576
3877	1889—1907	成泰	北村文址碑記	18116
3878	1889—1907	成泰	無題	15995
3879	1907—1916	維新	附配碑記	16106
3880	1916—1924	啟定	古梁殿后碑	16985
3881	1916—1925	啟定	名芳千載	18485

參考文獻

高等研究應用學院、漢喃研究院、法國遠東學院編：《越南漢喃銘文拓片總集》（1—22冊），文化通訊出版社2005—2009年版。

［越］潘文閣，［法］蘇爾夢主編：《越南漢喃銘文匯編》（第一集，北屬時期至李朝），越南漢喃研究院、法國遠東學院1998年版。

［越］潘文閣，毛漢光、鄭阿財主編：《越南漢喃銘文匯編》（第二集，陳朝），新文豐出版公司2002年版。

郭振鐸、張笑梅主編：《越南通史》，中國人民大學出版社2001年版。

劉玉珺：《越南漢喃古籍的文獻學研究》，中華書局2007年版。

陳久金編著：《中朝日越四國歷史紀年表》，群言出版社2008年版。

《THƯ MỤC THÁC BẢN VĂN KHẮC HÁN NÔM VIỆT NAM》（《越南漢喃銘文拓片目錄》1—8冊），文化通訊出版社2007—2012年版。

丁克順編著：《越南漢喃銘文目錄初編》（越南語，未刊稿）。

後　　記

　　2009年11月18日至2011年11月17日，本人獲得日本學術振興會（JSPS）外籍特別研究員項目資助，在日本早稻田大學進行了爲期兩年的學術訪問。期間，承蒙合作教授笹原宏之先生指導，匯聚資料，擴大視野，結交同道，切磋學問，尤其關注域外漢籍與東亞漢字整理研究。即將歸國之際，在早稻田大學戶山圖書館驚喜發現《越南漢喃銘文拓片總集》（21冊），於是夜以繼日將此珍稀資料整理帶回國內，以期進行東亞俗字比較研究。

　　2012年5月，本人主持申報的國家社科基金一般項目"漢字文化圈俗字比較研究"獲准立項。越南碑銘文獻即作爲越南俗字整理研究的重要材料，亦爲項目"漢字文化圈俗字比較研究"的重要支撐。2014年9月，劉正印同學考入漢語言文字專業研究生，我把從日本帶回的越南銘文資料交給了他作爲碩士論文選題，希望對《越南漢喃銘文拓片總集》漢文俗字進行字樣整理，從傳承變異視角研究越南銘刻文獻的用字現象和規律。2016年11月，承蒙越南漢喃研究院阮俊強院長邀請，課題組同人赴漢喃研究院進行學術訪問，並簽署了合作研究意向書。同時，承丁克順先生鼎力幫助，購買了紙質版《越南漢喃銘文拓片總集》（22冊），並與漢喃研究院的諸多學者建立了良好的學術友誼。2017年5月，浙江財經大學、鄭州大學、越南漢喃研究院在杭州共同主辦了東亞漢籍與越南漢喃古辭書國際學術研討會，會後出版了《東亞漢籍與越南漢喃古辭書研究》論文集。2017年11月，由本人主持的國家社科基金重大項目"越南漢字資源整理及相關專題研究（17ZDA308）"獲准立項，東亞漢字文化背景下的越南漢字傳播研究，亦即成爲課題組同人的學術使命與責任擔當。

　　憶往昔，歲月崢嶸，感慨萬千。從2011年11月至今的八年時光，有辛勞亦有欣慰。國家課題"漢字文化圈俗字比較研究"（12BYY069）獲得"優秀"結項（本書稿有關內容爲其結項成果之一），《俗字在域外的傳播研究》（中國社會科學出版社，2018年）獲得省哲學社會科學優秀成果獎二等獎。當年還是浙江財經大學碩士研究生的劉正印，已然成爲鄭州大學漢字文明研究中心主任李運富先生的博士研究生，且今正在越南漢喃研究院阮俊強院長門下訪學，準備博士論文寫作。逯林威同學，在梳理越南歷代銘文目錄的基礎上，專心整理後黎朝銘文俗字，嘗試進行越南俗字斷代研究，現已完成學位論文，即將碩士畢業。王泉博士作爲課題組骨幹成員，全力進行越南銘刻文獻整理與越南漢字資源數據庫建設，貢獻良多。徐鍵博士、黃瑩博士生不辭辛勞，審讀文稿，指出疏誤錯訛。本科同學閆瑜、李明明、陳涵、廖婉欣在逯林威帶領下，參與文獻目錄編校。尤其是閆瑜同學，不僅反復核校文獻目錄，還對有關俗字圖片進行仔細校改，一字不苟。這一切，都記載了我們課題組同人的學術情懷，奮鬥足跡，值得銘記。

　　需要說明的是，本書由筆者選定材料，構建框架，提出"國際俗字（通用俗字）"和"國別俗字（變異俗字）"理論，甄別俗字源流，組織目錄編撰和文稿修訂，合作發表論文，主編會議論集，但是，由於時間倉促，學識谫陋，疏漏失誤之處難免，祈請方家同人批評指正。

何華珍
2019 年 11 月